朝日新聞の
カタカナ語辞典

朝日新聞社

刊行にあたって

　この『カタカナ語辞典』は,「新聞を読むのに役立つ辞典」として企画したものです.日本語にはカタカナという便利な道具があるため,外来語も簡単に取り入れられるのが特徴ですが,世界が一層小さくなった近年,カタカナ語の増え方はまことにめまぐるしく,まさに「氾濫」とでも形容するしかないほどです.

　そうした時代の要請に応えるため,この辞典の編集に当たっては,朝日新聞の紙面に登場した新しいカタカナ語ばかりでなく,朝日現代用語『知恵蔵』に掲載された膨大な新語・話題語の中からも,最新のカタカナ語を細かく拾い集めました.若者用語から専門的な言葉に至るまで,様々な分野のカタカナ語をバランスよく収録することが出来たと自負しております.収録語数は約1万4千語になりました.

　外来語の書き方などについては慣用的な場合を除き,『朝日新聞の用語の手引』に従いました.外国の地名についても『手引』に地名集が掲載してありますので,『カタカナ語辞典』には掲載しておりません.この辞典はそうした意味からも,『手引』と一緒にお使いいただければ便利さが増すのではないでしょうか.

　辞典としての使いやすさ,読みやすさなどにも十分に配慮したつもりですが,その時々のニュースに関連する言葉を中心としたため,例えば「カメラ」のように日本語に定着したと思われるカタカナ語は割愛せざるを得ませんでした.また語句の説明には簡潔さを心がけましたが,まだ不十分な面も残っているかもしれません.不備な点については今後,改訂の際に修正していくとともに,内容の拡充にさらに努めたいと思います.

2006年7月

監修者　河合　伸

凡 例

見出し語

❖表記

(1) 表記は,原則として『朝日新聞の用語の手引』に従った.
(2) 「ヰ,ヱ,ヲ,ヂ,ヅ,ヴ」については,それぞれ次のように置き換えた.また,長音は「ー」で表した.

ヰ ➡ イ　　ヱ ➡ エ　　ヲ ➡ オ
ヂ ➡ ジ　　ヅ ➡ ズ　　ヴを含む言葉 ➡ バ行
ロッジ (×ロッヂ)　　　　バイオリン (×ヴァイオリン)
レビュー (×レヴュー)　　シャドー (×シャドウ)

(3) なるべく原音に近い表記を心がけた.ただし,慣用の固定しているものは,それに従った.

ボディー (×ボデー)　　　**アーティスト** (×アーチスト)
ジュラルミン (×デュラルミン) 《慣用》

(4) 複合語には,原則として中黒(・)をつけていない.ただし,3語以上からなる複合語には,読みやすさを考慮して入れたものもある.

❖配列

(1) 読みの50音順に配列し,長音(ー),中黒(・)などは無視した.

オデオン ⇨ **オー・デ・コロン** ⇨ **オデッセー**

(2) 清音, 濁音, 半濁音の順に配列した.

　ヒット ⇨ ビット ⇨ ピット

(3) 長音を含むものと含まないものでは, 含まないものを先に配列した.

　スパ ⇨ スーパー

(4) 漢字・数字などの表記を含むものは, その読みを配列の対象とした.

　オゾン ⇨ オゾン層(オゾンソウ) ⇨ オゾンホール

(5) ABC略語は, アルファベット順に配列し, "&"は無視した. 同じつづりの場合は, 大文字, 小文字の順に配列した.

　CF ⇨ C&F ⇨ cf. ⇨ CFA

原語

(1) 原語は, 見出し語の後に[ ]で示した. 原語のない場合などについて, 一部省略したものもある.

　エアメール [airmail]

(2) 英米語以外のものについては, 原語名を直後に示した*.

　*英米語以外のものについては原語名を表記するよう努めましたが, 一部に表記の不備や記載漏れがあるかもしれません. 今後一層正確な表記に努めるとともに, 読者の皆様にご教示賜りますようお願い申し上げます.

(3) 原則として, その原語の表記を用いて示したが, ロシア語やアラビア語など, ローマ字表記にしたものもある.

エクリチュール [écriture 仏]
キムチ [김치 朝]
インテリゲンチャ [intelligentsiya 露]

(4) 和製英語(日本でのみ使用されるカタカナ語)については, **和**と示した.

オーシャンビュー [ocean view 和]

(5) 同音語で, 原語が異なる場合は, **1****2**…を用いて分けた.

キャスケット
　1[casket] 小箱, 棺.
　2[casquette 仏] 学生や船員などの帽子. カスケットとも.

語義

(1) 語義に複数の意味がある場合は, ①②…を用いて示した.

チョイス [choice]
　①選択, 選択肢.
　②えり抜きの, 厳選された.

(2) 記号の意味は, 以下の通りとする.

　➡　参照 [矢印の示す見出し語に, 詳しい説明があることを示す]
　対　対の意味をもつ語
　類　類似した意味をもつ語
　⇨　参考になる語

ア

アイアハイオ ➡ IAHAIO

アイアン [iron]
① 鉄.
② ヘッドが金属のゴルフクラブ.

アイアンロー [iron law] 冷酷, 厳格な規則.

アイウエア [eyewear] 眼鏡.

アイオリ ➡ アイヨリ

アイカメラ [eye camera] 視線の動きをとらえる装置. アイムーブメントカメラとも.

アイキャッチャー [eye-catcher] 人目を引くもの. 特定の会社や製品を連想させる印象的な広告・宣伝.

アイキャン ➡ ICANN

アイコニクス [iconics] 映像学, イメージ学. 人間が抱くイメージを研究する学問.

アイコン [icon]
① パソコン画面に表示される絵記号.
② ➡ イコン

アイコンタクト [eye contact] 視線を合わせること.

アイシャドー [eye shadow] まぶたに塗る化粧品. 目もとに陰影を付ける. シャドーとも.

アイシング [icing]
① ケーキに付ける糖衣.
② 飛行機に氷が付くこと.
③ 疲れた筋肉を氷で冷やすこと.
④ アイスホッケーの反則の一つ.

アイスアリーナ [ice arena] 氷上競技の競技場, 屋内リンク.

アイスキューブ [ice cube] 冷蔵庫などで作る立方体の氷.

アイスクライミング [ice climbing] 登山で, 氷壁を登ること.

アイススレッジ [ice sledge] 氷上そり.

アイススレッジホッケー [ice sledge hockey] 下肢機能障害のある選手が座位で行うアイスホッケー.

アイスダンス [ice dance] フィギュアスケートの一種目. 男女のペアが音楽に合わせて滑る.

アイスバイン
❶ [Eisbein ᴰ] ドイツ料理の一つ. 塩漬けにした豚の足の煮込み.
❷ [Eiswein ᴰ] ドイツの高級甘口ワイン. 熟したブドウを凍った状態で摘んで作る.

アイスバーン [Eisbahn ᴰ] 凍結した雪面.

アイスピック [ice pick] 氷割り用の錐.

アイスフォール [icefall] 氷瀑. 氷河にできる氷状の滝.

アイスペール [ice pail] 砕いた氷を入れておく卓上用の容器.

アイスボックス [icebox] 氷を使う携帯用の冷蔵箱. 英語では電気冷蔵庫の意味にもなる.

アイスホッケー [ice hockey] アイスリンクで, ゴム製のパックをスティックを使いゴールに入れて競うスポーツ.

アイソキネティクス [isokinetics]

トレーニング法の一つ．運動速度を一定に保つようにして，最大筋力，筋持久力を高める．

アイソザイム［isozyme］イソ酵素．同一生物の体内で，機能的には同じ働きをするが，分子構造がわずかに異なる酵素群．

アイソスタシー［isostasy］地殻均衡説．地殻はマントルの浮力で支えられ，地殻の重さと浮力が釣り合っているとする理論．

アイソタイプ［isotype］絵文字システム．簡単な図形で，グラフや標識，地図などに利用される絵言葉．

アイソトニック飲料［isotonic drink］濃度が体液とほとんど等しい飲み物．体に吸収されやすく，ミネラルなどを補給しやすい．

アイソトニックス［isotonics］動的筋肉トレーニング．筋肉の等張性収縮を利用し，体を動かしながら筋力の増強を図る．

アイソトープ［isotope］同位元素．原子番号は同じだが質量数が異なる元素．

アイソメトリックエクササイズ［isometric exercise］⇒アイソメトリックス

アイソメトリックス［isometrics］等尺運動．壁などを強く押し続けることによる筋肉強化トレーニング．アイソメトリックエクササイズとも．

アイソレーション［isolation］隔離，分離．

アイデア［idea］考え，着想，思いつき．

アイデアリズム［idealism］理想主義．観念論．

アイテム［item］品目，項目，種目．コンピューター用語で1件分のデータ．

アイデンティティー［identity］独自性，主体性，身元・身分証明．

アイデンティティークライシス［identity crisis］自己認識の危機，自己喪失．自分の主体性を見失い，心理的に不安定な状態．

アイデンティファイ［identify］人や物をそれと見分け，確認すること，同一とみなすこと．

アイデンティフィケーション［identification］
①同一であることの確認，身元の確認．
②広告用語で，表現の一貫性，統一性．いずれも，略はID．

アイドカの法則［AIDCA's rule 和］消費者の購買心理の動きの5段階．Attention（注目），Interest（関心），Desire（欲望），Conviction（確信），Action（購買行動）の頭文字から．

アイドマの法則［AIDMA's rule 和］消費者の購買心理の動きの5段階．Attention（注目），Interest（関心），Desire（欲望），Memory（記憶），Action（購買行動）の頭文字から．

アイドリング［idling］機械，特に自動車が停止している状態などでのエンジンの空転，無負荷回転．

アイドリングストップ [idling stop 和] 大気汚染・騒音・地球温暖化対策として,停車時には自動車のエンジンを止めること.

アイドル [idol] 偶像.あこがれの的,人気者.

アイドルタイム [idle time] 無作業時,遊休時間.

アイパー ➡ アイロンパーマ

アイバンク [eye bank] 眼球銀行.提供された角膜を角膜移植が必要な患者にあっせんする機関.

アイビー [Ivy] 米国北東部の名門大学.エール,ハーバード,プリンストン,ブラウン,コロンビア,ペンシルベニア,コーネル,ダートマスの8校.いずれもivy(ツタの一種)で象徴されるため.この8校で構成される競技連盟をアイビーリーグ(Ivy League)という.

アイビールック [Ivy look] アイビーの学生に好まれるファッション.

アイフィップ ➡ IFIP

アイブロー [eyebrow] まゆ.まゆ毛.

アイボリー [ivory] 象牙(ぞうげ),象牙色.

アイマーク [eye mark 和] 目の不自由な人向けに,著作権者が複製を許可したことを示すマーク.

アイマスク [eye mask 和] 安眠用の目覆い.

アイムーブメント・カメラ [eye-movement camera] ➡ アイカメラ

アイメイト [eye mate 和] 盲導犬.

アイヨリ [ailloli 仏] ニンニク入りのマヨネーズソース.アイヨリソース,アイオリとも.

アイライナー [eyeliner] アイラインを引くためのまゆ墨.

アイライン [eye line] 目ばり.目を大きく,はっきり見せるための目の縁取り.

アイラッシュカーラー [eyelash curler] 目を美しく見せるためにまつ毛を上向きに反らせる道具.

アイランド [island] 島.

アイランドキッチン [island kitchen 和] 台所の配置法の一つ.流しやレンジ・調理台を部屋の中央に設ける.

アイリッシュコーヒー [Irish coffee] ウイスキーを加えて生クリームを浮かせた砂糖入りホットコーヒー.

アイル [aisle] 劇場,教会,乗り物などの通路.

アイレット [eyelet]
①鳩目(はとめ).丸い小穴.靴などのひも通しの穴.
②刺繍(ししゅう)の穴かがり.

アイレベル [eye-level]
①目の高さ.
②日常生活で最も効率がよい高さ.
③標準的な視点.

アイロニー [irony] 皮肉.風刺.あてこすり.イロニーとも.

アイロニカル [ironical] 皮肉な,反語的な.

アイロン [iron]

アイロンパーマ

①布のしわを伸ばす道具.
②髪の毛を縮らせたりするために使うはさみ形のこて.

アイロンパーマ [iron permanent wave 和] はさみ形のこてを用いてウエーブを付けるパーマ. アイパーとも.

アウェー [away] サッカーなどの試合で,相手チームの本拠地. 対ホーム.

アウオード [award] 賞,賞品.

アウシュビッツ [Auschwitz ドイ] ポーランド南部の都市. 第2次世界大戦中, ナチスの強制収容所と医学実験所があった町.

アウストラロピテクス [Australopithecus ラテ] 初期～中期の猿人類. 脳容積はチンパンジーと大差ないが, 犬歯は退化し, 直立二足歩行していた.

アウスレーゼ [Auslese ドイ] 甘口のドイツワインの一つ.

アウター [outer]
①外の. 外側の.
②和製用法で, 外側に着る服の総称. コートやセーターなど. 対インナー.

アウタースペース [outer space] 大気圏の外側の空間, 宇宙. 対インナースペース.

アウタルキー [Autarkie ドイ] 自給自足経済, 経済自立政策.

アウテリア [outerior 和] 屋外の装飾品, 外装. 英語ではエクステリア (exterior).

アウトウエア [out wear 和] セーター, 上着, コートなどの外側に着る衣類の総称. 英語ではアウターウエア (outer wear).

アウト・オブ・コントロール [out-of-control] 制御不可能な.

アウト・オブ・デート [out-of-date] 時代遅れの, 旧式の. 対アップ・ツー・デート.

アウト・オブ・バウンズ [out-of-bounds]
①バスケットボールの反則の一つ. 選手がボールを持ったままコート外に出てしまうこと.
②テニスやバレーボールなどで, コート外にボールが出ること.
③ゴルフコースの境界線の外. プレー禁止の区域. 略はOB.

アウト・オブ・ファッション [out of fashion] 流行遅れ.

アウト・オブ・プレー [out of play] 球技で, 試合が中断した状態.

アウトカム [outcome]
①行政サービスなどの成果, 住民が得たもの.
②結果. 結末. 成果.

アウトサイダー [outsider] 局外者, 部外者, よそ者. 対インサイダー.

アウトサイダーアート [outsider art] 正規の美術教育や訓練を受けていない人々が制作する作品や表現行為.

アウトサイド [outside] 外側. 野球で外角, テニスなどで規定線の外側. 対インサイド.

アウトソーシング [outsourcing]

外注. 外部調達. 外部委託.
アウトテーク [outtake]
①CDやレコードに収録されなかった楽曲.
②撮影されたが使用されなかったフィルムやテープ.
アウトドア [outdoor] 屋外, 戸外の, 野外の. 対インドア.
アウトドアライフ [outdoor life] 屋外, 戸外生活. 自然環境の中での生活.
アウトドライブ ➡オーバードライブ②
アウトバウンド [outbound]
①外国行きの.
②和製用法で, 日本人の海外旅行客の取り扱い業務. 対インバウンド.
③和製用法で, 顧客・見込み客に電話をかけて営業すること.
アウトバースト [outburst]
①感情の爆発.
②火山の噴火やガスの噴出.
③太陽の電波の強さが爆発的に増大し, 数分間続く現象.
アウトバーン [Autobahn ドイ] ドイツの自動車専用高速道路.
アウトフィット [outfit] 用具一式. 服装ひとそろい.
アウトフォーカス [out-focus 和] 写真や映画などで, わざと焦点をぼかす撮影法. 対パンフォーカス.
アウトプット [output] 生産高, 産出物, 産出量. コンピューターの出力された情報. 対インプット.
アウトブレーク [outbreak] 感染症などの突発, 大発生.
アウトプレースメント [outplacement] 再就職の世話, 支援.
アウトライン [outline] 輪郭, 概要, あらすじ.
アウトリガー [outrigger]
①舷外浮材. カヌーの両側に張り出した支柱の先に取り付ける浮き.
②ボートなどで, オール受けを支える金属製の枠.
③身体障害者のためのスキー用具の一つ.
アウトリーチ [outreach] 公的機関・公共文化施設などが行う出張サービス.
アウトルック [outlook] 展望. 見通し. 見解. 外観.
アウトレットストア [outlet store] 売れ残り品を安売りする直営小売店.
アウトロー [outlaw] 無法者, ならず者.
アウフヘーベン [Aufheben ドイ] 哲学で「止揚しよう」, 社会科学で「揚棄よう」. 矛盾する二つの概念をより高い概念に総合すること.
アウラ [Aura ドイ] ➡オーラ
アエラ [aera ラテ] 時代, 年代, 紀元.
アエロバイオロジー ➡エアロバイオロジー
アーカイブ [archive]
①公文書保管所, 公文書記録.
②テレビ番組などを後年視聴できるよう保存すること.
③デジタル化したデータの圧縮.
アーカイブス [archives] 公文書,

公文書館.

アーガイル [argyle] ダイヤモンド形の色格子柄.

アカウンタビリティー [accountability] 説明責任. 説明する義務.

アカウント [account]
①会計, 勘定, 計算書, 口座.
②顧客, 常得意.

アカウントエグゼクティブ [account executive] 広告会社を代表して, 広告主の広告計画いっさいを取り仕切る営業責任者. 略はAE.

アカデミー [academy] 学士院, 芸術院, 大学や研究所などの専門的な教育・研究機関.

アカデミア [academia] 学園. 学究生活.

アカデミシャン [academician] アカデミー(学士院, 芸術院)会員, 学者. 伝統を重んじる芸術家.

アカデミー賞 [Academy Awards] アメリカの映画芸術科学アカデミーが年1回, 映画人に授与する映画賞.

アカデミズム [academism] 学問至上主義, 形式主義, 伝統主義.

アカデミック [academic] 学究的な, 学問的な, 大学の.

アカデミック・ハラスメント [academic harassment 和] 大学での研究や人事にからむいやがらせ. 略してアカハラ.

アカデミー・フランセーズ [l'Académie française 仏] フランス翰林かんりん院. 純粋なフランス語の保存を目的とする国立団体.

アカハラ ⇒アカデミック・ハラスメント

アガペー [agape ギリ] 神の愛, 献身的な愛. 対エロス.

アカペラ [a cappella 伊] 無伴奏の合唱, 合唱曲. 原意は「礼拝堂風に」.

アガリクス [Agaricus ラテ] カワリハラタケ. 健康食品として注目されているキノコの一つ.

アカントアメーバ [acanthamoeba] 池や沼・井戸などにすむ原生動物の一種. 角膜炎などの原因になる.

アーキタイプ [archetype] 原型. 心理学用語では「元型」. 人類が共有する集合的無意識.

アーキテクチャー [architecture]
①建築物, 建築様式, 建築学.
②コンピューターシステムの設計思想.

アーキテクト [architect] 建築家. 設計者, 考案者, 事業計画などの立案者.

アーギュメント [argument] 議論, 主張, 論争.

アキレス [Achilles] ギリシャ神話の英雄. 不死身だったが, 唯一の弱点だったかかとを射られて死んだ. アキレス腱けんに「弱点」という意味があるのはこの神話から.

アーク [arc]
①弧. 円弧.
②電弧. 電気放電の一つ. 二つの電極を近づけて電流を通じたとき

に起こる現象.2極間に弓形の光の橋ができる.

アクア [aqua ラテ] 水, 水溶液.

アクアエクササイズ [aqua exercise] 水中で行う運動.

アクアチント [aquatint] 腐食凹版.銅版画の技法.

アクアノート [aquanaut]
①潜水士,潜水技術士.
②海中施設で暮らし,海中での調査・研究に従事する人.

アクアビクス [aquabics] エアロビクスダンスを水中で行う運動の総称.アクア(aqua,水)とエアロビクスのビクス(bics)を合わせた造語.

アクアビット [aquavit] 北欧諸国や北部ドイツで作られる蒸留酒.主原料はジャガイモ.

アクアポリス [aquapolis 和] 海上都市,海上施設.

アクアマリン [aquamarine] 青緑色の透明な緑柱石(りょくちゅうせき).宝石の一つで,3月の誕生石.

アクアラング [Aqualung] 潜水用の水中呼吸器.圧縮空気を使う.商標.

アクアリウム [aquarium] 水槽,水族館.

アクアリフター [aqualifter 和] 風船の浮力を利用した,沈没船の引き揚げ装置.

アクサン [accent フラ] フランス語の母音の上に置かれる強勢や抑揚を示す記号.

アクシデント [accident] 偶然の出来事,不慮の災難,事故.

アクション [action] 行動,活動,動作,演技,立ち回り.

アクションゲーム [action game] 反射的な反応を楽しみながら進めるコンピューターゲーム.対ロールプレーイング・ゲーム.

アクションプラン [action plan] 行動計画.

アクションプログラム [action program] 実行計画,行動計画.

アクションペインティング [action painting] 抽象絵画の一形式.キャンバスに絵の具を投げつけるなど,描く行為そのものの意義を重視する.

アクションリサーチ [action research] 実践研究法.社会工学的な研究の一つで,集団行動の分析を実際の活動現場で行う.

アクス ➡ ACTH

アクスル [axle] 車軸,心棒.

アクセサリー [accessory] 付属物,付属品,装身具.

アクセシビリティー [accessibility]
①近づきやすさ.到達容易度.
②使いやすさ.利便性.

アクセシブルラグジュアリー [accessible luxury] 手に入れやすい高級品.高級ブランドの中でも,比較的安価な商品.

アクセス [access]
①接近,接続,参入,交通手段.
②コンピューター用語で,情報の出し入れ.

アクセス権 [right of access]
　①行政機関の情報を閲覧・入手する権利.
　②マスメディアを利用する権利.
　③コンピューターネットワークで, 共有データを利用するための権利.

アクセスチャージ [access charge] 通信事業者間でネットワークを接続しサービス提供を行う際に, 相手側のネットワークを利用する対価として支払われる接続料金.

アクセプター [acceptor]
　①手形引受人.
　②半導体の伝導率を高めるために加える不純物.

アクセプト [accept] 受け入れる. 認める. 挑戦などに応じる.

アクセル [accel 和] 自動車などの加速装置, 加速ペダル. アクセレレーター(accelerator)の略.

アクセレレーター ➡ アクセル

アクセント [accent] 強勢, 強調, 語調, なまり.

アクター [actor] 俳優, 男優. 対アクトレス.

アクチニウム [actinium] 放射性元素の一つ. 銀白色の金属. 記号 Ac.

アクチノイド [actinoid] 原子番号89から103までの15の放射性元素. 強い放射能をもつ.

アクチノマイシン [actinomycin] 抗生物質の一つ. ブドウ球菌やがん細胞の発育を抑制する.

アクチュアリー [actuary] 保険計理士.

アクチュアリティー [actuality] 現実性, 現代性. 現状, 実況.

アクチュアル [actual] 現実の, 実際の.

アクチュエーター [actuator] 作動装置. 電気信号などを機械運動に変換する装置.

アクティビスト [activist] 活動家, 行動主義者.

アクティビティー [activity] 活動. 活気.

アクティブ
　1 [active] 活動的な, 積極的な. 対パッシブ.
　2 [aktiv 独] 政治団体や労働組合の活動家.

アクティブサスペンション [active suspension] 車の動きを感知し, 最適の車体姿勢や車高をコントロールする懸架装置.

アクティブセーフティー [active safety] 自動車の安全対策の一つ. 運動性や構造・性能の向上などによって, 事故を未然に防ごうとするもの. 対パッシブセーフティー.

アクティブソーラー [active solar] 太陽熱を取り込み, 給湯や冷暖房に利用する住宅設計.

アクティブバース [active birth] 積極分娩(ぶんべん). ラマーズ法などの考え方を一歩進め, より自然な分娩に近づけるもの.

アクティブホーミング [active homing] ミサイルの自動誘導方式の一つ. 自ら電波を発信しながら目標を追尾する方式.

アクティブマトリックス［active matrix］液晶ディスプレー方式の一つ．ノートパソコンやビデオカメラに用いられる．

アクト［act］行為，行い．演劇などの段，幕．

アクトレス［actress］女優．対アクター．

アグニ［Agni サンスクリット］インドの火の神．

アクネ［acne］にきび．思春期にできやすい，顔などの吹き出物．

アクメ［acme］絶頂，極致．性感の頂点．

アグリカルチャー［agriculture］農業，農学，農芸．

アグリケミカル［agrichemical］農薬．農薬の，農芸化学の．

アクリノール［acrinol］殺菌消毒薬．傷口の消毒，うがいなどに用いる．

アグリビジネス［agribusiness］農業関連産業．農産物の生産だけでなく加工や販売，外食産業までも含めた関連産業の総称．

アグリーメント［agreement］合意，同意．協定，条約．

アクリル［acrylic］アクリル酸から作られる合成繊維や合成樹脂．

アクリロニトリル［acrylonitrile］においのある無色で有毒の液体．溶剤や殺虫剤，合成ゴムの原料．

アグレッシブ［aggressive］攻撃的な，積極的な．

アクロバット［acrobat］曲芸，軽業，曲芸飛行．軽業師．

アクロバットスキー［acrobatic skiing］曲芸的なスキー．空中で回転したり，ジャンプしたりするスキー競技．

アクロポリス［akropolis ギリシャ］古代ギリシャの都市国家の中心となった丘．城や神殿が設けられた．

アーケイズム［archaism］➡アルカイスム

アーケイック ➡アルカイック

アーケイックスマイル ➡アルカイックスマイル

アゲインスト ➡アゲンスト

アーケード［arcade］
①屋根がある商店街．
②列柱の上にアーチを連続してかけた通路や廊下．拱廊（きょうろう）．

アーケードゲーム［arcade game］家庭用ではなく，ゲームセンターなどの施設向けのゲーム．

アゲンスト［against］
①…に反対して．…に向かって．
②和製用法で，逆風．アゲンストウインドの略．いずれも，アゲインストとも．

アコースティック
■1［acoustic］電子装置を用いない楽器，生の音での演奏．
■2［＿s］音響，音響学，音響効果．

アコースティックギター［acoustic guitar］電子装置を用いない従来のギター．

アコーディオン［accordion］手風琴．蛇腹を両手で操り風を送りながら鍵盤で演奏する楽器．

アコーディオンドア［accordion door］蛇腹式の折りたたみ戸．

アコード [accord] 調和, 一致.

アコモデーター [accommodator] 調停者, 便宜提供者.

アーコロジー [arcology] 建築技術と自然環境を融合させた都市計画. アーキテクチャー(architecture, 建築)とエコロジー(ecology, 生態学)の合成語.

アサインメント [assignment] 割り当てられた仕事, 任務, 宿題.

アサシン [assassin] 暗殺者. 刺客.

アザチオプリン [azathioprine] 免疫抑制剤の一つ. 臓器移植時の拒絶反応を抑える.

アサーティブトレーニング [assertiveness training] 主張訓練. 自分を十分に主張できるようにする訓練. 略はAT.

アジ ➡ アジテーション

アージ [urge]
①促す, 駆り立てる.
②衝動.
③主張する, 言い張る.

アジアカー [Asian car] 自動車メーカーがアジア市場用に製造する低価格の自動車.

アジアカップ [Asian Cup] サッカーで, アジアの代表チームナンバーワンを決める大会. 4年に1回, ワールドカップの翌年に開かれる.

アジアサット [ASIASAT] アジア全域を対象とした中国の通信衛星. 初回打ち上げは1990年.

アジアシフト [Asia shift 和] 安い労働力を求めて生産拠点をアジア各地に移す動き.

アジアニーズ [Asian NIES: Asian Newly Industrializing Economies] アジア新興工業経済地域. 韓国, 台湾, 香港, シンガポールのこと.

アジアン [Asian] アジアの, アジア人の. 正しくはエイジアン.

アジアンポップス [Asian pops] アジア系のポピュラー音楽.

アシェ ➡ アッシェ

アジェンダ [agenda] 予定, 議題, 検討課題.

アジ化ナトリウム [sodium azide] ナトリウムと窒素の化合物. 防腐剤に利用されるが毒性が強い.

アシスタント [assistant] 助手, 補佐, 手伝い.

アシスタントディレクター [assistant director]
①映画助監督.
②テレビ番組などの演出助手. 略はAD.

アシスト [assist] 手伝う, 助ける.

アジソン病 [Addison's disease] 副腎皮質ホルモンの障害によって起こる病気. 倦怠(けんたい), 皮膚のメラニン色素沈着などが起こる.

アシッド [acid]
①酸, 酸っぱいもの.
②LSD(幻覚剤)の俗称.
③厳しい批評.

アシッドカラー [acid color 和] 柑橘(かんきつ)類系のさわやかな黄色や緑色. ビタミンカラーとも.

アシッドサウンド [acid sound] LSD(幻覚剤)や麻薬の陶酔感を

感じさせるような幻覚的な音楽.

アシッドジャズ [acid jazz] 1990年代にイギリスでおこったジャズを基調としたサイケデリックな音楽.

アシッドトリップ [acid trip] LSD(幻覚剤)による幻覚体験.

アジテーション [agitation] 扇動. 主義, 主張を広めて影響を与えようとすること. 略してアジ.

アジテーター [agitator] 扇動者. アジテーションをする人.

アジト [agitpunkt ㌻] 非合法運動家の隠れ家, 集合所.

アシドーシス [acidosis] 血液中の酸が過剰になった状態. 呼吸器障害や腎障害などが原因で起こる. 対 アルカローシス.

アジドチミジン [azidothymidine] エイズの治療薬の一つ. エイズウイルスを抑制し, 延命効果があるといわれる. 略はAZT.

アジャスター [adjuster] 調整, 調節装置. 調停者.

アシュラ [ashura] イスラム教の祭礼の一つ. シーア派では殉教者フセインの哀悼祭.

アジール [asile ㌻]
①避難所. 保護施設.
②不可侵地域. 教会や自治都市などの聖域.

アシンメトリー [asymmetry] 不均整, 非対称, 不釣り合い.

アース [earth]
①地球, 大地.
②接地. 電気器具と地面との間に回路を作って電気を大地に逃がす装置.

アースカラー [earth color] 地球色. 褐色がかった色. 大地の色.

アスキーコード [ASCII code] 米国規格協会が定めたコンピューターの文字コード標準. ASCIIは American Standard Code for Information Interchangeの略.

アースクエーク [earthquake] 地震.

アスコットタイ [ascot tie] フロックコートやモーニングコート用の幅の広いネクタイ.

アスコルビン酸 [Askorbinsäure ㌻] ビタミンCの化学名.

アスタチン [astatine] ハロゲン元素の一つで, 人工的に作られた放射性元素. 記号At.

アスタマニャーナ [Hasta mañana. ㌻] 「さようなら」.

アースデー [Earth Day] 地球の日. 環境汚染・破壊から地球を守るために行動する日. 4月22日.

アステリスク [asterisk] 星印. 「＊」.

アステロイド [asteroid] 小惑星.

アストラカン [astrakhan] ロシア・アストラカン地方産の黒い子羊の毛皮.

アストリンゼント [astringent] 化粧水の一つ. アストリンゼン, アストリンゼントローションとも.

アストロドーム
❶[astrodome] 天体観測用のドーム型の窓.
❷[A—] 米国ヒューストンにある

世界初の屋根付き野球場.

アストロノート [astronaut] 宇宙飛行士.

アストロノミー [astronomy] 天文学.

アストロロジー [astrology] 占星術.

アスパラギン酸 [Asparaginsäure ド] 天然たんぱく質の成分であるアルファアミノ酸の一つ.代謝に重要な役割を果たす.

アスパルテーム [aspartame] 人工甘味料.砂糖の約200倍の甘さで低カロリー.

アスピック [aspic 仏] 洋風の煮こごり.肉や魚のスープを煮出して作ったゼリー.

アスピーテ [Aspite ド] 楯状火山.底面積に対して高さが低い火山.長野県の霧ケ峰などがその例.

アスピリン [Aspirin ド] 鎮痛,解熱剤.アセチルサリチル酸の商品名.

アスファルト [asphalt] 道路の舗装などに使われる黒色の固体.石油からの蒸留残留物.

アスペクト [aspect] 様相,形勢,局面.

アスペクトレシオ [aspect ratio] テレビや映画の画面の縦横の比率,飛行機の翼の面積と長さの比率.アスペクト比とも.

アスベスト [asbest 独] 石綿.繊維状の鉱物.建材などに使われてきたが,発がん性があり使用を規制されている.アスベストスとも.

アスベストス ➡アスベスト

アスリート [athlete] 陸上競技の選手,運動選手.スポーツマン.

アスレチッククラブ [athletic club] トレーニング器具,プールなどを備えた会員制施設.フィットネスクラブとも. 類ヘルスクラブ.

アスレチックス [athletics] 運動競技,陸上競技.

アースワーク [earthwork] 大地芸術.自然を素材にした大規模な芸術.ランドアートとも.

アセアン [ASEAN: Association of South-east Asian Nations] 東南アジア諸国連合.域内の社会的発展,経済安定などを目指す.1967年設立.

アセクシュアル [asexual] 無性の,性別のない.

アセス ➡アセスメント

アセスメント [assessment] 査定,影響評価.環境アセスメントは,開発が自然環境に与える影響の調査.略してアセス.

アセチルコリン [acetylcholine] 神経伝達物質の一つ.胃液分泌を促進したり,気管支筋を収縮させたりする.

アセチルセルロース [acetyl cellulose] 酢酸繊維素.アセテート繊維や塩化ビニルなどの原料.

アセチレン [acetylene] 炭化水素の一つ.無色・無臭の気体で有毒.合成繊維・合成樹脂の原料となるほか,ガス溶接などにも用いられる.

アセット［asset］資産．財産．遺産．

アセテート［acetate］酢酸繊維素を原料とする人造繊維．下着や裏地に使用．酢酸樹脂．

アセトアニリド［acetanilide］劇薬の一つ．解熱剤に用いられる．

アセトアルデヒド［acetaldehyde］無色で刺激臭のある可燃性の液体．酢酸などの原料．アルデヒドとも．

アセトン［acetone］石油を原料として作られる，引火性のある液体．樹脂などの原料．

アセム ➡ ASEM

アセロラ［acerola ⑤］熱帯産のフルーツの一つ．ビタミンCを多く含む．

アセンブリー［assembly］
①会合，集会，会議．
②部品の組み立て．
③記号言語で書かれたコンピュータープログラムの機械語への変換．

アソシエーション［association］
①連合，結合，協会，団体．
②連想．

アゾ染料［azo dye］合成染料の一つ．色の種類が多く，合成しやすい．

アソート［assorted］菓子などの詰め合わせ．

アゾトバクター［azotobacter］バクテリア（細菌）の一種．空気中の窒素を吸収同化し，土中に広く分布する．農業に有用．

アダージョ［adagio ⑤］
①音楽用語で，「静かに，ゆるやかに」．対アレグロ．
②バレエで，ゆるやかな音楽に合わせた踊り．アダージュとも．

アタック［attack］
①攻撃すること．
②挑戦すること．

アタッシェ［attaché ⑤］大・公使館付きの軍事，文化などの専門職員．

アタッシェケース［attaché case］小型の書類入れカバン．アタッシュケースとも．

アタッチメント［attachment］
①機械・器具の付属品．
②愛着，結び付き．

アダプター［adapter, adaptor］
①ある機械を別の機械に接続したり，異なる目的に使用したりする際に使う付加器具．
②脚色者，編曲者．

アダプト［adapt］適合する，順応する，改作する．

アダム［Adam］旧約聖書に登場する，人類最初の男性．➡ イブ．

アダルト［adult］大人，成人．大人用の，成人向けの．

アダルトショップ［adult shop 和］ポルノ商品，大人のおもちゃの販売店．

アダルトチャイルド［adult child］両親や家庭環境により幼少期をゆがめられ，心理的な傷を抱えたまま成人した人．アダルトチルドレンとも．略はAC．

アダルトチルドレン［adult children］➡ アダルトチャイルド

アーチ［arch］
①橋げたや門などに設ける，弓状

に弧を描く建造物.
②野球のホームラン.

アーチザン ➡ アルチザン

アチーブメントテスト [achievement test] 学習度を測定するための学力検査.

アーツ ➡ ERTS

アッサンブラージュ [assemblage 꾜] くずや廃品を組み合わせて構成する芸術作品.

アッシェ [haché 꾜] みじん切り. アシェとも.

アッシュ [ash]
①灰.
②トネリコ. 木材は家具や野球のバットなどに利用される.

アットホーム [at home] くつろいだ, 家庭的な.

アットマーク [at mark] 英語の前置詞atを示す記号. 本来は商業用で単価を示すが, Eメールアドレスの区切り記号としても用いられている.「@」.

アッパー [upper]
①上の, 上位の.
②靴の甲を覆う部分.
③興奮剤. 対 ダウナー.

アッパークラス [upper class] 上流階級.

アッパーデッキ [upper deck] 上甲板. 旅客機などの2階席.

アッパーミドル [upper middle 和] 上流中産階級.

アップ [up]
①(地位・程度などが)高くなること, 高くすること.
②終了, 完了. スポーツ選手の出場準備が完了していること.
③ゴルフのマッチプレーで, 一定数のホールで勝ち越していること.
④ ➡ クローズアップ①
⑤ ➡ アップスタイル

アップグレード [upgrade] コンピューターのソフトウエアを最新のものに替えること. 類 バージョンアップ.

アップザイレン ➡ アプザイレン

アップスケール [upscale] 社会的地位などが上の, 金持ちの, 高級な.

アップスタイル [up style 和] 女性の髪形. 後ろ髪を上げて頭の上部でまとめるもの. アップとも.

アップストリーム [upstream]
①上流に, 上流の.
②原子力発電の核燃料サイクル工程の一つ. ウラン鉱石の採掘・加工から原子炉で燃やすまで. 対 ダウンストリーム.

アップタイト [uptight] 張りつめた, 緊張した.

アップタウン [uptown] 住宅地区. 山の手. 対 ダウンタウン.

アップダウン [up down 和] ゴルフで, コースの起伏. 人生などの起伏, 浮き沈み. 英語ではアップ・アンド・ダウン(up-and-down).

アップ・ツー・デート [up-to-date] 最新の, 現代的な. 対 アウト・オブ・デート.

アップデート [update] 修正, 更新して最新のものにすること.

アップテンポ [up-tempo] 速い調子の, 軽快な.

アップビート [upbeat]
①音楽で, 上拍, 弱拍のこと. 対ダウンビート.
②陽気な, 上向きの.

アップライト [upright]
①直立した, まっすぐな.
② ➡ アップライトピアノ

アップライトピアノ [upright piano] 竪型ピアノ. 弦を縦に張ったもの. アップライトとも. ➡ グランドピアノ.

アップリケ [appliqué 仏] 布地に別の布を縫い付けて模様を作る手芸の方法. また, 縫い付けた飾り布.

アップロード [upload] パソコンで作ったデータをサーバーに転送すること. 対ダウンロード.

アッラー ➡ アラー

アディオス [adios 西]「さようなら」.

アーティキュレーション [articulation]
①言葉の歯切れのよさ. はっきり発音すること.
②楽器の各音を明瞭に出すこと.

アディクション [addiction] 麻薬などの常用, 常習, 嗜癖.

アーティクル [article]
①新聞・雑誌の記事.
②条約・法令などの条項.
③品物.
④冠詞.

アーティスティック [artistic] 芸術的な, 美的感覚のある.

アーティスト
❶ [artist] 芸術家, 美術家.
❷ [artiste 仏] 芸能人.

アーティチョーク [artichoke] 朝鮮あざみ. オードブルなどに使われる野菜.

アーティフィシャル [artificial] 人工の, 人造の, 模造の.

アーティフィシャルフラワー [artificial flower] 造花. アートフラワーは商標.

アーティフィシャルライフ [artificial life] 人工生命. コンピューターで表現される生命現象.

アデオスⅡ [ADEOSⅡ: Advanced Earth Observation SatelliteⅡ] 環境観測技術衛星のみどり2号. 2002年に打ち上げ.

アデス ➡ ADESS

アテナ [Athena] ➡ ミネルバ

アデニン [adenine] 核酸を構成する4塩基の一つ. DNA中でチミンと塩基対をなす.

アデノイド [adenoid] 扁桃肥大, 腺様増殖症. 鼻づまりや難聴が起きる.

アデノウイルス [Adenovirus 独] 呼吸器疾患を起こす病原体.

アデノシン三リン酸 [adenosine triphosphate] アデノシンに三つのリン酸がつながったもの. 生体内でエネルギー源となる物質.

アデュー [adieu 仏]「さようなら」. 長い別れの時に使う. 類オールボアール.

アテレコ 外国映画やアニメー

ションなどの吹き替え.アフレコをもじった語.

アテンション [attention] 注意,関心.

アテンダント [attendant]
①参列者.出席者.
②付き添い.随行者.
③接客係.案内係.

アテンド [attend]
①出席する,参列する.
②同伴する,付き添う,接待する.

アテンドサービス [attend service 和] 介護奉仕.

アト [atto-] 単位用接頭語で10^{-18}.記号a.

アート [art]
①美術.芸術.
②絵画などの美術品.
③人工.技巧,熟練.

アド [ad] 広告.アドバタイズメント(advertisement)の略.

アートアドミニストレーション [art administration] ➡アートマネジメント

アドオン方式 [add-on system] 元利均等払い.借入額に利息を加えた額を均等割りで返済する方式.

アートカイト [art kite 和] 美術凧.芸術的な凧.

アート紙 [art paper] 印刷用紙の一つ.表面が滑らかで光沢のある厚手の紙.アートペーパーとも.

アートシアター [art theater] 芸術・実験的な映画の専門上映館.

アートセラピー [art therapy] 芸術療法.音楽・ダンスなどを使って,神経症や心身症などを治すこと.

アートディーラー [art dealer] 画商,美術商.

アートディレクター [art director]
①映画・演劇などの美術監督.略はAD.
②広告・宣伝で,美術部門の企画・制作責任者.

アトニー [atony] 収縮性器官に起こる無緊張症,緊張減退症.

アドニス [Adonis ギリ] ギリシャ神話で,美の女神アフロディテに愛された美貌の青年.

アドバイザー [adviser, advisor] 助言者,相談相手.顧問.

アドバイス [advice] 助言.忠告.勧告.

アドバーサリー [adversary] 反対する者,敵対者,敵手.

アドバタイザー [advertiser] 広告主.

アドバタイジング [advertising] 広告.広告業.

アドバタイズメント ➡アド

アドバルーン [ad-balloon 和] 広告気球,観測気球.転じて,世論の反応をみるための試案.バロンデッセとも.

アドバンス [advance]
①前進,進歩,昇進,異性への接近.
②前金.略してバンス.

アドバンスディレクティブ [advance directive] 医療指示書.終末期の医療についての指示を,自

分の意識がしっかりしているうちに記しておくもの.

アドバンテージ [advantage]
① 有利, 優勢な立場.
② テニスで, ジュース後に先取した得点.

アトピー [atopy] 先天性過敏症. 慢性皮膚炎などを起こす.

アートフェア [art fair] 現代美術の見本市.

アートフラワー [art flower 和]
➡ アーティフィシャルフラワー

アドベンチャー [adventure] 冒険, 冒険物語. 変わった体験.

アドベンチャーレース [adventure race] 自然の中に設定されたコースで行う長距離耐久レース. マウンテンバイクやカヌーなどの所要タイムを競う.

アドボカシー [advocacy] 特定の考え方や利害を主張したり, 弁護・擁護したりすること.

アドホクラシー [adhocracy] 複雑な問題にはその都度, 柔軟に対処しようとする政治体制.

アドボケート [advocate] 主張者, 提案者. 代弁者.

アドホック [ad hoc ラテ]
① そのための, 特別の.
② 特別委員会.
③ 専門店, 飲食店の集合ビル.

アトマイザー [atomizer]
① 香水吹き.
② 薬液の噴霧器.

アートマネジメント [art management] 文化・芸術活動の経営・管理. アートアドミニストレーションとも.

アドマン [adman] 広告担当者. 広告勧誘員.

アドミタンス [admittance]
① 入場. 入場許可.
② 回路内の交流電流の流れやすさを表す量. アドミッタンスとも.

アトミック [atomic] 原子の, 原子力の.

アドミッション [admission] 入場, 入学. 入場料, 入学金.

アドミッタンス ➡ アドミタンス②

アドミニスタードプライス [administered price] 管理価格. 大企業が需給関係を無視して一方的に設定する価格.

アトム [atom] 原子. 古代ギリシャ語では,「それ以上分割できないもの」を意味した.

アトムセンチ [atom centimeter] 大気圏オゾン量の単位.

アートメーク [art make 和] 入れ墨と同様の方式で肌に特殊な染料を埋め込み, まゆやアイラインを引いたり, しみを隠したりする美顔術.

アートメダル [art medal] 芸術メダル. 一般の記念メダルなどと異なり, 芸術作品としての比重が高い.

アトモスフィア [atmosphere] 雰囲気, 大気, 環境.

アトラクション [attraction] 客を引きつけるもの, 呼びもの. 余興, 添え物.

アトラクティブ [attractive] 魅力のある，人を引きつける．

アトラス
1 [Atlas] ギリシャ神話で，天空を支える巨人の名．
2 [a—] 地図帳．

アトランダム [at random] 無作為，任意抽出．行き当たりばったり．

アトランティス [Atlantis] 大西洋にあったといわれる伝説の大陸．

アトリウム [atrium] 四方または三方が建物で囲まれた中庭．

アトリエ [atelier 仏] 画家などの仕事場，工房．写真スタジオ．**類**スタジオ．

アドリブ [ad-lib] 即興的なせりふ，演奏．

アトレ [attrait 仏] 魅力，好み．

アドレス [address]
①住所，あて名．
②ゴルフで，球を打つ構え．

アドレナリン [adrenaline] ホルモンの一つ．副腎髄質から分泌され，血糖値や血圧を上昇させる働きがある．エピネフリンとも．

アナ ➡ アナウンサー

アナアナ変換 アナログとデジタルの地上波が混信しない周波数に，現行のアナログ放送を変更すること．アナログ周波数変更対策の略．

アナウンサー [announcer] テレビやラジオなどの放送員．アナとも．

アナウンス [announce] 知らせる，発表する．

アナウンスメント効果 [announcement effect]
①選挙で，マスメディアによる予測報道が有権者の投票行動に影響を与えること．
②政府の経済計画の発表が，為替などの相場に影響を与えること．

アナカン [unaccompanied baggage] 別送手荷物．アナカンパニードバゲージの略．

アナーキー [anarchy] 無政府状態．無秩序，混乱．

アナーキスト [anarchist] 無政府主義者．

アナグラム [anagram] 語句のつづり換え，字なぞ遊び．

アナクロ ➡ アナクロニズム

アナクロニズム [anachronism] 時代錯誤．略してアナクロ．

アナトミー [anatomy] 解剖．解剖学．

アナフィラキシーショック [anaphylactic shock] 激しいアレルギー反応の一つ．ハチ刺されのほか，ソバ，卵などの食物でも起こる．

アナボリズム [anabolism] 同化作用．**対**カタボリズム．

アナボリックステロイド [anabolic steroid] 筋肉増強剤．ホルモン剤の一つで，たんぱく質の合成を促進する．

アナライザー [analyzer] 分析者，分析装置．

アナリシス [analysis] 解析．分析．精神分析．

アナリスト [analyst] 分析家．特に経済，証券の分析家をいう．

アナル [anal] 肛門.

アナール派 [Annales 仏] フランスの歴史研究誌『アナール』を中心とする歴史学派.

アナログ [analog] 数量を連続的に変化する量で表す方式. 対デジタル.

アナログレコード [analog record] 表面に刻まれた溝の凹凸によって音声を記録・再生する音盤.

アナロジー [analogy] 類似, 類推, 推論.

アニサキス [Anisakis ラテ] 線虫の一つ. 幼虫が寄生したサケやイカなどを生で食べると感染し, 激しい腹痛を起こす.

アニゼット [anisette 仏] アニス酒. リキュールの一つ. アニスの実で香りを付ける.

アニバーサリー [anniversary] 記念日, 記念祭.

アニマ [anima ラテ] 魂, 生命, 息. 男性の中にある女性的特性. 対アニムス.

アニマシオン [animation 仏] 遊びや文化活動などを通じていきいきとした生命力を回復させる試み.

アニマティズム [animatism] 自然現象や無生物などを生あるものとみなす考え方.

アニマルセラピー [animal therapy] 動物介在療法. 動物との触れ合いで病気を治療する心理療法.

アニマルトレーナー [animal trainer] 動物調教師. テレビや映画などに出演する動物の訓練・調教を行う.

アニマルライト [animal rights] 動物の権利. 実験動物の解放運動.

アニーミア [anaemia, anemia] 貧血. 活気がない状態.

アニミズム [animism] 岩, 水, 風など, 万物に霊魂や精神が存在すると考える原始的信仰.

アニムス [animus ラテ] 女性の中にある男性的特性. 対アニマ.

アニメ ➡ アニメーション

アニメーション [animation] 動画. 略してアニメ.

アニメーター [animater, animator] アニメーション(動画)製作者.

アニュアル [annual]
①1年間の. 毎年の. 例年の.
②年鑑. 年報.

アニリン [aniline] コールタールからとれる無色で油状の液体. 染料や溶剤などに利用する.

アーニング [earning] 所得, 収入, 収益.

アヌス [anus ラテ] 肛門.

アネクドート [anecdote] 逸話, 秘話.

アネックス [annex]
①別館.
②付属文書.

アネルギー [anergy]
①機械的な仕事に転化できない無効エネルギー. 正しくはアナジー. 対エクセルギー.
②抗原に対する抗体反応が起こら

アネロビクス [anaerobics] 無酸素運動. 息を止め,短時間でエネルギーを使い果たすようにする運動. 短距離走や水泳などで筋肉増強に有効とされる.

アノニマス [anonymous] 匿名の,無名の.

アノミー [anomie 仏]
①社会的な秩序や価値観が喪失し,混沌ヒジとしている状態.
②精神的な不安,自己喪失感.

アノラック [anorak] ➡ ヤッケ

アノレキシア [anorexia] 無食欲,拒食症. 対ブリミア.

アバウト [about]
①…について.
②和製用法で,大ざっぱな,いいかげんな.

アパシー [apathy] 無気力,無関心,しらけ.

アバター [avatar] インターネット上で,自分の分身として画面に表示させるキャラクター. 原意は「神の化身」.

アパタイト [apatite]
①燐灰ﾘﾝｶﾞｲ石. 燐酸ﾘﾝｻﾝカルシウムを主成分とする鉱物.
②セラミックスの一つ. 人工骨・人工歯根の材料として使われる.

アパッシュ [apache 仏] ごろつき,ならず者,泥棒.

アパッショナート [appassionato 伊] 音楽用語で,「熱情を込めて演奏せよ」.

アーバノロジー [urbanology] 都市学. 都市を研究する学問.

アパルトヘイト [apartheid アフリカーンス] 人種隔離政策. 南アフリカ共和国での非白人を差別した政策. 1991年に廃止.

アパルトマン [appartement 仏] 共同住宅. アパート.

アパレル [apparel] 衣服. 服装. 特に,既製服.

アーバン [urban] 都市の,都会の,都会風の. 対ルーラル.

アバンギャルド [avant-garde 仏]
①前衛芸術. シュールレアリスムなどの芸術運動.
②前衛的. 革新的.

アバンゲール [avant-guerre 仏] 戦前派,戦前派の芸術思潮. 対アプレゲール.

アバンチュール [aventure 仏] 冒険. 特に恋の冒険,火遊び. 英語ではアドベンチャー.

アーバンデザイン [urban design] 都市設計,都市計画.

アーバンライフ [urban life] 都市生活. 都会的で洗練された生活スタイル.

アーバンリニューアル [urban renewal] 都市再開発. 老朽化した都市機能を整備して再活性化を図ること.

アピーズメントポリシー [appeasement policy] 融和政策. 対立国の主張をある程度受け入れて懐柔しようとする外交政策.

アビタシオン [habitation 仏] 住宅,住居.

アービトラージ［arbitrage］商取引でのさや取り, 裁定取引.

アビリティー［ability］能力, 才能, 手腕.

アビリンピック［Abilympics 和］全国障害者技能競技大会. 身体障害者が職業能力をアピールする大会. アビはアビリティー(能力)の略.

アピール［appeal］
①訴え, 抗議, 上訴.
②魅力.

アファーマティブアクション［affirmative action］少数派優遇措置.

アフィリエイター［affiliater 和］アフィリエイトプログラムを利用して自己のサイトに広告を掲載させ, 報酬を受け取る人.

アフィリエイトプログラム［affiliate program］インターネットを利用した成果報酬型の広告手法. 広告をクリックして買い物をした客の数に応じて報酬が支払われる.

アフェア［affair］
①仕事, 職務, 行動.
② ⇒ラブアフェア

アフォーダンス［affordance］環境が人間や動物に提供している機能を指す造語. 例えば, ドアノブの形状によって押すべきか引くべきかが自然に分かるようなものを,「アフォーダンスを持つ」という.

アフォリズム［aphorism］警句, 金言.

アプザイレン［Abseilen 独］登山で, 懸垂下降. 綱を体に結び付けて岩壁を下降する技術. アップザイレンとも.

アブサン［absinthe 仏］ニガヨモギ風味の, 強いリキュール.

アブストラクト［abstract］
①抽象的な, 観念的な. 抽象主義, 非写実主義の美術, 抽象美術.
②書物などの要約, 抄録, 抜粋.

アブセンス［absence］欠席, 不参加.

アブセンティーイズム［absenteeism］無断欠勤. 労働戦術としての計画的欠勤.

アブソーバー［absorber］吸収するもの, 緩衝装置.

アフタ［aphtha］口内炎の一つ. 口の中やのどの粘膜にできる潰瘍(かいよう).

アフターケア［aftercare］
①病後の保護, 健康管理.
②販売後の保証・修理.

アフターサービス［after service 和］販売後もその商品に対して責任を負うサービス. 対ビフォアサービス.

アフタースキー［after-ski］スキー後の集い, ロッジなどでの楽しいひととき.

アフタヌーンシャドー［afternoon shadow］朝にそったひげが, 夕方になってうっすらと伸びてきた状態.

アフターファイブ［after-five］
①一日の仕事を終えた後のプライベートな時間.
②夕方以降の集まりに着るおしゃ

れな服装.

アブニール [avenir 仏] 未来, 将来.

アブノーマル [abnormal] 異常な, 変態的な. 対ノーマル.

アプリオリ [a priori ラテ] 先天的な, 先験的な. 対アポステリオリ.

アフリカンアメリカン [African-American] アフリカ系アメリカ人.

アフリカーンス [Afrikaans] 南アフリカ共和国の公用語の一つ. オランダ系移住者の言語から発展したもの.

アプリケーション [application]
①志願, 申し込み.
②応用, 適用.
③コンピューターのソフトウエア.

アプリケーション・サービス・プロバイダー [application service provider] 業務用アプリケーションソフトをインターネット経由で賃貸契約する方式. 略はASP.

アプリコット [apricot] アンズ.

アプリシエート [appreciate] 高く評価する, 称賛する, 価値を認める.

アプレ ➡アプレゲール

アプレゲール [après-guerre 仏] 戦後派. 戦前の道徳や文化を批判する世代. 略してアプレ. 対アバンゲール.

アフレコ [after recording 和] 先に撮影しておいて後から音声をのせる方法. アフターレコーディングの略. 対プリレコ, プレスコアリング.

アフロ [Afro]
①アフリカの. アフリカ系の.
② ➡アフロヘア

アプローズ [applause] 拍手喝采, 称賛, 是認.

アプローチ [approach]
①近付くこと, 接近. 仕事, 研究などへの取り組み方.
②航空機の着陸進入.

アフロディテ [Aphrodite] ➡ビーナス①

アブロード [abroad] 外国へ. 海外で.

アフロビート [Afro-beat] アフリカ系のリズムを取り入れたジャズ.

アプロプリエーションアート [appropriation art] 盗用美術. 盗作, 贋作も表現の一形式とする美術運動.

アフロヘア [Afro hair] 髪の毛をちぢらせて盛り上げたヘアスタイル. アフロとも.

アペタイザー [appetizer]
①食欲をそそるための食前酒やオードブルなどの前菜.
②物事への関心を誘発するもの.

アベック [avec 仏]
①一緒に.
②和製用法で, 男女の2人連れ.

アペックス運賃 [APEX: advance purchase excursion] 事前購入の場合の航空運賃割引制度.

アヘッド [ahead] 先んじていること. 勝ち越していること. 先取得点. 対ビハインド.

アベニュー [avenue] 大通り, 並木道. 類ストリート.

アペリチフ [apéritif 仏] 食前酒. アペリティフとも. 対ディジェスチフ.

アーベル賞 [Abel Prize] ノルウェー科学アカデミーが2003年に新設した「数学のノーベル賞」. アーベルは19世紀の数学者の名前.

アベレージ [average]
① 平均, 平均値.
② 勝率, 得点率, 野球の打率, ゴルフやボウリングの平均スコア.

アペンディクス [appendix] 付属物. 巻末の付録. 補遺. アペンディックスとも.

アペンディックス ➡ アペンディクス

アーベント [Abend 独] 夕方, 日暮れ. 夕方から開かれる音楽会などの催し.

アポ ➡ アポイントメント①

アポインティブ [appointive] 任命による, 任命制の.

アポイントメント [appointment]
① 面会の約束, 予約. 略してアポ, アポイント.
② 役職, 任務. 任命.

アボガドロ定数 [Avogadro constant] 物質1モル中に含まれる粒子の数. 6.02×10^{23}. 記号 N_A. アボガドロ数とも.

アポカリプス [apocalypse] 聖書の黙示録. 黙示, 天啓.

アポクリファ [Apocrypha] 聖書外典. 旧約聖書中の14編.

アポジー [apogee] 最高点.

アポジモーター [apogee motor] 人工衛星を静止軌道に乗せるために使用される固体燃料ロケット.

アボーション [abortion] 妊娠中絶, 堕胎.

アポステリオリ [a posteriori ラテ] 後天的な, 経験的な. 対アプリオリ.

アポストロフィ [apostrophe] 所有格や省略を示す記号.「'」.

アポトーシス [apoptosis] 細胞が, 組み込まれた遺伝子プログラムに従って死ぬこと. アポプトーシスとも.

アポプトーシス ➡ アポトーシス

アポリア [aporia 希] 解決不可能の難問. それぞれに成り立つ二つの対立した見解が生じること.

アボリジニー [Aborigine] オーストラリアの先住民.

アポロ [Apollo] ローマ神話の太陽神. ギリシャ神話ではアポロン.

アポロ計画 [Project Apollo] アメリカの有人月着陸飛行計画. 1969～72年.

アポロジャイズ [apologize] 謝る, 謝罪する, 弁明する.

アマ ➡ アマチュア

アマチュア [amateur] 素人, 愛好家. 略してアマ. 対プロフェッショナル.

アマチュアリズム [amateurism] アマチュア, つまり素人の立場でスポーツや芸術に携わること. 対プロフェッショナリズム.

アマービレ [amabile 伊]
① 音楽用語で,「愛らしく演奏せ

よ」．
②ワインが甘いこと．

アマルガム [amalgam]
①水銀と他の金属との合金．虫歯の詰め物などに使われる．
②混合物．

アマレット [amaretto 伊] アーモンド風味のリキュール．食後酒の一つ．

アマンタジン [amantadine] パーキンソン病の治療薬．A型インフルエンザウイルスの増殖抑制にも効果がある．

アマンド [amande 仏] バラ科の植物，ハタンキョウの実．英語ではアーモンド (almond)．

アミ [ami, amie 仏] 友人，恋人．amiは男性，amieは女性を指す．

アーミー [army]
①軍隊，特に陸軍．
②熱狂的なファンの集団．

アミーゴ [amigo 西] （男性の）友達，友人，仲間．女性はアミーガ (amiga)．

アーミーナイフ [army knife] 多機能の折りたたみ式ナイフ．缶切り・錐・ドライバーなどの機能が付いている．

アミノ酸 [amino acid] たんぱく質を構成している窒素化合物．

アミーバ ⟹ アメーバ

アミューズメント [amusement] 娯楽．楽しみ．遊び．

アミューズメントパーク [amusement park] 遊園地．

アミュレット [amulet] お守り，魔除け．まじないの文字や絵を刻み込んだ装身具．

アミラーゼ [Amylase 独] 酵素の一つ．でんぷんなどの多糖類を加水分解する．

アーミールック [army look] ⟹ ミリタリールック

アミロース [amylose] でんぷんの成分の一つ．白色の粉で水に溶ける．

アームズコントロール [arms control] 軍備管理．

アムダ [AMDA: Association of Medical Doctors of Asia] アジア医師連絡協議会．

アームチェア [armchair] ひじ掛けいす．

アムトラック ⟹ Amtrak

アムネスティ [amnesty] 犯罪者の大赦，特赦．

アムネスティ・インターナショナル [Amnesty International] 国際アムネスティ．人権を守る国際救援機構．不当に捕らえられた非暴力の人々の釈放や公正な裁判，拷問や死刑の廃止を求める国際民間団体．略はAI．

アームバンド [armband]
①腕章．
②袖口が邪魔にならないように腕にまくバンド．

アームホール [armhole] 洋服の袖ぐり．

アムール [amour 仏] 愛，恋愛．

アームレスト [armrest] いすのひじ掛け．

アームレスリング [arm wrestling] 腕相撲のルールを整備し,競技化したもの.

アメコミ [American comics 和] アメリカの漫画.特にスーパーマンなどのスーパーヒーローものの作品.アメリカンコミックスの略.

アメシスト [amethyst] 紫水晶.2月の誕生石.アメジストとも.

アメダス [AMeDAS: Automated Meteorological Data Acquisition System] 地域気象観測システム.

アメニティー [amenity] 快適さ,便利さ.

アメニティービル [amenity building 和] 快適性に富んだビル.

アメーバ [Amöbe ドイ] 単細胞生物の一つ.水中や土中にすみ,分裂して増える.アミーバとも.

アメフト ➡ アメリカンフットボール

アメラグ [American Rugby 和] アメリカンフットボールの通称.

アメラジアン [Amerasian] アメリカ人とアジア人との間に生まれた人.特に父親がアメリカ人,母親がアジア人の場合を指すことが多い.アメレジアンとも.

アメリカス・カップ [America's Cup] 世界最高峰のヨットレース.原則として4年に1度開催.アメリカ杯とも.

アメリカーナ [Americana] アメリカに関する文献,アメリカの風物,米国事情.

アメリカナイズ [Americanize] アメリカ化する,アメリカ風にする.

アメリカ杯 ➡ アメリカス・カップ

アメリカン [American]
①アメリカ人,アメリカの.
② ➡ アメリカンコーヒー

アメリカンコーヒー [American coffee 和] 薄めに抽出したコーヒー.アメリカンとも.

アメリカンチェリー [American cherry] サクランボの一種.大粒,濃赤色で味は濃厚.

アメリカンドリーム [American dream] だれもが機会を得て,富を得る可能性があるというアメリカ的な「成功の夢」.

アメリカンフットボール [American football] 米式蹴球(しゅうきゅう).ラグビー,サッカーを基にしてアメリカで作られた球技.相手のゴールにボールを持ち込んで勝敗を競う.略してアメフト.アメラグとも.

アメリカンプラン [American plan] ホテルの料金システムの一つ.室料,サービス料,食費の合算方式.略はAP.関コンチネンタルプラン,ヨーロピアンプラン.

アメレジアン ➡ アメラジアン

アーメン [amen] キリスト教で,祈りの最後に唱えることば.原意はヘブライ語で「まことに」.

アモール [amor ラテ] 愛,恋.愛人,恋人.

アモルファス合金 [amorphous alloy] 結晶構造を持たない非晶質合金.磁気特性や硬度に優れる.

アヤトラ [ayatollah] イスラム教シーア派の最高宗教指導者, その称号.

アーユルベーダ [ayurveda サンスクリット] インドの伝承自然医学. 古代ヒンドゥー教の医術, 長寿法.

アラー [Allah 阿] イスラム教の唯一絶対神. アッラーとも.

アライバル [arrival] 到着. 到達. 対デパーチャー.

アラカルト [à la carte 仏] 一品料理, メニューから個々に選べる料理.

アラビア [Arabia] インド洋・紅海・ペルシャ湾に囲まれた半島地域.

アラビア数字 [Arabic numeral] 算用数字. 0, 1, 2, 3…などの数字. 起源はインドだが, アラビア人がヨーロッパに伝えたことから.

アラビアータ [arrabbiata 伊] イタリア料理の一つ. パスタなどを赤トウガラシ入りのトマトソースであえたもの.

アラビアンライト [Arabian light] サウジアラビアで生産される軽質原油. 原油価格の基準となっている.

アラブ [Arab]
①アラブ人. アラビア人.
②馬の品種の一つ. 乗用・競走用.

アラベスク [arabesque 仏]
①アラビア風の意匠, 唐草模様.
②アラビア風の幻想的な楽曲.
③バレエで, 片方の足を後方に伸ばしてバランスをとる基本姿勢.

ア・ラ・ポロネーズ ⇒ポロネーズ②

アラーム [alarm] 警報, 警報器.

アラームシステム [alarm system] ビルや住宅の無人警報システム.

アラモード [à la mode 仏]
①最新流行の.
②ケーキなどにアイスクリームを添えること.

アランセーター [Aran sweater] アイルランドのアラン諸島原産の, 染色しない太い羊毛で編んだセーター.

アリア [aria 伊] 歌曲, 詠唱. オペラなどで伴奏付きで歌われる歌. 類レチタティーボ.

アリアンロケット [Ariane rocket] ESA(欧州宇宙機関)の商業衛星打ち上げ用ロケット. 初回打ち上げは1979年.

アリストクラシー [aristocracy] 貴族階級, 貴族政治.

アリーナ [arena]
①観客席付きの競技場, 屋内競技場.
②活動領域.

アリーナフットボール [arena football] 屋内で行われる8人制のアメリカンフットボール.

アリバイ [alibi] 犯罪の発生時に, その容疑者が現場にいなかったという証拠.

アーリーバード [early bird] 早起きの人.

アリベデルチ [arrivederci 伊] 「さようなら」.

アーリーミュージック [Early Music] バロック以前の初期の音楽, 古楽.

アリヤー [aliyah 英] ヘブライ語で, イスラエルへ帰還・移住すること.

アール [are 仏] 面積の単位. 1アール＝100㎡. 記号a.

アールエイチ因子 [Rh factor] 赤血球に含まれる凝集素の一つ.

アルカイスム [archaïsme 仏] 古風な文体, 擬古主義, 時代遅れのもの. アーケイズムとも.

アルカイダ [Al-Qaeda 英] 反米・反イスラエルの国際的テロ組織.

アルカイック [archaïque 仏] 古代の, 古風な, 原始的な, 古代ギリシャ風の. アーケイックとも.

アルカイックスマイル [archaic smile] 古代ギリシャ彫刻にみられるような, ほほ笑みに似た表情. アーケイックスマイルとも.

アルカサール [alcázar 西] 王宮, 城.

アルカディア [Arkadia 羅] ギリシャのペロポネソス半島にある風光明媚な土地の名. 転じて桃源郷, 理想郷.

アルカリ [alkali] 塩基性の無機物質の総称.

アルカリ乾電池 [alkaline dry cell] 電解液にアルカリ水溶液を用いた乾電池. アルカリマンガン乾電池とも.

アルカリマンガン乾電池 ➡アルカリ乾電池

アルカロイド [alkaloid] 植物に含まれるアルカリ性の物質. 一般に強い薬理作用があり, カフェイン, コカイン, ニコチン, モルヒネなどがその例.

アルカローシス [alkalosis] 血液中のアルカリが過剰なこと. 対アシドーシス.

アルギン酸 [alginic acid] 多糖類の一つ. 酸性の炭水化物. 海藻類に含まれ, 接着剤・乳化剤などに用いられる.

アルコーブ [alcove]
①部屋などの一部が凹状に引っ込んだ部分. 大きな部屋の奥にある小室.
②公園や庭園に設けられた東屋.

アルコホリック [alcoholic]
①アルコール依存症患者.
②アルコール性の.

アルゴリズム [algorithm]
①計算の手順. 問題を解決するための処理手順.
②プログラム言語で書かれた演算手順.

アルコール [alcohol]
①アルコール飲料. 酒類の総称.
② ➡エチルアルコール

アルコールハラスメント [alcohol harassment 和] 酒の無理強い. 略してアルハラ.

アルゼンチンタンゴ [Tango Argentino 西] アルゼンチンの伝統的タンゴ. 歯ぎれのよいリズムのダンス曲.

アルタイル [Altair] わし座のアルファ星. 七夕の牽牛星. ➡ベガ.

アルチザン [artisan 仏] 職人, 熟練工. アーチザンとも.

アルツハイマー病 [Alzheimer's disease] 認知症などを起こす疾患. 進行すると, 徘徊(はいかい)や昼夜逆転, 失語症や失認症などが起きる.

アールデコ [art déco 仏] 1920〜30年代にフランスを中心に流行した装飾美術の様式. 配色と直線的な形が特徴.

アルデヒド [aldehyde]
①アルデヒド基(-CHO)をもつ有機化合物の総称.
② ➡ アセトアルデヒド

アルテミス [Artemis] ➡ ダイアナ

アルデンテ [al dente 伊] パスタの, 歯ごたえが少し残る程度のゆで加減.

アルト [alto 伊]
①女声の低・中音域, またはその歌手. コントラルトとも.
②主に中音域を受け持つ管楽器. アルトクラリネットなど.

アルトサックス [alto saxophone] 中音域のサクソフォン.

アールヌーボー [art nouveau 仏] 19世紀末〜20世紀初頭, フランスを中心に興った装飾美術の一様式. 曲線美が特徴.

アルパ [arpa, harpa 西] 南米の原住民インディオのハープ, 竪琴.

アルバイト [Arbeit 独] 和製用法で, 本業の傍らにする仕事, 内職. 原意は「労働」. 略してバイト.

アルパイン [alpine] アルプス山脈の, 高い山の. ドイツ語ではアルペン.

アルパカ [alpaca 西] 南米, アンデス地方のラクダ科の動物, その毛で作った毛糸や織物.

アルバトロス [albatross] ゴルフで, 規定打数より3打少ない打数で終わること. 原意は「アホウドリ」.

アルバム [album] 写真帳. 複数の曲を収録したレコードやCD.

アルハラ ➡ アルコールハラスメント

アルピニスト [alpinist] 登山家.

アルピニズム [alpinism] 登山. より困難な山を求めて登るスポーツ登山.

アルファ [alpha 希]
①ギリシャ文字の最初の文字. A, α.
②物事の始まり.

アルファ・アンド・オメガ [alpha and omega] 物事の始めと終わり. すべて.

アルファ星 [Alpha] 首星. その星座の中で最も明るい星.

アルファ線 [alpha-ray] 放射線の一つ. 原子核反応を起こすのに利用される.

アルファ波 [alpha wave] 安静時にみられる脳波の一つ. α波.

アルファ米 [alpha rice] 米のでんぷんを加熱によって消化されやすくした加工米.

アルプス [Alps]
①ヨーロッパ最大の山脈. フランス, スイス, イタリア, オーストリアの4カ国に連なる.
②日本アルプス. 中部地方の山脈.

アルプススタンド［Alps stand 和］甲子園球場の内野席と外野席の間にある大観覧席.

アルブミン［albumin］細胞や体液中に存在する単純たんぱく質. 略はALB.

アルペジオ［arpeggio 伊］分散和音. ハープやギター, ピアノなどで和音を滑るように演奏すること. アルペッジオ, アルペッジョとも.

アルペン［Alpen 独］➡アルパイン

アルペンコンバインド ➡アルペン複合

アルペンスキー［alpine skiing］スキー競技の一つ. 滑降, スーパー大回転, 大回転, 回転の4種目がある.

アルペン複合［alpine combined］スキーの種目の一つ. ダウンヒルとスラロームの2種目の合計タイムで競われる種目. アルペンコンバインドとも.

アルマイト［Alumite 和］アルミニウム合金の表面を酸化させ, 腐食しにくくしたもの.

アルマゲドン［Armageddon］➡ハルマゲドン

アルマナック［almanac］年鑑, こよみ.

アルマニャック［armagnac 仏］フランス・アルマニャック地方産のブランデー.

アルミ ➡アルミニウム

アルミナ［alumina］酸化アルミニウム. IC基板, 研磨剤, 人工歯材などに使われる.

アルミニウム［aluminum, aluminium］銀白色の軟らかくて軽い金属. 家庭用品にも広く使われている. 略してアルミ.

アルルカン［arlequin 仏］道化役者, ピエロ.

アルレッキーノ［arlecchino 伊］道化役者.

アレイ［array］
①配置, 配列, 整列.
②コンピューターの入力データを適切に配置すること.

アレキサンドライト［alexandrite］宝石の一つ. 光源の種類によって緑色から赤色に変化する.

アレグレット［allegretto 伊］音楽用語で,「少し速く演奏せよ」. アレグロとアンダンテの間の速さ.

アレグロ［allegro 伊］音楽用語で,「速く, 快活に演奏せよ」. 対アダージョ.

アレゴリー［allegory］寓話, 例え話.

アレス［Ares］➡マルス②

アレルギー［Allergie 独］異常過敏症. 転じて, 物事に対する拒否反応. 対アネルギー.

アレルゲン［Allergen 独］アレルギーを起こす物質.

アレンジ［arrange］整える, 準備する, 編曲する.

アロエ［aloë 蘭］蘆薈. 薬用植物の一つ.

アロケーション［allocation］割り当て. 配分. 配置.

アロハ［Aloha ハワイ］「ようこそ」「さよ

うなら」.

アロハシャツ [aloha shirt] 派手なハワイ風の半袖シャツ.

アロマ [aroma] 芳香, 香り. 風格, 気品.

アロマコロジー [aromachology] 芳香心理学. アロマ(aroma)とサイコロジー(psychology)を組み合わせた語.

アロマセラピー [aromatherapy] 芳香療法. 植物の芳香物質をかいだり肌にすり込んだりする健康・美容法. アロマテラピー, アロマトセラピーとも.

アロマテラピー [aromathérapie 仏] ➡ アロマセラピー

アロマトセラピー [aromatotherapy] ➡ アロマセラピー

アローワンス [allowance]
①定期的に支給される手当. 小遣い.
②認可, 余裕, 許容量.

アンインストール [uninstall] コンピューターに組み込んだソフトウエアを削除すること. 対インストール.

アンカー [anchor]
①船の, いかり.
②リレーの最終走者.
③放送番組の総合司会者. ニュースキャスター.

アンガージュマン [engagement 仏] 社会や政治の動きに積極的に参加すること.

アンクタッド [UNCTAD: United Nations Conference on Trade and Development] 国連貿易開発会議. 国連総会の常設機関.

アングラ ➡ アンダーグラウンド②

アングラー [angler]
①釣り師, 釣り人.
②魚のアンコウ.

アンクラバブル [unclubbable] クラブに入れない, 仲間としてふさわしくない.

アングラマネー [underground money 和] 脱税や密輸など, 公の統計には現れない地下経済で動く金. 類ブラックマネー.

アングル [angle]
①角, 角度. 隅.
②物事を見る観点, 立場.

アンクルサム [Uncle Sam] アメリカ合衆国政府. 典型的なアメリカ人. United Statesの頭文字USをもじったもの.

アンクレット [anklet] 足首に付ける腕輪に似た飾り. くるぶしまでの女性用ソックス.

アングロアメリカ [Anglo-America] イギリス系のアメリカ. 北米大陸のうち, イギリス系アメリカ人が中心となって開拓した地域.

アングロサクソン [Anglo-Saxon]
①5〜7世紀にグレートブリテン島に移住したゲルマン民族. アングル族とサクソン族が主体で, 今日の英国人の祖先.
②英国人, 古代英語.

アンケート [enquête 仏] 多数の人々に出す同じ質問事項, 質問表.

アンゴラ［Angora］トルコのアンゴラ（現アンカラ地方）原産のウサギまたはヤギ．その毛織物．

アンコール［encore］「もう一度」．音楽会などで，拍手やかけ声で再演奏を促す呼び声，またはそれに応じての再演奏．本来はフランス語で「まだ」という意味だが，英語に入って誤用され，この意味になったとされる．「もう一度」という意味のフランス語は，ビス（Bis!）．

アンサー［answer］答え．応答．解答．

アンザイレン［Anseilen 独］登山で，安全のために登山者が相互にザイルで体を結び合うこと．

アンザス［ANZUS: Australia, New Zealand and the United States Treaty］オーストラリア・ニュージーランド・米国相互安全保障条約．

アンサンブル［ensemble 仏］
① 全体的調和．
② 音楽の重奏，合唱．演奏者などの一団．
③ 調和のとれた服や道具．

アンシ ➡ ANSI

アンジェラス［Angelus］
① カトリック教会で，朝，昼，夕に捧げるお告げの祈り．
② 祈りの時刻を告げる教会の鐘．

アンシャンレジーム
❶［ancien régime 仏］旧制度．
❷［A__ R__］1789年のフランス革命以前の政治体制．

アンゼリカ［angelica］茎が食用になるセリ科の植物．砂糖漬けにする．

アンソロジー［anthology］名詩選集，詩文集，選集．

アンダー［under］
① 下の．下部の．
② 以下の．…歳以下の．記号U．
③ ゴルフの打数が18ホールの基準打数より少ないこと．アンダーパーとも．

アンダーウエア［underwear］下着，肌着．

アンダーカバー［undercover］
① 秘密の，おとりの．
② 秘密捜査官．アンダーカバーエージェント（undercover agent）の略．

アンダーグラウンド［underground］
① 地下組織，地下運動，地下鉄．
② 前衛的な映画，または演劇活動など．略してアングラ．対 オーバーグラウンド．

アンダー・ザ・テーブル［under-the-table］わいろ．袖の下．

アンダースカート［underskirt］
➡ ペチコート

アンダースキル［underskill 和］技術者や技術の不足状態．対 オーバースキル．

アンダースタディー［understudy］代役，代理．

アンダーステア［understeer］自動車の走行特性の一つ．カーブするときに車体がカーブの外側へ出ようとすること．対 オーバーステア．

アンタッチャブル [untouchable]
①インドのカースト制で最下層とされる人々. 不可触民.
②禁酒法時代のアメリカで, ギャングの買収に応じなかったFBI(連邦捜査局)職員.

アンダードッグ [underdog] 弱者, 敗北者, 負け犬.

アンダーパー [under par] ➡ アンダー③

アンダーバスト [under bust] 乳房の下の胸まわりの寸法.

アンダーライン [underline] 語句に下線を引くこと. 強調すること.

アンダンテ [andante 伊] 音楽用語で「歩く速度で演奏せよ」.

アンチ [anti-]「反対」「対抗」などの意味の接頭語.

アンチエージング [antiaging medicine] 抗加齢医学. 抗老化医学. 老化による症状や加齢現象への対処を目的とした医学.

アンチーク ➡ アンティーク

アンチクライマックス [anticlimax] あっけない幕切れ, 尻すぼみ. 対 クライマックス.

アンチセミティズム [anti-Semitism] 反ユダヤ主義.

アンチセンス療法 [antisense therapy] 人工遺伝子を使って, がんやウイルス性疾患の遺伝子の増殖を抑える治療法.

アンチテアトル [anti-théâtre 仏] 反演劇. 1950年代に, フランスを中心に興った前衛的演劇. 観客に意思疎通の難しさや孤独感を感じさせようとした.

アンチテーゼ [Antithese 独] 弁証法でいう反定立, 反措定, 否定的命題. 対 テーゼ.

アンチノイズ [antinoise] 騒音防止の.

アンチノック [antiknock] 内燃機関のノッキング防止用に燃料に加える制爆剤.

アンチノミー [Antinomie 独] 二つの命題の相互矛盾. 二律背反, 自家撞着(どうちゃく).

アンチパスト ➡ アンティパスト

アンチヒーロー [antihero] 主人公らしくない主人公, 情けない主人公.

アンチモン [Antimon 独] 金属元素の一つ. 医薬や半導体材料などに用いる. 有毒. 記号Sb. アンチモニーとも.

アンチロック・ブレーキ・システム ➡ ABS①

アンチロマン [anti-roman] ➡ ヌーボーロマン

アンツーカー [en-tout-cas 仏] 水はけのよい人工土. コートや競技場に用いられる.

アンティーク [antique 仏] 骨董(こっとう)品, 古美術. アンチークとも.

アンティパシー [antipathy] 嫌悪, 反感. 対 シンパシー.

アンティパスト [antipasto 伊] イタリア料理の前菜. 簡単な盛りあわせの料理. アンチパストとも.

アンデパンダン [indépendants 仏]

①フランスの独立美術展の略称.1884年に正統派に対抗してできた美術家団体の展覧会から.
②無審査,無授賞の展覧会.

アントニム［antonym］反意語. **対** シノニム.

アントルプルヌール ➠アントレプレナー

アントルメ［entremets 仏］主な料理の間に出される副料理,添え料理.

アントレ［entrée 仏］フランス料理で前菜と肉料理の間に出る料理.アメリカでは,中心となる料理.

アントレプレナー［entrepreneur 仏］企業家,起業家.アントルプルヌールとも.

アンドロイド［android］SFに登場する人造人間. **類** ヒューマノイド.

アンドロギュノス ➠アンドロジナス①

アンドロジナス［androgynous］
①両性具有の.雌雄同花の.アンドロギュノスとも.
②男らしさ・女らしさの枠組みを超えた新しいファッション.

アンニュイ［ennui 仏］倦怠,退屈,ものうげな感じ.

アンニョンハシムニカ［안녕하심니까? 韓］「こんにちは」「ごきげんいかが」.

アンバー［amber］こはく.植物の樹脂の化石.

アンパイア［umpire］スポーツ競技の審判員.論争・紛争の仲裁者,裁定人.

アンバサダー［ambassador］大使,特使.

アンパサンド［ampersand］追加や連続を意味するアンド(and)の記号.「&」.

アンバランス［unbalance］不均衡.釣り合いが取れないこと.特に,好ましくない状態を指す場合はインバランス.

アンビエンス［ambience］環境,雰囲気.

アンビエントミュージック［ambient music］
①環境音楽.
②クラブで激しいビートの曲の合間にかけられる,比較的ゆっくりしたタイプの曲.

アンビシャス

1［ambitious］野心的な,大がかりな,大志を抱く.

2［A__］札幌証券取引所の新興市場.

アンビバレンス［ambivalence］両面価値,双価性.相反する感情が同時に存在すること.

アンビバレント［ambivalent］両面性の.相反する感情の.

アンビリーバブル［unbelievable］信じられない.信じがたい.アンビリーバボーとも.

アンプ［amplifier］増幅器.アンプリファイアの略.

アンファンテリブル［enfant terrible 仏］恐るべき子供,手に負えない子供.フランスの小説家ジャン・コクトーの同名の作品から.ベビー

ギャングとも.

アンフェア [unfair] 非公正な, 不公平な. 対フェア.

アンプラグド [unplugged] ギターなどで, プラグを抜いた, つまりアンプ（増幅器）をつながない生の演奏.

アンプル [ampoule 仏] ガラス容器に注射液や薬液を1回分ずつ密封したもの.

アンブレラ [umbrella] 傘, 雨傘. 保護するもの. 類パラソル.

アンブレラカット [umbrella cut] 雨傘の縁の形をした切り込み.

アンブレラスカート [umbrella skirt] ⇒パラシュートスカート

アンプロンプチュ [impromptu 仏] 即興詩. 即興曲. 即興劇.

アンペア [ampere] 電流の強さの単位. 記号 A, amp..

アンペアメーター [ampere-meter] 電流計. アンメーターとも.

アンペイドワーク [unpaid work] 無償労働. 家事, 介護, ボランティアなど, 収入を伴わない労働.

アンメーター [ammeter] ⇒アンペアメーター

アンモナイト [ammonite] 白亜紀末に絶滅した化石動物. 渦巻状の殻をもつ頭足類.

アンモニア [ammonia] 刺激性の強い無色の気体. 水素と窒素の化合物で, 化学肥料などの原料.

アンモラル [unmoral] 不道徳な, 品性に欠ける.

アンラッキー [unlucky] 不運な. 不吉な. 対ラッキー.

イ

イアタ ⇒IATA

イエス・キリスト [Iesous Khristos 羅] キリスト教の創始者. 英語ではジーザス・クライスト.

イエティ [yeti ネパ] 雪男. ヒマラヤ山中に住むといわれる謎の動物.

イエローカード [yellow card]
①サッカーなどで, 審判が警告を与える時に示す黄色のカード. ➡レッドカード.
② ⇒イエローブック②

イエロージャーナリズム [yellow journalism] 低俗で扇情的な新聞や雑誌.

イエローブック [Yellow Book]
①政府発行の黄表紙の公式報告書.
②予防接種証明書. イエローカードとも.
③モータースポーツの規則書.

イエローページ [Yellow Pages] 職業別・企業別電話帳.

イエローペリル [yellow peril] 黄禍. 白色人種が黄色人種に対して抱く恐怖感.

イオン [ion] 電気を帯びた原子, 分子. 電子を失った陽イオンと, それを取り込んだ陰イオンとがある.

イカオ ⇒ICAO

イカルス [Icarus 羅]
①ギリシャ神話に登場する, ろう付けの翼で飛び立ったが, ろうが溶けて海に落ちた少年.

②太陽に接近する小惑星の名.

イクイバレント[equivalent]同等の, 同価値の, 相当する.

イグジット[exit]出口, 退場. 対エントランス.

イクシュ[ICSU: International Council of Scientific Unions]国際学術連合会議. 自然科学などの国際的な学術研究機関.

イグニッションキー[ignition key]自動車の点火用キー. エンジンキーとも.

イグニッションノイズ[ignition noise]内燃機関の点火に際して発生する雑音.

イクラ[ikra ロシ]サケ・マスの成熟卵を塩漬けにしたもの.

イーグル[eagle]ゴルフで, 規定打数より2打少ない打数で終わること. 原意は「鷲ゎ」.

イコカ[ICOCA: IC Operating Card]タッチするだけで自動改札が通れる, JR西日本のICカード.

イコノロジー[iconology]図像解釈学. 肖像, 面像などに現れた主題を研究し, その象徴的な価値を考察する学問.

イコモス ➡ICOMOS

イコライザー[equalizer]周波数補償増幅器. テープの再生時に周波数を補正する回路. 略はEQ.

イコール[equal]
①等しい. 互角の. 匹敵する.
②数学で, 左右の値が等しいこと. 等号.「=」.

イコールパートナー[equal partner]対等の仲間, 提携相手.

イコン[Ikon ドイ]ギリシャ正教の聖像, 聖画像. アイコンとも.

イーサネット[Ethernet]LAN(企業内情報通信網)の規格の一つ. コンピューター同士を結ぶ高速通信ネットワーク.

イージー[easy]容易な. 気楽な. 安易な. くつろいだ.

イージーオーダー[easy order 和]特定の布地や型の見本に合わせて注文する, 注文服よりも簡便な洋服の仕立て法. 類セミオーダー.

イージーゴーイング[easygoing]安易な, のんきな, のんびりした.

イージス艦[Aegis destroyer]アメリカの高性能防空護衛艦.

イージーペイメント[easy-payment]分割払い.

イシュー[issue]
①発行, 発行物, 発行部数.
②問題, 争点.

イージーリスニング[easy listening 和]気軽に聴ける音楽. ムードミュージックなど. エレベーターミュージックとも.

イースター[Easter]復活祭. キリストの復活を祝う祭. 春分後の最初の満月の次の日曜日.

イースターエッグ[Easter egg]復活祭を祝うための彩色した卵.

イースターマンデー[Easter Monday]復活祭の翌日. イギリスなどでは休日.

イースタン・リーグ[Eastern League 和]日本のプロ野球の二

軍選手のリーグの一つ. 関東以北に本拠地のある7球団が参加. ➡ウエスタン・リーグ.

イースト
1 [yeast] 酵母. 酒類やパンの製造に用いられる.
2 [east] 東. 東方. 東洋.

イーストコースト [East Coast] アメリカ東海岸. ニューヨークを中心とした大西洋沿岸地域. 対ウエストコースト.

イーストサイド [East Side] ニューヨーク市マンハッタン区の北東部の通称. 対ウエストサイド.

イスパニア ➠エスパーニャ

イスパノアメリカ [Hispanoamérica 스] スペイン系アメリカ. スペイン語を話すラテンアメリカ, 中南米諸国.

イズベスチヤ [Izvestiya ロシ] ロシアの代表的な日刊紙. かつては旧ソ連政府の機関紙だった.

イズム [ism] 主義, 主張, 学説.

イスラエルロビー [Israel lobby] アメリカのユダヤ系政治団体.

イスラム教 [Islam] 7世紀初頭, アラビア半島でムハンマド(マホメット)が創始した宗教. 唯一神アラーを信仰し, コーランを聖典とする.

イーゼル [easel] 画架. キャンバスを立てかける台.

イソフラボン [isoflavone] 大豆などに含まれるフラボノイドの一種. 体内で女性ホルモンに似た働きをする.

イソロイシン [isoleucine] 必須アミノ酸の一つ. たんぱく質を構成する. 不足すると貧血症になる.

イタリアスーツ [Italian suit 和] ➠ソフトスーツ

イタリアンカジュアル [Italian casual] イタリアのミラノを中心とする都会的なファッション.

イタリック [italic] 欧文の斜体文字.

イッチ [itch] かゆみ, 欲望, 色欲.

イッピー [yippie] ベトナム戦争に反対した, アメリカの若者の反体制集団. ヒッピー族の中でも特に政治色をもったグループ.

イッヒロマン [Ich-Roman ド] 自伝風の一人称小説. 私小説.

イップス [yips]
①瞬間的な精神萎縮. 潜在意識が神経機能を阻害するために起きる硬直などの症状.
②(スポーツでの)緊張による震え, 武者震い.

イデー [Idee ド] 観念, 理念.

イデア [idea ギ]
①理念. 観念.
②普遍的本質. プラトン哲学の中心概念.

イディオム [idiom] 慣用語句, 熟語, 成句.

イデオロギー [Ideologie ド]
①特定の政治的立場に基づく考え方, 主張.
②空理, 空論.

イデオローグ [idéologue フ]
①特定のイデオロギーの主唱者.
②観念論者, 空論家, 夢想家.

イド [id ラテ] ➡ エス
イドラ [idola ラテ] 偶像, 偏見, 先入観.
イナバウアー [Ina Bauer ドイ] フィギュアスケートで, 両足のつま先を外側に向けたまま滑走する技. この技を開発した女子選手の名前から.
イニシアチブ [initiative] 先導, 主導権. 有権者の投票発議権.
イニシエーション [initiation]
①開始, 入門. 成年式.
②奥義の伝授.
イニシャライズ [initialize] 初期化. 磁気ディスクをデータを書き込める状態にすること.
イニシャル [initial]
①最初の, 当初の.
②頭文字.
イニシャルコスト [initial cost] 最初にかかる費用, 初期費用, 初期投資.
イニス ➡ INIS
イニング [inning] 野球などの回. 攻撃と守備の一区切り.
イヌイット [Inuit イヌト] カナダなど北極圏に住むモンゴル系民族. アラスカなどでは「エスキモー」を自称する人々もいる.
イノセンス [innocence] 無罪, 無実. 潔白, 無邪気.
イノセント [innocent] 罪のない, 無垢の, 無邪気な.
イノベーション [innovation] 革新, 刷新, 新機軸.
イパーブ [EPIRB: Emergency Position-Indicating Radio Beacon] 非常用位置指示無線標識機. 船舶に設置され, 緊急事態発生の可能性があるとき救難信号を発する. イーパブ, イーパーブとも.
イブ
❶ [eve] 前夜, 前日. 特にクリスマスの前夜.
❷ [E__] 旧約聖書に登場する, 人類最初の女性. ➡ アダム.
イフェクター ➡ エフェクター
イフェクト ➡ エフェクト
イブニング [evening]
①夕方. 晩.
②和製用法で, イブニングドレスなど夜会服の略称.
イブニングコート [evening coat] 男性用の夜会服の総称. 燕尾服や略式のタキシードなど.
イブニングドレス [evening dress] 女性用の夜会服で, 正式礼装. すそが長く, 腕や胸などを広くあけたデザイン.
イプラ ➡ IPRA
イーブン [even]
①同等の, 釣り合いのとれた.
②ゴルフで打数または勝ったホール数が互角のこと.
イペリット [Yperit ドイ] 糜爛性毒ガスの一つ. マスタードガスとも.
イベロアメリカ [Ibero-America] スペイン・ポルトガルを旧宗主国とする中南米諸国.
イベンター [eventer 和] 興行主. 催し物を企画, 実施する人. 英語ではプロモーター.
イベント [event] 出来事, 行事, 催し物, ボクシングなどの試合.

イベントオペラ [event opera 和] 野球場や屋内競技場などで公演されるオペラ.

イベントマン [event man 和] 催し物の企画・演出を請け負う人.

イマジネーション [imagination] 想像, 想像力. 機転.

イマージュ [image 仏] 心に描く像, 心象, 面影. イメージ.

イマージョン [immersion] 集中, 没頭, 外国語などの集中訓練.

イマドル ➡IMADR

イマーム [imam 阿] イスラム教で, 学識のすぐれた学者. また, スンニ派ではモスクの指導者, シーア派ではムハンマド(マホメット)の正統な後継者のこと. イマムとも.

イミグレーション [immigration] ①空港などでの入国審査. ②外国からの移住, 移民, 移入. 対 エミグレーション.

イミテーション [imitation] 模倣, まね, 模造. 模造品, 偽物.

イメクラ [image club 和] 特定の役割を設定し, それに応じた性的サービスを行う風俗店. イメージクラブの略.

イメージ [image] 像, 映像, 心象, 面影, 印象.

イメージアップ [image-up 和] 人に与える印象をよくすること. 対イメージダウン.

イメージアルバム [image album 和] 小説などの印象をテーマにした曲を集めたレコードやCD.

イメージキャラクター [image character 和] 企業や商品のイメージを売り込むのにぴったりのもの, 人物.

イメージダウン [image-down 和] 人に与える印象を損なうこと. 対 イメージアップ.

イメージチェンジ [image change 和] 人に与える印象を変えること. 略してイメチェン.

イメージトレーニング [image training] スポーツの練習方法の一つ. 体は動かさず, 正しい動きのイメージを頭に描いて学習する.

イメージメーカー [image maker] 選挙の候補者や企業のイメージ, 印象を売り込む専門家.

イメージメーキング [image-making] イメージづくり. 特に他人に与える印象を, 自分にプラスになるように積極的に作り上げること.

イメチェン ➡イメージチェンジ

イモータル [immortal] 不朽の, 不滅の.

イヤーブック [yearbook] 年鑑, 年報.

イヤマーク [earmark] 資金などを特定の用途に指定すること. 羊の耳に所有者の印を付けたことから.

イヤーラウンド・ファッション [year-round fashion] 四季を通じて着られる服装.

イラク・ボディー・カウント [Iraq Body Count] イラクでの死者数. イラクへの武力攻撃による民間人・非戦闘員の死者数をできるだけ正確に数えようというNGO活動. 略

はIBC.

イラスト ➡ イラストレーション

イラストマップ [illustration map 和] 観光案内用などの, イラスト入りの地図.

イラストレーション [illustration] 挿絵, 図解. 略してイラスト.

イラストレーター [illustrator] 挿絵画家.

イーラーニング [e learning: electronic learning] インターネットを使った遠隔教育.

イリーガル [illegal] 違法な. 非合法の. 対 リーガル.

イリジウム [iridium] 金属のうち最も硬い元素. ペン先などに使われる.

イリュージョン [illusion] 幻想, 幻影, 錯覚.

イールドポイント [yield point] 降伏点. 金属が引張試験で切れる点.

イルミネーション [illumination] 照明. 電灯を使った装飾, 電飾.

イレギュラー [irregular] 不規則な, 変則な. 対 レギュラー.

イレーザー [eraser]
①消しゴム. 字消し. 黒板消し.
②消磁器. 帯電した磁気を取り除く装置.

イレブン [eleven]
①数字の11.
②サッカーのチーム. 11人で構成することから.

イレブンナイン [eleven nine] 誤差が非常に少ないこと, 純度が極めて高いこと. 99.999999999%のように9が11も続く厳密さ.

イロニー [ironie 仏] 皮肉, 反語. 英語ではアイロニー(irony).

イン
① [in] …の中の, 流行の.
② [inn] 旅館, ホテル.

インカネーション [incarnation] 化身, 権化, 具体化.

インカマー [incomer] 新来者, 移住者, 侵入者.

インカム [income] 所得, 収入.

インカメラ [in camera ラテ] 法律用語で, 内密の.

インカレ ➡ インターカレッジ

インキュベーション [incubation] 抱卵, 培養. 育成, 起業支援.

インキュベーター [incubator] 未熟児用の保育器. 孵卵(ふらん)器.

インクジェット・プリンター [inkjet printer] コンピューターの高速プリンターの一つ. インクを霧状にしてノズルから噴射し, 文字や図形を印刷する.

イングリッシュブレックファースト [English breakfast] パンと飲み物に卵料理やハムなどをつけたイギリス風の朝食. ➡ コンチネンタルブレックファースト.

イングリッシュホルン [English horn] 木管楽器の一つ. オーボエより大きく, 音程が低い. コーラングレとも.

インゴット [ingot] 鋳塊. 溶かした金属を鋳型に流し込んで固めたもの.

インサイダー [insider] 内部関係

者, 消息通. 対アウトサイダー.

インサイダー取引 [insider trading] 上場企業の関係者が未公表の情報に基づいて行う違法な証券取引.

インサイト [insight] 洞察. 洞察力.

インサイド [inside] 内側. 野球で内角, テニスなどで規定線の内側. 対アウトサイド.

インサイドストーリー [inside story] 内情を暴露する物語, 内幕物.

インサイドベースボール [inside baseball 和] 野球で, 頭脳的な戦法.

インサイドリポート [inside report 和] 内部告発記事. 内幕を暴露した記事.

インサート [insert] 挿入すること. 字幕などの挿入物, 折り込み広告.

インジケーター [indicator] 指針, 表示器, 指標, 指示薬. インディケーターとも.

インジゴ ➡インディゴ

インシデント [incident] 出来事, 事件, 挿話.

インシャラー [Inshallah アラ]「神のおぼしめしのままに」. イスラムの絶対神アラーをたたえる言葉.

インジャリータイム [injury time] サッカーなどで, 試合中に選手が負傷した場合に許される試合停止時間.

インシュアランス [insurance] 保険, 保険料.

インシュラリティー [insularity] 島国根性. 視野の狭い考え方.

インシュリン ➡インスリン

インショップ [in shop 和] ➡ショップ・インショップ

インスタレーション [installation]
①据え付け, 取り付け, 設備.
②展示, 展覧.

インスタント [instant] 即席の, 即製の.

インスティテューション [institution]
①制度, 慣行.
②学校・病院などの公共機関, 公器.

インスティテュート [institute] 学会. 協会. 研究所.

インストア・ブランチ [in-store branch] 小売業の店舗内に設置された金融機関の支店・出張所・ATM(現金自動出入機).

インストア・マーチャンダイジング [in-store merchandising] 効果的な品揃えと陳列, 演出によって, 店頭での需要喚起を図るための技法. 略はISM.

インストラクション [instruction]
①教育, 指令, 指図, 使用説明書.
②コンピューター用語で, 命令.

インストラクター [instructor] 講師, 指導員.

インストール [install] コンピューターにソフトウエアを組み込むこと. 類セットアップ. 対アンインストール.

インストルメンタル [instrumental]
①力になる, 助けになる.
②楽器の, 器楽の. 歌の入らない楽器演奏のみの曲. 対ボーカル.

インストールメント [installment] 分割払い. 連載の1回分.

インストルメントフライト [instrument flight] 航空機の計器飛行. 対ビジュアルフライト.

インスパイア [inspire]
①気持ちを奮い立たせる.
②霊感を与える.

インスピレーション [inspiration] 霊感, ひらめき, 思い付き.

インスペクター [inspector] 視察官, 検査官, 警部.

インスリン [insulin] 膵臓(すいぞう)から分泌されるたんぱく質ホルモン. 血液中の糖を分解する働きをする. 糖尿病の特効薬. インシュリンとも.

インセキュリティー [insecurity] 不安, 不安定, 危険. 対セキュリティー.

インセスト [incest] 近親相姦(そうかん).

インセンス [incense] 香, 線香, 芳香.

インセンティブ [incentive] 誘因, 動機. 奨励金.

インソール [insole] 靴の中底.

インター
① ➡ インターチェンジ②
② ➡ インターナショナル❷

インターオペラビリティー [interoperability] 相互運用性. 操作が他の機器と共通していること, 共同利用できること.

インターカラー [Intercolor] 国際流行色委員会(本部パリ)が選定する流行色.

インターカレッジ [intercollegiate] 大学間の対抗試合. 略してインカレ.

インターコース [intercourse] 交際, 交渉, 性交.

インターコンチネンタル [intercontinental] 大陸間の.

インダストリー [industry]
①産業, 工業.
②勤勉.

インダストリアルソサエティー [industrial society] 産業社会, 工業化社会.

インターセプト [intercept]
①途中で妨害すること, 遮ること.
②ラグビーなどで相手のパスを奪うこと.
③戦闘機の迎撃.

インターチェンジ [interchange]
①相互交換. やりとり.
②高速道路の出入り口. 略してインター, IC.

インターディシプリナリー [interdisciplinary] 学際的. 二つかそれ以上の学問分野にまたがる研究.

インターナショナリズム [internationalism] 国際主義, 国際協調主義.

インターナショナル
❶[international] 国際的. 国際間の. 万国の.
❷[I__] 社会主義運動の国際的な

組織. 略してインター.

インターナショナルバカロレア [International Baccalaureate] 国際バカロレア. 大学入学国際資格制度. 公認の学校に2年在学, 共通試験に合格すれば, 加盟国の大学への入学受験資格が与えられる. 略はIB.

インターナショナルブランド [international brand] 国際商標. 服飾産業で, 世界同一基準で生産・販売するブランド.

インターナショナルユニット [international unit] ビタミンやホルモンなどの効力を表す国際単位. 記号IU.

インターナル [internal] 内部の, 体内の, 国内の. 対エクスターナル.

インターネット [internet] コンピューターネットワークを接続して, 一つの世界的なネットワークとして機能するようにしたもの.

インターネットカフェ [Internet café 和] インターネットが利用できる喫茶店.

インターネットショッピング [internet shopping] インターネットを利用した通信販売. ネットショッピング, オンラインショッピングとも.

インターネットバンキング [internet banking] インターネットを介して金融機関のサービスを利用すること. ネットバンキング, オンラインバンキングとも.

インターネットプロトコル [Internet Protocol] インターネットでデータ通信をするための手順を定めた規約. 略はIP.

インターネットプロバイダー [internet provider] インターネットの接続サービス提供業者.

インターネットモール [internet mall] インターネット上の仮想商店街. インターネットショッピングのできるサイト.

インターハイ [inter highschool 和] 全国高等学校総合体育大会(高校総体)の略称.

インターバル [interval]
①間隔, 間あい.
②野球で, 休息時間, 投球間隔.
③演劇で, 幕あい.
④音程.

インターバルトレーニング [interval training] 全力疾走とジョギングなど, 激しい運動と静かな運動とを組み合わせたトレーニング方式.

インターバンク [inter-bank] 銀行間の. 銀行間の外国為替取引.

インタビュー [interview] 会見, 面接.

インタビューアー [interviewer] インタビューの担当者, 聞き手.

インタビューイー [interviewee] インタビューされる人.

インターフェア [interfere] 干渉する, 妨げる. 特にスポーツで, 相手のプレーを妨害すること.

インターフェース [interface]
①異なる機械同士, あるいは人間

と機械の間を媒介・接続する装置.
②境界面,接触面,中間領域.

インターフェロン [interferon] 体内物質の一つ.ウイルスに感染した動物細胞が作るたんぱく質.がん抑制などで注目されている.略はIFN, IF.

インタープリター [interpreter]
①通訳者.翻訳者.
②プログラミング言語を機械語などに翻訳するプログラム.

インタープリテーション [interpretation] 通訳.解釈,説明.演出,演技.

インターポール [Interpol] 国際刑事警察機構.ICPOとも.

インターホン [interphone] 屋内の有線通話装置.

インターミッション [intermission] 中断.演劇などの休憩時間.

インタラクション [interaction] 相互作用.

インタラクティブ [interactive] 相互に作用する,双方向性の.

インタラクティブアート [interactive art] コンピューターを利用した観客も参加できる双方向芸術.

インターラプト [interrupt]
①妨害する,中断する.
②コンピューター用語で,割り込み.

インターレース走査 [interlace scan] テレビなどで,ちらつきを減らすために走査線を1本おきに飛び越しながら走査し,画面を作る方式.➡プログレッシブ走査.

インタレスト [interest]
①関心,興味.
②利害関係.
③利子,利息.

インタレストカバレッジ [interest coverage] 支払利息など,企業が負っている支払い義務の程度を表す指標.

インタレストグループ [interest group] 利益団体.共通の興味や利害を持つ集団.

インタロゲーションマーク [interrogation mark] ➡クエスチョンマーク

インターン [intern] 実習医,実習生,研修生.

インターンシップ [internship] 専門実習,就業体験.

インチ [inch] 長さの単位.1インチ=12分の1フィート=2.54cm.

インディー [indie] 映画,テレビ,レコードなどの自主プロダクション,独立プロ.インデペンデントをもじったもの.

インディアカ [indiaca] 大きな羽根の付いたボールをネット越しに素手で打ち合うゲーム.

インディア紙 [India paper] 辞書などに用いる薄くて丈夫な紙.インディアペーパーとも.

インディアン [Indian]
①インド人.インド亜大陸の住民.
②➡ネーティブアメリカン

インディアンサマー [Indian summer] 小春日和.特にアメリカ・カナダで,晩秋から初冬にかけて好天

の続く時期.

インディアンジュエリー [Indian jewelry] インディアン(ネーティブアメリカン)細工の装身具.

インディオ [Indio 西] 中南米の先住民.

インディカ [indica] 熱帯や亜熱帯地方で栽培される長粒の米.米の2大種別の一つ. ➡ジャポニカ.

インディケーター ➡インジケーター

インディゴ [indigo] 藍.藍色.青色染料.インジゴとも.

インディ500 [Indy 500] インディアナポリス・500マイル・レース.フォーミュラカーのレースの一つ. 2.5マイルのコースを200周する.

インディーズブランド [indies brand 和] 小規模の会社や若手デザイナーによるブランド.

インディーズマガジン [indies magazine 和] 自費出版の雑誌.

インディビジュアリズム [individualism] 個人主義,利己主義.

インティファーダ [Intifada ア] 民衆蜂起.イスラエル占領地区でパレスチナ人が行っている投石などの抗議行動.

インティメート [intimate] 親しい,親密な,ねんごろな.

インテグラル [integral]
①不可欠な.完全な.
②数学で,積分.記号「∫」.

インテグレーション [integration]
①統合,特に人種統合.
②異なる教科・教材を関連させる教育指導方法.

インテグレート [integrate]
①統合する,融合する.
②教育で,種々の課目を互いに関連させて総合的な思考力を養わせること.
③障害者を普通校に通学させること.

インデックス [index] 索引,目録,指針,指標,指数.

インデックスファンド [index fund] 指標債.投資信託の一つ.株価指数に連動させて収益を図る.略はIF.

インデペンデント [independent]
①独立の,自立した,自主的な.無所属の.
②独立系石油会社.原油の採掘または精製のみを扱う石油会社. 対メジャー.

インテリア [interior] 内部,室内.室内装飾,調度品. 対エクステリア.

インテリアクラフト [interior craft] 室内工芸,室内調度品.

インテリアコーディネーター [interior coordinator 和] 住宅の内装,改造をアドバイスする人.

インテリゲンチャ [intelligentsiya 露] 知識階級,知識人,知的労働者.

インテリジェンス [intelligence]
①知性,知能.
②軍事情報.

インテリジェントカー [intelligent car] 知能を持った自動車.コン

ピューター制御で,高度な機能を自動的に果たす自動車.

インテリジェントスクール [intelligent school 和] 生涯学習都市の中核となる学習施設.地域の人々の学習や,学校教育以外の活動などにも利用できる.

インテリジェントロボット [intelligent robot] 知能ロボット.人工知能やセンサーで,ある程度の自己判断ができるロボット.

インテルサット ➡ INTELSAT

インテルメッツォ [intermezzo 伊] オペラや演劇などで,幕間に演じられる喜劇.また,間奏曲や器楽の小品のこと.

インテンシティー [intensity] 強さ,強度,色彩の鮮明度,写真の明暗度.

インテンシブ [intensive] 集約的な,徹底的な,集中的な.

インテンシブリーディング [intensive reading] 精読.

インデント [indent] 字下げ.文章を見やすくするために行頭を一定の文字数下げること.

インドア [indoor] 室内,屋内の. 対 アウトドア.

インドアクライミング [indoor climbing] 岩場ではなく屋内の人口壁を使ってのクライミング.

インドアゲーム [indoor game] 室内競技.

イントネーション [intonation] 声の抑揚,語調.

イントラネット [Intranet 和] インターネットの特徴を利用した社内コンピューター通信網.

イントラプルナー [intrapreneur] 企業内起業家.会社のバックアップを得て新事業を立ち上げる社員.イントラプルヌールとも.

イントラプルヌール ➡ イントラプルナー

イントラベンチャー・ビジネス [intra-venture business] 企業内に設立したベンチャービジネス.社内ベンチャーとも.

イントルーダー [intruder] 侵入者,じゃま者.

イントレランス [intolerance] 狭量,不寛容.

イントロ ➡ イントロダクション②

イントロダクション [introduction]
①紹介.
②序文,序論.音楽用語で,テーマへの導入部,序奏.略してイントロ.
③(核兵器などの)持ち込み.

インナー [inner]
①内側の,私的な.
②和製用法で,下着. 対 アウター.

インナーキャビネット [inner cabinet] 閣内内閣,小内閣.閣内の有力閣僚グループ.

インナーサークル [inner circle] 権力の中枢にいる側近グループ.

インナーシティー [inner city] 大都市の中心市街地.また,旧市街地.

インナースペース [inner space]

①大気圏内. 対アウタースペース.
②精神世界.

インナートリップ [inner trip] 魂の遍歴. 内面の世界への旅.

インハウス [in-house] 社内の. 一つの組織内の. 企業内の.

インバウンド [inbound]
①本国行きの. 帰りの. 到着する.
②和製用法で,訪日外国人客の取り扱い業務. 対アウトバウンド.
③通信販売などで,顧客からの電話を受けるシステム. 和製用法.

インパクト [impact] 衝撃,影響(力).

インバーター [inverter] 周波数変換装置.

インバネス [inverness] 男性用コートの一つ. 袖なしでケープが付いている.

インバランス [imbalance] (好ましくない)不均衡, 不釣り合い. 類アンバランス.

インパルス [impulse]
①刺激, 衝撃.
②衝撃電流.

インビジブル [invisible] 目に見えない. 対ビジブル.

インピーダンス [impedance] 交流電気回路の電圧と電流の比. 電流の流れにくさ, 抵抗を表す. 記号Z. 単位Ωホ-ム.

インビテーション [invitation] 招待. 招待状.

インファイト [infighting] ボクシングなどでの接近戦.

インフィニウム [infinium] 無限大プラネタリウム. 無限大(infinity)とプラネタリウム(planetarium)の合成語.

インフィニティー [infinity] 無限,無限大.

インフィル [infill]
①建物の内装や設備, 間取り.
②隙間すきまを埋めること. 充填じゅうてん材.

インフェリア [inferior] 劣る, 粗悪な. 対スーペリア.

インフェリオリティー [inferiority] 劣っていること. 劣勢. 対スーペリオリティー.

インフェリオリティーコンプレックス [inferiority complex] 劣等感. コンプレックスとも. 対スーペリオリティーコンプレックス.

インフェルノ
1 [inferno] 地獄.
2 [I_] ダンテの長編叙事詩『神曲』の「地獄編」.

インフォーマティブアド [informative ad] 商品を詳しく解説する広告.

インフォーマル [informal] 略式,非公式の. 格式ばらない. 対フォーマル.

インフォーマント [informant] 情報提供者. 資料提供者.

インフォームド・コンセント [informed consent] 説明と同意. 患者が,医療行為の内容について医師から十分な説明を受け,納得して実施に同意すること.

インフォームド・チョイス [informed choice] 納得しての選択.

インフォームドコンセント 患者が、複数の治療法について医師から十分な説明を受け、両者の相談の上で方針を決定すること.

インフォメーション [information]
①情報, 知識.
②案内, 受付.

インフォメーションプログラム [information program] 情報告知のための放送番組. ニュースや交通情報など.

インプット [input] 資本などの投入. コンピューターの入力された情報. 対アウトプット.

インフラ ➡ インフラストラクチャー

インフラストラクチャー [infrastructure] 経済基盤, 下部構造. 経済活動や社会生活を維持し発展させるための基盤構造. 運輸・通信, 道路・港湾施設など. 略してインフラ.

インプラント [implant] 移植組織. 人工歯根など.

インプリンティング [imprinting] すりこみ. 心理学用語で, 動物の発育の初期に起こる特殊な学習. 最初に目にした動くものを母親と思い込むなど.

インプリント [imprint] 押印, 刻印, 印象, 痕跡. 書物の奥付.

インフルエンザ [influenza] 流行性感冒. ウイルスの感染によって発病し, 高熱や頭痛などを伴う.

インフルエンス [influence] 影響, 効果, 勢力, 威信.

インフレ ➡ インフレーション

インフレギャップ [inflationary gap] 完全雇用の状態で, 総需要が総供給を上回ること. 対デフレギャップ.

インフレーション [inflation] 通貨膨張. 通貨価値が下落し, 物価が急激に上昇する状態. 略してインフレ. 対デフレーション.

インフレーションターゲティング [inflation targeting] インフレ目標. 一定の物価上昇率を目標とし, それを達成するまで金融を緩和する施策. インフレターゲットとも.

インフレターゲット ➡ インフレーションターゲティング

インプレッション [impression] 印象, 感じ. 感銘.

インフレヘッジ [inflationary hedge] 物価上昇による保有資産の目減りの回避手段.

インプロージョン [implosion] 内側に向かう爆発, 内破.

インプロビゼーション [improvisation] 即興演奏, 即興曲, 即興詩.

インベスターリレーションズ [Investor Relations] 株主に経営情報を提供するための企業の広報活動. 略はIR.

インベストメント [investment] 投資, 出資, 投下資本.

インベーダー [invader] 侵略者, 侵入者.

インペリアリズム [imperialism] 帝国主義. 武力を背景に領土や勢

力圏を拡大しようとすること.

インペリアル [imperial]
① 帝国の, 皇帝の.
② 最上質の.
③ 皇帝ひげ.

インベンション [invention]
① 発明, 発明品.
② 音楽で, 対位法的な小即興曲.

インベントリー [inventory] 在庫, 在庫目録. 棚卸し表.

インベントリー・ファイナンス [inventory finance] 在庫金融. 運転資金の増加分を一般会計から調達すること.

インベントリー・リセッション [inventory recession] 在庫調整による景気後退.

インポ ➡ インポテンツ

インボイス [invoice] 送り状, 仕切り状, 仕入れ書.

インポッシブル [impossible] 不可能な, ありえない. 対ポッシブル.

インポテンツ [Impotenz ドイ] 無力, 無気力. 男性の性的不能. 英語ではインポテンス(impotence). 略してインポ. 対ポテンツ.

インポート [import] 輸入, 輸入品. 輸入する. 対エクスポート.

インポートブランド [imported brand] 海外から輸入されたブランド商品.

インボルブ [involve] 巻き込む, 含む, 伴う, 巻き添えにする.

インマルサット ➡ INMARSAT

インモラル [immoral] 不道徳な, ふしだらな. 対モラル.

インライン・スケート [in-line skate] 車輪が縦一列に並んだローラースケート. ローラーブレードは商標.

インレット [inlet]
① 入り江. 入り口.
② はめ込み式のもの.

ウ

ウイークエンド [weekend] 週末. 週末の休み.

ウイークデー [weekday] 平日. 土・日曜日以外の週日.

ウイークポイント [weak point] 弱点, 欠点.

ウイークリー [weekly] 週刊, 毎週の. 週刊の新聞・雑誌.

ウイークリーマンション [weekly mansion 和] 週単位で契約できる賃貸マンション. 家具や台所用品付き. 商標.

ウイザード [wizard]
① 男性の魔法使い. 対ウイッチ.
② パソコンの操作を支援するための機能.

ウイスカー [whisker]
① ひげ, ほおひげ.
② 金属などのひげ結晶.

ウイスキー [whisky, whiskey] 洋酒の一つ. 大麦などを発酵させた蒸留酒.

ウイズキッド [whiz kid] 神童, 天才, やり手.

ウイスキーボンボン [whisky bonbon 和] チョコレートなどにウイス

キーを入れた洋菓子.
ウイッグ [wig] かつら.
ウイッチ [witch] 魔女. 女性の魔法使い. 対ウイザード.
ウイット [wit] 機知, 機転, とんち.
ウイドー [widow] 未亡人.
ウイドーハンター [widow hunter] 未亡人をつけねらう男性.
ウイナー [winner] 勝者. 受賞者.
ウイニング [winning] 勝利を得た. 決勝の.
ウイニングボール [winning ball 和] 野球やゴルフで, 勝利を決めた球.
ウイニングラン [winning run 和] 陸上競技などで, 優勝した選手が声援に応え, 旗などを持って走ること. 英語ではビクトリーラン(victory run).
ウイリー [wheelie] オートバイや自転車で, 前輪を上げて後輪だけで走ること.
ウイリーウイリー [willy-willy] オーストラリア付近で発生する強い熱帯低気圧.
ウイルス [Virusドイ] 濾過性病原体. 病毒. ビールスとも. 英語ではバイラス(virus).
ウイロイド [viroid] 微生物の一つ. ウイルスよりも小さい. 植物の病原体で感染力が強い.
ウインカー [winker] 車などの点滅式の方向指示器. フラッシャー, ターンシグナルとも.
ウインク [wink]
　①片目をつぶって合図すること.
　②光や星などが点滅すること.
ウイング [wing]
　①羽根, 翼.
　②舞台や建物の脇, 袖.
ウイングチェア [wing chair] 背もたれが高い袖付きの安楽いす.
ウインザータイ [Windsor tie] 蝶ちょ結びにする幅広の絹ネクタイ.
ウインザーノット [Windsor knot] ネクタイの結び方の一つ. 結び目が大きく三角形になる.
ウインター [winter] 冬.
ウインチ [winch] 巻き上げ機.
ウインドー [window] 窓. 窓口.
ウィンドウズ [Windows] 米国マイクロソフト社の開発したコンピューター OS(基本ソフト). 複数のプログラムを, 窓状の画面で切り替えることができる.
ウインドサーフィン [windsurfing] ➡ボードセーリング
ウインドシア [wind shear] 乱気流の一つ. 地表付近で突然発生し, 航空機の着陸に影響する.
ウインドーショッピング [window-shopping] 実際に買い物はせず, ショーウインドーの商品を見て楽しむこと.
ウインドーディスプレー [window display] ショーウインドーでの商品展示.
ウインドーピリオド [window period] ウイルス感染が検査でも確認できない空白期間.
ウインドブレーカー [windbreak-

er]防寒・防風用のジャンパー.

ウインドヤッケ [Windjacke ドイ]
➡ヤッケ

ウインナコーヒー [Wiener coffee 和]ウイーン風コーヒー.泡立てた生クリームを,砂糖を入れたコーヒーに浮かせたもの.

ウィンブルドン選手権 [Wimbledon Championships]ロンドン郊外のウィンブルドンで開催される英国テニス選手権.

ウエア [wear]
①衣服,衣類.
②摩損,摩耗.

ウエアハウス [warehouse] 倉庫,上屋(うわや).

ウエアラブル [wearable] 着用できる,身に着けられる.

ウエークボード [wakeboard] モーターボートで引くサーフボード.

ウエザー [weather]
①天気.天候.
②ヨット競技などで風上,上手.

ウエザーオール [weather all 和]
➡オールウエザー

ウエザーコック [weathercock]
①風見,風見鶏(かざみどり).
②考え方が変わりやすい人,日和見(ひより)主義者.

ウエスタン
❶[western]西の,西部の.
❷[W__]西部劇.アメリカ南・西部で生まれた大衆音楽.

ウエスタンブーツ [western boots] カウボーイが愛用した装飾的な乗馬用ブーツ.

ウエスタン・リーグ [Western League 和]プロ野球の二軍リーグの一つ.名古屋以西に本拠地のある5球団で構成.➡イースタン・リーグ.

ウエスト [waist] 腰,衣服の胴部,胴回りの寸法.

ウエストエンド [West End] イギリスのロンドンの商業演劇街.40余りの劇場が集まる.

ウエストコースト [West Coast] アメリカやカナダの西海岸部,特にカリフォルニア州を指す. 対 イーストコースト.

ウエストサイド [West Side] ニューヨーク市マンハッタン区の西部地域.多彩な人種の居住地として知られる. 対 イーストサイド.

ウエストナイル熱 [West Nile Fever] 西ナイル熱.蚊が媒介する熱帯感染症の一つ.

ウエストポーチ [waist pouch] 腰に付ける小型のバッグ,ポーチ.

ウエーター [waiter] 男性の給仕. 対 ウエートレス.

ウエット [wet] ぬれた,湿った.涙もろい,情にもろい. 対 ドライ.

ウエットクリーニング [wet cleaning] 洗濯方法の一つ.水洗い.ドライクリーニングと対比しての言い方.

ウエットスーツ [wet suit] スキューバダイビングなどで着用する,ゴム製の水中着.防水,防寒用.

ウエットティッシュ [wet tissue] 水分を含んだティッシュペーパー.

ウエットランド [wetland] 湿原, 湿地帯.

ウエットリース [wet leasing] 外国の航空会社からの, 乗務員込みの航空機の借り受け.

ウエディング [wedding] 結婚. 結婚式.

ウエート [weight]
① 重さ, 体重.
② 重要性, 重み.

ウエートトレーニング [weight training] 筋力の強化を目的とする練習法. バーベルやダンベルなどを使って負荷を与え, 筋持久力などを強化する.

ウエートリフティング [weight lifting] 重量挙げ. バーベルを両手で持ち上げ, 総重量を競う.

ウエートレス [waitress] 女性の給仕. 対 ウエーター.

ウエハー [wafer] シリコンの単結晶の薄片でできた集積回路の基板. シリコンウエハーとも.

ウェーバ [weber] 磁束の単位. 記号 Wb.

ウエーバー [waiver] 権利放棄. プロ野球選手の公開移籍.

ウエハース [wafers] 軽焼きの薄い洋菓子. アイスクリームなどに添える.

ウェブ [web] 網, クモの巣状のもの, テレビ・ラジオの放送網. ➡ ワールドワイド・ウェブ

ウエーブ [wave] 波, 波動, 電波, 髪を波形にちぢらせること.

ウェブページ [web page] インターネットの画面.

ウェブポータル [web portal] ➡ ポータルサイト

ウェブマネー [web money] インターネットでの買い物に使うプリペイドカード.

ウェブログ [weblog] ➡ ブログ

ウエポン [weapon] 武器. 兵器.

ウエルカム
❶ [welcome] 歓迎.
❷ [W__!]「いらっしゃい」「ようこそ」.

ウエルダン
❶ [well-done] 肉を中まで十分に焼くこと.
❷ [W__!]「よくやった」.

ウエルネス [wellness] 健康, 好調.

ウエルバランス [well-balanced] 釣り合いのとれた. 常識豊かな.

ウエルビーイング [well-being] 個人の権利や自己実現が保障され, 満足できる状態であること.

ウエルフェアステート [welfare state] 福祉国家. 社会保障が完備した国.

ウエルメード [well-made] 製品などがよくできている. うまくできている.

ウエルメードプレー [well-made play] 巧みに作られた劇. 新鮮味に欠けるという意味で使われることもある.

ウオーカー [walker] 歩く人. 歩行者.

ウオーカソン [walkathon 和] 募

金活動の一つ.参加者の歩いた距離に応じて活動資金の寄付を募る.ウオーク(walk)とマラソン(marathon)の合成語.

ウオーキング[walking]
①歩くこと,歩行.
②競歩.

ウオーキングディクショナリー[walking dictionary]生き字引,物知り.

ウオーキングトレイル[walking trail 和]楽しい散歩道.国土交通省が提唱する歩行者専用道ネットワーク.

ウオークアウト[walkout]不賛成の意思表示としての退場.ストライキの一形態.

ウオークイン・クローゼット[walk-in closet]洋風納戸.立ったまま出入りできる押し入れ.

ウオークライ[war cry]
①ときの声,雄叫び.
②スポーツなどで気勢を上げるための掛け声.
③政党などのスローガン.

ウオークラリー[walk rally 和]野外ゲームの一つ.コース図に従って歩き,チェックポイントで出された問題を解きながらゴールする.

ウオーゲーム[war game]図上演習,机上作戦演習.ビデオの戦争ゲーム.

ウォストーク ➡ ボストーク

ウオーターガーデン[water garden]池や湿地,滝を取り入れた庭園.

ウオータークーラー[water cooler]冷水器.冷たい飲料水を供給する装置.

ウオータークラフト[watercraft]
①船,船舶.
②ボートや水泳などの水上技術.

ウオータークローゼット[water closet]トイレ.手洗い.略はWC.

ウオーターゲート事件[Watergate]アメリカで1972年に起きた政治スキャンダル.民主党全国委員会本部に,共和党が盗聴装置を仕掛けたことに始まり,ニクソン大統領の辞任にまで発展した.

ウオータージェット[waterjet]
①水の噴射.
②掘削機の一つ.水流で堅い岩石を砕き,トンネルを掘る機械.

ウオーターシュート[water chute]高いところからボートで水の上に滑り降りる遊具.

ウオータースカイ[water sky]水空.極地で,結氷しない水面の反射により,空が周りよりも暗く見える現象.

ウオータープルーフ[waterproof]防水の,防水の生地.シャワープルーフとも.

ウオーターフロント[waterfront]水辺の,海岸の.

ウオーターベッド[water bed]水の入った袋をマットレスにしたベッド.

ウオツカ[vodka ロシ]ロシアなどが原産の強い蒸留酒.ウオトカとも.

ウオッシャブル[washable]洗え

る, 洗濯のきく, 水洗いできる.
ウオッチ [watch]
①腕時計, 懐中時計.
②見張り, 当直.
ウオッチマン [watchman] 警備員, 夜警.
ウオッチャー [watcher] 見張り人, 観測者, 消息通.
ウオッチング [watching] 観察. 監視.
ウオトカ ➡ウオツカ
ウオーニング [warning] 警告, 注意, 予告.
ウオーマー [warmer] 加温器.
ウオーミングアップ [warming-up] 準備運動, 内燃機関などの暖機運転. ウオームアップとも.
ウオーム [warm] 暖かい. 温かい. 対クール.
ウオームアップ [warm-up] ➡ウオーミングアップ
ウオームカラー [warm color] 暖色. 赤, 橙など暖かいイメージの色.
ウオームビズ [WARM BIZ] 秋冬には厚着をすることで室内暖房温度を20℃くらいに下げようという提案. 環境省の地球温暖化防止キャンペーンの一環. ➡クールビズ.
ウオールキャビネット [wall cabinet 和] 壁に組み込まれた収納戸棚や飾り棚, 洋だんす.
ウォールストリート [Wall Street] ウォール街. アメリカの証券・金融界. ニューヨークの証券取引所がある地名から.
ウオルナット [walnut] クルミ, クルミ材.
ウォーレス線 [Wallace's line] 動物分布上の境界線. 東洋区とオーストラリア区とを分ける. ウォレスラインとも.
ウオレット [wallet] 札入れ, 財布. ワレットとも.
ウォン [원 朝] 大韓民国, 朝鮮民主主義人民共和国の通貨単位.
ウオンテッド [wanted]
①お尋ね者, 指名手配.
②求人募集.
ウクレレ [ukulele] ギターよりも小型のハワイの四弦楽器.
ウーステッド [worsted] よりをかけた梳毛糸（羊毛の繊維）で織った織物.
ウーゾ [ouzo] ブランデーにアニスの香りを付けたギリシャ産リキュール.
ウッズベージング [woods bathing] 森林浴.
ウッディー [woody] 樹木の多い, 森の, 木材の.
ウッドクラフト [woodcraft]
①木製の工芸品.
②森林での行動技術.
ウッドデッキ [wood deck] 木製または人造木製のテラス, ベランダ.
ウッドベース [wood bass] ➡コントラバス
ウッドペッカー [woodpecker] キツツキ科の鳥の総称.
ウテルス [uterus ラテ] 子宮.
ウーピーズ [woopies] 富裕な老

人たち, 豊かな老人層. well-off older peopleの略.

ウーファー [woofer] 低音用スピーカー. **対**ツイーター.

ウーマナイザー [womanizer] 女性関係にだらしのない男.

ウーマンパワー [woman power] 女性の力, 威力, 能力.

ウーマンリブ [Women's Lib] 女性解放運動. リブとも.

ウムラウト [Umlaut 独] 母音変異. 変母音. 変音符. ドイツ語などで特定の母音が音韻を変える現象.

ウラシル [uracil] RNA(リボ核酸)を構成する塩基の一つ.

ウラノス [Uranos ギリ]
①天王星.
②ギリシャ神話の天の神.

ウラン [Uran 独] 銀白色の金属. 天然で存在するものでは最大の原子. 放射性元素の一つで, 核燃料に利用される. 記号U.

ウーリーナイロン [wooly nylon] 羊毛風に加工したナイロン.

ウルグアイ・ラウンド [Uruguay Round] GATT(関税貿易一般協定)の第8次多角的貿易交渉. 1986～94年.

ウルトラ [ultra-]「極端」「超」の意味の接頭語. 正しくはアルトラ.

ウルトラマリン [ultramarine]
①濃い青, 群青色.
②群青色の顔料.

ウルトラモダン [ultramodern] 超現代的な.

ウルトラリンケン [Ultralinken 独] 極左, 急進主義.

ウールマーク [Woolmark] 羊毛の品質保証マーク. 純毛率が99.7%以上で品質基準を満たした製品に付けられる.

ウレタン [Urethan 独]
①カルバミン酸とアルコール類などの化合物. 催眠剤, 解毒剤に用いられる.
②ウレタンフォームやポリウレタンの略.

ウレタンフォーム [Urethan foam 和] ウレタン樹脂を使った発泡合成ゴム. 防音や断熱, 保温材に用いる. 発泡ウレタンとも.

ウロペーパー [uropaper] 摂取した塩分の量を知るための尿試験紙.

ウロボロス [Ouroboros ギリ] 自分の尾をのみ込んで円くなった蛇のこと. 無限, 連続などを表す.

エ

エア [air]
①空気. 空気の.
②航空. 航空の.
③スキーやスノーボードで, ジャンプをして空中を飛ぶこと. 空中演技. 和製用法.

エアカーゴ [air cargo] 航空貨物.

エアカーテン [air curtain] 建物の出入り口に空気の流れで壁を作り, 外気を遮断する装置.

エアガン [air gun] 空気銃. エアライフルとも.

エアクッション艇 [air-cushion vehicle] 船体の下から圧縮空気を噴き出し, 空気のクッションを作って走る水陸両用の乗り物. ホーバークラフトは商標. 略はACV.

エアクリーナー [air cleaner] 空気清浄器. 空気浄化装置.

エアコン ➡ エアコンディショナー

エアコンディショナー [air conditioner] 空気調節装置, 冷暖房装置. 略してエアコン.

エアシップ [airship] 飛行船.

エアシャトル [air shuttle] 通勤用の定期航空便. 距離の近い2都市間を繰り返し往復する.

エアシュート [air chute 和] 圧縮空気の力で, パイプを通じて伝票や書類を送る装置.

エアゾール [aerosol] 噴霧器, 噴霧剤.

エアターミナル [air terminal] ①空港を利用する旅客用の建物. ②市内にある, 空港への連絡バス・鉄道の発着所.

エアチェック [air check 和] 好きな放送番組を録音, 録画すること.

エアバス [airbus] 中・短距離用の大型ジェット旅客機.

エアバッグ [air bag] 自動車に取り付ける衝撃緩和用の空気袋.

エアフィルター [air filter] 空気濾過装置. ちりやほこり, 花粉などを除去する.

エアブラシ [airbrush] 圧縮空気で絵の具や塗料を噴き付ける装置.

エアプランツ [air plant] 空気植物. 空気中の水分や栄養分を取り入れ, 土を必要としない園芸植物.

エアブレーキ [air brake] 空気圧を利用した制動・減速装置. エアブレーキングとも.

エアポケット [air pocket] 局部的な乱気流状態. 航空機の揚力を急減させ瞬間的に落下させる.

エアホステス [air hostess] ➡ スチュワーデス

エアポート [airport] 空港, 特に定期便が発着する空港.

エアメール [airmail] 航空郵便.

エアライフル [air rifle] ➡ エアガン

エアライン [airline] 定期航空路線. 航空会社.

エアリアル [aerial] フリースタイルスキー競技の一つ. ジャンプ台から飛び上がり, 宙返りなどの演技を競う.

エアログラム [aerogram] 航空書簡. 外国向けの航空郵便用封かんはがき.

エアロサット ➡ AEROSAT

エアロバイオロジー [aerobiology] 空中生物学. 空中に浮遊している花粉や微生物などを研究する. アエロバイオロジーとも.

エアロバイク [aerobike 和] 室内で運動するための固定された自転車. 商標.

エアロビクス [aerobics] 有酸素運動. 各種の運動を通じて酸素消費量を増やし, 健康に役立てる運動

法.

エアロビサイズ [aerobicize] エアロビクスを行うこと. エアロビクス(aerobics)とエクササイズ(exercise)の合成語.

エアロブレーキング [aero-braking]
①宇宙船の帰還の際, 空気抵抗を使って減速させること.
② ➡ エアブレーキ

エイコサペンタエン酸 [eicosapentaenoic acid] 不飽和脂肪酸の一つ. 血中のコレステロール値を下げる. 略はEPA.

エイジ ➡ エージ

エイジアンアメリカン [Asian-American] アジア系アメリカ人.

エイジング ➡ エージング

エイズ [AIDS: acquired immunodeficiency syndrome] 後天性免疫不全症候群. 病原体はHIV(ヒトエイズウイルス)で, 感染すると免疫機能が低下する.

エイト [eight]
①数字の8.
②ボート競技の一つ. 8人の漕ぎ手と1人の舵手が乗る.

エイド
1 [aid] 援助, 助力, 救援, 補助.
2 ➡ AID②

エイトビート [eight beats] 4分の4拍子の1小節で八つの8分音符を基調とするリズム.

エイリアン [alien] 外国人, 異邦人. 転じて異星人, 宇宙人.

エイロス ➡ ALOS

エイワックス ➡ AWACS

エオニズム [eonism] 服装倒錯. 特に男性が女装を好むこと.

エーカー [acre] 面積の単位. 1エーカーは約40アール. 記号ac.

エキサイティング [exciting] 興奮させる. 血湧き肉躍る.

エキサイト [excite] 興奮させる, 刺激する, 興味をそそる.

エキシビション [exhibition] 展覧会, 展示会, 博覧会.

エキシビションゲーム [exhibition game] 公開競技, 模範演技.

エキス [extract]
①抽出物.
②物事の本質.

エキストラ [extra]
①余分なもの, 特別のもの, おまけ, 号外.
②映画・演劇の臨時雇いの出演者.
③極上品. エクストラとも.

エキスパート [expert] 専門家. 熟練者.

エキスパンダー [expander] 筋肉を鍛えるためのバネを利用した健康器具.

エキスポ [expo] 展覧会, 博覧会. エキスポジションの略. エクスポ, エクスポジションとも.

エキスポジション [exposition] ➡ エキスポ

エキセントリック [eccentric] 風変わりな, 常軌を逸した, 変人の.

エキゾチシズム [exoticism] 異国趣味, 異国情緒.

エキゾチック [exotic] 外国の, 異国情緒の, 風変わりな.

エキノコックス [echinococcus] 寄生虫の一つ. キツネやイヌに寄生するが, ヒトにも感染することがある.

エクイティ [equity]
① 公平. 公正.
② マンションなどの持ち分権.
③ ➡ エクイティファイナンス

エクイティファイナンス [equity finance] 新株発行などでの自己資金調達. エクイティとも.

エクサ [exa] 単位用接頭語で10^{18}. 記号 E.

エグザイル [exile]
① 追放. 亡命. 流刑.
② 国外追放者. 亡命者.

エクササイズ [exercise] 運動, 体操, 練習, 訓練, 練習問題.

エクササイズウオーキング [exercise walking] ➡ フィットネスウオーキング

エグジスタンシアリスム [existentialisme 仏] 哲学の実存主義. 人間のあり方を主体的実存に求める主張.

エグジスタンス [existence 仏] 存在, 現存, 実存.

エクスキューズ [excuse] 言い訳, 弁解, 口実.

エクスクラメーションマーク [exclamation mark] 感嘆符.「！」.

エクスタシー [ecstasy] 恍惚こうこつ, 有頂天. 性的な絶頂感.

エクスターナル [external] 外の, 外部の, 表面的な. 対インターナル.

エクスチェンジ [exchange] 交換, 両替, 為替. 手形交換所, 証券取引所.

エクステリア [exterior] 外部, 外装, 外観. アウテリアは和製英語. 対インテリア.

エクステンション [extension]
① 延長, 拡張.
② 内線電話.
③ 大学の公開講座.

エクストラ ➡ エキストラ③

エクストラネット [extranet] イントラネットを複数企業間で接続したネットワークシステム.

エクストリーム [extreme] 過激な. 極端な.

エクストリームスキー [extreme skiing] 急斜面でのスキー競技.

エクスプレス [express]
①（列車・バスなどの）急行, 直通便.
② 速達郵便, 至急便.

エクスプロージョン [explosion] 爆発. 爆発的な増加.

エクスプローラー
1 [explorer] 探検家, 調査者.
2 [E__] アメリカの初期の科学衛星.

エクスペンシブ [expensive] 高価な, ぜいたくな, 費用のかかる.

エクスペンス [expense] 費用, 経費, 支出, 損失.

エクスポ ➡ エキスポ

エクスポジション [exposition]

エクスポート

①説明. 解説.
② ➡ エキスポ
エクスポート [export] 輸出, 輸出品. 輸出する. 対インポート.
エグゼクティブ [executive]
①企業の経営者, 幹部, 管理職.
②行政府, 行政官.
エグゼクティブオフィサー [executive officer] 行政官, 企業の会社役員, 取締役.
エグゼクティブクラス [executive class] 旅客機の客席で, エコノミークラスとファーストクラスの中間. ビジネスクラスとも.
エクセルギー [exergy] 有効エネルギー. エネルギーを変換したときに機械的な仕事に利用できるエネルギー. 対アネルギー.
エクセレント [excellent] 優秀な, 一流の, 素晴らしい.
エクソシスト [exorcist] 悪魔払いの祈祷師, 呪術師.
エクソダス
❶ [exodus] 集団での移住, 脱出.
❷ [E__] 旧約聖書の「出エジプト記」.
エクトプラズム [ectoplasm]
①原生動物の外質.
②霊媒などの体から出るとされる心霊体. 霊気.
エクリチュール [écriture 仏] 文字, 文書, 文芸作品.
エクリプス [eclipse] 日食, 月食.
エクレア [éclair 仏] シュークリームにチョコレートをかけた洋菓子.
エコ [eco] ➡ エコロジー

エゴ [ego ラテ] 自我.
エゴイスティック [egoistic] 自分本位の, 利己的な.
エゴイスト [egoist] 利己主義者, 自己中心的な人.
エコーウイルス [ECHO virus] 人の腸内で増殖し, 髄膜炎などの原因になるウイルス. ECHOはenteric cytopathogenic human orphanの略.
エコーカプセル [echo capsule] 胃や腸の内部の状態を測定し送信する装置. カプセル状で, 口から飲み込む.
エコグラム [echogram] 音響, 超音波, 心の動きなどを図やグラフに示したもの.
エコサイド [ecocide] 環境汚染による生態系破壊, 環境破壊. ecology(生態学)とgenocide(民族虐殺)の合成語.
エコシステム [ecosystem] 生態系. 一定の場所に住む生物と環境をエネルギーの流れなどの観点からとらえたもの.
エコシティー [eco-city 和] エコロジー(生態環境)との均衡を保った街づくり.
エコステーション [eco-station 和] 環境対策自動車に電気・天然ガスなどの燃料を供給する施設. 略はES.
エコソク ➡ ECOSOC
エコタウン [eco-town] 環境・リサイクル産業の育成と地域振興を結びつけた事業計画.

エコツアー［eco-tour］環境保護・自然観察ツアー.

エコドライブ［ecological drive］環境に配慮した自動車運転方法.アイドリングの禁止など.

エコノミー［economy］
①経済.
②倹約,節約.
③ ➡ エコノミークラス

エコノミカル［economical］経済的.節約的.徳用の.

エコノミークラス［economy class］旅客機などの普通席,割安席.略してエコノミー.

エコノミークラス症候群［economy class syndrome］長時間同じ姿勢で座っていることが原因となり,足などに血栓症を起こすこと.ロングフライト血栓症とも.

エコノミスト［economist］経済学者,経済専門家.

エコノミック［economic］経済の.経済学の.

エコノミックアニマル［economic animal］経済動物,損得しか考えない人間.

エコノミックス［economics］経済学.

エコノミックパワー［economic power］経済力,経済大国.

エコノミーラン［economy run］自動車の燃料節約競走.一定距離を走るのに要した燃料の少なさを競う.

エコノメトリックス［econometrics］計量経済学.経済理論と統計分析・数学を総合した学問.

エコビジネス［ecobusiness 和］環境にやさしい産業.廃棄物の再利用事業など.

エコファーマー［eco-farmer 和］食品の安全性を高めるため化学肥料や農薬の使用を減らしている農家.都道府県知事が認可.

エコフェミニズム［ecofeminism］男性中心の社会構造が自然破壊をもたらした,とする考え方.

エコマーク［ecomark 和］環境保全に役立つ製品に付けられる印.エコラベルの一つ.

エコマテリアル［ecomaterial］生態素材,自然環境素材.地球や生態にやさしい素材.

エコマネー［eco-money 和］環境,福祉などのボランティア活動によるポイントと,商品やサービスとが交換できる地域限定通貨.

エコミュージアム［ecological museum］環境博物館.生活の場や自然環境を保全する活動の一つ.

エコラベル［eco-label］環境への負荷が少なく,環境保全に役立つ製品に付けられる印. ➡ エコマーク.

エコール［école 仏］
①学派,流派.
②学校.

エコール・ド・パリ［École de Paris 仏］パリ派.1920年代を中心にパリに集まった外国人美術家たちと,その作風.

エコロジー［ecology］
①生態学,生態環境.

エコロジーカラー

②環境保護.環境保全.いずれも,略してエコ.

エコロジーカラー [ecology color 和] 天然素材そのままの色.自然界の色合いを思わせる色.

エコロジカル [ecological]
①生態学の.
②環境保護の.環境保全の.

エコロジスト [ecologist]
①生態学者.
②環境保護運動家.

エコワス ➡ECOWAS

エージ [age] 年齢.世代.時代.エイジとも.

エージェンシー [agency] 代理店,特約店,取次店.

エージェンシーショップ [agency shop] 労働協約で,組合が非組合員についても代理権を持ち,組合費相当の金額を納めさせる制度.

エージェント [agent]
①代理人,代理店,外交員,工作員.
②諜報員.

エージグループ [age-group] 年齢別に分けた集団,年齢集団.

エージズム [ageism, agism] 年齢差別,特に高齢者差別.

エシックス [ethics] 倫理学.倫理.

エージレス [ageless] 不老の,時間を超越した.

エージング [aging] 年をとること,老化,熟成.エイジングとも.

エス [Es ジ] 心理学で,原始的自我.人間の本能的な衝動.イドとも.

エース [ace]

①トランプの「1」の札,切り札,第一人者.
②ゴルフのホールインワン.
③テニスで,相手が返球できない打球,特にサービスエース.

エスカルゴ [escargot 仏] フランス料理で使われる食用カタツムリ,またはその料理.

エスカレーション [escalation] 段階的な拡大.対デスカレーション.

エスカレーター [escalator]
①自動階段.
②和製用法で,入学試験なしで系列の学校に進学できること.

エスカレート [escalate] 物事が段階的に拡大,上昇すること.

エスキーテニス [ESCI tennis] ミニテニスの一つ.羽根の付いたスポンジボールを木製のラケットで打ち合う.エスキー(ESCI)は,戦後広島に構想された教育科学文化研究所(Education, Science and Culture Institute)の頭文字から.平和運動から生まれたスポーツ.

エスキモー [Eskimo] ➡イヌイット

エスキャップ [ESCAP: United Nations Economic and Social Commission for Asia and the Pacific] 国連アジア太平洋経済社会委員会.

エスクード [escudo ポルト] ポルトガルの旧通貨単位.2002年ユーロに移行.

エスクロ [escrow] 第三者寄託方

式.第三者に預けた証書が,一定条件が満たされた場合に効力を持つ方式.

エスクロバーター [escrow barter] 条件付き譲渡信用状によって行われる国際取引で,買い手が売り手の指定銀行へ売り手の名義で預金すること.

エスケープ [escape]
①逃げる,脱出する.
②和製用法で,さぼること.

エスケープクローズ [escape clause] 免責条項,除外条項.

エスコート [escort] 護衛,護送.特に男性が女性に付き添うこと.

エスタブリッシュメント [establishment]
①既存の体制,権力組織.
②組織,制度,施設.

エスタンプ [estampe 仏]
①版画,木版画.
②版画用に描かれた絵画.

エステ ➡ エステティック②

エステティシャン [esthéticien 仏]
①美学者.
②全身美容師.

エステティック [esthétique 仏]
①美の哲学,美意識.
②美容を心身両面から考えようとする総合美容.略してエステ.

エステート [estate]
①領地,地所,財産.
②階級,地位.

エステートカー [estate car] ➡ ステーションワゴン

エストール ➡ STOL

エストロゲン [estrogen] 発情ホルモン,卵胞ホルモン.

エスニシティー [ethnicity] 民族性,民族集団が示す特性.

エスニック [ethnic]
①人種の,民族の,少数民族の,異国風の.
②少数民族.

エスニッククレンジング [ethnic cleansing] 民族浄化.敵対する民族の根絶をはかること.

エスニックスポーツ [ethnic sport] 特定の民族の間で盛んなスポーツ.

エスニックミュージック [ethnic music] 民族音楽.

エスノ [ethno 和] アジア,アフリカなどの民族音楽を取り入れた新しい音楽.

エスノポップス [ethno-pops] アジア,アフリカなどの民族音楽を取り入れたポピュラー音楽.

エスノポリティクス [ethnopolitics] 少数民族をめぐる政治.

エスノロジー [ethnology] 民族学,文化人類学.

エスパー [esper 和] 超能力者.超感覚的知覚(extrasensory perception, ESP)を持つ人.

エスパドリーユ [espadrille 仏] 縄底で布製の靴.

エスパーニャ [España 西] スペイン.イスパニアとも.

エスパニョル [español 西] スペインの,スペイン人,スペイン語.

エスピオナージュ [espionage] スパイ行為,諜報(ちょうほう)活動.

エスプリ [esprit 仏]
①機知, 才知, センス.
②精神, 魂.

エスプレッソ [espresso 伊] コーヒーの粉に蒸気を通して入れる濃いイタリア式コーヒー.

エスペランチスト [Esperantist 英仏] エスペラント語を話す人, その普及運動家.

エスペラント [Esperanto 英仏] ポーランドのザメンホフが1887年に考案した国際語.

エスポワール [espoir 仏] 希望, 望み.

エソロジー [ethology] 動物行動学. 動物の行動パターンや習性を研究する生物学の一分野.

エターナル [eternal] 永遠の. 永久の.

エタニティーリング [eternity ring] 小さな宝石を周りにびっしり埋め込んだ指輪. 永遠の象徴.

エタノール [Äthanol 独] ➠ エチルアルコール

エダムチーズ [Edam cheese] オランダのナチュラルチーズ. 表面を赤いワックスで覆った堅い球形のチーズ.

エタン [ethane] メタン系炭化水素の一つで, 無色無臭の可燃性気体. エチレンなどの原料となる.

エチケット [étiquette 仏] 礼儀, 行儀作法.

エチュード [étude 仏] 練習, けいこ. 美術の習作, 音楽の練習曲.

エチルアルコール [Äthylalkohol 独] 酒精. 酒類や医薬品などに用いられる. アルコール, エタノールとも.

エチルエーテル [Äthyläther 独] 無色の揮発性液体. 麻酔剤や溶剤, 自動車燃料に用いられる. エーテル, ジエチルエーテルとも.

エチレン [ethylene] 炭化水素の一つ. 無色, 可燃性の気体で, 石油化学工業の基礎原料.

エックス線 [X ray] ➠ レントゲン②

エッグノッグ [eggnog] 卵に牛乳や砂糖を加えた飲み物. アルコール類を加えることもある.

エッジ [edge]
①刃, 縁, へり, 端.
②スキー, スケートの滑走面の角.

エッセー [essay] 評論, 随筆.

エッセイスト [essayist] 随筆家, 評論家.

エッセン [Essen 独] 食事.

エッセンシャル [essential] 本質的な. 不可欠の.

エッセンシャルオイル [essential oil] 植物から抽出する精油.

エッセンス [essence]
①本質, 真髄, 核心, 実在.
②香料, 香水.

エッチング [etching] 銅板を薬品で腐食させて凹版を作る銅版画の技法. 集積回路などの製造に用いる, 化学物質で表面を腐食させ不要部分を除く方法のこともいう.

エディション [edition]
①出版物の「版」.
②刊行物, 印刷物.

エディター［editor］
①編集者,編集発行人.論説委員.
②フィルムやテープの編集機.

エディトリアル［editorial］社説,論説.

エディトリアルデザイン［editorial design］雑誌,書籍などの出版物のデザイン.

エディネット［EDINET: Electronic Disclosure for Investors' Network］証券取引法によって定められた有価証券報告書などの法定書類の電子開示システム.

エディプスコンプレックス［Oedipus complex］男の子が母親を思慕して父親を憎む感情.対エレクトラコンプレックス.

エデュケーション［education］教育.

エデュテインメント［edutainment］遊び学習.教育（education）と娯楽（entertainment）の合成語.

エーテル ➡ エチルエーテル

エデン［Eden ラテ］旧約聖書の楽園.アダムとイブが禁断の実を食べて神に追放されるまで暮らしていたところ.

エトス［ethos ギリ］習慣,特質,性格,倫理基盤.対パトス.

エートス［Ethos ドイ］社会などの気風,風潮,民族精神.

エトセトラ［et cetera ラテ］…など,その他.略式表記はetc..

エトランゼ［étranger フラ］外国人,異邦人.

エトワス［etwas ドイ］あるもの,何か.

エトワール［étoile フラ］
①星,運命,星まわり.
②スター,花形.

エナジー［energy］ ➡ エネルギー

エナメル［enamel］
①琺瑯.ガラス質のうわぐすり.
②速乾性の塗料の一つ.ワニスに顔料を混ぜて作る.エナメルペイントとも.
③エナメルペイントを塗った革.エナメル革とも.

エニアグラム［enneagram］人の性格を9タイプに分けて研究し,自己発見の手掛かりとする心理療法.エニアはギリシャ語で「九つ」の意.

エニアック ➡ ENIAC

エニグマ［enigma］謎,不可解なもの.

エネルギー［Energie ドイ］
①物体が他に働きかけるとができる能力の総称.力学的エネルギーのほか,熱や光,電磁気なども含まれる.
②エネルギー資源.石炭や石油,天然ガスなど.
③精力.活動力.いずれも,英語ではエナジー.

エネルギッシュ［energisch ドイ］精力的な,元気いっぱいの.

エノラ・ゲイ［Enola Gay］1945年,広島に原子爆弾を投下したB-29爆撃機の呼称.

エバーオンワード［Ever Onward］限りなき前進.アジア競技大会の

標語.

エバーグリーン [evergreen]
① 常緑の, いつまでも新鮮な.
② 常緑樹, ときわ木.

エバポレーション [evaporation] 蒸発, 脱水, 消失.

エバミルク [eva milk 和] 無糖練乳. エバポレーテッドミルク(evaporated milk)の略.

エバンジェリスト [evangelist] 伝道者. また, 製品やサービスなどの宣伝活動をする人.

エピキュリアン [epicurean] 美食家, 食道楽, 快楽主義者.

エピグラフ [epigraph] 碑文, 銘文, 題辞.

エピグラム [epigram] 警句, 名文句.

エピゴーネン [Epigonen ドイ] 模倣者, 追随者, 亜流.

エピステーメー [episteme ギリ] 知識, 学問的な知識.

エピソード [episode]
① 挿話, 逸話.
② 挿入曲.

エピタフ [epitaph] 墓碑銘. 碑文. 追悼の詩文.

エピック [epic] 叙事詩, 英雄物語. 対 リリック.

エピネフリン [epinephrine] ➡ アドレナリン

エピローグ [epilogue] 小説などの結びのことば, 終幕. 対 プロローグ.

エフェクター [effector] 音を電気的に処理し, 変化させる装置の総称. イフェクターとも.

エフェクト [effect] 結果, 効果, 影響. イフェクトとも.

エフェクトマシン [effect machine] 舞台照明効果装置. 雲や雪, 炎などを映写する.

エフェドラ [ephedra] 利尿作用や興奮作用をもつ薬用植物の一つ. ドーピング規定による禁止薬物.

エプタ ➡ EPTA

エープリルフール [April fool] 4月ばか. うそやいたずらが大目にみられる日. 4月1日.

エプロン [apron]
① 前かけ, 泥よけ.
② 空港の, 航空機が待機する場所.
③ 張り出し舞台. エプロンステージ (apron stage)とも.

エーペック [APEC: Asia-Pacific Economic Cooperation] アジア太平洋経済協力会議. 貿易・投資の自由化, 円滑化, 技術協力を三本柱とする.

エベレスト [Everest] ヒマラヤ山脈の中央にそびえる世界の最高峰. 標高8844m. チョモランマとも.

エポケー [epokhe ギリ] 哲学用語で, 判断中止. 事物のありのままの姿を把握するため, それまでの判断を一時中止すること.

エポック [epoch] 新しい時代. 画期的な出来事.

エポックメーキング [epoch-making] 時代を画するような, 画期的

な.

エボナイト［ebonite］生ゴムに硫黄を加えて作る樹脂状の硬い物質.

エボニックス［Ebonics］アメリカの黒人英語.

エポニム［eponym］人名に由来する名称, 言葉.

エホバ［Jehovah］旧約聖書に登場する天地創造神. ヤハウエとも.

エボラ出血熱［Ebola haemorrhagic fever］エボラウイルスによる熱帯地方の感染症. 高熱, 内出血を起こし, 致死率が高い.

エボリューション［evolution］進化, 発展, 展開.

エポレット［épaulette 仏］肩章, 衣服の肩当て, 肩飾り.

エマージェンシー［emergency］緊急事態, 非常事態.

エマージングマーケット［emerging market］新興市場地域. 今後, 投資先として有望視される国や地域.

エマルジョン［emulsion］乳液, 乳状液, 感光乳剤.

エミグラント［emigrant］外国への移民, 移住者.

エミグレーション［emigration］外国への移住, 移民, 移出. 対イミグレーション.

エミー賞［Emmy Award］アメリカのテレビ芸術アカデミーが優秀なテレビ番組に贈る賞.

エミッター［emitter］
①トランジスターの電極の一つ.
②トランジスターなどの半導体素子の中の, ある領域.

エムエスドス ➡MS-DOS

エムペグ ➡MPEG

エメラルド［emerald］翠玉すいぎょく. 透明感のある美しい緑色の宝石.

エメリーボード［emery board］金鋼砂の爪つめやすり.

エメンタール［Emmental 独］スイスのエメンタール地方原産のナチュラルチーズ. 大きな円盤形のチーズで気孔がある.

エモーショナル［emotional］感情的な, 情にもろい, 感情に訴える.

エモーション［emotion］感情, 感動, 情緒.

エラー［error］
①過ち. 失敗.
②野球で, 失策. 守備側のミスで打者をアウトにできない場合.
③コンピューターの誤作動・誤操作.

エライザ法［ELISA: enzyme-linked immunosorbent assay］酵素の免疫検定法. 血液型の判定や遺伝子組み換え原料の判別などに用いられる.

エランビタール［élan vital 仏］哲学用語で, 生命の飛躍.

エリア［area］地域, 領域, 区域, 範囲.

エリアスタディー［area study］地域研究. ある地域とその住民を対象とした, 社会学的な実地研究.

エリスリトール［erythritol］アルコールの一つ. 低カロリー甘味料な

どに用いられる.

エリスロポエチン [erythropoietin] 赤血球の生成を促進するホルモン. 持久力向上の効果があり, ドーピング規定による禁止薬物の一つ. 略はEPO.

エリゼー宮 [le Palais de l'Élysée 仏] フランスの大統領官邸.

エリート [élite 仏] 選ばれた人, 選良, 精鋭.

エリント ➡ELINT

エール
1 [ale] イギリス産の苦味のあるビール.
2 [yell] 声援, 応援.

エルゴノミクス ➡エルゴノミックス

エルゴノミックス [ergonomics] 人間工学. 人間の体の自然な形や動きに作業環境や器具を適合させる研究. エルゴノミクス, ヒューマンエンジニアリングとも.

エルダーホステル [elder hostel 和] 高齢者のための福祉厚生施設.

エルドラド [El Dorado 西] 黄金の国, 理想郷.

エルニーニョ [El Niño 西] 南米のペルーやエクアドル沖の海水温が12月から翌年3月ごろにかけて異常に上昇する現象. 世界的な異常気象の原因とされる. ➡ラニーニャ.

エルネット [el-Net] 文部科学省の教育情報衛星通信システム.

エルフ [elf] 妖精, いたずらっ子.

エルボーライン [elbow line] 洋裁用語で, ひじ線. 略はEL.

エルミタージュ
1 [ermitage 仏] 隠れ家, 隠者のすみか.
2 [Ermitazh 露] ロシアのサンクトペテルブルクにある国立美術館.

エレガント [elegant] 上品な, 優雅な, 洗練された.

エレキギター [electric guitar] 電気ギター. アンプにつないで音を増幅させる. エレキ, エレクトリックギターとも.

エレクション
1 [election] 選挙, 投票, 当選.
2 [erection] 直立, 起立, 勃起.

エレクト [erect] 勃起すること.

エレクトラコンプレックス [Electra complex] 女の子が母親を憎み, 父親を思慕する感情. 対エディプスコンプレックス.

エレクトリック [electric] 電気の. 電気で動く.

エレクトロセラピー [electrotherapy] 電気療法.

エレクトロニカ [electronica] 複雑なリズムやコード(和音)をもつ電子音楽.

エレクトロニクス [electronics] 電子工学. 電子に関する学問・技術.

エレクトロニックコテージ [electronic cottage] 電子化住宅. 情報機器を活用して, 在宅勤務できるようにした住宅. エレクトロニック住宅とも.

エレクトロン [electron] 電子.

エレクトーン［Electone］さまざまな音色を出すことのできる電子オルガン. 商標.

エレジー［elegy］哀歌, 悲歌, 挽歌(ばんか).

エレベーション［elevation］
①高さ, 高度, 海抜.
②立体図, 正面図.

エレベーターミュージック［elevator music］小さな音量でかかっている, 耳に心地よい音楽の総称. イージーリスニングとも.

エレメント［element］要素, 成分, 要因, 化学元素.

エロイカ［Eroica 伊］英雄交響曲. ベートーベンの交響曲第3番.

エロキューション［elocution］語り口, せりふまわし, 雄弁術, 発声法.

エロス

1［Eros 希］ギリシャ神話の女神アフロディテの息子で恋の神. ローマ神話ではキューピッド.

2［e―］性愛. 対アガペー.

エロチカ［erotica］好色本, 春画など性愛を描いた文学・絵画類の総称.

エロチシズム［eroticism］性衝動, 性的傾向.

エロチック［erotic］性欲をかきたてる, 好色な.

エロトマニア［erotomania］異常性欲.

エーワン［A one］第一級の, 優秀な.

エンカウンター［encounter］遭遇, 出会い.

エンクロージャー［enclosure］
①囲いをすること, 閉じ込めること.
②スピーカーを収める箱, キャビネット.

エンゲージメント［engagement］約束. 契約. 婚約.

エンゲージリング［engagement ring］婚約指輪.

エンゲル係数［Engel's coefficient］家計での, 全支出に占める食費の割合.

エンコーダー［encoder］情報を暗号や記号, 符号に変える装置.

エンサイクロペディア［encyclopedia］百科事典.

エンジェル ➡ エンゼル

エンジェル係数［angel's coefficient 和］家計の総支出に占める子供の養育費の割合. エンゲル係数をもじった呼称.

エンジニア［engineer］技師. 技術者. 工学者.

エンジニアードウッド［engineered wood］木材の単板を接着剤などで貼り合わせ, 大きく再構成したもの.

エンジニアリング［engineering］工学, 工学技術.

エンジニアリングセラミックス［engineering ceramics］耐熱性・耐食性をさらに高めたニューセラミックス.

エンジニアリングプラスチック［engineering plastics］高性能プラスチック. 強度, 耐熱性, 耐衝撃性に

優れる. 略してエンプラ.

エンジョイ [enjoy] 楽しむ. 享受する.

エンジンオイル [engine oil] 自動車のエンジン用の潤滑油.

エンジンブレーキ [engine braking] 自動車などの機関制動. エンジンの回転数を落とすことで減速する運転方法.

エンスー [enthusiast] 熱中する人. 熱烈なファン. エンスージアストの略.

エンスト [engine stop 和] エンジンが操作ミスなどで停止すること. エンジンストップの略.

エンゼル [angel]
①天使. 天使のような人.
②ベンチャー企業に資金提供する個人投資家. いずれも, エンジェルとも.

エンゼルフィッシュ [angelfish] アマゾン原産の観賞用熱帯魚の一種.「天使の魚」の意.

エンゼルプラン [Angel Plan 和] 少子化対策としての子育て支援政策. 医療支援, 育児休暇, 保育の拡大などが目標.

エンターテイナー [entertainer] 客や他人を楽しませる人, 芸能人.

エンターテインメント [entertainment] 娯楽, 演芸, 見せ物.

エンタープライズ [enterprise]
①事業, 企業. 仕事.
②企業心, 冒険心, 進取の気性.

エンディング [ending] 終わり, 結末, 終局.

エンデバー
❶ [endeavor] 努力, 活動.
❷ [Endeavour] アメリカのスペースシャトルの愛称.

エンデューロ [enduro] オフロードで行われるオートバイなどの耐久レース.

エンド [end]
①終わり. 結末. 最期.
②先端. 末端.
③陣地. コートや競技場を二つに分けた一方.

エンドースメント [endorsement]
①承認. 手形などの裏書. 推薦.
②企業がスポーツ選手や俳優と肖像権などについて独占契約を結ぶこと.

エンドマーク [end mark] 映画で, 作品が終わったことを示す文字.

エンドユーザー [end user] 最終的に利用する人, 末端消費者.

エントランス [entrance]
①入場, 登場.
②入り口, 玄関. 対 イグジット.
③入学, 入会.

エントランスフィー [entrance fee] 入学金. 入場料. 参加費.

エントランスホール [entrance hall] 玄関や入り口などにある大広間.

エントリー [entry] スポーツ競技や催しなどへの参加, 参加申し込み.

エントリーシート [entry sheet 和] 企業が就職希望者に記入させる質問形式の応募書類.

エンドルフィン［endorphin］脳内ペプチドの一つで，内因性モルヒネ．鎮痛作用がある．

エンドレス［endless］無限の，果てしのない．

エンドレステープ［endless tape］輪になった録音テープ．同じ内容を繰り返し再生することができる．

エントロピー［entropy］
①系の乱雑さ，無秩序さを表す物理量．
②複雑さの目安．また情報理論で，伝達される情報の不確かさの度合いを表す量．

エンドロール［end roll］映画やテレビ番組の終わりに流れる，出演者やスタッフを紹介する字幕．スタッフロールとも．

エンパイア［empire］帝国，帝政，植民地支配．

エンバシー［embassy］大使館．

エンバーマー［embalmer］遺体の整復師，防腐処理者．

エンバーミング［embalming］遺体処理術．防腐処理，化粧，修復などを施し，遺体を保存する．

エンパワーメント［empowerment］
①権限の付与．権限委譲．
②女性の地位向上などに向けて力を蓄えさせること．

エンファシス［emphasis］強調，重点．

エンフォースメント［enforcement］法律などの施行，執行．

エンプティー［empty］からの．空虚な．

エンプラ ➡ エンジニアリングプラスチック

エンプレス［empress］女王，皇后．

エンブレム［emblem］象徴，標章，紋章．

エンプロイアビリティー［employability］雇用の可能性．企業から雇われ得る能力．

エンペラー［emperor］皇帝，天皇．

エンベロープ［envelope］封筒．包み．エンベロップとも．

エンボス［emboss］紙・布・皮革などに型押しして，模様を打ち出すこと．

エンボッサー［embosser］刻印器．紙などを雌型と雄型の金属板で挟んで圧力をかけ，文字や図形を浮き立たせる道具．

エンリッチドフード［enriched food］ビタミンなどを加えて栄養価を高めた強化食品．エンリッチ食品とも．

オ

オアシス［oasis］砂漠に点在する水のある緑地．憩いの場所．

オアペック［OAPEC: Organization of Arab Petroleum Exporting Countries］アラブ石油輸出国機構．1968年設立．

オイスカインターナショナル ➡ OISCA

オイスター［oyster］牡蠣．牡蠣料

理.

オイセッツ ➡ OICETS

オイタナジー [Euthanasie ドイ] 安楽死, 安死術. ユーサネイジア, ユータナジーとも.

オイリー [oily] 油の. 油性の. 油状の.

オイリュトミー [Eurhythmie ドイ] 音楽を身体の動きで表現する方法. ドイツのR.シュタイナーが編み出した運動芸術.

オイル [oil]
①油. 石油. 原油.
②自動車などの潤滑油.

オイルカラー [oil color] ➡ オイルペイント①

オイルグラット [oil glut] 石油が供給過剰で, 国際市場にだぶつく状態.

オイルシェール [oil shale] 油を含む岩石. 油頁岩, 油母頁岩.

オイルショック [oil shock 和] 1973年の第4次中東戦争でアラブ諸国がとった石油価格の引き上げによる経済的打撃のこと. 石油ショックとも.

オイルシルク [oil silk] 絹油布. レインコート, 雨傘などに使われる防水した絹布.

オイルスキマー [oil skimmer] タンカー事故などによって海上へ流れ出た原油を回収する船.

オイルスキン [oilskin] 防水加工した油布, 防水布. 油布製の防水服.

オイルダラー [oil dollar] 産油国が石油を輸出して得るドル外貨. オイルマネーとも. 類ペトロダラー.

オイルヒーター [oil heater] 石油ヒーター. 石油ストーブ.

オイルフェンス [oil fence] 防油柵. 流出した油の拡散を防ぐため海面に巡らす囲み.

オイルペイント [oil paint]
①油絵の具. オイルカラーとも.
②油性ペンキ.

オイルマネー [oil money] ➡ オイルダラー

オイルロード [oil road] 原油輸送路. ペルシャ湾と日本を結ぶ航路や, マラッカ海峡など.

オウンゴール [own goal] サッカーで, ボールを自チームのゴールに入れてしまうこと. 略はOG.

オーカー [ocher, ochre] 黄土色. オークルとも.

オーガナイザー [organizer]
①政党, 組合などの組織担当者, まとめ役, 主催者. オルグとも.
②書類ばさみ. オルガナイザーとも.

オーガナイズ [organize]
①計画, 企画する.
②組織, 編成する. いずれも, オルガナイズとも.

オーガニズム [organism] 有機物. 生命体. オルガニズムとも.

オーガニゼーション [organization] 組織, 団体, 機構.

オーガニック [organic] 有機栽培の.

オカリナ [ocarina イタ] 鳩笛に似

た陶製の楽器.

オカルティズム［occultism］神秘学, 神秘論, 神秘療法.

オカルト［occult］超自然的, 超常的な現象. 念力やテレパシーなど.

オーガンディー［organdy］半透明で薄地の綿布.

オキシダント［oxidant］強酸化性物質. 車や工場から出る炭化水素や窒素酸化物が紫外線に当たると発生し, 呼吸困難を起こしたり, 目やのどを刺激したりする.

オキシドール［Oxydol ジャ］過酸化水素水. 消毒や漂白などに使う.

オキシライド電池［oxyride battery］正極素材にオキシ水酸化ニッケルを使った乾電池.

オーク［oak］カシ, カシワ, クヌギなどのブナ科コナラ属の木の総称.

オクシデンタリズム［Occidentalism］西洋風, 西洋人気質. 対オリエンタリズム.

オクシデンタル［Occidental］西洋の, 西洋人の. 対オリエンタル.

オクシデント［Occident］西洋, 欧米諸国. 対オリエント.

オークション［auction］競売, せり売り.

オークス［Oaks］競馬で, 4歳牝馬の2400m競走. イギリスの5大競馬の一つ, オークス競馬にならったもの.

オクターブ［octave フラ］
①完全8度音程.
②ある音から8度離れている音.
③オルガンのオクターブ高音用の音栓.

オクターボ［octavo ラテ］書籍の形式で, 八つ折り判.

オクタン価［octane number］ガソリンの異常燃焼の起こりにくさを表す数値.

オクテット［octet］八重奏. 八重唱.

オクトパス［octopus］蛸.

オークル ➡ オーカー

オケ ➡ オーケストラ

オケージョン［occasion］時, 場合, 機会, 好機.

オーケストラ［orchestra］管弦楽. 管弦楽団. 略してオケ.

オーケストラピット［orchestra pit］舞台と客席の間にある, 管弦楽団の演奏する席. オーケストラボックス, ピットとも.

オーケストレーション［orchestration］管弦楽法. 管弦楽用に作曲や編曲をする技法・理論.

オーサー［author］著者, 作者.

オーサリングシステム［authoring system］マルチメディアソフト開発用のプログラム. 静止画, 動画, 音声, 文字などを自在に組み合わせられる.

オージー［Aussie］オーストラリア人. オーシーとも.

オージーヌーボー［Aussie nouveau 和］オーストラリア産ヌーボー(新酒ワイン)の日本での呼称.

オージーパーティー［orgy party 和］底抜けの大騒ぎ, お祭り騒ぎ, 乱交パーティー.

オージービーフ [Aussie beef] オーストラリア産の牛肉.

オーシャン [ocean] 海洋, 外洋, 大洋.

オーシャンビュー [ocean view 和] ホテルなどで, 建物から海が見えること.

オシログラフ [oscillograph] 振動記録器. 電流などの変化を波形として記録する装置.

オシロスコープ [oscilloscope] オシログラフを表示する装置.

オシロメーター [oscillometer] 振動計. 動脈の拍動測定器.

オスカー [Oscar] アカデミー賞受賞者に贈られる黄金の像. 最優秀賞.

オステオパシー [osteopathy] 整体療法. 手技によって骨のゆがみなどを直し, 病気を治療しようとする民間療法.

オストメイト [ostomate] 人工の肛門ぇんや膀胱ぼぇを付けている人.

オストリッチ [ostrich] ダチョウ.

オストリッチシンドローム [ostrich syndrome] ➡オストリッチポリシー

オストリッチポリシー [ostrich policy] 現実逃避, 事なかれ主義. ダチョウは追い詰められると頭を砂に突っ込んで隠れたつもりになるということから. オストリッチシンドローム(ダチョウ症候群)とも.

オスパー ➡OSPER

オセアニア [Oceania] 大洋州. オーストラリア, ニュージーランドを含めた太平洋諸島の総称.

オーセンティック [authentic] 本物の, 正真正銘の, 忠実な.

オーソドックス [orthodox] 正統派の, 正統的な. 対ヘテロドックス.

オーソライズ [authorize] 公認する, 正当と認める, 権限を授ける.

オーソリゼーション [authorization] 認可. 公認. 許可.

オーソリティー

1 [authority] 権威, 権威者, 大家たい.

2 [_ties] 当局, 当局者.

オゾン [ozone] 酸素の同素体. 空気中の放電で発生し, 殺菌, 漂白作用がある.

オゾン層 [ozone layer] 大気中でオゾンを大量に含む層. 地上約20〜30kmの上空にあり, 生物に有害な紫外線を遮断する.

オゾンホール [ozone hole] 南極上空の成層圏のオゾンが, 穴が開くように減少する現象.

オーダー [order] 注文, 命令, 順序, 秩序.

オーダー・エントリー・システム [order entry system] 受注時の情報入力から材料の手配, 工程管理, 出荷, 配送までを自動的に行うコンピューターシステム.

オーダーストップ [order stop 和] 飲食店などで, 注文を締め切ること.

オーダーブック [order book] 注文控え帳, 通信販売のカタログ.

オータム [autumn] 秋. 類フォール.

オーダーメード [order-made 和]
①注文通りの, あつらえの.
②注文服. 類フルオーダー. 対レディーメード.

オダーレス [odorless, odourless] 無臭の, においを消した.

オーチャード [orchard] 果樹園.

オックスファム [Oxfam] イギリスのオックスフォードで設立された人道支援団体.

オックスブリッジ [Oxbridge] イギリスのオックスフォード(Oxford)大学とケンブリッジ(Cambridge)大学の合成語. 名門大学を指す.

オッズ [odds] 競馬などの賭け事の配当予想, 賭け率.

オットマン [ottoman] クッション付きの足載せ台, 背もたれのない長椅子.

オップアート [op art] 視覚・光学的美術. 屈折・反射などの視覚的効果を用いた抽象美術. オプティカルアート(optical art)の略. オプアートとも.

オーディエンス [audience] 聴衆, 観衆, 視聴者, 聴取者.

オーディオ [audio] 可聴周波数. 音響再生装置.

オーディオビジュアル [audiovisual]
①視聴覚の. 視聴覚教育.
②音響機器と映像機器を組み合わせて映画や音楽を楽しむシステム. 略はAV.

オーディオメーター [audiometer]
①聴力計.
②視聴率自動記録装置.

オーディション [audition] 俳優や歌手などの採用審査.

オーディトリアム [auditorium] 観客席, 講堂, 公会堂.

オーディナリー [ordinary] 普通の, 平凡な, 日常的な.

オデオン [odéon 仏] 音楽堂, 劇場.

オー・デ・コロン [eau de Cologne 仏] 香りの軽い香水の一つ. 略してコロン.

オデッセー [Odyssey] ➡オデュッセイア

オデュッセイア [Odysseia 希] 古代ギリシャの詩人ホメロス作とされる大叙事詩. 転じて, 冒険旅行, 放浪の旅. オデッセーとも.

オーデル・ナイセ線 [Oder-Neisse Line] ポーランドとドイツの国境線. オーデル川・ナイセ川以東がポーランド領.

オート [auto-] 自動の, 自力による.

オートキャンプ [autocamp 和] キャンピングカーなどの自動車に宿泊するキャンプ旅行.

オートクチュール [haute couture 仏] 高級注文服.

オートクラシー [autocracy] 独裁政治, 独裁国. 対デモクラシー.

オートジャイロ [autogyro] 航空機の一つ. 前進速度を利用して上部の回転翼を回し, 揚力を得る航空機. ジャイロプレーンとも.

オートショー [auto show] 自動車展示会.

オートチューニング [automatic tuning] ラジオ局の周波数を記憶させておき,スイッチ一つで同調受信できる方式.

オートドライブ [autodrive] 自動車のスピードを一定に保つための装置.クルーズコントロールとも.

オー・ド・トワレット [eau de toilette 仏] ➡トワレット**1**

オートナース [auto-nurse] 電子検診装置.患者の脈拍や体温などを自動的に測定する.

オートノミー [autonomy] 自治,自治権,自律性,自主性.

オートバイ [auto bicycle 和] 自動二輪車.単車.バイクとも.

オートバイオグラフィー [autobiography] 自伝,自叙伝.

オー・ド・パルファム [eau de parfum 仏] ➡パフュームコロン

オー・ド・ビ [eau-de-vie 仏] ブランデー,コニャックなど蒸留酒の総称.

オートフォーカス [autofocus] カメラの自動焦点調整機能.略はAF.

オードブル [hors-d'œuvre 仏] 西洋料理の前菜.

オートマ車 ➡オートマチック車

オートマチック [automatic]
①自動の,自動的な.
②自動拳銃,自動小銃,自動変速装置.

オートマチック車 [automatic car 和] 自動変速装置付きの自動車.オートマ車,AT車とも.

オートマチックトランスミッション [automatic transmission] 自動車などの自動変速装置.略はAT.

オートマトン [automaton] 自動装置.自動機械.また,コンピューターの自動処理のための計算システム.

オートマニピュレーター [auto-manipulator] 人間の代わりに危険や困難を伴う作業をする自動操作装置.危険物の処理や原子炉,深海などでの作業に用いられる.

オートミール [oatmeal] ひき割りのオート麦.またはそれを煮て牛乳と砂糖を加えた洋風のかゆ.

オートメーション [automation] 自動化,自動操作.

オートリース ➡カーリース

オートリバース [autoreverse] 自動逆転.

オートレース [auto race 和]
①自動車の競走.
②オートバイの競走や競艇.

オートロック [autolock 和] ドアを閉めると自動的にかかる錠.

オートローディング [autoloading]
①写真のフィルムが,自動的に装填されること.
②コンピューターなどが自動的に起動したり,データを読み込んだりすること.

オーナー
1 [honor] 名誉.ゴルフで第1打を先に打つ権利.
2 [owner] 所有者.

オーナーシェフ［owner chef 和］飲食店で，料理長を兼ねる経営者．

オーナーシステム［owner system 和］従業員が自主的に企画，生産，販売などを運営する経営管理システム．

オーナーシップ［ownership］所有権．持ち主であること．

オナニー［Onanie ドイツ］自慰．マスターベーションとも．

オナペット［onapet 和］自慰の時に思い浮かべる異性．オナニー（Onanie ドイツ）とペット（pet）の合成語．

オーナメント［ornament］装飾，装飾品，装身具．

オニキス ➡ オニックス

オニックス［onyx］しまめのう．宝石の一つ．オニキスとも．

オーニング［awning］日よけ，雨よけ．

オノマトペ［onomatopée フランス］ ➡ オノマトペア

オノマトペア［onomatopoeia］擬音語，擬声語．オノマトペとも．

オーバー［over］
①上の．上部の．
②…以上の．
③やりすぎ，大げさな．
④外套，外衣．オーバーコート（overcoat）の略．

オーバーアクション［overaction］大げさな演技，演技過剰．

オーバーウエート［overweight］超過重量，過重，太り過ぎ．

オーバーオール［overalls］胸当ての付いたズボン．サロペット，サロペットパンツとも．

オーバーキル［overkill］過剰，過剰殺戮．

オーバーグラウンド［overground］地上の，公然の．既成の，体制的な．対 アンダーグラウンド．

オーバーケア［overcare］
①取り越し苦労．
②和製用法で，養護過剰．

オーバーコミットメント［overcommitment］無理な約束，かかわり合い．言質を与えすぎること．

オーバーシューズ［overshoes］防水・防寒用に靴の上に履くゴム靴．

オーパス ➡ オプス

オーバースキル［over skill 和］技術者や技術の過剰状態．対 アンダースキル．

オーバーステア［oversteer］自動車の走行特性の一つ．旋回中に車体がカーブの内側に向いてしまう特性．対 アンダーステア．

オーバーステイ［overstay］長居，査証の期限を超えた超過滞在．

オーバーストア［over store 和］店舗過剰現象．一定地域内に，スーパーマーケットなどが競い合って進出すること．

オーバータイム［overtime］
①超過勤務，時間外労働，時間外手当．
②バスケットボールなどの反則の一つで，規定の時間や回数を超えること．

オーパーツ［ooparts: out-of-place artifacts］史実と違う出土品．あ

るはずのない加工品.

オーバードクター［overdoctor 和］大学院博士課程を終えた未就職者. 略はOD.

オーバードライブ［overdrive］
①自動車の速度を下げずにエンジンの回転数を減らす装置.
②ゴルフで, 先に打った他のプレーヤーよりボールを遠くへ飛ばすこと. アウトドライブとも.

オーバードラフト［overdraft］銀行の当座貸し越し.

オーバートレーニング症候群［overtraining syndrome］使い過ぎ症候群. スポーツ障害の一つ. 疲労状態でトレーニングを続けた結果あらわれる症状.

オーバーナイター［overnighter］短い旅行用の小型の旅行かばん.

オーバーナイト［overnight］夜ふしの, 一泊の, 突然の.

オーバーハング［overhang］
①張り出し, 突出部.
②登山用語で, 覆いかぶさるように突き出した岩壁, 氷壁.

オーバーヒート［overheat］
①エンジンなどの過熱.
②熱の入れ過ぎ.

オーバーブッキング［overbooking］定員以上の予約受け付け, 予約の取り過ぎ.

オーバープレゼンス［overpresence］進出, 供給過剰.

オーバーフロー［overflow］
①あふれ出すこと.
②コンピューターの記憶・演算容量を上回ること.

オーバーペース［over pace 和］飛ばしすぎ. 仕事のしすぎ. 速度の上げすぎ.

オーバーホール［overhaul］
①機械などの分解修理, 分解検査.
②心身のリフレッシュ.

オーバーライド［override］
①決定などを無効にすること.
②アメリカの議会で, 大統領の拒否権を無効にできる制度.

オーバーラップ［overlap］
①重なり合う, 重複する.
②映画などで, 映像が次の画面へ重なり合うこと.
③サッカーで, ディフェンダー（守備）の選手が前に出て攻撃に参加すること.

オーバーラン［overrun］
①着陸した航空機が滑走路の端から飛び出すこと.
②野球で走者がベースを走り越すこと.
③機械の能力限界を超えて運転すること.

オーバル［oval］卵形. 楕円形.

オパール［opal］たんぱく石. 二酸化ケイ素を主成分とした鉱物. 美しいものは宝石になる.

オバルルーム［Oval Room］米国ホワイトハウスの大統領執務室. 卵形（オーバル）であることから.

オーバーロード［overload］
①負荷や重荷をかけ過ぎること. 過剰負荷.

②強めの負荷をかけて効果を高めるトレーニング方法.

オーバーローン [overloan] 銀行の貸し出し超過.

オーバーワーク [overwork] 働き過ぎ, 使い過ぎ, 過剰労働.

オービター [orbiter]
①人工衛星.
②スペースシャトルの本体. 地球周回軌道を飛ぶ軌道船.

オピニオン [opinion] 意見, 見解, 世論.

オピニオンリーダー [opinion leader] 世論形成に影響を与える指導者, 世論形成者.

オフ [off]
①電気や機械などのスイッチが切れていること. 対オン.
②休みの.
③値引き.
④ ➠シーズンオフ

オファー [offer] 提案, 提供, 契約の申し込み.

オプアート ➠オップアート

オフィサー [officer]
①士官, 将校, 高級船員.
②役員. 執行員.

オフィシャル [official]
①正式の, 公式の, 公認の.
②公務員, 役人, 役員.

オフィシャルサプライヤー [official supplier] オリンピックなどのイベントに物品を無償提供し, 見返りに宣伝や広告面での優先権を得る企業.

オフィシャルステートメント [official statement] 公式声明.

オフィシャルスポンサー [official sponsor] イベントなどの公式スポンサー.

オフィシャルレコード [official record] 公認記録.

オフィス [office] 事務所. 会社. 営業所.

オフィスアワー [office hours] 勤務時間, 営業時間. 大学教員が研究室にいて学生が面会できる時間.

オフィスプランニング [office planning] オフィスのレイアウトを効率性や快適性を考えて決めること.

オフィスラブ [office love 和] 社内恋愛.

オフィスレディー [office lady] 女性の事務員. 略はOL.

オフェンス [offense]
①攻撃, 攻撃側. 対ディフェンス.
②違反, 罪.

オフオフ・ブロードウェー [off-off-Broadway] オフ・ブロードウェーよりも前衛的な演劇運動.

オフ会 ➠オフライン・ミーティング

オフギャラリー [off gallery] 画廊から外に出た芸術. 既成概念を離れて, あらゆる空間を表現の場にしようとする前衛的な美術活動.

オフコン [office computer 和] 事務処理用の小型コンピューター. オフィスコンピューターの略.

オフサイド [offside] スポーツで, プレーを禁じられている場所, またはそれによって生じる反則.

オフザジョブ・トレーニング［off-the-job training］研修方法の一つで, 職場を離れ, 業務に必要な知識や技能を身に付けるもの. 略はOFF-JT. 対オンザジョブ・トレーニング.

オブザーバー［observer］観察者, 観測者, 議決権のない会議参加者.

オブザベーション［observation］観察. 監視. 判断.

オブジェ［objet 仏］
① 物, 事物, 対象.
② 前衛美術で幻想的効果を与えるために用いられる様々な素材.

オブジェクション［objection］異議. 反対. 不服.

オブジェクト［object］目的, 対象, 客体. 対サブジェクト.

オフシーズン［off-season］閑散期. シーズンオフは和製用法. 類オフタイム. 対オンシーズン.

オフショア［offshore］沖の, 沖合の. 外国の, 海外の.

オフショア生産［offshore production］➡オフショアリング

オフショアセンター［offshore center］非居住者の金融取引に対して税制上などの優遇措置をとっている国際金融市場.

オフショアマーケット［offshore market］海外市場.

オフショアリング［offshoring］海外調達. 先進国の企業が途上国に投資して生産を行うこと. オフショア生産とも.

オプショナル［optional］任意の. 自由に選択できる.

オプショナルツアー［optional tour］団体旅行に組み込まれる任意参加, 別料金の小旅行. オプションとも.

オプショナルパーツ［optional parts］➡オプション②

オプション［option］
① 選択権, 自由選択.
② 車などの, 注文に応じて取り付ける部品. オプショナルパーツとも.
③ ➡オプショナルツアー

オプション取引［option transaction］一定期間内に株式や為替, 貴金属などをあらかじめ定めた価格で取引する権利を売買する金融取引.

オプス
1［opus ラテ］芸術家の作品. 作曲家の作品番号. オーパス, オープスとも. 略はop.
2［Ops ラテ］ローマ神話で, 豊穣ほうじょう収穫の女神.

オブストラクション［obstruction］
① 妨害, 障害, 議事妨害.
② スポーツでの反則となる妨害行為.

オブセッション［obsession］強迫観念, 何かに取りつかれていること.

オフセット印刷［offset printing］金属版に付けたインクをゴム布に転写してから紙に印刷する方法.

オフタイム［off-time］勤務時間外, 閑散時. 類オフシーズン.

オプチミスティック [optimistic] 楽天主義の, 楽観的な. 対ペシミスティック.

オプチミスト [optimist] 楽天主義者, 楽天家. 対ペシミスト.

オプチミズム [optimism] 楽天主義. 対ペシミズム.

オプティカルアート [optical art] ➡オップアート

オプティシャン [optician] 眼鏡店, 検眼士.

オプティマ [optima] ➡オプティマム

オプティマム [optimum] 最高の. 最適の条件. 複数形はオプティマ.

オプトエレクトロニクス [opto-electronics] 光電子工学. 光と物質の光学的性質をエレクトロニクスと結びつけ応用する技術.

オフトーク通信 [off-talk telecommunication 和] 電話回線の空き時間を使って, 連絡事項や生活情報を送るサービス.

オプトメカトロニクス [optomechatronics 和] 機械工学と電子工学に光学を採り入れた技術分野.

オープナー [opener]
①缶切り, 栓抜き.
②第1試合, 第1戦, 幕開けの出し物.

オープニング [opening] 開くこと, 開始, 冒頭, 開口部, 導入部.

オープニングナンバー [opening number] 開演曲. 対クロージングナンバー.

オフバランス取引 [off-balance transaction] 簿外取引. 貸借対照表に数字が記載されない取引.

オフピーク [off-peak]
①閑散期の, 時差をつけた.
②朝夕のラッシュ時を避け, すいている時間に通勤すること. オフピーク通勤.

オフビート [offbeat] 通常とは異なる位置にアクセントがあるリズム.

オフプライス [off-price] 安売り. 割引の.

オフプライスストア [off-price store] 安売り店.

オフ・ブロードウェー [off-Broadway] ニューヨークのブロードウェーの商業演劇に反発して起こった小劇場による演劇活動.

オフホワイト [off-white] 黄味がかった白.

オフライン・ミーティング [off-line meeting] パソコン通信やインターネットを経由しない, 現実世界でする集会. オフ会とも. 対オンライントーク.

オブラート [oblaat 蘭] 飲みにくい散薬などを包んだりするのに使う, でんぷん製の紙状の膜.

オフランプ [off-ramp] 高速道路の出口. 対オンランプ.

オブリガート [obbligato 伊]
①演奏の際に省略してはならない声部, 楽器.
②助奏. 主旋律に対して付ける旋律.

オブリガード [obrigado ポルト]「あり

がとう」.

オブリゲーション [obligation] 義務, 責任, 債務.

オフリミット [off-limits] 立ち入り禁止. 対オンリミット.

オフレコ [off-the-record] 記録にとどめない, 非公開の, 秘密の. オフ・ザ・レコードの略. 対オンレコ.

オフロード [off-road] 整備されていない道. 脇道. 対オンロード.

オーブン [oven] 天火.

オープン [open]
①開く. 開始する. 開業する. 対クローズ.
②開放的. 隠し立てのない. 公開の. 対クローズド.

オープンウオーター [open-water swimming] 海・湖・川などで行われる長距離水泳競技.

オープンエア [open-air] 戸外の, 野外の, 屋外の.

オープンエンド・モーゲージ [open-end mortgage] 開放型担保付き社債, 開放担保. 対クローズドモーゲージ.

オープンカー [open car] 屋根やほろが開閉できる自動車.

オープン価格 ➡オープンプライス

オープンガーデン [open garden] 園芸を楽しむ人が庭を一般公開すること.

オープンカフェ [open café 和] 街路の一部をテラス風にあしらった開放的な喫茶店.

オープンカレッジ [open college 和] 大学の講座などを社会人に開放すること.

オープンキッチン [open kitchen] 開放型の台所. 壁などで仕切らず, 調理場とカウンターを部屋の中央に配置する方式.

オープンキャンパス [open campus 和] 大学が受験希望者を招いて開く説明会.

オープンゲーム [open game]
①参加制限がない競技大会, 公開競技.
②プロ野球で, 開幕前の非公式試合. 和製用法. オープン戦とも.

オープン懸賞 商品購入などの条件なしで, 自由に応募できる懸賞.

オープンコース [open course] スケートや陸上競技の自由走路. 走者ごとの走路が定められていないコース. 対セパレートコース.

オープン市場 ➡オープンマーケット

オープンショップ [open shop] 労働制度の一つ. 従業員の雇用や解雇などについて, 労働組合員と非組合員に差を付けないもの. ➡クローズドショップ, ユニオンショップ.

オープンスクール [open school] 開かれた学校. 学級編成や時間割などで, 子供の自主的学習が重視される学校.

オープンスタンス [open stance] 野球, ゴルフなどで, 打つ方向の足を引き体を開いて構えること. 対クローズドスタンス.

オープンスペース［open space］
 ①広々とした空間.
 ②壁がなく可動式の家具で仕切る広いスペース.

オープンセット［open set 和］野外に作る撮影用の舞台装置, 大道具. 英語ではアウトドアセット（outdoor set）.

オープン戦 ➡ オープンゲーム②

オープンチケット［open ticket］航空券で, 路線だけを決め, 搭乗日時は後日予約するタイプのもの.

オープンディスプレー［open display］開放陳列. 商品を手に取れるように陳列する方式.

オープンドア［open door］門戸開放, 機会均等.

オーブントースター［oventoaster 和］オーブンとトースター兼用の調理器具.

オープンプライス［open price］メーカーではなく販売店が独自に小売り価格を決める方式. オープン価格とも.

オープンマーケット［open market］金融機関だけでなく, 一般企業や公的機関なども参加できる短期金融市場. オープン市場とも.

オープンマーケット・オペレーション［open-market operations］中央銀行による公開市場操作.

オープンマリッジ［open marriage］開かれた結婚. 夫婦が互いの社会的, 性的な自由を認め合う結婚形態.

オープンユニバーシティー［Open University］公開大学. 一般社会人の生涯学習機関として1971年に開校されたイギリスの通信制大学.

オープンルーム［open room 和］
 ①販売されるマンションなどの一般公開.
 ②学校の施設などで, だれでも自由に利用できるスペース.

オペ ➡ オペレーション③④

オーペア［au pair 仏］外国語を学ぶため, その国の家庭に住んで家事を手伝う女子留学生.

オペック［OPEC: Organization of Petroleum Exporting Countries］石油輸出国機構. 1960年設立.

オペラ［opera 伊］歌劇. 歌唱と管弦楽に舞踊を加えて物語を構成する舞台劇.

オペラグラス［opera glasses］観劇用の小型双眼鏡.

オペラコミック［opéra-comique 仏］せりふが入ったフランス喜歌劇. 庶民を主人公とする.

オペラハウス［opera house］歌劇場. オペラやバレエを上演する劇場.

オペラント［operant］心理学で, 自発的行動.

オベリスク［obelisk］方尖塔（ほうせんとう）. 古代エジプトの記念碑.

オーベルジュ［auberge 仏］小旅館. 特に, 料理を重視する小ホテル.

オペレーション［operation］
 ①機器の運転, 操作.
 ②軍事行動, 作戦.

③公開市場操作. 略してオペ.
④手術. 略してオペ.

オペレーター [operator] 操作者. 運転者, 技師, 電話交換手など.

オペレッタ [operetta 伊] 軽歌劇. 歌, 踊り, 芝居を組み合わせた音楽喜劇.

オペレーティングシステム [operating system] コンピューターの基本ソフト. コンピューターを管理する最も重要なソフトウエア. 略はOS.

オーボエ [oboe 伊] 木管楽器の一つ. 音域の高いダブルリードの楽器.

オポジション [opposition]
①反対, 対抗, 敵対.
②野党. オポジションパーティー (opposition party)の略.

オポチュニスト [opportunist] 日和見主義者, ご都合主義者.

オポチュニズム [opportunism] 日和見主義. ご都合主義.

オマージュ [hommage 仏] 賛辞, 賛歌, 尊敬, 敬意.

オマール [homard 仏] はさみが大きい大型の食用エビ.

オミット [omit] 省略すること, 抜かすこと, 怠ること.

オム [homme 仏] 人間. 男性. また和製用法で, 男性用の服飾品など. 対ファム.

オーム [ohm] 電気抵抗の単位. 記号Ω.

オムニサイド [omnicide] 核兵器による大量虐殺, 皆殺し.

オムニバス [omnibus]
①乗合自動車.
②映画などで, いくつかの短編を集めて一つのテーマにまとめた作品.

オメガ [omega ギリ]
①ギリシャ文字の最後の文字. Ω, ω.
②終わり, 最後.

オメガ計画 [OMEGA Project] 使用済み核燃料などの放射性廃棄物の処理技術を, 国際協力のもとで開発する計画. オメガは Options Making Extra Gains from Actinides and Fission Products の頭文字.

オーメン [omen] 前兆, 兆し, 縁起.

オーラ [aura] 人間や物の発する気. 特殊な感じ, 雰囲気. 霊気. アウラとも.

オラショ [oratio ラテ] 祈り, 祈祷.

オラトリオ [oratorio 伊] 聖譚曲. 宗教的題材を扱い, 声楽と管弦楽で構成される楽曲.

オーラル [oral] 口述の. 口頭の.

オーラルアプローチ [oral approach] 外国語の, 会話中心の口頭教授法. 類オーラルメソッド.

オーラルケア [oral care] 歯や口腔の手入れ.

オーラルコミュニケーション [oral communication] 口頭での意思疎通, 会話.

オーラルセックス [oral sex] 性器への口を使った愛撫, 性器接吻.

オーラルヒストリー [oral history]

口述歴史,その文献.

オーラルピル［oral pill］経口避妊薬.略してピル.

オーラルメソッド［oral method］外国語を口頭で教える方法.類オーラルアプローチ.

オランデーズソース［hollandaise sauce］泡立てた卵黄にバターを加えて乳化させたソース.

オリエンタリズム［Orientalism］東洋風,東洋趣味.対オクシデンタリズム.

オリエンタル［Oriental］東洋の,東洋風の.対オクシデンタル.

オリエンタルダンス［oriental dance］➡ベリーダンス

オリエンテーション［orientation］東に向けること,正しい方向に向けること.新入生の指導,新入社員の教育.

オリエンテーリング［orienteering］地図と磁石だけで道を探してチェックポイントを通過し,ゴールするまでのスピードを競う競技.略はOL.

オリエント［Orient］東洋,東方.対オクシデント.

オリエント急行［Orient Express］
①パリ・イスタンブール間を1977年まで結んでいた豪華列車.
②ロンドンからパリ経由でベネチアまで走る豪華列車.

オリゴ糖［oligosaccharide］少糖類.消化吸収されないため,低カロリーの甘味料として利用されるものもある.

オリジナリティー［originality］独創性,創造性.

オリジナル［original］
①独創的な.最初の.
②複製に対する元の作品.原作.原画.原型.

オリジナルプリント［original print］
①木版画やエッチングなど,作者自身が原版から直接制作したもの.
②芸術写真で,撮影した写真家の署名があるもの.
③映画のフィルムなどで,編集処理が施されていないもの.

オリジン［origin］起源,根源,発端,出所.

オリーブ［olive 英］モクセイ科の常緑樹.果実は食用で,塩漬けにしたりオリーブ油をとったりする.

オリュンポス［Olympos 希］ギリシャ北東部にある最高峰.ギリシャ神話では,神々が住んでいるとされる.オリンポスとも.

オリンピア［Olympia］ギリシャ南西部の,古代にオリンピック競技会が開催されたところ.

オリンピアード［Olympiad］➡オリンピック

オリンピック［Olympic］五輪大会.IOC(国際オリンピック委員会)主催の総合スポーツ競技会.アマチュアスポーツの4年ごとの祭典.古代オリンピック競技に倣って1896年から始まった.オリンピアードとも.

オリンポス ➡ オリュンポス

オール
1 [all]
①全部.すべての.
②テニスや卓球などで,双方とも同得点であること.
2 [oar] ボートの櫂.

オールインワン [all-in-one]
①女性用の下着で,ブラジャー,コルセット,ガードルが一つにつながったもの.類ボディースーツ.
②パソコンなどで,必要な装置や機能がすべて組み込まれているもの.

オールウエザー [all-weather] 全天候型の,全天候用の.ウエザーオールは和製用法.

オール・オア・ナッシング [all or nothing] すべてを賭けた,いちかばちかの.

オルガスムス [Orgasmus 独] 性快感の極致,絶頂感.

オルガナイザー ➡ オーガナイザー②

オルガナイズ ➡ オーガナイズ

オルガニズム ➡ オーガニズム

オルガネラ [organelle] 細胞内で一定の機能を果たす構造体の総称.ミトコンドリアや,光合成にかかわる葉緑体などをいう.

オルグ ➡ オーガナイザー①

オールスターキャスト [all-star cast] 人気俳優の総出演.

オールスターゲーム [All-Star Game] プロ野球やプロバスケットボールなどで,ファン投票を中心にスター選手を選抜,チームを編成して戦う試合.

オールスパイス [allspice] 香辛料の一つ.フトモモ科の樹木ピメントの果実を乾燥させたもの.

オルタナティブ [alternative] 選択すべきことの一つ,選択肢,代案.

オルタナティブロック [alternative rock] アメリカのシアトルを中心に1990年代に起こったロック.

オールディー [oldie] 古いもの,懐かしいもの.昔流行した曲.オールディーズ(oldies)とも.

オールドタイマー [old-timer] 古顔,古株.時代遅れの人や物.

オールドパワー [old power 和] 老人の力,影響力.

オールドファッション [old-fashioned] 旧式な,時代遅れの,流行遅れの.

オールナイト [all-night] 終夜営業の.徹夜の.

オールパーパス [all-purpose] 多目的,多用途の.

オールボアール [au revoir 仏]「さようなら」「ではまた」.類アデュー.

オールマイティー
1 [almighty] 全能の,万能の.
2 [A—] 全知全能の神.

オールラウンド [all-round] 万能の,多才な.

オーレ
1 [au lait 仏] ミルク入りの.
2 [ole 西] 喝采,激励の呼び声.

オレフィン［olefin］エチレン系炭化水素. エチレン, プロピレンなど.

オレンジピール［orange peel］オレンジの皮, その砂糖漬け.

オロブランコ［Oroblanco］➡スイーティー

オーロラ［aurora］極光. 極地に近い地域の夜空に現れる大気の放電現象.

オン［on］
①…の上に. …に, …について.
②スイッチが入っている状態. 運転中. 対オフ.

オンエア［on air 和］放送中. 英語ではオン・ジ・エア(on the air).

オングストローム［angstrom］長さの単位. 光の波長や原子, 分子の大きさなどに用いられる. 1オングストローム＝ 10^{-10} m. 記号 Å.

オンザジョブ・トレーニング［on-the-job training］職場内職業訓練. 日常の仕事を通して必要な技能を体得させる教育訓練法. 略はOJT. 対オフザジョブ・トレーニング.

オン・ザ・ロック［on the rocks］グラスに入れた氷にウイスキー, ブランデーなどを注いだ飲み物. 略してロック.

オンシーズン［on-season］繁忙期. 書き入れ時. 対オフシーズン.

オンステージ［onstage］舞台に上がっていること. 上演中の.

オンタイム［on time］
①定刻に. 時間どおりに.
②和製用法で, 勤務時間中. 就業時間.

オンデマンド［on-demand］需要のあり次第. 需要に応じて.

オンデマンド出版［on-demand publishing］書籍や雑誌のコンテンツをコンピューターに蓄積し, 注文に応じて必要な数だけ印刷・製本する方式.

オントロギー［Ontologie 独］➡オントロジー

オントロジー［ontology］存在論. 本体論. オントロギーとも.

オンパレード［on parade］総出演, 勢ぞろい, 大行進.

オンブズパーソン［ombudsperson］行政監察官, 苦情処理担当者. オンブズマンとも.

オンブズマン［ombudsman］➡オンブズパーソン

オン・ユア・マーク［On your marks.］陸上競技での, 「位置について」という合図.

オンライン［online］
①コンピューターと端末機の回線が結ばれていること.
②球技で, 球が線上に落ちること.

オンラインシステム［online system］コンピューターの中央処理装置が端末機と結ばれ, データを処理して送り返す仕組み.

オンラインショッピング［online shopping］➡インターネットショッピング

オンライントーク［online talk］コンピューター相互間の通信. 対オフライン・ミーティング.

オンラインバンキング [online banking] ➡ インターネットバンキング

オンランプ [on-ramp] 高速道路の入り口. 対 オフランプ.

オンリミット [on limits] 立ち入り自由の. 対 オフリミット.

オンリー・ワン・アース [Only One Earth] かけがえのない地球. 地球全体を一つの運命共同体とみなす運動のスローガン.

オンレコ [on-the-record] 公表される, 記録される. オン・ザ・レコードの略. 対 オフレコ.

オンロード [on-road] 舗装道路. 公道. 対 オフロード.

オンワード [onward]
①前方へ, 先へ.
②前進, 向上.

カ

ガイ [guy] 男, やつ, 友達.

ガイア [Gaia ギリ] ギリシャ神話の大地の女神.

カイエ [cahier 仏] 手帳, 記録, 覚え書き.

カイエンペッパー [cayenne pepper] 赤トウガラシを粉末にした香辛料.

ガイガーカウンター [Geiger counter] 放射能測定装置. ガイガー計数管とも.

ガイスト [Geist 独] 精神, 霊魂.

ガイダンス [guidance] 案内, 指導, 補導, 手引.

ガイドウエーバス [guideway bus] ➡ デュアルモード・バス

カイトグラフィー [kitography 和] 凧に取り付けたカメラでの撮影法. 凧(kite)と写真(photography)の合成語.

ガイドナンバー [guide number] ストロボ撮影での露光係数. 被写体までの距離に絞りのF値をかけたもの.

カイトフォト [kite photo] 凧に取り付けたカメラで撮影した写真.

ガイドブック [guidebook] 手引書. 案内書. 旅行案内書.

ガイドヘルパー [guide helper 和] 視覚障害者の外出を手伝う人.

ガイドポスト [guidepost] 道標. 指針. 目標基準.

カイトボーディング [kiteboarding] 凧を利用してサーフィンなどを楽しむスポーツ.

ガイドライン [guideline] 指針, 目標, 指導方針.

ガイドランナー [guide runner] マラソンなどで, 視覚障害のある選手をゴールまで誘導する伴走者.

カイニシクス ➡ キネシクス

カイパーベルト [Kuiper Belt] 太陽系外周部の小天体がベルト状に分布する領域. 提唱者の名前から.

カイモグラフ [kymograph] 脈拍・血圧・筋肉の動きなどの記録装置. キモグラフとも.

カイロプラクター [chiropractor] 脊椎指圧療法士.

カイロプラクティック [chiropractic] 脊椎(せきつい)のゆがみを手で矯正して各種疾患を治療しようとする療法.

カウキャッチャー [cowcatcher] テレビなどの番組の初めに入る広告. 機関車などの前部に付ける牛よけ用の排障器という意味から.

ガウス [gauss] 磁束密度の単位. 記号G.

カウチ [couch] 寝椅子(ねいす).

ガウチョ [gaucho 西] 南米のカウボーイ.

カウプ指数 [Kaup index] 乳幼児の肥満度を示す指数. 体重(g)÷身長(cm)^2×10. 標準は15〜18.

カウベル [cowbell] 牛の首に付ける鈴.

カウボーイ [cowboy] アメリカ西部などの牧場で牛の世話をする人.

カウボーイハット [cowboy hat] ➠テンガロンハット

ガウン [gown]
①女性用の正装ドレス.
②丈の長い部屋着.
③裁判官などが着る法服, 正服.

カウンシル [council] 会議. 協議会. 審議会.

カウンセラー [counselor] 顧問, 相談相手, 相談員. 特に専門分野ごとに, 臨床心理学的な相談を担当する人.

カウンセリング [counseling] 面接相談. 特に臨床心理学的な相談をすること.

カウンター [counter]
①売り台, 帳場, 飲食店などで客と応対するための細長い台.
②計算器, 計数器, 計算係.

カウンターアタック [counterattack] 逆襲, 反撃.

カウンターカルチャー [counterculture] 反体制文化. 対抗文化.

カウンターキッチン [counter kitchen 和] 台所と食堂をカウンターで仕切ったキッチン.

カウンターテナー [countertenor] 男性の最高音域, その歌手. 裏声(ファルセット)を使うのでファルセッティストとも.

カウンターテロリズム [counterterrorism] 反テロリズム, テロへの対抗手段.

カウンターパーチェス [counter purchase] 輸出の見返りとして義務付けられた相手国産品の買い付け.

カウンターパート [counterpart] 対になったものの片方, 片われ, 対照物, 対応相手.

カウンターバランス [counterbalance] 釣り合いを取るもの, 対抗勢力.

カウンターパンチ [counterpunch] ボクシングで, 相手の攻撃をかわして打撃を放つこと. カウンターブローとも.

カウンターブロー [counterblow] ➠カウンターパンチ

カウント [count]
①数える, 計算する.
②計算, 勘定.
③ガイガーカウンターで測定した

放射線量の単位.

カウントアウト [count-out]
①ボクシングで,ノックダウンされた選手が10秒過ぎても立ち上がれないこと.ノックアウト負け.
②プロレスで,リング外に出て20秒過ぎても場内に戻らないこと.

カウントダウン [countdown] 秒読み.ある瞬間から逆算して時間を数えること.

カオス [chaos] 混沌(こんとん),無秩序,混乱. 対コスモス.

カオスモス [chaosmos] 無秩序・混乱(カオス)と秩序・宇宙(コスモス)が相互に浸透する状態.対立でもなく重層的でもない関係.

カーオーディオ [car audio 和] 自動車用の音響装置.カーステレオとも.

カーキ [khaki] 枯れ草色.

カクテル [cocktail]
①各種の酒や果汁などを混ぜた飲み物,混合酒.
②前菜の一つ.小エビにカクテルソースをかけたものなど.

カクテル光線 [cocktail light] 種々の光源の光を混ぜて昼光色に近づけた夜間照明.

カクテルソース [cocktail sauce] ケチャップにレモン汁,白ワインなどを混ぜた前菜用ソース.

カクテルドレス [cocktail dress] パーティーなどに着る準正装のドレス.

カクテルパーティー [cocktail party] カクテルと軽いつまみを出す立食形式のパーティー.

カクテルラウンジ [cocktail lounge] ホテルや空港のバー,休憩室.

カグール [cagoule 仏] 頭にぴったりした頭巾(ずきん).目出し帽.

カケクチン [cachectin] 悪液質誘発因子.がんを進行させ体を衰弱させる原因物質.

カーゴ [cargo] 貨物,積み荷.

ガーゴイル [gargoyle] ゴシック建築の屋根にある,怪物などの頭の形をした吐水口.

カーゴパンツ [cargo pants] 両脇にひだ付きの大きなポケットが付いたズボン.

カーサ [casa 伊] 家,建物,住居.

カザーク [kazak 仏] ➡コサック

カサノバ [Casanova] 色好みで有名な18世紀イタリアの作家.転じて,道楽者,女たらし.

カ氏 華氏.温度の単位.水の凝固点を32度,沸点を212度とする.考案者であるドイツの物理学者ファーレンハイト(Fahrenheit)の中国音訳「華倫海」から.カ氏温度とも.記号°F. ➡セ氏.

カーシェアリング [car sharing] 車の共同利用.1台の車を複数の人で利用し,台数を減らそうという構想.

ガジェット [gadget] 小道具.装置.仕掛け.付属品.ガゼットとも.

ガジェットバッグ [gadget bag] カメラなどの付属品を収納するケース.

カジノ [casino 伊] 公認の賭博場.

カシミヤ [cashmere] インド・カシミール地方産のヤギの毛で織った毛織物. 軽く, 弾力性に優れる.

カジュアル [casual]
①偶然の, 臨時の.
②普段着の, 略式の.

カジュアルウエア [casual wear] ふだん着, 略式の服装. 対フォーマルウエア.

カジュアルデー [casual day] 1週間のうち, カジュアルウエアで出勤してもよい日. カジュアルフライデーなど.

カシュクール [cache-cœur 仏] 着物のように前を合わせる様式の婦人服.

カシューナッツ [cashew nut] 熱帯アメリカ原産のウルシ科の木, カシューの実. 食用.

ガス [gas]
①気体. 特に, 燃料用の気体.
② ⇒ ガソリン

カスケット ⇒ キャスケット②

カスケード [cascade]
①連なった小さな滝. 段々滝.
②服飾で, 数珠つなぎの飾りや波形の縁飾り.

ガースコントロール [girth control] 肥満調節. ガースは胴回りのこと.

カスタード [custard] 卵, 牛乳, 砂糖, 香料などを煮つめてクリーム状にしたもの.

カスタネット [castanets] 2枚の丸い板や貝を手の中で打ち鳴らす打楽器.

ガスタービン [gas turbine engine] 圧縮空気に燃料を噴射して生じた高温・高圧のガスをタービンに吹き付ける熱効率のよいエンジン. 航空機や発電などに用いる.

カスタマー [customer] 顧客. 得意先. 取引先.

カスタマイズ [customize] 注文に応じて作り替える, 改造する.

カスタマーエクイティ [customer equity] 顧客自体がエクイティ(資産価値)を持つという発想で計算された顧客の生涯価値.

カスタム

1 [custom]
①注文の, あつらえの.
②習慣, 風習.
2 [__s] 税関, 関税.

カスタムオフィス [custom office] 税関. 税関事務所. カスタムハウスとも.

カスタムカー [custom car] 特別仕様車.

カスタムカット [custom cut] 美容院などで, 注文に応じて髪形を決め切り整える方法.

カスタムハウス [customhouse] ⇒ カスタムオフィス

カーステレオ [car stereo] ⇒ カーオーディオ

カースト [caste] インドの世襲制身分制度. バラモン(僧), クシャトリヤ(王族), バイシャ(平民), シュードラ(隷属民)の4階層に大別される.

カストラート [castrato 伊] 変声期の前に去勢して, 成人後も少年の声域を保たせた男性歌手.

ガストロノミー [gastronomy] 美食術, 美食学.

カスバ [casbah] 北アフリカ, 特にアルジェリアの首都アルジェの原地民居住地区.

ガスパチョ ➡ ガスパッチョ

ガスパッチョ [gazpacho 西] スペインの冷たいスープ. トマト, タマネギ, キュウリと調味料をミキサーにかけたもの. ガスパーチョ, ガスパチョとも.

カゼイン [Kasein 独] 乾酪素. 牛乳に含まれるたんぱく質. チーズの原料となる.

カセグレンアンテナ [Cassegrain antenna] 放物面の主反射鏡と双曲面の副反射鏡に1次放射器を組み合わせたマイクロウエーブ用アンテナ. 衛星通信に用いられる.

カセット [cassette]
① 録音・録画用テープの容器.
② ➡ パトローネ

ガゼット
❶ [gazette] 新聞, 定期刊行物, 官報.
❷ ➡ ガジェット

カセットブック [cassette book] 文学作品の朗読などを, カセットテープに収録した出版物.

ガソホール [gasohol] ガソリンにエチルアルコールを混ぜた自動車用燃料. ガソリン(gasoline)とアルコール(alcohol)の合成語.

カソリック ➡ カトリック

ガソリン [gasoline] 揮発油の一つ. 自動車などの燃料に使われる. 略してガス.

ガソリンスタンド [gasoline stand 和] 街頭のガソリン販売所. 英語ではガスステーション(gas station), サービスステーション(service station).

カーソル [cursor]
① コンピューターの画面で, 次に文字などを入力できる位置を示すマーク.
② 測量器具などの目盛りの表示装置.

ガター [gutter] 雨どい, 排水溝. ボウリングでレーンの左右にある溝. ガーターとも.

ガーター
❶ [garter] 靴下留め.
❷ ➡ ガター

カタストロフィー [catastrophe] 破局, 大惨事, 悲劇的な結末.

カタパルト [catapult] 航空母艦などから飛行機を発進させる装置.

カタピラー ➡ キャタピラー

カタプレクシー [cataplexy] 脱力発作. 興奮の後に急に力が抜け体が動かなくなる症状.

カタボリズム [catabolism] 物質代謝での異化作用. 対 アナボリズム.

カタマラン [catamaran] 双胴船. 二つの胴体を連結した船.

カタラーゼ [Katalase 独] 過酸化水素を酸素と水に分解する酵素.

カタル [Katarrh ドイ] 粘膜の炎症.

カタール [katal] 生体内反応を促進する酵素の活性を示す単位. モル毎秒（mol/s）に代わる国際単位系. 記号kat.

カタルシス [katharsis ギリ]
①哲学用語で, 精神の浄化作用.
②心理学で, 抑圧心理の解消.

カタレプシー [catalepsy] 強硬症. 筋肉が硬直し姿勢が固定してしまう症状.

カタログ [catalog] 商品目録.

カタン糸 [cotton thread] 木綿のミシン糸. コットンとも.

カーチェイス [car chase] テレビや映画の, 自動車での追跡シーン. チェイスは「追撃」の意.

カチューシャ [Katyusha] 頭の上部を押さえるC字形のヘアバンド.

ガッシュ [gouache フラ] アラビアゴムが原料の不透明水彩絵の具. その絵. グアッシュとも.

カッター [cutter]
①切る道具. 切断機. 刃. 裁断師.
②大型のボート.
③和製用法で, シャツ. 襟付きシャツ. 商標. カッターシャツとも.

カッターシャツ [cutter shirt 和] ➡カッター③

ガッツ [guts] 度胸, 根性, 勇気.

ガッツポーズ [guts pose 和] こぶしを固く握る, 腕を突き上げるなどの喜びを示すポーズ.

カッティング [cutting]
①切断, 裁断.
②フィルムやテープの編集.
③整髪.

カッテージチーズ [cottage cheese] 脱脂乳を熟成させずに作る軟らかくて白いナチュラルチーズ. カテージチーズ, コテージチーズとも.

ガッデム [Goddam(n)!] 「畜生！」「しまった！」「いまいましい！」. ゴッダムとも.

カット [cut]
①切ること, 削除, 省略, 裁断.
②テニスや卓球で, 球に逆回転を与えること.
③小型の挿画や図案, 写真.
④映画で, 撮影を止める合図.
⑤ ➡カットプレー

ガット

1 [gut] 腸線. ギターの弦, テニスのラケットなどに張る糸.

2 [GATT: General Agreement on Tariffs and Trade] 関税貿易一般協定. 1995年, WTO（世界貿易機関）に改組.

カットアウト

1 [cutout] 切り抜き. フィルムや台本などの削除された部分.

2 [cut out] 舞台の照明や音楽を急に消すこと. 対カットイン.

カット・アンド・ペースト [cut and paste] パソコンで, 文章などの一部を切り取り, 別の場所に貼り付けること.

カットイン [cut in]
①映画やテレビで, 場面の途中に別の画面などを入れること. 割り込み.

②舞台の照明や音楽を急に入れること. 対カットアウト.
③ラグビーやバスケットボールで, 相手選手のすき間に切り込んで攻撃すること.

カットオフ
1[cutoff] 切断. 中断.
2[cut off]
①放送で, 音楽などを突然中断すること.
②野球で, 野手の返球をほかの野手が途中で捕球すること.

カットグラス[cut glass] 切り子ガラス. 装飾的な切り込み細工を施したガラス器.

ガットストリンガー[gut stringer] ➡ ストリンガー②

カットソー[cut and sewn] ニット生地を裁断して縫製した服.

カットバック[cutback]
①縮小, 削減.
②映画やテレビで, 異なる場面を交互に映し出して効果を高める技法.
③サッカーで, 敵をかわすためいったん後退すること.
④アメリカンフットボールで, 突然方向を転換して攻撃すること.
⑤波頭に向けたサーフボードを再び切り返すこと.

カットプレー[cut play 和] 野球やバスケットボールで, 送球を途中で中継したり, 奪ったりすること. カットとも.

カップ[cup]
①西洋風の茶わん.
②競技などの賞杯.
③ゴルフのホール(穴).

カップボード[cupboard] 食器戸棚.

カップリング[coupling]
①連結. 結合. 交配.
②連結器. 軸継ぎ手.
③CDやレコードで, タイトル曲の他に入れられる楽曲.

カップリングシュガー[coupling sugar] ショ糖にブドウ糖を結合させた甘味料. 虫歯になりにくい.

カップル[couple] 一対, 一組の男女, 夫婦.

カツレツ[cutlet] 肉の切り身に小麦粉, 卵, パン粉を付けて油で揚げた料理. 略してカツ.

ガーディアンエンジェルス
1[guardian angels] 守護天使.
2[G__ A__] 武器を持たずに街の防犯に当たる自警団. アメリカで始まり, 日本でも支部が結成された.

カーディナル[cardinal]
①カトリック教会の枢機卿.
②フード付きの女性用オーバー.

カテキン[catechin] 緑茶の渋み成分. 抗酸化作用がある.

カテゴリー[category] 範疇はん, 種類, 部門.

カテゴリーキラー[category killer] 取扱商品を特定分野に絞り込んで豊富に品ぞろえし, 低価格で販売する小売店.

カテゴリーマネジメント[category management] 商品を, 部門ではなく消費者の視点に立った分野

単位で分け,利益を拡大できるよう管理する小売経営法.

カテージチーズ ➡ カッテージチーズ

カテーテル [katheter 独] 医療器具の導管,導尿管.

カテドラル [cathédrale 仏] 大聖堂,大伽藍(がらん).

ガーデナー [gardener] 植木店.庭師.造園家.ガードナーとも.

ガーデニング [gardening] 園芸.庭作り.庭いじり.

ガーデン [garden] 庭.庭園.

カーテンコール [curtain call] 音楽会などの終演後に,観客が拍手で出演者を呼び戻し,再演を促すこと.

ガーデンシティー [garden city] 田園都市.都会と田園の長所を兼ね備えた都市.

ガーデンハウス [garden house] 東屋(あずまや),庭に作る小屋.

ガーデンパーティー [garden party] 庭でのパーティー,園遊会.

カーテンレクチャー [curtain lecture] 寝室での妻のお説教.

カート [cart] 荷車,買い物用の手押し車,ゴルフバッグなどの運搬車.

カード

1 [card]
①紙片.小さな四角い紙.トランプなど.
②野球などの試合の組み合わせ.

2 [curd] 凝乳.牛乳に酵素を加えてたんぱく質を凝固させたもので,チーズの原料.

ガード [guard]
①見張り役,守備,守衛,警備員.ガードマンは和製英語.
②防護物,安全装置.

ガトー [gâteau 仏] 菓子.ケーキ.

カートゥーン [cartoon] 漫画,漫画映画.

カードキー [card-key] ホテルなどのカード状の鍵.

カードシステム [card system]
①クレジットカードやプリペイドカードなどを用いる決済システム.
②カードを使う資料整理法.

ガトーセック [gâteaux secs 仏] クッキーなど洋風の焼き菓子の総称.

ガードナー ➡ ガーデナー

カードホリック [cardholic 和] クレジットカード中毒.支払い能力を超えてカードで買い物をする人.

ガードマン [guard man 和] ➡ ガード①

カドミウム [cadmium] 金属元素の一つ.合金や電池の材料.記号Cd.

カトラリー [cutlery] フォーク,ナイフ類.

カドリエンナーレ [quadriennale 伊] 4年に1度開かれる展覧会.

カトリック [Katholiek 蘭] キリスト教のローマ・カトリック教会,またその信者.カソリックとも.

カートリッジ [cartridge] 取り換えが容易なように工夫された各種の交換部品.ボールペン・万年筆のインク入りの筒,フィルムの容器,

録音テープの容器など.

ガードル [girdle] 体形を整えるための女性用下着.

カートレイン [car train 和] 自動車を目的地まで乗客と一緒に運ぶ列車.

カードローン [card loan 和] 銀行などの自動現金支払い機を利用して, クレジットカード会員が融資を受けられるシステム.

カートン [carton]
①紙箱, ボール箱. 特にタバコの10箱入りの箱.
②商店, 銀行などで金銭をのせて出す盆.

ガナーシュ [ganache 仏] チョコレートに生クリームなどを混ぜ合わせたチョコクリーム. ガナシュ, ガナッシュとも.

ガナッシュ ➡ ガナーシュ

カナッペ [canapé 仏] 西洋料理の前菜の一つ. 薄いパンやクラッカーにチーズなどをのせたおつまみ.

カーナビ ➡ カーナビゲーション・システム

カーナビゲーション・システム [car navigation system] 自動車の運転者が車内で, 音声や画面で地図情報を得られるシステム. 略してカーナビ.

カニバライズ [cannibalize]
①共食い. 奪い合い.
②人材を引き抜くこと. 廃棄した機械などの部品をばらして再利用すること.

カニバリズム [cannibalism] 人肉を食べること, 共食い.

カーニバル [carnival]
①謝肉祭. キリスト教の祝祭の一つ.
②ばか騒ぎ, お祭り騒ぎ.

カヌー [canoe] 櫂で漕ぐ小型の舟.

カヌーイング [canoeing] カヌーに乗ること. カヌーを使って行う川や海のツーリング.

カヌレ・ド・ボルドー [cannelé de Bordeaux 仏] 仏ボルドー地方名物の小さな焼き菓子.

ガーネット [garnet] ざくろ石. 深紅色の宝石で1月の誕生石.

カネロニ [cannelloni 伊] ひき肉や野菜を詰めて筒状に巻いたパスタ料理.

カノン [canon]
①キリスト教の教典. 戒律. 規範.
②輪唱曲. 旋律を他の声部が追いかけて模倣していく形式.

カバー [cover]
①覆う, 隠す, 補う, 保護する. 野球やサッカーで, 味方の守備を後方から援護する. ボウリングで, スペアをとる.
②覆い, 援護, 包み紙, 表紙.
③ ➡ カバーバージョン

カーバ [Kaaba 亜] サウジアラビアのメッカにある, イスラム教で最も重要な神殿.

カーバイド [carbide] 炭化物. 炭化カルシウム.

カバーオール [coverall] 袖付きの上着とズボンが一つになった, つなぎ服.

カバーガール［cover girl］雑誌の表紙を飾る写真のモデルとなる女性.

カバーストーリー［cover story］雑誌の表紙で扱われる特集記事.

カバーチャージ［cover charge］レストランやバーの席料, サービス料.

カバディ［kabaddi ヒンｰ］インドの国技. 攻撃と守備の2チームに分かれ,「カバディ」と連呼しながら相手選手にタッチして戻る回数を競う.

ガバナー［governor］
①知事, 総督.
②機械類の調速器, 整圧器.

ガバナビリティー［governability］統治にこたえられる国民の能力, 被統治能力.

ガバナンス［governance］支配, 統治, 社会的統括.

カバーバージョン［cover version］既存の曲を別の音楽家がアレンジし直して演奏したもの. カバーとも.

ガバメント［government］政府. 内閣. 行政. 統治.

カバレッジ［coverage］適用・保証範囲, 放送電波の受信可能地域, 報道の取材範囲, 広告媒体の到達範囲.

カービングスキー［carving ski］先端部分の幅を広げ中央部を狭くしたスキー板.

カーフ［calf］子牛. 子牛のなめし革はカーフスキン(calfskin).

カーブ［curve］
①曲線. 曲がっているところ. 曲がること.
②野球の変化球の一つ. 右(左)投手の投球が左(右)へ曲がるもの.

カフェ［café 仏］
①コーヒー.
②喫茶店. コーヒー店.
③大正・昭和初期の洋酒酒場.

カフェイン［caffeine］コーヒーや茶に含まれるアルカロイドの一つ. 中枢神経に作用して興奮させる.

カフェオーレ［café au lait 仏］濃いコーヒーに同量の牛乳を混ぜたもの. イタリア語ではカフェラッテ.

カフェカーテン［café curtain］小窓に部分的に用いるカーテン.

カフェテラス［café terrace 和］歩道に張り出した喫茶店.

カフェテリア［cafeteria］セルフサービスの食堂.

カフェテリアプラン［cafeteria plan］企業の福利厚生制度の一つ. 住宅補助や企業年金などの付加給付を自分で選べる制度.

カフェノワール［café noir 仏］ミルクを入れない濃いコーヒー. ブラックコーヒー.

カフェバー［café-bar 仏］アルコール飲料も飲める喫茶店.

カフェラッテ［caffellatte 伊］➡カフェオーレ

カーフェリー［car ferry］自動車を運ぶ連絡船.

カフェロワイヤル［café royal 仏］ブラックコーヒーにコニャックやシナモンを加えたもの.

カプサイシン [capsaicin] トウガラシの辛みの主成分.

カフスボタン [cuffs botão 和] ➡カフリンクス

カプセル [capsule]
①ゼラチン製の小さな円筒形容器.そのままでは飲みにくい薬を服用するのに用いる.
②密閉した気密性の容器.

カプセルホテル [capsule hotel 和] カプセル型の個室を並べた簡易ホテル.

カフタ ➡CAFTA

カプチーノ [cappuccino 伊] イタリア風コーヒーの一つ.濃いコーヒーに泡立てた生クリームを加えたもの.

カーブミラー [curve mirror 和] 見通しの悪い曲がり角や交差点に立てる凸面鏡.

カブリオレ [cabriolet 仏] 折りたたみ式の屋根が付いている乗用車.

カプリッチオ [capriccio 伊] 狂想曲,奇想曲.

カフリンクス [cuff links] ワイシャツの袖口を留める飾りボタン.カフスボタンは和製英語.

カーベキュー [carbecue] 廃車を焼いて圧縮処理すること.

カーペンター [carpenter] 大工.

カポ ➡カポタスト

カポエイラ [capoeira 葡] ブラジルの伝統的な格闘技.ブレークダンスの源流ともされる.

カポジ肉腫 [Kaposi's sarcoma] 皮膚など全身にできる悪性肉腫.エイズ患者に多発する.

カポタスト [capotasto 伊] 弦楽器の音の高さを調節する器具.略してカポ.

ガボット [gavotte 仏] 2分の2拍子または4分の4拍子の軽快で優雅な舞曲.

ガボロジー [garbology] ごみ学.廃棄物処理学.

カーボン [carbon]
①炭素.記号C.
② ➡カーボン紙

カーボンコピー
①[carbon copy] カーボン紙を利用した写し,そっくりなもの.
② ➡CC①

カーボン紙 [carbon paper] 紙の間にはさんで使う複写紙.カーボンとも.

カーボンファイバー [carbon fiber] 炭素繊維.軽量で強度があり,耐熱性や弾性も高い.

カーボンブラック [carbon black] 黒色顔料.炭素の微粉末.トナー,インクなどに使われる.

カーボンレスペーパー [carbonless paper] カーボン紙を使わず複写できる感圧紙.

カーマイン [carmine] 深紅色.洋紅色.

カマーバンド [cummerbund] 男性の夜会服,タキシードに着用する腰帯.

カマンベール [camembert 仏] フランス原産の柔らかで濃厚な白かびチーズ.

カミオカンデ [Kamiokande] ➡ スーパーカミオカンデ

カミングアウト [coming-out]
①女性の社交界へのデビュー.
②同性愛者であることを自ら公表すること.

ガムシロップ [gum syrup] 液体甘味料.

ガムツリー [gum tree]
①ゴムの木.
②ユーカリの別称.

カムバック [comeback] 復帰,復活,再起.

カムフラージュ [camouflage 仏] 偽装,迷彩,人をあざむく手段.

ガムラン [gamelan 馬] インドネシアの民族音楽. 打楽器を中心に構成される. ガメランとも.

カメオ [cameo] 貝殻などに浮き彫りを施した装飾品. カメオ細工.

カメラアイ [camera eye]
①カメラの目. 被写体をうまくとらえること.
②正確な観察や報道.

カメラアングル [camera angle] 撮影する角度. 写真の構図.

カメラオブスキュラ [camera obscura ラテ] 暗箱. カメラの原型となった投影装置.

カメラワーク [camera work] 映画やテレビの撮影技術.

ガメラン ➡ ガムラン

ガーメントバッグ [garment bag] スーツなどの衣服を二つ折りにして運べる手提げバッグ.

カモミール [chamomile] キク科の多年草. 香草,薬草として用いられる.

カヤック [kayak]
①イヌイットの使う革張りの小舟.
②1本の櫂で両側を漕ぐボート.

カラー
1 [collar] 洋服の襟.
2 [color]
①色. 色の付いた.
②絵の具.
③写真や映像などで,多色のもの.

カーラー [curler] 髪やまつげをカールさせるための筒状のクリップ.

ガラ [gala 仏] お祭り. 特別興行. 競技会. ガーラ,ギャラとも.

カラーアナリスト [color analyst] 洋服や各種製品の最適な色を診断する専門家.

カラーアレンジメント [color arrangement] 配色,色の取り合わせ.

カラオケ [karaoke] 歌謡曲の伴奏のみを録音したもの. また,それに合わせて歌うこと. 空オーケストラの略.

ガラクトース [galactose] 乳糖の成分. 単糖類の一つ.

カラーコーディネーター [color coordinator] 服飾や家具などの配色効果を研究・調整する人.

ガラコンサート [gala concert] 特別演奏会.

カラーコンディショニング [color conditioning] 色彩調節. 色彩心理学を利用して作業効率を高める

方法. 類カラーダイナミックス.
カラザ [chalaza] 卵帯. 卵黄を卵殻膜につないでいるひも状のもの.
カラーセラピー [color therapy] 色彩療法. 色彩を使って心身のバランス回復を図る方法.
カラーダイナミックス [color dynamics] 色彩管理. 類カラーコンディショニング.
カラーチャート [color chart] 色見本帳.
カラット
　❶ [carat] 宝石の重さの単位. 1カラットは0.2g. 記号 ct, car..
　❷ [karat] 金の純度の単位. 純金は24カラット. 記号 K, kt.
カラード [colored] 有色人種. 特に黒色人種.
ガラナ [guarana] ブラジル原産の植物. タンニン, カフェインを含む種子が清涼飲料の原料となる.
カラーヒーリング [color healing] 彩色療法. 色彩の扱い方を利用した心理療法.
カラフル [colorful] 彩り豊かな. 多彩な.
カラーポリシー [color policy 和] 企業イメージを色で表すこと. 企業のイメージ戦略の一つ.
ガラムマサラ [garam masala ヒン-] カレー料理の仕上げなどに用いる混合香辛料.
カラメル [caramel フえ] 砂糖を焦がして黒褐色のあめ状にしたもの. 着色料や調味料にする.
カラーライゼーション [colorization] 白黒映画をコンピューターでカラー化すること.
カラリスト [colorist] 色彩や配色の専門家.
カラーリング [coloring] 着色, 発色, 毛染め.
カラーリンス [color rinse 和] シャンプー後に, リンスと色染めを一緒に行う染料.
カラン [kraan ラン] 蛇口.
ガーランド [garland] 花輪, 花冠.
カリ [kali ラン] ➡カリウム
ガリー [gully] 登山用語で, 山腹や岩壁にできた溝状の谷.
ガーリー [girly] 少女らしい. 女の子らしい.
ガリア [Gallia] ヨーロッパ西部の古代地名. ゴールとも.
カリウム [Kalium ド] アルカリ金属元素の一つ. 肥料やガラスの原料となる. ポタシウム, カリとも. 記号 K.
カリエス [Karies ド] 骨の慢性炎症. 特に結核菌によって炎症や壊死を起こすこと.
カリオカ ➡キャリオカ❷
カリカチュア [caricature] 風刺画, 戯画, 風刺文.
カリカチュアライズ [caricaturize 和] 戯画化, 風刺化すること.
カリキュラム [curriculum] 教育課程, 履修課程.
カリキュレーター ➡カルキュレーター
カリグラフィー [calligraphy] 欧文文字を美しく書く書法.

カーリース [car lease] 自動車の貸し出し. オートリースとも.

カリスマ [Charisma ドイ] 非凡な統率力, 教祖的な指導力.

カリタス [caritas ラテ] キリスト教で, 聖愛, 同胞愛.

ガーリック [garlic] ニンニク.

カリーナ

1 [carina ラテ] 竜骨, りゅうこつ座.
2 [carina イタ] かわいい.

カリニ肺炎 [pneumocystis carinii pneumonia] カリニ原虫の感染で起こる肺炎. エイズ患者に多い.

カリフ [caliph] イスラム国家における宗教と政治の最高支配者.

カリフォルニアロール [California roll] カリフォルニア風ののり巻き. 生ハムやアボカド, レタスなどを使う.

カリプソ [calypso] カリブ海諸島生まれの軽快なリズムの音楽.

カーリーヘア [curly hair] 全体にカールさせたヘアスタイル.

カリヨン [carillon フラ]
①音色の違う鐘を組み合わせた演奏装置. カリロンとも.
②オルガンの音栓.

カリロン ➡ カリヨン①

カーリング [curling] 氷上競技の一つ. 4人一組の2チームが取っ手の付いた円盤状の石を交互に滑らせ, サークル内に残った石の数と位置で得点を競う.

カール [Kar ドイ] 圏谷(けんこく). 氷河の浸食でできたU字形のくぼ地.

ガルウイング [gull-wing door] カモメ型翼. スポーツカーで, カモメ(gull)が翼を広げるように上方に開くドア.

カルキ [kalk オラ] さらし粉. 漂白や殺菌に使う. クロールカルキの略.

カルキュレーター [calculator] 電卓. 計算機. 計算表. カリキュレーターとも.

カルコン ➡ CULCON

カルジオスコープ [cardioscope] 心臓鏡. 心臓の弁膜の状態を調べるのに用いる.

ガールスカウト [Girl Scouts] 1912年にアメリカで創設された, 修養と社会奉仕のための少女団体. ➡ ボーイスカウト.

カルスト [Karst ドイ] 浸食された石灰岩台地.

カルタ ➡ CULTA

カルチエラタン [Quartier Latin フラ] パリのセーヌ川左岸にあるラテン区. 学生, 芸術家が住むことで知られる. 英語ではラテンクオーター.

カルチベーター [cultivator] 耕作者, 農作業用の小型機械, 中耕機.

カルチャー [culture]
①文化, 教養.
②養殖, 栽培, 培養.

カルチャーショック [culture shock] 異なる文化, 考え方や行動様式の違いによって受ける衝撃.

カルチャーセンター [culture center 和] 一般市民向けの文化・教養教室.

カルテ [Karte ドイ] 医師が患者の所見・病歴などを書き込む診察記録簿.

カルテット [quartetto 伊] 四重奏, 四重唱.

カルデラ [caldera] 火山の中心部にできた大きな円形のくぼ地.

カルテル [Kartell 独] 企業連合. 同一業種の企業間で商品の生産や価格・販売方法などについて協定を結び, 市場独占を図ること.

カルト [cult]
①崇拝, あこがれ, 熱狂.
②異教, 邪教.

カルトムービー [cult movie] 一部の熱狂的なファンに支持される個性的な映画.

カルトン [carton 仏]
①ボール紙, 厚紙.
②下絵, スケッチ.

ガルニチュール [garniture 仏] 西洋料理の付け合わせ.

カルパチョ ➡カルパッチョ

カルパッチョ [carpaccio 伊] 生の肉や魚介の薄切りにオリーブ油のソースをかけたイタリア料理. カルパチョとも.

カルバドス [calvados 仏] リンゴブランデー. リンゴから作る蒸留酒.

カルビ [갈비 韓] 牛や豚のあばら部分の肉.

カルビン回路 [Calvin cycle] 植物の炭酸同化回路. 葉緑体で行われる炭酸固定や多糖変換経路.

ガルフストリーム [Gulf Stream] メキシコ湾流. 大西洋の暖流.

ガールフライデー [girl Friday] 有能な女性秘書. イギリスの小説『ロビンソン・クルーソー』に登場する召し使いの名(フライデー)から.

カルボナーラ [carbonara 伊] ベーコン, 卵黄, 生クリームを加え, チーズと黒こしょうをかけたパスタ料理.

カルマ [karma サンスク] 仏教で, 業. 因果応報.

ガレー [galley]
①古代ギリシャ・ローマ時代の, 奴隷や囚人に漕がせた大型船.
②大型ボート, 艦長艇.
③船内や機内の調理室. ギャレーとも.
④ ➡ゲラ

カレイドスコープ [kaleidoscope] 万華鏡.

ガレージセール [garage sale] 自宅の車庫などでの不用品の安売り. 類ヤードセール.

カレッジ [college] 単科大学, 専門学校. 類ユニバーシティー.

カレッジリング [college ring] 大学名や校章などをかたどった指輪.

カレット [cullet] 使用済みのガラス製品を砕いたガラスくず. リサイクル原料.

ガレット [galette 仏] 丸く平たい形の焼き菓子.

ガレリア [galleria 伊] 屋根付きの商店街.

カレンシー [currency]
①通貨.
②流通, 通用.

カレント [current]
①現在の, 最新の.
②風潮, 傾向.

カレントイングリッシュ [current English] 時事英語.

カレントトピックス [current topics] 時事問題, 今日の話題, 流行の話題.

カロチノイド ➡カロテノイド

カロチン ➡カロテン

ガロップ ➡ギャロップ

カロテノイド [carotenoid] 野菜や果実に含まれる黄色や赤色の色素. カロチノイドとも.

カロテン [carotene] ニンジンやホウレン草などに含まれる赤黄色の色素. カロチンとも.

カローラ [corolla] 花冠(かかん). 花の冠.

カロリー [calorie]
①熱量の単位. 記号cal.
②大カロリー. 栄養学で1キロカロリーのこと. 記号 Cal, kcal.

ガロン [gallon] ヤード・ポンド法での液体体積の単位. イギリスでは1ガロン＝4.546リットル, アメリカでは1ガロン＝3.785リットル. 記号 gal.

カーン [kahn] 核物質の量を示す単位の一つ. 大国を全滅させられる量が1カーン.

カンガルーケア [kangaroo care] 新生児の育児法の一つ. 親の素肌で直接抱いて保育するもの.

カンカン [cancan 仏] 19世紀中ごろ, パリのムーランルージュ劇場を中心に流行した, 脚を高く上げる踊り. フレンチカンカンとも.

環境ホルモン [environmental hormone] 内分泌撹乱(かくらん)物質. 体内に入るとホルモンに似た働きをして生体バランスを崩すとされる物質の総称. ダイオキシン, PCBなど.

ガンクラブ・チェック [gun club check] 濃い色の格子と薄い色の格子を組み合わせた二重弁慶格子. クラブチェックとも.

ガングリオン [ganglion] 結節腫. 良性の腫瘍(しゅよう)の一つ.

カンコロジー [cancology 和] 空き缶を拾い集めようという環境美化運動.

カンジダ症 [candidiasis] カンジダ真菌による粘膜や皮膚の疾患. モニリア症とも.

カンタータ [cantata 伊] 交声曲. 独唱, 重唱, 合唱から構成される声楽曲.

カンタービレ [cantabile 伊] 音楽用語で,「歌うように, 流れるように演奏せよ」.

カンツォーネ [canzone 伊] イタリアの民謡. 特にナポリ民謡.

カンデラ [candela] 光度の単位. 略はcd.

カント [cunt] 女性性器の隠語.

カントリー [country] 田舎, 地方, 国.

カントリー・アンド・ウエスタン [country and western] アメリカ南部の大衆音楽. 略はC&W.

カントリーウエア [country wear] 旅先などでの軽装.

カントリーエレベーター [country elevator] 穀物を乾燥・貯蔵する

大規模倉庫.

カントリークラブ［country club］テニス, ゴルフ, プールなどの設備が整ったクラブ施設. ゴルフ場を指すのは和製用法. 略はCC.

カントリーファンド［country fund］海外の国や地域を対象にする投資信託.

カントリーリスク［country risk］企業の海外投資や海外進出の際に予想される対象国の安定度, 危険度, 信用度.

カンニング［cunning］和製用法で, 試験での不正行為. 英語ではチーティング（cheating）と言い, cunningは「悪賢い」の意.

カンパ［kampanija ロシ］政治運動などの活動資金を集めるための募金運動. またはそのための寄付金.

カンバス ⇒ キャンバス①

カンパニー［company］
①会社, 企業. 略はCo..
②友達, 仲間.
③演劇などの一座, 劇団.

カンパニー制［company system］企業の事業部門を独立させ, 一つの会社のように組織すること.

カンパニーユニオン［company union］企業内組合, 御用組合.

カンパリ［Campari］ビターオレンジの果皮を主原料とした, イタリア産の赤い酒. 商標.

カンピロバクター［campylobacter］食中毒の原因となる細菌の一つ. ニワトリや犬, 牛などの腸内常在菌.

カンフー［功夫 中］中国拳法.

ガンファイト［gunfight］拳銃での撃ち合い, 決闘.

カンファレンス ⇒ コンファレンス

カンフル［kamfer オラ］強心剤. 仮死・心臓衰弱などの救急処置に使われる.

カンペ［cunning paper 和］放送で, 進行指示やセリフを書いて示すボード. カンニングペーパーの略.

カンマ ⇒ コンマ①

ガンマ［gamma 英］
①ギリシャ文字の3番目の文字. Γ, γ.
②質量の単位. 100万分の1グラム. マイクログラム（microgram）.

ガンマグロブリン［gamma globulin］血漿たんぱく質の一つ. はしか, 肝炎などの病原体に対する抗体に富み, 予防薬として用いられる.

ガンマ線［gamma ray］放射線の一つ. がん治療などに利用される.

ガンマナイフ［gamma knife］⇒ ガンマユニット

ガンマユニット［gamma unit］開頭しないで脳や脳血管の病巣部を焼き取ることができる放射線治療器. ガンマナイフとも.

ガンメタル［gunmetal］砲金. 青銅. 銅に1割の錫を加えた合金.

キ

キー［key］
①鍵, 解決の鍵, 手掛かり.

②鍵. タイプライターやピアノなどの鍵盤.
③音調, 基調.
ギア [gear]
①歯車, 自動車などの伝動・変速装置.
②道具, 用具.
キーインダストリー [key industry] 基幹産業. 鉄鋼, 電力など, 他の産業部門の基盤となる産業.
キウイ [kiwi] ニュージーランドの国鳥になっている飛べない鳥.
キウイフルーツ [kiwi fruit] ニュージーランド産の卵型で緑褐色の果物.
キオスク [kiosk] 街頭の新聞・雑誌の売店. JR線駅の鉄道弘済会売店は「キヨスク」が正式名称.
ギガ [giga-] 「10億倍」「10億」の意味の接頭語. 記号G.
ギガバイト [gigabyte] 情報量の単位. 1ギガバイトは約10億バイト. 略はGB.
ギガビット [gigabit] 10億ビット.
キーカレンシー [key currency] 基軸通貨, 国際通貨. 対 ローカルカレンシー.
ギグ [gig]
①ジャズやロックの, 1回限りや短期契約の演奏会.
②船載小型ボート.
キシリトール [xylitol] 天然甘味料の一つ. 果物や樺の木の樹皮などに含まれる.
キス・アンド・テル [kiss-and-tell] 信頼を裏切る, 秘密を漏らす.

キーステーション [key station] ネットワーク番組を制作・送信する放送局, 親局.
キーストーン [keystone]
①かなめ, かなめ石, 根本原理.
②野球の二塁.
キータッチ [key touch 和] コンピューターなどのキーをたたくこと.
キチン [chitin] エビやカニの殻や昆虫の甲の主成分.
キック [kick]
①足で蹴ること.
②ゴルフなどで, 打球が落ちて跳ねること.
キックオフ [kickoff] サッカーやラグビーの試合開始や再開. また, 新事業などを始めること.
キックバック [kickback] 割戻金. リベートとも.
キックボクシング [kick boxing 和] 足で蹴るほか, ひざやひじも使えるボクシング. 日本で考案された格闘技.
キッシュ [quiche 仏] ハムやチーズ, 牛乳, 卵を加えて焼いたパイ料理.
キッズ [kids] 子供, 若者.
キッチュ [Kitsch ドイ] 低俗な作品, まがいもの, 駄作, がらくた.
キッチン [kitchen] 台所. 調理場.
キッチンウエア [kitchenware] 台所用品.
キッチンガーデン [kitchen garden] 家庭菜園. 庭やベランダに野菜や草花を植え, 収穫と観賞を楽しむこと.

キッチンキャビネット [kitchen cabinet]
①台所用の食器棚.
②政治家などの私的顧問団.

キッチンドリンカー [kitchen drinker] 台所飲酒者. 家族に隠れて酒を飲む主婦.

キット [kit] 工具, 道具, 組み立て材料一式, ひとそろいのもの.

キッド [kid]
①子ヤギ. 子ヤギの革.
②子供, 若者.

キディー [kiddie] 子供.

キトサン [chitosan] 甲殻類の殻の主成分キチンから作られる多糖類. 食品保存料や抗菌繊維に使われる.

キドニーパンチ [kidney punch] ボクシングで, 腎臓の部分をねらうパンチ. 反則.

キニーネ [kinine 蘭] マラリアの特効薬. キナの皮から採れるアルカロイドの一つ.

ギニョール [guignol 仏] 指人形.

キネコ [Kineco 和] 受像管(キネスコープ)を使って, ブラウン管の画面をフィルムに収めたり, フィルム画像をビデオテープに移したりすること, またはその装置. キネスコープレコーディング(kinescope recording)の略.

キネシクス [kinesics] 動作学, 身ぶり学. 身ぶりや表情などの動作とその意味を調べる学問. カイニシクスとも.

ギネスブック [Guinness Book of Records] イギリスのビール会社ギネスが毎年発行する世界記録集.

キネティックアート [kinetic art] 動く美術. 風力や電力などを利用した動く造形作品.

キネマ [kinema] ➡ シネマ

キーノート [keynote]
①音階の第一音, 主音.
②政策の基調, 基本方針.

キーノートアドレス [keynote address] 基調演説. キーノートスピーチとも.

キーノートスピーチ [keynote speech] ➡ キーノートアドレス

キーパーソン [key person] 重要人物, 中心人物. キーマンとも.

キーパンチャー [keypuncher] コンピューターのデータを入力する人. 以前は, 入力用の紙テープを穿孔(せんこう)する人を指した. パンチャーとも.

キープ [keep] 保つ, 持ち続ける, 守る.

ギブアウェー [giveaway] 景品, おまけ.

ギブアップ [give up] あきらめる. 降参する.

ギブ・アンド・テーク [give-and-take] 譲り合い, 妥協, もちつもたれつ.

ギプス [Gips 独] 石膏(せっこう)を使った固定包帯. 骨折などの患部を固定するために用いる.

キブツ [kibbutz ヘブ] イスラエルの農業共同体.

ギフト [gift] 贈り物. 贈答品. 進物.

ギフトカード [gift card 和]

①贈答用の商品券.ギフト券.
②贈答品に添えるあいさつ状.

ギフトクーポン [gift coupon] 贈答用の商品購入券.

ギフトショップ [gift shop]
①贈答用商品の販売店.
②土産物店.

ギフト法 [GIFT: gamete intrafallopian transfer] 配偶子卵管内移植法.体外に取り出した卵子と精子を,受精前に卵管に戻す不妊症治療法. ➡ジフト法.

キーポイント [key point] 基本的な問題点,要点.

キーボード [keyboard]
①鍵盤楽器.ピアノやオルガンなどの総称.
②ワープロ,ピアノなどの鍵盤.

キーホールジャーナリズム [keyhole journalism] のぞき趣味のジャーナリズム,内幕もの.

キマイラ [Khimaira ギリ] ➡キメラ2

キーマン [keyman] ➡キーパーソン

キーマンインシュアランス [keyman insurance] 企業が経営者などの重要人物にかける生命保険.

ギミーキャップ [gimme cap] 企業が宣伝用に配る帽子.ギミーはgive me(ちょうだい,ください)がなまったもの.

ギミック [gimmick]
①仕掛け,からくり,新機軸.
②特殊効果.

キムチ [김치 朝鮮] 朝鮮漬け.

ギムナジウム [Gymnasium ドイ]
①ドイツの大学進学用の高等学校.
②体育館,屋内運動場.英語ではジムナジアム(gymnasium).

ギムレット [gimlet] カクテルの一つ.ドライジンとライムの果汁を混ぜたもの.

キメラ

1 [chimera] 複数の胚(はい)からできた一つの個体.植物の接ぎ木や,人工的に作られたキメラマウスなど.また,二つ以上の機能を備えた商品.

2 [C__] ライオンの頭にヤギの体,ヘビの尾をもつギリシャ神話の怪物.キマイラとも.

キモグラフ ➡カイモグラフ

ギャグ [gag] こっけいな所作,せりふ.

ギャグマン [gagman] ギャグのうまい喜劇俳優,ギャグ作家.

ギャザー [gather] 寄せひだ.布を縫い縮めて作るひだ,ギャザリング,ギャザとも.

ギャザリング [gathering]
①集まり,会合.
② ➡ギャザー

キャスク [cask] 使用済み核燃料の貯蔵・運搬用容器.

キャスケット

1 [casket] 小箱,棺.

2 [casquette フラ] 学生や船員などの帽子.カスケットとも.

キャスター [caster]
①配役係,テレビのニュース番組

の総合司会者. ニュースキャスターとも.
② 家具類の脚に付ける車輪.
③ 調味料台. 食卓に置く薬味立て.

キャスチングボート [casting vote]
① 賛否同数の時に議長が行使する決定権.
② 議決を決定づける少数派の投票.

キャスティング [casting]
① 配役. 俳優に役を振り当てること.
② 投げ釣り.

キャスト [cast]
① 配役. 出演者.
② 投げ釣りで, ルアーなどをポイントに投げること.

ギャスプ ➠ GASP

キャセロール [casserole 仏] 西洋料理用の厚手のふた付き蒸し焼き鍋. またはそれを使った料理.

キャタピラー [Caterpillar] 無限軌道. 履帯. 鋼板を帯状にしてつなげた輪を回転させ, 走行する装置. 商標. カタピラー, クローラーとも.

キャッシャー [cashier] 現金出納係, レジ係. 正しくはキャシア.

キャッシュ [cash] 現金. 現金払い.

キャッシュ・オン・デリバリー [cash on delivery] 現品到着払い. 商品の配達と引き換えに代金を支払うシステム. コレクト・オン・デリバリーとも. 略はCOD.

キャッシュカード [cash card] 現金自動支払い機などで預金や払い出しをするのに使うプラスチック製の磁気カード.

キャッシュディスペンサー [cash dispenser] 現金自動支払い機. 略はCD.

キャッシュバック [cash back 和] 差額の払い戻し.

キャッシュフロー [cash flow] 現金収支, 資金繰り.

キャッシュレス [cashless]
① 現金不要の.
② クレジットカードなどで商品やサービスを購入できること.

キャッシング [cashing] 現金化. 現金の小口貸し出し.

キャッスル [castle] 城, 大邸宅, 館.

キャッチー [catchy] 流行しそうな, 覚えやすい, ひっかかりやすい.

キャッチアップ [catch up] 追いつく, 遅れを取り戻す.

キャッチ・アンド・リリース [catch and release] 釣った魚をすぐ放すこと. 略はC&R.

キャッチオール規制 [catch-all controls] 製品や技術などが相手国で大量破壊兵器やミサイルの開発・生産に利用される可能性があるとき, あらゆるものについて輸出を制限する制度.

キャッチコピー [catch copy 和] 宣伝文句. 広告文案.

キャッチセールス [catch sales 和] 街頭などで, 言葉巧みに商品を売りつける商法.

キャッチバー [catch bar 和] 客を巧みに誘い込み,後で不当な料金を請求するバー.

キャッチフレーズ [catchphrase] うたい文句,標語,宣伝文句. 類キャッチワード.

キャッチホン [catch phone 和] 割り込み電話.通話中にさらに電話があっても,前の通話者を待たせて後の人と話すことができる方式.

キャッチワード [catchword] 標語,宣伝文句,見出し語. 類キャッチフレーズ.

キャッツアイ [cat's-eye]
①猫目石.
②道路の中央分離帯や横断歩道に用いる,ヘッドライトを反射させる反射びょう.

キャットウオーク [catwalk] 舞台の上部や橋の側面などに設けられた作業用の細い通路.

キャップ
1 [cap]
①縁なしの帽子,制帽.
②ふた,口金.
③ ➡ キャプテン
2 ➡ CAP①
3 ➡ CAPP

ギャップ [gap] 裂け目,隔たり,すき間,相違,ずれ.

ギャップイヤー [gap year] 大学入学の決定している学生が入学を一定期間遅らせ,社会活動を体験すること.

キャディー [caddie] ゴルフで,競技者の道具を運んだり,助言したりする人.

キャド [CAD: computer-aided design] コンピューターを利用して行う設計.

キャニオニング [canyoning] 沢下り.アウトドアスポーツの一つで,沢を上流から下るもの. 対シャワークライミング.

キャニスター [canister] コーヒーや茶などを入れるふた付きの缶.

キャノピー [canopy]
①天蓋(てんがい),円蓋,森林の最上層の林冠.
②飛行機などの風防ガラス.

キャノンボール [cannonball]
①テニスの弾丸サーブ.
②弾丸列車,特急列車.いずれも,原意は「砲弾」.

ギャバ
1 [GABA: gamma-aminobutyric acid] ガンマアミノ酪酸.神経抑制物質で興奮を抑えるアミノ酸の一つ.
2 ➡ ギャバジン

キャバクラ [cabaret club 和] ホステスが接待するキャバレー式のナイトクラブ.

キャパシター [capacitor] 蓄電器,コンデンサー.

キャパシティー [capacity] 容量,力量,能力,収容力.

ギャバジン [gabardine] 急斜綾(あや)織り.綾目の細かい毛織物.略してギャバ.

キャバレー [cabaret 仏] 舞台やダンスホールがあり,ホステスの接待

でショーを見せる酒場.

キャビア [caviar] チョウザメの卵の塩漬け.

キャピタリズム [capitalism] 資本主義.

キャピタル [capital]
①首都.
②資本,資本金,元金.
③欧文の大文字,頭文字.キャピタルレターとも.

キャピタルゲイン [capital gain]
①資本利得.株式の値上がりなどによる利得.
②資産売却所得,資本売却差益.

キャピタルフライト [capital flight] 資本逃避.政治・経済不信などにより,資金が一斉に国外に流出する現象.

キャピタルレター [capital letter] ➡キャピタル③

キャピタルロス [capital loss] 資本売却差損.債券や不動産などの値下がりによって被る損失.

キャビテーション [cavitation] 空洞現象.減圧のため液体中に気泡が生じること.

キャビネ [cabinet 仏] 写真印画紙の大きさの一つ.キャビネ判.16.5 × 12cm.

キャビネット [cabinet]
①飾り棚,洋だんす,書類戸棚.
②ラジオ,テレビなどの外箱.
③内閣.

キャビン [cabin]
①船室,客室.
②小屋,丸太小屋.

キャビンアテンダント [cabin attendant] 旅客機の客室乗務員.
類フライトアテンダント.

キャブ [cab]
①タクシー.
②機関車などの運転室,運転台.

キャプション [caption] 表題,見出し,写真などの説明文.

キャプテン [captain]
①船長,艦長,機長.
②長,責任者.いずれも,略してキャップ.

キャプリーヌ [capeline 仏] 女性用の縁の広い帽子.

キャブレター [carburetor] 気化器.ガソリンを気化させて空気と混合する装置.

ギヤマン [diamant 蘭] ガラス,カットグラスの器.ディアマントがなまったもの.

キャミソール [camisole]
①女性用の丈の短い袖なし下着.
②女性用の腰丈ジャケット.

キャメル [camel] ラクダ,ラクダ色,ラクダの毛を使った毛織物.

キャメロット [Camelot] はなやかで魅力的な時代,場所.アメリカでは特にケネディ政権時代を指す.イギリスの伝説に登場する宮廷の地名から.

キャラ ➡キャラクター①

ギャラ
① ➡ガラ
② ➡ギャランティー②

ギャラクシー [galaxy] 銀河,天の川.

キャラクター［character］
①性質, 特徴. 性格, 人格. 略してキャラ.
②劇や小説の登場人物.
③文字, 符号, 記号.

キャラクターブランド［character brand］服飾品などで, メーカーの個性・特徴が強く打ち出された商品.

キャラクターマーチャンダイジング［character merchandising］商品化権. 人気キャラクターやスポーツ選手などの肖像使用権を得て, 商品を製造販売すること.

キャラコ［calico］薄地の平織り綿布. キャリコとも.

キャラバン［caravan］
①砂漠の隊商.
②車で引く移動住宅.
③和製用法で, 登山隊, 調査隊. また, 宣伝などのために各地を巡ること.

ギャラリー［gallery］
①回廊.
②画廊, 美術館.
③天井桟敷.
④ゴルフやテニスなどの観衆, 観客席.

ギャラン［galant 仏］優美な, 優雅な.

ギャランティー［guarantee］
①保証(人), 担保(物).
②契約出演料, 給料. 略してギャラ.

ギャラント［gallant］
①勇敢な, 立派な.
②女性に親切な.
③色男, 情人.

キャリア
1［career］
①経歴, 職歴, 生涯.
②専門の職業を持つ.
③和製用法で, 国家公務員上級試験に合格して採用された者.
2［carrier］運搬人, 運送業者. 運搬用具. 保菌者.

キャリアアップ［career up 和］資格や能力を高めて, より地位や給与の高い職に転職すること. 対キャリアダウン.

キャリーアウト［carryout］持ち帰ることのできる飲食物. 類テークアウト.

キャリアウーマン［career woman］働く女性. 専門的な職業を持つ女性. キャリアガールとも.

キャリアガール［career girl］
➡キャリアウーマン

キャリア教育［career education］青少年が自己の個性を理解し, 主体的に職業を選択できるようにする教育.

キャリアダウン［career down 和］地位や給与が低い職に転職すること. 対キャリアアップ.

キャリア・デベロップメント・プログラム［career development program］経歴管理開発制度. 能力や適性に応じた教育訓練や配置を行う長期的な人事管理制度. キャリアプランとも. 略はCDP.

キャリアパス［career path］仕事を経験して能力を高めていく道筋,

その職務経歴や異動履歴.

キャリアプラン [career plan] ➡キャリア・デベロップメント・プログラム

キャリアリスト [careerist] 出世第一主義者.

キャリオカ
① [carioca] サンバに似たブラジル音楽, ダンス.
② [C__] リオデジャネイロ生まれの人. カリオカとも.

キャリコ ➡キャラコ

ギャル [gal] 若い娘, 女の子.

ギャルソン [garçon 仏]
①男の子, 青少年.
②男性の給仕, ボーイ.

ギャルソンヌ [garçonne 仏] 独身の女性, おてんば娘.

ギャレー ➡ガレー③

キャロット
① [calotte 仏]
①丸帽, 縁なし帽.
②円天井, 円屋根.
② [carrot] ニンジン.

ギャロップ [gallop] 馬の最も速い駆け方. ガロップとも.

キャロリング [carolling] クリスマスキャロル(賛歌)を合唱しながら街を歩くこと.

キャロル [carol] 宗教的な祝いの歌. 特にクリスマスの賛歌.

ギャング [gang] 暴力団, 暴力団員, 一味, 仲間.

ギャングエージ [gang age] 子供の成長過程で, 集団で乱暴やいたずらをしがちな時期.

キャンサー [cancer] がん.

キャンセル [cancel] 予約・契約などの取り消し, 解消, 破棄.

キャンティ [chianti 伊] イタリア・トスカーナ地方産の辛口赤ワイン.

キャンディッド写真 [candid photo] 隠し撮りの写真.

キャンパー [camper]
①キャンプをする人.
② ➡キャンピングカー

キャンバス [canvas]
①帆布, ズック, 画布. カンバスとも.
②野球の一, 二, 三塁に置くマット.
③ボクシングやレスリングの試合場の床.

キャンパス [campus]
①大学の構内, 校庭.
②学園.

キャンピングカー [camping car 和] キャンプ用の設備付きの自動車. 英語ではキャンパー.

キャンプ [camp]
①野営, テント生活.
②登山隊の基地.
③野球などの強化合宿.

キャンプサイト [campsite] キャンプ場. キャンプに適した場所.

キャンプデービッド [Camp David] アメリカ・メリーランド州にある大統領専用の山荘.

キャンプファイア [campfire] キャンプの夜の, たき火を囲んでの交歓.

ギャンブラー [gambler] 賭博師. ばくち打ち.

ギャンブル [gamble] 賭け事, ばくち.

キャンペーン [campaign] 選挙・宣伝・募金などのための運動・作戦.

キャンペーンガール [campaign girl 和] 新製品の発表会などで宣伝をする女性.

キャンペーンセール [campaign sale 和] 名目をつけた大売り出し. 創業記念セール, 年末セールなど.

キュー [cue]
① 玉突き棒.
② テレビなどで, せりふや音楽の開始を示す指示, 合図.

キュイジーヌ [cuisine 仏] 料理.

キューシート [cue sheet] 番組制作進行表.

キューストール ➡ QSTOL

キューティクル [cuticle] 表皮, 角皮. 特に, 爪の甘皮.

キュート [cute] きれいな, かわいい.

キュー熱 ➡ Q熱

キューピー [Kewpie] キューピッドをかたどった人形.

キュービズム [cubism] 絵画での立体派. 20世紀初めにパリで起こった, 対象を立体的に描こうとする芸術運動. キュビスムとも.

キュービック [cubic] 3次の, 3乗の. 立方体の.

キューピッド [Cupid] ローマ神話に登場する恋の神. ギリシャ神話ではエロス.

キューブ [cube] 立方体, 立方形のもの.

キュプラ [cupra] レーヨンの一つ. 絹に近い光沢があり, 女性用下着などに使用される.

キューボード ➡ Qボード

キューポラ [cupola]
① 鋳鉄を溶かすための炉.
② 丸天井, ドーム.

キュラソー [curaçao 仏] オレンジ風味のリキュール酒.

キュリー [curie] 放射能の単位. 現在はベクレル(Bq)を使う. 1キュリー=3.7×10^{10}ベクレル. 記号 Ci.

キュレーション [curation] 美術館などの展示・企画構成.

キュレーター [curator]
① 博物館, 図書館などの管理者.
② 学芸員. 美術館, 博物館などで企画, 運営, 研究などに当たる専門職.

キュロット [culotte 仏]
① ひざ丈のズボン. 乗馬用ズボン.
② 女性用のズボン式スカート. キュロットスカート(culotte skirt)は和製英語.

キヨスク ➡ キオスク

キラー [killer]
① 殺し屋, 殺人鬼.
② 特定の相手に対して強い力を発揮する人.

キリスト教 [Christianity] ユダヤ教を母体とした一神教の宗教. イエス・キリストを救世主とし, その教えを根本規範とする.

キリマンジャロ [Kilimanjaro]
① タンザニア北東部の火山の名. アフリカの最高峰で標高5895m.

②タンザニア産コーヒー.
キリングフィールド［killing field］戦場.
キール［keel］船の竜骨.
キルター［quilter］キルティング(刺し子)を作る人.
ギルダー［guilder］オランダの旧通貨単位. 2002年ユーロに移行.
キルティング［quilting］刺し子に縫うこと. 防寒・装飾用に, 2枚の布の間に綿, 毛糸などを入れて重ね, 模様を縫い込むこと. また, その製品. キルトとも.

キルト
1 ［kilt］英国スコットランドに伝わる, 男性用の格子柄の巻きスカート.
2 ［quilt］⇒キルティング

ギルド［guild］中世欧州の商業団体, 同業者組合, 職人組合.
キロ［kilo-］1000倍を表す単位用接頭語. 記号 k.
キロカロリー［kilocalorie］熱量の単位. 1カロリーの1000倍. 大カロリーとも. 記号 kcal, Cal.
キログラム［kilogram, kilogramme］質量の単位. 1キログラム＝1000グラム. 記号 kg.
キロバイト［kilobyte］情報量の単位. 1キロバイト＝1024バイト. 記号 KB.
キーワード［key word］
①問題解決や暗号解読の鍵となる言葉. 重要語.
②必要な情報を引き出すための検索語.

ギンガム［gingham］しま模様や格子柄の平織り洋服地.
キンキー［kinky］ひねくれた, 気まぐれな, とっぴな.
キングサイズ［king-size］特大の. 紳士服の特大サイズ.
キングサーモン［king salmon］マスノスケ. 北米, アラスカ特産の最大種のサケ.
キングズイングリッシュ［King's English］イギリスの標準英語. 女王統治時代にはクイーンズイングリッシュという.
キングダム［kingdom］王国.
キングメーカー［kingmaker］要職者の人選に影響力を持つ政界の実力者, 黒幕.
筋ジストロフィー［muscular dystrophy］筋肉が次第に萎縮していく遺伝性の難病.
キンダーガーテン［Kindergarten］幼稚園.
キンタル［quintal］質量の単位. メートル法では1キンタル＝100kg. アメリカでは100ポンド, イギリスでは112ポンドに換算される. 記号 q.
キンボール［kin-ball］球技の一つ. 直径122cm, 重さ1kgのボールを使い, 4人一組の3チームに分かれてサーブやレシーブをくり返す.

ク

グアッシュ ⇒ガッシュ
グアニン［guanine］核酸を構成す

る4塩基の一つ．DNA中でシトシンと塩基対をなす．

クアハウス［Kurhaus 独］美容・健康・保養を目的とした多目的温泉施設．

クイズ［quiz］簡単な質問，なぞなぞ遊び．

クイック

① ［quick］速い．すばやい．対スロー．

② ➡ KWIC

クイックターン［quick turn］水泳で折り返す時に水中で壁を蹴る形式のターン．とんぼ返りターン．

クイックモーション［quick motion 和］

①こま落とし．テレビなどで，速い動きに見せる映写法．対スローモーション．

②野球で，素早い投球動作．

クイックレスポンス［quick response］迅速な対応．早期応答．略はQR．

クイック・レスポンス・システム［quick response system］早期応答システム．販売情報などを直ちに生産に反映させ，流通を簡素化する仕組み．略はQRS．

クイニーアマン［Kouign Amann 仏］バターとグラニュー糖を使ったパイ生地の焼き菓子．

クイーンサイズ［queen-size］婦人服の特大サイズ．

クイーンズイングリッシュ［Queen's English］➡ キングズイングリッシュ

クインテット［quintetto 伊］五重奏，五重唱．

クウィップ ➡ QWIP

クエーサー［quasar］準星．非常に遠くで莫大なエネルギーを放出している天体．太陽の1兆倍以上の明るさで輝く．

クエスチョンタイム［question time］国会会期中に衆参両院で行われる党首間の討論．

クエスチョンマーク［question mark］疑問符．「？」．インタロゲーションマークとも．

クエン酸［枸櫞酸 漢］ミカンなどの柑橘類に含まれる酸味の主成分．医薬品，清涼飲料水などに用いられる．

クォーク［quark］物質を形づくる素粒子の基本構成粒子．

クオータ［quota］割り当て量，取り分，分け前．

クオーター［quarter］4分の1．四半期，時間の15分，アメリカの25セント硬貨．

クオータ制［quota system］輸入割り当て制度．輸入品目の数量・金額に一定の枠を設けて輸入を制限すること．

クオーターバック［quarterback］アメリカンフットボールで要となるポジション．略はQB．

クオータリー［quarterly］季刊．年4回発行の雑誌．

クオーツ［quartz］

①石英．

②水晶発振式の時計．

クオーテーション [quotation]
①引用, 引用文(語, 句).
②相場. 時価.

クオーテーションマーク [quotation mark] 引用符.「' '」「" "」など.

クオリティー [quality] 質, 品質, 特質. 対 クオンティティー.

クオリティー・オブ・ライフ [quality of life] 生活の質. 医療では患者の立場を重視する治療概念をいう. 略はQOL.

クオリティーペーパー [quality paper] 高級紙. 格調を誇る新聞.

クオリファイングトーナメント [qualifying tournament] ゴルフで, ツアー競技の出場資格を取得するための予選. 略はQT.

クオンティティー [quantity] 量, 数量, 分量. 対 クオリティー.

クー・クラックス・クラン [Ku Klux Klan] アメリカの白人優越主義の秘密結社. 略はKKK, 3K.

クシャトリヤ [ksatriya サンスク] インドのカースト制の第2層. 王族や氏族など.

クチュリエ [couturier 仏] 高級注文服の洋裁師. 女性はクチュリエール(couturière).

クッカー [cooker] 料理道具, 調理器具.

クッキー
1[cookie] 小麦粉に卵やバターなどを加えて焼いた菓子.
2[C＿] インターネットで, ウェブサイトを訪問した個人を特定するための仕組み.

クッキーバー [cookie bar 和] 作りたてのクッキーを量り売りする店.

クッション [cushion]
①洋風座布団.
②緩衝材. マット. 下敷き. 玉突き台の内縁.

グッズ [goods] 商品, 品物.

グッドウイル [goodwill]
①好意. 厚情. 親善.
②顧客吸引力. 商標や商品に対する顧客の信用.

グッドタイミング [good timing] 頃合いがよいこと. 間がよいこと.

グッドデザイン・マーク [good design mark 和] 経済産業省の意匠奨励審議会が優良と認めた商品のマーク. Gマークとも.

グッドプラクティス [Good Practice] 文部科学省の特色ある大学教育支援事業の一つで, 優れた大学に財政支援をするもの. 略はGP.

グッドラック [Good luck!]「幸運を祈る」.

グッドルッキング [good-looking] 容貌ようのよい. 顔だちのよい.

クッパ [쿠파 朝] 飯の上に肉や野菜のスープをかけた朝鮮料理.

クーデター [coup d'État 仏] 武力による政権奪取, 政変.

グード図法 [Goode projection] 地図投影法の一つで, 二つの図法を組み合わせた断裂図法.

クーニャン [姑娘 中] 未婚の娘. 少女.

クネセット [Knesset] イスラエル

の一院制議会.

クーペ [coupé 仏]
① 2ドアの2人乗り箱型乗用車.
② フェンシングで,突き技の一つ.

クーポン [coupon 仏] 切り取り式の回数券,回遊旅行券,割引券,優待券.

グミ [Gummi 独] ゼリーを固めた弾力のある菓子.

クメール・ルージュ [Khmer Rouge]「赤いクメール」.カンボジアの旧共産党組織.恐怖政治を敷き大量虐殺を行った.その指導者だった元首相の名をとり,ポル・ポト派とも.

クーラー [cooler]
① 冷房装置.冷蔵庫.
② 冷たい飲料.

クライアント [client] 得意先,依頼人,広告主.

クライウルフ [cry wolf]「オオカミが来た」などと偽りの警報を伝えること.イソップ物語から.

クライオトロン [cryotron] 金属の超伝導性による磁場の変化を応用してスイッチやアンプを作動させる装置.

グライコ ➡ グラフィックイコライザー

クライシス [crisis] 危機,危期,重大局面.

クライシスマネジメント [crisis management] 危機管理.

グライダー [glider] 滑空機.

クライマー [climber] 登山者.

クライマックス [climax] 最高潮,絶頂,頂点. 対 アンチクライマックス.

クライミング [climbing] 登ること,登山,上昇.

クライミングウオール [climbing wall] 素手で行う岩登りの練習用人工壁.

クライムストーリー [crime story] 犯罪小説,犯罪物語.

グラインダー [grinder] 研磨機.研削盤.

クラウチングスタート [crouching start 和] 陸上競技で,しゃがんだ姿勢からのスタート.英語ではクラウチスタート. 対 スタンディングスタート.

クラウディングアウト [crowding out] 公債の発行などによって民間経済が抑制されてしまうこと.

クラウン [crown] 王冠.栄冠.

グラウンド [ground] 土地.地面.運動場.グランドとも.

グラウンドカバー [ground cover] 園芸や造園用の地被植物.芝生のように地面を覆う植物.

グラウンドゴルフ [ground golf 和] 日本で考案された簡易ゴルフ.

グラウンドスタッフ [ground staff] 空港の地上勤務員.空港の窓口などでサービス業務を行う職員.

グラウンドストローク [ground stroke] テニスで一度地面にはずんだボールを打つこと.

グラウンドゼロ [ground zero] ゼロ地点,爆心地.

グラウンドフロア [ground floor]

イギリスで,建物の1階. ▷ファーストフロア.

グラウンドホステス [ground hostess 和] 航空会社や空港の接客窓口に勤務する女性. 類グラウンドスタッフ.

グラウンドレスリング [ground wrestling] レスリングの寝技. 対スタンドレスリング.

グラウンドワーク [groundwork] 基礎,土台,下準備.

クラウンプリンス [crown prince] 皇太子. 皇太子妃はクラウンプリンセス(crown princess).

クラーク [clerk] 書記,事務員,店員.

クラクション [klaxon] 自動車の警笛.

グラシ [glacis 仏] 油絵技法の一つ. つやと深みを出すために行う上塗り,つや塗り.

クラシカル [classical] 古典的な. 伝統的な.

クラシシズム [classicism] 古典主義. 対ロマンチシズム.

クラシック [classic]
①古典. 優れた,権威ある芸術作品. 名著,名作.
②ギリシャ・ローマ時代の代表的な芸術作品.
③古典的. 古風な. 伝統的な.
④和製用法で,西洋の古典音楽. クラシック音楽の略. 英語ではクラシカルミュージック(classical music).

クラシックカー [classic car] 自動車で,旧型の名車. アメリカでは,1925〜42年製の車をいう.

クラシックバレエ [classic ballet] ヨーロッパの伝統的なバレエ. 19世紀に作られた古典バレエ. 対モダンバレエ.

クラシックレース [classic races] 競馬で,3歳のサラブレッドによる五つの重賞(高額賞金)レース.

クラシファイド [classified]
①新聞の求人など項目別に掲載される案内広告.
②機密.

グラス
❶ [glass] ガラス,コップ.
❷ [grass] 草,芝生. 俗語ではマリファナをいう.

クラスアクション [class action] 集団訴訟.

グラスウール [glass wool] ガラス綿. ガラスの短繊維で,断熱材や吸音材に用いる.

グラスコックピット [glass cockpit] 航空機の計器や警報灯類を必要に応じてブラウン管やモニターに表示させるようにしたハイテク操縦席. EFISとも.

グラスコート [grass court] 芝生のテニスコート. ローンコート. 対ハードコート.

グラスシーリング [glass ceiling] 目には見えない天井,障壁.

グラススキー [grass skiing] 草スキー. 無限軌道の付いたスキーで芝の斜面を滑るスポーツ.

クラスター [cluster] ブドウなどの

房,同種類の人やものの集まり,学校群.

グラスノスチ [glasnost' ロシ] 情報公開.旧ソ連のゴルバチョフ政権が進めた改革の一つ.

グラスファイバー [glass fiber] ガラス繊維.融解したガラスを急速に引き伸ばして繊維状にしたもの.

グラスボート [glass boat 和] 船底をガラス張りにした遊覧船.

クラスマガジン [class magazine] 専門雑誌.特定の読者を対象とした雑誌.

グラスリスト ➡ GRASリスト

グラスリッツェン [Glasritzen ドイ] ダイヤモンド針でガラスに模様を刻むガラス工芸.

グラスルーツ [grass roots] 草の根,一般大衆.

グラチェ [Grazie. イタ]「ありがとう」.

クラック [crack]
①裂け目,割れ目,亀裂.
②麻薬の一つ.コカインを精製したもの.

クラッシャー [crusher] 粉砕機.砕石機.破砕機.

クラッシュ [crash]
①衝突,墜落.
②コンピューターの故障,暴走.
③目の粗い麻布.

クラッシュアイス [crushed ice] 細かく砕いた氷.

クラッシュシンドローム [crush syndrome] 挫滅症候群.交通事故などで手足をはさまれた人に多い症状で,いちど圧迫された手足に再び血液が流れる結果,毒素が回って起きる全身障害.

グラッセ [glacé フラ]
①凍った.冷やした.
②料理で,糖衣を付けた.つやを出した.

クラッチ [clutch]
①連動器.連軸器.
②自動車のクラッチを操作するペダル.
③起重機のつめ.

クラッチバッグ [clutch bag] 持ち手や肩ひもがない小型のハンドバッグ.

グラッパ [grappa イタ] イタリア産ブランデーの一つ.ブドウの搾りかすから作る.

グラデーション [gradation]
①順序立て,段階付け.
②徐々に変化すること.色調のぼかし,濃淡法.

グラデュエーション [graduation]
①卒業.
②目盛り.等級.格付け.

クラバット [cravate フラ] ネクタイ.襟飾り.

クラビーア [Klavier ドイ] 鍵盤付き弦楽器,特にピアノ.

グラビア [gravure] 凹版印刷.濃淡をインク量で調整する,写真に適した印刷法.

クラビコード [clavichord] ヨーロッパの古楽器の一つ.ピアノに似た小型の鍵盤楽器.

クラブ
1 [club]

①共通の目的を持つ人々の団体,またはその集まる場所.
②ゴルフ,ホッケーで球を打つ棒.
③トランプのマーク,「♣」.
④ディスコ.音楽に合わせてダンスを楽しむ店.
2 [crab] カニ.食用のカニ.

グラフ [graph]
①図表,図式.
②写真を中心にした雑誌,画報.

グラブ [glove] 野球やボクシングなどの選手がはめる手袋.グローブとも.

グラファイト [graphite] 黒鉛,石墨(せきぼく).

グラフィック [graphic]
①図画の,図表の,図解の.
②説明図,挿絵,図形.

グラフィックアート [graphic arts] 文字,線描きの絵などによる視覚芸術,商業美術.

グラフィックイコライザー [graphic equalizer] 音質調整装置.再生音を周波数帯ごとに調整する装置.略してグライコ.

グラフィックス [graphics]
①製図法,製図学.
②コンピューターの画面に映される図形,図表.

グラフィックデザイン [graphic design] 視覚デザイン.特に商業的なものをいう.

グラフィティー [graffiti 伊] 建物の壁などの落書き.考古学では岩や壁に刻まれた絵,文字,模様などをいう.

クラブサン [clavecin 仏] ➡ ハープシコード

クラブチェック ➡ ガンクラブ・チェック

クラフト [craft]
①工芸,手工芸.民芸品.
②特殊な技術,わざ.

クラフト紙 [kraft] 包装紙やセメント袋などに用いる丈夫な紙.クラフトペーパーとも.

クラフトデザイン [craft design] 手工芸のデザイン.

クラフトマン [craftsman] 職人,工芸家,名工.

クラフトマンシップ [craftsmanship]
①職人の技能.職人芸.
②和製用法で,職人気質.

クラブハウス [clubhouse]
①クラブの会員用の建物.
②選手用のロッカールーム.

クラブミュージック [club music] ディスコやクラブでかかるダンスミュージック.

クーラーボックス [cooler box 和] 飲食物を携帯するのに使う保冷箱,携帯冷蔵庫.

グラマー
1 [glamor] 強い魅力,性的魅力.和製用法では肉体・性的魅力にあふれる女性.
2 [grammar]
①文法,文法書.
②外国語の手引,入門書.

グラマラス [glamorous] 魅力的な,魅惑的な.

クラミジア感染症［chlamydia infection］微生物クラミジアによる疾患.オウム病,トラコーマなど.

グラミー賞［Grammy Award］アメリカのレコーディング芸術科学アカデミー（NARAS）が毎年,優れたレコードやビデオ作品に贈る賞.

クラムチャウダー［clam chowder］典型的なアメリカ料理の一つ.ハマグリに野菜などを加えたクリームスープ.

クラリオン［clarion］金管楽器の一つ.明るい高音を出す小型のトランペット.

クラリネット［clarinet］木管楽器の一つ.リード（簧）が1枚で,音域が広い.

クラレット［claret］ボルドー産赤ワインの通称.

クラン［clan］氏族,一族,党派,派閥.

クランク［crank］往復運動と回転運動の切り換え装置.

クランクアップ［crank up 和］映画などで撮影を終えること.対 クランクイン.

クランクイン［crank in 和］映画などで撮影を始めること.対 クランクアップ.

クランケ［Kranke ド］患者.

グランジルック［grunge look］わざと汚したり着崩したりした重ね着ファッション.アメリカのグランジロックから誕生した.グランジファッションとも.

クランチ［crunch］ナッツやキャンディーを砕いて混ぜた,歯ざわりを楽しむ菓子.

グラント［grant］交付金,補助金,助成金.

グランド
1 ［grand］壮大な,雄大な.
2 ➡ グラウンド

グランドオペラ［grand opera］19世紀フランスで愛好された,大規模で豪華なオペラ.

グランドスラム［grand slam］
①テニスやゴルフで,主な競技大会のすべてを制覇すること.
②野球で,満塁ホームラン.

グランドセール［grand sale 和］大売り出し.

グランド・ツーリング・カー［grand touring car］高速で長距離を走るための乗用車.略はGT.

グランドデザイン［grand design］壮大な計画,全体構想.

グランドピアノ［grand piano］弦を水平に張った大型のピアノ. ➡ アップライトピアノ.

グランドファイナル［grand final］スポーツなどのシーズン最終戦.

グランドファーザークロック［grandfather clock］高さが2m以上ある大型の振り子時計.類 グランドマザークロック.

グランドフィナーレ［grand finale］スポーツや演劇などの最終場面,終局.

グランドマザークロック［grandmother clock］高さが約1.3mの大型振り子時計.類 グランドファー

ザークロック.

クランプ [clamp]
①締め金. 締め付け具.
②手術器具の鉗子^{かん}.

グランプリ [grand prix 仏] 大賞, 最高賞. 略はGP.

クリア [clear]
①はっきりした, 明確な, 鮮明な.
②明らかにする, 身の証^{あか}を立てる, 邪魔物を取り除く.
③陸上競技で, バーやハードルを跳び越えること.
④サッカーでピンチの時, ボールを大きくけり出すこと.

クリアカット [clear-cut] はっきりした, 明快な.

クリアビジョン [clearvision 和] ハイビジョンに対抗し, 民放主導で開発された高画質化テレビ.

クリアランス [clearance]
①蔵払い, 在庫一掃.
②通関手続き, 出入港, 離着陸許可.
③決済・手形交換.
④船と橋桁^{けた}との間のすき間, 間隔.

クリアランスセール [clearance sale] 在庫一掃大売り出し, 蔵払いの大安売り.

クーリエ [courier] 使者, 特使.

クリエーター [creator] 新しいものを考案する人, 創造者, 創造主, 神.

クリエーティビティー [creativity] 創造性, 独創力.

クリエーティブ [creative] 創造的な, 独創的な, 建設的な.

クリエーティブディレクター [creative director] 広告の企画・制作などを統括する人. 略はCD.

クリエート [create] 創造する, 創作する.

クリオ [cryoprecipitate] 正常な血漿^{しょう}の冷却による沈殿物. クリオプレシピテートの略.

グリオ [griot 仏] 西アフリカの伝統・文化を口承で伝える人, 語り部.

クリオネ [Clione] 流氷の下に生息する軟体動物で, 貝殻をもたない巻き貝の仲間. 和名はハダカカメガイ.

クリーク [creek] 入り江, 支流, 小川.

グリークラブ [glee club] 男声合唱団.

クリケット [cricket] 球技の一つ. 11人ずつの2チームがボールを打ち合い得点を競う. イギリスをはじめ英連邦諸国で盛ん.

グリコーゲン [Glykogen 独] 糖原質. 動物の肝臓・筋肉中に蓄えられる多糖質の一つ.

クリシェ [cliché 仏] きまり文句.

グリース [grease] 粘度の高い潤滑油, 油脂.

クリスタル [crystal]
①水晶, 水晶製品.
②結晶, 結晶体.

クリスタルガラス [crystal glass] 高級ガラスの一つ. 光学レンズ, 高級食器などに用いられる.

クリスチャニア [Kristiania 独] スキーをそろえたままで, 体重の移動によって回転, 制動を行う方法.

クリスチャンネーム［Christian name］キリスト教徒の洗礼名. 類ファーストネーム.

クリスピー［crispy］
①食感がパリパリ, サクサクした.
②さわやかな, きびきびした.

クリスマス［Christmas］聖誕祭. キリストの降誕祭. 12月25日.

クリスマスイブ［Christmas Eve］クリスマスの前日. 12月24日. またはその夜.

クリスマスキャロル［Christmas carol］クリスマスを祝う歌.

グリセード［glissade］登山で, 雪山の斜面をピッケルで制動しながら滑り降りる方法.

グリセリン［glycerin］無色で粘性と甘みのある可燃性液体. 医薬品や化粧品に用いる.

クリーチャー［creature］生物, 動物. 怪物.

クリック［click］コンピューター用語でマウスのボタンを押すこと. カチッという音から.

クリック・アンド・モルタル［click and mortar］店頭販売とインターネットによるオンライン販売の両方で営業する企業.

グリッサンド［glissando 伊］滑奏音. 滑るように素早く弾く奏法.

グリッド［grid］
①格子状のもの.
②電子管の網格子状の電極, 碁盤目.

クリッパー［clipper］
①草刈り機, 毛刈り用のはさみ.
②快速客船, 大型旅客機.

クリップ［clip］
①物や紙をはさむ金具.
②髪にウエーブを付けるための金具.

グリップ［grip］
①バットやクラブなどの握り部分. また, 握り方.
②タイヤが路面にしっかり接すること.

クリティカル［critical］批評の. 批判的な. 危機的な. 重大な. 決定的な.

クリティカルシンカー［critical thinker］物事を正確に把握し, 判断を下せる人.

クリティカルパス［critical path］
①危機的な経路. 計画を進める上で最も困難な部分.
②治療や看護の手順を標準化し, 診療の効率化を図る入院診療計画. クリニカルパスとも.

クリティーク［critique］文芸批評, 批判.

クリティシズム［criticism］批評, 批判, 評論.

クリティック［critic］批評家, 評論家.

グリーティングカード［greeting card］誕生日やクリスマスなどに贈るお祝いのカード.

クリトリス［clitoris］陰核.

クリーナー［cleaner］
①掃除機.
②汚れを落とす道具, 洗剤.

クリーナープロダクション［cleaner production] 廃棄物や汚染の少ない生産方法. 略はCP.

クリニカルパス [clinical path] ➡ クリティカルパス②

クリニック [clinic] 診療所. 小規模病院.

グリニッジ標準時 [Greenwich Mean Time] ロンドン郊外の旧グリニッジ天文台を通る子午線上における平均太陽時. 全世界の標準時の基準. 略はGMT. 類ユニバーサルタイム.

グリニッジビレッジ [Greenwich Village] ニューヨーク・マンハッタン南端の町名. 前衛的な芸術家や作家が集まる場所.

クリーニング [cleaning]
①洗濯.
②掃除.

クリーピングインフレーション [creeping inflation] 忍び寄るインフレ. 物価がじわじわと上昇する傾向.

クリープ [creep]
①オートマチック車で, アクセルを踏まなくてもゆっくり前進する現象.「はう」という意味から.
②高温や荷重によって物体が徐々に変形すること.

クリプトスポリジウム [cryptosporidium] ネズミや猫に寄生する原虫. 人間に感染すると下痢や腹痛を起こす.

クリプトン [krypton] 希ガス元素の一つ. 電球の光源に用いる. 記号Kr.

クリーミー [creamy] クリームの多い. クリーム状の. 滑らかで軟らかい.

クリーム [cream]
①乳脂肪. 乳脂肪状の.
②乳脂肪ベースの菓子や食品.
③化粧用, 薬用クリーム.

クリムゾン [crimson] 深紅色, えんじ色.

クリームチーズ [cream cheese] 牛乳と生クリームで作る軟らかいフレッシュチーズ.

クリモグラフ [climograph] 気温と湿度の関係をグラフで示す気候図.

グリュイエール [gruyère 仏] スイス原産のナチュラルチーズ. 小さい穴があり, フォンデューに用いられる.

グリル
1 [grill]
①焼き網であぶった肉料理.
②レストラン.
2 [grille] 格子, 鉄格子, 格子窓.

クリーン [clean] きれいな. 清潔な. 鮮やかな. 見事な.

グリーン [green] 緑色, 草地, 植物, 芝生, ゴルフでホールの周囲のパットをする部分.

クリーンアップ [cleanup]
①大掃除, 粛清, 手入れ.
②野球で, 走者を一掃すること.

グリーンアドバイザー [green adviser 和] 初心者にアドバイスをする園芸専門家.

グリーンインテリア [green interior design 和] 観葉植物を利用

した室内装飾.

クリーンエネルギー［clean energy］環境汚染物質を出さないエネルギー.水素エネルギーや風力・太陽熱など.

グリーンカード［green card］アメリカの永住許可証.

クーリングオフ［cooling-off］訪問販売や割賦販売で購入契約をした場合,一定期間内なら無条件で解約できる制度.

クーリングダウン［cooling down］整理体操.運動後に体を落ち着かせるための体操.クールダウンとも.

グリーンケミストリー［green chemistry］高効率・低コストよりも,環境への影響をより小さくすることを優先させようという考え方に基づく技術.

グリーン購入［green procurement］環境に配慮した商品を率先して購入すること.グリーン調達とも.

グリーンコーディネーター［green coordinator 和］建物や住宅の室内装飾における緑の演出家.

グリーンコンシューマー［green consumer］環境などへの影響を重視する消費者.

グリーンGDP［green GDP］環境破壊による損失や自然資源の減少も計算に入れたGDP(国内総生産).

クリンチ［clinch］ボクシングで,攻撃をかわすために相手に抱きつくこと.

グリーン調達 ➡ グリーン購入

グリーンツーリズム［green tourism］自然や文化,人々とのふれあいを楽しむために農山漁村に旅行すること.

グリーンハウス［greenhouse］温室.

グリーンハウスエフェクト［greenhouse effect］温室効果.

グリーンバック［greenback］アメリカのドル紙幣.裏が緑色であることから.

グリーンピア［GreenPia 和］大規模年金保養基地.年金保険料で建設されたが2006年に廃止.

グリーンビジネス［green business 和］緑化産業.

グリーンピース

❶［green peas］青えんどう.グリンピースとも.

❷［Greenpeace］反核や環境保護などを目指す世界的な環境保護団体.

グリーンプラン［green plan］環境保全計画.

グリーンベルト［greenbelt］
①都市の緑地帯,街路の中央に設けられた植え込みの分離体.
②柔道の緑帯.

グリーンベレー［Green Beret］米陸軍の対ゲリラ戦用特殊部隊,その隊員.緑色のベレー帽をかぶることから.

グリーンボーイ［green boy］ボクシングの新人選手.

クリーンルーム［clean room］防

塵ﾁﾝ室. 半導体素子や集積回路の製造に使う, 微小なほこりも極度に少なくした作業室.

クルー [crew] 乗組員, 乗務員, 搭乗員.

クール

1 [cool]

①冷たい, 涼しい, 冷静な, 冷淡な. 対ウオーム.

②立派な, かっこいい.

2 [cours 仏] 連続テレビ番組の一区切りの単位.

3 [Kur 独] 一定の治療期間.

グル [guru サンスク] 宗教の指導者, 導師.

グルコース [glucose] ブドウ糖. 生体の代謝の中心物質.

クルーザー [cruiser] 巡航型ヨット, 巡洋艦.

クルージング [cruising]

①船での巡航.

②自動車でのんびり走ること. 飛行機が巡航速度で飛ぶこと.

クルーズ [cruise] 巡航, 周遊の船旅.

クルーズコントロール [cruise control] ➡オートドライブ

クルーズビジネス [cruise business 和] 豪華客船での船旅.

クルセーダー [crusader] 社会改革家. クルセード(十字軍)兵士にちなむ呼称.

クルセード [crusade] 改革運動, 十字軍.

クールダウン [cool down]

①さます, 鎮める.

②➡クーリングダウン

グルタミン酸 [glutamic acid] アミノ酸の一つで, グルタミン酸ソーダの主成分. シイタケやコンブに含まれるうまみ成分.

グルッペ [Gruppe 独] ➡グループ

グルテン [Gluten 独] 麩素ﾌｿ. 穀類のたんぱく質の混合物. 麩の原料.

クルド族 [Kurd] イラン, イラク, シリア, トルコ, アルメニアにかけて住む民族.

クルトン [croûton 仏] スープの浮き実にする小さな揚げパン.

グルニエ [grenier 仏] 屋根裏部屋.

グルービー [groovy] かっこいい. いかす.

グルーピー [groupie] 芸能人を追い回す熱狂的な女性ファン.

クールビズ [COOL BIZ] 夏の室内冷房温度を28℃に保つためのノーネクタイ, ノー上着ファッション. 環境省の地球温暖化防止キャンペーンの一環. ➡ウオームビズ.

グルーピング [grouping] 組み分け. 分類.

グルーブ [groove] のっている演奏. いかした曲.

グループ [group] 集団. 仲間. 企業系列. ドイツ語ではグルッペ.

グループウエア [groupware] 集団での共同作業を支援するためのソフトウエア. メール機能やスケジュール管理機能を備える.

グループサウンズ [group sounds 和] 1960年代に流行したエレキギター中心のバンド. またはその音

楽. 略はGS.

グループダイナミックス [group dynamics] 集団力学. 集団内の力関係を研究する社会心理学の分野.

グループテクノロジー [group technology] 類似部品加工法. 生産効率を高める技術の一つ. 略はGT.

グループホーム [group home 和] 障害者と世話する人が一緒に暮らせる福祉施設.

グルマン [gourmand 仏] 健啖家, 大食家. 美食家, 食通, グルメ.

グルーミー [gloomy] 陰気な, 憂うつな.

グルーミング [grooming] ペットなどの手入れ, 身づくろい. 動物の毛づくろい.

グルメ [gourmet 仏] 食通, 美食家.

クレー [clay]
①粘土.
②クレー射撃の的に使う粘土製の皿.

グレー [gray, grey]
①灰色. ねずみ色.
②白髪まじりの.
③薄暗い. どっちつかずの.

グレイ [gray] 電離放射線を照射された物体が単位質量当たりに受け取るエネルギー(吸収線量など)を表す単位. J/kg(ジュール毎キログラム)に相当. 記号Gy.

グレイシー柔術 [Gracie Style of Jiu-Jitsu] 日本の柔道家の指導を受けたブラジル人が創始・発展させた格闘技. ブラジリアン柔術とも.

グレーイング [graying] 老齢化, 高齢化.

クレオール [Creole]
①西インド諸島, 中南米に移住したスペイン人・フランス人の子孫.
②異文化の接触による混交言語, 融合文化.

グレーカラー [gray-collar] オートメーション機器などの保守・修理を担当する労働者. ホワイトカラー(事務労働)とブルーカラー(肉体労働)の中間に位置するため.

クレーコート [clay court] テニス用の赤土のコート.

グレゴリオ暦 [Gregorian calendar] 現行の太陽暦. ローマ教皇のグレゴリウス13世が1582年に制定.

グレコローマンスタイル [Greco-Roman style] レスリングで, 下半身への攻撃が禁止されている種目. 対 フリースタイル.

クレージー [crazy] 狂った, 異常な, 熱狂した, 夢中な.

クレージーキルト [crazy quilt] 端切れ布を不規則に縫い合わせた刺し子.

クレジット [credit]
①信用, 信頼.
②貸金, 債権.
③信用取引, 割賦販売.
④新聞・雑誌などの記事に付ける提供者名, 記者名などの表示.
⑤履修単位.

クレジットカード [credit card] 現金なしで買い物ができる信用販売

クレジットクランチ [credit crunch] 信用危機. 金融機関の貸し渋りのため, 借り手の資金調達が難しくなること.

クレジットホリック [creditholic] クレジット中毒. クレジットカードで収入に不相応な買い物をする人.

クレー射撃 [clay pigeon shooting] 空中に飛ばしたクレー(粘土製の皿)を散弾銃で撃つ競技.

グレージング [grazing]
①牛や馬が草を食べることから転じて, ポテトチップス, ポップコーンなどを, テレビを見たりしながら食べ続けること.
②好きなものを自由に選べる, オープンキッチン方式のレストラン.

クレズマー [klezmer] ユダヤ人の伝統音楽.

クレセント [crescent] 三日月. 三日月形のもの.

クレゾール [Kresol ド] コールタールから採れる特有のにおいのある液体. 殺菌・消毒薬などに使用する.

グレーゾーン [gray zone] あいまいな領域, 中間領域.

クレーター [crater]
①噴火口, 火口, 弾痕.
②月面の噴火口状の地形.

クレディビリティーギャップ [credibility gap] 政府などに対する信頼感の欠如, 不信感.

グレート [great] 巨大な. 偉大な. すばらしい.

グレード [grade] 等級, 階級, 評点, 学年, 勾配(こうばい).

グレードアップ [grade up] 質・性能を向上させること.

グレートコミュニケーター [great communicator] 話の名手.

グレート・バリア・リーフ [Great Barrier Reef] オーストラリア北東岸にある世界最大の珊瑚礁(さんごしょう)地帯.

グレナディン [grenadine] ザクロ果汁のシロップ.

クレバー [clever] かしこい, 抜け目がない.

グレーハウンド
❶[greyhound] イギリス原産の大型の競走用犬.
❷[G—] 全米に路線を持つ世界最大のバス会社.

クレバス [crevasse] 氷河などの深い割れ目, 裂け目.

クレパス [Craypas 和] クレヨンとパステルの中間の硬さをもつ画材. 商標.

グレーパワー [gray power] 老人の力, 影響力. シルバーパワーは和製英語.

グレービー [gravy] 肉汁, 肉汁で作ったソース. 転じて「うまい汁」.

クレープ [crêpe フ]
①薄焼きの洋菓子.
②縮みのある織物. ちりめん.

クレープシュゼット [crêpe suzette フ] クレープをオレンジソースで味付けしたデザート.

クレープ・デ・シン [crêpe de Chine 仏] 絹の縮み織り. デシンとも.

クレペリン検査 [Kraepelin test] 連続加算作業検査. 心理検査の一つで, 簡単な数字を加算させ, その量や解答の正確さから性格や職業の適性を判断するもの. 考案したドイツの医学者の名から.

クレーム [claim] 苦情, 要求, 請求, 損害賠償請求.

クレームタグ [claim tag] 航空手荷物の引き換え証. クレームタッグとも.

クレームブリュレ [crème brûlée 仏] 卵黄, 生クリームなどを混ぜて焼き, 砂糖をかけて焦がしたデザート.

クレムリン [Kremlin ロシ] モスクワにあるロシア政府の所在地. また, ロシア政府.

クレヨン [crayon 仏] パラフィンに顔料を混ぜた棒状の画材.

クレリックシャツ [cleric shirt] 襟と袖口が白い色もののシャツ. クレリックは「聖職者」の意味.

グレーンウイスキー [grain whisky] 大麦のほかにライ麦などの穀物を原料に加えて作るウイスキー.

クレーンゲーム [crane game] ガラス張りのケースの中のクレーンを操作し, ぬいぐるみなどの景品を取るゲーム.

クレンジング [cleansing] 浄化. 洗浄. 汚れ落とし.

クレンジングクリーム [cleansing cream] 化粧落としや肌の汚れを落とすのに用いる洗顔クリーム.

グレンチェック [glen check] 格子柄.

クロイツフェルト・ヤコブ病 [Creutzfeldt-Jakob disease] プリオンという特殊なたんぱく質によって起こる疾患. 人格障害や認知症などがみられ, 進行が速い. ヤコブ病とも. 略はCJD.

グローカリズム [glocalism] 世界的(グローバル)な活動と地域性(ローカル)を調和させた経営方針.

グローカル [glocal] 世界的な活動と地域性を調和させること. グローバル(global)とローカル(local)の合成語.

クローク ➡ クロークルーム

クロークルーム [cloakroom] ホテル, 劇場などの携帯品一時預かり所. 略してクローク.

クロコダイル [crocodile] ワニ.

グロサリー [glossary] 用語解説. 分野・用途別の小辞典. グロッサリーとも.

グローサリー [grocery] 食品雑貨類, 食品雑貨店.

クロージングナンバー [closing number] 最終曲, しめくくりの曲. 対オープニングナンバー.

クロス

■ [cloth] 布. 織物.

■ [cross]

①交差すること. 十字に交わること.

②十字架. 十字形. 十字記号.

③テニスやサッカーなどで, ボール

を対角線方向に打つこと,蹴ること.

クローズ [close] 閉じる.閉める.休業する.**対**オープン.

グロス [gross]
① 総体の,全体の.
② 数量の単位.1グロス＝12ダース＝144個.

クローズアップ [close-up]
① 大写し.主要部分を画面いっぱいに写して注意を引く方法.アップとも.
② マスコミなどで大きく取り上げること.

クロスオーガニゼーション [cross-organization] 交差型組織.セクショナリズムや縄張り意識の弊害をなくすための管理形態.

クロスオーバー [crossover] 異なる分野のものを混ぜ合わせること.モダンジャズの演奏にソウルやロックの要素を取り入れるなど.

クロスカウンター [cross counter] ボクシングで,相手のパンチを避けながら同時に打つパンチ.

クロスカントリー [cross-country] 断郊競走.山野を横断する長距離走.特に,スキーで山野を横断するレース.

クロスゲーム [close game] 接戦,白熱戦.

クロスシート [cross seat] 車両の進行方向に直角に設置された座席.

クロスステッチ [cross-stitch] 刺繍の十字縫い.X型に糸を交差させて刺していく方法.

グロースターター [glow starter] 点灯管.蛍光灯の点灯に用いる放電管.グローランプとも.

クロスチェック [cross-check] さまざまな角度からの点検.

クローズド [closed] 閉じた.閉ざされた.非公開の.**対**オープン.

クロストーク [cross talk]
① 通信での混線.
② 口論,言い合い.
③ 演芸,漫才での掛け合い問答.
④ 議会での議論の応酬.

クローズドショップ [closed shop] 雇用する労働者に労働組合への加入を義務づける制度.➡オープンショップ,ユニオンショップ.

クローズドスタンス [closed stance] 野球やゴルフで,右打者なら左足を,左打者ならば右足を前に出した構え.**対**オープンスタンス.

クローズドモーゲージ [closed mortgage] 閉鎖式担保.同一の担保については一度しか社債を発行できない方式.**対**オープンエンド・モーゲージ.

クロスドレッサー [cross dresser] ➡トランスベスタイト

クロスファイル [cross-file] 異なる種類のデータを相互に検索できるシステム.

クロスフェード [cross-fade] 放送用語で,ある場面や音を消しながら,同時に別の場面や音を浮き出させる技法.

クロスプレー [close play] 野球な

クロスボー [crossbow] 石弓. 銃のように引き金を引いて矢を射る弓. ボーガンとも.

クロスボーティング [cross-voting] 自由投票, 交差投票. 党に拘束されずに自由に投票すること.

クロスライセンス [cross license] 特許権の相互使用, 相互交換.

クロスレファレンス [cross-reference] 書籍の相互参照.

クロスワードパズル [crossword puzzle] ヒントに従って, ます目に文字を埋める言葉のパズル.

クローゼット [closet] 小部屋, 押し入れ, 物置.

クロソイド曲線 [clothoid curve] うず巻き型の曲線. 高速道路に使われる, 緩やかなカーブの曲線.

クロッキー [croquis 仏] 速写画, 略画. 鉛筆やコンテなどで被写体の感じを大まかにつかむためのスケッチ.

グロッキー [groggy] 疲労や泥酔, 睡眠不足などでふらふらになった状態. グロッギーのなまったもの.

クロッケー [croquet 仏] フランスの伝統スポーツ. 木づちで木の球を打ち, 鉄門を通す競技.

グロッサリー ➡ グロサリー

クロッシュ [cloche 仏] 釣り鐘形の婦人帽, 覆い.

クロップト [cropped] 六～七分丈の短いジャケットやパンツ. 原意は「切り取られた」.

グロテスク [grotesque] 怪奇な, 異様な, 気色の悪い.

クロトー遺伝子 [Klotho gene] 老化抑制遺伝子の一つ. 生殖機能の発達や個体成熟のために働く遺伝子.

クローナ [krona スウェーデン] スウェーデン, アイスランドの通貨単位.

クローニー [crony] 親友, 仲間. 人脈, 縁故.

クロニクル [chronicle] 年代記, 記録.

クローネ [krone デンマーク/ノルウェー] デンマーク, ノルウェーの通貨単位.

クロノグラフ [chronograph] 時間の記録装置. ストップウオッチ付きの腕時計.

クロノメーター [chronometer] 高精度の携帯用時計.

クロノロジー [chronology] ①年代記, 年表. ②年代学. 歴史上の出来事の年代を決める学問.

グローバリズム [globalism] 汎地球主義. 物事を世界的規模でとらえようとする考え方. またそのような主義・政策.

グローバリゼーション [globalization] グローバル化. 世界化. 金融などの国際化.

グローバル [global] 世界的な, 地球的規模の.

グローバル・アセット・アロケーション [global asset allocation] 国際分散投資. 略はGAA.

グローバルアライアンス [global alliance] 世界的企業提携.

グローバルエシック [global ethic] 地球全体に共通する倫理.

グローバルガバナンス [global governance] 地球規模の諸問題を, 複数の国家や多国籍企業など様々なグループで包括的に解決していこうとする考え方.

グローバルコンパクト [Global Compact]「持続可能で包括的な世界経済」の実現を目指し, 世界各国の企業に対して責任ある行動を促す国連の呼びかけ.

グローバルスタンダード [global standard] 国際的な標準, 規格.

グローバルソーシング [global sourcing] 世界的規模で事業活動を展開するグローバル企業に最適な世界的調達の仕組み.

グローバルネゴシエーション [global negotiation] 国連の南北問題包括交渉.

グローバルビレッジ [global village] 通信手段の発達で, 地球がまるで一つの村のように狭くなること. 地球村.

グローブ
❶ [globe] 地球. 球状のもの.
❷ ⇒グラブ

クロマチック [chromatic]
①色彩の, 着色の.
②音楽で, 半音階.

クロマチン [chromatin] 染色質. 細胞核中の染色体の主要成分で, 遺伝子を含む.

クロマトグラフィー [chromatography] 液体や気体の混合物から各成分を分離・分析する計測法.

クロマトロン [chromatron] カラーテレビ用ブラウン管の一つ.

クロマニョン人 [Cro-Magnon man] 1868年, フランスのクロマニョン洞穴で発見された旧石器時代末期の化石人類. 現代の欧州人の直接の祖先と考えられている.

クロム [Chrom ドイ] 金属元素の一つ. 光沢のある銀白の金属で合金などに用いる. クロームとも. 記号 Cr.

クロムイエロー [chrome yellow] やや赤みのある黄色.

クロムテープ [chrome tape] 二酸化クロムを塗布した高品質の録音用磁気テープ.

クローラー [crawler] ⇒キャタピラー

クロラムフェニコール [chloramphenicol] 抗生物質の一つ. チフス菌感染症に用いる.

グローランプ [glow lamp] ⇒グロースターター

グロリア
❶ [gloria] 絹糸と梳毛糸, またはモヘヤ糸の交ぜ織りの薄い布地.
❷ [Gloria ラテ] キリスト教のミサ曲の一つ. 栄光の聖歌.

クロール [crawl]
①這う.
②ばた足で, 腕で交互に水をかく泳法.

クロールカルキ [Chlorkalk ドイ] ⇒カルキ

クロレラ [chlorella] 単細胞の淡水性緑藻植物. 栄養価が高い.

クロロフィリン [chlorophyllin] 葉緑素から作る医薬品. 造血・脱臭作用がある.

クロロフィル [chlorophyll] 葉緑素. 緑色植物の細胞に含まれる光合成色素.

クロロフルオロカーボン [chlorofluorocarbon] 塩素とフッ素を含むフロン. 冷蔵庫の冷媒などに使われたが, オゾン層を破壊するため全廃された. 特定フロンとも. 略はCFC.

クロロベンゼン [chlorobenzene] ベンゼンと塩素を化合させた無色の液体. 染料や溶剤の原料.

クロロホルム [chloroform] 麻酔薬の一つ. アルコールとクロールカルキを合成した無色の液体.

クロワゾニスム [cloisonnisme 仏] 区分主義. 絵画で, 輪郭をきっちりと区切って描く技法.

クロワッサン [croissant 仏] バターや卵をたっぷり使った三日月形のパン.

クローン [clone]
①複製生物. 単一の細胞を培養して作られた遺伝的に同一の細胞群.
②そっくりなもの, 生き写し.

クーロン [coulomb 仏] 電気量の単位. 1アンペアの電流が1秒間に運ぶ電気量. 記号C.

クワイア [choir] 教会の聖歌隊. 合唱団.

クンニリングス [cunnilingus ラテ] 唇や舌で女性性器を愛撫すること.

ケ

ケア
■ [care] 心配, 配慮, 世話, 保護, 介護.
② ➡CARE

ケアハウス [care house 和] 軽費老人ホームの一つ. 身の回りのことが自分でできる高齢者が入居する低価格の老人ホーム.

ケアプラン [care plan 和] 介護サービス計画. 介護が必要な高齢者が受けられる介護サービスの内容や負担額などを定めたもの.

ケアマネジャー [care manager] 介護支援専門員. 介護保険利用者の意向に沿ってケアプラン(介護計画)を作成する専門職.

ケアミックス [care mix 和] 老人患者の介護を主にしながら一般患者も受け入れる医療方式.

ケアレスミス [careless mistake] 軽率な誤り. 不注意による誤り.

ケアワーカー [care worker 和] 高齢者や障害者の介護を行う専門職.

ゲイ [gay]
①陽気な, 派手な, 浮いた.
②同性愛の, 同性愛者.

ゲイパワー [gay power] ➡ゲイ・ライツ・ムーブメント

ゲイ・ライツ・ムーブメント [gay rights movement] アメリカで起こった, 同性愛者の人権拡大や差別の撤廃を求める運動. ゲイパ

ワー,ゲイリベレーションとも.

ゲイリベレーション[gay liberation] ➡ゲイ・ライツ・ムーブメント

ゲイン[gain]
①利益.増加.
②ラグビーやアメリカンフットボールで,ボールを前進させること.

ケインジアン[Keynesian] ケインズ学派.イギリスの経済学者ケインズの経済理論を受け継ぐ人々.

ゲオポリティク[Geopolitik ドイ] 地政学.地理的条件が政治,特に外交政策に及ぼす影響を研究する学問.英語ではジオポリティックス.

ケーキサーバー[cake server] ケーキを取り分ける器具.

ケージ[cage]
①鳥かご,おり.
②投てき競技で,安全のため競技者の周囲に立てる柵.

ゲージ[gauge]
①標準寸法,標準規格,定規,計量器,計測器.
②編み物で,基準となる編み目数.
③軌間.鉄道線路の内側の幅.
④銃の口径.

ゲシュタポ[Gestapo ドイ] ナチスドイツの秘密国家警察.

ゲシュタルト[Gestalt ドイ] 形態.まとまりのある構造を持ったもの.

ケース[case]
①場合.事件.問題.事例.
②箱.容器.

ケーススタディー[case study] 事例研究.具体的事例の研究に基づいて問題の体系化を図る研究法.

ゲスト[guest] 客.招待客.テレビなどの特別出演者.

ゲストハウス[guesthouse] 来客用の宿泊施設.類ゲストルーム.

ゲストルーム[guest room] 客用の寝室,客室.類ゲストハウス.

ケース・バイ・ケース[case by case] 原則ではなく個々の状況に応じた,その場その場での対処方法.

ケースメソッド[case method] 事例方式,事例研究法.

ケースワーカー[caseworker] 社会福祉士.病気・貧困などの問題を個別に相談・対処する専門職員.類ソーシャルワーカー.

ケースワーク[casework] 社会福祉や医療での個別の症例に応じた対処・治療方法.

ケセラセラ[Que será, será. スペ]「物事はなるようになる」.

ゲゼルシャフト[Gesellschaft ドイ] 利益社会.国家や会社のように,共通の目的意識や契約によって結び付いた社会.対ゲマインシャフト.

ゲーセン ➡ゲームセンター

ケーソン[caisson] 潜函.水中・地下工事に用いる鉄やコンクリート製の箱.

ケチャ[kecak インドネ] インドネシア・バリ島の民族芸能.独特なリズムが特徴.

ゲッツー[get two 和] 併殺.野球で,連続プレーで二つアウトをとること.英語ではダブルプレー(double play).

ケット ➡ ブランケット①

ゲット［get］得る. 獲得する. 受ける. スポーツで得点する.

ゲットー［ghetto］第2次世界大戦中のユダヤ人の強制居住区域, ユダヤ人街. また, 黒人など少数民族の集団居住地区.

ケッヘル番号［Köchelverzeichnisジ］オーストリアの音楽研究家ケッヘルがモーツァルトの作品626曲に付けた整理番号. 記号K, KV.

ゲート［gate］門, 出入り口, 搭乗口, スキーの旗門. 電子回路のスイッチ.

ゲートイン［gate in 和］競走馬がスタート前にゲートに入ること.

ゲートウエー［gateway］
①通路, 出入り口, 成功などへの道・手段.
②コンピューターネットワーク同士をつなぐ装置.

ゲートテニス［gate tennis 和］壁打ちテニス.

ゲートボール［gateball 和］5人対5人のチーム対抗形式で行う球技. ボールを打ってゲートをくぐらせ, 最後にゴールポールに当てる.

ケトル［kettle］やかん, 湯沸かし.

ゲートル［guêtre 仏］西洋風の脚半.

ケナフ［kenaf］アフリカ原産の植物. 茎からとれる繊維が綱や網, 紙の材料になる.

ゲノッセンシャフト［Genossenschaftジ］協同体, 組合.

ゲノム［Genomジ］生物が生きていくために必要な遺伝子群を持った染色体の一組.

ゲバ ➡ ゲバルト

ケーパビリティー［capability］能力, 才能, 可能性.

ケバブ ➡ シシカバブ

ゲバルト［Gewaltジ］暴力, 力, 実力闘争. 特に国家権力に対するものをいう. 略してゲバ.

ケービング［caving］洞穴探検. 鍾乳洞などを探検すること. 類スペランキング.

ケープ［cape］
①肩に掛ける袖のないマント.
②岬.

ケフィア［kefir］ヨーグルトに似た発酵乳. ケフィール, ヨーグルトきのこのことも.

ケーブル［cable］
①束にして絶縁物で包んだ電線.
②針金や繊維をよった太い綱.
③ ➡ ケーブルカー

ケーブルカー［cable car］鋼索鉄道. 斜面をケーブルで引き上げる登山電車. ケーブルとも.

ケーブルテレビ［cable television］アンテナを用いずに, 同軸ケーブルや光ファイバーなどで映像を伝送する有線テレビ. 双方向通信が可能. 略はCATV.

ゲーマー［gamer 和］テレビゲームの新作を分析して紹介する人. また, テレビゲームの愛好者.

ゲマインシャフト［Gemeinschaftジ］共同社会. 家族や村落など, 人間が自然に結び付いた社会. 対ゲ

ケミカル [chemical] 化学の. 化学的な.

ケミカルピーリング [chemical peeling] 化学薬剤を塗って古い皮膚をはがす美容法. ピーリングとも.

ケミストリー [chemistry] 化学, 化学的性質, また比喩的に, 相性.

ゲーム [game] 遊び, 勝敗を競う遊戯. また, 競技, 試合.

ゲームオーバー [game over 和] ゲーム終了. 試合終了.

ゲームセット [game set 和] 試合終了.

ゲームセンター [game center 和] 各種ゲーム機器をそろえた遊技場. 略してゲーセン.

ゲームソフト [game software 和] テレビゲーム用に製品化されたプログラム.

ゲームフリーク [game freak] 熱狂的なゲームマニア.

ゲーム理論 [game theory] 利害が対立する集団の行動様式を, ゲーム中のプレーヤーの行動になぞらえた理論. 政治や経済学に応用される.

ゲラ [galley] 校正刷り. ガレーとも.

ケラチン [keratin] 角質. 爪や毛髪などに含まれるたんぱく質.

ゲリラ [guerrilla ス] 奇襲, 待ち伏せなどの方法で敵を攻撃, 撹乱する不正規部隊.

ゲル [Gel ド] 膠化体. 寒天, こんにゃく, ゼラチンなどのように, コロイド溶液がゼリー状に固まったもの. ジェルとも. 対 ゾル.

ゲルインキ [Gel ink 和] ボールペンに使われるゼリー状のインク.

ケルト [Celt, Kelt] ケルト族. 現代のアイルランド人, 高地スコットランド人などの祖先.

ケルビン [kelvin] 絶対温度の単位. 理論的に考えられる温度の起点を−273.15℃としたもの. 記号K.

ケルン [cairn] 登山用語で石標. 登山の記念や道しるべとして積んだ石.

ゲレンデ [Gelände ド] スキー場.

ケロイド [Keloid ド] やけどの跡などにできる盛り上がった傷跡.

ケロシン [kerosene] 灯油.

ゲン [Gen ド] ➡ ジーン

ケント紙 [Kent paper] 白色の上質紙. 製図・絵画に用いる.

ケンネル [kennel] 犬小屋, 犬の飼育場.

コ

コア [core] 核, 芯, 中心部, 地球の中心.

ゴア [gore] 三角形の布. 襠.

コアカリキュラム [core curriculum] 教科にとらわれずに, 実生活上の問題を中心に総合的な学習を目指す教育法.

コアコンピタンス [core competence] いちばん他社との競争力をもち, 中核となる事業.

コアシステム [core system] 建築設計の一様式. ビルでは公共部分, 住宅では水洗部分を中央にまとめて合理的に部屋を配置する方法.

コアセルベート [coacervate] コロイド溶液から分離したコロイド粒子に富む層. これを地球上で生命が発生した初期段階と考える説がある.

コアタイム [core time] 中心となる時間. フレックスタイム制の中で, 全員が必ず出社するように定められた時間帯.

ゴアテックス [Gore-Tex] 防水性と透湿性を兼ね備える野外向け被服素材. 商標.

コアビタシオン [cohabitation 仏] 同棲(どうせい), 同居. 保革共存政権.

コアメモリー [core memory] 磁気記憶素子を利用したコンピューターの記憶装置.

ゴーアラウンド [go-around] 航空機の着陸やり直し.

コアリション [coalition] 連合, 連立, 提携.

コアントロー [Cointreau 仏] オレンジ風味のリキュール. 商標.

コイヘルペスウイルス病 [koi herpes virus disease] マゴイとニシキゴイに発生する病気. 同種の魚同士では接触感染するが, 人や他の魚には感染しない. 略はKHV病.

コイル [coil]
① ぐるぐる巻いたもの.
② 電気で, 導線を筒状に巻いたもの. 鉄心コイルや空心コイルなど.

ゴーイング・コンサーン [Going Concern] 持続的企業. 継続して事業活動を行うという企業会計上の前提条件.

ゴーイング・マイ・ウエー [going my way] わが道を行く. 独自の行(生)き方.

コインシャワー [coin shower 和] 硬貨を入れると一定時間使える貸しシャワー.

コインパーキング [coin parking 和] 硬貨を入れれば駐車できる駐車場.

コインランドリー [coin laundry] 硬貨投入式の洗濯機や乾燥機を置いたセルフサービスの洗濯店.

コエデュケーション [coeducation] 男女共学.

コエンザイムQ10(キューテン) [coenzyme Q10] 人の細胞の中のミトコンドリア内に存在する補酵素. 細胞が働くエネルギーを作るために必要なもの. コーキュー10とも.

コカイン [cocaine] コカの葉に含まれるアルカロイドで麻薬の一つ. 局所麻酔剤としても用いられる. 俗にコークとも.

コカコーラ [Coca-Cola] アメリカの代表的な清涼飲料の商標.

コカコライゼーション [cocacolaization] コカコーラ化, アメリカ化. アメリカの代表的な清涼飲料コカコーラが第2次大戦後, 全世界に広まったことから.

コーカソイド [Caucasoid] 白色人

種.コーカサス人種.

ゴーカート[go-cart]エンジン付きの小型遊戯用自動車.

コギト・エルゴ・スム[cogito, ergo sum ラテ]「我思う,ゆえに我あり」.フランスの哲学者デカルトの概念.

コキーユ[coquille 仏]フランス料理の一つ.貝殻や貝殻状の皿にエビやカニなどを入れ,ホワイトソースをかけて焼いたグラタン.コキールとも.

コキュ[cocu 仏]妻を寝取られた男.

コーキューテン[CoQ10] ➡ コエンザイムQ10

コキール ➡ コキーユ

コーキング剤[caulking agent]防水,漏水防止のための詰めもの.

コーク

① [Coke]コカコーラのこと.商標.

② [c__]

① ➡ コークス

② ➡ コカイン

コークス[Koks 独]石炭を高温乾留した固体.燃料などに使われる.コークとも.

コークスクリュー

① [corkscrew]コルク(栓)抜き.

② [C__]らせん状に回転するジェットコースターの商標.

コクーニング[cocooning]繭ごもり.外出せず家に閉じこもること.

ゴーグル[goggles]保護眼鏡,風防眼鏡,潜水眼鏡.

コケットリー[coquetterie 仏]なまめかしいこと,色っぽいこと.

コケティッシュ[coquettish]こびを売るような,あだっぽい.

ゴーゴー[go-go]1960年代にアメリカで流行したロック調の激しいダンス.

ココア[cocoa]カカオ豆の脱脂粉末.また,それにミルクや砂糖を加えた飲料.

ゴーサイン[go sign 和]許可を表す合図,青信号.英語ではグリーンライト(green light).

コサージュ[corsage]女性用の胴着.胸などに付ける小さな花束.

コサック[Cossack]15世紀以降,ロシア南西部に移住した民族集団.勇敢な騎兵として知られた.カザークとも.

コーザノストラ[Cosa Nostra 伊]世界的な犯罪組織マフィアの別称.

コージェネレーション[cogeneration]熱電供給システム.発電と同時に,その廃熱を給湯や空調などに利用するもの.

ゴシック[Gothic]

①中世の欧州で起こった建築・美術様式.

②活字書体の一つ.線の太さが均一なもの.ゴチックとも.

ゴシップ[gossip]うわさ話,雑談,興味本位のおしゃべり.

コージーミステリー[cozy mystery]くつろいで読める,心地よい推理小説.

ゴージャス[gorgeous]豪華な,派手な,きらびやかな.

コース [course]
①進路, 道筋, 成り行き. 方向.
②競走路, 競泳路. ゴルフ場.
③一連の料理.
④学課, 課程.

コースター [coaster]
①坂滑り用のそり.
②コップ敷き. 洋酒をのせる盆.
③ ➡ ジェットコースター

コスチューム [costume] 服装, 衣装.

コスチュームプレー [costume play]
①豪華な衣装が売り物の劇, 映画.
②和製用法で, 人気キャラクターなどの扮装をして楽しむこと. 略してコスプレ.

コスト [cost]
①値段, 費用.
②原価, 生産費, 経費.

ゴースト [ghost]
①幽霊, 亡霊.
②電波障害によって生じるテレビ画面の乱れ.

コストコントロール [cost control] 原価管理.

ゴーストタウン [ghost town] 廃鉱などで住民が去り, 無人化した町.

コストパフォーマンス [cost performance] 原価当たり性能, 費用対効果比率. 投資とその効果を比較した評価値.

ゴーストライター [ghostwriter] 代作者, 身代わり作家.

コスパー ➡ COSPAR

コスプレ ➡ コスチュームプレー②

ゴスペル [gospel]
①キリストの教え, 福音(ふくいん). 聖書の福音書.
②ゴスペルソング. 黒人霊歌にジャズやブルースの要素が加わってできた福音歌.

ゴスペルソング ➡ ゴスペル②

コスミック [cosmic] 宇宙の, 大規模な, 神秘的な.

コスメチック [cosmetic] 化粧品.

コスモス

1 [kosmos ギリシャ]
①宇宙.
②秩序と調和のある世界. 対 カオス.

2 [K__] ロシアの宇宙観測衛星.

3 [cosmos] キク科の一年草. メキシコ原産.

コスモトロン [cosmotron] 陽子加速装置の一つ.

コスモノート [cosmonaut] 旧ソ連, ロシアの宇宙飛行士.

コスモポリス [cosmopolis] 国際都市.

コスモポリタニズム [cosmopolitanism] 世界主義. 民族や国家を超越して世界国家の樹立を目指す考え方.

コスモポリタン [cosmopolitan]
①世界主義者. コスモポリタニズムの信奉者.
②国際人. 世界的な視野をもつ人.

コスモロジー [cosmology] 宇宙論. 宇宙の生成や仕組みを哲学的に考察する学問.

コーズリレーテッド・マーケティング [cause-related marketing] 企業が公益事業団体とタイアップし, 売り上げの一部をその団体に寄付する販売キャンペーン.

コーダ [coda 伊] 楽曲の終結部.

ゴーダ [Gouda 蘭] オランダのゴーダ地方産のナチュラルチーズ.

ゴータビリティー [goatability] 貿易摩擦問題などで, 特定の国だけに身代わりのヤギのように責任を押しつけること. スケープゴータビリティーの略.

コーチ [coach]
①スポーツの技術指導者. 監督.
②長距離バス. 鉄道の客車.

コーチスボックス [coach's box 和] 野球の試合中にコーチが立つ場所. コーチャーボックスとも.

コーチゾン [cortisone] 副腎皮質ホルモン剤. 抗炎症作用が強く, リウマチ性関節炎などの治療に用いられる. 商標.

ゴチック ➡ ゴシック②

コチュジャン [고추장 韓] 甘みのあるトウガラシみそ.

コックス [cox] ボートの舵手.

コックドール [coq d'or 仏] 金のニワトリ.

コックニー [cockney]
①生粋のロンドンっ子.
②ロンドンなまりの英語.

コックピット [cockpit] 航空機の操縦室, レーシングカーなどの運転席, ヨットやカヌーの座席.

コックローチ [cockroach] ゴキブリ.

ゴッダム ➡ ガッデム

ゴッドファーザー [godfather]
①教父, 名付け親.
②犯罪組織マフィアの首領.

コットン [cotton]
①綿. 綿布.
② ➡ カタン糸
③ ➡ コットン紙

コットン紙 [cotton paper] 木綿繊維を原料にした, 厚くて軽い書籍用の紙. コットンとも.

コップ
❶ [cop] 警官.
❷ [kop 蘭] 飲み物を入れる器.

ゴップ ➡ GOP

コッペ [coupé 仏, Kopf 独] 切れ目が入った細長いパン.

コッヘル [Kocher 独] 登山やキャンプ用の携帯式炊事具.

コーディネーター [coordinator] 調整担当者. 組み合わせや仕事の流れを調整する人.

コーディネート [coordinate]
①調整する, 調和をとる.
②服装やアクセサリー, 家具などを組み合わせる.

コーティング [coating] 上塗り, 被覆加工. 防水・耐熱加工.

コーディング [coding] 電文の記号化, 暗号化. データのコード化.

コテージ [cottage] 田舎家風の別荘, 山荘.

コテージチーズ ➡カッテージチーズ

コーデックス [codex] 写本. コデックスとも.

コーデックス規格 [codex standard] 国際食品規格委員会(コーデックス委員会)が定める食品添加物や残留農薬などの食品安全基準.

コーデュロイ [corduroy] 畝織りでけばがあるビロードの一つ. コール天とも.

コート

1 [coat]
①上着. 外套(がいとう).
②塗装. 被覆.

2 [court] テニスやバスケットボールなどの競技場.

コード

1 [chord] 和音.

2 [code]
①法典. 規定.
②符号. 暗号.
③コンピューターで, 記号や符号の体系.

3 [cord] ひも. 電線.

コート紙 [coated paper] 表面に光沢がある紙.

コードシェアリング [code sharing] 複数の民間航空会社が同じ機体に個々の便名をつけること. 共同運航. コードシェア便とも.

コードネーム [code name] 符号, 暗号, 略号.

コートハウス [courthouse]
①裁判所.
②和製用法で, 屋内に庭を組み込んだ建物.

コードバン [cordovan] 馬の臀部(でんぶ)の皮を使ったなめし革. 丈夫で光沢がある.

コードブック [code book] 暗号表, 暗号解読書, 電信略号表.

コードレス [cordless] 電源用のコードがいらない家電製品.

コーナー [corner]
①角. 隅. 曲がり角.
②野球でホームベースの角.
③特定の区域, 場所, 地方.

コーナリング [cornering] 自動車, オートバイなどでカーブをうまく通過すること. またはその技術.

コーナーワーク [corner work 和]
①野球で投手の, 内・外角を使い分けて攻める投球術.
②陸上競技, スケートなどの競走路のコーナーでの走法.

コニーデ [Konide ドイ] 成層火山. 溶岩や火山灰が堆積(たいせき)して円錐(えんすい)状になった火山. 代表は富士山.

コニファー [conifer] 針葉樹.

コニャック [cognac 仏] フランス・コニャック地方産の上質なブランデー.

コネ ➡コネクション②

コネクション [connection]
①関係, 関連, 結び付き.
②縁故, つて. 略してコネ.
③秘密組織, 密輸組織.

コネクター [connector] 連結器, 接続器.

コネサー [connaisseur 仏] 目きき,

鑑定人, くろうと.
コパ［copa 西］カップ. 優勝杯.
コパ・アメリカ［Copa América 西］サッカーの南米選手権.
コーパス［corpus］文書などの集成. 全集. 言語資料.
コパ・リベルタドーレス ➡ リベルタドーレス杯
コバルト［cobalt］金属元素の一つ. 合金や顔料などに用いる. 記号Co.
コバルトブルー［cobalt blue］鮮やかな青色.
コピー［copy］
①写し, 複製, 模倣.
②広告文案, 広告の文章.
コピー・アンド・ペースト［copy and paste］パソコンで, 文章などの一部を複写し, 別の場所に貼り付けること.
コーヒーブレーク［coffee break］仕事の合い間のお茶の時間.
コーヒーミル［coffee mill］コーヒー豆をひく器具.
コピーライター［copywriter］広告文案の作成者.
コピーライト［copyright］著作権. ©と略記される.
コピーワンス［copy-once］テレビのデジタル放送の録画を1回だけに制限する機能.
コープ［co-op］
①生活協同組合, 生協. コオペラティブ（cooperative）の略.
② ➡ コーポラス
コプラ［copra］ココナツの果肉を乾燥させたもの. ヤシ油の原料.
ゴブラン織り［gobelin 仏］つづれ織りの織物. 壁掛けや家具の張り布などに用いられる. 発明者の名前から.
ゴーフル［gaufre 仏］中にクリームなどをはさんだ薄いせんべい状のフランス菓子. 商標.
ゴブレット［goblet］台付きで柄がないガラス製のコップ.
コベナンツ［covenants］契約. 約束. 特に, 融資を受ける際に借り手が一定の行為を行う, または行わないことを誓約する条項.
コペルニクス的転回［Kopernikanische Wendung 独］考えが180度変わること. ドイツの哲学者カントの言葉. コペルニクスは地動説を提唱したポーランドの天文学者.
コーポ ➡ コーポラス
コーポラス［corporate house 和］高級アパート. コーポレート（共同の）ハウスの略. コーポ, コープとも.
コーポラティズム［corporatism］協調組合主義, 協調国家主義. 政策の決定に企業や労働組合の参加を求めるシステム.
コーポラティブハウス［cooperative house］入居希望者が自発的に集まって資金を出し合い, 思い通りの仕様で建設する共同住宅.
コボル ➡ COBOL
コーポレーション［corporation］
①法人, 社団法人.
②株式会社, 有限会社.

コーポレートアイデンティティー [corporate identity] 企業の広報戦略の一つ. イメージを統一して企業理念や方針を伝えようとする活動. 略はCI.

コーポレートガバナンス [corporate governance] 企業統括. 株主が経営を厳しく監督すること.

コマーシャリズム [commercialism] 商業主義, 営利主義.

コマーシャル [commercial]
①商業の. 広告宣伝用の.
②広告放送. 宣伝広告文. コマーシャルメッセージの略. CMとも.

コマーシャルアート [commercial art] 商業美術. 商品の広告・宣伝用のデザイン.

コマーシャルジャズ [commercial jazz] 正統派ではなく, 客の好みに合わせたジャズ.

コマーシャルソング [commercial song 和] 広告に使われる歌や曲. 略してコマソン.

コマーシャルフィルム [commercial film] テレビ用の広告・宣伝映画. 略はCF.

コマーシャルベース [commercial base] 採算, 商業ベース.

コマーシャルペーパー [commercial paper] 企業が短期の資金を調達するため発行する自己あての無担保約束手形. 略はCP.

コマソン ➡ コマーシャルソング

コマンダー [commander] 指揮官, 司令官.

コマンド

❶ [command] 指示, 命令.
❷ [commando] ゲリラ, 奇襲隊. またはその隊員.

コミカル [comical] こっけいな, おかしい.

コミケ [comic market 和] 漫画の同人誌を発行している人同士の交流, 即売を目的とした集まり. コミックマーケットの略. コミケットとも.

コミケット ➡ コミケ

コミック [comic]
①喜劇の, こっけいな. 対 トラジック.
② ➡ コミックス

コミックオペラ [comic opera] 喜歌劇.

コミックス [comics] 漫画, 続き漫画, 漫画本. コミックとも.

コミックソング [comic song] こっけいな歌.

コミックマーケット ➡ コミケ

コミッショナー [commissioner] プロ野球やプロボクシングなどの最高責任者.

コミッション [commission]
①手数料, 歩合.
②委任, 代理業務.
③委員会.

コミッティー [committee] 委員会. 委員.

コミット [commit] かかわり合う, のめり込む. ゆだねる, 約束する.

コミットメント [commitment] かかわり合い, 肩入れ, 確約.

コミットメントライン [commitment-line] 金融機関が企業に与える, 必要なときに一定金額まで資金を借りることができる融資枠.

コミューター [commuter]
① 通勤者.
② 短距離路線用の小型旅客機.

コミュナリズム [communalism] 地方自治主義, 地域主義. 中央集権に対抗して地方自治を守ろうとする考え方.

コミュニケ [communiqué 仏] 公式発表, 声明.

コミュニケーション [communication] 意思伝達, 連絡, 通信.

コミュニケーションギャップ [communication gap] 世代間や文化間での意思伝達の障害.

コミュニケーター [communicator] 伝達者, 語り手.

コミュニケート [communicate] 情報や意思を伝えること.

コミュニスト [communist] 共産主義者, 共産党員.

コミュニズム [communism] 共産主義.

コミュニティー [community] 共同体, 共同生活体, 地域社会, 市町村.

コミュニティーカレッジ [community college] 地域社会のための公立の学習機関, 短期大学.

コミュニティースクール [community school] 地域社会に密接な教育を行い, 成人教育の施設も兼ねる学校.

コミュニティーセンター [community center] 地域社会の中心となる文化施設.

コミュニティーバス [community bus] 一定の地域社会内を運行する小型路線バス.

コミューン [commune 仏]
① 共同体, 自治体, 原始共同体.
② 中国の集団農場, 人民公社.
③ ➡ パリ・コミューン

コーム [comb] くし.

コムサット [COMSAT: Communications Satellite Corporation] 米通信衛星会社.

コムトラック [COMTRAC: Computer-aided Traffic Control] 新幹線のコンピューター運転制御システム.

ゴムメタル [rubber-like metal] 力を加えて変形させても, 力を取り除くと元の形に戻る金属. 人工骨や眼鏡フレームなどに利用される.

コメコン [COMECON: Council for Mutual Economic Assistance] 東欧経済相互援助会議. 1991年解散.

コメックス ➡ COMEX

コメット [comet] 彗星(すい).

コメットハンター [comet hunter] 新しい彗星(すい)の発見に打ち込む人.

コメディー [comedy] 喜劇. 対 トラジディー.

コメディアン [comedian] 喜劇役者. おどけ役.

コメディカルスタッフ [comedical staff] 医師と看護師以外の, 薬剤師, 理学療法士などの医療従事者.

類パラメディカル.

コメド [comedo] 面皰(めんぽう). にきびの初期症状.

コメンテーター [commentator] 解説者, 評論家.

コメント [comment] 論評, 注釈, 解説, 意見.

ゴモラ [Gomorrah] 旧約聖書に出てくる死海南岸の古代都市. 住民の不道徳から神に焼かれた. 類ソドム.

コモン [common] 共通の, 共有の. 普通の, ありふれた.

コモンアジェンダ [common agenda] 共通の課題.

コモンズ [commons] 草原, 森林, 牧草地などの資源の共同利用地. 入会(いりあい)地など.

コモンセキュリティー [common security] 共通安全保障.

コモンセンス [common sense] 常識, 良識, 思慮分別.

コーラ [cola] コーラノキの種子を原料にした炭酸入りの清涼飲料.

コラーゲン [Kollagen ドイ] 膠原(こうげん)質. 動物の軟骨や結合組織などに含まれるたんぱく質の一つ.

コラージュ [collage 仏] 新聞の切り抜きや写真などを組み合わせて構成する美術技法.

コーラス [chorus] 合唱.

コラプション [corruption] 腐敗, 汚職.

コラボレーション [collaboration] 合作, 共同研究, 協調.

コラム [column] 新聞・雑誌の囲み記事, 短評欄, 特別寄稿欄.

コラムシフト [column shift] 自動車の変速用レバーがハンドルの脇にある方式.

コラムニスト [columnist] 新聞・雑誌のコラムの執筆者.

コラール [Choral ドイ] 合唱聖歌.

コーラル [coral] 珊瑚(さんご), 珊瑚礁(しょう).

コーラルレッド [coral red] 珊瑚(さんご)紅色. 明るい赤にピンクの混じった色.

コーラン [Koran] イスラム教の聖典.

コーラングレ [cor anglais 仏] ➡イングリッシュホルン

コランダム [corundum] 鋼玉(こうぎょく). ダイヤモンドに次いで硬い鉱物. 青色のものをサファイヤ, 赤色のものをルビーという.

コリオグラファー [choreographer] バレエ, ダンスなどの振付師.

コリーダ [corrida 西] 闘牛.

コリドー [corridor] 廊下. 回廊. コリドールとも.

コーリャン [高粱 中] 中国産のモロコシ. 食料や酒の原料.

コリンエステラーゼ [cholinesterase] 神経伝達物質のアセチルコリンを分解する酵素. 略はChE.

ゴール

1 [goal]

①目的地, 目標, 競技の決勝点.

②球技で, ボールが入ると得点になる場所. またはボールを入れて得点すること.

2［Gaul］➡ガリア

ゴールイン［goal in 和］競走で決勝ライン，ゴールに入ること，目標に到達すること，結婚すること．

コールガール［call girl］電話などで客をとる売春婦．

ゴルカル［GOLKAR］インドネシアで，スハルト元大統領を支えていた翼賛的与党．「職能グループ」の意．

ゴルゴンゾーラ［gorgonzola 伊］イタリアの代表的な青かびチーズ．

コルサ ➡ CORSA

コールサイン［call sign］放送局・無線局の呼び出し符号，識別符号．

コルサコフ症候群［Korsakoff's syndrome］健忘症候群．記憶障害，健忘症，虚言癖などの症状を伴う．

コールスロー［coleslaw］千切りにしたキャベツのサラダ．

コルセット［corset］
①腹部の形を整えるための女性用下着．
②脊柱や骨盤などを固定するための医療用胴着．

コールタール［coal tar］石炭タール．石炭の乾留でできる黒い油状液体．医薬品や染料に用いられる．

コール天 ➡ コーデュロイ

ゴールデン［golden］金色の．最高の．

ゴールデンアワー［golden hour 和］最も視聴率が高い時間帯．類 ゴールデンタイム，プライムタイム．

ゴールデンイエロー［golden yellow］明るい黄色．山吹色．

ゴールデンウイーク［golden week 和］黄金週間．4月末から5月初めまでの休日が続く週．略はGW．

ゴールデン・グローブ賞［Golden Globe Award］ハリウッド外国人映画記者協会が毎年選出する映画賞．

ゴールデンタイム［golden time 和］テレビ放送で視聴率の最も高い時間帯．類 ゴールデンアワー，プライムタイム．

ゴールデンパラシュート［golden parachute］企業が乗っ取られても，経営者は高額の退職金を受け取れるよう保証する契約．

ゴールドカラー［gold-collar］情報・知識産業に従事する人．➡ ホワイトカラー，ブルーカラー．

コールドクリーム［cold cream］化粧用クリーム．化粧落としやマッサージなどに使う．

コールドゲーム［called game］野球で，5回終了以後，天候や大量の得点差などの理由で試合続行ができないとき，それまでの得点差で勝負を決めること．

コールドジョイント［cold joint］コンクリートの接合部がもろくなる現象．コンクリートの流し込みの中断などによる固まるときの時間差から生じる．

コールドタイプ［cold type］印刷で活字を使わず写真植字機などで版下を作る印刷方式．対 ホットタイプ．

コールドチェーン［cold chain］低

温流通体系. 生鮮食品や医薬品を低温のまま流通し, 変質などを防ぐ. 略はCC.

ゴールドディスク [gold disk] CD, レコードなどが100万枚など一定以上売れた記念に, 歌手などに贈られる黄金の音盤. 類プラチナディスク.

コールドバレエ [corps de ballet 仏] 群舞を担当するバレリーナたち.

ゴールドメダリスト [gold medalist] オリンピックの金メダル獲得者.

ゴールド免許 優良運転者の運転免許の通称. 有効期間は5年だが, 71歳の場合は4年, 72歳以上は3年となる.

コルネ [cornet 仏] 角笛形の菓子やパン. コロネとも.

コルネット [cornet] トランペットに似た小型の金管楽器.

ゴルフ [golf] 球技の一つ. ボールをクラブで打ち, ホール(穴)に入れるまでの打数の少なさを競う.

ゴルフウイドー [golf widow] 夫がゴルフに夢中で無視される妻.

ゴールボール [goal ball] パラリンピックで視覚障害者が参加する球技の一つ. 鈴の入ったボールを相手ゴールに入れる.

コールマネー [call money] 金融機関相互間の当座借入金.

コールラビ [Kohlrabi 独] カブラハボタン. 茎を食用とするキャベツの一種. 球茎甘藍かんらん.

コルレス契約 [correspondent arrangement] 金融機関同士が結ぶ為替業務の代行契約.

コールレート [call rate] 短期融資市場の金利.

コールローン [call loan] 短期融資市場での貸付金.

コレクション [collection]
①集めること, 取り立て.
②収集, 収集品.
③有名服飾ブランド発表する新作の衣服.

コレクター [collector] 収集家, 採集者.

コレクティビズム [collectivism] 集産主義, 集団主義.

コレクティブハウス [collective house] 共同生活を営める集合住宅. 独立性を保った個人の住宅部分に加え, 食堂や保育室などの共用スペースを設けたもの.

コレクト・オン・デリバリー [collect on delivery] ➡キャッシュ・オン・デリバリー

コレクトコール [collect call] 料金受信人払いの通話.

コレクトマニア [collect mania 和] 熱狂的な収集家.

コレステロール [cholesterol] 高等動物のすべての組織に分布している脂質. 細胞の生存に不可欠だが, 血管に沈着すると動脈硬化などを引き起こす.

コレスポンデント [correspondent] 通信員, 記者, 特派員.

コレラ [cholera 独] コレラ菌による

急性感染症.激しい嘔吐と下痢を起こす.

コロイド [colloid] 膠質.微粒子が気体,液体,固体の中に分散している状態.

コロケーション [collocation] 文法で語の配置,連語.

コロシアム [Colosseum] 古代ローマの大円形劇場.コロセウム,コロッセオとも.

コロス [khoros 希] 古代ギリシャ劇の合唱隊,合唱.

コロセウム ➡ コロシアム

コロタイプ [collotype] 平版印刷法の一つ.名画の複製などの美術印刷用.

コロッセオ ➡ コロシアム

コロナ [corona]
①光冠.太陽周囲のガス体.
②光環.太陽や月の周囲に見える光の環.

コロニー [colony]
①植民地,居留地.また,居留民.
②心身障害者などのための療養施設.
③生物の集団,生息地.

コロニアリズム [colonialism] 植民地主義.

コロニアル [colonial] 植民地の,植民地風の.

コロネ ➡ コルネ

コロネーション [coronation] 戴冠式,即位式.

コロネット [coronet] 花や宝飾品で作った頭飾り,宝冠.

コロネード [colonnade] 列柱,柱廊.西洋の古典建築に見られる,柱が並ぶ回廊のこと.

コロラトゥーラソプラノ [coloratura soprano 伊] 玉を転がすような声で歌うソプラノ歌手.コロラチュラソプラノとも.

コロン
❶ [colon] 欧文の句読点.「:」.引用や説明の前などに用いる.
❷ ➡ オー・デ・コロン

コロンバン [colombin 仏] 野ばと.

コーン
❶ [corn] トウモロコシ.
❷ [cone] 円錐.円錐形.

コンガ [conga 西] キューバの民族舞踊,音楽.それに用いる細長い太鼓.

コンカレントエンジニアリング [concurrent engineering] 設計から生産までの各工程を同時並行で進めること.略はCE.

コンキリエ [conchiglie 伊] 貝の形をした小さなパスタ.

コンク [conc.] 濃縮した,凝縮した.コンセントレーテッド(concentrated)の略.

ゴング [gong] ボクシングやプロレスで,ラウンドの開始と終了時に打つ鐘.

コングラチュレーション [Congratulations]「おめでとう」.英語では常に複数形.

コンクラーベ [conclave ラテ] ローマ法王を選ぶための秘密会議.枢機卿で構成される.

コンクリートジャングル [concrete

jungle] 人間性を失わせる大都会.

コンクリートミキサー [concrete mixer] コンクリートの材料を混ぜる機械.

コンクール [concours 仏] 音楽や絵画・映画の競演会.

コングレス
1 [congress] 大きな会議, 大会.
2 [C_] アメリカなどの議会.

コングロマリット [conglomerate] 複合企業. 業種の異なる企業を次々に吸収合併して多角化した巨大企業.

コンコース [concourse]
①空港, 駅などの中央ホール.
②公園などの中央広場.

コンコーダンス [concordance] 用語索引.

コンコルド [Concorde 仏] 英仏共同開発の超音速旅客機. 1976年就航, 2003年運航停止.

コンサイス [concise] 簡潔な, 簡明な.

コンサート [concert] 音楽会. 演奏会.

コンサートピッチ [concert pitch] 標準調子. 演奏会で使う基準音. イ音=440ヘルツ.

コンサートマスター [concertmaster] 管弦楽団の首席演奏者. 第一バイオリニスト.

コンサーバティブ [conservative] 保守的な, 伝統的な. 対プログレッシブ.

コンサルタント [consultant] 専門知識・経験をもつ相談相手, 助言者, 顧問.

コンサルティング [consulting] 専門的に助言する. 顧問の.

コンサルテーション [consultation] 相談, 協議.

コンシェルジュ [concierge 仏] ホテルの接客係. アパートなどの管理人.

コンシャス [conscious] 意識している. 意識的な.

コンシューマー [consumer] 消費者, 使用者.

コンシューマーグッズ [consumer goods] 消費財.

コンシューマーリサーチ [consumer research] 商品の評判や消費者の動向などの調査, 消費者調査. 略はCR.

コンシューマリズム [consumerism] 消費者主義, 消費者保護運動.

コンシールファスナー [concealed fastener] かみ合わせ部分が隠れて見えないようになっているファスナー.

コーンスターチ [cornstarch] トウモロコシのでんぷん. 菓子やビールの原料などに使われる.

コンスタント [constant]
①不変の, 一定の.
②定数, 恒数.

コンステレーション [constellation] 星座.

コンストラクション [construction]
①建設, 建造, 工事.

②構成,構造.
コンセイエ [conseiller 仏] 助言者. 相談に乗ってくれる人.
コンセプチュアリズム [conceptualism] 概念芸術. 作者の思考や意図などの観念的な側面を重視した芸術作品. コンセプチュアルアート (conceptual art) とも.
コンセプト [concept] 考え方, 概念, 観念.
コンセプトアド [concept ad 和] 概念広告. 商品そのものより企業イメージや商品の印象を重視する宣伝方法.
コンセプトカー [concept car] 次世代用の実験的な試作車.
コンセルバトワール
1 [conservatoire 仏] 音楽, 演劇学校.
2 [C__] フランスの国立音楽演劇学校.
コンセンサス [consensus] 意見の一致, 同意, 合意.
コンセンサス連合 ["Uniting for Consensus" group] 国連安保理の常任理事国入りを目指すG4に反対し, 非常任理事国のみ10カ国増員するという国連憲章改正案を提示するグループ.
コンセント [consent]
①同意, 承諾.
②和製用法で, 電気の差し込み口.
コンセントレーション [concentration] 集中, 専心. 濃縮, 濃度.
コンソーシアム [consortium] 共同事業体, 国際借款団, 債権国会議.
コンソメ [consommé 仏] 澄んだスープ.
コンソレーション [consolation] 慰め. 敗者復活戦. 順位決定戦.
コンダクター [conductor] 管弦楽などの指揮者. 車掌. 旅行案内人.
コンタクト [contact] 接触, ふれ合い, 交際.
コンダクト [conduct] 振る舞う. 指揮する.
コンタクトレンズ [contact lens] 眼球の表面に装着する眼鏡レンズ.
コンチェルト [concerto 伊] 協奏曲. 管弦楽と独奏楽器との協演曲.
コンチネンス [continence] 排便, 排尿などの自制, 抑制.
コンチネンタル [continental] 大陸の, ヨーロッパ大陸風の.
コンチネンタルスタイル [continental style] 紳士服のヨーロッパ調デザイン. 肩幅が広めで胴をしぼった上着と細身のズボンが特徴.
コンチネンタルプラン [continental plan] ホテル料金システムの一つ. 室料と朝食料金が込みになっているもの. 略はCP. 関アメリカンプラン, ヨーロピアンプラン.
コンチネンタルブレックファースト [continental breakfast] パンとコーヒーで簡単に済ますヨーロッパ大陸風の朝食. ■イングリッシュブレックファースト.
コンツェルン [Konzern 独] 企業連携, 企業結合. 巨大資本によって

支配される諸企業の統一体で、財閥がその典型.

コンテ

■ [conté 仏] デッサン、素描用のクレヨン.

■ [continuity] 映画やテレビの台本を詳しく図示したもの. コンティニュイティーの略.

コンディショナー [conditioner]
①調節・調整装置.
②肌や毛髪用の化粧品.

コンディショナリティー [conditionality] 付帯条件. 条件付き.

コンディショニング [conditioning]
①調和. 調節.
②肌や毛髪などの手入れ.

コンディション [condition]
①状態、調子、体調.
②条件、制限.

コンティニュー [continue] 続く. 続ける.

コンテクスト [context] 文脈、文章の前後関係、事件などの背後関係.

コンテスト [contest] 競技、競演、競争、競技会.

コンテナ [container] 容器、入れ物. 特に貨物輸送用の大型容器.

コンデンサー [condenser] 凝縮装置. 冷却器、蓄電器、集光装置.

コンデンスミルク [condensed milk] 練乳. 牛乳に砂糖を入れて煮つめたもの.

コンデンセート [condensate] 天然ガソリン. 天然ガス液. 液体の状態で産出する天然ガス.

コンテンツ [contents] 中身、内容. インターネットなどで提供されるサービスの内容.

コンテンポラリー [contemporary] 現代の、最新の、同じ時代の.

コンテンポラリーアート [contemporary art] 現代美術.

コント [conte 仏] 小話、寸劇.

コンドミニアム [condominium]
①分譲マンション.
②長期滞在用の台所付きホテル.

コンドーム [condom] 男性用避妊具. スキンとも.

ゴンドラ [gondola 伊]
①ベネチア名物の細長い小舟.
②気球などのつりかご.

コントラクト [contract]
①契約、請負、請負仕事.
②契約書.

コントラクトフードサービス [contract food service 和] 集団給食.

コントラクトブリッジ [contract bridge] トランプ遊戯の一つ. 4人でプレーし、向かい合う2人がそれぞれペアを組む.

コントラスト [contrast]
①対照、対比、差異.
②写真・テレビなどの画面の明暗の差.

コントラバス [Kontrabaß 独] 最も大きく最も低音を出す4弦の弦楽器. ウッドベース、ベースとも.

コントラルト [contralto 伊] ➡ アルト①

コントローラー

■ [comptroller] 会計検査官、監

コントロール

査官.

2 [controller]
①機械の制御装置, 速度調整器.
②航空管制官.

コントロール [control]
①管理, 統制, 支配, 制御, 規制.
②野球の投手の制球力.

コントロールタワー [control tower] 航空管制塔.

コントロールドデリバリー [controlled delivery] 麻薬やピストルの密輸品を発見してもすぐには摘発せず, 受取人が現れるのを待って一網打尽に逮捕する方式. おとり捜査の一つ.

コンパ [company 和] 学生が費用を出し合って開くパーティー, 懇親会.

コンパイラー [compiler] コンピューターで, 人間がプログラミング言語で書いたプログラムを機械語に翻訳するプログラム.

コンバイン [combine] 作物の刈り取りから脱穀までをこなす大型農業機械.

コンパウンド [compound]
①混合する. 混合の. 合成の.
②混合物. 化合物.
③研磨剤.

コンパクト [compact]
①小型の, かさばらない.
②内容がぎっしり詰まった, 簡潔な.
③携帯用の鏡付きおしろいケース.

コンパクトカメラ [compact camera] 35mmフィルムを使う一眼レフ以外の小型カメラ.

コンパクトディスク [compact disc] デジタル音声信号を記録する直径12cmの円盤. レーザー光を当てて音声を再生する. 略はCD.

コンバージョン [conversion] 変換. 転換. 改造.

コンパス [kompas 蘭]
①羅針盤.
②円を描く製図用具.
③和製用法で, 歩幅.

コンバーター [converter] 電気の交直流変換装置, 転換炉, 周波数切り替え装置.

コンバーターレンズ [converter lens] カメラの標準レンズに付けて焦点距離を変化させる補助レンズ.

コンパチビリティー [compatibility] 適合性, 両立性, 互換性.

コンバーチブル [convertible]
①改装できる, 転用できる, 交換できる.
②幌を折りたたむとオープンカーになる乗用車.
③ソファーベッド.

コンパチブルプレーヤー [compatible player] ビデオディスクやコンパクトディスクなど複数種のディスクを再生できるプレーヤー. 略してコンパチプレーヤー.

コンパチプレーヤー ➡ コンパチブルプレーヤー

コンバット [combat] 戦闘, 闘争.

コンバットマーチ [combat march

和] 野球などで, 選手を激励する音楽.

コンバート [convert]
①変える, 改装する, 転用する, 転向させる.
②ラグビーで, 球がクロスバーを越えゴールに成功すること.

コンパートメント [compartment] 区画, 仕切り, 仕切られた客室.

コンパニオン [companion]
①仲間, 気の合った友人.
②和製用法で, 宴会や展示場で客の接待をする女性.
③手引, 必携.

コンパニオンアニマル [companion animal] 伴侶(はんりょ)動物. 人とともに暮らし, 人生の伴侶となるペットを指す.

コンパニオンプランツ [companion plants] 一緒に植えると通常よりもよく育つ, 相性のよい別種の植物.

コンパラブルワース [comparable worth] 同等価値. 技能や知識が同程度ならば男女の区別なく同じ賃金が支払われるべきだという考え方. 略はCW.

コンビ ➡ コンビネーション②

コンピテンシーマネジメント [competency management] 成果そのものよりも成果に至るプロセスや取り組みの姿勢を重視し, 人物評価に取り込もうとする考え方.

コンビナート [Kombinat ドツ] 工場結合. 生産合理化のため関連企業の工場を1カ所に集中させたもの.

コンビナートシステム [Kombinat system 和] 企業結合, 結合生産方式. 特に都市の総合開発のため, 各部門が効果的に機能するように配置すること.

コンビニ ➡ コンビニエンスストア

コンビニエンスストア [convenience store] 食品や日用品をそろえ, 昼夜無休など長時間営業する小規模ストア. 略してコンビニ, CVS.

コンビネーション [combination]
①組み合わせ. 配合. 野球で, 投手の配球.
②2人組. 略してコンビ.
③上下がひと続きになった肌着, 衣類.
④化合, 化合物.

コンビネーションサラダ [combination salad] 魚介類や肉類などを取り合わせたサラダ.

コンビネゾン [combinaison フラ] 上下ひと続きの衣服や下着.

コンビーフ [corned beef] 塩漬け牛肉の調味缶詰.

コンピューター [computer] 電子計算機. 電子回路を用いて数値計算や情報の記憶, 整理などを行う装置.

コンピューターアート [computer art] コンピューター利用の芸術. 音楽, 映像表現, 照明技術など広範囲にわたる.

コンピューターウイルス [computer virus] コンピューターを正

常に機能させなくしたり、データを破壊したりするプログラム.

コンピューターグラフィックス[computer graphics] コンピューターで描いた図形や動画など. 略はCG.

コンピューターゲーム[computer game] ➡ビデオゲーム

コンピューターネットワーク[computer network] 複数のコンピューターを結んで情報交換を行う通信回路網.

コンピューターフォービア[computerphobia] コンピューター恐怖症.

コンピュータリゼーション[computerization] 電算化. コンピューターの利用による合理化や自動化.

コンピューターリテラシー[computer literacy] コンピューターを使いこなす能力.

コンピューターワクチン[computer vaccine] コンピューターのソフト内に侵入したウイルスを捜し、正常に戻すプログラム.

コンピューターワーム[computer worm] コンピューターウイルスのさらに増殖力の強いもの. ワームは「いも虫, うじ虫」の意.

コンピレーションアルバム[compilation album] 特定の編集方針に基づいて作成したレコードやCDのアルバム.

コンプ[comp.]
①ほぼ完成した形の広告構図. コンプリヘンシブレイアウト(comprehensive layout)の略.
②ジャズの伴奏法の一つ. アコンパニメント(accompaniment)の略.

コンファーム[confirm] 確かめる, 確認する.

コンファレンス[conference]
①相談, 協議, 会議.
②海運同盟, 運賃同盟.
③競技連盟. いずれも, カンファレンスとも.

コンフィギュレーション[configuration]
①配置, 構成, 形態.
②計算機のシステム構成.

コンフィチュール[confiture 仏] 果物のジャム.

コンフィデンシャル
❶[confidential] 内密の, 機密の, 腹心の.
❷[C__] 親展.

コンフィデンス[confidence]
①信頼, 信用.
②自信, 確信.
③秘密, 機密.

コンフェクショナリー[confectionery] 菓子類. 菓子店.

コンフェクション[confection]
①菓子. 砂糖漬け.
②既製の婦人服.

コンフェデレーション[confederation] 連合, 連邦, 国家連合.

コンフェデレーションズカップ[FIFA Confederations Cup] FIFA(国際サッカー連盟)が主催

するサッカーの大陸別選手権. 4年に1度開催.

コンフォート [comfort]
①慰め. 慰安さ.
②快適さ. 気楽.
③機能性や着やすさに重点をおいた室内着の総称.

コンフォーミスト
❶ [conformist] 体制に順応する人, 順応主義者.
❷ [C__] 英国国教徒.

コンフォーミズム [conformism] 体制順応主義.

コンフォーミティー [conformity] 適合. 順応. 調和.

コンフォーム [conform] 従う, 順応する.

コンプライアンス [compliance]
①法令順守, 服従, 承諾.
②物体の変形のしやすさ.

コンフリー [comfrey] ヒレハリ草. 欧州原産の食用になる薬草.

コンプリート [complete] 完全な, 完成した, 徹底的な.

コーンフレーク [cornflakes] トウモロコシを薄片状にした食品.

コンプレックス [complex]
①複合体. 合成物.
② ➡ インフェリオリティーコンプレックス

コンプレッサー [compressor]
①圧縮機, 圧搾機, 空気圧縮器.
②外科手術で出血を少なくするための血管圧迫器.

コンペ ➡ コンペティション
コンベア ➡ コンベヤー

コンペティション [competition] 競争, 試合, 競技. 略してコンペ.

コンペティティブネス [competitiveness] 競争力.

コンベヤー [conveyor] 運搬機. コンベアとも.

コンベンショナル [conventional] 慣習的な. 伝統的な. 在来型の.

コンベンション [convention]
①大きな会議, 大会, 総会.
②しきたり, 慣習.

コンベンションシティー [convention city] 大規模な会議, 見本市の施設を備えた都市.

コンベンションセンター [convention center] 大規模な会議や見本市などを開催できる巨大施設.

コンペンセーション [compensation] 埋め合わせ. 賠償. 補償金. 代償.

コンベント [convent] 女子修道院. 類ナナリー. 対モナステリー.

コンボ [combo]
①結合, 組み合わせ.
②小編成のジャズバンド.

コンポ [component]
①構成要素, 部品. コンポーネントの略.
② ➡ コンポーネントステレオ

コンボイ [convoy] 護送船団. 大型トラックなどの集団.

コンポーザー [composer] 作曲家, 作者.

コンポジション [composition]
①構成, 合成, 構図, 混成.
②作文, 作曲.

コンポジット [composite] 混合の, 合成の. 複合物.

コンポスト [compost] 肥料, 堆肥.

コンポート [compote]
① 果物の砂糖煮, 砂糖漬け.
② 果物や菓子の盛り皿.

コンポーネント [component] 成分, 構成要素, 部分.

コンポーネントステレオ [component stereo 和] アンプやプレーヤー, チューナーなどを独立した機器で構成したステレオ. 略してコンポ.

コンマ [comma]
① 読点. 「, 」. カンマとも.
② 小数点.

コーンミール [cornmeal] ひき割りトウモロコシ. パンや菓子の材料.

コンメンタール [Kommentar ドイ] 注釈. 特に法律の注解.

サ

サー
❶ [sir] 目上の男性への敬称.
❷ [S__] イギリスで, 準男爵やナイトにつける敬称. 卿.

サイアン ➡ シアン②

サイエンスフィクション [science fiction] 空想科学小説. 略はSF.

サイエンティスト [scientist] 科学者.

サイキ ➡ プシュケー❶

サイキック [psychic] 霊能者, 霊媒.

サイキックパワー [psychic power] 心霊力.

サイクリスト [cyclist] 自転車に乗る人, サイクリング愛好者.

サイクリング [cycling] 自転車での遠乗り.

サイクル [cycle]
① 周期, ひと巡り, 循環過程.
② 周波, 周波数.
③ 自転車, オートバイ.

サイクロイド [cycloid] 擺線. 直線上を円が回転する時, 円周上の1点が描く曲線.

サイクロトロン [cyclotron] 原子核の研究に用いるイオン加速器の一つ.

サイクロペディア [cyclopedia] 百科事典.

サイクロン [cyclone] インド洋で発生する熱帯低気圧.

サイケデリック [psychedelic] 幻覚剤などによる恍惚状態の. 幻覚剤常用者. また, それを表現した音楽や美術. 略してサイケ.

サイコ [psycho] 精神障害者.

サイコアナリシス [psychoanalysis] 精神分析, 精神分析学.

サイコオンコロジー [psychooncology] 精神腫瘍学. がん患者のための総括医療.

サイコキネシス [psychokinesis] ➡ テレキネシス

サイコシンセシス [psychosynthesis] 精神総合療法. 瞑想などの東洋的な方法と精神分析を組み合わせたもの.

サイコセラピー [psychotherapy]

心理療法, 精神療法.

サイコセラピスト [psychotherapist] 心理・精神療法医.

サイコソマチックス [psychosomatics] 精神身体医学.

サイコドラマ [psychodrama] 心理劇. 心理療法の一環として患者に劇を演じさせ, 治療に役立てる方法.

サイコロジー [psychology] 心理, 心理学.

サイコロジカル [psychological] 心理学の, 心理的な.

サイコロジスト [psychologist] 心理学者.

サイダー [cider] 炭酸入りの清涼飲料水.

サイテーション [citation]
①引用, 引用文.
②表彰状.

サイテックアート [psytec art 和] 心理学と科学技術を応用した造形美術.

サイト [site]
①敷地, 用地.
②インターネット上で情報やサービスを提供する場所.

サイド [side]
①側面. 横.
②相対立するものの一方. 側.
③副次的な. 補助の.

サイドウオーク [sidewalk] 歩道, 人道.

サイドオーダー [side order] 料理の追加注文.

サイドカー [sidecar]
①オートバイの横に付ける車, 側車. それが付いているオートバイ.
②ブランデー, リキュール, レモンジュースを混ぜたカクテル.

サイドギター [side guitar] ➡ リズムギター

サイトシーイング [sightseeing] 観光, 遊覧.

サイドジョブ [side job] ➡ サイドビジネス

サイド・スキャン・ソナー [side scanning sonar] 超音波ビームを使って海底を図示する探査機.

サイドテーブル [side table] ベッドや机の脇に置く小型のテーブル.

サイドドア・ビーム [side-door beam] 乗用車のドアに組み込む補強材.

サイドドラム [side drum] 管弦楽などで用いる小太鼓. 類スネアドラム.

サイド・バイ・サイド [side-by-side]
①ダンスで, パートナーが同じ方向に向いて並ぶこと.
②テニスのダブルスで, 両選手がコートを二分し, それぞれ一方を分担して守ること.

サイドビジネス [side business 和] 副業, 内職. サイドジョブ, サイドワークとも.

サイドブレーキ [side brake 和] 自動車の駐車用ブレーキ.

サイドプレーヤー [side player 和] ➡ バイプレーヤー

サイドベンツ [side vents] 背広の上着のすその両わきにある切りあ

き.

サイドボード [sideboard] 食器棚. 食器台.

サイドミラー [side mirror] 車の両側面に付ける鏡.

サイトメガロウイルス [cytomegalovirus] ヒトヘルペスウイルスの一つ. 胎児や免疫不全患者に感染すると重症になる.

サイトライセンス [site license] ソフトウエアの使用権を組織単位で購入する契約方式.

サイドリーダー [side reader 和] 副読本.

サイドワーク [side work] ➡ サイドビジネス

サイネリア ➡ シネラリア

サイバー [cyber] 電子頭脳, 人工頭脳学. サイバネティックスの略.

サイバースペース [cyberspace] コンピューターで生み出す仮想空間.

サイバーテロ [cyberterrorism] インターネット上などで行われるテロ行為. ウイルスやデータの大量送信などで機能不良や社会混乱をもたらす.

サイバーナイフ [cyber knife] コンピューター制御のX線照射装置. 脳腫瘍などの手術に用いられる.

サイバネーション [cybernation] コンピューターによる自動制御. サイバネティックス (cybernetics) とオートメーション (automation) の合成語.

サイバネティックス [cybernetics] ➡ サイバー

サイバーパンク [cyberpunk] 改造人間 (サイボーグ) が生み出す退廃文化.

サイバーメディア [cybermedia] コンピューターを使って仮想の空間や状況を映像化する媒体. コンピューターグラフィックスなど.

サイボーグ [cyborg] 改造人間. 生理機能の一部を機械装置が代行する人間. サイバネティックオーガニズム (cybernetic organism) の短縮語.

サイホン [siphon]
①水蒸気の圧力を利用したコーヒー沸かし器.
②吸い上げ管, 曲管. 圧力差を利用して液体を移動させる装置.

サイマルキャスト [simulcast] テレビとラジオの同時放送.

サイメックス ➡ SIMEX

サイリスター [thyristor] 電力や半導体のスイッチに用いるシリコン制御整流素子. SCRとも.

ザイル [Seil ド] 登山用の綱.

サイレンサー [silencer] 消音装置, 消音器. マフラーとも.

サイレント [silent]
①静かな, 沈黙した.
②無声映画. 対トーキー.

サイレントエイズ [silent AIDS] エイズに感染して数年以上経ても血液中に抗体が現れない症例.

サイレントキラー [silent killer] 静かな殺人者. 目立った症状が現れにくい病気. 高血圧症など.

サイレントサービス［silent service］潜水艦隊, 海軍.

サイレントストーン［silent stone］痛みなどの症状を伴わない胆石.

サイレントピアノ［silent piano 和］消音機能を備えたピアノ.

サイレントマジョリティー［silent majority］物言わぬ大衆, 声なき声, 一般大衆. 対ノイジーマイノリティー.

サイロ［silo］
①穀物や家畜の飼料などを貯蔵する円筒形の倉庫.
②ミサイルの地下格納庫.

サイン［sign］
①合図, しるし, 看板.
②署名すること.

サインアップ［sign up］署名契約, 登録, 加盟すること.

サインオフ［sign-off］
①放送や放映の終了の合図.
② ➡ログアウト

サインオン［sign-on］
①放送や放映の開始の合図.
② ➡ログイン

サインプレー［sign play 和］スポーツで味方同士が合図し合って行うプレー.

サインランゲージ［sign language］手話, 身ぶり言語.

ザウアークラウト［Sauerkraut ドイ］キャベツの漬け物. ドイツ料理の一つ. シュクルートとも.

サウザンド・アイランド・ドレッシング［Thousand Island dressing］マヨネーズにチリソースなどを混ぜたドレッシング.

サウスポー［southpaw］左利き. 野球の左腕投手. 左利きのボクサー.

サウスポール［South Pole］南極. 対ノースポール.

サウナ［sauna フィン］フィンランド風の蒸し風呂.

サウンド［sound］音. 音響. 音楽.

サウンドアルバム［sound album 和］ミニレコード付きの記念アルバム.

サウンドエフェクト［sound effects］音響効果. 略はSE.

サウンドスケープ［soundscape］音の風景. 生活の中の音が形作る音の環境.

サウンド・テーブルテニス［sound table tennis 和］視覚障害者の卓球. 卓球台の上で, 音の出るボールを転がし合う.

サウンドトラック［sound track］映画フィルムの音が記録された部分. 映画音楽を集めたレコードやCDのこともいう. 略してサントラ.

サウンドバイト［sound bite］ニュース用などに抜粋した言葉. 討論・演説などでの短い殺し文句.

サウンドビジネス［sound business］堅実な経営, 事業. 対ベンチャービジネス.

サエラ［çà et là フラ］あちらこちら, そこかしこ.

サガ［saga］古代北欧の神話や伝説などの歴史物語の総称. サーガとも.

サーカディアンリズム［circadian

サキソフォン ➡ サクソフォン

サーキット [circuit]
① 電気回路, 回線.
② 自動車・オートバイの環状競走路.
③ スポーツで, いくつもの開催地を転戦する大会.

サーキットトレーニング [circuit training] 種類の異なる運動をセットにして繰り返す体力トレーニング法.

サーキットブレーカー [circuit breaker] ➡ ブレーカー

サーキュラー [circular]
① 円形の. 環状の, 循環性の.
② 回覧. 回状.

サーキュレーション [circulation]
① 循環. 流通.
② 新聞や雑誌などの発行部数.
③ 広告媒体の普及度.

サーキュレーター [circulator] 冷暖房効果を上げるための空気の循環器.

ザクースカ [zakuska ロシ] ロシア料理の冷前菜.

サクセス [success] 成功, 出世.

サクセッション [succession]
① 連続, 継承, 相続.
② 生態系の遷移. 植物群落が時代に伴って変わっていく現象.

サクソフォン [saxophone] 金属製の木管楽器. サキソフォン, サックスとも.

サークライン [Circline] リング形の蛍光灯. 商標.

サクラメント [sacrament] キリスト教で, 神の恵みを授かる儀式. 洗礼, 聖餐など.

サクリファイス [sacrifice] いけにえ, 犠牲.

サークル [circle]
① 円. 輪.
② 仲間. 同好会.

ザーサイ [搾菜 中] 中国四川省特産のカラシナ. またその茎根の漬物.

サザンクロス [Southern Cross] 南十字星.

サージ
1 [surge]
① 噴火で出る爆風や熱風.
② 急激な過電圧, 過電流状態.
2 [serge] 綾織りの布地.

サシェ [sachet フラ] 匂い袋. 香り袋.

サジェスチョン [suggestion] 暗示, 示唆, 提案, ほのめかし.

サジェスト [suggest] 暗示する, 示唆する, 提案する, ほのめかす.

サス ➡ サスペンション①

サーズ [SARS: severe acute respiratory syndrome] 重症急性呼吸器症候群. SARSコロナウイルスによる感染症.

サステイナビリティー [sustainability] 持続可能性, 耐久能力.

サステイナブルデベロップメント [sustainable development] 環境保全重視の開発. 資源や環境を損なわない開発.

サステイニングプログラム [sustaining program] 自主番組. 民間放送局がスポンサーなしで制作する番組. 略してサスプロ.

サスプロ ➡サステイニングプログラム

サスペンション [suspension]
①車両の懸架装置. 機械の防振装置. 略してサス.
②化学で, 浮遊物, 懸濁(けんだく)液.
③停職. 停学. 出場停止.

サスペンス [suspense]
①どっちつかず, 中ぶらりんの状態.
②不安, 緊張感. はらはらすること.

サスペンダー [suspenders] ズボンつり, つりスカートのひも, 靴下留め.

サスペンデッドゲーム [suspended game] スポーツの一時停止試合. 後日再開されるもの.

サスペンド [suspend]
①延期する. 中止する.
②つるす. かける.
③化学で, 懸濁(けんだく)する.

サタイア [satire] 風刺, 皮肉, 風刺文学.

サタン [Satan] キリスト教で悪魔, 魔王. 類デビル, デーモン.

サターン [Saturn]
①土星.
②アメリカの衛星打ち上げ用ロケット.

サーチ [search]
①捜す, 調べる, 物色する.
②調査, 吟味, データ検索.

サーチエンジン [search engine] インターネット上のホームページなどをキーワードで検索できるサイト.

サーチャー [searcher]
①捜索者, 検査者.
②データベースの検索代行業者.

サチャグラハ ➡サティヤーグラハ

サーチャージ [surcharge]
①追加料金. 追徴金.
②暴利.
③過重積載. 過充電.

サーチライト [searchlight] 探照灯, 投光器.

サッカー
1 [soccer] 蹴球(しゅうきゅう). 11人ずつの2チームに分かれ, 手を使わないで相手ゴールにボールを入れる球技.
2 [seersucker] 縞(しま)状に凹凸のある, 平織りの薄織物. シアサッカーとも.

サッカリン [saccharin] 人工甘味料の一つ. 食品への使用は制限されている.

サック ➡SAC①

ザック [Sack 独] ➡リュックサック

サックス [sax] ➡サクソフォン

サッシ [sash] 窓枠. サッシュとも.

サッシュ [sash]
①装飾用の帯布, 飾り帯.
② ➡サッシ

ザッパー [zapper] 面白いテレビ番組を探して忙しくチャンネルを切り替える人.

ザッハートルテ [Sachertorte ド] ウイーン風のチョコレートケーキ. ザッハトルテとも.

ザッハリッヒ [sachlich ド] 即物的.

ザッピング [zapping] テレビのチャンネルを忙しく切り替えること. 類フリッピング.

サディスト [sadist] 加虐性異常性欲者. 残酷な事を好む人. 略してサド. 対マゾヒスト.

サディズム [sadism] 加虐性愛. 相手を苦しめて性的満足を得る異常性愛. 対マゾヒズム.

サティヤーグラハ [satyagraha ヒンー] 非暴力不服従運動. インドのガンジーが提唱. サチャグラハとも.

サテライト [satellite] 衛星, 人工衛星.

サテライトオフィス [satellite office] 郊外に分散させたオフィス. 通勤の遠距離化, 都心のビル不足などへの対策の一環.

サテライトスタジオ [satellite studio] 繁華街などに設けられた, テレビやラジオの小さな中継局.

サテライトステーション [satellite station]
①人工衛星基地, 宇宙基地.
②放送局の街頭スタジオ.

サテン [satin] 繻子じゅ. 光沢のある織物. 服地, 裏地などに用いられる.

サド ➡ サディスト

サードニクス [sardonyx] 紅縞あかじまめのう. 宝石の一つ. 8月の誕生石. サードニックスとも.

サードニックス ➡ サードニクス

サドンデス [sudden death]
①急死, 突然死.
②ゴルフ, サッカーなどでの同点決勝方式の一つ. 延長戦やPK戦で, 先に得点をしたり差をつけたりした方を勝ちとするもの.

サナトリウム [sanatorium] 病気, 特に結核の療養所.

サニー [sunny] 日当たりのよい, 明るい.

サニタリー [sanitary] 衛生の, 衛生的な, 清潔な.

サニタリーナプキン [sanitary napkin] 生理用の衛生綿.

サーバー [server]
①給仕をする人, もの.
②テニスなどでサーブをする人. 対レシーバー.
③情報を蓄積・発信するための大型コンピューター.

サパー [supper] 夕食. 夜食.

サバイバル [survival] 生き残り, 生存.

サバイバルゲーム [survival game]
①生き残り競争.
②エアガンなどを使って行う戦争ゲーム.

サバイバルナイフ [survival knife]
①刃の一方がのこぎり状になった両刃ナイフ.
②缶切りや栓抜きなどを備えた多用途ナイフ.

サバイヨン [sabayon 仏] 卵黄と白ワインを泡立てたクリームソース. また, それに砂糖を加えたイタリア

菓子.

サパークラブ [supper club] 食事を供する高級ナイトクラブ. 娯楽を楽しめるレストラン.

サバティカル [sabbatical] 欧米で, 大学教授などに7年目または7学期ごとに与えられる長期の有給休暇. サバティカルイヤーとも.

サバト [sabbāt 仏] 安息日. キリスト教では日曜日, ユダヤ教では土曜日, イスラム教では金曜日.

サバラン [savarin 仏] フランス菓子の一つ. ラム酒入りのシロップに浸したパン.

サバンナ [savanna] 熱帯地方の大草原.

サービサー [servicer] 債権回収専門会社. 債権の管理・回収業者.

サービスエリア [service area]
①高速道路で食堂や給油所がある休憩所.
②放送局の視聴可能域.

サービスカウンター [service counter] デパートなどで, 客の苦情や返品などに応対するコーナー.

サービスステーション [service station]
①顧客へのアフターサービスなどを行うところ.
②車の給油所. ガソリンスタンドは和製英語.

サービスマーク [service mark] 役務標章. 自社のサービス内容を他社と区別するために使うマーク. 類トレードマーク.

サービスヤード [service yard 和] 台所につながる庭. 野外の家事作業用スペース.

サービスラーニング [service learning] 学生がボランティア活動などのコミュニティサービスを体験しながら単位を取得する制度.

サブ

❶ [sub-] 「下」「下位」「副」「補助」などの意味を表す接頭語.

❷ [sub.]
①野球などの補欠選手. サブスティテュート(substitute)の略.
②補佐官, 助手. サブオーディネート(subordinate)の略.

サーブ [serve] テニス, バレーボールなどで, 最初の球を打ち込むこと. また, その球.

サーファー [surfer] 波乗り, サーフィンをする人. サーフライダーとも.

サファイア [sapphire] 青玉(せいぎょく). 宝石の一つ. 9月の誕生石.

サファリ [safari] 狩猟を目的とした, 特にアフリカでの狩猟・探検旅行.

サファリパーク [safari park] 野生動物を放し飼いにする動物園. 自然動物公園.

サファリラリー [Safari Rally] ナイロビを起点として東アフリカの5000kmを走破する国際自動車ラリー.

サーフィン [surfing] 波乗り.

サブウエー [subway] 地下鉄. メトロとも.

サーフェス [surface]

①表面, 外面. 外観.
②テニスのコート面の材質.

サブカルチャー [subculture] 部分文化, 下位文化. 伝統文化に対して特定の集団のみがもつ文化. 対 メーンカルチャー.

サブコン ➡ サブコントラクター

サブコントラクター [subcontractor] 下請け業者. 略してサブコン.

サブコントラクト [subcontract] 下請け契約.

サブザック [sub Sack 和] 小型のリュックサック.

サブジェクト [subject] 主題, 問題, 演題. 文法で, 主語. 哲学で, 主体, 主観. 対 オブジェクト.

サブシステム [subsystem] 下位組織, 副組織.

サブシディアリティー [subsidiarity] 補完原則, 権限配分.

サブスクリプション [subscription] 予約申し込み, 応募, 新聞などの購読契約, 予約販売.

サブスタンス [substance]
①実質. 内容. 要旨.
②本質. 実体.
③財産. 資産.

サブタイトル [subtitle]
①副題. 対 メーンタイトル.
②映画などの字幕.

サブトラック [subtrack] 練習用の補助競技場.

サブノートパソコン [subnotebook personal computer] ノートパソコンを小型化, 軽量化したパソコン. サブノートとも.

サーフポイント [surf-point] サーフィンで, 波乗りに好適な波が崩れる一帯.

サーフボード [surfboard] 波乗り板.

サブマリン [submarine]
①潜水艦.
②野球の下手投げ投手.
③卵白を使った細長いパン.

サブユニット [subunit]
①部品.
②生体粒子を成り立たせる基本単位.

サプライ [supply] 供給, 支給, 補給, 備え.

サプライサイド・エコノミックス [supply-side economics] 需要側よりも供給側を重視する経済学. 略はSSE.

サプライズ [surprise] 驚き. 意外なこと. 不意打ち.

サーフライダー [surfrider] ➡ サーファー

サプライチェーン・マネジメント [supply chain management] 原材料の供給元から消費者までの供給過程の連鎖を, 情報技術を介して管理する経営手法. 略はSCM.

サプライヤー [supplier] 売り手, 供給者, 下請け業者. 対 バイヤー.

サープラス [surplus] 余分, 剰余金, 黒字.

サフラワーオイル [safflower oil] ベニバナ油. 食用油の一つ.

サブリナパンツ [Sabrina pants] 体にぴったりした七分丈のパンツ.

トレアドールパンツとも.

サブリミナル [subliminal] 意識下の.潜在意識の.識閾下の.

サブリミナル効果 [subliminal effect] 意識下効果.極度に短い映像による刺激を繰り返し,潜在意識に印象づける手法.

サプリメント [supplement] 付録,増刊,栄養補助食品.

サブルーティン [subroutine] コンピューター用語で,多数のプログラムの中で繰り返し用いられる部分を独立させたもの.副プログラム.

サブレ [sablé 仏] バタークッキーに似たフランス菓子.

サーベイ [survey] 調査,実地踏査,測量.

サーベイメーター [survey meter] 放射線量や放射性汚染を調べる携帯式の測定器.

サーベイヤー

❶ [surveyor] 測量士.鑑定人.検査官.

❷ [S＿] アメリカの宇宙調査用無人探査機.

サーベイランス [surveillance] 監視,見張り.

サーベル [sabel 独] 洋刀.西洋風の長剣.

サボ ➡ サボタージュ②

サポーター [supporter]
①支持者,後援者.
②筋肉や関節を保護するためのゴム織りの帯.
③サッカーでひいきのチームを応援する人. ⮕ティフォジ,フーリガン.

サボタージュ [sabotage 仏]
①ストライキ中の労働者などによる生産妨害,破壊活動.
②和製用法で,怠業.怠けること.略してサボ.類スローダウン.

サポート [support]
①支持する,援助する.
②支持,援助,支え.

サポート校 [support school 和] 不登校生徒のための民間教育機関の一つ.通信制高校と連携していることが多い.

サマー [summer] 夏.

サマーウール [summer wool] 夏向きの毛織物.

サマーキャンプ [summer camp] 夏のキャンプ,林間学校.

サマーグランプリ [summer grand prix] 夏にプラスチック製ジャンプ台を使って行われるスキージャンプ競技会.

サマースクール [summer school] 夏期講習.

サマータイム [summer time] 夏時間.夏の間は時計を1時間進めて,日照時間を有効に利用しようとする制度.デイライトセービング・タイムとも.

サマリー [summary] 大要,要約,まとめ.

サーマルリサイクル [thermal recycling] ごみ焼却炉の熱を利用して発電し,その電気を利用したり売電したりすること.

サーミスター [thermistor] 電気

抵抗が温度変化によって変化する抵抗体. 温度制御用のセンサーとして使われる.

サミット [summit]
① 頂上, 頂点.
② 首脳会談, 頂上会談.

サム ➡ SAM

サムシング [something]
① 何か, あること, あるもの.
② たいしたこと, 驚くべき人物.

サムターン [thumb turn 和] ドアの内側にある, 回して施錠する方式のつまみ. サムは「親指」の意.

サムホール [thumbhole] はがき大の小型キャンバス, またはそれに描いた絵. 原意は「親指を入れる穴」.

サムルノリ [사물놀이 韓] 打楽器を打ち鳴らす, 韓国音楽のジャンルの一つ.

ザーメン [Samen 独] 精液.

サーモエレメント [thermoelement] 熱電素子. 直流電流を通すと発熱・吸熱作用を起こす.

サーモグラフ [thermograph] 自記温度計, 温度記録計.

サーモグラフィー [thermography] 温度分布画像. 温度分布測定装置.

サーモスタット [thermostat] 温度調節器. バイメタルなどの膨張を利用し, 温度の変化に応じて自動的に熱源を制御する.

サーモメーター [thermometer] 寒暖計, 温度計.

サーモモーター [thermomotor] 熱機関. 加熱した気体の膨張力を使った原動機.

サモワール [samovar 露] ロシアの卓上湯沸かし器.

サーモンピンク [salmon pink] サケ肉に似た, 赤っぽいピンク色.

サラウンド [surround] 音響・映像分野で, 視聴者の周囲から音を響かせて臨場感を演出する仕組み.

サラダバー [salad bar] レストラン内のセルフサービス式のサラダカウンター.

サラダボウル [salad bowl]
① サラダ用の鉢.
② 多様な民族・人種が独自の文化を保ちながら共存する社会.

サラファン [sarafan 露] ロシアの既婚女性が着る民族衣装. 刺繍で飾られた袖なしの長い上着.

サラブレッド [thoroughbred]
① 純血種. 生まれ育ちのよい人.
② 純血種の競走馬.

サラミ [salami] イタリア原産のドライソーセージ.

サラリー [salary] 給料. 月給. 年俸.

サリー [sari 印] インドの女性が腰から肩に巻いて着用する布.

サリチル酸 [salicylic acid] 無色の針状結晶. 染料や医薬品などに用いられる.

サリドマイド [thalidomide] 催眠薬の一つ. 副作用があるため日本では1962年に発売中止.

サリン [sarin] 毒ガスの一つ. 有機リン酸系毒物で神経障害を起こす.

ザルコマイシン [sarkomycin] 抗

生物質の一つ．日本で発見された．「ザルコーマ（腫瘍しゅよう）に効く抗生物質」の意．

サルサ［salsa 西］
①マンボに似たラテン音楽．
②ラテンアメリカ料理に使われるソース．

サルタン［sultan］イスラム教国の君主．スルタンとも．

サルバトーレ［salvatore 伊］救世主．救い主．

サルファ剤［sulfa drug］細菌感染症の化学療法剤．スルファ剤とも．

サルベージ［salvage］海難救助．沈没船などの引き揚げ作業．廃品回収．

サルモネラ菌［salmonella］腸内菌の一つ．食中毒の原因になる．

サルーン［saloon］
①ホテルなどの大広間，ホール，談話室．
②酒場，娯楽場．
③ ⟹ セダン

ザ・レース［The Race］帆と人力だけによる，ヨットの無寄港世界一周レース．2001年に開催．

サロー［sarrau 仏］上っ張り，前掛け．

サーロイン［sirloin］牛の腰肉の上部の最上肉．

サロペット［salopette 仏］ ⟹ オーバーオール

サロン

1 ［salon 仏］
①大広間，客間，応接室．
②上流社会．
③美術の展覧会．

2 ［sarong］インドネシアなどの民族衣装．幅広の布を巻きつけたスカート．

サロンエプロン［sarong apron 和］腰から下だけのエプロン．

サロンカー［salon car 和］内装や設備の豪華な列車や観光バス．

サロンドートンヌ［Salon d'Automne 仏］毎年秋にパリで行われる美術展．

サロン・ド・メ［Salon de Mai 仏］パリで毎年5月に開かれる招待出品の美術展．

サロンミュージック［salon music］室内で演奏する静かな軽い音楽．

サワー［sour］
①酸味のある，酸っぱい．
②アルコール類にレモンなどを入れ炭酸水で割った飲み物．

サワークリーム［sour cream］生クリームを乳酸発酵させた，酸味のあるクリーム．

サンオイル ⟹ サンタンオイル

サンクガーデン［sunk garden］周囲より一段低く造った庭園．沈床園．サンクンガーデンとも．

サンクション［sanction］
①承認，認可，許可．
②国際的な制裁措置．

サンクスギビングデー［Thanksgiving Day］収穫を感謝する感謝祭．アメリカでは11月の第4木曜日．

サンクチュアリ［sanctuary］
①聖域，聖地．
②自然保護区．

サングリア [sangría 西] 赤ワインに柑橘果汁などを加えたスペインの飲み物.

サンクンガーデン [sunken garden] ➡ サンクガーデン

サンジカリスム [syndicalisme 仏] 急進的労働組合主義. ゼネストなどの直接行動で政治の実権を握ろうとする組合運動.

サン・ジョルディーの日 [St. Jordi's Day] スペインの守護聖人の殉教の日. 愛の象徴としてバラや本を贈り合う習慣がある. 4月23日.

サンスクリット [Sanskrit] 梵語. 古代インドの文学・宗教語.

サンスーシ [sans souci 仏] 気楽な, のんきな.

サンセット [sunset]
①日没, 夕暮れ, 夕日.
②人生などの終わり, 終末.

サンソン図法 [Sanson-Flamsteed projection] 正弦曲線図法. 世界地図の地図投影法の一つ.

サンダーバード [thunderbird] ネーティブアメリカンが雷を起こすと信仰する伝説の神鳥.

サンダーボルト [thunderbolt] 稲妻, 落雷.

サンタン [suntan] 日焼け, 日焼け色, 小麦色.

サンタンオイル [suntan oil] 日焼け用オイル. サンオイルとも.

サンチマン [sentiment 仏] 感情, 情緒, 感傷.

サンチュ [상추 韓] 千金菜. チシャの一種. 朝鮮料理で, 焼き肉などを巻いて食べる.

サンチュール [ceinture 仏] ベルト, 帯.

サンデー [sundae] チョコレートやシロップをかけたアイスクリーム.

サンデーベスト [Sunday best] 晴れ着, よそ行きの服.

サンドイッチ症候群 [sandwich syndrome] 上司と部下の板挟みになった中間管理職などにみられる, うつ病などの症状.

サンドイッチマン [sandwich man] 体の前後に2枚の看板を付けて街頭で広告をする人.

サンドスキー [sand skiing] 砂スキー, 砂丘で行うスキー.

サンドバギー [sand buggy] 砂地を走り回るための太いタイヤが付いた自動車. ビーチバギーとも.

サンドバッグ [sandbag] ボクシングの練習に使う砂袋.

サンドペーパー [sandpaper] 紙やすり.

サントラ ➡ サウンドトラック

サンバ [samba ポル] ブラジルの民族舞曲. 4分の2拍子の軽快なリズムが特徴.

サンバイザー [sun visor]
①自動車などの日よけ.
②頭に着けるひさしだけの日よけ.

サンバーン [sunburn] 日焼け.

サンプラー [sampler] 電子楽器の一つ. 楽器音や歌声などをデジタル変換して好みの音程で再生・出力する装置. サンプリングマシンとも.

サンプリング [sampling]

①標本抽出.世論調査などのために見本を抜き出すこと.
②音をデジタル信号に変換して半導体に記憶させること.

サンプリングマシン [sampling machine] ➡ サンプラー

サンプル [sample] 見本,標本,試供品.

サンブロック [sun block] 日焼け止め.

サンボ [sambo ロシ] 柔道やレスリングに似たロシアの格闘技.

サンルーフ [sunroof] 開閉可能な自動車の屋根.

サンルーム [sunroom] 日光浴用の部屋.

シ

シアサッカー ➡ サッカー[2]

ジアスターゼ [Diastase ドイ] 糖化酵素.でんぷんを糖分に変える酵素.消化剤に用いる.

シアター [theater] 劇場.映画館.

シアターピース [theater piece] 劇場での公演用にまとめた作品,作曲.

シアトリカル [theatrical] 演劇の,演劇的な.

シーア派 [Shiah アラ] イスラム教の2大宗派の一つ.預言者ムハンマドの娘婿アリーとその子孫のみが後継者と主張する.イランの国教.➡ スンニ派.

シアム ➡ CIAM

シアン [cyan]
①有毒な青酸化合物.
②青色.青と緑の中間色.染色や印刷における三原色の一つ.サイアンとも.記号C.

シアン化カリウム [potassium cyanide] 白色の結晶で猛毒.致死量約0.15g.青酸カリとも.

シアン化水素 [hydrogen cyanide] 青酸.無色の液体または気体で猛毒.致死量約0.06g.

シアン化ナトリウム [sodium cyanide] 白色の結晶で猛毒.青酸ナトリウム,青酸ソーダとも.

シェア [share] 分け前,持ち分,共有権,株,市場占有率.

シェアウエア [shareware] 無料での試用が可能で,購入を決めてから代金を支払う方式のソフトウエア.

シェアブローカー [sharebroker] ➡ ストックブローカー

シェイプアップ [shape up] 美容や健康のために体形,体調を整えること.

シェーカー [shaker] カクテルを作るのに使う金属製容器.

シェーク [shake] 振る,揺さぶる,揺るがす.

シェークダウン [shakedown]
①慣らし運転,試運転.
②ゆすり,たかり.

シェークハンド [shake-hands] 握手.

シエスタ [siesta スペ] スペインなどのラテン系諸国で習慣になっている昼寝,午睡.

ジェスチャー [gesture] 身ぶり,手

ぶり, 見せ掛け.

ジエチルエーテル [diethyl ether] ➡ エチルエーテル

ジェット [jet]
① 噴出, 噴射, 噴流.
② ジェットエンジン, ジェット機.

ジェットエンジン [jet engine] 噴射式推進機関. 噴出するガスの反動で推力を得る発動機. 主に航空機に使用.

ジェットコースター [jet coaster 和] 起伏の多いレール上を小型車両が高速で走る遊戯施設. コースター, ローラーコースターとも.

ジェットコースター・ドラマ [jet coaster drama 和] 手に汗にぎる劇.

ジェットスキー [jet-ski] 水上バイク. ハンドルとエンジン付きの小型船舶. 商標.

ジェットストリーム [jet stream] ジェット気流. 東西両半球の緯度約30〜40度, 高度1万m付近にある強風帯.

ジェットセット [jet-set] ジェット族, 超有閑族. ジェット機で世界を飛び回ることから.

ジェットフォイル [jetfoil] ジェットエンジンで駆動する水中翼船. 商標.

ジェットプログラム [JET Program: Japan Exchange Teaching Program] 中・高校生の外国語教育の一環として, 外国の青年を日本に招く事業. JETプログラムとも.

ジェットラグ [jet lag] 時差ぼけ. ジェット機での旅行で生じやすいことから.

シェード [shade]
① 陰, 日陰.
② 電灯などのかさ, 日よけ.
③ 色合い, 色調.

ジェード [jade] 翡翠(ひすい). 宝石の一つ. 白色・緑色で半透明.

ジェトロ [JETRO: Japan External Trade Organization] 日本貿易振興機構. 外国企業の誘致, 企業の輸出支援などを行う.

ジェネリック [generic] 一般的な, 包括的な.

ジェネリック医薬品 [generic drug] 後発医薬品. 新薬の特許が切れた後に, 同じ成分で販売される医薬品. 商標ではなく一般名(ジェネリック)で呼ばれることから.

ジェネリックブランド [generic brand] ブランド名の付いていない商品.

ジェネレーション [generation] 世代, 時代. 子供が親になるまでの約30年を指す.

ジェネレーションギャップ [generation gap] 世代の格差. 世代による価値観の相違, 断絶.

ジェネレーター [generator] 発電機. ゼネレーター, ダイナモとも.

ジェノサイド [genocide] 集団殺害, 皆殺し, 民族虐殺.

シェーバー [shaver] かみそり. 電気かみそり.

シェパード [shepherd]

①羊飼い．
②牧羊犬の一種．現在は警察犬・盲導犬などとしても用いられる．セパードとも．

シェフ [chef 仏] コック，特にコック長，料理人頭．

ジェーペグ ➡ JPEG

シェーマ [Schema ドイ] 図式，略図，型式．

ジェミニ [Gemini] ふたご座．

ジェム [gem] 宝石．宝石のように貴重なもの．

ジェラシー [jealousy] 嫉妬とっ，ねたみ．

ジェラート [gelato 伊] アイスクリーム，シャーベット．

シェリー [sherry] 南スペイン原産の白ワイン．

ジェリー ➡ ゼリー

シェリフ [sheriff] アメリカの郡保安官．

シェル [shell]
①貝，貝殻．卵などの殻．
② ➡ シェル構造

ジェル [gel] ➡ ゲル

シェル構造 [shell construction] 建築用語で，貝殻構造．体育館やホールに用いられる．

シェルター [shelter]
①避難所，防空壕ごう．特に核戦争用の待避壕．
②隠れ家，駆け込み寺．

シェルパ [Sherpa]
①ヒマラヤ登山隊の案内や荷揚げを手伝う高地民族．
②国際会議などで首脳を補佐するスタッフ，代表．

シェルピンク [shell pink] サクラ貝のような淡いピンク色．

シェーレ [Schere ドイ] はさみ状価格差．工業生産物と農業生産物の価格の差．指数のグラフが，はさみを開いたような形となることから．

ジェロントロジー [gerontology] 老年学，老人学．

ジェンダー [gender] 社会・文化面からみた男女の性別，性差．➡ セックス．

ジェンダーギャップ [gender gap] 男女間の社会的・文化的な違い，性差による物の考え方・感じ方の違い．

ジェンダーフリー [gender-free 和] 性別による役割分担からの解放．

ジェントリフィケーション [gentrification] 高級化，上流化．特に都市の居住地域を再開発して高級化すること．

ジェントルマン [gentleman] 紳士．対 レディー．

ジオイド [geoid] 地球の形の定義の一つ．海抜0mをつないだ面のことで，おおむね回転楕円だ体．

ジオエコノミックス [geoeconomics] 地理経済学．地経学．世界経済の関係性を地理的に研究する学問．

ジオグラフィー [geography] 地理，地勢，地理学．

ジオサイド [geocide] 地球破壊．地球の環境破壊．

ジオス ➡ GEOS

シオニスト [Zionist] シオニズム推進派. ユダヤ民族主義者.

シオニズム [Zionism] ユダヤ民族による国家の建設を目指す運動. 名称の由来であるシオンはエルサレムにある丘の名.

ジオフィジックス [geophysics] 地球物理学.

ジオプトリー [Dioptrie 独] レンズの屈折率の単位. メートル単位で計測した焦点距離の逆数で, 眼鏡の度の強さも表す. 記号D.

ジオフロント [geo front 和] 地下空間・地中開発. ウオーターフロントに次ぐ活用空間として開発研究が進められている.

ジオポリティックス [geopolitics] ➡ ゲオポリティク

ジオメトリー [geometry] 幾何学.

ジオメトリック [geometric] 幾何学の. 幾何学的な.

ジオラマ [diorama 仏]
①幻視画. 布に描いた絵の前に物を置き, 照明を当てて立体的に見せる装置.
②スタジオに設置する, 遠近法を利用した小型セット.

ジオロジー [geology] 地質学.

シガー [cigar] 葉巻きタバコ.

シガレット [cigarette] 紙巻きタバコ.

シグ ➡ SIG

ジグ

1 [jig]
①工作物を固定する道具. 治具.
②釣り用の擬餌針の一つ.

2 [gigue 仏] 軽快な速いテンポをもつ舞曲. ジーグとも.

シークエンサー [sequencer] コンピューター音楽などでの自動反復演奏システム.

シークエンス [sequence]
①連続, 順序.
②学習単元を展開させる順序.
③トランプ遊びで同種で番号が続いている3枚以上のカード.

シーク教 [Sikhism] 16世紀初頭インドで起こった宗教. イスラム教の影響を受けたヒンドゥー教の亜流. カースト制度を否定する. シク教とも.

ジグザグ [zigzag] 稲妻形. Z字の形に折れ曲がった線.

ジクスト ➡ JICST

ジグソーパズル [jigsaw puzzle] 切り抜きはめ絵. ジグソーは糸のこぎりのこと.

シグナル [signal]
①合図. 信号.
②信号機.

シグネチャー [signature]
①署名, サイン.
②テーマ音楽, 主題曲.

シグマ [sigma]
①ギリシャ文字の18番目の文字. Σ, σ, ς.
②数学で総和を示す記号.

シークレット [secret] 秘密. 機密. 神秘.

シークレットサービス

1 [secret service] 政府の機密,

情報機関.

2 [S__ S__] 米財務省秘密検察局.大統領の護衛を担当.

シクロ [cyclo] 東南アジアに多い自転車式の三輪タクシー.

シクロクロス [cyclo-cross] 自転車のクロスカントリーレース.

シクロヘキサン [cyclohexane] 揮発性の無色の液体.ナイロンの原料や接着剤などに用いられる.

シケイン [chicane]
①自動車に減速を強いるために道路上に設けられる障害物.
②ごまかし.

ジゴレット [gigolette 仏] 男性に養われる女.情婦. 対 ジゴロ.

ジゴロ [gigolo 仏] 女性に養われる男. 対 ジゴレット.

シーサイド [seaside] 海岸,海辺.

シーザーサラダ [Caesar salad] レタス中心の生野菜にクルトンや粉チーズなどを加えたサラダ.

シザーズ [scissors]
①はさみ.
②体操の両脚開閉.
③レスリングのはさみ締め(scissors hold)の略.

シザーズカット [scissors cut 和] はさみを使って頭髪を切りそろえること.

ジーザス・クライスト
1 [Jesus Christ] ➡イエス・キリスト
2 [__!]「なんてこった!」「これは驚いた!」.

シサック ➡CISAC

シーサット [Seasat] アメリカの海洋観測衛星. sea satelliteの略.

シシカバブ [shish kebab トル] トルコや中東,インドなどの肉のくし焼き料理.ケバブとも.

シーシックネス [seasickness] 船酔い.シーシックとも.

シージャック [seajack] 船舶を乗っ取ること.海のハイジャック.

シーズ [seeds]
①たね,種子.
②根源,原因.

ジス [JIS: Japanese Industrial Standard] 日本工業規格.経済産業省が認定する.

シスター [sister]
①姉妹,姉または妹.
②尼僧,修道女.

シスターボーイ [sister boy] 女の子のような男性.

システマチック [systematic] 組織的な.体系的な.系統立った.

システムアナリシス [systems analysis] システム分析.問題解決の手順の分析.

システムアナリスト [systems analyst] システム分析者.

システムエンジニア [systems engineer]
①組織工学,システム工学の専門家.
②コンピューターのシステム開発担当者.いずれも,略はSE.

システムエンジニアリング [systems engineering] 様々なシステムの設計過程や管理などを総合的

システムカメラ

に研究する工学. システム工学とも. 略はSE.

システムカメラ [system camera 和] 多種多様な交換レンズや付属品の組み合わせが可能なカメラ.

システムキッチン [system kitchen 和] 流し台や収納棚などを機能的に一体化した台所セット.

システムキュー [system Q] ラジオ電源の自動遠隔開閉方式. 臨時ニュースなどを送信する際, 自動的にスイッチが入る.

システム工学 ➡ システムエンジニアリング

システムコンポーネント [system component 和] アンプやスピーカーなどのオーディオセット. システムコンポ.

システム産業 [system industry] 機能集積型産業. 特定の目的のために種々の産業や企業を組み合わせた産業. 宇宙開発, 海洋産業などがその例.

システムダウン [system down 和] コンピューターの故障など, システム全体が機能停止すること.

システム手帳 [system diary 和] 専用の各種の用紙を組み合わせて自由に構成できる手帳.

システムフローチャート [system flowchart] システム全体にわたるデータの流れを図形化したもの. フローチャートは流れ図, 作業工程の一覧表のこと.

ジステンパー [distemper] 幼犬に多い, ウイルス性の急性伝染病.

シスト [cyst] 嚢胞(のうほう), 胞子.

ジストマ [distoma ラテ] 扁形(へんけい)動物吸虫類. 人間や家畜の肺や肝臓に寄生する.

シーズニング [seasoning]
①調味料, 薬味.
②材木などの乾燥.

シースヒーター [sheath heater] ニクロム線が露出していない電熱こんろ. シースは「さや, 覆い」の意.

ジスマーク [JIS mark] 日本工業規格(JIS)の適合製品に表示されるマーク.

シースルー [see-through] 透けて見える. 透明の.

シズル [sizzle] 映像や音で刺激して購買意欲を引き出す広告表現. シズルは, 肉を焼く時のジューという音の意.

シースルールック [see-through look] 布地が薄く, 肌が透けて見えるファッション.

シーズン [season] 季節. 時期. 最盛期.

シーズンイン [season in 和] 季節到来.

シーズンオフ [season off 和] 季節はずれ, 時期はずれ, スポーツなどの休止期間. 略してオフ. 英語ではオフシーズン.

ジーゼル ➡ ディーゼル

シゾイド人間 [schizoid person] ➡ スキゾ①

シーソーゲーム [seesaw game] 追いつ追われつ, 一進一退の試合.

シーソーポリシー [seesaw policy]

動揺が激しい政策.

シソーラス [thesaurus]
①分類語辞典, 類義語辞典.
②情報検索用の索引.

ジータ ➡ ZETA

ジタバグ
1 ➡ ジッターバグ
2 ➡ ジルバ

シタール [sitar 梵] インドの弦楽器.

ジタン [gitan 仏] ロマの, フランスでの呼称.

シチズン [citizen] 市民, 国民, 軍人に対する民間人.

シチュエーション [situation] 状況, 立場, 情勢, 局面, 場面.

シッカロール [Siccarol] ➡ タルカムパウダー

シック [chic 仏] いきな, しゃれた, 洗練された.

シックネスバッグ [sickness bag] 飛行機に酔って吐く乗客のためのビニール袋.

シックハウス症候群 [sick house syndrome] 住宅建材に含まれる化学物質により, めまいや頭痛, 呼吸疾患などの症状が出ること.

ジッターバグ [jitterbug] 釣りの代表的なルアー. ジタバグとも.

シットイン [sit-in] 座り込みデモ.

シットコム [sitcom] 状況喜劇. 毎回同じ場面設定で1話完結の連続コメディードラマ. シチュエーションコメディー (situation comedy) の略.

ジッパー [zipper] ➡ ファスナー

ジップコード [ZIP code] アメリカの郵便番号. ZIPはzone improvement plan (郵便集配区域改善計画) の略.

シティー
1 [city] 都市, 都会.
2 [C__] ロンドンの金融・商業の中心地. 金融界, 財界.

シティー・エア・ターミナル [city air terminal] 都市部から遠い空港の利用者のため市街地に設けられた航空旅客用ターミナル. 略はCAT.

シティースケープ [cityscape] 都市の景観. タウンスケープとも.

シティーホテル [city hotel 和] 都市部にあるホテル.

シティーホール [city hall] 市庁舎, 市当局.

シート
1 [seat] 席. 座席.
2 [sheet] 紙. 板. 布. 切手の一つづり.

シード [seed]
①実, 種子.
②トーナメント戦で, 強い選手やチーム同士が最初から対戦しないように組み合わせること.

シトシン [cytosine] 核酸を構成する4塩基の一つ. DNA中でグアニンと塩基対をなす.

シートベルト [seat belt] 航空機・自動車などの安全ベルト. セーフティーベルトとも.

シトラス [citrus] 柑橘(かんきつ)類の総称. ミカン, レモンなど.

シードル [cidre 仏] リンゴの果汁を

発酵させた醸造酒.
シナウイ［시나위 朝鮮］朝鮮半島南部の伝統音楽. 木管, 弦, 打楽器などによる情熱的な即興演奏.
シナゴーグ［synagogue］ユダヤ教の教会堂.
シナジー［synergy］共同作用, 共働き. 相乗効果.
シナプス［synapse］神経細胞の接合部位とその構造.
シナリオ［scenario］脚本, 台本.
シナリオプランニング［scenario planning］脚本立案, 筋書構成.
シニア［senior］年長者, 上級者, 先輩. 対ジュニア.
ジーニアス［genius］天才, 非凡な才能.
シニアツアー［senior tour］ゴルフで, 満50歳以上の選手によるトーナメントツアー.
シニア・ハイスクール［senior high school］高等学校.
シニアボランティア［senior volunteer 和］高齢の社会奉仕活動参加者.
シニオリティー［seniority］年長, 年功, 先任権.
シニカル［cynical］皮肉な, 冷笑的な, 嘲笑的な.
ジニ係数［Gini coefficient］所得の不平等さを測る尺度. 考案したイタリアの統計学者の名前から.
シニシズム［cynicism］
①皮肉, 冷笑.
②常識にわざと逆らうような冷笑的態度.

ジーニスト［jeanist 和］ジーンズの愛用者. ジーンズの似合う人.
シニック［cynic］皮肉屋, 世をすねる人.
シニフィアン［signifiant 仏］言語学で, 能記. 意味するもの. 言葉や記号, 表徴に当たるもの. 対シニフィエ.
シニフィエ［signifié 仏］言語学で, 所記. 意味されるもの. 意味や内容に当たるもの. 対シニフィアン.
シーニュ［signe 仏］記号. シニフィアン(能記)とシニフィエ(所記)から構成される言葉と意味の全体. スイスの言語学者ソシュールの用語.
シニョレージ［seigniorage］通貨発行益. 貨幣の発行により発行者(日本銀行など)が得る利益. シニョレッジとも.
シニョン［chignon 仏］女性の, 後頭部に結い上げた巻き髪.
シネアスト［cinéaste 仏］映画関係者, 映画ファン.
シネコン ➡シネマコンプレックス
シネサイン［cine sign 和］多数の小電球の点滅によって動画を映し出す屋外広告.
シネプレックス［cineplex］➡シネマコンプレックス
シネマ［cinéma 仏］映画. 映画館. キネマ, シネマトグラフとも.
シネマコンプレックス［cinema complex］複数の映画館が一つの建物に集まる複合映画施設. 略し

てシネコン,シネプレックスとも.

シネマスコープ [CinemaScope] 大型スクリーン映画の一つ. 商標.

シネマツルギー [cinématurgie 仏] 映画制作技法.

シネマディクト [cinemaddict 和] 映画通,映画マニア. cinema(映画)とaddict(愛好者)の合成語.

シネマテーク [cinémathèque 仏] ➡フィルムライブラリー

シネマトグラフ [cinématographe 仏] ➡シネマ

シネラマ [Cinerama] 大型スクリーン映画の一つ. 画面の中央部が奥に引っ込んだ形で,立体音と画面の立体感が特徴. 商標.

シネラリア [cineraria] キク科の観賞植物. カナリア諸島が原産地. 日本ではサイネリアとも.

シノニム [synonym] 同意語,類義語. 対アントニム.

シノプシス [synopsis] 梗概. 劇や映画のあらすじ.

シノワズリ [chinoiserie 仏] 中国風装飾. 中国趣味.

シバ [Siva サンスク] ヒンドゥー教の三主神の一つ. 破壊と創造の神.

シーバース [sea berth] 港の沖合に作られる浮き桟橋. 大型タンカーなどの停泊施設.

ジハード [jihad アラ] 聖戦. イスラム世界の拡大や防衛のための戦い.

ジパング [Zipangu] 日本. 13世紀にイタリアの旅行家マルコ・ポーロが用いた呼称.

シビア [severe] 厳しい,容赦のない,過酷な.

シビアアクシデント [severe accident] 重大事故,過酷事故.

ジビエ [gibier 仏] 食用になる野生の鳥獣類.

シビック [civic] 市民の. 都市の.

シビックリベラリズム [civic liberalism] 市民的自由主義. 健全な国家意識と結びついた自由主義.

シビリアン [civilian] 軍人に対しての民間人,一般市民,文民.

シビリアンコントロール [civilian control] 文民統制. 文官が軍人の上に立ち,軍隊の最高指揮権を持つこと.

シビリアンパワー [civilian power] 民生大国.

シビリゼーション [civilization] 文明. 文明国.

シビル [civil] 市民の,民間の.

シビルソサエティー [civil society] 政府や企業から自立し,政府との仲立ちができる市民社会.

シビルミニマム [civil minimum 和] 都市住民にとって必要最小限の生活基準. 自治体が準備すべき最低限度の生活環境条件.

ジープ [jeep] 四輪駆動のオフロード向き自動車. 商標.

シフォン [chiffon 仏] 薄くて柔らかい絹の平織物. スカーフやドレスなどに用いる.

ジプシー [Gypsy] ➡ロマ

ジプシーブラス [gypsy brass] ジプシー(ロマ)音楽を思わせる管楽

器中心の東欧の楽団.

シフト [shift]
①移す, 方向・位置を変える, 自動車のギアを入れ替える.
②変化, 移行, スポーツ選手の守備位置の変更.

シーフード [seafood] 海産食品, 魚介類.

シフトキー [shift key] タイプライターやコンピューターの入力装置にあるキーの一つ. 大文字・小文字の切り替え, 記号の入力などに使う.

シフトダウン [shift down 和] 車などの変速ギアを低速に切り替えること.

ジフト法 [ZIFT: zygote intrafallopian transfer] 接合子卵管内移植. 体外に取り出した卵子と精子を受精させて, 卵管に戻す不妊症治療. ➡ギフト法.

ジープニー [jeepney] ジープを改造した乗り合いタクシー. フィリピン名物.

シーベルト [sievert] 放射線の被曝の度合いを示す単位. 記号Sv.

ジベレリン [gibberellin] 植物の生長ホルモンの一つ. 促成栽培などに利用される.

シマ [sima] 地殻の深部にあるケイ素とマグネシウムを主成分とする層.

シミュラークル [simulacre 仏] 模造品. まやかし.

シミュレーション [simulation] 見せかけ, 模擬実験, 図上演習. 現実とそっくりの状況を作り出して分析すること.

シミュレーター [simulator] 模擬訓練装置. 航空機の操縦や原子炉の運転などの訓練用に実際と同じ状態を作り出す.

シミュレート [simulate] 模擬実験をすること. シミュレーションをすること.

シミリ [simile] 直喩, 明喩.「…のように」などの形式を使う比喩. 対メタファー.

シム ➡CIM

ジム [gym]
①体育館.
②和製用法で, ボクシングのクラブ.

ジムカーナ [gymkhana] 自動車の障害競走.

ジムナスチックス [gymnastics] 体操.

シームレス [seamless] 縫い目や継ぎ目がないこと.

ジーメン ➡Gメン

ジーメンス [siemens] 電流の流れやすさを表す量の単位. 記号S.

ジャー [jar] 広口の瓶, 大型魔法瓶.

シャイ [shy] 内気な, 恥ずかしがりの, 引っ込み思案の.

ジャイアント [giant] 巨人, 大男, 偉人, 大物.

ジャイカ [JICA: Japan International Cooperation Agency] 国際協力機構. ODA (政府開発援助)の実施機関.

ジャイブ [jive] ジルバを原型とした

テンポの速いダンス音楽.
ジャイロコプター［gyrocopter］簡単な骨組みだけの回転翼式の軽飛行機.多くは1人乗り用.
ジャイロコンパス［gyrocompass］ジャイロスコープ（回転儀）を利用した羅針盤.
ジャイロスコープ［gyroscope］回転儀.船舶・航空機の方向や平衡を保つのに用いられる.
ジャイロプレーン［gyroplane］➡オートジャイロ
シャウト［shout］叫ぶこと.叫ぶように歌う歌唱法.
ジャガー［jaguar］アメリカヒョウ.中南米に分布するネコ科の猛獣.
ジャカード［Jacquard］
①紋織り機.穴を開けた紋紙を用いて複雑な紋様を織る.
②紋織物.装飾的な絹織物が多い.
シャギー［shaggy］毛深い,毛むくじゃらの.転じて,毛足の長い毛織物.
ジャーキー［jerky］乾燥肉.
ジャギー［jaggy 和］ジャズ音楽に合わせたダンスの一つ.
ジャグ［jug］取っ手の付いた広口の水差し.ジャッグとも.
ジャクジー［Jacuzzi］噴流式の気泡風呂.商標.ジャクージとも.
シャークスキン［sharkskin］
①濃淡の糸を交互に混ぜ,サメの皮に似せた綾あや織物.綾斜子あやなこ織り.
②表面をサメ肌のように仕上げた化繊の織物.

ジャグラー［juggler］手品師,奇術師,曲芸師.
ジャグリング［juggling］手品,奇術,曲芸.
ジャグル［juggle］
①手品をする,曲芸をする.
②野球で,ボールを取り損ねてお手玉をすること.
③ハンドボールで,空中のボールに続けて2度触れる反則行為.いずれも,ジャッグルとも.
ジャケット［jacket］
①短い上着,ジャンパー.
②レコードや本のカバー.
ジャーゴン［jargon］専門用語,特殊用語,仲間言葉.
シャシー［chassis］自動車の車台,テレビやラジオの部品を取り付ける金属枠.
ジャージー［jersey］
①メリヤス織りの織物.伸縮性に富み,軽くて耐久力がある.
②運動選手が着るシャツ.
③乳牛の一種.イギリスのジャージー島原産.
ジャス［JAS: Japanese Agricultural Standard］日本農林規格.農林水産物の品質に関する規格.
ジャズ［jazz］ポピュラー音楽の一つ.アメリカ南部で,アフリカ系黒人の音楽とヨーロッパ音楽が融合して発達した.オフビートと即興的な演奏が特徴.
ジャスダック［JASDAQ: Japan Association of Securities Dealers Automated Quotations］東

京にあるベンチャー企業向けの証券取引所.

ジャズダンス [jazz dance] ジャズやロックのリズムに合わせて踊るダンス.

ジャスティス [justice] 正義, 公正, 司法, 裁判.

ジャスティファイ [justify] 正当化, 弁明する.

ジャスティフィケーション [justification]
① 正当化. 弁解.
② ワープロなどで, 行末を整えること.

ジャスト [just]
① ちょうど.
② 適正な. 公正な.

ジャストイン・タイム方式 [just-in-time system] ⇒リーンプロダクション・システム

ジャストフィット [just fit] ぴったり合う.

ジャストミート [just meet 和] 野球などで, ボールなどの中心を正確にとらえて打つこと.

ジャスマーク [JAS mark] 日本農林規格(JAS)の適合商品に表示されるマーク.

シャツ・オン・シャツ [shirt on shirt] シャツの重ね着.

ジャッカル [jackal] アジア・欧州・アフリカに分布するイヌ科の肉食獣.

ジャッキ [jack] 押し上げ万力. 小さい力で重いものを持ち上げる器具や装置.

ジャッグ ⇒ジャグ

ジャックナイフ [jackknife] 大型の折りたたみ式ナイフ.

ジャックポット [jackpot]
① 思いがけない大当たり, 大成功.
② ポーカーなどでの積み立てのかけ金, 賞金.

ジャッグル ⇒ジャグル

ジャッジ [judge]
① 判断, 判定.
② 審判員, 判事.

ジャッジペーパー [judge paper] ボクシングやレスリングで使用される判定用紙.

シャッター [shutter]
① よろい戸.
② カメラの露光装置.

シャッターチャンス [shutter chance 和] 写真を撮るのに最適の瞬間.

シャットアウト [shutout]
① 締め出し, 工場閉鎖.
② 野球などで相手チームを零敗させること, 完封.

ジャップ [Jap] 日本人に対する蔑称. ジャパニーズを縮めたもの.

シャッフル [shuffle]
① 混ぜること. トランプの札を切ること.
② ダンスで, すり足で踊ること.

シャッポ [chapeau 仏] 帽子. 正しくはシャポー.

シャトー
❶ [château 仏] 城, 館, 大邸宅.
❷ [C__] フランス・ボルドー地方のブドウ園.

シャドー [shadow]
① 影. 陰影. 暗い部分.
② ➡ アイシャドー

シャドーイング [shadowing] 後をつけること. 同時通訳などで, 耳に入る言葉をそのまま口に出して再現する訓練.

シャドーキャビネット [shadow cabinet] 影の内閣. 野党が政権をとったときに備えて選んでおく閣僚候補.

シャトーブリアン
❶ [chateaubriand 仏] 牛ヒレ肉のステーキ.
❷ [C__] フランス・ボルドー産のワインの銘柄.

シャドーボクシング [shadowboxing] ボクシングで, 相手を想定して1人で練習すること.

シャトル [shuttle]
① 織機の杼. 横糸を通すための舟形の部品.
② ➡ シャトルコック
③ ➡ シャトルバス
④ ➡ スペースシャトル

シャトルコック [shuttlecock] バドミントンで使う羽根球. シャトルとも.

シャトルバス [shuttle bus] 近距離往復バス. ホテルと空港の間などを往復する. シャトルとも.

ジャーナリスチック [journalistic] 新聞・雑誌向けの, 大衆向けの.

ジャーナリスト [journalist] 新聞・雑誌の記者, 編集者, 放送記者.

ジャーナリズム [journalism] 新聞, 雑誌, ラジオ, テレビなどの情報伝達活動, またはそうした事業.

ジャーナル [journal] 新聞, 雑誌, 定期刊行物.

ジャーニー [journey] 長い旅, 人生の旅路.

ジャバ [Java] ホームページ制作などで使われるコンピューター・プログラム言語の一つ.

ジャパナイズ [Japanize] 日本化する.

ジャパニーズイングリッシュ [Japanese English] 日本なまりの英語. 和製英語.

ジャパニーズスマイル [Japanese smile] 外国人には理解しにくいとされる日本人独特の愛想笑い, 照れ笑い.

ジャパニズム [Japanism] ➡ ジャポニスム

ジャパニーズモダン [Japanese modern] 日本の伝統工芸とモダンアートを融合させたデザイン.

ジャパニメーション [Japanimation] 海外で人気が出ている日本製のテレビアニメ. Japanとanimationの合成語.

ジャパネスク [Japanesque] 日本調, 日本風.

ジャパノロジー [Japanology] 日本学. 日本の社会・文化を研究する学問.

ジャパノロジスト [Japanologist] 日本学者. 日本の社会・文化を研究する外国人.

ジャパメリカ [Japamerica] 日本とアメリカ．日米関係の緊密さを表す言い方．

ジャパン・インク [Japan Inc.] 日本株式会社．日本全体を巨大な株式会社に見立てた，軽蔑と恐れを込めた呼び方．

ジャパン・カップ [Japan Cup]
①世界の一流馬を招いて行う競馬の国際レース．
②スポーツで，外国チームや選手を招いて行う国際大会．

ジャパンソサエティー [Japan Society] アメリカの対日友好・文化交流団体．

ジャパン・プラットフォーム [Japan Platform] 日本の国際緊急人道援助機関．

ジャパンプロブレム [Japan problem] 日本問題．経済大国となった日本が抱える様々な矛盾や摩擦，悩みなどを評した言い方．

ジャパンマネー [Japan money] 日本から海外への投資資本，資金．

シャビー [shabby] 着古した，みすぼらしい．

ジャピオ ➡ JAPIO

シャープ [sharp]
①鋭い，鋭敏な．
②音楽で，半音高くする嬰記号．「♯」．対 フラット．

ジャフ ➡ JAF

ジャブ [jab] ボクシングで，小刻みに連打すること．

シャフト [shaft]
①柄，取っ手，軸．
②ゴルフのクラブやテニスのラケットの柄の部分．
③鉱山の竪坑，エレベーターの昇降する空間．

シャープナー [sharpener]
①鉛筆削り．
②刃物を研ぐ道具や人．

シャープペンシル [sharp pencil 和] 芯を繰り出して書く筆記用具．略してシャーペン．

シャブリ [chablis 仏] フランス，ブルゴーニュ地方産の辛口白ワイン．

ジャペック [JAPEC] 世界最大の債権国になった日本をオペック（石油輸出国機構）になぞらえた呼び方．

シャーベット [sherbet] 果汁に砂糖，卵白などを加えて凍らせた氷菓子の一つ．

シャーベットトーン [sherbet tone 和] シャーベットのような淡い色調．

シャベル [shovel] 土砂を掘ったりすくったりする道具．ショベルとも．

シャーペン ➡ シャープペンシル

ジャポニカ [Japonica]
①欧米人の日本趣味．
②ツバキ，ボケなどの学名．
③日本で主に栽培される短粒で粘り気のある米．■ インディカ．

ジャポニスム [Japonisme 仏] 日本風，日本人気質，日本研究，日本の芸術に影響された表現様式．ジャパニズムとも．

ジャポネズリ [japonaiserie 仏] 日本趣味．日本風装飾．

ジャマ ➡ JAMA
シャーマニズム [shamanism] 巫術. シャーマンを中心にした信仰.
シャーマン [shaman] 神がかりになる巫女, 呪術師.
シャミ [shammy] ➡ セーム革
ジャミング [jamming] 電波妨害. 妨害電波などを出して, 特定の放送を受信できなくすること.
ジャムセッション [jam session] ジャズ演奏家が集まっての即興演奏.
ジャメビュ [jamais vu仏] 未視感. 経験済みのことを初めてと感じること. ジャメブーとも. 対デジャビュ.
シャモア [chamois仏] ➡ セーム革
シャリーア [Shariah阿] イスラム法. イスラム教徒の全生活を細かく定めた法.
シャリアピンステーキ [Shalyapin steak] いためたみじん切りのタマネギを乗せて焼いたサーロインステーキ.
シャーリング [shirring] 洋裁で, ひだ取り. 好みの間隔でギャザーを寄せること.
シャルトリューズ [chartreuse仏] フランスのシャルトリューズ修道院に伝わるハーブ系リキュール. シャルトルーズとも.
シャルマン [charmant仏]
①ポプリンの一つ. 畝がある織物.
②魅力的な, かわいい.
シャルロット [charlotte仏] スポンジケーキにババロアやクリーム, フルーツなどを詰めて焼いたケーキ.
シャーレ [Schale独] 培養や実験などに使う, ふた付きのガラス皿. ペトリ皿とも.
シャレード [charade] 謎とき, ジェスチャーゲーム.
ジャロ ➡ JARO
シャーロッキアン [Sherlockian] イギリスの推理小説家コナン・ドイルの作品で活躍する探偵シャーロック・ホームズ(Sherlock Holmes)の愛好者, 研究家.
シャワー [shower]
①湯や水を細かな穴から雨のように注ぐ装置.
②宇宙線が原子と衝突して発生する二次粒子の雨.
③にわか雨, 夕立ち.
シャワークライミング [shower climbing] 沢登り. 沢を下流から上るスポーツ. 対キャニオニング.
ジャワ原人 [Java man] インドネシアのジャワで発見されたピテカントロプス・エレクトス(直立猿人)の通称.
シャワープルーフ [showerproof] ➡ ウオータープルーフ
ジャンキー [junkie] 麻薬の常習, 中毒者. 何かに熱中する人.
ジャンク [junk]
①がらくた, 廃品.
②中国の帆船.
③麻薬, ヘロイン.
ジャンクアクセサリー [junk accessory] 廃品利用の派手な装身具.

ジャンク債 [junk bond] ➡ハイイールド債

ジャンクション [junction] 接合点, 交差点, 高速道路の接続点, 乗換駅. 略はJCT.

ジャンクフード [junk food] 栄養価の低いスナック食品やファストフードに対する蔑称.

シャングリラ [Shangri-la] 桃源郷, 理想郷.

ジャングル [jungle]
①熱帯の密林.
②混乱状態. 生存競争の場.
③テクノとレゲエの混合した速いテンポのダンス音楽.

シャンゼリゼ [Champs-Élysées] コンコルド広場から凱旋門に至るパリの大通り.

シャンソニエ [chansonnier 仏] 自作の歌を歌う男性シャンソン歌手. 女性の場合はシャンソニエール (chansonnière).

シャンソン [chanson 仏] フランスの大衆歌謡. 庶民的感情に根ざした歌詞, メロディーが特徴.

ジャンダルム [gendarme 仏]
①フランスの憲兵, 警官.
②登山用語で, 主峰の前にそびえ立つ岩.

シャンチー [象棋 中] 中国将棋.

シャンツェ [Schanze 独] スキーのジャンプ台.

シャンテ [chanter 仏] 歌う, たたえる.

シャンティイ [chantilly 仏] 泡立てた生クリームを使ったデザート.

シャンディガフ [shandygaff] ビールとジンジャーエールを混ぜた飲み物.

シャンデリア [chandelier] つり下げ型の装飾照明器具. 多彩なガラス細工などで飾られる.

ジャンパー [jumper]
①すそを絞ったウエスト丈の上衣.
② ➡ジャンパースカート

ジャンパースカート [jumper skirt 和] 袖のない胴着とスカートがつながった婦人服. ジャンパーとも.

シャンパーニュ ➡シャンパン

ジャンバラヤ [jambalaya]
①アメリカ南部のクリオール料理の一つで, エビ, カキ, カニなどが入った炊き込みご飯.
②ごちゃまぜ.

シャンパン [champagne 仏] フランス北東部シャンパーニュ地方産の発泡性ワイン. シャンパーニュ, シャンペンとも.

シャンパンイエロー [champagne yellow 和] 淡いこはく色. シャンパンカラー (champagne color 和) とも.

シャンピニョン [champignon 仏] ➡マッシュルーム②

ジャンプ [jump]
①跳躍. 陸上競技やスキーの跳躍, 飛躍種目.
②ビリヤードで手玉が跳ぶこと.
③画像が跳ぶこと.
④ジャズで躍動的な表現.

ジャンプオフ [jump-off]
①開始, 出発点.
②走り高跳びや馬術障害の優勝

決定戦.

ジャンプスーツ [jumpsuit] 上下が続いている服, つなぎ.

ジャンプステーキ [jump steak 和] カンガルー肉のステーキ.

シャンペン ➡ シャンパン

ジャンボ [jumbo]
① 巨大なもの, 巨漢.
② ➡ ジャンボジェット

ジャンボジェット [jumbo jet] ボーイング747などの超大型旅客機. ジャンボとも.

ジャンボタクシー [jumbo taxi 和] ワゴン車を使う乗り合いタクシー.

ジャンボリー [jamboree] ボーイスカウトの大規模な野営交歓大会.

ジャンル [genre 仏] 形式, 様式, 部門, 種類. 特に芸術作品について用いる.

シュー [chou 仏]
① キャベツ.
② 帽子や襟に付けるバラ型の結び飾り.

ジュエリー [jewelry] 宝石類, 貴金属装身具類.

ジュエル [jewel] 宝石.

シュガーコート [sugarcoat] 糖衣. 苦い錠剤などを飲みやすくするために甘い衣を付けること. 転じて, 体裁をよくすること.

シュガーダディー [sugar daddy] 若い女性をかわいがる裕福な中年男, おじさま.

シュガーレス [sugarless] 砂糖が入っていないこと.

ジュークボックス [jukebox] 料金を入れて選曲するとレコードが聴ける自動再生装置.

シュークリーム [chou à la crème 仏] 柔らかい焼き皮の中にクリームを入れた菓子. 形がシュー(キャベツ)に似ていることから. 英語ではクリームパフ(cream puff).

シュクルート ➡ ザウアークラウト

ジュゴン [dugong] 草食の海洋哺乳(ほにゅう)類の一種. 体長約3mで人魚のモデルとなった. 日本では特別天然記念物.

ジューサー [juicer] ジュースを作る器具.

ジューシー [juicy]
① 水分の多い, 汁の多い.
② 面白い, きわどい.

シュシュ [chouchou 仏] お気に入り.

シューズ [shoes] 靴. 短靴.

ジュース
1 [deuce] テニス, 卓球, バレーなどで, 次に得点を上げればセットまたはゲームが取れる時に同点になること. 一方が2点連取するまで, ゲームが続けられる. デュースとも.
2 [juice] 果物や野菜の汁, 肉汁. 体液, 分泌液.

シューツリー [shoe tree] 靴の型くずれを防ぐための靴型.

シューティングゲーム [shooting game 和] 敵を撃ち倒して競い合うコンピューターゲーム.

シューティングスター [shooting star] 流れ星.

シュテムボーゲン [Stemmbogen 独] スキーの半制動回転. 山側のス

キーの後部を開き, 重心を移動させながら回転する方法.

シュート [shoot]
①撃つ, 発射する, 撮影する.
②サッカー, バスケットボールなどで, ゴールにボールを入れること.

ジュート [jute] 黄麻(こうま). ロープ, ナンキン袋などの材料.

シュトゥルム・ウント・ドランク [Sturm und Drang ドイ] 疾風怒濤(しっぷうどとう). 18世紀後半ドイツに起こった, ゲーテ, シラーなどに代表される文学運動.

シュードラ [sudra サンスク] インドのカースト制の第4層. 雑役などに従事する最下位層. スードラとも.

シュナップス [Schnaps ドイ] アルコール度の高い蒸留酒の一つ.

ジュニア [junior] 年少者. 息子. 対シニア.

ジュニアカレッジ [junior college] 2年制大学, 短期大学.

ジュニア・ハイスクール [junior high school] 中学校.

ジュネス [jeunesse フラ] 青春時代. 若さ.

シュノーケル [Schnorchel ドイ]
①潜水艦が潜航中に使う吸・排気筒.
②潜水時に口にくわえる呼吸用のパイプ.
③消防用の排煙装置. 英語ではスノーケル(snorkel).

ジュピター [Jupiter]
①木星.
②ローマ神話の最高神. ユピテルの英語読み. ギリシャ神話ではゼウス.

ジュビリー [jubilee] 50年祭または25年祭. ジュービリーとも.

シューフィッター [shoe fitter] 足にぴったりの靴を選ぶ専門家.

ジュブナイル [juvenile]
①少年少女の, 未成年の.
②児童向きの図書.

シュプール [Spur ドイ] 形跡, 痕跡. 航跡. 特にスキーの跡.

シュプレヒコール [Sprechchor ドイ]
①デモや集会で, 一斉にスローガンを唱えること.
②合唱朗読劇.

シュペリオリティー ➡スーペリオリティー

ジュポン [jupon フラ] スカート用の下ばき. ペチコート.

シュミーズ [chemise フラ] 女性用の下着の一つ.

シュラスコ [churrasco ポルト] ブラジルの肉料理. 串刺しにして焼いた肉の塊を取り分けて食べる.

シュラフザック [Schlafsack ドイ] 登山用の寝袋. 略してシュラフ. 類スリーピングバッグ.

ジュラルミン [duralumin] アルミニウムに銅, マンガン, マグネシウムを加えた白色の軽合金.

シュリンク [shrink] 収縮, 縮み.

シュリンプ [shrimp] 小エビ.

シュール
❶ [sur-]「上の」,「超えた」という意味の接頭語.

② [sur 仏] 超現実的な.

ジュール [joule] エネルギーの単位. 1ジュールは, 1ニュートン(N)の力を加えて1m移動させる仕事量. 記号J.

シュールレアリスム [surréalisme 仏] 超現実主義. 第1次大戦後にフランスで起こった前衛芸術運動.

シューレ [Schule 独] 学校, 学派.

シュレッダー [shredder] 不用の文書を細断する装置.

ジューンブライド [June bride] 6月の花嫁. 西洋には, 婚姻の守護神ジュノー(Juno)の名が付いた6月に結婚すると幸せになるという言い伝えがある.

ショー [show] 見せ物. 展示会.

ショーアップ [show up 和] 番組や催し物を盛り上げること.

ジョイ [joy] 喜び, 喜びの種.

ジョイフルトレイン [Joyful Train 和] JRの趣向をこらした車両や列車. お座敷列車, サロンカー, 展望列車など.

ジョイント [joint]
①継ぎ目, 連結部. 関節.
②共同の, 合同の.
③俗に, マリファナタバコ.

ジョイントコンサート [joint concert] 合同演奏会.

ジョイントベンチャー [joint venture] 合弁事業, 共同企業体. 複数の企業が共同して大型建設工事などの事業に当たること. 略はJV.

ショーウインドー [show window] ガラス張りの陳列スペース.

ショウビズ ➠ ショービジネス

ジョーカー [joker]
①トランプの番外の札, 切り札, 鬼札, ばば.
②冗談を言う人.

ジョガー ➠ ジョッガー

ジョギング [jogging] 緩走行, 軽いランニング.

ジョギングハイ [jogging high] ➠ ランナーズハイ

ジョーク [joke] 冗談, しゃれ, いたずら.

ショーケース [showcase]
①陳列箱(棚).
②特別公開, 公演.

ショコラ [chocolat 仏] チョコレート.

ショースキャン [showscan] 通常の1秒間24こまではなく, 60こまの高速で撮影・映写する方式の映画.

ジョーゼット [georgette] ちりめん風に平織りした薄地の絹織物.

ショーツ [shorts] 半ズボン, ショートパンツ. また, 女性用の下ばき.

ジョッガー [jogger] ジョギングをする人. ジョガーとも.

ジョッキ [jug] 取っ手の付いたビール用の大型コップ.

ジョッキー [jockey]
①競馬の騎手.
② ➠ ディスクジョッキー

ショッキング [shocking] 衝撃的な. 驚くべき.

ショッキングピンク [shocking pink] 濃く鮮やかなピンク色.

ショック [shock] 衝撃, 驚き, 動揺.

ショックアブソーバー [shock absorber］緩衝器．衝撃や振動を吸収し安定を保つ装置．

ショット［shot］
①発砲，発射，銃声，砲声．
②映画などの撮影での一場面．
③テニス・バドミントンなどで，球を打つこと．

ショットガン［shotgun］
①散弾銃，猟銃．
②アメリカンフットボールの攻撃隊形の一つ．

ショットガンウエディング［shotgun wedding］妊娠したためにやむをえずする結婚．

ショットグラス［shot glass］ウイスキーなどをストレートで飲むための一口サイズのグラス．

ショットバー［shot bar 和］簡易バー，酒場．

ジョッパーズ［jodhpurs］乗馬ズボン．腰からひざまではゆったり，ひざ下は細くぴったりしたズボン．

ショッピング［shopping］買い物．

ショッピングバッグレディー［shoppingbag lady］買物袋に全財産を入れて持ち歩くホームレスの女性．

ショッピングモール［shopping mall］歩行者専用の商店街．モールは遊歩道のこと．

ショップ・インショップ［shop in shop 和］店の中の店．百貨店の中の専門店街など．インショップとも．

ショッププランナー［shop planner 和］商店の陳列・改装方法を助言する人．

ショート［short］
①短い，届かない，短縮した．対ロング．
②野球の遊撃手．
③ ➡ ショートサーキット❶

ショートカット
❶［short cut］女性の短い髪形．
❷［shortcut］近道．便法．ゴルフで，より短距離を進むこと．卓球で，球に逆回転を与えてネット側に落とすこと．

ショートケーキ［shortcake］スポンジケーキの台に生クリームや果実を添えた洋菓子．

ショートサーキット
❶［short circuit］漏電．短絡．ショートとも．
❷［short-circuit］省く．迂回する．

ショートショート［short-short］掌編小説．通常の短編よりさらに短い小説．

ショートステイ［short stay］短期滞在．留学生の一般家庭への滞在，要介護老人の福祉施設での短期保護など．対ロングステイ．

ショートストーリー［short story］短編小説．

ショートトラック［short-track］1周111.12mの短いリンクで順位を競うスピードスケート競技．

ショートニング［shortening］パンや菓子を作るのに用いるバター，ラードなどの油脂．

ショートパスタ［short pasta］マカロニやペンネなどの長さの短いパスタ．

ショートパンツ [short pants] 丈の短いズボン. 半ズボン. 短パン.

ショートホール [short hole 和] ゴルフで, 距離が短いパー3のホール.

ショーパブ [show pub 和] 歌や踊り, 出し物などのステージショーが楽しめる酒場.

ショービジネス [show business] 演劇, 映画, 芸能などの人を楽しませる仕事, 商売. ショウビズとも.

ショービニスム [chauvinisme 仏] 極端な愛国, 国粋主義.

ジョブ [job]
①仕事, 手間賃仕事, 役目.
②電算処理の作業単位.

ジョブエンラージメント [job enlargement] 職務の拡大. 労働意欲の低下を防ぐため責任などを拡大すること.

ジョブカフェ [Job Café 和] 都道府県が学生や若年失業者などを対象に実施する雇用支援事業.

ジョブクリエーション [job creation] 雇用創出. 新しい仕事の機会を生み出すこと.

ジョブディスクリプション [job description] 職務内容の説明, 明細.

ジョブホッピング [job-hopping] 仕事を次々と変えること.

ジョブローテーション [job rotation] 配置転換. 人材育成を目的として, 一定期間ごとに従業員の配置替えをすること.

ショベル ⇒シャベル

ショーボート [showboat] 演芸遊覧船. 19世紀のアメリカで河川を巡業し, 船内でショーを見せた蒸気船.

ショーマン [showman] 芸人, 興行師. 派手な振る舞いをする人.

ショーマンシップ [showmanship] 芸人気質, 芸人根性.

ショール [shawl] 女性用の肩掛け.

ショルダー [shoulder] 肩. 衣服の肩の部分.

ショルダーパッド [shoulder pad]
①肩の線を出すために洋服の裏に付ける詰め物, 肩当.
②アメリカンフットボールの選手が肩に付ける保護具.

ショールーム [showroom] 商品の陳列・展示室.

ショーロ [choro ポルト] ブラジルの古典的な音楽の一つ. フルートやカバキーニョ(小型のギター)が旋律を奏でる.

ジョンブル [John Bull] イギリス人の代名詞. 典型的英国人.

シーラカンス [coelacanth]
①中生代に絶滅したと思われていた総鰭(そうき)類の魚.「生きた化石」の一つ.
②古くさい人, 時代遅れの人.

シラバス [syllabus] 講義の摘要, 大要. 授業計画.

シラブル [syllable] 音節. 音声の単位.

シリアス [serious] まじめな, 深刻な, 重大な.

シリアル [cereals] 穀類, 穀物, 朝食用のオートミール, コーンフレー

クなどの穀物食品.

シリアルナンバー [serial number] 通し番号, 製造番号.

シリウス [Sirius] おおいぬ座のアルファ星, 青星(あおぼし).

シリカゲル [Silikagel ド] ゲル(ゼリー)状の無水ケイ酸. 乾燥剤などに用いる.

シリコン [silicon] ケイ素. 非金属元素の一つ. 半導体の材料.

シリコーン [silicone] ケイ素樹脂. 耐熱, 耐酸性に優れ, 絶縁剤や防水加工に利用される.

シリコンアイランド [Silicon Island 和] 半導体工場が集中するところ. 九州を指す. アメリカのシリコンバレーにならった呼び名.

シリコンアレー [Silicon Alley] 米国ニューヨークにある, 半導体やインターネット関連のベンチャー企業が集まる通りの別名.

シリコンウエハー [silicon wafer] ➡ウエハー

シリコンチップ [silicon chip] シリコンの単結晶板を使った半導体素子, 集積回路.

シリコンバレー [Silicon Valley] 米カリフォルニア州にある半導体産業が集中する地区の通称. シリコンを原料とすることから.

シリーズ [series]
①一続きのもの, 連続, 連載読み物, 連続ドラマ, 一定期間に連続して行われる試合.
②電気用語で直列.

シリング [Schilling ド] オーストリアの旧通貨単位. 2002年ユーロに移行.

シーリング [ceiling]
①天井.
②限界点, 限界価格, 最高限度額.

シーリングプライス [ceiling price] 天井価格, 最高価格. 対 フロアプライス.

シーリングライト [ceiling light] 天井に取り付ける電灯.

シリンダー [cylinder] 円筒, 円柱, 円筒型容器, 内燃機関の気筒.

シール [seal]
①紋章, 封印, 印章.
②装飾用の, のり付きの紙.
③アザラシ.

シルエッター [silhouetter] 自動採寸撮影装置. 体形を正面と側面から撮影する装置.

シルエット [silhouette フラ] 影絵, 輪郭だけの絵, 画像.

シルキー [silky] 絹に似た, 絹のような.

シルク [silk] 絹. 絹織物. 絹糸.

シルクスクリーン [silkscreen] 孔版捺染(なっせん)法の一つ. 絹などの布を使った印刷方法.

シルクパウダー [silk powder] 絹のくず糸を粉状にした食品原料.

シルクハット [silk hat] 男性の正装帽. 円筒形で頭頂部が平らな帽子.

シルクロード [Silk Road] 絹の道. 中央アジアを横断して中国と西方をつないだ古代の交易路.

ジルコニア [zirconia] 酸化ジルコ

ニウム（ZrO_2）．融点が高く腐食にも強い．

ジルコン［Zirkon ドイ］ジルコニウムを含む鉱石．さまざまな色があり，美しいものは宝石となる．

シールド［shield］
①盾，保護物．
②シールド工法．鋼鉄製の円筒で作業員を保護しながらトンネルを掘る工法．

シルバー［silver］
①銀，銀色，銀製品，銀の食器．
②和製用法で，高齢者の．老人向けの．

ジルバ［jitterbug］テンポの速いジャズダンスの一つ．ジタバグがなまったもの．

シルバーウイーク［silver week 和］11月3日の文化の日を中心にした連休の続く週．ゴールデンウイークに対応させた造語．

シルバーウエディング［silver wedding］銀婚式．結婚の25周年記念日．

シルバーエージ［silver age 和］高齢者．高年齢層．

シルバーシート［silver seat 和］老人や体の不自由な人のための優先席．

シルバードライバー［silver driver 和］高齢の運転者．65歳以上のドライバーを指す．

シルバーハラスメント［silver harassment 和］老人虐待．

シルバーパワー［silver power 和］➡ グレーパワー

シルバーボランティア［silver volunteer 和］身につけた技術を生かして発展途上国でのボランティア活動に参加する高齢者．

シルバーホン［silver phone 和］音量が大きい老人用の電話．

シルバーメタリック［silver metallic 和］金属質の光沢がある銀色．

シルム［씨름 韓］韓国相撲．サッパという回しを足腰にかけ，組み合った状態から始める．

ジレ［gilet フラ］袖なしの胴着．チョッキやベストなど．

シーレーン［sea lane］海上交通路，通商航路，航路帯．

ジレンマ［dilemma］板ばさみ，窮地，進退が窮まった状態．➡ トリレンマ．

シロッコ［sirocco］地中海沿岸に吹くサハラ砂漠の砂を含んだ熱風．

シロップ［syrup］
①砂糖液．糖蜜とう．
②甘味を付けた薬液．

シーロメーター［ceilometer］雲高計．雲底測定器．

シーン［scene］場面，現場，景色，演劇でいう「場」．

ジン［gin］ネズの実で芳香を加えた強い蒸留酒．

ジーン［gene］遺伝子．ゲンとも．

シンカー［sinker］野球の投手が投げる変化球の一つ．打者の手前で沈む．

シンガー［singer］歌手．声楽家．

シンガー・ソングライター［singer-songwriter］歌手兼作詩・作曲

家.

シンク [sink] 台所の流し. 洗面台.

ジンクス [jinx] 縁起のよい, または悪い物事. 本来は悪いことのみをいう.

シングソング [singsong] 合唱会.

シンクタンク [think tank] 頭脳集団, 政策研究機関. 多分野の専門家を集めて調査・研究をする組織.

シングル [single]
① 一つの, 独身の.
② シングルルーム. ホテルの1人用客室.
③ CDやレコードのシングル盤. 1～2曲のみ収録されたもの.
④ ➡ シングルプレーヤー

ジングル [jingle]
① 調子のいい響き, 同音の繰り返し.
② 社名や商品名を調子よく読み込んだコマーシャル.

シングルイシュー・ポリティクス [single issue politics] 争点を一つに絞った政治運動.

シングルカット [single cut 和] CDやレコードのアルバムから1曲を選び, シングル盤で発売すること.

シングルトラック・レース [single track race] スピードスケートで, 400mトラックを数人の選手が一斉にスタートする競技.

シングルファーザー [single father] 父子家庭の父親.

シングルプレーヤー [single player] ゴルフで, ハンディキャップが1桁のプレーヤーのこと. シングルとも.

シングルマーケット [single market 和] 裕福な単身者を対象とする市場.

シングルマザー [single mother] 未婚の母親, 母子家庭の母親.

シングルライフ [single life] 一人暮らし, 独身生活.

シンクレチズム [syncretism] 哲学, 宗教用語で混合主義. 異なる思想や教説の融合.

シンクロ [synchro 和]
① カメラのシャッターとストロボの同調装置.
② ➡ シンクロナイズ

シンクロトロン [synchrotron] 環状の荷電粒子加速装置. 電子を光速度に近い速さで円運動させる.

シンクロナイザー [synchronizer] 映画・テレビの編集用機材の一つ. 別々に撮った場面と音声の同期装置.

シンクロナイズ [synchronize] 映像と音声, 回転などを同調させること. 略してシンクロ.

シンクロナイズドスイミング [synchronized swimming] 音楽に合わせて泳ぐ水中演技競技.

シンクロナイズドダイビング [synchronized diving] 水泳の飛び込み競技の一種目. 2人が同時に飛び込み演技を行う.

シンクロニシティー [synchronicity] 同時発生, 同時性. 共時性.

シンクロニズム [synchronism]
① 同時発生, 同時性.

②映像と音の同調.
③歴史的事件・人物の年代別配列, 対照歴史年表.
シンコペーション［syncopation］音楽で切分法, 切分音. アクセントの位置をずらし, リズムに変化を与える方法.
シンジケート［syndicate］
①企業連合, カルテル.
②債券引き受け団体, 銀行団.
③組織暴力.
シンジケートローン［syndicated loan］複数の金融機関がシンジケート団を組織し, 同一の契約書により協調融資を行うこと.
ジンジャー［ginger］ショウガ.
ジンジャーエール［ginger ale］ショウガ風味の清涼飲料水.
ジーンズ［jeans］細綾織りの丈夫な綿布, デニムで作った衣服. ブルーデニムとも.
シンセ ⟹ シンセサイザー
シンセサイザー［synthesizer］さまざまな音色を合成する電子楽器. 略してシンセ.
シンチレーションカウンター［scintillation counter］放射線測定器の一つ. 放射線が蛍光体に当たって発光する現象を利用する.
ジンテーゼ［Synthese 独］弁証法でいう統合. 相反する概念（テーゼとアンチテーゼ）をより高次の概念に統合すること.
シンデレラ［Cinderella］幸運な人, 突然有名になった人. 童話の主人公から.

シンデレラコンプレックス［Cinderella complex］シンデレラ願望. 女性が, いつかは素晴らしい男性が現れると夢見ること.
シンドローム［syndrome］医学用語で症候群. 同時に発生する一連の症状を表す呼び方.
シンナー［thinner］塗料用の有機溶剤, うすめ液.
シンパ ⟹ シンパサイザー
シンパサイザー［sympathizer］支持者, 共鳴者. 特に左翼政党の同調者. 略してシンパ.
シンパシー［sympathy］同情, 共感. 対アンティパシー.
シンパセティック［sympathetic］同情的な, 思いやりのある.
シンバル［cymbals］金属の円盤2枚を打ち合わせる打楽器.
ジーンバンク［gene bank］遺伝子銀行.
シンビオシス［symbiosis］共生, 共同生活, 協力.
ジンフィズ［gin fizz］ジンにレモンを加え, 炭酸水で割ったカクテル.
シンフォニー［symphony］交響曲.
シンプル［simple］単純な. 簡単な. 単一の.
シンプルライフ［simple life］簡素な生活, 質素な生活.
シンポジウム［symposium］特定のテーマについての討論会. まず専門家が意見を述べ, それから聴衆の質問に答える形式をとる.
シンポジスト［symposiast］シンポジウム参加者. 正しくはシンポジア

シンボライズ [symbolize] 象徴する.

シンボリズム [symbolism] 象徴的な意味. 象徴主義, 象徴派.

シンボリック [symbolic] 象徴的な, 象徴主義的な.

シンボル [symbol] 象徴, 記号, 符号.

ジーンマニピュレーション [gene manipulation] 遺伝子操作.

シンメトリー [symmetry] 左右対称, 均整.

ス

スイカ [Suica: Super Urban Intelligent Card] 定期券などに集積回路を組み込み, 改札機に通さなくてもすむようにしたJR東日本のカード.

スイサイド [suicide] 自殺.

スーイズム [sueism] 訴訟主義. どんなことでも裁判で争おうとする風潮.

スイーツ [sweets] 甘いもの, 菓子.

スイッチ [switch]
① 回路の開閉や切り替えをする装置.
② 切り替えること. 入れ替わること.
③ 野球で, 投手の交代や打席を変えること.

スイッチOTCオーティーシー [switch over-the-counter] 医療用医薬品から転換(スイッチ)された一般用医薬品. ▶ダイレクトOTC.

スイッチバック [switchback] 急斜面をジグザグ形に前進, 後退しながら上り下りする方式の道路や鉄道.

スイッチヒッター [switch-hitter] 野球で, 左右どちらの打席でも打てる打者.

スイッチボード [switchboard] 配電盤. 分電盤. 交換機.

スイーティー [sweetie] グレープフルーツとブンタン(文旦)を交配した柑橘(かんきつ)類. スウィーティー, オロブランコとも.

スイート
❶ [sweet] 甘い. おいしい. 楽しい.
❷ [suite]
① 一続き, ひとそろいのもの. 音楽で, 組曲.
② ホテルの続き部屋. スイートルーム.

スイートスポット [sweet spot] ゴルフのクラブ, テニスのラケット, 野球のバットなどの, 当たると球が最もよく飛ぶ部分.

スイートハート [sweetheart] 恋人, 愛人, かわいい人. 類 ダーリング.

スイートポテト [sweet potato] サツマイモ.

スイートホーム [sweet home] 楽しい家庭, 特に新婚家庭.

スイーパー [sweeper]
① 道路清掃用の自動車. 清掃員.
② サッカーで, ディフェンダーとキーパーの間を守る選手.

スイムスーツ［swimsuit］水着.
スインガー［swinger］
①流行の先端をいく人.
②夫婦交換をする人. 類スワッパー.
スイング［swing］
①振る,揺れる.
②野球・ゴルフなどでバットやクラブを振ること.
③ボクシングで横からの打撃.
④ジャズの形式の一つ.
⑤ぶらんこ.
スイングスリーブ［swing sleeve］袖ぐりが浅く,ゆったりとした袖.腕が自由にスイング(振る,揺らす)できることから.
スーイングソサエティー［suing society］訴訟社会.なんでもすぐ裁判に訴えようとする社会.
スイングドア［swing door］自在扉.前後どちらにも開く戸.
スイングバイ［swing-by］惑星の重力を利用して軌道を変える宇宙飛行方式.
スウィーティー ⇒スイーティー
スウィフト［swift］
①速い,敏速な.
②野球での速球.スウィフトボール(swift ball)の略.
スウェー ⇒スエー
スウェット ⇒スエット
スウェットシャツ ⇒スエットシャツ
スウェーデンリレー［Swedish relay］4人一組の選手が,それぞれ100m,200m,300m,400mずつ走るリレー競技.
スエー［sway］
①ゴルフやダンスなどで体がふらつくこと,揺れること.
② ⇒スエーイング
スエーイング［swaying］ボクシングで,上体を前後左右に動かして相手の打撃をよける技.スエーとも.
スエット［sweat］汗,発汗,つらい仕事.スウェットとも.
スエットシャツ［sweat shirt］丸首長袖の汗とり用スポーツウエア.スウェットシャツとも.
スエード［suède 仏］なめし革の一つ.子ヤギや子牛の皮の内側をけば立てたもの.
スカ［ska］ジャマイカ生まれの音楽.レゲエの前身.
スカイアート［sky art］空を舞台に使う空間芸術.
スカイウオーク［skywalk］二つの建物を空中でつなぐ歩行者用通路.
スカイグレー［sky gray］青みがかった灰色.薄灰色.
スカイジャック［skyjack］ ⇒ハイジャック
スカイスクレーパー［skyscraper］摩天楼,超高層ビル.
スカイダイビング［skydiving］パラシュートを使う空のスポーツ.目標地点への降下の近さや降下姿勢の美しさを競う.
スカイパーキング［sky parking 和］立体駐車場.高層大型駐車場.

スカイブルー [sky blue] 空色.

スカイメイト [skymate 和] 日本の航空会社が行っている青少年対象の運賃割引制度.

スカイメッセージ [sky message] 飛行機で空に文字を描く広告.

スカイライン [skyline]
①空を背景にした山や高層建築物などの風景.
②和製用法で, 山岳地の自動車道路.

スカイラウンジ [sky lounge] 高層ビルの上層にある展望レストラン.

スカイラーク [skylark] ひばり.

スカイレジャー [sky leisure] スカイダイビング, ハンググライダー, パラグライダーなど, 空で楽しむスポーツやレジャー.

スカウト [scout]
①斥候(せっこう), 偵察.
②新人発掘. 有能な人材を探したり引き抜いたりすること. またはその担当者.

スカッシュ [squash]
①果汁と炭酸水を混ぜた清涼飲料.
②2人の競技者が四面を壁で囲まれたコートでボールを打ち合う競技.

スカッド [Scud] 旧ソ連が開発した戦域弾道ミサイル.

スカート [skirt]
①腰から下に着ける婦人服.
②列車の先頭車両の先端にある障害物よけ.

スカトロジー [scatology] 糞便(ふんべん)学, 糞尿嗜好(しこう). わいせつ文学趣味.

スカラー [scalar] 方向を持たず大きさだけで表される量のこと. 時間, 温度など. 対ベクトル.

スカラーシップ [scholarship] 奨学金, 奨学金を受ける資格.

スカラベ [scarabée 仏] コガネムシ. 古代エジプトで神聖視され, それを形どった宝石や陶器が珍重された.

スカラムーシュ [Scaramouche 仏] 道化役者.

スカルプ [scalp] 頭皮.

スカルプチャー [sculpture]
①彫刻.
②人工爪, 付け爪.

スカーレット [scarlet] 深紅色, 緋色(ひいろ).

スキークロス [skicross] 急角度の斜面やジャンプセクションのあるコースを滑り, 順位を競うスキー競技.

スキゾ [schizo]
①自己中心的で被害妄想を抱きやすい人間. シゾイド人間とも. 対パラノ.
② ⇒ スキゾフレニア

スキゾフレニア [schizophrenia] 統合失調症. スキゾとも.

スキット [skit] 寸劇.

スキッド ⇒ SQUID

スキッパー [skipper] 船長, 機長, スポーツチームの主将.

スキップ [skip]
①ぴょんぴょん飛ぶこと. 片足ずつ交互に軽く跳ねながら歩くこと.

②拾い読むこと, 抜かすこと.

スキーデポ [ski depot] 冬の登山で, それ以上はスキーを付けたままでは登れないため, スキーを置いておく場所.

スキミング [skimming]
①ざっと読むこと, 速読.
②ごまかし, 所得隠し.
③他人のキャッシュカードなどの情報を不正に読み出し, 偽造カードを作成する犯罪.

スキーム [scheme] 公的な計画, 計略, 陰謀.

スキムミルク [skim milk] 脱脂乳. 脱脂粉乳.

スキャット [scat] ジャズなどで, 歌詞の代わりに意味のないことばを連続して歌うこと. またはその歌.

スキャナー [scanner] 写真などの画像を走査してコンピューターに取り込む装置.

スキャン [scan] 細かく調べる, 精査する, 走査する.

スキャンダラス [scandalous] 恥ずべき. 中傷的な.

スキャンダル [scandal] 醜聞, 疑獄, 汚職.

スキャンティー [scanties] 女性用のごく短いパンティー.

スキューバ [scuba] 潜水用水中呼吸器. 高圧空気のボンベと圧力自動調節弁付きの送気管から成る. self-contained underwater breathing apparatus (独立水中呼吸装置) の略.

スキラ判 [Skira Edition] 書籍の判型の一つ. 約18×16.5cmの変形判.

スキル [skill] 技能, 巧妙, 熟練.

スキルドワーカー [skilled worker] 熟練工.

スキン [skin] 肌, 皮膚. 皮革. コンドーム.

スキンケア [skin care] 肌の手入れ, 肌を保護する化粧品.

スキンシップ [skinship 和] 親子などの肌の触れ合いによって生まれるきずな.

スキンダイビング [skin diving] フィン (足ひれ) やシュノーケルを付けての潜水.

スキンバンク [skin bank 和] 皮膚銀行. 死体の皮膚を保存し, やけどの治療などに提供する団体.

スキンヘッド [skinhead]
①はげ頭, 丸坊主.
②イギリスや旧西ドイツに登場した, 短髪で暴力的な若者集団.

スキンマガジン [skin magazine] わいせつな雑誌, ポルノ雑誌.

スクアラン ➡ スクワラン

スクイーザー [squeezer] 果汁の絞り器.

スクイズ [squeeze]
①野球で, 三塁走者を生還させるために行われる犠打バント.
② ➡ スクイーズ

スクイーズ [squeeze] 絞る, 押しつぶす, 圧迫する. スクイズとも.

スクエア [square]
①正方形, 四角形.
②広場.

③平方, 二乗.
④まじめ人間.

スクーター [scooter]
①小型自動二輪車.
②片足を乗せ, 片足で地面を蹴って走る車輪付き遊具.

スクーナー [schooner] 縦帆式の帆船.

スクープ [scoop] 新聞・雑誌などで他社を出し抜くこと, 特ダネ.

スクラッチ [scratch]
①ゴルフなどで, ハンディをつけないで行う試合.
②自転車レースで, ゴール前の一定距離の速度を競う競技.
③ひっかく音, レコードの雑音.

スクラップ [scrap]
①新聞や雑誌の切り抜き, 抜粋.
②くず鉄, 金属くず.

スクラップ・アンド・ビルド [scrap and build]
①古い建物や組織の解体や廃棄と建設を同時に行うこと.
②行政機関での, 組織の新設には同数の既存組織を廃止するというルール.

スクラップブック [scrapbook] 切り抜きなどを貼るためのノート.

スクラブ [scrub] 毛穴の汚れを取り除く細かい粒子を加えた洗顔クリーム.

スクラム [scrum] ラグビーで両チームのフォワードが隊形を整えて組み合うこと. デモや座り込みで参加者が腕や肩を組み合うこと.

スクランブル [scramble]
①領空内に侵入してくる航空機に対する緊急発進.
②スクランブルエッグの略. いり卵.
③どの方向の歩行者も一斉に渡れる交差点.
④放送電波の周波数を変えて傍受できなくすること.

スクランブルレース [scramble race] 急坂やでこぼこ道でのオートバイレース.

スクリーニング [screening]
①ふるい分けすること, ふるいに掛けて選抜すること.
②通信教育の受講生などに対する適格審査.
③映画の試写.

スクリプター [scripter] 映画やテレビでの制作記録係.

スクリプチャー [Scripture] 聖書, 聖典, 経典.

スクリプト [script] 台本, 脚本. スクリプターが書いた記録.

スクリメージ [scrimmage] アメリカンフットボールで, 通常のプレー開始.

スクリュー [screw]
①ねじ, らせん.
②船の回転式推進器.

スクリュードライバー [screwdriver]
①カクテルの一つ. ウオツカにオレンジジュースを混ぜて作る.
②ねじ回し.

スクリーン [screen]
①ついたて, 目隠し.

②映写幕, 映画.
③写真製版用の網目.
④テレビやレーダーの映像面, 画面.

スクーリング [schooling] 通信教育で出席を義務付けられている登校授業.

スクリーンセーバー [screen saver] コンピューターで, 画面の焼きつきを防ぐためのソフトウエア.

スクリーンミュージック [screen music 和] 映画音楽. フィルムミュージックとも.

スクール [school] 学校. 授業. 学派.

スクールアイデンティティー [school identity 和] 学校がその特徴やイメージを印象付けるため, 制服やスクールカラーを個性的に統一すること. 略はSI.

スクールカウンセラー [school counselor] 学校に配置・派遣される臨床心理士などのカウンセラー.

スクール・ソーシャルワーカー [school social worker] 訪問教育相談員. 登校拒否や非行などの問題を抱える子供や家庭を訪問し, 相談にのる人.

スクールゾーン [school zone 和] 幼稚園や保育園, 小学校などの近隣区域.

スクールバス [school bus] 児童や生徒の通園・通学用バス.

スクレーパー [scraper]
①板や金属の面仕上げ用の工具, きさげ.
②土砂をすくい, 運搬する土木機械.

スクロール [scroll]
①巻き物.
②渦巻き型, 飾り書き.
③コンピューターの表示を1行ずつ動かすこと.

スクワット [squat] しゃがむ, うずくまる.

スクワラン [squalane] サメの肝油から抽出される不飽和炭化水素スクワレン(squalene)に水素を加えた油状物質. 化粧品などに利用される. スクアランとも.

スケジュール [schedule] 日程, 予定, 時間表, 時間割り.

スケッチ [sketch]
①写生画. 素描. 下絵.
②概略.

スケートボード [skateboard] ローラー付きの滑走板.

スケープゴータビリティー [scapegoatability] ➡ゴータビリティー

スケープゴート [scapegoat] 身代わり, 犠牲, 贖罪ᴸょくのヤギ. ヤギが人間の罪を背負うというユダヤ人の信仰から.

スケーリング [scaling] 歯石の除去.

スケール [scale]
①目盛り, 尺度, 物差し.
②規模, 程度, 大きさ.
③はかり, てんびん.
④音階.

スケールアップ [scale up] 拡大する. 増大する. 対スケールダウン.

スケールダウン [scale down] 削減する, 縮小する. 対スケールアップ.

スケルツォ [scherzo(伊)] 諧謔(かいぎゃく)曲. テンポが速い軽快な曲.

スケルトン [skeleton]
①骨格, 骸骨(がいこつ).
②家屋などの建造物の骨組み.
③そり競技の一つ.

スケルトン住宅 ➡ SI住宅

スケルトンブラシ [skeleton brush] 目の粗いヘアブラシ.

スケールメリット [scale merit] 規模の利益, 規模効果. 規模の拡大によって製品のコストが低下すること.

スコア [score]
①競技の得点, 得点表.
②音楽の総譜.

スコアブック [scorebook] 競技の詳細や試合経過を記録するノート.

スコアボード [scoreboard] 得点表示板.

スコアラー [scorer] 試合の記録係, プロ野球の公式記録員.

スコアリングポジション [scoring position] 野球で, 安打が出れば得点できる状況, 得点圏.

スコッチ [Scotch]
①スコットランド人, スコットランド語.
②スコットランド製のウイスキー. スコッチウイスキー(Scotch whiskey)の略.

スコッチエッグ [Scotch egg] ゆで卵をひき肉とパン粉で包んで揚げた料理.

スコットランドヤード [Scotland Yard] ロンドン警視庁の別称. 旧所在地の地名から.

スコップ [schop(蘭)] 土砂を掘ったりすくったりするためのスプーン状の道具.

スコート [skort] テニスの女性用ショートスカート.

スコープ [scope] 範囲. 余地. 見る機器.

スコール
1 [skål(ﾉﾙｳｪｰ)] 乾杯の掛け声.
2 [squall] 激しいにわか雨.

スコーン [scone] 小麦粉にバター, 牛乳などを混ぜて焼いた丸い菓子パン.

スコンク [skunk] 零敗. 1点もとれずに試合に敗れること.

ズーストック計画 [zoostock project] 動物園での種の保存計画.

スター
1 [star]
①星. 星形.
②人気者. 花形.
2 ➡ STAR

スターアライアンス [Star Alliance] 航空会社の世界的な提携関係の一つ.

スタイリスト [stylist]
①服飾デザイナー, 特に映画や写真の撮影時に, モデルの衣装, 髪形, 小道具などを選定, 指導する人.
②気取り屋, おしゃれな人.

スタイリッシュ [stylish] おしゃれな. 流行の.

スタイリング [styling] 工業製品などのデザイン処理. 髪形や衣服を流行に合わせて整えること.

スタイリングフォーム [styling foam] 泡状の整髪料.

スタイル [style]
①やり方, 流儀, 格好.
②服装などの型, デザイン.
③文章や演技の様式, 形式.

スタイルブック [stylebook] 流行の服装や様々なデザインを, 写真や図で紹介した本.

スターウオーズ [Star Wars]
①宇宙戦争.
②アメリカのSDI（戦略防衛構想）の別称.

スターウオッチング
■ [star watching] 趣味としての天体観測.
② [S__ W__] 環境省主催の星空観察会.

スタウト [stout] イギリス産の黒ビール. 酸味や苦味が強く, アルコール分も多い.

スターガイド [star guide] 星座図.

スタジアム [stadium] 運動競技場, 野球場.

スタジオ [studio]
①撮影所, 録音室, 放送室.
②画家・工芸家などの仕事部屋. 類アトリエ.

スタジオミュージシャン [studio musician] 専属ではなく, いろいろなミュージシャンのレコーディングに協力する演奏家.

スターシステム [star system] 映画などの, 人気俳優を中心に組み立てた制作方針.

スタジャン [stadium jumper 和] 運動選手が冷えを防ぐために競技場などで身に着けるジャンパー. スタジアムジャンパーの略.

スターズ・アンド・ストライプス [Stars and Stripes] 星条旗. アメリカ合衆国の国旗. スター（星）は現在の州の数, 赤白のストライプ（横線）は独立当初の州の数を示す.

スターター [starter]
①出発の合図係.
②エンジンの始動用電動機.

スターダスト [stardust] 星くず, 小星団.

スターダム [stardom] 人気俳優の座, 地位.

スターチ [starch] でんぷん, でんぷん食品.

スタッカート [staccato 伊] 断音奏法. 音を短く切って演奏すること.

スタック [stack] 積み重ね, 書架.

スタッグパーティー [stag party] 男性だけのパーティー. スタッグは雄鹿のこと. 対ヘンパーティー.

スタッドレスタイヤ [studless tire] びょうなしタイヤ. 雪道や凍結路用.

スタッフ
■ [staff]
①職員, 幹部, 幕僚, 参謀, 映画・演

劇の俳優以外の関係者.
②企業の企画・人事・調査部門.
2 [stuff]
①もの,材料,原料,資料.
②西洋料理で,詰め物.

スタッフロール [staff roll] ➡ エンドロール

スタディー [study]
①勉強,学問,研究.
②練習曲.
③書斎.

スタティスティックス [statistics] 統計,統計学,統計表.

スタティック [static]
①静的な,動きのない. 対ダイナミック.
②静電気の.

スタティックス [statics] 静力学. 対ダイナミックス.

スターティンググリッド [starting grid] 自動車レースのスタートで,出走車が並ぶコース上のます目.

スターティングブロック [starting block] 陸上競技の発走の際に使う足留め具.

スターティングメンバー [starting member 和] 試合開始時の出場選手. 先発メンバー. 略してスタメン.

スタート
1 [start] 出発.開始.
2 ➡ START

スタビライザー [stabilizer]
①飛行機や船舶の安定装置,水平安定板.
②火薬や顔料などの安定剤.

スタープレーヤー [star player] 花形選手. 人気選手.

スターマイン [star mine] 打ち上げ花火の一つ. 多数の花火を連続して打ち上げる.

スタミナ [stamina] 体力,持久力,耐久力.

スタミナドリンク [stamina drink 和] 体力や精力を強める清涼飲料.

スタメン ➡ スターティングメンバー

スターリニズム [Stalinism] スターリン主義. スターリン統治下のソ連の独裁政治体制をいう.

スターリング [sterling] イギリスの通貨ポンドの別称.

スターリングエンジン [Stirling engine] シリンダー内の気体を加熱または冷却し,その膨張,収縮から動力を得る外燃機関.

スターリングシルバー [sterling silver] 純銀. 銀含有率が92.5%以上のもの.

スターリングブロック [sterling bloc] 英国ポンドの通用地域. 類ポンドブロック.

スターレット [starlet] スターの卵,新進女優.

スタンガン [stun gun] 暴動鎮圧や護身用の高圧電流銃. スタンは「気絶させる」の意.

スタンス [stance] 構え,姿勢,立場. 野球やゴルフでボールを打つ構え.

スタンダップ・コメディー [stand-up comedy] 独演の漫談,漫才.

スタンダード [standard]

①基準.標準.標準的.
② ➡ スタンダードナンバー

スタンダードナンバー［standard number］時代を超えて愛好,演奏される軽音楽曲.スタンダードとも.

スタンディングオベーション［standing ovation］一斉に立ち上がってする拍手.万雷の拍手.

スタンディングスタート［standing start］陸上競技での,立った姿勢からのスタート. 対 クラウチングスタート.

スタント［stunt］
①妙技.あっといわせるような離れ技.
② ➡ スタントマン

スタンド［stand］
①物を載せる台.
②売り場,軽飲食店.ガソリンスタンドの意味で使うのは和製用法.
③競技場などの観覧席.
④立場,主張.

スタンドイン［stand-in］映画などで,代役,吹き替え,代演者.

スタントカー［stunt car］曲技用の自動車.

スタンドカラー［stand-up collar］立ち襟.詰め襟.

スタンドバー［stand bar 和］カウンター式の洋風居酒屋.

スタンドプレー［stand play 和］スポーツや演劇などで,派手な動作で注目を集めようとすること.英語ではグランドスタンドプレー（grandstand play）.

スタントマン［stunt man］映画などで,危険な役どころを俳優に代わってこなす人.スタントとも.

スタンドレスリング［stand wrestling］レスリングでの立ち技. 対 グラウンドレスリング.

スタンバイ
1［stand by］待機,準備する.
2［standby］予備,控え,代役,予備番組.

スタンプ［stamp］
①印章,刻印,郵便の消印.
②郵便切手,印紙.

スタンプラリー［stamp rally 和］一定の経路を巡って各所でスタンプを集める競技.

スチーマー［steamer］
①蒸気発生器.美顔や頭髪ケア,衣服のしわ取り用など.
②料理用の蒸し器.

スチーム［steam］
①水蒸気,蒸気.
②スチーム暖房.

スチームバス［steam bath］蒸し風呂.

スチューデントアパシー［student apathy］学生に特有の無気力,無関心状態.

スチューデントパワー［student power］学生の力,学生パワー.1960年代の大学紛争時代に生まれた言葉.

スチュワーデス［stewardess］旅客機などでサービスを担当する女性乗務員.男性はスチュワード（steward）. 類 キャビンアテンダン

ト, フライトアテンダント.

スチール
1 [steal] 盗む. 野球での盗塁.
2 [steel] 鋼鉄, 鋼鉄製品.
3 [still] 映画の場面を写した写真. 原意は「静止した」.

スチールカメラ [still camera] 静止画写真撮影用カメラ. 普通のカメラ. スチルカメラとも.

スチールギター [steel guitar] 鋼鉄製の弦を金属棒で押さえて演奏する楽器. ハワイアンギターとも.

スチールドラム [steel drum] ドラム缶を半分に切って作った楽器. カリブ海のトリニダードが発祥地.

スチールラジアルタイヤ [steel radial tire] 内部に鋼線を張り合わせてあるラジアルタイヤ.

スチレン [styrene] ベンゼンとエチレンから作る無色の液体. 合成樹脂, 塗料の原料. スチロールとも.

スチロール [Styrol^{ドイ}] ⇒ スチレン

スーツ [suit] 同じ布地で上下をそろえた洋服.

ズック [doek^{オラ}] 綿や麻の厚地の織物. それを用いた運動靴.

スーツケース [suitcase] 衣類などを入れる旅行用かばん.

スツール [stool] 背もたれのない腰掛け.

ステア
1 [steer] 船や車を操縦すること.
2 [stir] スプーンなどでかき混ぜること.

ステアリン [stearin] 油脂に含まれるステアリン酸を主体とする白色結晶. ろうそくなどの原料.

ステアリング [steering] 自動車の操舵装置. ハンドルの利き具合.

ステアリングホイール [steering wheel] 自動車のハンドル. 船の操舵輪.

ステイオンタブ缶 [stay-on-tab can] 開けた後も口金が缶本体から離れない仕組みの缶. SOT缶とも.

スティグマ [stigma]
①汚名, 烙印.
②十字架上のキリストの傷と同じ形状の傷あと. 聖痕.

スティック [stick] 棒, 棒状のもの, 棒状口紅, ホッケーやアイスホッケー用の打球用具.

スティミュラント [stimulant] 興奮剤, 刺激物. 酒, コーヒーなどの興奮性飲料.

ステイヤー [stayer] 競馬で, 長距離戦が得意な馬.

スティレット [stiletto] 婦人靴のかかとが細くとがったもの. スパイクヒールとも. ピンヒールは和製英語.

スティング [sting]
①刺すこと.
②だますこと, おとり捜査.

ステークス [stakes] 競馬で, 特別レースのこと.

ステークホールダー [stakeholder] 利害関係者.

ステージ [stage]
①舞台, 演壇, 演劇.
②段階, 程度.

ステージマネジャー［stage manager］舞台主任. 略してステマネ.

ステージママ［stage mamma 和］芸能界に入った子供のマネジャー役を務める母親.

ステーショナリー［stationery］文房具.

ステーション［station］
①駅. 発着所.
②警察署. 消防署. 放送局.

ステーションコール［station call 和］国際電話での番号通話方式. 指名通話（パーソナルコール）よりも料金が安い. 英語では station-to-station call.

ステーションブレーク［station break］放送で, 番組と番組の間の短いお知らせの時間. 略してステブレ.

ステーションワゴン［station wagon］貨物兼用乗用車. 後部ドアから荷物を積み下ろしできる乗用車. エステートカーとも.

ステージレース［stage race］自転車競技で, 複数日をかけて行われるロードレース. ツール・ド・フランスなど.

ステージング［staging］脚色, 演出.

ステータス［status］社会的な地位, 身分.

ステータスシンボル［status symbol］社会的な地位の象徴.

ステッカー［sticker］のり付きの貼り札.

ステッチ［stitch］縫い目, 縫い方, 刺繡（ししゅう）の刺し方.

ステップ

1［step］
①足取り, 歩調.
②踏み段, 階段.
③手段, 措置.
④登山で, 急斜面などに刻んで作る足場.

2［steppe］ロシアや中央アジアに分布する大草原地帯.

3 ➠ STEP

ステップアップ［step-up］段階的な上昇, 増加. 電圧を上げること.

ステップ・バイ・ステップ［step by step］一歩一歩, 着実に, 徐々に.

ステップファミリー［step family］子連れ同士の再婚などで構成される血縁のない家族. ブレンドファミリーとも.

ステーツマン［statesman］政治家らしい政治家, 指導的な政治家.

ステディー［steady］
①着実な, 安定した.
②決まった恋人. 特定の異性とだけ交際すること.

ステートメント［statement］声明, 声明文, 共同発表.

ステープラー［stapler］紙とじ機. ホチキスは商標.

ステープル［staple］
①ステープラー（ホチキス）の針. コの字型の留め金.
②中心的なもの.

ステープルファイバー［staple fiber］化学繊維を切断して作った短繊維. 略してスフ.

ステブレ ➡ ステーションブレーク
ステマネ ➡ ステージマネジャー
ステライト [Stellite] 高硬度合金の一つ．コバルト，クロム，タングステン，鉄の合金で切削工具などに使われる．商標．
ステラジアン [steradian] 立体角の単位．記号 sr．
ステレオ
　① [stereo-]「立体」の意味の接頭語．「ステレオ放送」など．
　② [stereo] レコード，テレビなどの立体音響再生方式．二つ以上のマイクで取った音を複数のスピーカーで再生し，音の広がりを感じさせる．対モノラル．
ステレオグラム [stereogram] 立体画．平面図形が立体的に浮かび上がってくる仕掛けの画．
ステレオスコープ [stereoscope] 立体鏡．ステレオカメラで撮影した写真を立体的に見るための装置．
ステレオタイプ [stereotype]
　①型にはまった表現，決まり文句，紋切り型．ステロタイプとも．
　②印刷の鉛版．ステロ版とも．
ステレオビジョン [stereovision] 立体映画．ステレオスコープの原理を応用した映画．
ステロイド [steroid] ステロイド核をもつ有機化合物の総称．天然に存在するほか，人工合成されるものも多い．
ステロイド剤 [steroid] 副腎皮質ホルモンの合成品．ホルモン剤，避妊薬などに使用される．
ステロタイプ ➡ ステレオタイプ①
ステロ版 ➡ ステレオタイプ②
ステンカラー [soutien collar 和] 折り立て襟．襟の前の部分が首に添って立っているもの．ステンはフランス語で「支柱」の意．
ステンシル [stencil]
　①型板．謄写版の原紙．ステンシルペーパーとも．
　②孔版．穴を開けた型を通してインクを刷り込む版画技法．
ステンドグラス [stained glass] 色ガラスの小片を鉛の枠でつなぎ合わせた絵模様のガラス細工．
ステンレススチール [stainless steel] さびない鋼．鋼にクロムやニッケルを加えたもの．耐蝕性に優れる．ステンレス，ステンレス鋼とも．
ストアブランド [store brand] ➡ プライベートブランド
ストイシズム
　① [Stoicism] ストア哲学．
　② [s—] 禁欲主義．克己主義．
ストイック [stoic] 禁欲的な．禁欲主義者．
ストーカー [stalker] しつこくつきまとう異常心理犯罪者．
ストッカー [stocker] 冷蔵・冷凍装置の付いた陳列棚，食品貯蔵庫．
ストッキング [stockings] 長靴下．
ストック [stock]
　①在庫品．
　②株式，公債．
　③貯え，資本・財貨などの蓄積量．対フロー．

④スープのもと.肉や骨の煮出し汁.
⑤アラセイトウ.アブラナ科の多年草.観賞用.

ストックオプション[stock option] 自社株購入権.決められた期間に一定価格で自社株式を購入できる権利.

ストックカー・レース[stock-car race] 市販車を改造した車によるレース.

ストックジャック[stockjack 和] 企業乗っ取りのための株の買い占め.株(stock)とハイジャック(highjack)の合成語.

ストックパイリング[stockpiling] 非常用の備蓄,蓄積,在庫.

ストックブローカー[stockbroker] 株式仲買人.シェアブローカーとも.

ストックヤード[stockyard] 家畜や資材などの一時保管所.

ストッパー[stopper]
①機械などの停止装置,安全装置,留め具,瓶などの栓.
②野球の救援投手,バレーボールなどで敵の攻撃を止める選手.

ストップモーション[stop motion] テレビや映画で,人物などの動きを一瞬止めて効果を出す演出法.

ストッページ[stoppage] 止まること.アイスホッケーでプレーの中止,終了.

ストパー ➡ ストレートパーマ

ストーパー[stoper] 削岩機.

ストーブリーグ[stove league] スポーツのシーズンオフに行われる選手の引き抜き合戦.冬にストーブを囲んで話題にすることから.

ストーマ[stoma] 人工肛門こうもん.

ストーム[storm]
①あらし,暴風(雨).
②突撃,乱入すること.和製用法では,特に旧制高校の学生が集団で騒いだことをいう.

スートラ[sutra サンスクリット] 仏教,ヒンドゥー教の経.教典.

スードラ ➡ シュードラ

ストライカー[striker] サッカーで,得点力が高い選手.

ストライキ[strike] 同盟罷業ひぎょう.労働者の争議行為,学生の同盟休校.

ストライク[strike]
①野球で,投球がストライクゾーンを通過すること.
②ボウリングで,1回の投球ですべてのピンを倒すこと.

ストライド[stride] 大またの歩幅.競技などで走る時の歩幅.野球で,バットを振る瞬間に打者が一歩踏み出すこと.

ストライプ[stripe] 筋,しま模様.

ストラクチャー[structure] 構造,構成,機構,組織,建造物.

ストラグル[struggle] 多大の努力を払うこと,苦闘すること.闘争.

ストラップ[strap] バッグや携帯電話,洋服などのつりひも.電車などのつり革.

ストラップレス[strapless] 肩つりひものない,支えのない.

ストラテジー [strategy] 戦略. 目的遂行のための手段や計画, 計略.

ストラテジスト [strategist] 戦略家, 資産運用の専門家.

ストーリー [story] 物語. 話. 話の筋. 言い伝え.

ストリーカー [streaker] ストリーキングをする人.

ストリキニーネ [strychnine 蘭] フジウツギ科の樹木マチンの種子から抽出される劇薬. 興奮剤や解毒剤にも用いられる.

ストリーキング [streaking] 全裸で街頭などを走り回ること.

ストリッパー [stripper]
①ストリップショーの踊り子.
②野菜などの皮むき器.

ストリップ [strip]
①服を脱いで裸になること.
②圧延された帯状の薄い鋼板.
③連続漫画. コミックストリップ(comic strip)の略.

ストリップミル [strip mill] 連続式圧延機. 鋼板を長い帯状に圧延する装置.

ストーリーテラー [storyteller] 話の面白さで読ませる作家, 話がうまい人.

ストリート [street] 通り. 街路. 類アベニュー.

ストリートガール [street girl] 売春婦.

ストリートチルドレン [street children] 路上生活児.

ストリートバスケット [street basketball] 一つのリングを交替で攻め合う公園などでのバスケットボール.

ストリートパフォーマンス [street performance] 広場や歩行者天国などでの大道芸.

ストリートファッション [street fashion] 街角の若者風俗.

ストリートファニチャー [street furniture] 街頭の家具. 歩行者のためのベンチや電話ボックス, 案内板などの総称.

ストリートマーケット [street market] 青空市場, のみの市. 類フリーマーケット.

ストリーマー [streamer]
①毛針の一つ. 小魚の形に似せたもの.
②吹き流し.

ストリーム [stream] 流れ, 小川, 潮流, 気流.

ストリンガー [stringer]
①非常勤の通信員, 特派員. フリーのカメラマン.
②テニスラケットや弦楽器などの弦張り師. ガットストリンガーとも.

ストリング [string]
①ひも, 弦, 弦楽器.
②ビリヤードの得点数.
③コンピューターの記憶装置内の記号列.

ストール
1 [stall] 航空機の失速.
2 [stole] 女性用の肩掛け.

ストレインド [strained]
①こした, 濾過した, 裏ごしした.
②張り切った, 緊張した.

ストレス [stress]
① 肉体的, 精神的な緊張や圧迫.
② 強勢. 強く発音すること.
③ 外力が加えられたため物体に生ずるひずみ, 応力.

ストレッサー [stressor] ストレス源. ストレスをもたらす因子.

ストレッチ [stretch]
① 競技場や競馬場の直線コース.
② 伸縮性のある布地の総称.
③ 緊張した筋肉をほぐすための柔軟体操.

ストレッチャー [stretcher]
① 担架, 担架車.
② 伸ばす装置, 伸張具.

ストレート [straight]
① 一直線の, まっすぐな, 率直な.
② 野球の直球.
③ ウイスキーなどで, 生(き)のままの. 水で割っていない.
④ ジャズで, 即興の入らない譜面通りの演奏.
⑤ ポーカーの役の一つ.
⑥ 異性愛者.

ストレートパーマ [straight permanent wave] 縮れた髪などを直毛にするパーマ. 略してストパー.

ストレートプレイ [straight play] 音楽なしの対話劇.

ストレプトマイシン [streptomycin] 抗生物質の一つ. 結核, 赤痢などの治療薬.

ストレングス [strength] 力, 強さ. 長所.

ストレンジャー [stranger] 見知らぬ人. その土地に不案内な人. 外国人, 異邦人.

ストローク [stroke]
① ゴルフやテニスで, ボールを打つこと.
② 水泳で腕のひとかき.
③ ボートのひとこぎ. コックス(舵手(だしゅ))の前に座るこぎ手.
④ ピストンなどの往復運動の距離, 行程.

ストロークプレー [stroke play] ゴルフで, 全ホールの合計打数で勝敗を決める試合形式. 対マッチプレー.

ストローハット [straw hat] 麦わら帽子.

ストロボ [strobe] 閃光(せんこう)放電を利用した, 高速撮影や暗い所での撮影用の照明装置.

ストロボスコープ [stroboscope] 回転速度や振動周期の測定・観測装置.

ストーンウオッシュ [stone wash] デニムや皮革を洗って, 着古した感じを出したもの.

ストーンクラブ [stone crab] 大きなはさみを持った大型のカニ. アメリカ南西部産.

ストーンサークル [stone circle] 環状列石. 巨大な自然石を円形に配置した先史時代の遺跡.

ストーンヘンジ [Stonehenge] イングランド南部のウィルトシャーにある先史時代の環状巨石柱群.

スナイパー [sniper] 狙撃手. ねらい撃ちをする人.

スナック [snack]

①軽食. ポテトチップなどの間食.
②➡スナックバー

スナックバー [snack bar] 和製用法で, 簡単な軽食も出す酒場. スナックとも.

スナップ [snap]
①押しホック. 凹凸一組のボタン.
②投球や打球の際, 手首のひねりをきかせること.
③手早く撮影すること.

スナップショット [snapshot] 被写体の自然な動作や表情を撮影した写真.

スニーカー [sneaker] ゴム底の運動靴.

スニークアウト [sneak out] 放送で, 音がゆっくり消えていくこと. スネークアウト. 対スニークイン.

スニークイン [sneak in] 放送で, 音がゆっくり大きくなること. スネークイン. 対スニークアウト.

スニークプレビュー [sneak preview] 覆面試写会. 映画の題名や内容などを知らせずに行う試写会.

スニップ ➡SNP

スヌーカー [snooker] ビリヤードに似たゲームで, 相手を妨害しながらポケットに玉を落として得点を競う. スヌーカープール(snooker pool)とも.

スヌーバー [Snuba] ダイビングの方法の一つ. 商標. ボート上のタンクからホースで空気を送ってもらいながら潜るシステム.

スネアドラム [snare drum] 響線付きの小太鼓. 類サイドドラム.

スネークアウト ➡スニークアウト
スネークイン ➡スニークイン
スネークヘッド [snakehead] 蛇頭. 海外への密航などを請け負う中国人ブローカー.

スノーガン [snow gun] 人工雪製造機.

スノーシューイング [snowshoeing] スノーシュー(洋風かんじき)をはいて, 雪野原や森をハイキングするスポーツ.

スノースクート [snowscoot] 自転車の下部にスノーボードを取り付けたような雪面滑降用具.

スノータイヤ [snow tire] 雪道用のタイヤ.

スノッブ [snob] 俗物, 気取り屋.

スノーバイク [snowbike] 自転車にスキーを取り付けたような雪面滑降用具.

スノビズム [snobbism] 俗物根性, 紳士気取り.

スノープラウ [snowplow] 除雪車. 除雪機.

スノーボート [snow boat] 舟型の雪ぞり. 雪山での遭難者救助や荷物の運搬に用いる.

スノーボード [snowboard] 1枚の板(ボード)に両足を固定し, ストックを使わずに雪の斜面を滑り降りるスポーツ.

スノーホワイト [snow-white] 純白. 雪のような白さ.

スノーモービル [snowmobile] 雪上車.

スパ [spa] 温泉, 温泉地.

スーパー
❶ [super-]「超」「極度の」という意味の接頭語.
❷ [super]
①外国映画の訳語字幕. 字幕スーパー(superimposition)の略.
②スーパーマーケット, スーパーストアの略.

スパイ [spy] 情報員. 情報を探り出すこと.

スパイウエア [spyware] コンピューターで, 個人情報を盗み取るために作られたソフトウエア.

スパイク [spike]
①くぎ, びょう, 犬くぎ.
②競技用の靴底に付ける滑り止めの金具. またはその金具で相手を傷つけること.
③底に滑り止めの金具を付けた靴. スパイクシューズの略.
④バレーボールで, ジャンプして球を相手のコートに打ち込むこと.

スパイクタイヤ [spike tire 和] 滑り止め用のびょうを付けたタイヤ.

スパイクヒール [spike heel] ➠ スティレット

スパイシー [spicy] 香辛料や薬味のきいた. ぴりっと辛い.

スパイス [spice] 香辛料, 薬味.

スパイダー [spider] 蜘蛛.

スパイラル [spiral]
①らせん, 渦巻き線.
②フィギュアスケートで, らせん形を描くような滑り方.

スパイロメーター [spirometer] 肺活量計.

スーパーインフェクター [super infector] ➠ スーパースプレッダー

スーパーウーマン [superwoman] ➠ スーパーレディー

スーパーエゴ [superego] 精神分析用語で, 超自我. 規範や道徳を自我に伝える中枢領域.

スーパーオキサイド [superoxide] 活性酸素. 酸化力が強く, 殺菌作用と細胞への障害の両面性がある.

スーパーカー [supercar] 高級, 高性能のスポーツカー.

スーパーカミオカンデ [Super-Kamiokande] 岐阜・神岡鉱山地下1000mにある東京大学宇宙線研究所の素粒子観測装置.

スパーク [spark] 火花. 火の粉. 電気火花.

スパークリング [sparkling]
①火花を散らす.
②発泡性の.

スパゲティウエスタン [Spaghetti Western] ➠ マカロニウエスタン

スーパーコンピューター [super computer] 超高速, 超大型のコンピューター.

スーパー301条 [Super 301 provision (of the Omnibus Trade Act)] アメリカの包括貿易法の条項で, 不公正な貿易慣行国に対しては強い制裁措置を発動できると規定したもの.

スーパーGT [Super GT] スポーツタイプの市販乗用車を改造した

車両で行われる自動車レース.

スパシーボ [spasibo ロシ]「ありがとう」.

スーパースター [superstar] 超大物スター.

スーパーステレオ [super stereo] 演奏会場で使えるような高性能の立体音響再生装置.

スーパーストア [superstore] 衣料・雑貨中心のセルフサービス式大型小売店. 略してスーパー.

スーパースプレッダー [super spreader] 他の人に特に感染症をうつしやすい人. 通常は10人以上の感染源となった人をいう. スーパーインフェクターとも.

スーパーセンター [supercenter] ディスカウントストアとスーパーマーケットの大複合店舗.

スーパーソニック [supersonic] 超音速の, 超音波の.

スーパーチェーン [super chain 和] 連鎖店形式のスーパーマーケット.

スーパーチャージャー [supercharger] 過給機. 混合気を強制的に送り込んでエンジン出力を高める装置.

スーパーチューズデー [Super Tuesday] アメリカ大統領予備選挙の日程で, 3月の第2火曜日のこと. 各州の予備選挙が集中し, 大勢が決する日.

スパッツ [spats]
①足首を覆う布や革製の脚半.
②足首までの長さのタイツ. タイツ型の女性用パンツ.

スーパー・テクノゾーン [Super Techno Zone 和] 創造的経済発展基盤地域. 広域産業基盤づくりを目指す経済産業省の構想. 略はSTZ.

スパート [spurt] 噴出する, ほとばしる, 全力をふりしぼる.

スパナ [spanner] ボルトやナットを締める工具. レンチとも.

スパニッシュ [Spanish] スペインの, スペイン人, スペイン語.

スーパーバイザー [supervisor] 監督者, 管理者.

スーパー・ハイデッカー [super high-decker 和] 床が高くなっている観光用バス.

スーパーボウル [Super Bowl] アメリカのプロ・アメリカンフットボールリーグの年間王座決定戦.

スーパーマーケット [supermarket] セルフサービス方式の大規模小売店. 略してスーパー.

スパームバンク [sperm bank] 人工授精用の精子銀行.

スパムメール [spam mail] 大量送信される迷惑Eメール.

スーパーモデル [supermodel] 世界的に有名なファッションモデル.

スーパーライス [super rice] 収量が多いコメの新品種.

スーパーリアリズム [superrealism] 超写実主義. 芸術の傾向の一つで精緻な写実が特徴. ハイパーリアリズムとも.

スパーリング [sparring] ボクシングで, 防具と大きなグローブを付けて行う実戦形式の練習.

スパルタ [Sparta] 古代ギリシャの都市国家の一つ. 徹底した軍事訓練や教育の厳しさで知られた.

スーパーレディー [super lady 和] 能力の優れた女性. スーパーウーマンとも.

スパン [span] 距離, 間隔.

スパンコール [spangle] 舞台衣装や夜会服などに付ける金属飾り. スパングルがなまったもの.

スピーカー [speaker]
①話し手, 発言者, 演説者.
②議会の議長.
③拡声器.

スピーチ [speech] 演説. 人前で話すこと.

スピーチクリニック [speech clinic] 言語矯正, 話し方教室.

スピーチセラピスト [speech therapist] 言語療法士.

スピット [spit]
①つば, 唾液(だえき).
②つばを吐くこと.

スピーディー [speedy] 素早い, きびきびした.

スピード [speed]
①速さ, 速度, 速力.
②覚せい剤の一つ.

スピードウエー [speedway] 自動車, オートバイの競技場.

スピードガン [speed gun] レーダーを利用する野球などの球速測定器. 類レーダーガン.

スピードスキー [speed skiing] スキー競技の一つ. 急斜面を滑降し, 100m区間で計測される速度を競う.

スピードスケート [speed skating] 1周400mのトラックで速さを競うスケート競技. ショートトラックに対して, ロングトラックともいう.

スピードリミッター [speed limiter] 大型トラックに取り付ける速度抑制装置.

スピネット [spinet] 小型のチェンバロ. 16〜18世紀のヨーロッパの家庭で愛好された楽器.

スピリチュアリズム [spiritualism]
①心霊術, 交霊術. 霊媒を介して死者の霊と交信すること.
②唯心論, 精神主義.

スピリチュアル [spiritual]
①精神的な, 超自然的な, 心霊術の.
②黒人霊歌. アメリカの黒人奴隷の間で生まれた宗教歌.

スピリッツ [spirits] アルコール分が強い蒸留酒. スピリットとも.

スピリット [spirit]
①魂, 霊魂.
②精神, 心意気.
③ ➡ スピリッツ

スピロヘータ [Spirochäte ドイ] 梅毒の病原菌.

スピン [spin]
①回転.
②自動車の後輪の横滑り.
③航空機のきりもみ降下.
④価格などの急落.

スピンアウト [spinout]
①飛び出す. 独立する.

②➡スピンオフ③
スピンオフ [spin-off]
①副産物, 波及効果.
②テレビ番組の続編.
③会社のある部門が独立して別の会社になること. スピンアウトとも.
④親会社が子会社の株を受け取り, 株主に分配すること.

スピンオフ・ムービー [spin-off movie] ヒット作品の脇役を主人公にした映画.

スピンターン [spin turn 和] 自動車をスピンさせて方向を変えるコーナーリング技術.

スフ ➡ステープルファイバー

スープ [soup] 西洋料理の汁物. 一般に, 澄んだものをコンソメ, 不透明で濃いものをポタージュという.

スフィンクス [Sphinx]
①古代エジプトの空想上の動物. 頭が人間で体がライオン. 王や神の守護のシンボル.
②ギリシャ神話で, 上半身が乙女で下半身がライオンの怪物. 通行人に難問を出し, 解けない者を殺したとされる.

スープストック [soup stock] 肉や野菜を煮出した汁. スープのもと.

スーブニール ➡スーベニア

スプライト [sprite] 小妖精.

スプラウト [sprouts] 発芽野菜. 豆や種子の新芽.

スプラッシュ [splash]
①派手に扱うこと.
②水しぶきを上げること.
③ロードショーにかけずに, いきなり一般の映画館で公開される映画.
④ボウリングで, すべてのピンが勢いよく飛び散るストライク.

スプラッタームービー [splatter movie] 血が飛び散るような残酷な場面が多い映画.

スプリット [split]
①裂けた, 割れた.
②ボウリングの1投目で, 2本以上のピンが離れて残ること.

スプリットタイム [split time] マラソンで, 5kmごとの所要走行時間. 類ラップタイム.

スプリングボード [springboard]
①陸上競技で跳躍用の踏み切り板. 水泳の飛び込み板.
②物事のきっかけ, はずみ.

スプリンクラー [sprinkler] 散水器, 自動散水消火装置.

スプリンター [sprinter] 短距離走者. 短距離競走馬.

スプリント [sprint]
①短距離競走, 全力疾走.
②自動車競技で, 1台または2台ずつでトラックを走り速度を競うもの. タイムトライアルとも.

スフレ [soufflé 仏] 泡立てた卵白に魚肉やホワイトソース, チーズなどを加え, 天火で焼いた料理や菓子.

スプレーガン [spray gun] 殺虫剤や塗料の吹き付け器.

スプレードライ [spray-dry] 食品を噴霧状態にして吹き付け乾燥する加工方式.

スプロール現象 [sprawl phenomenon] 大都市の住宅化が無秩序, 無計画に郊外に広がること.

スペア [spare]
① 予備の, 予備品.
② ボウリングで, 1投目で残したピンを2投目ですべて倒すこと.

スペアリブ [spareribs] 豚の骨付きバラ肉.

スペキュレーション [speculation]
① 投機, 思惑買い.
② 思案, 憶測.

スペキュレーター [speculator] 投機家, 相場師, 理論家, 空論家.

スペクタクル [spectacle] 光景, 見せ物, 壮観, 映画や劇の大がかりな装置.

スペクトル [spectre 仏]
① プリズムを通過した光が示す色の帯.
② 分解して得られた成分を順序立てて整理したもの.

スペシフィケーション [specifications] 仕様書, 明細, 内訳. 略してスペック.

スペシャリスト [specialist] 専門家, 専門技能者. ➡ゼネラリスト.

スペシャル [special] 特別の, 専門の, 独特の. 反ゼネラル.

スペシャルオリンピックス [Special Olympics] 知的障害者のスポーツプログラムを提供する国際組織. 略はSO.

スペシャルステージ [special stage] 自動車ラリーのコース内に設けられた速さを競う専用区間.

スペース [space] 空間, 間隔, 余白, 紙面, 宇宙.

スペースオペラ [space opera] SFの一分野で, 宇宙を舞台とした娯楽冒険活劇.

スペースクラフト [spacecraft] ➡スペースシップ

スペース・ケーブルネット [space cable network 和] 番組供給会社が有線テレビ局に通信衛星を利用して番組を送るシステム.

スペースコロニー [space colony] 宇宙島. 人類が宇宙に移住する場合に必要とされる巨大な人工衛星.

スペースシップ [spaceship] 宇宙船. スペースクラフトとも.

スペースシャトル [Space Shuttle] NASAが開発した有人宇宙往復船. 略してシャトル.

スペースステーション [space station] 宇宙基地. 宇宙飛行の中継基地となる大型人工衛星.

スペースデブリ [space debris] 宇宙のごみ. 人工衛星の破片など.

スペーストラベル [space travel] 宇宙旅行.

スペースファニチャー [space furniture]
① 家具を空間の演出に生かそうとするインテリアデザインの考え方.
② 隙間家具. 室内の空きスペースを埋めるための家具.

スペースファンタジー [space fantasy] 宇宙を舞台とした幻想的な物語. 略はSF.

スペースラブ [Spacelab] アメリカのスペースシャトルに設けられた宇宙実験室.

スペック [spec] ➡ スペシフィケーション

スーベニア [souvenir] 記念, 記念品, 思い出, 土産. スーブニール, スーベニールとも.

スーベニアシート [souvenir sheet] 記念切手シート.

スーベニール ➡ スーベニア

スペランカー [spelunker] 洞穴探検家.

スペランキング [spelunking] 洞穴探検. 類ケービング.

スーペリア [superior] 優秀な, 上位の. 対インフェリア.

スーペリオリティー [superiority] 優越, 優位. シュペリオリティーとも. 対インフェリオリティー.

スーペリオリティーコンプレックス [superiority complex] 優越感. 対インフェリオリティーコンプレックス.

スペル [spell] 西欧語をつづる. 正しく書く. スペリング(spelling)とも.

スペルアウト [spell out] 西欧語のつづりを略さずに書くこと. 物事を詳しく説明すること.

スペルチェッカー [spell checker] ワープロソフトなどで, 単語のつづりの誤りを調べる機能.

スペルマ [sperma ジテ] 精子. 精液.

スポイル [spoil] だめにする, 損なう, 子供を甘やかす.

スポイルズシステム [spoils system] 猟官制. 政権を獲得した政党が情実で官職をばらまくこと.

スポーク [spoke] 自転車などの車輪の外縁を支える放射状の細い棒.

スポークスマン [spokesman] 代弁者, 代表者, 政府や団体の広報担当者.

スポーツカー [sports car] 高速走行用に設計された自動車.

スポーツカイト [sports kite] 凧を操って技を競うスポーツ.

スポーツカフェ [sports café 和] ➡ スポーツバー

スポーツキャスター [sportscaster] スポーツニュース専門のキャスター.

スポーツターフ [sport turf] 競技場に敷くスポーツ用の天然芝.

スポーツチャンバラ [sports chanbara] チャンバラをスポーツ競技にしたもの. スポンジのような柔らかい用具を剣に用いる.

スポット [spot]
①点, 場所, 地点.
②大きめの水玉模様.
③スポットライトの略.
④テレビの短いコマーシャル.
⑤写真の修整技術の一つで, 印画の傷を墨で塗ること. スポッティングとも.
⑥汚点.

スポットアナウンス [spot announcement] 放送番組の途中に入る短いニュースやお知らせ.

スポット為替取引［spot foreign exchange transaction］直物(じきもの)為替取引. 直ちに対価の支払いと外貨の受け渡しが行われる外国為替取引.

スポットキャンペーン［spot campaign］特定の地域に限定した広告宣伝活動.

スポーツドクター［sports doctor 和］スポーツ医学の専門医師.

スポット原油［spot oil］長期契約ではなく当用買い(そのつど必要な分だけ購入する)の原油.

スポットコマーシャル［spot commercial］番組の合間に流す短い広告. スポット.

スポットチェック［spot check］無作為に抜き出して検査すること, 抜き取り検査.

スポットニュース［spot news］番組と番組の間に放送される短いニュース.

スポットライト［spotlight］
①特定の部分だけを照らす照明器具.
②世間の注目.

スポーツドリンク［sports drink］水分や栄養を吸収しやすいように, 体液に近い浸透圧にした清涼飲料水.

スポーツバー［sports bar］スポーツのテレビ中継などを楽しむことができる酒場. スポーツカフェとも.

スポーツハンティング［sport hunting］スポーツとしての狩猟.

スポーツプログラマー［sports programmer 和］適切なスポーツ活動を指導するアドバイザー.

スポーツマンシップ［sportsmanship］運動家精神. 堂々と勝敗を競う態度, 気構え.

スポーティー［sporty］活動的な, 軽快な.

スポンサー［sponsor］
①保証人, 発起人, 出資者, 後援者.
②商業放送の番組提供者, 広告主.

スポンサーシップ［sponsorship］後援者, 保証人になること.

スポンサードプログラム［sponsored program］商業放送で, 広告主が提供する番組. コマーシャルプログラム.

スポンジタイヤ［sponge tire］パンクを防ぐため気泡性のゴムを使った自転車用タイヤ.

スマッシュ［smash］
①テニスや卓球などで, 球を上からたたきつけるように打つ打法.
②ブランデーなどに氷とミント, 砂糖を加えたカクテル.

スマッシュヒット［smash hit］興行や出版などの大当たり. 大ヒット.

スマート［smart］
①行動などが手際よい, 無駄がない, 頭が切れる.
②服装などが気の利いた, 洗練された.
③体形などがほっそりした.

スマートカード［smart card］IC

を組み込んだプラスチックカード.

スマート爆弾 [smart bomb] 精密誘導爆弾.

スマートボール [smart ball 和] パチンコに似た遊技機. 傾斜した盤上の穴に球をはじいて入れる遊び.

ズーム [zoom] 被写体を拡大または縮小して写す撮影技法.

ズームアウト [zoom out] 被写体を急に縮小して写すこと. ズームバック(zoom back)とも. 対ズームイン.

ズームアップ [zoom up] ➡ズームイン

ズームイン [zoom in] 被写体を急に拡大して写すこと. ズームアップとも. 対ズームアウト.

スムージー [smoothie] 果物をミキサーにかけヨーグルトやアイスクリームと混ぜた飲み物.

スムーズ [smooth] 滑らかな, 円滑な, 流暢な.

スムース編み [smooth 和] 表裏ともにメリヤス編みのように見える両面編み. 表面が滑らかなことから.

スメロビジョン [smellovision] においの出る映画. セントビジョンとも.

スモーカー [smoker] 喫煙者, 喫煙家.

スモーガスボード [smörgåsbord スモーガスボード] 立食式で, 好きなものを取って食べる方式のスカンディナビア料理. 類バイキング.

スモーク [smoke]
①煙.
②煙でいぶす. 薫製にする.
③タバコを吸う.

スモークサーモン [smoked salmon] サケの薫製.

スモコロジー [smocology 和] 嫌煙運動. smoke(喫煙)と ecology(生態環境)の合成語.

スモッグ [smog] 煙霧. ばい煙やちりに水蒸気が凝結してできる霧. smoke(煙)と fog(霧)の合成語.

スモン [SMON: subacute myelo-optico-neuropathy] 亜急性脊髄視神経症. 下痢の治療薬であるキノホルムによる中毒症.

スラー [slur] 演奏記号の一つ.「切れ目なく滑らかに演奏せよ」.

スライサー [slicer] パンや肉を薄く切る道具.

スライス [slice]
①ハムやチーズ, パンなどを薄く切ること. またはその薄切りの一片.
②ゴルフやテニスで, 球筋が右(左打者ならば左)に曲がるように打ったボール.

スライディング [sliding] 滑ること, 野球の滑り込み.

スライディングシステム [sliding system] 物価の変動に応じて, 賃金などを上下させる制度. スライド制.

スライディングルーフ [sliding roof] 滑らせて開閉する方式の車の屋根.

スライド [slide]
①滑らせる. 滑る.
②数量の変化に応じて他の数量を

増減させる.
③映写用のポジフィルム.

スラックス [slacks] ズボン. 特に, 替えズボン.

スラッジ [sludge] へどろ, 汚泥. 下水や廃水にたまる泥状の沈殿物.

スラッシュ [slash]
①斜線.「／」.
②洋服などの切れ込み.

スラップスケート [slap skate] スピードスケート用の, かかとの刃の部分が靴から離れるスケート靴.

スラプスティックコメディー [slapstick comedy] どたばた喜劇.

スラム [slum] 貧民街.

スラムクリアランス [slum clearance] スラム地域の撤去と再開発.

スラローム [slalom] スキーやカヌーで, 定められた旗門を通過して速さを競う回転競技.

スラング [slang] 主に口語などで使用される俗語, 隠語, 仲間言葉.

スランプ [slump]
①一時的な不振, 不調.
②相場の暴落, 景気沈滞.
③コンクリートの軟度や流動性を示す指標.

スリーウエー・バッグ [three-way bag] 手提げ, 肩掛け, リュックの3通りの持ち方ができるかばん.

スリー・オン・スリー [Three on Three] 3人制のバスケットボール. コートは従来の半分で, ゴールは一つ.

スリークオーター [three-quarter]
①4分の3の.
②野球で, 上手投げと横手投げの中間の投法.
③ラグビーで, ハーフバックの後ろの4人のこと.

スリーシーズン・コート [three-season coat 和] 裏地が着脱自在で, 夏以外の季節を通して着られるコート.

スリーター [threeter 和] 三輪バイク.

スリッカー [slicker] しゃれた都会人, いかさま師.

スリット [slit] 切り口, 裂け目, 細い溝, 透き間.

スリットカメラ [slit camera] 競技の写真判定に使われるカメラ. スリット(透き間)の前を通過する被写体と等しい速度で逆方向にフィルムを動かし, 連続的に撮影する.

スリッピー [slippy] 滑りやすい.

スリップ [slip]
①滑ること, 車が横滑りすること.
②服の滑りをよくするための女性用下着.
③紙切れ, 伝票.

スリッポン・シューズ [slip-on shoes] ひも無しで簡単にはける靴.

スリーディー [3-D, three-dimensional] 3次元, 立体映画, 立体効果.

スリーデー・マーチ [three-day march] 設定されたコースを3日間歩き通すウオーキング大会.

スリーパー [sleeper]
①眠る人.
②寝間着, 寝袋, 寝具.
③鉄道の枕木.

スリーピース [three-piece] 三つ揃い. 三点セット.

スリーピングバッグ [sleeping bag] 寝袋. 類シュラフザック.

スリーピングボード [sleeping board 和] 積極的に活動しない委員会, 休眠委員会.

スリーブ [sleeve]
①洋服の袖, たもと.
②レコードのジャケット.

スリマー [slimmer 和] 女性用の腰まである肌着.

スリム [slim] 細い, ほっそりした, きゃしゃな.

スリムスカート [slim skirt] ひだのない, ほっそりしたスカート. タイトスカートの一つ.

スリラー [thriller] スリルや恐怖感を与える小説や映画.

スリリング [thrilling] はらはらさせる, ぞっとさせる.

スリル [thrill] ぞっとすること. ぞくぞくすること.

スリング [sling] つり包帯, つり革. 赤ん坊を抱くための子守帯.

スリングショット [slingshot]
①パチンコ. Y字形の棒にゴムを付け, 玉を飛ばす道具.
②自動車レースで, 後につけていた車が一気に先行車を追い抜く戦術.

スルタン ⇒ サルタン

スルファ剤 ⇒ サルファ剤

スレッジ [sledge] そり.

スレート [slate] 石板. 石板の瓦.

スレーブ [slave] 奴隷, 他人に従属する人. 従属装置.

スレンダー [slender] (体つきなどが)すらりとした, 細長い.

スロー [slow] 遅い. ゆっくりとした. 対クイック.

スロー・アンド・ステディー [slow and steady] ゆっくりと着実に.

スローイング [throwing]
①投げること.
②サッカーやラグビーで, サイドからボールを投げ入れる試合再開方法.

スローガン [slogan] 標語.

スロージン [sloe gin] ジンにリンボクの実で香りを付けた甘いリキュール.

ズロース [drawers] ゆったりとした女性用の下ばき.

スローダウン [slowdown] 減速, 怠業, 操業短縮. 類サボタージュ.

スロット [slot]
①溝, 細長い穴.
②自動販売機や公衆電話の硬貨を入れる穴, 郵便物の投入口, ネジの頭の溝穴.

スロットマシン [slot machine] 自動賭博機. コインを入れて絵の付いた円筒を回転させ, 止まった時の絵の組み合わせが一致すれば当たり.

スロットル [throttle] 絞り弁. 内燃機関などで燃料の吸入量を調節する弁.

スローテンポ [slow tempo 和] 音楽や動作の速さが遅いこと.

スロービデオ [slow video 和] ビデオの画面をゆっくりと再生する方式.

スローピング [sloping 和] 坂道や階段を上り下りする運動法.

スロープ [slope] 傾斜, 勾配, 斜面, 坂.

スローフード [slow food] ファストフードに対抗し, 伝統的な食文化や暮らしを見直そうとする食の活動.

スローペース [slow pace] 動作がゆっくりしていること.

スローモーション [slow motion] 高速度撮影したフィルムやビデオを普通速度で再生して, ゆっくりした動きにする技法. 対クイックモーション.

スワガーコート [swagger coat] 女性用の肩の張った, ゆったりしたコート. スワガーは「いばって歩く」という意味.

スワッパー [swapper] 夫婦交換をする人. 類スインガー.

スワット ➡ SWAT

スワップ [swap]
①交換, 取り換え, 夫婦交換.
②異なる通貨での債券や債務の交換.

スワップ取引 [swap transaction] 直物為替と先物為替の売買を同時に同額行うこと.

スワプション [swaption] スワップ(swap)取引とオプション(option)取引を組み合わせた金融商品.

スワール [swirl] 渦巻き. 巻き毛.

スンナ派 ➡ スンニ派

スンニ派 [Sunni アラ] イスラム教の2大宗派の一つで, 最大勢力をもつ.「預言者ムハンマド時代からの慣行を守る人」の意. スンナ派とも. ➡シーア派.

セ

セイント ➡ セント①

ゼウス [Zeus ギリ] ギリシャ神話の最高神. ローマ神話ではジュピター.

セオドライト [theodolite] 経緯儀. 天体観測などに使われる測定器械.

ゼオライト [zeolite] 沸石. 鉱石の一つ. 合成洗剤などに用いられる.

セオリー [theory] 学説, 理論, 主義, 意見.

セオロジー [theology] 神学.

セカム ➡ SECAM

セカンダリー [secondary] 第二の, 次の, 補助的な, 中級の.

セカンド [second]
①第二の, 2番目の.
②野球の二塁, 二塁手.
③自動車などの前進第2速のギア.
④時間・角度の単位. 秒. 時計の秒針.
⑤ボクシングの介添え人. ④⑤はセコンドとも.

セカンドオピニオン [second opinion] 第二の意見, 第二診断. 別の医師の意見を求めること.

セカンドキャリア [second career 和] 第二の仕事. サラリーマンの定年後や, プロスポーツ選手の引退後の職業.

セカンドスクール [second school 和] 夏休みなどに, 農村生活をさせながら行う体験型の授業.

セカンドハウス [second house] 別荘, 週末レジャー用の住宅.

セカンドバッグ [second bag 和] 小脇に抱える小さなバッグ.

セカンドハンド [secondhand] 中古, 古物. セコハンとも.

セカンドベスト [second best] 2番目にいい, 次善の.

セカンドライフ [second life 和] 第二の人生. 定年後の生活や人生.

セカンドラン [second run] 映画で, 封切館に次ぐ二番館での興行.

セキュリティー [security]
①安全, 防犯, 安全保障. 対インセキュリティー.
②担保, 証券.

セキュリティーチェック [security check] 空港や港湾で行われる身体検査や荷物検査.

セクササイズ [sexercise] 膣圧を高めるための体操. セックス(sex)とエクササイズ(exercise)の合成語.

セクシー [sexy] 性的魅力のある. 色っぽい.

セクシズム [sexism] 性差別, 女性蔑視.

セクシュアリティー [sexuality] 男女の性別, 性的特質. 性衝動.

セクシュアル [sexual] 性の, 性的な.

セクシュアルハラスメント [sexual harassment] 職場などでの性的いやがらせ. 略してセクハラ.

セクショナリズム [sectionalism] 縄張り根性, 派閥主義, 主導権争い. セクト主義とも.

セクション [section]
①部分, 区画, 部門.
②文章の段落, 節.
③断片, 断面, 切り口.
④新聞・雑誌などの欄.

セクスプロイテーション [sexploitation] 映画, 広告などで性を売り物にすること. sex(セックス)とexploitation(搾取)の合成語.

セクソロジー [sexology] 性科学. 性を生理学, 心理学の両面から研究する学問.

セクター [sector]
①分野, 方面, 領域.
②防衛区域.
③扇形.

セクト [sect] 分派, 宗派, 党派, 派閥.

セクハラ ➡ セクシュアルハラスメント

セグメンテーション [segmentation] 分割, 細分化. 特に, それぞれの市場の特性に適合したマーケティングを目指そうとする企業戦略. マーケットセグメンテーションとも.

セグメント [segment] 区分, 部分, 線分, 弧.

セクレタリー [secretary]
①秘書, 秘書官.
②アメリカの省の長官. イギリスの大臣.

セクレタリーデー [Secretary's Day] 秘書の日. 秘書に贈り物をする日. 4月最後の7日間そろった週の水曜日.

セコハン ➡ セカンドハンド

セコンド ➡ セカンド④⑤

セサミ [sesame] ゴマ, ゴマの実.

セザール賞 [César 仏] フランスの映画賞. アメリカのアカデミー賞に相当する.

セ氏 [Celsius] 摂氏. 温度の単位. 水の凝固点を0度, 沸点を100度とする. スウェーデンの天文学者セルシウスが考案. セ氏温度, セルシウス度とも. 記号℃. ➡ カ氏.

セシウム [cesium] アルカリ金属元素の一つ. 記号Cs.

セシボン [C'est si bon. 仏]「とてもすてき」.

セスナ [Cessna] アメリカの軽飛行機製造会社. また, 同社製の軽飛行機.

セゾン [saison 仏] 季節. 英語ではシーズン.

セーター [sweater] 毛糸などで編んだ上着.

ゼタ [zetta-] 単位用接頭語で10^{21}. 記号Z.

セダン [sedan] 最も一般的な4〜6人乗りの箱型乗用車. サルーンとも.

セックス [sex]
①性. 性別. ➡ ジェンダー.
②性交.

セックスアピール [sex appeal] 性的魅力.

セックスカウンセリング [sex counseling] 性に関する悩みの相談に応じ, 治療や指導をすること.

セックスセラピー [sex therapy] 性機能障害などの治療, 治療法.

セックスチェック [sex check] スポーツ競技会での女性選手の性別検査. フェミニティーテストとも.

セックスレスカップル [sexless couple] 性交渉や性的な触れ合いがない, あるいは持てない夫婦, 恋人たち.

ゼッケン [Zeichen 独] 競技選手や競走馬が付ける番号布.

セッション [session]
①会議, 会期, 期間.
②即興の合同演奏.

セッツインユース ➡ セットインユース

セッティング [setting] 据え付け, 道具立て, 背景, 境遇, 環境.

セット [set]
①一組. 一式.
②用意. 配置. 取り付け.
③大道具. 舞台装置.
④整髪.
⑤テニスやバレーの試合の構成単位.

セットアッパー [set-upper 和] 野球の中継ぎ投手. 英語ではセット

アップマン.

セットアップ

1 [setup] 組み合わせ, 一そろい, 一式.

2 [set up] 組み立てること. コンピューターにソフトウエアを組み込むこと. 類インストール.

セットアップマン [set-up man] ➡セットアッパー

セットインユース [set in use] テレビ受像機の全台数に対する, 実際に特定の番組にチャンネルを合わせている台数の割合. セッツインユースとも.

セットスクラム [set scrum] ラグビーで, 中央にボールを投げ入れられるようにスクラムを組むこと. スクラム.

セットバック [setback]
①逆転, 後退.
②建築物の上部を下部よりも後退させること. 建物を道路から後退させること.

セットローション [setting lotion] 整髪剤.

セップ ➡CEP

セツルメント [settlement]
①定住, 居住. 定住地, 入植地, 開拓地.
②貧困者のために診療所, 宿泊施設, 託児所などを設ける救済活動, またはその施設. 隣保事業のこともいう.
③清算, 解決.

セドナ [Sedna] 2003年に発見された太陽系で10番目の惑星候補.

セニョーラ [señora 茜] 既婚の女性に対する敬称. 対セニョール.

セニョリータ [señorita 茜] 未婚の女性に対する敬称.

セニョール [señor 茜] 男性に対する敬称. 対セニョーラ.

ゼネコン [general contractor] ゼネラルコントラクターの略. 土木工事から建築まで一切を請け負う総合建設業者.

ゼネスト [general strike] 総同盟罷業ひぎょう. 全国規模のスト. ゼネラルストライキの略.

ゼネラリスト [generalist] 多方面にわたる知識や能力を持つ人. 万能選手. 対スペシャリスト.

ゼネラル [general]
①将官, 将軍.
②一般の, 普通の. 対スペシャル.

ゼネラルスタッフ [general staff] 経営全般を補佐する幹部職員. 管理スタッフとも. 企画部, 調査室, 社長室などの部門がこれに当たる.

ゼネラル・マーチャンダイズ・ストア [general merchandise store] 総合小売業. 百貨店やディスカウントストアの総称. 略はGMS.

ゼネラルマネジャー [general manager] 総支配人, プロスポーツチームの監督. 略はGM.

ゼネレーター ➡ジェネレーター

セパタクロー [sepak takraw] 東南アジア発祥のスポーツ. ネットで仕切ったコート間で手を使わずにボールを蹴け り合う球技.

セパック ➡SEPAC

セパード ➡ シェパード

セパレーツ [separates]
①上下に分かれている婦人服,水着.
②和製用法で,自由に組み合わせられる道具,器具.

セパレート [separate]
①分ける,分離する.
②別個の,独立した.

セパレートコース [separate course] 陸上競技などで,選手の走路が決められているコース. 対オープンコース.

セピア [sepia] イカの墨を原料とした絵の具.黒褐色.

セービング [saving]
①救い,救助,節約,貯蓄.
②ゴールキーパーが身をていして敵のゴールを阻止すること.

セービンワクチン [Sabin vaccine] 小児まひ予防用の経口ワクチン.アメリカの微生物学者セービンが開発.

セーフ [safe] 安全な.無事な.

セーブ [save]
①節約する,貯える,抑制する.
②救う,助ける.
③コンピューターで,データをハードディスクなどに保存すること. 対ロード.
④ ➡ セーブポイント

セーフガード [safeguard]
①輸入の増加によって国内産業が重大な損害を受けた場合,緊急輸入制限を行う権利.
②保障措置,安全装置.

セーブ・ザ・チルドレン [Save the Children] 1919年にロンドンで設立された国際的な児童救援団体.

セーフセックス [safe sex] 性感染症を予防できる安全なセックス.

セーフティー [safety]
①安全,無事.
②アメリカンフットボールで,守備側の最後尾のポジション.
③ビリヤードで,相手が得点しにくい位置に手球を移動させること.
④銃の安全装置.

セーフティーカラー [safety color] 安全色.目立つ色.

セーフティーグッズマーク ➡ SGマーク

セーフティーゾーン [safety zone] 道路などの安全地帯.

セーフティーネット [safety net]
①安全網.
②金融機関の破綻(はたん)に対する預金者の保護.
③災害や事故,予期しない事態などに備える安全策.

セーフティーファースト [safety first] 安全第一.

セーフティーベルト [safety belt] ➡ シートベルト

セーフティーボックス [safety box 和] ホテルなどの貴重品保管金庫.

セーフティーロック [safety lock] 安全錠.安全装置.

ゼプト [zepto-] 単位用接頭語で 10^{-21}. 記号 z.

セーブポイント [save point] プロ野球で,リードを守り続けて勝利

に導いた救援投手に与えられる得点. セーブとも.

ゼブラ [zebra] シマウマ.

ゼブラストライプ [zebra stripe] シマウマのような棒じま模様.

ゼブラゾーン [zebra zone 和] 歩行者優先横断歩道. しま模様で表示されるところから.

セマンティックス [semantics] 意味論. 記号論.

セミ [semi-] 「半分」「半ば」「準」などの意味の接頭語.

ゼミ ➡ ゼミナール

セミオーダー [semi-order 和] 客の好みに合わせて選択肢を設け, その範囲内で注文できるようにした洋服の仕立て法. 類 イージーオーダー.

セミコロン [semicolon] 欧文の句読点.「;」. ピリオドよりは軽い句読点.

セミナー [seminar] ➡ ゼミナール

セミナリー [seminary] 神学校, 専門学校, 予備校.

ゼミナール [Seminar 独] 演習, 共同研究, 研究会. 予備校などの名称に用いられることもある. 略してゼミ. セミナーとも.

セミヌード [seminude] 半裸体の.

セミファイナル [semifinal] 準決勝戦. ボクシングでは, メーンイベントの前の試合.

セミフォーマル [semiformal] 略式の礼装.

セミプロ [semipro] 半玄人. 半職業的な選手や専門家. セミプロフェッショナル (semiprofessional) の略.

セミヨン [sémillon 仏] 甘口白ワイン用のブドウの品種名. ボルドー地方原産.

セーム革 [Sämischleder 独] 子鹿などのなめし革. シャモア, シャミとも.

セメスター [semester] 6カ月間, 1年2学期制での1学期.

セメンテーション [cementation]
①金属の硬度・耐食性を向上させる処理法の一つ.
②軟弱な地盤にセメントを注入して固めること.

セモリナ [semolina] デュラム小麦を原料にした小麦粉. スパゲティやパスタ用.

セラー [cellar] 地下室, 穴倉, 食糧や酒などの地下貯蔵庫.

セーラー [sailor]
①船乗り, 水兵.
②水兵帽. また和製用法で, 女子学生のセーラー服.

セラーズマーケット [sellers' market] 売り手市場. 対 バイヤーズマーケット.

セラチア菌 [Serratia marcescens] 腸内細菌の一つ. 免疫力の低下した人に感染すると腎炎や肺炎などを起こす.

ゼラチン [gelatin] たんぱく質の一つ. 動物の骨, 筋, 皮などを煮て得られる物質で, 冷やすとゼリー状になる. 食用, 医薬用.

セ・ラ・ビ [C'est la vie. 仏]「人生と

セラピー [therapy] 治療, 療法. 特に薬剤や手術などを用いない治療法.

セラピスト [therapist] 治療士, 療法士. 特に心身障害者の社会復帰を助ける専門家.

セラミック ➡ セラミックス

セラミックス [ceramics] 窯業製品. 陶磁器, ガラス, セメント, フェライトなどの総称. セラミックとも.

ゼリー [jelly] 肉汁や果汁をゼラチンや寒天で固めたもの. ジェリーとも.

ゼリアトリックス [geriatrics] 老人病学.

セリエAア− [Serie A 伊] イタリアのプロサッカー1部リーグ.

セ・リーグ ➡ セントラルリーグ

セリグラフ [serigraph] シルクスクリーン捺染(なっせん)の彩色画.

セーリング [sailing]
① 帆走, 航海, 出帆.
② 航海術, 帆走法.

セル

① [cell]
① 電池.
② 細胞.
③ 個室, 独房.
④ 始動電動機. セルモーターの略.
⑤ ➡ セルロイド

② [C__] 次世代高性能半導体. 米国IBM, ソニー, ソニー・コンピュータエンタテインメント, 東芝の4社が共同開発.

セルシウス度 ➡ セ氏

セールス [sales] 販売. 販売の.

セールスエンジニア [sales engineer] 販売技術の専門家. 略はSE.

セールストーク [sales talk] 売り込み口上.

セールスドライバー [sales driver] 配送・集荷ばかりでなく得意先の開拓や集金なども受け持つ運転手.

セールスプロモーション・エージェンシー [sales promotion agency] 販売促進活動を担当する広告代理店.

セールスポイント [sales point 和] 消費者に特に訴えたい商品の特徴. 英語ではセリングポイント(selling point).

セルハイ ➡ SELHi

セルビデオ [sell video 和] 販売用ビデオ.

セルフイメージ [self-image] 自分について抱いているイメージ, 自像.

セルフケア [self-care] 健康の自己管理.

セルフコンシャス [self-conscious] 自我意識の強い, 人の目を気にする.

セルフコントロール [self-control] 自制. 自動制御.

セルフサービス [self-service] 商店や食堂などでの, 客自身に選択したり運んだりさせる営業方式.

セルフスタンド [self-stand 和] セルフサービス方式のガソリンスタンド.

セルフタイマー [self-timer] カメ

セルフヘルプ [self-help] 自立, 自助. 自己救済.

セルフメディケーション [self-medication] 自己治療.

セルモーター [cell motor] ➡ セル**1**④

セルリアンブルー [cerulean blue] 青みの強い空色. 紺碧色.

セルロイド [Celluloid] 半透明のプラスチックの一つ. ニトロセルロースと樟脳から作られる. 略してセル.

セルロース [cellulose] 繊維素. 植物繊維の主成分.

セルン ➡ CERN

セレクション [selection] 選択, 選抜, えりすぐったもの.

セレクト [select]
① 選ぶ, えり抜く.
② 精選した, 極上の.

セレクトショップ [select shop 和] 特定のブランドにこだわらず, 目標を絞って, 個性的な品ぞろえをする店.

セレナーデ ➡ セレナード

セレナード [serenade] 小夜曲, 夜曲. 甘い調べ. セレナーデとも.

セレブ ➡ セレブリティー

セレブリティー [celebrity] 名士, 有名人. 略してセレブ.

セレモニー [ceremony] 儀式, 式典.

セレンディピティー [serendipity] 思いがけない発見をする能力.

ゼロアワー [zero hour] 行動開始の予定時刻, 決断の時.

ゼロエミッション [zero-emission] 廃棄物ゼロ. 環境を汚染しない生産システムの達成目標.

ゼログラフィー [xerography] 電子複写方式の一つ. 普通紙に複写でき, 複写速度が速いのが特色.

ゼロサム・ゲーム [zero-sum game] 一方の利得は必ず他方の損失となり, 得点の合計は常にゼロになるというゲーム理論.

ゼロジェネレーション [zero generation] 何事にも感動しない, 冷めた世代の若者. 新人類.

ゼロシーリング [zero ceiling 和] 予算の概算要求枠を前年度と同額にすること. シーリングの原意は「天井」.

ゼロディフェクト [zero defects] 無欠陥. 欠陥製品をゼロにしようという運動. ZD運動とも.

セロハン [cellophane] 薄膜状の透明な再生セルロース. セロファンとも.

セロハンテープ [cellophane tape] セロハン製の接着テープ. セロテープは商標.

セロファン ➡ セロハン

ゼロベース [zero-base] 白紙状態から物事をやり直すこと.

ゼロメートル地帯 [zero-meter zone] 地盤沈下などで, 海抜0m以下になった地域.

センサー [sensor] 感知装置, 感応信号装置. 光や音などに反応して信号を発する装置.

センサス [census] 調査, 人口調査, 国勢調査.

センシティビティー [sensitivity] 感性, 敏感度, 感度, 写真フィルムの感光度.

センシティブ [sensitive] 感じやすい, 敏感な, 神経過敏な, 感度がいい. 微妙な.

センシビリティー [sensibility] 感性, 感受性, 感度.

センシブル [sensible] 分別のある, ものわかりのよい.

センシュアリズム [sensualism] 官能主義, 快楽にふけること.

センス [sense]
①感覚, 知覚, 意識.
②思慮, 分別, 判断力, 良識.

センスアップ [sense up 和] ファッションのセンスを磨くこと.

センセーショナリズム [sensationalism] 扇情主義. 誇大報道.

センセーショナル [sensational] 扇情的, 人騒がせな, きわもの的な.

センセーション [sensation]
①感覚, 感情.
②感動, 興奮, 大評判, 大事件.

センター [center]
①中央, 中心, 中枢.
②各種の球技で, 競技場の中央の守備位置, その選手.
③中心地, 総合施設, 中央機関.

センター・オブ・エクセレンス [Center of Excellence] 卓越した研究拠点. 文部科学省が支援する, 世界最高水準を目指す研究グループ. 略はCOE.

センター試験 大学入試センター試験の通称. すべての国公立大学と多くの私立大学が利用するマークシート型の共通試験.

センターピース [centerpiece] ➡テーブルセンター

センターライン [centerline] 中央の線. 中心線.

センチメンタリズム [sentimentalism] 感傷主義, 感情主義, 多情多感.

センチメンタル [sentimental] 感傷的な, 情にもろい, 涙もろい.

センチメント [sentiment] 感傷, 感情, 情緒. 芸術作品の情感, 情動.

センチュリー [century]
①世紀, 100年.
②一般的な欧文活字書体の一つ.

センデロルミノソ [Sendero Luminoso 西] ペルーの極左ゲリラ組織.「輝く道」の意.

センテンス [sentence]
①文, 文章.
②判決.

セント
■ [saint] 聖人, 聖者, 聖徒. セイントとも.
■ [cent] アメリカ, カナダ, オーストラリアなどの補助通貨単位. 100セントで1ドル.

セントビジョン [scentvision] ➡スメロビジョン

セントラリゼーション [centralization] 中央集権化, 権力・機能の都市集中化. 対ディセントラリ

ゼーション.

セントラル [central]
① 中央の. 中心の.
② ➡ セントラルリーグ

セントラルキッチン [central kitchen] 中央集中調理場. レストランのチェーン店などに料理を供給するための集中調理方式, またはその設備.

セントラルクリーナー [central cleaner 和] 住宅の集中電気掃除システム. 各部屋に設けられた吸引口に集塵用ホースを接続する.

セントラルドグマ [central dogma] 分子生物学で, 遺伝情報は一方向に伝達されるという基礎原理.

セントラルヒーティング [central heating] 集中暖房装置.

セントラルファイル・システム [central filing system] コンピューターを使って工場や支店のデータを本社で集中管理する方法.

セントラルリーグ [Central League] 日本のプロ野球リーグの一つ. 略してセ・リーグ, セントラル. ⇨パシフィックリーグ.

セントレア [Centrair 和] 中部国際空港の愛称. central(中部)とair(空)からの造語.

セントレックス [Centrex] 名古屋証券取引所の新興市場.

ソ

ソアラー [soarer] 競技用の高性能グライダー.

ソーイング [sewing] 縫い物, 裁縫, 針仕事.

ソウル [soul]
① 霊魂, 魂, 精神.
② 黒人音楽. ソウルミュージックの略.

ソウルフル [soulful] 感情のこもった, 情熱に満ちた.

ソウルミュージック [soul music] ➡ ソウル②

ソケット [socket]
① 電球などの受け口. 電線や電源をつなぐ部品.
② 機械の受け口, 軸受け.
③ ゴルフクラブのヘッドとシャフトの接合部.

ソーサー [saucer] 茶わんの受け皿. くぼみのある台皿.

ソサエティー [society]
① 社会, 社交界, 上流社会.
② 協会, 学会, 社会団体.

ソシアルダンス [social dance] 社交ダンス. 男女2人が対になって踊るダンス. ソーシャルダンスとも.

ソジウム [sodium] ➡ ナトリウム

ソシオ [socio 紗]
① 会員. 共同出資者.
② サッカーなどで, 個人会員が出資してチームを運営する方式.

ソシオエコノミックス [socioeconomics] 社会経済学. 社会的側面から経済問題をとらえる新しい経済学.

ソシオドラマ [sociodrama] 社会劇. 社会的テーマの即興劇を通じ

て,集団の相互関係改善に役立てる方法.

ソシオメトリー[sociometry] 計量社会学.

ソシオロジー[sociology] 社会学.

ソーシャリズム[socialism] 社会主義.

ソーシャルアカウンティング[social accounting] 社会会計,国民経済計算.国の経済を企業会計の勘定形式で明らかにすること.

ソーシャルアントレプレナー[social entrepreneur 仏]➡ソーシャルベンチャー

ソーシャルキャピタル[social capital] 社会資本.信頼,相互扶助など,コミュニティー内のきずなを強める見えざる資本.

ソーシャル・グループワーク[social group work] 社会福祉事業での集団指導.小集団ごとの活動を通じて,各個人が自発性と社会的適応性を身に着けようとする方法.

ソーシャルコスト[social cost] 社会的費用.公害などに対して社会全体が負担する費用.

ソーシャルスキル[social skill] 社会生活に必要な技術・能力.

ソーシャルセキュリティー[social security] 社会保障.

ソーシャルダンス ➡ソシアルダンス

ソーシャルダンピング[social dumping] 低賃金などの劣悪な社会条件を利用して,海外で不当な安売りをすること.

ソーシャルデモクラシー[social democracy] 社会民主主義.

ソーシャルテンション[social tension] 社会的緊張.

ソーシャル・ネットワーキング・サービス[social networking service] インターネット上で新たな人間関係を広げることを目的とするサービス.略はSNS.

ソーシャルベンチャー[social venture] 社会企業(起業)家.福祉,環境,教育など公共性の高い事業に取り組む企業家.ソーシャルアントレプレナーとも.

ソーシャルマーケティング[social marketing] 企業が消費者の利益や社会とのかかわりを重視して,より社会志向型の強いマーケティングを行うこと.

ソーシャルワーカー[social worker] 社会福祉事業の担当者.類 ケースワーカー.

ソース

１[sauce] 西洋料理用の調味料,かけ汁.

２[source]

①源,水源地,供給源,電源,出所,出典,情報源.

②原信号.テープレコーダーで録音する時の入力信号.

ソーダ[soda]

①ナトリウム化合物.炭酸ナトリウムなど.

②炭酸飲料水.炭酸水.ソーダ水.

ソテー[sauté 仏] 少量の油でいた

めること, またはその料理.
ソート [sort] 分類する. 区分けする. データを並べ替える.
ソード [sword] 剣. 刀.
ソドミー [sodomy] 男性の同性愛.
ソドム [Sodom]
①旧約聖書に出てくる都市. 住民の不道徳により滅びた. 類ゴモラ.
②不道徳で退廃的な場所.
ソナー [sonar: sound navigation and ranging] 水中音波探知機. 超音波の反射で水中の物体の位置を探知する装置.
ソナタ [sonata伊] 奏鳴曲. 提示部, 展開部, 再現部の3部からなる器楽形式.
ソナチネ [sonatine伊] 小奏鳴曲. 3楽章以下の小規模なソナタ.
ソニックバン [sonic bang] ➡ソニックブーム
ソニックブーム [sonic boom] 衝撃音. 航空機が音速を超える時に生じる衝撃波が発する爆発音. ソニックバンとも.
ゾーニング [zoning] 地帯設定. 都市計画で, 地域ごとの利用法を決めること.
ソネット [sonnet] イタリア起源の叙情詩の一形式. 14行から成る.
ソノシート [Sonosheet] ビニール製の薄いレコード. 商標.
ソバージュ [sauvage仏] 野生の, 粗野な. パーマで野性的に仕立てた髪形.
ソープ [soap] せっけん.

ソフィア [sophia ギ] 英知. 知恵.
ソフィスティケーション [sophistication] 世慣れ, 教養の高さ. 複雑さ, 精巧さ. 都会的洗練.
ソフィスティケート [sophisticate] 洗練する.
ソフィスト [sophist] 詭弁家, へりくつをこねる人.
ソープオペラ [soap opera] テレビで, 主婦向けの連続メロドラマ. アメリカで当初, せっけん会社がスポンサーだったことから.
ソフト [soft]
①柔らかい, 穏やかな, 寛大な. 対ハード.
②ソフト帽. フェルト製の中折れ帽.
③ ➡ソフトウエア
ソフトウエア [software]
①機械や設備に対しての, サービスや知識・情報.
②コンピューターを動かすためのプログラム. 略してソフト. 対ハードウエア.
ソフトウエアクライシス [software crisis] コンピューターの普及にソフトウエアの生産が追い付かない状況.
ソフトウエアハウス [software house] コンピューターのソフトウエアを開発・販売する会社. 略してソフトハウス.
ソフトエネルギー・パス [soft energy paths] 自然エネルギーの利用を中心としたエネルギー戦略. 対ハードエネルギー・パス.

ソフトカード・ミルク［soft-curd milk］乳児用に調整した消化のいい牛乳.

ソフトカバー［softcover］紙表紙の廉価本.ペーパーバック.対ハードカバー.

ソフトグッズ［soft goods］非耐久消費財.特に繊維製品をいう.

ソフトコピー［soft copy］コンピューター用語で,画面でしか見られない出力情報.対ハードコピー.

ソフト・コンタクトレンズ［soft contact lens］➡ソフトレンズ

ソフトサイエンス［soft science］
①学問の新分野を統合して,環境・都市などの社会問題に対応しようとする取り組み方.
②物理,天文,地質学などのハードな分野に対する,政治,経済,心理学などの社会科学,行動科学分野の学問.

ソフトジーンズ［soft jeans］レーヨンやポリエステルなどを混紡した,はきやすいジーンズ.

ソフトスーツ［soft suit 和］若者向けのゆったりとしたスーツ.特にイタリアデザインのスーツ.

ソフトセラミックス［soft ceramics 和］吸水性の高い多孔質セラミックス.

ソフトセール［soft sale 和］しつこさを排した,そっとささやきかけるような販売法.英語ではソフトセル（soft sell）.対ハードセール.

ソフトテニス［soft tennis］軟式テニス.ゴム製のボールを使う.

ソフトドリンク［soft drink］アルコール分を含まない清涼飲料水.

ソフトニュース［soft news］スポーツや芸能などの軽いニュース.対ハードニュース.

ソフトハウス ➡ソフトウエアハウス

ソフトバレーボール［soft volleyball 和］ゴム製のボールを使う4人制バレーボール.

ソフトフォーカス［soft focus］軟焦点レンズを用いて被写体を軽くぼかし,画面に柔らかさを出す撮影法.

ソフトベンチャー［soft venture］種々の分野で経営に必要な知識や企画などを提供するサービス業.経営相談,人材派遣業など.

ソフトボイルド［soft-boiled］
①卵などが半熟の.
②文体などが道徳的な.対ハードボイルド.

ソフトボール［softball］球技の一つ.野球に似ているが,ボールはやや大きくて軟らかく,投手は下手投げのみ.

ソフトランディング［soft landing］
①軟着陸.宇宙船が逆噴射ロケットなどを使って静かに着陸すること.
②不景気や失業増加を招かずに経済成長率を下げること.対ハードランディング.

ソフトルック［soft look 和］服飾用語で,柔らかい線を強調するデザ

イン, 柔らかい色調や配色.

ソフトレンズ [soft lens] 水を含む性質のプラスチックでできたやわらかいコンタクトレンズ. ソフト・コンタクトレンズとも. 対ハードレンズ.

ソフトロー [soft law] 緩やかな原則. 法的拘束力のない国際法的な規範形態.

ソプラノ [soprano 伊]
①声楽で女声の最高音域, またはその声域の歌手.
②高音部の演奏をする管楽器, またはその総称.

ソープランド [soap land 和] 女性が性的サービスを行う特殊浴場.

ソープレスソープ [soapless soap] 油脂を用いないせっけん. 合成洗剤の一つ.

ソーホー

① [SOHO: Small Office, Home Office] インターネットや通信機器を活用して自宅などで働く職場形態.

② [SoHo: South of Houston Street] ニューヨーク市マンハッタン南部の芸術街. 類ノーホー.

ソムリエ [sommelier 仏] レストランなどの, ワイン専門の給仕. ワイン係. 女性はソムリエール. 英語ではワインスチュワード(wine steward).

ソムリエナイフ [sommelier knife 和] ソムリエが持つナイフ付きのワインオープナー.

ソムリエール [sommelière 仏] ➡ソムリエ

ソーラー [solar] 太陽の. 太陽エネルギーの.

ソーラーカー [solar car] 太陽光を動力源とする自動車.

ソーラーシステム [solar system]
①太陽系.
②太陽熱をエネルギーとして給湯や冷暖房などに利用する設備.

ソラニン [solanine] ナス科植物の有毒成分. ジャガイモの新芽などに含まれる.

ソーラーパネル [solar panel] 太陽電池板.

ソラリアム [solarium] 日光浴室. サンルーム.

ソラリゼーション [solarization] 写真用語で, 露光過度による反転現象を利用する技法.

ソリスト [Solist 独] 独唱者, 独奏者. バレエで単独で踊る人.

ソリダリティー [solidarity]
①結束, 団結, 連帯.
②連帯責任.

ソリッド [solid] 固形, 固体. 固い, 充実した, 中身のある. 対リキッド.

ソリッドステート [solid-state] 真空管の代わりに固体のIC(集積回路)などを用いた電子回路.

ソリッドタイヤ [solid tire] 固形のゴムで作られたパンクしないタイヤ.

ソリッドモデル [solid model]
①航空機などの, 木製・金属製の縮尺模型.

②コンピューターで,3次元グラフィックスの表現の一つ.
③無地や無機質なデザインの服.
ソリテール［solitaire］➡ペーシェンス②
ソリブジン［sorivudine］抗ウイルス剤の一つ.抗がん剤との併用で死亡者が出たため現在は発売中止.
ソリューション［solution］
①解決,解決法,解答.
②溶解,溶液.
ゾーリンゲン［Solingen ドイ］ドイツ中西部の都市.刃物工業で有名.
ソール［sole］
①足の裏,靴の底,底革.ゴルフでは,クラブヘッドの底面.
②舌平目.食用の海水魚.
ゾル［Sol ドイ］コロイド溶液.コロイド粒子が液体中に分散していて流動性のあるもの. 対 ゲル.
ソルジャー［soldier］軍人,兵士,戦士,闘士.
ソールドアウト［sold out］売り切れ,完売.
ソルビット［Sorbit ドイ］➡ソルビトール
ソルビトール［sorbitol］リンゴやナシなどの果実に含まれる六価アルコール.甘味料などに利用される.ソルビットとも.
ソルフェージュ［solfège フラ］音楽の基礎理論教育.音階の発音練習などを含む.
ソルベンシー・マージン［solvency margin］保険会社の支払い余力.予測を超えたリスクに対応する能力.
ゾルレン［Sollen ドイ］哲学用語で,当為とう.「…すべきである」の意.
ソレイユ［soleil フラ］
①太陽.
②ヒマワリ.
ソロ［solo イタ］
①独奏,独唱.
②バレエ,フィギュアスケートなどの独演.
ゾロアスター教［Zoroastrianism］拝火教.ペルシャの古代宗教.
ソロプチミスト［Soroptimist］専門職・管理職にある女性のための国際的な団体.ラテン語のsoror（姉妹）とoptima（最上）の合成語.
ソワール［soir フラ］夕方,夕暮れ,晩.
ソワレ［soirée フラ］
①宵.夜会.夜会服.
②夜間興行,芝居などの夜の部. 対 マチネー.
ソン［son スペ］キューバのポピュラー音楽の一つ.
ゾーン［zone］地帯,地域,地区.
ゾンデ［Sonde ドイ］
①消息子しょうそくし.診断や治療のために体内に差し込む管状の器具.
② ➡ラジオゾンデ
ゾンビ［zombie］超自然力によって生き返った死体.
ソンブレロ［sombrero スペ］中南米,スペインのつばが広くて山高の麦わら帽,フェルト帽.
ゾーンライン［zone line］アイスホッケーで,リンクを三分する2本

タ

タイ [tie]
① ネクタイ.
② 音楽で, 連結符.
③ ➡ タイスコア

タイアップ [tie-up]
① 協力, 提携.
② 交通渋滞.

ダイアナ [Diana] ローマ神話の月の女神. ギリシャ神話ではアルテミス.

ダイアリー [diary] 日記, 日誌.

ダイアローグ [dialogue] 対話, 問答, 会話. 対モノローグ.

ダイイン [die-in] 参加者が死んだように地上に横たわって抗議の意思を表す示威運動.

ダイエッター [dieter] ダイエットをしている人.

ダイエット
❶ [diet] 規定食, やせるための低カロリー食.
❷ [D＿] 日本などの議会, 国会.

ダイエットフード [diet food] ダイエット用の低カロリー食品.

ダイエティシャン [dietician, dietitian] 栄養士.

ダイオキシン [dioxin] ポリ塩化ジベンゾダイオキシンの略称. 毒性が強い環境汚染物質. ごみ焼却の灰や排気ガスなどにも含まれる.

ダイオード [diode] 二極構造の半導体. 整流器や検波器などに使われる.

タイガ [taiga ロシ] ユーラシア大陸や北米大陸北部などにある針葉樹林地帯.

ダイカスト [die casting] 鋳造法の一つ. 溶かした金属に高圧を加えて鋳型に注入, 成型する方法. ダイキャストとも.

大カロリー ➡ キロカロリー

ダイキャスト ➡ ダイカスト

タイクーン [tycoon]
① 大君. 徳川将軍に対して外国人が用いた呼称.
② 実業界の大立者, 実力者, 巨頭.

ダイジェスト [digest] 文学作品, 映画などの要約, 要約版.

ダイス [dice] さいころ, さいの目に切ったもの.

タイスコア [tie score] 同点. タイとも.

タイダイ [tie-dye] 絞り染め.

タイツ [tights] 肌に密着する, 特に下半身用の衣服.

タイト [tight] 体にぴったりの. きっちりした.

タイトフィット [tight fit] 服が体にぴったり合うこと.

タイトル [title]
① 題名, 表題, 書名, 見出し.
② 肩書, 称号.

タイトルスポンサーシップ [title sponsorship] 冠大会. スポーツの大きな試合などに, その主催者やスポンサーの名前を付けること.

タイトルバック [title back 和] 映画やテレビで, 作品名などの後ろに

映る画面.

タイトルホルダー [titleholder] タイトル保持者. 選手権保持者.

タイトルマッチ [title match] 選手権試合.

タイトルロール [title role] 主題役. 主人公の名が題名となっている映画や演劇の主役. 例えば『ハムレット』のハムレット役.

タイトロープ [tightrope]
①綱渡り用の綱.
②危ない橋を渡ること.

ダイナマイト [dynamite] ニトログリセリンを使った爆薬. 1866年にノーベルが発明.

ダイナミズム [dynamism]
①活力, 迫力.
②力本説. あらゆる現象を自然力とその作用に還元する考え方.

ダイナミック [dynamic] 活動的な, 精力的な, 力学的な. 対スタティック.

ダイナミックス [dynamics] 力学, 動力, 動力学, 躍動する力. 対スタティックス.

ダイナミックプログラミング [dynamic programming] 動的計画法. 決定が多段階にわたる場合, 各段階ごとに数式化して最適条件を求める方法. 略はDP.

ダイナモ [dynamo]
①発電機. ジェネレーターとも.
②スポーツで, 精力的に動く選手.

ダイニング [dining]
①食事.
②和製用法で, ダイニングキッチン, ダイニングルームなどの略称.

ダイニングキッチン [dining kitchen 和] 台所兼食堂. ダイニングとも. 略はDK.

ダイニングルーム [dining room] 食堂. ダイニングとも.

ダイネット [dinette] 台所のそばなどに設けた略式の食事用スペース.

ダイバー [diver] 潜水作業員, レジャーで潜水をする人, 飛び込み競技の選手.

タイバック [tieback] カーテンの留め飾り.

ダイハード [diehard] 最後まで抵抗する, 頑張る. 頑固な.

ダイビング [diving]
①潜水.
②飛び込み. 水泳の飛び込み種目.
③飛行機の急降下.

タイプ [type]
①型, 様式, 類型, 活字.
②タイプライター(typewriter)の略. 鍵盤を使って, 文字を紙に印字する機械.
③タイプライターを打つこと.

ダイブ [dive]
①水中へ飛び込む, 潜る.
②飛行機が急降下する.

タイプフェース [typeface] 活字の書体.

タイブレーク [tie break] テニスで, ゲームカウントが6対6になったときは, 7ポイントを先取したほうを勝ちとするルール.

タイフーン [typhoon] 台風.

タイポロジー [typology] 心理学

などでの類型学.言語比較法の一分野.

タイマー [timer]
① 自動計時機,自動スイッチ.
② ⇒タイムキーパー

タイミング [timing] 物事の潮時,適当な時機を見計らうこと.

タイム [time]
① 時,時間,時刻,スポーツの記録.
② 試合の一時中止,またはその宣告.

ダイム [dime] アメリカ・カナダの10セント玉.

タイムアウト [time-out] 中休み,競技の一時中止.選手の交代などのための短い休み.

タイムアップ [time up 和] 時間切れ,試合終了.

タイムカード [time card] タイムレコーダー用の記録紙.

タイムカプセル [time capsule] 何十年,何百年後に発掘されることを期待して現代の物品,文書などを入れて埋める特殊金属容器.

タイムキーパー [timekeeper] 計時係.テレビ局などで,番組やコマーシャルの製作進行状況を管理する人.タイマーとも.

タイムサーバー [timeserver] 事大主義者,世論に追従する人.

タイムズスクエア [Times Square] ニューヨーク市マンハッタンの中央部にある広場.

タイムスタディー [time study] 作業時間研究,時間研究.作業工程を分析して,個々の動作に必要な標準時間をはじき出すこと.

タイムスリップ [time slip] 時間の流れからはずれて,別の時代にずれ込んでしまうこと.

タイムディスタンス [time distance] 時間距離.目的地に到達するのにかかる時間で測る.

タイムテーブル [timetable] 時刻表,時間割り,予定表.

タイムトライアル [time trial] ⇒スプリント②

タイムトラベル [time travel] 過去や未来への時間を超越した旅,時間旅行.類タイムトリップ.

タイムトリップ [time trip] 時間旅行.ノスタルジアにふけること.類タイムトラベル.

タイムトンネル [time tunnel] 現在から過去,未来の世界へ行けるという空想上の通路.

タイムマシン [time machine] 過去や未来の世界へ自由に移動できる機械.イギリスの作家H.G.ウエルズのSF小説から.

タイムラグ [time lag] 時間差.時間のずれ,遅れ.

タイムリー [timely] 折よい,時宜にかなった.

タイムリミット [time limit] 制限時間,期限.

タイムレコーダー [time recorder] 出勤・退出時刻の記録装置.

タイムレース [time race] 記録競技.記録を集計して順位を決定する競技方式.

タイムワーク [time work] 時間払

いの仕事, 時間給の仕事.

ダイヤ
1. ➡ ダイヤグラム
2. ➡ ダイヤモンド

ダイヤグラム [diagram] 図表, 図解. 列車の運行表, 時間表. 略してダイヤ.

ダイヤモンド [diamond]
①金剛石.
②トランプのマーク.「◆」. いずれも, 略してダイヤ.

ダイヤモンドダスト [diamond dust] 大気中の水分が氷結して輝きながら浮かぶ現象.

ダイヤル [dial] 時計や計器類の指針盤, 文字盤. 電話器の回転式数字盤. ラジオやテレビの選局用のつまみ.

ダイヤルイン [dial-in 和] 交換台を通さずに内線電話を直接呼び出せる方式.

ダイヤルQ2 [dial Q2 和] 電話による情報提供サービスの一つ. 情報料の徴収業務をNTTが代行する.

ダイヤルゲージ [dial gauge] 長さの精密測定器具の一つ. 微細な動きを拡大表示する.

タイラント [tyrant] 暴君, 専制君主, 圧制者.

大リーグ ➡ メジャーリーグ

ダイレクト [direct] まっすぐ. 直接.

ダイレクトOTC [direct over-the-counter] 医療用に使用されたことのない成分を含む一般用医薬品. ➡ スイッチOTC.

ダイレクトドライブ [direct drive] 回転型の機器で, モーターと回転軸が直結しているもの. 略はDD.

ダイレクトメソッド [direct method] 外国語の直接教授法. 学習者の母国語を使わず, その外国語だけを使って教える方法.

ダイレクトメール [direct mail] あて名広告, 広告郵便. 見込み客に直接郵送する広告. 略はDM.

ダウ ➡ ダウ式平均株価

ダーウィニズム [Darwinism] 博物学者ダーウィンが発表した進化論. 生物は自然淘汰によって進化してきたとする説.

ダウザー [dowser] 水脈や鉱脈を占い棒で探り当てる人.

ダウ式平均株価 [Dow Jones Industrial Average] アメリカを代表する工業株30銘柄の平均株価. ダウ・ジョーンズ社が発表するニューヨーク証券取引所の株価水準指標. ダウ, ニューヨーク・ダウとも.

ダウジング [dowsing] 占い棒を使って水脈や遺失物などを探り当てること.

ダウト [doubt]
①疑い, 疑問, 疑念.
②トランプ遊びの一つ.

ダウナー [downer] 鎮静剤. 対 アッパー.

ダウニング街 [Downing Street] ロンドン中心部にある通りの名称. 首相官邸, 外務省などがあり, イギリス政府の代名詞.

タウリン [taurine] アミノエチルス

ルホン酸.動脈硬化を防ぐ働きがあるとされる.

ダウン [down]
① 下り,悪化.おちぶれること.
② 下げる,倒す.
③ 野球用語で死,またはアウト.
④ ボクシングで,打たれて倒れること,倒すこと.
⑤ ゴルフのマッチプレーで,負け越しているホールの数.
⑥ 鳥の綿毛.

タウンウオーク [town walk 和] 都会での楽しい散歩,遊歩.

タウンウオッチャー [town watcher] 街路観察者,社会風俗観察者.

ダウンサイジング [downsizing]
① 小型化.
② 大型汎用コンピューターの代わりに複数の小型コンピューターを使い,分散処理すること.
③ 企業規模を縮小し,経営合理化を図ること.

ダウンサイズ [downsize] 小さくする,小型化する.

ダウンシフティング [downshifting] 自動車で,ギアを低速に切り換えること.転じて,ゆとりのある生活をすること.

ダウン症候群 [Down's syndrome] 21番染色体の過剰によって起こる先天性の症候群.一般に発達障害をともなう.ダウン症とも.

ダウンスイング [downswing]
① ゴルフで,クラブを振りおろす動作.
② 野球で,球をたたきつけるような打ち方.
③ ボウリングで,球の重さを利用して振りおろす投げ方.

タウンスケープ [townscape] ➡ シティースケープ

ダウンステージ [downstage] 舞台の前方.

ダウンストリーム [downstream]
① 下流に,下流の.
② 原子力発電で,核燃料を燃やした後の再処理や廃棄物処理などの工程のこと. 対 アップストリーム.

ダウンタウン [downtown] 下町,商業地域,繁華街,ビジネス街. 対 アップタウン.

ダウンパーカ [down parka] 羽毛入りのフード付き防寒上着.

ダウンバースト [downburst] 突風を伴う激しい下降気流.

ダウンビート [downbeat]
① 音楽の強拍部. 対 アップビート.
② 指揮棒を上から下へおろして強拍を指示する動作.

ダウンヒル [downhill]
① 下り.下り坂.
② スキーの滑降競技.

ダウンフォース [down force] 自動車レースで,走行中の車体を路面に押し付けるように働く力.

ダウンベスト [down vest] 羽毛入りの防寒用チョッキ.

タウンミーティング [town meeting] 町民大会,対話集会.

ダウンライト [downlight] 天井に埋め込んだ電灯.

ダウンロード [download] インターネットなどで, サーバーなどからデータをパソコンに移すこと. 対アップロード.

タオ [道※] 中国の道教(タオイズム)が説く万物の根本原理.

タオイズム [Taoism] 道教, 老荘哲学.

タオルケット [towelket 和] 厚いタオル地で作った上掛け.

ダカーポ [da capo 伊] 音楽用語で,「曲の始めに戻って演奏せよ」. 略はD.C..

タカン ➡TACAN

ターキー [turkey]
①七面鳥.
②ボウリングで, 連続して3回ストライクを出すこと.

タキシード [tuxedo] 男性の夜会用略式礼服.

タグ
1 [tag]
①値札, 荷札.
②鬼ごっこ. いずれも, タッグとも.
2 [tug]
①強く引く, 骨折る, 努力する.
② ➡タグボート

ダグアウト ➡ダッグアウト

ダークエージ [Dark Ages] 暗黒時代. 特に欧州の中世を指す.

ダークカラー [dark color] 落ち着いた渋い色.

タグシステム [tag system] 商品の下げ札を利用して在庫量や販売方法を管理する方法. タッグシステムとも.

ダークスーツ [dark suit] 黒っぽい色調の男性用スーツ.

ダークチェンジ [dark change] 暗転. 舞台を暗くして次の場面に移り変わっていくこと.

タクティックス [tactics] 戦術, 戦法.

タクト [Takt 独] 音楽用語で, 拍子, 指揮棒.

ダクト [duct] 空気流通管. 排煙や冷暖房のために空気を送る管.

ダークブルー [dark blue] 紺色.

ダークホース [dark horse] 穴馬. 予想外の才能の持ち主, 隠れた人材.

タグボート [tugboat] 大型船用の引き船. 特に出入港時に離着岸を助ける. 略してタグ.

ダークマター [dark matter] 暗黒物質. 銀河系に大量に存在すると考えられているが, 光やX線などでは観測できない物質.

タグラグビー [tag rugby] タックルの代わりに, 腰に付けたひも(タグ)を取り合うラグビー.

ターゲット [target] 標的, 目標, 対象.

ターゲット・バードゴルフ [target bird golf 和] ミニゴルフの一つ. 羽根の付いたボールをゴルフクラブで打ってスコアを競う.

ターコイズ [turquoise] トルコ石. 明るい緑青色の石. 12月の誕生石. ターコワーズとも.

タコグラフ [tachograph] 自記回転速度計. トラックなどに付けて運

行状況を記録する.

タコス [tacos 㶚] メキシコ料理の一つ.トウモロコシ粉の薄焼きで肉などの具をはさんだもの.

タコメーター [tachometer] 回転速度計.毎分当たりの回転数表示装置.

ターコワーズ ➡ ターコイズ

ダージリン [Darjeeling] インド・ダージリン市周辺産の紅茶.

ダース [dozen] 物を数える単位の一つ.12個.ダズンがなまったもの.記号 doz., dz..

タスク [task]
①仕事,課題.
②コンピューターが実行するプログラムの単位.

タスクフォース [task force]
①機動部隊,特定の任務を遂行するために編成された部隊.
②企業内のプロジェクトチーム,企画開発部.

ダスター [duster]
①ぞうきん.
②農薬や消毒薬の散布器.
③野球で,投手が打者すれすれに投げる球.

ダスターコート [duster coat] ほこりよけの軽いコート.

ダスト [dust] ちり,ほこり,くず.

ダストシュート [dust chute] 高層住宅のごみ捨て装置.各階で投げ込み,下で集める方式.

ダストストーム [dust storm] 強風によって土砂などが巻き上げられる現象.

ダダ [dada 仏] 20世紀初めに欧州で起こった芸術運動.伝統的な形式美に反抗,混乱と虚無の中に新しさを求めた.ダダイスムとも.

ダダイスム [dadaïsme 仏] ➡ ダダ

タタミゼ [tatamiser 仏] 日本風の生活様式や室内装飾を取り入れること.日本語の「畳」から.

タータンチェック [tartan check 和] 多色を使った格子じま模様.

タータントラック [Tartan track] 陸上競技用の全天候走路.商標.

ダーチャ [dacha 露] 別荘.

ダーツ
❶ [dart] 布地のつまみ縫い.
❷ [__s] 室内での投げ矢遊び.

ダッキング [ducking] ボクシングで,上体をかがめて相手の攻撃をかわすこと.

タック [tuck] 洋服のひだ.

タッグ [tag]
① ➡ タグ❶
② ➡ タッグマッチ

ダック ➡ DAC

ダッグアウト [dugout] 野球場の一,三塁側に地面より低く作られた選手の控え場所.ダグアウトとも.

タッグシステム ➡ タグシステム

タックス [tax] 税,税金.

タックスフリー [tax-free] 免税,非課税.フリータックスは和製英語.

タックスヘイブン [tax haven] 外国企業に対して税制上の優遇措置をとっている国や地域.

タックスペイヤー [taxpayer] 納

税者.

タッグマッチ [tag match] プロレスで2人以上が組んでする試合. タッグとも.

タックル [tackle]
①組み付く, 捕まえる, 取り組む.
②ラグビーで, 球を持って走る相手に組み付いて倒すこと.
③レスリングで, 相手の足を取ったりして倒すこと.

ダッシュ [dash]
①突進, 突撃.
②短距離競走での全力疾走. ボクシングの乱打.
③語句を結ぶ符号.「—」.
④数学で, 文字の肩に付ける符号.「'」.
⑤ ➡ ダッシュボード

ダッシュボード [dashboard] 自動車の計器盤. ダッシュとも.

タッセル [tassel] 房. 旗や衣服などに付ける房飾り.

ダッチ ➡ ダッチアカウント

ダッチアカウント [Dutch account] 割り勘. 略してダッチ.

タッチ・アンド・ゴー [touch and go] 航空機の離着陸訓練の一つ. 滑走路に着地してすぐまた上昇すること.

ダッチオークション [Dutch auction] オランダ式競売法. 売り手が最初に最高価格を提示し, だんだん下げていく方式. 逆せり.

ダッチオーブン [Dutch oven] 鋳鉄製の厚い大鍋.

ダッチコーヒー [Dutch coffee] コーヒー粉に水を注ぎ, 時間をかけて抽出したコーヒー.

タッチタイピング [touch typing] パソコンなどのキーボードを見ないで打つこと. ブラインドタッチとも.

タッチダウン [touchdown]
①アメリカンフットボールで, 相手のエンドゾーン内に球を持ち込んで得点すること.
②ラグビーで, 防御側の選手が味方のインゴール内で球を地面に付けること.
③飛行機の着地, 着陸.

タッチパネル [touch panel] 指で触れて入力する操作盤.

ダッチボーイ・シルエット [Dutch boy silhouette 和] 七分袖の短いジャケットと幅広のスカートの組み合わせ.

タッチラグビー [touch rugby] 激しいぶつかり合いを避け, タックルの代わりにタッチを使うラグビー.

タッチレス [touchless] 接触しない, 非接触性の.

ダッチロール [Dutch roll] 航空機が横揺れと偏揺れの重なった蛇行運動を繰り返すこと.

ダッチワイフ [Dutch wife]
①女性そっくりの等身大の人形.
②熱帯地方などで涼しく寝るために手足をのせる台.

タッパーウエア [Tupperware] ポリエチレン製の食品保存容器. 商標.

タッフィー [taffy] 砂糖で作るキャンディーの一つ. タフィー, トフィー,

トッフィーとも.
タップダンス［tap dance］靴で床をたたく音で構成する踊り.
ダッフル［duffel］
①厚地の毛布, スポーツ着.
②キャンプ用の携行品.
ダッフルコート［duffle coat］フード付きでひざ丈の防寒コート. 木製の留め具とひもで前を留める.
ダッフルバッグ［duffel bag］ズック製の大きな袋, 雑嚢.
ダーティー［dirty］汚れた, 汚い. 卑劣な.
タート［tart］➡タルト
タトゥー［tattoo］入れ墨.
ダートコース［dirt course］競馬場の土と砂で固めたコース.
タートル［turtle］カメ. 特にウミガメ. 類 トータス.
タートルネック［turtleneck］とっくり襟. タートルネックカラー(turtleneck collar)とも.
タートルマラソン［turtle marathon］健康のために時間を競わず, ゆっくりと走る高齢者用マラソン.
タナトス［Thanatos 希］ギリシャ神話の死の擬人神. 精神分析用語で死の本能.
ターニング ➡ターン①
ターニングポイント［turning point］転換点, 転換期, 転機, 変わり目.
タパス［tapas 西］スペインの居酒屋で供される小皿料理.
タバスコ［Tabasco］赤トウガラシと酢で作った辛いソース. 商標.
タバリシチ［tovarishch 露］仲間. タワリシチとも.
ターバン［turban］イスラム教徒やインド人の男性が頭部に巻く布. また, それに似た女性用帽子.
ダービー［Derby］
①大競馬. 毎年6月にロンドン郊外のエプソムで開かれるイギリス最大の競馬の名称から.
②競走, 競技.
タピオカ［tapioca］キャッサバ芋から作ったでんぷん.
ダビデ［David］古代イスラエル王国の第2代の王. エルサレムに首都を定めた.
ダビデの星［Star of David］二つの正三角形を組み合わせた星形. ユダヤ教の象徴.「✡」.
ダービーマッチ［derby match］サッカーで, 同じ都市に本拠をおくチーム同士の試合.
タービュランス［turbulence］
①大荒れ, 社会的な不穏状態.
②乱気流.
タービン［turbine］羽根車に高圧の水や蒸気, ガスなどを吹き付けて回転させ動力にする原動機.
ダビング［dubbing］
①再録音, 再録画. 収録済みのテープやフィルムに別の音や画面を合成すること.
②吹き替え. せりふを別の外国語にして合成すること.
③複製. 収録済みの音や映像を別のテープなどにコピーすること.

タフ [tough] 強靭（きょうじん）な, 強硬な, 困難な.

ターフ [turf]
① 芝, 芝生.
② 競馬場の芝生のコース. ターフコースの略.

タブ [tab]
① 引っ張るための耳, つまみ. 衣服のたれ飾り. 靴ひも.
② 請求書, 勘定書.

タブー [taboo] 禁忌, 禁句, 口に出してはならないこと.

タフィー ➡ タッフィー

タフガイ [tough guy] 不屈の男, 不死身の男.

ターフコース [turf course] ➡ ターフ②

タプナード [tapenade 仏] フランス料理のソースの一つ. オリーブ, アンチョビーなどを混ぜ合わせたもの.

タフネゴシエーター [tough negotiator] 手ごわい交渉相手.

タフネス [toughness] 丈夫さ, 頑丈さ, 不屈さ, 粘り強さ.

タブリエ [tablier 仏] 前掛け, 洋風のかっぽう着.

ダブル [double]
① 二重の, 2倍の.
② ➡ ダブルルーム

ダブルインカム [double-income] 共働き世帯. 二つの収入源があること. ダブルポケットは和製英語.

ダブルキャスト [double casting] 二重配役. 演劇などで, 一つの役を2人の俳優が交代で演じること.

ダブルクリック [double click] コンピューター用語で, マウスのボタンを2回続けて押すこと.

ダブルス [doubles] テニス, 卓球, バドミントンなどで2人一組のチームによる対戦.

ダブルスクール [double school 和] 大学などに在籍しながら, 専修学校などへも通うこと.

ダブルスコア [double score] スポーツで, 一方の得点が他方の2倍になること.

ダブルスタンダード [double standard] 二重基準.

ダブルスピーク [doublespeak] ➡ ダブルトーク

ダブルダッチ [double Dutch] 2本の縄を使うスポーツ縄跳び. スピードや技術などを競う.

ダブルデッカー [double-decker] 2階付きのバス, 電車. 2段ベッド.

ダブルトーク [double-talk] あいまいな話, 人を煙にまくような話し方. ダブルスピークとも.

ダブルトラッキング [double tracking 和] 航空会社の2社乗り入れ.

ダブルトラック [double track] 新聞・雑誌の見開き2ページ広告.

ダブルネーム [double name] 二つの会社やブランドが共同で企画した商品.

ダブルバインド [double bind] 心理学で, 二重拘束. 矛盾する二つの命令を受けて身動きできなくなること.

ダブルブッキング [double-booking] ホテルの部屋や指定席などの予約を二重に受けてしまうこと.

ダブルヘッダー [doubleheader] 野球で,同じチーム同士が1日に2回試合をすること.

ダブルベッド [double bed] 2人用の大型寝台.

ダブルポケット [double pocket 和] ➟ ダブルインカム

ダブルルーム [double room] ホテルで,ダブルベッドを備えた2人用の客室.略してダブル. 類ツインルーム.

ダブルワーカー [double worker 和] 定職とは別に,休日などに副業をする人.

タブレット [tablet]
①銘板,書字板,メモ帳.
②錠剤.
③鉄道の単線区間で使う通行証.

タブレットPC [Tablet PC] 薄型でペン入力式の携帯パソコン.

タブロー [tableau 仏] 絵,絵画.

タブロイド [tabloid] 新聞の判型の一つ.普通の新聞紙の半分の大きさ.

タペストリー [tapestry] 壁掛けなどの室内装飾用に用いるつづれ織り.

タベルナ [taberna 伊] 居酒屋,食堂.

ターボ ➟ ターボチャージャー

ターボジェットエンジン [turbojet engine] 航空機用の噴射推進機関,ジェットエンジンの一つ.高温・高圧のガスでタービンを回転させ,推進力を得る.

ターボチャージャー [turbocharger] エンジンの過給機の一つ.排ガスでタービンを回し,シリンダーに大量の空気を送り込んで出力を高める.略してターボ.

ターボファン [turbofan] ➟ ファンジェット

ターボプロップ [turboprop] ➟ プロップジェット

ダミー [dummy]
①実験用の模型,型見本,マネキン.
②替え玉.
③ラグビーで,パスをすると見せかけて相手を惑わす方法.

ターミナル [terminal]
①終点,終着駅.
②市内にある空港行きのバスの発着所.
③電算機の端末装置.
④端子,電極.

ターミナルケア [terminal care] 終末期介護.死期が近い患者のための医療サービス.

ターミナルビル [terminal building 和] 空港や駅に隣接する,さまざまな施設を備えた建物.

ターミナルホテル [terminal hotel 和] 交通機関の起点などに建てたホテル.

ターミネーション [termination] 終了,限界,結末.

ターミネーター [terminator] 締めくくるもの.とどめを刺す者.

ターミノロジー [terminology] 特定の分野の専門用語.

タミフル [Tamiful] 抗インフルエンザウイルス剤の一つ．オセルタミビルの商品名．

ダミーヘッド [dummy head] 両耳にマイクロホンを組み込んだ人頭型の録音装置．

ターム [term]
① 期間，学期．
② 専門用語，術語．
③ 契約条件．

ダーム [dame 仏] 夫人，奥様．

ダムサイト [damsite] ダム建設用地．

タムタム
❶ [tam-tam] 銅鑼ど．金属製の大型打楽器．
❷ ➡ トムトム

ダムダム弾 [dumdum bullet] 命中すると破裂して傷を大きくする銃弾．国際法で使用が禁止されている．

ダメージ [damage] 損害，痛手，打撃．

ダメージコントロール [damage control] 被害対策．被害や損害を最小限にとどめること．

ダモイ [domoi 露] 「家へ」．第2次大戦後，旧ソ連に抑留されていた日本人の間で「帰国」「帰郷」の意味で用いられた．

ダモクレスの剣 [the sword of Damocles] 身に迫る危険，危険の上にある幸福．シラクサの王ディオニュシオスの廷臣ダモクレスが王の地位をほめそやしたところ，王が彼を王座につかせ，頭上から髪の毛1本で剣をつるして，権力の危うさを教えたというギリシャ神話から．

タラソテラピー [thalassothérapie 仏] 海洋療法．海水，海泥などを治療に利用する．

タラップ [trap 蘭] 船や飛行機の乗降に使う階段．

ダラライゼーション [dollarization] 自国通貨の使用を断念して米ドルを法定通貨とすること．ドル化とも．

タリアテッレ [tagliatelle 伊] ひも革状のパスタ．タリアテレとも．

タリアテレ ➡ タリアテッレ

タリズマン [talisman] お守り，魔除け．

タリバーン [Taliban] アフガニスタンのイスラム原理主義集団．反米，反政府ゲリラ活動を続けている．

タリフ [tariff]
① 関税．関税率．税率表．
② 運賃表．ホテルなどの料金表．

タリフクオータ [tariff quotas] 関税割当制．一定量までの輸入には低率，それを超えると高税率を課す二重税率制度．

ダーリン ➡ ダーリング

ダーリング [darling] いとしい人，最愛の人．夫婦や恋人，子供に対して使う呼称．略してダーリン．類 スイートハート．

タール [tar] 石炭や木材を乾留してできる油状の黒い液体．

ダル [dull] 鈍感な，さえない，どんよりした，退屈な．

タルカムパウダー [talcum powder] 滑石を原料とした化粧品・あせも止めの打ち粉. タルクとも. ベビーパウダーは和製英語, シッカロールは商標.

タルク [talc] ➡ タルカムパウダー

ダルゲーム [dull game] 退屈な試合, つまらない試合.

タルタルステーキ [tartar steak] 牛・馬肉のたたきに卵黄やパセリ, 香辛料などを加えた料理.

タルタルソース [tartar sauce] マヨネーズにピクルスやタマネギのみじん切りなどを加えたソース. 魚料理などに用いる.

タルト [tarte 仏] 果物やジャム入りのパイ菓子. タートとも.

タルトレット [tartelette 仏] 小型のタルト.

ダルマ [dharma サンスク]
① 仏教用語で法, 真理.
② 禅宗の始祖. 達磨.

タレント [talent]
① 才能, 特技.
② 芸能人.

タレントショップ [talent shop 和] 人気タレントが経営する店.

タロットカード [tarot card] 西洋カルタの一つ. 占いに使う.

タワリシチ ➡ タバリシチ

タン
■ [tan] 日焼け, 黄褐色.
② [tongue] 舌, 舌肉.

ターン [turn]
① 回転. 方向転換. 曲がること. ターニングとも.
② 曲がり目. 折り返し点.

ターンオーバー [turnover]
① 球技などで, 相手チームにボールの支配権が移ること.
② 皮膚の新陳代謝. 古くなった表皮細胞がはがれること.

ターンオン [turn-on] 麻薬などによる幻覚状態.

タンカー [tanker] 油槽船, 液体貨物専用の輸送船.

ダンガリー [dungaree] デニムの一つで綾織りの丈夫な綿布. 横糸に濃紺, 縦糸に白い糸を使う.

タンク [tank]
① 液体や気体の容器, 貯蔵槽.
② 戦車.

ダンク ➡ ダンクショット

ダンクシュート ➡ ダンクショット

ダンクショット [dunk shot] バスケットボールで, ネットの真上からボールを投げ込むこと. ダンク, ダンクシュートとも.

タンクトップ [tank top] ランニングシャツに似た水着型の上着.

タングラム [tangram] 知恵の板. 中国のパズルで, 七つに切り分けた正方形の板を組み合わせる遊び.

タンクローリー [tank lorry 和] ガソリンなどの液体を運ぶトラック.

ダンケシェーン [Danke schön. 独]「どうもありがとう」.

タンゴ [tango] 20世紀初めにアルゼンチンで生まれた舞踏曲. 4分の2拍子の歯切れのよいリズムが特徴.

ターンシグナル [turn signal] ➡ ウインカー

ダンジネスクラブ [Dungeness crab] イチョウガニ．アメリカ太平洋岸で取れる食用ガニ．

ダンスセラピー [dance therapy] ダンスの動きを取り入れた精神的な障害の治療法．ダンス・ムーブメント・セラピー(dance movement therapy)とも．

ターンスタイル [turnstile] 遊園地などにある，1人ずつしか通れない仕組みの十字型回転式改札口．

ダンソン [danzon 㽺] キューバの器楽曲の一つ．スペインの舞曲とアフリカ系住民のリズム感が混じり合ったもの．

ダンディー [dandy] だて男，おしゃれな男性．

ダンディズム [dandyism] 男性のおしゃれ．粋(いき)な態度．

ダンディールック [dandy look] 男性のしゃれた着こなし，洗練された服装．女性の男っぽい服装．

ターンテーブル [turntable]
①レコードプレーヤーの回転盤．
②鉄道車両の向きを変える転車台．

タンデム [tandem]
①座席が前後に並んだ2人乗り自転車．
②縦に並んだ，直列の．

タンドーリチキン [tandoori chicken] 鶏肉を香辛料とヨーグルト，酢などに漬け，土製のかまどで焼いたインド料理．

タンニン [tannin] お茶の渋み成分．皮のなめし剤や医薬品などに用いられる．

ダンパー [damper]
①緩衝器．
②ピアノなどの弱音器．
③通風調整用などの弁．

ターンパイク [turnpike] 有料高速道路．

タンバリン [tambourine] 打楽器の一つ．片面だけに革を張り，鈴などを付けた小型の太鼓．タンブリンとも．

タンパリング [tampering] 事前交渉．

ダンピング [dumping] 採算を度外視した投げ売り．不当廉売．安値輸出．

ダンプカー [dump car 和] 荷台を傾けて積み荷を落とせるようにしたトラック．本来はそうした構造の貨車のことで，正しくはダンプトラック(dump truck)．

ダンプサイト [dump site] ごみ捨て場．

タンブラー [tumbler] 大型のグラスの一つ．

タンブリン ➡ タンバリン

タンブリング [tumbling] 体操のとんぼ返りや跳躍運動．

ダンプリング [dumpling] 洋風の蒸しだんご．

タンペラマン [tempérament 仏]
①体質，気質．
②音楽用語で，平均律．

ダンベル [dumbbell] ウエートトレーニングなどに用いる運動具の一つ．亜鈴(あれい)．

タンポン [tampon 仏]
　①止血栓. 傷口に詰めて出血を止めるための脱脂綿, ガーゼ.
　②膣ちに挿入する方式の生理用品.

チ

チアガール [cheer girl 和] ➡ チアリーダー

チアノーゼ [Zyanose 独] 青色症. 血液中の酸素の欠乏で皮膚や粘膜が暗紫色になること.

チアホーン [cheer horn] 応援用のラッパ.

チアミン [Thiamin 独] ビタミンB_1の化学名.

チアリーダー [cheerleader] 応援団のリーダー. チアガールは和製英語.

チアリーディング [cheerleading] スポーツの試合などを団体で応援すること. また, それにスタンツ(組体操)を取り入れたスポーツ.

チェアスキー [chair ski] 身体障害者用の座席を取り付けたスキー.

チェアパーソン [chairperson] 議長, 委員長, 司会者, 企業の会長. 男女平等の観点から, 従来のチェアマンに代わって使われる呼び名.

チェアマン [chairman] ➡ チェアパーソン

チェーサー [chaser] 強い酒の後に飲む水やビール.

チェス [chess] 西洋将棋.

チェスト [chest]
　①胸, 胸部.
　②ふた付きの大きな箱. 整理だんす.

チェストボイス [chest voice] 胸声, 低音の声.

チェダーチーズ [Cheddar cheese] イギリス南西部チェダー村原産の硬いチーズ.

チェッカー
　1 [checker]
　①市松模様.
　②レジ係など, 照合や検査, 勘定を受け持つ人.
　③ ➡ チェッカーフラッグ
　2 [__s] 盤上競技の一つ. 市松模様の盤を使い, 赤黒各12個のコマで戦う. 西洋碁.

チェッカーフラッグ [checkered flag] 自動車競走でスタートやゴールの合図に振る市松模様の旗. 略してチェッカー.

チェック [check]
　①照合, 調査, 検査, 照合した印(✓).
　②小切手.
　③市松模様.
　④阻止, 妨害, 抑制.
　⑤ ➡ チェックメート

チェックアウト [checkout] 料金を支払ってホテルを引き払うこと. 対 チェックイン.

チェックアウトタイム [checkout time] ホテルで, それまでにチェックアウトを済ませるように定められている時刻.

チェック・アンド・バランス [checks and balances] 抑制と均衡. 権力

の特定部門への集中を防ぐため,立法,司法,行政の三権が互いに抑制しながら均衡を保つこと.

チェックイン [checkin]
①ホテルで宿泊の手続きをすること. 対チェックアウト.
②空港で搭乗手続きをすること.

チェックオフ [checkoff] 労働組合費を使用者が給与から徴収して組合に渡す制度.

チェックブック [checkbook] 小切手帳.

チェックポイント [checkpoint]
①検問所.
②要注意点,重要個所.

チェックメート [checkmate] チェスで,詰み.王手.チェックとも.

チェックリスト [checklist] 照合表,照会簿.

チェリー [cherry]
①サクランボ.桜.
②処女,処女膜.

チェリオ [cheerio]「さようなら」「ごきげんよう」「乾杯」.

チェリスト [cellist] チェロの演奏家.

チェリーブランデー [cherry brandy] リキュールの一つ.サクランボが原料のブランデー.

チェリーボーイ [cherry boy] 童貞.

チェレンコフ光 [Cherenkov radiation] 荷電粒子が物質中を光速よりも速く走るときに放射される光.

チェロ [cello] バイオリンに似た大型の低音楽器.

チェーン [chain]
①鎖,きずな.自転車の駆動用の鎖.雪道での滑り止めに自動車のタイヤに巻く鎖.
② ➡チェーンストア

チェンジ [change]
①交換すること.変えること.
②スポーツで,攻守やコートの場所を交代すること.
③両替え.
④電車などの乗り換え.

チェーンストア [chain store] 連鎖店.同一資本で同種の商品を扱う小売店組織.チェーンとも.

チェーンスモーカー [chain smoker] タバコを続けざまに吸う人.

チェーンソー [chain saw] 歯が鎖状になっている電動のこぎり.

チェンバーミュージック [chamber music] 室内楽.室内や小ホールで演奏するための器楽曲,またはその演奏.

チェンバロ [cembalo 伊] ➡ハープシコード

チェーンメール [chain mail] 連鎖メール.受け取った人がさらに次々と多くの人に送るEメール.

チェーンレター [chain letter] 連鎖手紙.受取人が期限内に何人かに同文の手紙を出さないと不幸になるといういたずら手紙.

チキータ [chiquita 西] 少女.

チキンゲーム [chicken game] 度胸だめしゲーム.どちらが先に引き下がるかを試すゲーム.チキンは俗

語で「臆病者」の意. チキンレースとも.

チキンナゲット [chicken nugget] 一口大の鶏肉を揚げたもの.

チキンレース [chicken race] ➡ チキンゲーム

チーク

1 [cheek] 頬. 頬の化粧. チークダンスの略.

2 [teak] 東南アジア産の落葉高木. 建材に用いられる.

チークダンス [cheek dance 和] 男女が頬を寄せ合って踊るダンス. 略してチーク.

チクルス [Zyklus 独] 連続演奏会. 1人の作曲家の作品を連続的に取り上げる演奏会. ツィクルスとも.

チクロ [cyclo 和] 人工甘味料の一つ. シクロヘキシルスルファミン酸ナトリウム (Natriumcyclohexylsulfamate) の略. 発がん性があるとして食品への添加が禁止されている.

チゲ [찌개 朝] 朝鮮の鍋料理の総称.

チーズフォンデュー ➡ フォンデュー

チター [Zither 独] 琴に似た, チロル地方の弦楽器.

チタニウム [titanium] ➡ チタン

チタン [Titan 独] 銀白色の金属. 軽くて強く, 耐熱性・弾力性に富む. 記号Ti. チタニウムとも.

チッキ [check] 旧国鉄の鉄道手荷物, またはその預かり証. チェックがなまったもの.

チック [cosmetic] 男性の整髪に使う固い髪油. コスメチックの略.

チック症 [tic] まぶたや顔面筋などに起こる不随意けいれん.

チップ

1 [chip]
①ルーレットなどのゲームで, かけ金の代わりに使うかけ札.
②ジャガイモなどの薄切り.
③集積回路.

2 [tip]
①心付け, 祝儀.
②野球で球が打者のバットをかすめること. ファウルチップの略.
③助言, 情報.

チップスター [tipster] 内報者, 予想屋.

チップボード [chipboard] ➡ パーティクルボード

チノ [chino] 綿綾織物の一つ. 作業着などに使われる丈夫な布.

チーフ [chief] 長, かしら, 責任者.

チープ [cheap] 価格が安い. 安っぽい. 下品な.

チーフエグゼクティブ [chief executive] 最高経営責任者, 行政の責任者.

チープガバメント [cheap government] 安上がりの政府. 予算, 組織を必要最小限に抑えた政府.

チープシック [cheap chic] 安価だが魅力的なおしゃれ.

チマ [치마 朝] 朝鮮の女性用民族衣装の一つ. 上着のチョゴリと合わせるスカート.

チミン [thymine] 核酸を構成する4塩基の一つ. DNA中でアデニンと

塩基対をなす.

チーム [team] 一組の集団. 組.

チームティーチング [team teaching] 協力教授組織. 複数の教師がチームを組んで弾力的に指導する方式. 略はTT.

チムニー [chimney]
①煙突.
②登山用語で, 岩場の縦の裂け目.

チームプレー [team play] 共同作業, 協力.

チーム・マイナス6% [team minus 6 percent 和] 地球温暖化防止のため, 温室効果ガス排出量を日本全体で6%削減しようという活動.

チームワーク [teamwork] 協力, 共同作業. 協調.

チャイナ
1 [China] 中国. 中国人. 中国風の.
2 [c__] 磁器, 陶磁器. かつては中国の特産だったため.

チャイナカード [China card] 各国が外交政策を進めるため, 中国を切り札として利用すること.

チャイナシンドローム [China syndrome] 原子力発電所の炉心溶融事故がアメリカで発生した場合, その影響は地球の反対側の中国にまで達するという考え方.

チャイナタウン [Chinatown] 中華街, 中国人街.

チャイム [chime]
①時計台, ドアなどの鐘.
②管鐘. 鐘のような音を出す打楽器.

チャイルドアビュース [child abuse] 児童虐待.

チャイルドシート [childseat] 乗用車に取り付ける幼児専用座席.

チャイルドショック [child shock 和] 出生率の低下や児童数の減少の社会的な影響.

チャウダー [chowder] 魚やハマグリ入りのシチュー.

チャオ [ciao 伊]「やあ」「こんにちは」「さようなら」.

チャコ [chalk] 洋裁で, 布に印を付けるためのチョーク.

チャコール [charcoal] 木炭. 木炭画.

チャコールグレー [charcoal gray] 木炭のように濃い灰色.

チャコールフィルター [charcoal filter] 活性炭の吸着性を利用したタバコフィルター.

チャージ [charge]
①代金, 料金.
②責任, 義務.
③非難, 告発.
④突撃, 攻撃.
⑤充電.

チャーター [charter] バス, 航空機などの乗り物を借り上げること.

チャータースクール [charter school] アメリカの, 保護者が州政府から許可をとって運営する小中学校.

チャーターバック [charter back] 海運会社が, いったん外国に売った船舶を借り上げて使用すること.

チャーチアテンダー [churc

tender 和] 結婚式や披露宴での花嫁の介添えを業とする女性.

チャチャチャ [cha-cha-cha 㽞] キューバの軽快なダンス音楽.

チャッカ [chukka] くるぶしまでのブーツ. チャッカブーツ(chukka boots)とも.

チャッティング [chatting]
①おしゃべり.
②インターネットで, 複数の人が同時に通信できる機能.

チャット [chat] おしゃべり. 雑談. インターネットでのやりとり.

チャツネ [chutney] インドの調味料の一つ. マンゴーやレーズンなどに香辛料を加えて煮たもの.

チャート [chart] 図表, グラフ, 海図.

チャートイン [chart in 和] CDやレコードなどがヒットチャート(人気順位表)に入ること.

チャードル [chador] イスラム教の女性が着用する, 全身をすっぽり覆う布. チャドルとも.

チャネラー [channeler] 異次元の世界と交信する人, 霊媒.

チャネリング [channeling] 異次元との交信.

チャネル [channel] 水路, 海峡, 経路, 仲介, テレビなどの周波数帯. チャンネルとも.

チャパティー [chapati] 小麦粉をせんべい状に薄く焼いたパン.

チャプスイ [雑砕 中] 肉や野菜を煮込んだ洋風の中華料理.

チャプター [chapter] 書物や論文などの章. 区切り.

チャペル [chapel] 礼拝堂, 教会堂.

チャーミング [charming] 魅力的な, 感じのいい, かわいい.

チャーム [charm]
①魅力. 魔力.
②ネックレスや腕輪などに付ける小さな飾り.

チャームスクール [charm school] 女性用の美容・エチケットなどの指導教室.

チャームポイント [charm point 和] 魅力, 魅力の中心.

チャーモロジー [charmology 和] 女性の魅力の研究.

チャリティー [charity] 思いやり. 慈善, 慈善事業.

チャリティーショー [charity show] 慈善興行. 収入を慈善事業に寄付することを目的とした興行.

チャールストン [Charleston] 1920年代にアメリカで流行した, 脚をけり上げるダンス.

チャルメラ [charamela 葡] 木管楽器の一つ. 先端がラッパ状に開いている.

チャレンジ [challenge] 挑戦, 課題, 努力目標.

チャレンジャー [challenger] 挑戦者.

チャンスメーカー [chance maker 和] スポーツで, 得点の機会を作る選手.

チャンネル ⇒ チャネル

チャンピオン [champion]

①優勝者. 選手権保持者. 略してチャンプ.
②ある事柄にすぐれている人. その方面での第一人者.

チャンピオンシップ [championship] 選手権. 選手権大会. 決勝戦.

チャンピオンズリーグ [UEFA Champions League] サッカーで, 欧州のクラブ王者を決める大会.

チャンピオンフラッグ [champion flag] 優勝旗.

チャンプ ➡ チャンピオン①

チュアブル [chewable] かみ砕ける. 水がなくてもかんで飲める錠剤を指す.

チューター [tutor] 後見人, 個別指導教官, 家庭教師.

チュチュ [tutu 仏] バレエで, ダンサーが身に付けるスカート.

チュートリアル [tutorial]
①大学などでの個人指導.
②専門的な情報を与えるための説明書.

チューナー [tuner] テレビやラジオの同調装置. ピアノなどの調律師.

チュニック [tunic] 丈が腰の下あたりまである女性用上着.

チューニング [tuning] 楽器, テレビ, ラジオなどの同調, 調律, 調整.

チューニングカー [tuning car 和] エンジンやボディーを改良した車.

チューバ ➡ テューバ

チューブ [tube]
①管, 筒.
②練り歯みがきや絵の具の絞り出し式の容器.
③タイヤの内側に入れる空気入れ用のゴム管.
④ロンドンの地下鉄.

チューブライディング [tube riding] サーフィンで, 波が作るトンネル状の空間をくぐり抜けること.

チューブレスタイヤ [tubeless tire] チューブがないタイヤ. 気密性の高いゴムを内側に密着させたもので, パンクしにくい.

チュール [tulle 仏] 目の細かい網状の織物. ベールなどに用いられる.

チューンアップ [tune up]
①自動車のエンジンなどを調整して最大限の性能を引き出すこと.
②調律. 楽器の音程を合わせること.

チョイス [choice]
①選択, 選択肢.
②えり抜きの, 厳選された.

チョーカー [choker] 首にぴったりと巻くネックレス.

チョーク
1 [chalk] 白墨.
2 [choke]
①エンジンの空気吸入調節弁.
②息苦しくなる. 窒息する.
③ ➡ チョークコイル

チョークコイル [choke coil] 高周波電流を遮断するコイル. 略してチョーク.

チョークストライプ [chalk stripe] 濃い地色に描いた白いしま模様

チョゴリ [저고리 韓] すその短い朝鮮民族の女性用上着. チマ

合わせて着る.

チョッパー［chopper］
①野菜や木材を細かく刻む機械.
②電流などの変調装置.

チョップ［chop］
①肉などをたたき切ること.
②鋭い一撃, 平手打ち.
③骨付きの厚切り肉.

チョモランマ［Chomolungma］チベット語でエベレストのこと.

チョリソ［chorizo 西］香辛料を利かせたポークソーセージ.

チラー［chiller］ぞっとさせる小説や映画. ホラー作品.

チリ・コン・カーン［chili con carne 西］メキシコ料理の一つ. 牛肉や豆を辛い香辛料で煮込んだもの. チリ・コン・カルネとも.

チルト ⟹ ティルト

チルド食品［chilled food］凍らない程度の低温で流通・販売される食品.

チルトステアリング ⟹ ティルトステアリング

チルトローター ⟹ ティルトローター

チロシン［tyrosine］アミノ酸の一つ. 体内でアドレナリンやメラニンの原料となる.

チン［chin］あご.

チンザノ［Cinzano 伊］イタリア産のリキュール. ベルモットの一つ.

チンジャオロース［青椒肉絲 中］肉とピーマンの細切りをいためた中国料理.

チンダル現象［Tyndall phenomenon］液体や気体に分散している微粒子のために光の通路が見える現象.

チンネ［Zinne 独］登山用語で, 頂上がとがった岩峰.

チンロック［chin lock］レスリングで, 相手のあごを挟み付けて動けなくする技.

ツ

ツアー［tour］小旅行, 周遊旅行.

ツァイチェン［再見 中］「さようなら」「ごきげんよう」.

ツァイトガイスト［Zeitgeist 独］時代精神, 時代思想.

ツアー・オブ・ジャパン［Tour of Japan］日本で開催される最大の自転車レース.

ツアコン ⟹ ツアーコンダクター

ツアーコンダクター［tour conductor］団体旅行の添乗員. 略してツアコン.

ツァーリズム［czarism］帝政ロシア時代の専制政治.

ツィクルス ⟹ チクルス

ツイスト［twist］
①ねじる, ひねる.
②ロックンロールのリズムに合わせて, 腰をくねらせるダンス.
③卓球や玉突きで, 球を回転させること.

ツイーター［tweeter］高音用スピーカー. 対 ウーファー.

ツイード［tweed］ざっくりとした素朴な風合いの毛織物.

ツイル [twill] 綾織り.綾織物.斜文織.

ツイン [twin]
① 対の一方の,対を成すもの.
② ➡ツインルーム

ツインカム [twin cam] 2本のカム軸をもち吸気弁と排気弁を個別に直接開閉させるエンジンの形式.ダブル・オーバーヘッド・カムシャフト,DOHCとも.

ツインベッド [twin bed] 二つのシングルベッド(1人用寝台)を対にしたもの.

ツインルーム [twin room] ホテルで,2組のベッドを備えた客室.略してツイン.関 ダブルルーム.

ツーウエー [two-way] 2通りに使える,兼用の,双方向の.

ツェルトザック [Zeltsack ドイ] 登山用の軽い簡易テント.

ツーサイクル・エンジン [two-cycle engine] 内燃機関の一つ.吸入・圧縮・燃焼・排気を2行程で完了する形式のエンジン.

ツーショット [two-shot] テレビ用語で,出演者が2人登場する場面.

ツー・テン・ジャック [two ten jack 和] トランプ遊びの一つ.

ツートンカラー [two-tone color 和] 二つの色の組み合わせ.

ツナ [tuna] マグロ,マグロの缶詰.

ツーバイフォー工法 [two-by-four construction] 2×4工法,枠組壁構法.規格化された枠組みと構造用合板を張った壁・床で構成される.木材の断面が2インチ×4インチ(two-by-four)であることからの名称.

ツーピース [two-piece] 上着とスカートがセットになった婦人服.

ツービート [two-beat] ジャズで4分の4拍子で2拍目と4拍目にアクセントを置くこと.

ツーフィンガー [two-fingers] ウイスキーなどを,指2本分の幅だけ注ぐこと.➡ワンフィンガー.

ツベルクリン [Tuberkulin ドイ] 結核診断用の検査用注射液.

ツリークライミング [tree climbing] ロープと登攀用具を利用したレジャーとしての木登り.

ツーリスト [tourist] 観光客,旅行者.

ツーリストクラス [tourist class] 旅客機や船の普通席.旅客機ではエコノミークラスともいう.

ツーリストビューロー [tourist bureau] 旅行,観光案内所.

ツーリング [touring] 各地を巡る旅行,周遊.

ツーリングカー [touring car] 長距離ドライブ用の自動車.

ツール [tool] 道具,工具,商売道具.手段.

ツール・ド・フランス [Tour de France 仏] 毎年7月に行われる,3週間かけてフランス国内を回る自転車レース.

ツールボックス [toolbox] 道具箱.工具箱.

ツンドラ [tundra ロシ] 北極周辺の凍土,凍原.

テ

テアトル [théâtre 仏] 劇場, 舞台, 映画館. 英語ではシアター.

テアトロピッコロ [teatro piccolo 伊] 小劇場.

テアニン [theanine] 緑茶のうま味成分.

ティー
1 [tea] 茶. 特に紅茶.
2 [tee] ゴルフボールを載せる台座.

ディアスポラ [diaspora] 国外への大量移住・離散, 母国を追われること.

ティアードスカート [tiered skirt] フリルなどを重ねたり, 切り替えを入れたりした装飾的なスカート.

ティアドロップ [teardrop] 涙のしずく. また, その形をしたもの.

ティアラ [tiara] 宝冠. 宝石や花を配した女性の礼装用頭飾り.

ディオニソス [Dionysos] ➡バッカス

テイク ➡テーク

ディクショナリー [dictionary] 辞書, 辞典, 字引き.

ディクテーション [dictation] 書き取り, 口述筆記.

ディグニティー [dignity] 威厳, 尊厳, 品位, 名誉, 名声.

ティーグラウンド [tee ground 和] ゴルフで, これからプレーするホールのスタート場所. ティーインググラウンドとも.

ディグリー [degree]
①程度, 等級, 資格, 学位.
②温度などの度.

デイケア [day-care] 日中介護. 乳幼児や高齢者, 身体障害者を昼間だけ専門職員が預かり, 世話をすること. デイサービスとも. 対ナイトケア.

ディケード [decade] 10年間.

デイサービス [day service 和] ➡デイケア

ディジェスチフ [digestif 仏] 食後酒. ディジェスティフとも. 対アペリチフ.

ディシプリン [discipline]
①訓練, 鍛錬, しつけ, 懲罰.
②学科, 学問分野.

ティーショット [tee shot] ゴルフで, ティーグラウンドから打つ第1打.

ディスインフレ [disinflation] デフレーションを避けながらインフレーションを収束させること. ディスインフレーションの略.

ディスカウント [discount] 値引き, 割引.

ディスカウントストア [discount store] 安売り店. 略はDS.

ディスカウントセール [discount sale] 大安売り, 割引販売.

ディスカッション [discussion] 討議, 審議, 討論.

ディスカバー [discover] 発見する.

ディスカバリー [discovery]
①発見.
②書類, 証拠などの開示.

ディスク [disk, disc]
①円盤状のもの.特に,音盤.
②重量挙げで,バーベルの重量を増すための鉄製の円盤.
③コンピューターの記憶媒体として用いられる磁気円盤.

ディスクジョッキー [disk jockey] 音楽をかけながらおしゃべりをはさむラジオ番組の司会者.略してジョッキー,DJ.

ディスクブレーキ [disk brake] 円盤型制動装置.回転軸に取り付けた円盤を締め付けて回転を制動する装置.

ディスクマガジン [disk magazine] フロッピーディスクやCDに内容を入力した雑誌.

ディスクール [discours 仏] 演説.言説.談話.

ディスクロージャー [disclosure]
①発表.暴露.
②企業情報開示.取引先や投資家保護のための財務内容の開示.

ディスコ ➡ディスコテーク

ディスコグラフィー [discography] 作曲家別や演奏家別のレコード目録.

ディスコテーク [discothèque 仏] 生演奏ではなくレコード音楽で踊る店.ディスコテックとも.略してディスコ.

ディスコテック ➡ディスコテーク

ディスコミュニケーション [discommunication 和] 意思疎通の欠如,崩壊.

テイスター [taster] 品定めをする人.味の鑑定人.

ディスターブ [disturb] 騒がす.妨害する.

ディスタンクシオン [distinction 仏] 卓越化.他人から自己を区別して際立たせること.

ディスタンス [distance] 距離,間隔.

ディスタンスレース [distance race] スキーなどの長距離競技.

テイスティー [tasty] おいしい,美味な.趣味のよい,上品な.

テイスティング [tasting] ワインなどの利き酒.味見.

テイスト [taste] 味,風味.趣味,好み.テーストとも.

ディストーション [distortion]
①ゆがみ.ねじれ.
②エレキギターなどの音をゆがめる装置.

ディストピア [dystopia] 暗黒社会.反理想郷.対ユートピア.

ディストリビューション [distribution]
①分配,配布,分布.
②販売,流通,流通機構.

ディストレス [distress] 悩み,苦痛,難儀,困窮,遭難.対ユーストレス.

ディスパッチャー [dispatcher] 配車係,運航管理者,通信指令.

ディスプレー [display]
①商品などの展示,陳列.
②コンピューターやワープロなどのデータ表示画面.

ディスペア [despair] 絶望,自暴

自棄.

ディスペンサー [dispenser]
①分配する人.
②ちり紙,紙コップなどを必要に応じて取り出せる装置.

ディスポーザー [disposer] 生ごみを砕いて下水道に流す装置.

ディーゼル [diesel] 重油や軽油を燃料とする内燃機関,ディーゼルエンジン,ジーゼルとも.

ディセントラリゼーション [decentralization] 集中排除,分権化,地方分散. 対セントラリゼーション.

ディソリューション [dissolution]
①分解. 溶解.
②契約の解消. 離婚.
③議会や組織の解散.

ディゾルブ [dissolve]
①溶かす,分解する,解散する.
②映画・テレビで,画面を次第に消しながら次の画面を映し出す技法. オーバーラップ.

ティーチイン [teach-in] 政治,社会問題についての学内討論会,討論集会.

ティーチングアシスタント ➡TA③

ディッシャー [disher] アイスクリームやポテトサラダなどを丸く盛りつけるための器具.

ディッシュ [dish]
①皿. 皿状のもの.
②一皿の料理.

ディップ [dip] 野菜などに付けるクリームソースの一つ.「ちょっと浸す」の意から.

ディテクティブ [detective] 探偵,刑事.

ディテクティブストーリー [detective story] 推理小説,探偵小説.

ディテール [detail] 詳細,細部,部分.

デイトレーダー [day trader] パソコンなどを使って毎日細かく株を取引する個人投資家.

ディナー [dinner]
①正餐ᵗⁱ. 西洋料理の正式な食事.
②一日のうち最も主となる食事,普通は夕食. 晩餐ᵗⁱ, 晩餐会.

ディナーウエア [dinnerware] 食器類のひとそろい.

ディナーショー [dinner show] 食事をしながら楽しむショー.

ディーバ [diva] 歌姫. オペラの女性歌手. プリマドンナ.

ディバイダー [divider] 製図用の分割器.

デイパック [day pack] 日帰り旅行用の小型のリュックサック.

ティーバッティング [tee batting] 野球で,ボールを球台に載せて行う打撃練習法.

ティピカル [typical] 典型的な,代表的な.

ディビジョン [division]
①分割,分離. 仕切り,区画.
②部門. 学部. 部.

ディープ [deep]
①深い.
②色が濃い.
③和製用法で,マニアックな.

ディフィニション [definition]
①定義,定義付け. はっきりさせる

こと.
②レンズなどの解像力.

ディフェンス [defense] 防御, 守り. 対オフェンス.

ティフォジ [tifosi 伊] スポーツの熱狂的観戦者. ➡サポーター, フーリガン.

ディープキス [deep kiss] 舌を深く入れるキス. 類フレンチキス.

ディープスロート [deep throat] 内部告発者, 密告者.

ディフレクター [deflector]
①気流などの流れを変える装置, そらせ板.
②偏針儀. 磁気羅針盤の自差を修正する装置.

ディプレッション ➡デプレッション

ディプロマ [diploma] 免状, 卒業証書, 学位授与証.

ディプロマシー [diplomacy] 外交, 駆け引き.

ディプロマット [diplomat] 外交官.

ディベート [debate]
①討議, 討論.
②一つのテーマをめぐり肯定と否定に分かれて優劣を競う討論会.

ディベロッパー [developer]
①都市や住宅の大規模開発業者, 不動産業者. デベロッパーとも.
②写真の現像液.

デイホーム [day home 和] 高齢者などの日中介護 (デイケア) 施設.

ティーボール [tee ball] 野球に似たスポーツ. 投球はなく, 台に置いたボールを打つ.

ディメンション [dimension] 寸法, 次元, 広さ, 容積, 規模.

ディーラー [dealer]
①売買業者, 卸売り業者. 特に自動車の販売業者.
②自己売買専門の証券業者.
③トランプのカードを配る人.

デイライトスクリーン [daylight screen] 明るい場所でも使える映写幕.

デイライトセービング・タイム [daylight-saving time] ➡サマータイム

ティラピア [tilapia] イズミダイ. タイに似た東アフリカ原産の淡水魚.

ティラミス [tiramisu 伊] クリームチーズで作るイタリアのデザート.

ディーラム ➡DRAM

ディーリング [dealing] 取引, 商売. 特に金融機関が行う債券売買や証券取引業務.

ディール [deal]
①分配する, 対処する, 取引する.
②取引.

ティルト [tilt]
①傾斜.
②揺らす, 傾ける. いずれも, チルトとも.

ティルトステアリング [tilt steering] 車のハンドルの傾きを調整できる機構. ティルトハンドルは和製英語. チルトステアリングとも.

ティルトローター [tilt-rotor] 転換式回転翼航空機. 主翼両端に回転翼があり, 垂直離着陸ができる.

チルトローターとも.

ディレギュレーション [deregulation] 規制廃止, 統制解除. デギュレーションとも.

ディレクション [direction] 方角. 方向づけ. 指示. 傾向.

ディレクター [director]
①映画や演劇の監督, 演出家.
②テレビやラジオの番組担当者.
③音楽の指揮者.

ディレクターズカット [director's cut] 監督自身が編集し直した映画フィルム.

ディレクターズスーツ [director's suit] 男性の昼間の準礼服. 黒の上着に, 黒白の縞のズボンを組み合わせたもの.

ディレクトリー [directory]
①住所録, 人名録, 電話帳.
②指令集. コンピューターで, ファイル名と記憶場所が読み込んである部分.

ディレッタンティズム [dilettantism] 趣味・道楽として学問や芸術を愛好すること.

ディレッタント [dilettante] 好事家, 芸術愛好家.

ティーンエージャー [teenager] 10代の男女. 特に13〜19歳の, 英語で末尾がteenで終わる年齢.

ディンギー [dinghy] 艇長3〜5m, マスト1本の小型ヨット.

ディンクス [DINKS: double income no kids] 共働きで子供のいない夫婦.

ティンパニ [timpani 伊] 打楽器の一つ. 大きな半球に皮などを張り, ばちでたたく.

ティンパン・アレー [Tin Pan Alley] ニューヨーク, ブロードウェー28番街辺りの通称. 楽器店, 楽譜出版社などが軒を並べる.

ディンプル [dimple]
①えくぼ.
②ゴルフボールの表面にある小さなくぼみ.

デオキシリボ核酸 [deoxyribonucleic acid] 生物の遺伝子を構成する高分子化合物. 略はDNA.

デオドラント [deodorant] 脱臭薬, におい消し.

デカスロン [decathlon] 十種競技. 100m走, 走り幅跳び, 砲丸投げ, 走り高跳び, 400m走, 110mハードル走, 円盤投げ, 棒高跳び, やり投げ, 1500m走の総合得点を競う.

デカダン [décadent 仏] 退廃的. 退廃派の芸術家, 退廃的な生活をする人.

デカダンス [décadence 仏] 退廃, 堕落.

デカダンティスム [décadentisme 仏] 退廃主義.

デカップリング [decoupling] 切り離し. 農業の生産調整と所得補償とを分離すること.

デカルコマニー [décalcomanie 仏] 転写画. 紙に描いた絵や図案の転写法.

デカンター [decanter] ワインなどを入れる食卓用の栓付きガラス瓶.

テキサスヒット［Texas hit 和］野球で, 内野手と外野手の中間に落ちるヒット.

デキシー ➡ デキシーランドジャズ

デキシーランドジャズ［Dixieland jazz］創始期のジャズ. 米国ニューオーリンズで始まった. デキシーランドは南部諸州の俗称で, 略してデキシー.

テキスタイル［textile］織物, 編み物, 布地.

テキスタイルデザイナー［textile designer］織物の意匠図案家.

テキスト［text］
①本文, 原文, 教科書. テクストとも.
②コンピューター用語で, 文字からなるデータ, 文章.

デキストリン［dextrin］糊精こせい. でんぷんが麦芽糖になる過程で生じる中間物質.

テキーラ［tequila 西］リュウゼツランを原料とするメキシコ産の蒸留酒.

テク［tech］テクノロジー, テクニカル, テクニックなどの略.

テーク［take］映画・音楽で, 1回分の撮影, 録音. テイクとも.

テークアウト［takeout］持ち帰り用の料理や飲食物. 持ち帰り方式の店. 類キャリーアウト.

テークオーバー［take-over］買収, 乗っ取り.

テークオフ［takeoff］
①航空機の離陸. 対ランディング.
②離陸期. 経済成長が飛躍的な発展段階を迎えること.
③跳躍などの踏み切り.
④サーフィンで, 板の上に立って身構えること.

テクスチャー［texture］織り地, 生地. 手ざわり, 質感.

テクスト［texte 仏］➡ テキスト①

テクニカラー［Technicolor］天然色映画の方式の一つ. 赤, 青, 緑の3色のフィルムを1本に重ねる方法. 商標.

テクニカル［technical］専門的な, 技術的な.

テクニカルカレッジ［technical college］イギリスの工芸高校, 工業専門高校.

テクニカルターム［technical term］専門用語, 学術用語.

テクニカルディレクター［technical director］放送番組や映画などの技術スタッフの最高責任者. 略はTD.

テクニカルノックアウト［technical knockout］ボクシングでレフェリーが, 一方の選手の試合続行が不可能と判断して他方の選手の勝ちを宣告すること. 略はTKO.

テクニカルハラスメント［technical harassment］コンピューターなどの情報機器を使えないことに対するいやがらせ. 略してテクハラ. テクノロジーハラスメントとも.

テクニカルファウル［technical foul］バスケットボールなどで, 体の接触以外のスポーツマンシップ

にかかわる反則.

テクニカルライター [technical writer] コンピューター関連機器などの取り扱い説明書を素人にもわかりやすく書く専門家.

テクニシャン [technician] 専門家, 技術者, 技巧家.

テクニック [technique] 専門技術, 芸術などの手法, 技法. 手管.

テクノ [techno] ➡テクノポップ

テクノエコノミックス [techno-economics] 技術経済学. 経済学と先端技術を組み合わせた学問.

テクノクラシー [technocracy] 技術主義, 技術者支配.

テクノクラート [technocrat]
①専門技術者, 技術官僚.
②テクノクラシーの支持者.

テクノストラクチャー [techno-structure] 専門知識や特殊技能を持つ人々によって構成される意思決定組織.

テクノストレス [technostress] コンピューターを扱うことで生じる精神的な負担.

テクノスーパーライナー ➡TSL

テークノート [take note] 注意する, 留意する.

テクノナショナリズム [techno-nationalism] 技術国家主義. 高度技術の輸出増大や官民共同の技術開発などを重視する政策.

テクノパーク [technopark] コンピューター関連の企業を集めた工業地区.

テクノポップ [techno-pop] シンセサイザー, コンピューターなどの電子楽器を用いるポピュラーミュージック. 略してテクノ.

テクノポリス [technopolis] 高度技術集積都市. 地域開発計画の一つで, 先端技術産業や大学・研究機関を誘致する都市.

テクノミスト [technomist 和] 経営能力に優れ, コンピューターなどの技術も使いこなせる人. テクノロジー(technology)とエコノミスト(economist)の合成語.

テクノレディー [techno-lady 和] システムエンジニア, プログラマーなどの技能を持つ女性社員. 略はTL.

テクノロジー [technology] 科学技術.

テクノロジーハラスメント [technology harassment] ➡テクニカルハラスメント

デクパージュ ➡デコパージュ

テクハラ ➡テクニカルハラスメント

デクラメーション [declamation] 大演説, 朗読.

デーゲーム [day game] 野球などで, 昼間に行われる試合.

デコイ [decoy] おとり, 狩猟用の鳥の模型.

デコーダー [decoder] 暗号解読器, 暗号文の解読者.

デコード [decode] 暗号を解読する.

デコパージュ [découpage 仏] 木・金属・ガラスなどに絵を張り付け,

デコラ [Decola] 合成樹脂の薄板を張り付けた化粧板. 家具, 建材に使われる. 商標.

デコラティブアート [decorative art] 装飾美術.

デコルテ [décolleté 仏] 襟ぐりを大きくして肩や胸を出した婦人服.

デコレーション [decoration] 飾り. 装飾.

デコレーションケーキ [decoration cake 和] クリームやチョコレートで飾り付けた大型のケーキ. 英語ではファンシーケーキ(fancy cake).

デコレーター [decorator] 室内装飾家. 特にデパートなどで売り場やウインドーの飾り付けを演出する人.

テコンドー [태권도 朝] 韓国の格闘技. 蹴りを中心とした連続技が特徴.

デザイナー [designer] 設計者, 意匠図案家, デザインを考案する人.

デザイナーズコレクション [designer's collection] 年2回, パリや東京などで開かれる有名デザイナーのファッションショー.

デザイナーズブランド [designer brand] 有名デザイナーの名前を冠した服飾ブランド.

デザイナードラッグ [designer drugs] 擬似麻薬. 規制薬物の化学構造の一部を作りかえたもの.

デザイン [design] 図案, 意匠, 設計, 計画, 企画.

デザート

1 [dessert] 食後に出される菓子や果物, アイスクリームなどの総称.

2 [desert] 砂漠.

デジアナ [DIGI-ANA 和] 数字によるデジタル表示と, 針によるアナログ表示の両方で時間を示す時計. 商標.

デジカメ ⇒ デジタルカメラ

デシジョンメーキング [decision making] 意思決定.

デジタル [digital] 数量を0, 1などの数字で表す方式. 対 アナログ.

デジタルカメラ [digital camera] CCD(電荷結合素子)を使い, 画像をデジタル信号に置き換えて記録するカメラ. 略してデジカメ.

デジタルデバイド [digital divide] コンピューターを使いこなす能力の有無によって生じる情報格差.

デジタルハイビジョン [Digital Hi-Vision] ハイビジョン放送の方式の一つ. 高精細画面で, 縦横の比率は16:9.

デジタル・ビデオディスク ⇒ DVD

デシベル [decibel]
①電圧, 電力などの増幅や減衰を表す単位. 記号dB.
②音や振動の大きさを表す単位. 記号dB.

デシマル [decimal] 十進法の.

デジャビュ [déjà vu 仏] 既視, 既視感. 初めて見る情景なのに, 既にどこかで見たことがあると感じる感覚. デジャブーとも. 対 ジャメビュ.

デジュール・スタンダード [de jure standard] 公的標準. JISなどの公共機関が制定する標準規格. 対 デファクト・スタンダード.

デスエデュケーション [death education] 死への準備教育.

デスカレーション [de-escalation] 段階的縮小. 対 エスカレーション.

デスク [desk]
①机, 事務机.
②新聞社の編集部, 編集責任者.

デスクトップ・パブリッシング ➡ DTP

デスクプラン [desk plan] 机上計画. 実際的でない計画.

デスクレスコンピューター [deskless computer] ➡ ラップトップコンピューター

デスクワーク [desk work] 机でする仕事. 事務. 対 フィールドワーク.

テスター [tester]
①電気の回路計, 回路試験器.
②試験官, 調査員.

テスタメント [testament] 遺言, 契約. 聖書.

デスティニー [destiny] 運命, 宿命, 必然性.

デ・ステイル [De Stijl 蘭] 第1次世界大戦後にオランダで起こったモダニズム芸術運動. 単純な色と構成を重視した. 「様式」の意.

テースト ➡ テイスト

テストキャンペーン [test campaign] 新製品の試験販売. 地域を限って試験的に販売し, 消費者の反応を調べる方法.

テストケース [test case]
①先例となる試み.
②判例となる訴訟事件.

テストドライバー [test driver] 開発中の自動車や新型自動車の試運転担当者.

テストパイロット [test pilot] 新型航空機などの試験飛行をする操縦士.

テストパターン [test pattern]
①テレビ受像機の映りを検査, 調整するために使用する図形.
②試験的な試み.

テストマッチ [test match] ラグビーなどの国際試合.

デストロイヤー [destroyer]
①破壊者, 破壊するもの.
②駆逐艦.

デスペラード [desperado] 無法者, 命知らず.

デスペレート [desperate] 絶望的な, すてばちの, 自暴自棄の.

デスマスク [death mask] 死面. 死者の顔の型を取り, 石膏を流して作る顔面像.

デスマッチ [death match] プロレスなどで, どちらか一方が完全に倒れるまで闘う試合. 死闘.

デスメタル [death metal] ロック音楽の一つ. 悪魔や死, 絶望などをテーマにしたヘビーメタル.

テスラ [tesla] 磁束密度の単位. 記号T.

テーゼ [These 独]
①命題, 定立. 対 アンチテーゼ.

②綱領, 運動方針.
デセール [dessert 仏]
①バターや卵をたっぷり使った柔らかいビスケット.
②デザート.
データ [data]
①資料. 判断その他のもととなる事実.
②コンピューターで問題の処理に必要な情報.
データグローブ [data glove] バーチャルリアリティー(仮想現実)の体験に使う操作用手袋. 手を動かせば画面の手も同じ動きをする.
データバンク [data bank] 情報銀行. コンピューター処理した大量の情報を蓄積・保管・提供する機関. 略はDB.
データベース [database] コンピューターを使って検索でき, 多目的に利用することが可能な情報ファイル. 略はDB.
データマイニング [data mining] 膨大な量のデータから有益な情報を掘り起こすこと.
データマン [data man 和] 編集者や作家の注文に応じて資料や情報を集める人.
デタント [détente 仏] 国際関係での緊張緩和.
デッキ [deck]
①船の甲板.
②列車などの昇降口の床.
③サーフボードの上面.
④航空機の送迎用桟橋.
⑤ ⇒テープデッキ

デッキチェア [deck chair] 甲板いす. 折りたたみ式のいす.
テック [tech 和]
①自動車やオートバイを利用した遊園地.
②自動車の練習場.
テックス・メックス [Tex-Mex] 米国テキサス州とメキシコを折衷した料理やファッション.
デッサン [dessin 仏] 素描, 下絵.
デッド [dead]
①死んだ, 動かない. 電流が通じない.
②ゴルフで, ホールのすぐそばにボールが止まること.
デット・エクイティ・スワップ [debt-equity swap] 不良資産や借入金などを証券と交換すること. 債務の株式化.
デッドエンド [dead end] 行き止まり, 袋小路, 行き詰まり.
デッドコピー [dead copy] 企業が新製品開発のため, 他社の同種製品をそっくり模造すること. またはその模造品.
デッドストック [dead stock] 滞貨, 売れ残り, 死蔵品.
デット・デット・スワップ [debt-debt swap] 債権者が, 既存の債権を別の条件の債権に変更すること.
デッドヒート [dead heat] スポーツや選挙などで, 最後まで激しくせり合うこと. 白熱戦. 本来は, 競馬で2頭が同時にゴールインすることをいう.
デッドポイント [dead point] 死

点,中心点.運動量が最低になる位置.激しい運動中に酸素摂取のバランスがとれず,とても苦しくなる時期.

デッドボール [dead ball]
①球技で,一時停止状態にあるボール.
②和製用法で,野球の死球.投球が打者の体に当たること.
③ドッジボールの旧称.

デッドライン [deadline] 締め切り時間,最終期限.

デッドルーム [dead room] 無響室.吸音効果を高めることによって音響の反射を最小にした部屋.

デッドロック [deadlock] 行き詰まり.「デッドロックに乗り上げる」という使い方は,ロックを暗礁(rock)と誤解してのもの.

テップ ⇒ TEPP

デディケーション [dedication]
①献身,奉納.
②作品に付ける献辞.献堂式,開所式.

テディベア [teddy bear] ぬいぐるみのクマ.

デート [date]
①日付,日時.
②特に異性と会う約束.その相手.
③ナツメヤシの実.

デートスポット [date spot 和] デートするのに適した場所.

デトックス [detox] 解毒.体内浄化.デトクシフィケーション(detoxification)の略.

デトノクラート [debtnocrat] 国際機関の国際債務問題担当者.debt(債務)とtechnocrat(技術官僚)の合成語.

テトラハイドロゲストリノン [tetrahydrogestrinone] 筋肉増強剤の一つ.ドーピング規定による禁止薬物.略はTHG.

テトラパック [Tetra Pak] 牛乳などを入れる紙製の4面体の容器.商標.

テトラポッド [Tetrapod] 4本の足をもつコンクリートブロック.防波堤などに使われる.商標.

テトロドトキシン [tetrodotoxin] フグの卵巣や肝臓に含まれている猛毒素.

テトロン [Tetoron] ポリエステル系合成繊維の一つ.商標.

テナー [tenor] 男声の最高音域.またはその歌手.テノールとも.

テナーサックス [tenor sax] サクソフォンの一つ.アルトサックスとバリトンサックスの中間の音域.

テナント [tenant] 家屋や土地の賃借人,店子(たな).

デニム [denim] 綾織りの丈夫な綿布.

デニール [denier] 生糸や合繊糸の太さを表す単位.記号D.

デノミ ⇒ デノミネーション

デノミネーション [denomination] 和製用法で,通貨単位の切り下げ.インフレで通貨の表示金額が大きくなり過ぎた場合に新しい単位に切り替えること.略してデノミ.英語では単に名称,呼び名のこ

と.

テノール [Tenor ドイ] ➡ テナー

デ杯 ➡ デビスカップ

デバイス [device]
①装置,仕掛け,仕組み.
②コンピューターを構成する装置類.ハードディスクやメモリなど.
③コンピューターにつなげて使う周辺機器.キーボードやマウス,プリンターなど.

デバイスドライバー [device driver] コンピューター周辺機器を作動させるためのソフトウエア.略してドライバー.

デパーチャー [departure] 出発.発車.対アライバル.

デバッグ [debug] コンピュータープログラムの誤り(バグ)を見つけて修正すること.「虫取り」の意.

デバリュエーション [devaluation] 平価切り下げ.

デビスカップ [Davis Cup] 男子テニスの国別対抗戦.略してデ杯.類フェドカップ.

デビットカード [debit card] キャッシュカードに即時決済機能が付いたもの.J-Debitとも.

デビュー [début フラ] 初登場,初舞台,第一歩.

デビュタン [débutant フラ] 新人,初舞台の俳優.女性形のデビュタント(débutante)には,「初めて社交界に出る女性」の意も.

デビル [devil] 悪魔.類サタン,デーモン.

デビルズアドボケート [devil's advocate] 悪魔の弁護人,わざと否定的な材料を集める人,あまのじゃく.

テーピング [taping] スポーツ選手などが痛めた関節や筋肉・靱帯(じんたい)を保護するためにテープを巻くこと.

デフ
1 [differential gear] 差動歯車.自動車の駆動装置などに利用される.ディファレンシャルギアの略.デフギアとも.
2 [deaf] 聴覚障害.

デファクト [de facto ラテ] 事実上の.

デファクト・スタンダード [de facto standard] 公的機関が定めた標準ではなく,市場の大勢を占める事実上の標準.デファクト標準とも.対デジュール・スタンダード.

デフアート [deaf art] 聴覚障害者の生活や文化を表現する美術.

デフォルト [default]
①債務不履行.
②試合などの棄権,不参加.
③コンピューターで,初期設定.規定値.ユーザーが何も指定しない場合の設定.

デフォルメ [déformer フラ] 変形させる,いびつにする.

テープカット [tape cut 和] 開通式などで紅白のテープにはさみを入れること.

デフギア ➡ デフ**1**

デフコン [DEFCON: defense condition] 米軍の緊急警戒態勢.5段階あり,段階が高いほど即応能力

が高い.

デフシアター [deaf theater] 聴覚障害者の劇団.

デプスインタビュー [depth interview] 深層面接. 催眠術などを用いて, 患者の潜在意識を探り出す方法.

テープデッキ [tape deck] 録音テープの再生装置. 略してデッキ.

テープライブラリー [tape library]
①音の図書館. 音楽や演劇などをテープに録音して保管する施設.
②視覚障害者のために, 本を朗読したテープを貸し出ししたりする施設.

デフラグビー [deaf rugby] 聴覚障害者のラグビー. 競技方法は一般のラグビーと同じ.

デブリーフィング [debriefing] 任務終了後の報告, 聴き取り調査.

デフリンピック [Deaflympics] 聴覚障害者の国際スポーツ大会.

テーブルスピーチ [table speech 和] 宴席でのあいさつや演説. 英語ではアフターディナー・スピーチ (after-dinner speech).

テーブルセンター [table center 和] テーブルの中央に置く飾り布. センターピースとも.

テーブルチャージ [table charge 和] レストラン, バーなどで請求される席料. 英語ではカバーチャージ (cover charge).

テーブルテニス [table tennis] ➡ ピンポン

テーブルトーク [table talk] 座談, 雑談.

テーブルファイア [table fire] 火災保険金の詐取を目的にでっち上げる架空の火災.

テーブルマナー [table manners] 食卓での作法, 食事の作法.

テーブルマネー [table money] 接待費, 交際費.

デフレ ➡ デフレーション

デフレギャップ [deflationary gap] 完全雇用の状態で, 総供給が総需要を上回ること. 対 インフレギャップ.

デフレーション [deflation] 通貨収縮. 商品の取引量に比べて通貨量が減少するために起こる物価下落現象. 略してデフレ. 対 インフレーション.

デフレスパイラル [deflationary spiral] 物価下落と景気後退が繰り返される悪循環の状態.

デフレーター [deflator] 国民所得統計の名目値を実質値に換算するのに用いられる物価指数.

デプレッション [depression]
①不景気, 不況.
②くぼみ.
③意気消沈. 憂うつ. いずれも, ディプレッションとも.

デプログラミング [deprogram(m)ing] 信仰などを強制的に捨てさせること.

デフロスター [defroster] 冷蔵庫や自動車, 飛行機の翼などの霜取り. 除氷装置.

テフロン [Teflon] 四フッ化エチレ

ンで作った合成樹脂の商標. 酸や高温に強い.

デベロッパー ➡ ディベロッパー①

デポ [depot]
①倉庫, 貯蔵所.
②百貨店などが商品配送のために設ける中継集荷所.

デポジット [deposit] 預金, 積立金, 保証金, 担保.

デポジット制度 [deposit-refund system] 缶飲料などの価格に預かり金(デポジット)を上乗せして販売し, 空き缶の返却時に返金するもの.

テポドン [Taepodong] 朝鮮民主主義人民共和国が開発した弾道ミサイルのアメリカ側の呼称.

デボネア [debonair] 人当たりのいい, 屈託のない, 気さくな.

テーマ [Thema ドイ] 主題. 主旋律.

デマ ➡ デマゴギー

デマゴギー [Demagogie ドイ] 大衆を扇動するための政治的宣伝, 中傷. 略してデマ.

デマゴーグ [Demagoge ドイ] 扇動政治家.

テーマソング [theme song] テレビ番組や映画の主題歌.

テーマパーク [theme park] 特定のテーマで統一した大規模遊園地.

テーマミュージック [theme music] 映画, 放送番組の主題曲.

デマンド [demand]
①要求する, 必要とする.
②要求, 需要.

デマンドバス [demand bus] 呼び出しバス. 呼び出しに応じて運行する方式のバス.

デマンドプル・インフレ [demand-pull inflation] 需要牽引インフレ. 需要超過によって生じる物価上昇.

デミ [demi-] 「半分の」の意味の接頭語.

デミグラスソース [sauce demi-glace 仏] ブラウンソースに肉汁を加え, 煮つめて作ったソース. ドミグラスソースとも.

デミタス [demi-tasse 仏] 小型のコーヒーカップ, またそれに入れて出される食後のコーヒー. 「半カップ」の意.

デミング賞 [Deming Prize] 工業製品の品質管理向上に貢献した個人や企業に与えられる賞. 日本科学技術連盟が制定.

デメリット [demerit] 欠点, 短所. 不利益. 対メリット.

デモ [demo] ➡ デモンストレーション①②

デモクラシー [democracy] 民主主義, 民主政治. 対オートクラシー.

デモクラット
❶ [democrat] 民主主義者.
❷ [D__] アメリカの民主党員.

デモクラティック [democratic] 民主的な, 民主主義的な.

デモクラティックソーシャリズム [democratic socialism] 民主社会主義. 議会主義を基本とする社

会主義.

デモグラフィー [demography] 人口(動態)統計.

デモグラフィック [demographic] 人口動態の, 人口統計上の.

デモデクス [demodex] 顔ダニ, 皮膚ダニ.

デモテープ [demo tape] 試聴や審査, 見本用の録音テープ.

デモーニッシュ [dämonisch ドイ] 悪魔的な, 物につかれたような.

デーモン [demon] 悪魔, 悪霊, 鬼神. 類サタン, デビル.

デモンストレーション [demonstration]
①示威運動. 集団での意思表示. 略してデモ.
②宣伝効果を上げるための実演. 略してデモ.
③スポーツ大会での公開競技. 正式種目以外に行われる競技のこともいう.

デモンストレーター [demonstrator]
①デモ(示威運動)の参加者.
②商品の実演販売者.

デュアル [dual] 二元的な, 二重の.

デュアル・カレンシー債 [dual currency bond] 二重通貨債. 利払いと償還で通貨が異なる債権.

デュアルモード・バス [dual-mode bus] 一般道路では有人運転, 専用軌道ではコンピューター制御の無人運転で走行するバス. ガイドウエーバスとも. 略はDMB.

デュアルユース・テクノロジー [dual-use technology] 民生用, 軍用いずれにも転用できる高度先端技術. 略はDUT.

デュエット [duet] 二重唱, 二重奏.

デュオ [duo イタ] 二重唱, 二重奏, 2人組.

デュークス [DEWKS: double employed with kids] 共働きで子供がいる夫婦.

デュース ➡ ジュース①

デューティー [duty] 義務. 職分. 税. 関税.

デューティーフリー [duty-free] 関税がかからない, 免税の, 無税の.

デューデリジェンス [due diligence] 物件精査業務. 買収する企業の財務内容や技術力などを調査すること. また, 不動産物件について詳しく査定すること.

テューバ [tuba] 金管楽器の一つ. 大型で低音域が出せる. チューバとも.

デュープ [dupe] 副本, 写し, 複製. ネガフィルムから作ったスライドや複製録音したテープ. デュープリケートの略.

デュープリケート [duplicate] ➡ デュープ

デュープレックス [duplex]
①二重の. 複式の. 2連式の.
②送受信が同時に可能な回路.
③ ➡ デュープレックスハウス

デュープレックスハウス [duplex house] 2世帯住宅. デュープレックスとも.

デュープロセス [due process] 正当な法手続き.

デューライン ➡ DEWライン

デュラム小麦 [durum wheat] スパゲティ, マカロニの原料になる小麦の一つ.

デュレーション [duration] 債券市場用語で, 債券に投資した額の平均回収期間.

テラー [teller] 銀行などの窓口係. 出納係.

テーラー [tailor] 男性用の洋品店, 仕立て屋. ➡ ドレスメーカー.

テラコッタ [terra-cotta 伊] 粘土の素焼き, または建築物の外装などに使われる素焼きの陶器.

デラシネ [déraciné 仏] 根なし草. 祖国を離れた人.

テラス [terrace]
①庭に張り出した露台. 張り出し.
②高台. 岩棚.

テラスハウス [terrace house] 庭付きの低層集合住宅.

テラゾー [terrazzo 伊] 人造石の一つ. 大理石の砕石をセメントで固め, 表面を研ぎ出したもの.

デラックス [deluxe] 豪華な, 高級な, ぜいたくな.

テーラードスーツ [tailored suit] 男物風に仕立てた婦人服. 上着とスカートの組み合わせ.

テラバイト [terabyte] 情報量の単位. 1テラバイト=1000ギガバイト. 記号TB.

テラリウム [terrarium]
①植物栽培用のガラスの器.
②小動物の飼育器.

デリ ➡ デリカテッセン

デーリー [daily]
①毎日の, 日常の.
②日刊紙.

デリカ ➡ デリカテッセン

デリカシー [delicacy]
①繊細さ, 優美さ, 上品さ.
②感受性の鋭さ, 細やかさ, 思いやり.

デリカテッセン [Delikatessen 独] 調理済み食品や洋風総菜を売る店. 略してデリ, デリカ.

デリケート [delicate] 繊細な, 壊れやすい, 微妙な, 優雅な.

デリート [delete] コンピューター上のデータなどを削除すること.

テリトリー [territory] 領地, 領土, 領域. 受け持ち区域, 販売区域.

テリーヌ [terrine 仏] 冷製のオードブルの一つ. 魚や鳥肉をすりつぶして型に詰め, 蒸し焼きにしたもの.

デリバティブ [derivative] 金融派生商品.

デリバリー [delivery] 配達, 配送, 引き渡し.

デリンジャー現象 [Dellinger phenomenon] 太陽面の爆発によって通信電波が混乱し, 途絶えてしまう現象. 磁気あらしが発生して電離層が乱されるため.

テール [tail] 尾, しっぽ. 後尾, 末尾.

テールエンド [tail end] 最後尾, 最下位.

テールコート [tailcoat] 燕尾(えんび)服. 男性の夜間の正礼装. 上着の背が長く, 先が二つに分かれている.

デルタ [delta 希]
① ギリシャ文字の4番目の文字. Δ, δ.
② 河口にできる三角州, 三角形のもの.

テールフィン [tail fin]
① 魚の尾びれ.
② サーフボードの後部などに付けるひれ状の安定板.

テールライト [taillight] ➡テールランプ

テールランプ [tail lamp] 自動車などの後部に取り付けられる赤色灯, 尾灯. テールライトとも.

テレカ ➡テレホンカード

テレキネシス [telekinesis] 遠隔念動作用, 念力. 精神力で物体を動かすこと. サイコキネシスとも.

テレキャスト [telecast] テレビ放送.

デレギュレーション ➡ディレギュレーション

テレクラ [telephone club 和] 風俗営業の一つ. 女性がかけてくる電話を店内で受け, 会話を楽しむもの. テレホンクラブの略.

テレグラフ [telegraph] 電信. 電報.

デレゲーション [delegation] 代表団, 使節団.

テレコ [tape recorder] 磁気テープを用いた録音再生装置. テープレコーダーの略.

テレコミュニケーション [telecommunication] 電気通信, 遠距離通信. 略してテレコム.

テレコム [telecom] ➡テレコミュニケーション

テレゴング [telegong 和] 電話投票システム. テレビ番組などの質問に対し, 選択肢ごとに用意された番号に電話をかけることで回答する仕組み.

テレジェニック [telegenic] テレビ映りのよい, テレビ向きの. 類フォトジェニック.

テレショップ [teleshop] ➡テレビショッピング

テレスキャン [telescan 和] テレビの文字多重放送の一つで, 画面にニュースなどが字幕で映し出されるもの.

テレスコープ [telescope] 望遠鏡.

テレタイプ [Teletype] 電信印刷機, 自動電信タイプライター. 商標.

テレックス [telex] 加入者電信. 電話回線を利用してテレタイプで交信する方式.

テレテキスト [teletext] 文字多重放送.

テレパシー [telepathy] 精神感応. 言語などを使わずに感情, 思考が人に伝達されること, それを感知すること.

テレパス [telepath] テレパシー能力を持つ人.

テレバンジェリスト [televangelist] テレビを使って宣教する伝道

師.

テレビゲーム [television game] ➡ビデオゲーム

テレビコード [television code] テレビ放送の倫理規定. 表現上の自主規制.

テレビショッピング [television-shopping 和] テレビを利用した通信販売. テレショップとも.

テレビタレント [television talent 和] テレビによく出演する芸能人.

テレビデオ [televideo 和] ビデオデッキを内蔵したテレビ受像機.

テレビマネー [television money] 放映権料. テレビ局がスポーツ・イベントなどの放映権取得のために主催者に支払う金.

テレフィーチャー [telefeature] テレビ用長編映画. television(テレビ)とfeature(特別番組・長編)の合成語.

テレポーテーション [teleportation] 人間や物体を念力で移動させること, 念動.

テレポート [teleport] 高度情報通信処理基地. 衛星通信や情報網を活用する情報通信基地.

テレホンカード [telephone card 和] 公衆電話用の磁気カード. 略してテレカ.

テレホンクラブ ➡テレクラ

テレホンセクレタリー [telephone secretary 和] 会員となった会社の事務を電話で代行する職業.

テレマーク [telemark]
①スキーで, 内側のエッジを立てて大きな半径で回転する方法.
②スキーのジャンプでの着地法. 足を前後にして, ひざを折り曲げた姿勢.

テレマーケティング [telemarketing] 電話などを利用した市場調査.

テレメーター [telemeter] 遠隔測定器. 各種の測定値を自動的に送受信, 記録する装置.

テレメンタリー [telementary] テレビのドキュメンタリー番組. テレビジョン(television)とドキュメンタリー(documentary)の合成語.

テレラーニング [telelearning] 遠隔教育. 遠隔地と通信回線で接続し, 授業を受けられるシステム.

テレワーク [telework] インターネットなどを利用して, 勤務先などから物理的に離れた場所で業務を行うこと.

テロ
1 ➡テロリズム
2 ➡テロル

テロップ [telop] テレビ放送で, カメラを通さずに字幕や写真を送り出す装置.

テロメア [telomere] 染色体の末端にあり, 染色体を保護する構造物. 細胞が分裂するたびに短くなり, 細胞の老化や寿命に関連すると考えられている.

テロメラーゼ [telomerase] テロメアの短縮を防ぐ酵素.

テロリスト [terrorist] 暴力革命主

テロリズム [terrorism] 組織的暴力, 暴力行為, 恐怖政治. 略してテロ.

テロル [Terror ドイ] 暴力, 暗殺などの手段を用いて政治目的の達成を図ること. 略してテロ.

デン [den] 動物の巣, 隠れ家, 書斎, 仕事部屋.

テンガロンハット [ten-gallon hat] アメリカのカウボーイがかぶる, つばの広い帽子. カウボーイハットとも.

テンション [tension]
①精神的な緊張, 緊張状態.
②張力, 応力.

テンセル [Tencel] パルプから作る柔らかいセルロース繊維.

テンタティブ [tentative] 仮の, 試験的な, 試みの.

テンダーネス [tenderness] 優しさ, 思いやり.

テンダリー [tenderly] 優しく, 親切に.

デンタル [dental] 歯の, 歯科の, 歯科医の.

デンタルフロス [dental floss] 歯の間を掃除するための糸. フロスとも.

テンダーロイン [tenderloin] ➡ヒレ①

テンデンシー [tendency]
①傾向, 風潮.
②性癖, 性向.

テントビジネス [tent business 和] 一時的にテントを張って演劇, 演奏会場などに利用すること.

テンパー [temper]
①気質, 気性.
②気分, 機嫌.
③かんしゃく, 短気.

テンプル [temple]
①礼拝堂, 神殿, 寺院.
②こめかみ.

テンプレート [template]
①製図用などの型板, 定規板.
②コンピューターで, ワープロや計算表ソフトなどの形式サンプル.

テンペスト [tempest]
①大あらし, 暴風雨.
②大騒ぎ.

テンペラ [tempera] 卵などを溶いて使う不透明な絵の具. またはその作品.

テンペラメント [temperament] 気質, 性質, 気性, 体質.

テンポ [tempo イタ] 音楽用語で, 拍子, 速度. 物事の進行する速度, 調子.

テンポラリーワーカー [temporary worker] 一時雇い. 臨時労働者.

テンポルバート [tempo rubato イタ] 音楽用語で, 速度を自由に変えて演奏すること. 略してルバート.

ト

ドア・ツー・ドア [door-to-door] 各戸ごとの, 戸別の, 家を出てから到着するまでの, 宅配の.

ドアマン [doorman] ホテルなどでドアの開閉や荷物運びなどをする

男性.ドアボーイは和製英語.

トーイック ➡ TOEIC

ドイモイ政策 [Doi Moi policy] ベトナムの経済改革政策.ドイモイはベトナム語で「刷新」の意.

トイレタリー [toiletry] 化粧品,化粧用具.洗面用品.

ドゥ・イット・ユアセルフ [do-it-yourself] 自分ですること.日曜大工の,自作の.略はDIY.

トゥインクルレース [twinkle race 和] 夜間に開催する競馬レース.

ドゥエリング [dwelling] 住居,すみか.

トウバンジャン [豆板醤 中] 中国料理の調味料の一つ.ソラマメのトウガラシみそ.

ドゥームズデー [doomsday]
①最後の審判の日,世界の終わりの日.
②核戦争.

ドゥーワップ [doo-wop] 黒人音楽のリズム・アンド・ブルースの一形態.バックコーラスがハミングの伴奏を付けるのが特徴.

トカマク [Tokamak ロシ] 高温プラズマを閉じ込めるための核融合実験装置.

トカレフ [Tokarev ロシ] 旧ソ連の軍用拳銃.

トーキー [talkie] 発声映画.対サイレント.

トキシコロジー [toxicology] 毒性学,毒物学,毒理学.

トキソプラズマ [toxoplasma] 住血原虫.原生動物の一つで,哺乳類や鳥類に寄生する.

ドギーバッグ [doggie bag] レストランで食べ残した料理を持ち帰るための袋.「犬に食べさせるため」という口実から.

ドキュメンタリー [documentary] 事件・事実をそのまま記録した作品,番組.類ノンフィクション.対フィクション.

ドキュメンテーション [documentation]
①文献,記録などの資料の分類整理,文書化.
②証拠の提出,考証.

ドキュメント [document] 文書,記録,実録.

ドキュメントビラ [document villa 和] 企業の書類やデータを専門に預かる倉庫業.

トーキングドラム [talking drum] アフリカの太鼓の一つ.太鼓の胴を締めたりゆるめたりして,音程や音色を変えることができる.

トーキングブック [talking book] 視覚障害者などのための録音図書.書籍などを朗読して録音したテープやCD.

トーキングペーパー [talking paper] 討議資料.国際会議などで,自国の主張・論旨をあらかじめ相手側に伝えておく文書.類ポジションペーパー.

トーク [talk] 話すこと.語ること.

トークイン [talk-in] 抗議,討論集会.

トークショー [talk show] 有名人

のインタビューや座談で構成される放送番組, 講演.

トークセッション [talk session] 懇談会, 討論会.

ドクターイエロー [Doctor Yellow 和] 新幹線の電気軌道総合試験車. 車体が黄色いことから.

ドクターカー [doctor car 和] 医師が同乗する救急車.

ドクターコース [doctor course 和] 大学院の博士課程.

ドクターストップ [doctor stop 和]
①ボクシングなどの試合途中で, 負傷その他の理由により続行が不可能と医師が判断, やめさせること.
②医師が患者の行動を規制すること.

ドクトリン [doctrine]
①教義, 教理, 信条.
②主義, 原則, 学説.

ドグマ [dogma]
①宗教上の教義, 教理.
②教条, 独断, 独断的な主張.

ドグマチック [dogmatic] 独断的な, 独りよがりの, 押し付けがましい.

トグルスイッチ [toggle switch]
①1度操作すると, 次に操作するまで同じ状態を保つ手動スイッチ.
②つまみを上下に動かすスイッチ.

トークン [token] しるし, 象徴, 代用硬貨.

ドコサヘキサエン酸 [docosahexaenoic acid] 不飽和脂肪酸の一つ. 血中コレステロールを下げる効果があるとされる. 略はDHA.

トコフェロール [tocopherol] ビタミンEの化学名.

トーシューズ [toe shoes] バレエ用のつま先の固い靴.

トス [toss]
①野球などで, 下から軽くボールを投げること.
②バレーボールで, ボールを軽くネット際に打ち上げること.
③コインを投げ, 落ちたコインの表裏で物事を決めること.

ドス ➡ DOS

ドスキン [doeskin]
①雌ジカの革.
②柔軟で光沢のある毛織物. いずれも, ドースキンとも.

ドスブイ ➡ DOS/V

トータス [tortoise] リクガメ. 類 タートル.

トータル [total]
①合計, 総計, 全体.
②合計すること.

トータルケア [total care] 全人的医療. 医学的な治療ばかりでなく, 家庭や社会環境にも配慮する全面的な医療.

トータルファッション [total fashion 和] 衣服だけでなく靴や装飾品にまで全体に一貫性をもたせた服装.

トーダンス [toe dance] バレエで, つま先立ちで踊ること.

トーチ [torch]
①たいまつ, 聖火. 懐中電灯.
②小型携帯用バーナー.

トーチカ［tochka ロシ］コンクリートなどで固めた防衛陣地.

トーチソング［torch song］片思いや失恋などを歌う感傷的な歌.

トーチリレー［torch relay］オリンピックなどの聖火リレー.

トッカータ［toccata イタ］ピアノやオルガンのための即興曲.

ドッキング［docking］
①接合, 連結.
②宇宙船同士の結合.

ドック［dock］
①波止場, 埠頭(ふとう). 船舶の修理, 建造施設.
②和製用法で, 健康診断のための精密検査. 人間ドックとも.

ドッグイヤー［dog year］情報化社会の変化の速さ. 犬は人間と比較すると7倍の速度で生きているとされることから.

ドッグウオーカー［dog-walker］犬の散歩を代行する人.

ドッグタッグ［dog tag］
①犬の鑑札.
②兵士が首に付ける認識票.

ドッグラン［dog run］飼い犬を運動させられる専用の広場.

ドッグレース［dog race］グレーハウンド犬が模型のウサギを追って走る競犬.

ドッジボール［dodge ball］避球. 二組に分かれてボールを投げ合い, より多く相手に当てたチームが勝ち. ドッジは「身をかわす」の意.

ドット［dot］
①点. コンピューターの印字を構成する点の数の単位.
②水玉模様.

ドット・インパクト・プリンター［dot impact printer］➡ドットプリンター

ドットプリンター［dot printer］細かい点の集まりによって印字する方式の出力装置. ドット・インパクト・プリンターとも.

トッパー［topper］女性用の丈の短いコート.

トッピング［topping］料理や菓子の仕上げに上に載せる具, 材料.

トップ［top］
①頂上, 頂点. 先頭. 首席, 第一人者.
②新聞紙面の最上段に位置する重要記事.
③企業の最高幹部.
④テニスや卓球などで, バウンドしたボールの頂点.
⑤自動車ギアの最高速.
⑥ボールの中心より上を打つこと.

トッフィー［toffy］➡タッフィー

トップガン［Top Gun］米海軍の空中戦教官養成コース, その修了生.

トップクラス［top class］最上級, 最高級.

トップコート［topcoat］
①薄手の外套(がいとう).
②ペンキやマニキュアなどの仕上げ塗り.

トップコンディション［top condition］最高の状態.

トップシークレット［top secret］最高機密, 極秘事項.

トップス [tops] 上半身用の衣服. 対 ボトムス.

トップセールス [top sales 和]
① 営業担当者などで, 最も多くの注文を集めること.
② 企業の最上層部が行う営業活動.

トップダウン [top-down]
① 包括的な.
② 組織のトップがすべてを決定し, 部下に下ろす経営方式.

トップドッグ [top-dog] 最高の, トップの.

トップヘビー [top-heavy]
① 頭でっかちの, 不安定な.
② ゴルフのクラブで, ヘッドが重すぎること.
③ 経済用語で資本過剰.

トップマネジメント [top management]
① 企業の最高経営陣, 最高幹部.
② 最高幹部の指揮・統制を中心にした経営管理方式.

トップモード [top mode 和] 流行の最先端をいく服装.

トップライト [top light]
① 採光のための天窓.
② 頭上からの照明.

ドップラー効果 [Doppler effect] 音や光の波の発生源に対して動いている人には, 波の振動数がずれて感じられる現象. 救急車のサイレンが近づくときは高く, 遠ざかるときは低く聞こえるのはこのため.

トップランナー方式 [top runner method] 省エネ基準や排ガス基準などについて, 既存商品の中で最もすぐれているものを基準とすること.

トップレス [topless] 女性用の胸を露出した水着やドレス. 対 ボトムレス.

トップレディー [top lady 和] 第一線で活躍する女性. また, 要人の夫人. 英語ではファーストレディー.

トップレベル [top-level]
① 最高幹部, 経営者.
② 最高位の.

ドッペルゲンガー [Doppelgänger ドイ] 生霊(いきりょう), もう一人の自分, 分身.

トーテミズム [totemism] トーテム崇拝, トーテム信仰. トーテムはネーティブアメリカンの社会で氏族ごとに崇拝する自然物で, 獣や鳥であることが多い.

トーテムポール [totem pole] ネーティブアメリカンの社会で家の前に立てる, 動物などの崇拝物(トーテム)を描いた柱.

トト [toto] 日本のサッカーくじ. 指定された試合の結果を予想するもの.

トトカルチョ [totocalcio 伊] イタリアのサッカーくじ.

トトゴール [totogol 伊] サッカーくじの一つ. 指定された試合の得点数を予想するもの.

トートバッグ [tote bag] 大きな手さげ袋.

トートロジー [tautology] 同語反復, 重複語.

トナー [toner] 調色液, 現像剤.

ドナー [donor]
①寄贈者, 贈り主.
②臓器移植の提供者. 対 レシピエント.

ドナーカード [donor card] 死後に臓器を提供すると申し出た人が携帯するカード.

ドーナツ化現象 [doughnut development pattern] 都市中心部の空洞化. 都心部の人口が減り, 周辺部の人口が増加すること.

ドーナツ盤 [doughnut] 1分間45回転のシングルレコード盤. 中心に大きな穴がありドーナツに似ていることから. EP.

トーナメント [tournament] 勝ち抜き方式による選手権大会.

トーナメントプロ [tournament pro 和] ゴルフやテニスなどで, 競技会の賞金などを収入源とするプロ選手.

トーニー [tawny] 黄褐色. 黄褐色の.

トニー賞 [Tony Award] アメリカで毎年, 優れたブロードウェー演劇に与えられる演劇賞.

トニック [tonic]
①強壮剤, 毛髪用の栄養剤.
②音楽用語で, 主音, 主和音.

トパーズ [topaz] 黄玉（おうぎょく）. 宝石の一つ. 11月の誕生石.

ドーパミン [dopamine] 神経伝達物質の一つ. その欠乏がパーキンソン病の一因になる.

トピアリー [topiary]
①植木を動物などの形に刈り込んだもの.
②室内装飾用の人工樹木.

トピック [topic] 話題, 話の種, テーマ.

トピックス ⇒TOPIX

ドーピング [doping] 運動能力を高めるため, スポーツ選手が興奮剤や鎮静剤を使用すること. 不正行為として禁止されている.

ドーピングテスト [doping test] スポーツ選手や競走馬が薬物を使っていないかどうかを検査すること. ドープチェックとも.

ドープ [dope] 麻薬. 興奮剤.

トフィー ⇒タッフィー

ドブソン単位 [Dobson Unit] 大気中のオゾン量を表す単位. 記号 DU.

ドープチェック [dope check] ⇒ドーピングテスト

トーフル ⇒TOEFL

トボガン [toboggan] ⇒リュージュ

トポグラフィー [topography] 地形. 地勢.

トポス [topos ギリ]
①文学の主題や表現方法.
②場所, 位相.

トポロジー [topology]
①位相数学, 位相幾何学.
②地形学.

ドミグラスソース ⇒デミグラスソース

ドーミトリー [dormitory] 寄宿舎, 学生寮.

ドミノ [domino]

①カルタの一つ.骨,象牙などで作った28枚の牌を使った遊び.
②将棋倒し.

ドミノ移植 [domino transplantation] 臓器移植を受ける人から取り出す臓器を,さらに別の患者に移植すること.

ドーム [dome] 丸屋根,丸天井.

トムトム [tom-tom] アフリカなどの胴の長い太鼓.ジャズ演奏にも使われる.タムタムとも.

トムヤムクン [tom yam kung タ] タイ料理の一つ.辛味と酸味のきいたエビ入りスープ.

ドメイン [domain] インターネットに接続している組織や団体のグループ.各グループごとに固有のドメイン名を持つ.

ドメスティック [domestic]
①家庭的な,家庭向きの.
②国内の,国産の.

ドメスティック・バイオレンス [domestic violence] 家庭内暴力.夫婦や恋人の間で生じる肉体的・精神的な暴力行為.略はDV.

ドメスティック・パートナー [domestic partner]
①同棲する相手.
②アメリカの一部の州で制度的に認められている同性の配偶者.

トモグラフィー [tomography] レントゲンの断層写真撮影.

トライ [try]
①試みる,試す.
②ラグビーの得点.相手のインゴール内の地面にボールを付けること.

ドライ [dry]
①乾いた.無味乾燥の,割り切った.対ウエット.
②酒などが辛口の.
③禁酒の.酒を飲まない.

ドライアイ [dry eye] 涙の分泌量が減って目の表面が乾燥する疾患.

ドライアイス [dry ice] 固形二酸化炭素.冷却剤に用いる.

トライアウト [tryout] 俳優や運動選手の適性テスト,試用.

トライアスリート [triathlete] トライアスロンの選手.

トライアスロン [triathlon] 遠泳,自転車,マラソンの3種目を連続して行うレース.鉄人レースとも.

トライアル [trial]
①競技や試合の前の試技,試走.試み.
②フィールド競技の予選.
③試練,裁判.

トライアル・アンド・エラー [trial and error] 試行錯誤.

トライアローグ [trialogue] 三者会談,鼎談.

トライアングル [triangle]
①三角形,三角定規.
②三角形の打楽器.

ドライカレー [dry curry 和] カレー風味のピラフ.

ドライクリーニング [dry cleaning] 乾式洗濯.水を使わず,石油系の溶剤を用いて汚れを落とす方式.

トライシクル [tricycle] 三輪車.

ドライスキン [dry skin] 乾性の肌,脂性分が少なく荒れ性の肌.

ドライスーツ [dry suit] 水が侵入しない構造になっている水中着.保温性が高い.

ドライバー [driver]
① 自動車の運転手.
② ねじ回し.
③ ゴルフクラブの1番ウッド.最も飛距離の出るクラブ.
④ ➡デバイスドライバー

トライバリズム [tribalism] 部族主義,同族意識.

ドライビングディスタンス [driving distance] ゴルフで,遠くへ正確に飛ばすことを競う種目.

ドライブ [drive]
① 自動車で遠出をすること.
② テニスや卓球で,打球に強い回転を与えること.

ドライブイン [drive-in]
① 自動車で旅をする人のための食堂,休憩所.
② 車に乗ったままで利用できる食堂,映画館など.

ドライブイン・シアター [drive-in theater] 自動車に乗ったまま映画を見ることができる施設.

ドライブイン・バンク [drive-in bank] 自動車に乗ったままで利用できる銀行.

ドライブウエー [driveway]
① 和製用法で,観光用の自動車道路.
② 公道から玄関や車庫に通じる車寄せ.

ドライブスルー [drive-through] 車に乗ったままで買い物などができる店,施設.

ドライブマップ [drive map 和] 自動車用の道路地図.英語ではロードマップ.

ドライフラワー [dried flower] 切り花を乾燥させたもの.観賞用.

ドライフルーツ [dried fruit] 果物を乾燥させたもの.

ドライポイント [drypoint] 腐食液を用いない銅版画.

ドライヤー [drier] 乾燥機,乾燥剤.

トライラテラリズム [trilateralism] 三極主義.3者による相互協力.

ドライリハーサル [dry rehearsal] 映画やテレビ番組での下げいこ.素げいこ.

トライングルーム [trying room] 試着室.類フィッティングルーム.

トラウマ [trauma] 外傷,特に精神的外傷.心に深く残るような衝撃や体験.

ドラキュラ [Dracula] 吸血鬼.イギリスの作家ブラム・ストーカーの同名の小説から.

トラクションコントロール [traction control] 車の駆動力のずれを最適な状態にして,タイヤがスリップしないようにする装置.

トラコーマ [trachoma] 感染性のある結膜炎の一つ.トラホームとも.

ドラゴン [dragon] 竜.

トラジコメディー [tragi-comédie 仏] 悲喜劇.

トラジック [tragic] 悲劇の, 悲劇的な, 痛ましい. 対コミック.

トラジディー [tragedy] 悲劇, 悲劇的事件. 惨事. 対コメディー.

トラス
1 [trass] 火山土. セメントの原料になる凝灰岩の一つ.
2 [truss] 屋根, 橋などを支える構造材.

ドラスチック [drastic] 強烈な, 徹底した, 過激な.

トラスティー [trustee] 管財人, 受託者, 評議員.

トラスト [trust]
①信用, 信頼, 委託.
②企業合同. 市場の独占をねらって同種の企業が資本・経営を合同させること.

トラッキング [tracking]
①映画, テレビの撮影法で, カメラを前後に移動させること.
②追跡, 追尾.
③ビデオテープなどの記録を正しく読み取る機能.

トラック [track]
①通路, 経路, 競走路.
②陸上競技.
③フィルムの録音帯. 磁気ドラムやディスクの記録部分.

ドラッグ
1 [drug]
①薬品, 薬.
②麻薬, 覚せい剤, 幻覚剤.
2 [drag] 引きずる. 引っぱる.

トラックアップ [track up] 映画などで, カメラを次第に近づけながら撮影する方法. 対トラックバック.

トラック・アンド・フィールド [track and field] 陸上競技の総称. トラックは競走路での競技, フィールドはその内側で行われる競技.

トラックシステム [truck system] 現物給与制. 賃金を物品や証券で支払うこと.

ドラッグストア [drugstore] アメリカの日用雑貨店.

トラックダウン [track down 和] 多数のテープに収録された音を, ステレオに編集する作業. ミックスダウンとも.

ドラッグ・デリバリー・システム [drug delivery system] 投与した薬が体内の必要な部位に効率よく到達するよう, 製剤などを工夫すること. 略はDDS.

ドラッグバスターズ [drug busters] アメリカの麻薬取締官の俗称.

トラックバック [track back]
①ブログ(日記型ホームページ)の機能の一つ. 他のブログを参照して書いたことを参照元に通知する仕組み. 略はTB.
②映画などで, カメラを後退させながら撮影する方法. 対トラックアップ.

トラックマン [trackman 和] 競馬の予想屋.

ドラッグレース [drag race] 自動車やオートバイの加速性能を競う

レース.
トラッド [trad] 伝統的な, 伝承の. 流行にとらわれないファッション. トラディショナルの略.
トラットリア [trattoria 伊] 軽食堂. 大衆向けのレストラン.
トラップ [trap]
①わな.
②クレー射撃で, 標的の皿を飛ばす装置. 放鳥器.
③排水管の, 臭気の逆流を防ぐための防臭弁.
④サッカーで, パスされた球を体の一部で止める技.
トラディショナル [traditional] ➡ トラッド
トラバーユ [travail 仏]
①労働, 仕事.
②和製用法で, 就職, 転職.
トラフ [trough]
①海底にある細長く幅の広い溝. 舟状海盆.
②天気図で, 気圧の谷.
トラフィッキング [trafficking] 女性や児童を, 性的搾取などのために売買・取引する行為.
トラフィック [traffic]
①交通, 往来.
②不正取引.
トラフィック・ジャパン [TRAFFIC Japan] IUCN(国際自然保護連合)の「種の保存委員会」が設けた監視機構の日本事務局. TRAFFICはTrade Records Analysis of Flora and Fauna in Commerceの略.

ドラフト [draft]
①草稿, 図面, 下絵.
②通気, 通風.
③プロ野球の新人選択制度.
ドラフトビール [draft beer] 生ビール. 加熱殺菌していないビール.
トラブル [trouble] 悩み, 心配, 面倒, 不幸, 故障.
トラブルシューティング [troubleshooting]
①問題を解決すること.
②機械などを修理すること.
③コンピューター操作の問題を解決すること.
トラブルメーカー [troublemaker] 面倒を引き起こす人.
トラベラー [traveler] 旅行者, 旅客.
トラベラーズチェック [traveler's check] 旅行者小切手. 略はT/C.
トラベリング [traveling]
①旅行.
②バスケットボールで, ボールを持ったまま3歩以上歩く反則.
トラベル [travel] 旅行.
トラベローグ [travelogue, travelog] 旅行談, 紀行文学.
トラペン ➡ トランスペアレンシー
トラホーム [Trachom 独] ➡ トラコーマ
ドラマ [drama] 戯曲, 劇, 演劇. 劇的な出来事.
ドラマチック [dramatic] 劇的な, 感動的な.
ドラマツルギー [Dramaturgie 独]

演劇の構成・演出法,演劇論.
ドラミング [drumming]
①ドラムで演奏すること.
②動物が鳴き声以外の音を出すこと.雄のゴリラが胸をたたくなど.
ドラム [drum]
①太鼓.
②円筒形の容器,ドラム缶.
ドラムブレーキ [drum brake] 自動車で,車輪に付いているドラムに摩擦材を押しつけてブレーキをかける方式.
ドーラン [Dohran ドイ] テレビ,舞台用のメーキャップに使う白色顔料.
トランキライザー [tranquilizer] 精神安定剤.
トランク [trunk]
①大きな角形の旅行かばん.
②乗用車などの後部にある荷物入れ.
ドランク [drunk] 酒に酔った.酔っぱらい.
トランクス [trunks] 水泳,ボクシングなどで用いる男性用パンツ.また,三分丈の男性用の下ばき.
トランクルーム [trunk room 和] 家具などを預かる倉庫.
トランザクション [transaction] 事務処理,取り扱い,商取引,交流.
トランジスター [transistor]
①増幅作用を行う半導体素子の総称.
②小さいもの.
トランジスターグラマー [transistor glamor 和] 小柄で肉体的な魅力のある女性.
トランシット ⇒ トランジット①
トランジット [transit]
①通過,立ち寄り,寄港,通行.トランシットとも.
②測量に用いる転鏡儀.
トランシーバー [transceiver] 携帯用の無線送受信器.
トランス
1 [trance] 有頂天,恍惚状態,呆然自失,神がかり.
2 [transformer] 変圧器.
トランスクリプション [transcription] 転写.書き起こし.編曲.録音内容を文章化すること.
トランスコンチネンタル [transcontinental] 大陸間の,大陸横断の.
トランスジェニック生物 [transgenic organism] 遺伝子導入生物.形質転換生物.その動物のものではない遺伝子を注入した生物.
トランスジェンダー [transgender] 性同一性障害の一つ.身体上の性と自己認識する性が一致しないが,形成外科手術は望まない人.略はTG.
トランスセクシュアル [transsexual] 性同一性障害の一つ.身体上の性と自己認識する性が一致せず,形成外科手術を望む人.略はTS.
トランスナショナル [transnational] 国境や民族を超えた,超国籍の.
トランスファー [transfer] 移転,

転位, 転写, 振り替え, 乗り換え, 名義変更.

トランスプラント [transplant] 移植, 移住, 海外に移った工場施設.

トランスペアレンシー [transparency] OHP用の透明なフィルム. 略してトラペン, TP.

トランスベスタイト [transvestite] 異性装者. 女装または男装する人. クロスドレッサーとも. 略はTV.

トランスポゾン [transposon] 転移因子. 染色体(DNA)上を自由に移動することができる遺伝子.

トランスポート [transport] 輸送, 運送, 輸送機関.

トランスミッション [transmission]
①伝導, 伝送, 通過.
②自動車の変速機.

トランスミッター [transmitter] 送信器, 送信装置. 対 レシーバー.

トランスレーション [translation] 翻訳, 通訳, 翻訳書.

トランスレーター [translator] 翻訳者, 通訳.

トランソニック [transonic] 遷音速. 音速に近い速さ.

トランパー [tramper] 不定期便. 不定期(貨物)船. 対 ライナー.

トランペット [trumpet] 金管楽器の一つ. 高音を出すラッパ型の吹奏楽器.

トランポリン [trampoline] 弾力性のあるシートを使った跳躍器具.

ドリア [Doria 伊] 和製用法で, ピラフにホワイトソースをかけたオーブン料理.

トリアージ [triage]
①商品の格付け.
②負傷者選別. 災害現場などで, 負傷者の治療優先度を決めること.

トリアゾラム [triazolam] 睡眠導入剤の一つ. 商品名ハルシオン.

ドリアン [durian] マレー半島原産のパンヤ科の常緑樹の果実.

トリウム [thorium] 天然の放射性金属元素の一つで, 核燃料になる. 記号Th.

トリエンナーレ [triennale 伊] 3年に1度開かれる美術展.

トリオ [trio 伊]
①3人組, 三つ組.
②三重奏, 三重唱.
③メヌエットや行進曲のような複合三部形式楽曲の中間部.

トリガー [trigger] 引き金, きっかけ.

トリクロロエチレン [trichloroethylene] ドライクリーニングや金属の洗浄などに使われる無色の液体.

トリコット [tricot 仏] 縦メリヤス編みの生地. 弾力, 伸縮性に富み, 肌着などに用いる.

トリコマイシン [trichomycin] 抗生物質の一つ. 婦人科疾患や水虫の治療に使われる.

トリコモナス [trichomonas ラテ] 鞭毛虫の一つ. 動物やヒトの粘膜に寄生して炎症を起こす.

トリコロール [tricolore 仏] 3色の.

三色旗.特にフランス国旗を指す.
トリッキー [tricky] ずる賢い, 油断のならない, 扱いにくい. 巧妙な.
トリック [trick] 策略, ごまかし, 人を欺く計略. 手品, 奇術.
トリックスター [trickster] 民話や神話に登場する, 社会の秩序を乱すいたずら者. ペテン師.
トリッパー [tripper] 日帰りなど短期の行楽客.
トリップ [trip]
①短い旅行.
②麻薬などによる幻覚症状.
ドリップコーヒー [drip coffee] 滴下式コーヒー. 濾紙を使って入れるコーヒー.
トリートメント [treatment]
①待遇, 処置.
②治療, 手当て, 髪や肌の保護.
トリニティー [Trinity] 三位一体. キリスト教で, 神, 神の子キリスト, 聖霊を一体と見なすこと.
トリニトロトルエン [trinitrotoluene] トルエンの硝化化合物. 爆薬として軍用, 工業用に用いられる. 略はTNT.
トリハロメタン [trihalomethane] 有機ハロゲン化合物の一つ. 水道原水の有機物と塩素が反応して生じる発がん性物質.
トリビア [trivia] ささいなこと. つまらないこと.
トリビアリズム [trivialism] 瑣末主義. 取るに足らないことばかりに目を向ける態度.
トリビュート [tribute] 感謝, 賛辞. 贈り物.
トリビューン [tribune] 民権の保護者. 古代ローマの護民官.
ドリフター [drifter] 流れ者, 漂流者.
ドリフト [drift]
①押し流されること. 漂流.
②自動車競技でカーブで車体を横滑りさせること.
③世間相場を上回る賃金の上積み.
トリプル [triple] 三重の, 3倍の.
ドリブル [dribble]
①サッカーで, ボールを足でコントロールしながら進んでいくこと.
②バスケットボールなどで, ボールを片手でつきながら運ぶこと.
③卓球, バドミントン, バレーボールで, 2度続けて球に触れること.
トリプルプレー [triple play] 野球で, 連続した守備動作で三つのアウトを取ること.
トリプルマーカー・テスト [triple marker test] 胎児出生前診断法の一つ. 染色体異常の確率を調べる. マーカー検査とも.
トリマー [trimmer] 犬や猫の美容師.
ドリーミー [dreamy] 夢の多い, 夢のような, すばらしい.
トリミング [trimming]
①衣服などの縁取り, 縁飾り.
②犬などのペットの毛の刈り込み, 手入れ.
③写真の構図の修整.
トリム

1 [trim]
①衣服を縁取って飾ること.
②頭髪やペットの毛を整えること.
③縁などを切りそろえること, 切り詰めること.
2 ➡ TRIM

トリュフ [truffe 仏] 西洋ショウロ. フランスで珍重されるキノコの一つ.

ドリル [drill]
①穴開け用の工具.
②反復練習による学習法.

トリレンマ [trilemma] 三つのうちの一つを選ばねばならない状況, 三者択一の窮地. ➡ ジレンマ.

ドル [dollar] アメリカ, カナダ, オーストラリアなどの通貨単位.

トルエン [toluene] 無色の可燃性液体. 爆薬, 香料, 合成樹脂などの原料.

ドル化 ➡ ダラライゼーション

トルキスタン [Turkistan, Turkestan] トルコ系民族が多くを占める中央アジアの国々や地域の総称.

トルク [torque] ねじりモーメント, 回転力.

トールゲート [tollgate] 有料道路の料金所.

トルコ石 ➡ ターコイズ

ドルショップ [dollar shop] その国の通貨でなく, ドルでしか買い物ができない店.

トルソー [torso 伊] 人間の胴体, 手足のない胴体部だけの彫像. 洋服店が用いる人台.

ドルチェ [dolce 伊]
①優しい, 甘美な.
②音楽用語で,「優しく甘美に演奏せよ」.

トルテ [Torte 独] 平たい円形の焼き菓子.

トルティーヤ [tortilla 西] メキシコ料理の一つ. トウモロコシ粉で焼いたパンケーキ.

トルネード [tornado] 旋風, たつまき.

ドルビー方式 [Dolby System] テープの録音再生時に雑音を低減させる装置. 商標.

ドルフィン [dolphin] イルカ.

トールペインティング [tole painting] ブリキ製品(トール)などの日用品に絵を描いたり塗装したりすること. フォークアートの一技法.

ドルメン [dolmen] 巨石記念物の一つ. 巨大な岩石を並べた上に, 板状の一枚石を載せたもの.

ドルユーザンス [dollar usance] ドル表示の為替手形の支払い期限.

トレー [tray] 盆, 浅い盛り皿, 整理箱.

トレアドール [toreador 西] 闘牛士. 類 ピカドール, マタドール.

トレアドールパンツ [toreador pants] ➡ サブリナパンツ

トレイル ➡ トレール

トレーサー [tracer]
①追跡者, 曳光(えいこう)弾.
②設計図面などの転写係, 転写装置.
③元素の行方の追跡に用いる放射

性同位元素.

トレーサビリティー [traceability] 追跡可能性. 商品, 特に食品について, 生産過程や流通経路などを明らかにすること.

トレジャー [treasure] 宝物. 財宝.

トレーシングペーパー [tracing paper] 透写紙. 製図の写し取りに使う透光性の薄い紙.

トレース [trace]
①跡, 足跡, 痕跡, 形跡.
②跡をたどること, 図面を引くこと, 輪郭をたどること.

ドレス [dress]
①服装, 衣服の総称. 特に, 婦人服.
②礼服, 正装.

ドレスアップ [dress up] 盛装すること, 着飾ること.

ドレスコード [dress code] 服装の規定.「ジーンズお断り」など.

ドレスシャツ [dress shirt] 礼装用のワイシャツ.

ドレススーツ [dress suit] 男性用の礼服, 夜会服, 燕尾服.

ドレスメーカー [dressmaker] 婦人服の洋裁師, 洋裁店. ➡テーラー.

ドレスリハーサル [dress rehearsal] 本げいこ. 本番通りのけいこ.

トレセン ➡ トレーニングセンター

トレーダー [trader] 株の売買人, 貿易業者.

トレッキング [trekking] 気軽な山歩き.

ドレッサー [dresser]
①着付け係, 衣装係.
②着こなしの上手な人.
③洋式の化粧だんす.

ドレッシー [dressy] 服装が粋な, しゃれた.

ドレッシング [dressing]
①魚料理やサラダ用の調味料.
②着付け, 化粧.

ドレッシングルーム [dressing room] 化粧室, 楽屋.

ドレッドヘア [dread hair 和] 髪の毛を細く束ねて縮らせたヘアスタイル.

トレーディングカード [trading card] プロスポーツ選手の写真やアニメのキャラクターの絵が印刷されたカード. コレクションをして楽しむ.

トレーディングカンパニー [trading company] 貿易商社, 商事会社.

トレーディングスタンプ [trading stamp] 商品の購入金額に応じて与えられる, 景品と交換可能な引換券.

トレーディングフロア [trading floor] 証券取引所の立ち会い場.

トレード [trade]
①貿易, 交換, 取引.
②プロスポーツでの選手の交換, 移籍.

トレードオフ [trade-off] 相反関係. 失業率と賃金のように, どちらかが上がれば他方が下がるという関係.

トレードシークレット [trade secret] 取引上の秘密, 企業機密.

トレードマーク [trademark] 登録商標, ある人を象徴する特徴. 題 サービスマーク.

トレードユニオン [trade union] 労働組合. 題 レーバーユニオン.

トレーナー [trainer]
①スポーツ選手の体調を管理, 調整する人.
②練習用の器具, 練習機.
③和製用法で, 厚手の運動着. スエットシャツとも.

トレーニング [training] 訓練, 練習, 鍛錬.

トレーニングセンター [training center 和]
①さまざまな運動用器具を備えたスポーツ施設.
②競走馬を調教, 管理する施設.
いずれも, 略してトレセン.

トレーニングパンツ [training pants]
①和製用法で, スポーツ用のズボン.
②幼児の, 用便訓練用のパンツ. いずれも, 略してトレパン.

トレパン ➡ トレーニングパンツ

トレビアン [très bien 仏] とてもよい.

ドレーピング [draping] 婦人服などの立体裁断.

ドレープ [drape] ひだ飾り.

トレモロ [tremolo 伊] 演奏法の一つ. 同一音または二つの音の間を急速に反復させること.

トレーラー [trailer] 他の車に引かれて走る車両. 被牽引車.

トレーラーハウス [trailer house] 自動車で牽引できる移動住宅.

トレリス [trellis] 園芸用の木製の格子.

トレール [trail]
①通った跡, 足跡, 痕跡, 航跡.
②山道, 小道.
③オートバイで, 悪路を走ること.
いずれも, トレイルとも.

ドレーン [drain] 排水, 排水管, 医療用の排液管.

トレンダー [trender 和] 新しい流行を作り出す人. 英語ではトレンドセッター.

トレンチ [trench]
①溝. 塹壕.
② ➡ トレンチコート

トレンチコート [trench coat] ダブルの打ち合わせでベルトを締めて着る防水コート. トレンチとも.

ドレンチャー [drencher] 噴射式防火機. 建物の周りに水の幕を張り, 延焼を防ぐ装置.

トレンディー [trendy] 流行の先端を行く, 最新流行の.

トレンド [trend] 傾向, 風潮. 流行.

トレンドセッター [trendsetter] 流行を生み出す人, もの. トレンダーは和製英語.

ドロー [draw]
①勝負の引き分け.
②ゴルフで, 打球が落下するにつれて左へ流れること. 対 フェード.

トロイカ [troika 露] 三頭政治, 三つ組. ロシアの3頭立ての馬ぞりや馬車の名から.

トロイデ [Tholoide 仏] 溶岩円頂丘. 粘りのある溶岩が冷えてできたドーム状の火山.

ドローイング [drawing]
①素描, デッサン.
②製図.
③くじ引き, 抽選.

ドローイングルーム [drawing room] 客間, 応接室.

トローチ [troche] 口内錠. 口に含む錠剤. 口腔(こうこう)内やのどの病気の治療に用いる.

トロツキスト [Trotskyist] トロツキー主義者. ロシア革命の指導者トロツキーの思想の信奉者. 共産主義者間では分派活動者を指す.

トロット [trot] 馬術の速足.

ドロップ [drop]
①あめ玉.
②落ちること. 物が落下すること.
③テニスなどで, ボールに回転を与えて, 相手コートのネット際に落ちるように打つこと. ドロップショットとも.

ドロップアウト [dropout]
①脱落者, 落伍(らくご)者, 退学者.
②コンピューターの磁気テープや磁気ディスクにごみが付着して信号が伝わらないこと.
③ラグビーで, 25m線内からのドロップキック.

ドロップショルダー [dropped shoulder] 服飾で, 袖付けの位置を下にずらすこと.

ドロップゾンデ [dropsonde] 航空機から落下傘で投下する気象観測発信機.

ドロップハンドル [drop handle 和] 自転車の下向きに曲がったハンドル. 長距離走行や競技用.

トロピカル [tropical] 熱帯の, 熱帯性の.

トロフィー [trophy] 入賞者に与えられる優勝杯, 盾などの記念品.

トロポポーズ [tropopause] 圏界面. 対流圏と成層圏との境界.

トロリー [trolley] 手押し車. 市街電車.

トロール [trawl] 底引き網, はえ縄.

ドロワー [drawer]
①引き出し. たんす.
②製図者.

トロン計画 ➡ TRON計画

ドローンゲーム [drawn game] 引き分け試合.

トロンプルイユ [trompe-l'œil 仏] 実物そっくりのだまし絵.

トロンボーン [trombone] 金管楽器の一つ. 長い管をスライドさせて音程を変化させる.

トワイライト [twilight] 夕暮れ, たそがれ. 薄明かり.

トワイライトステイ [twilight stay 和] 1人親世帯などの子供を夕方から夜間にかけて預かること.

トワエモア [toi et moi 仏] あなたと私.

トワレット
❶ [toilette 仏] 化粧水. オー・ド・トワレットの略. オー・ド・トワレとも.

2 [__s] 化粧室, トイレット.

トーン [tone] 調子, 音調, 色調, 色合い.

ドン [Don 西] 首領, 親分. 本来は男性の敬称.

ドンキー [donkey]
①ロバ.
②愚か者.

ドンキホーテ [Don Quixote 西] 17世紀スペインの同名の風刺小説の主人公. 現実を無視した理想主義者.

トング [tongs] ものをはさむ道具.

ドンゴロス [dungarees] 麻袋. 麻袋用の糸で織った粗い布.

トーンダウン [tone down] 調子や勢いを和らげること.

ドントノー・グループ [don't-know group] 世論調査などで, 知らない, 分からないと答える人々. DKグループとも.

トンネル [tunnel]
①山腹や地中などを掘り抜いた道路や線路.
②野球で, 野手が打球を捕りそこねて足の間を通過させること.

ドンファン [Don Juan 西] 道楽者, 女たらし. スペインの貴族の名前から.

ナ

ナイスガイ [nice guy] いいやつ, いかすやつ.

ナイスミドル [nice middle 和] 魅力的な中年男性.

ナイター [nighter 和] 野球などの夜間試合. 英語ではナイトゲーム (night game).

ナイティー [nightie] 女性用の寝間着, 寝室着.

ナイト [knight]
①(中世の)騎士.
②イギリスの爵位の一つ.
③女性に対して献身的に尽くす人.

ナイトウオッチ [night watch] 夜間の警戒, 夜警.

ナイトガウン [nightgown] 部屋着, 寝室着.

ナイトキャップ [nightcap]
①寝る時に髪が乱れないようにかぶる帽子.
②寝酒.

ナイトクラブ [night club] 夜間営業の高級社交場.

ナイトケア [night care]
①夜間介護. 高齢者などを夜間に預かり介護する制度. 対 デイケア.
②昼間は社会生活を営む精神科の患者を対象に, 夜間に病院で行うリハビリテーション.

ナイトスポット [night spot]
①夜間営業の高級社交場. ナイトクラブなど.
②夜の盛り場, 歓楽街.

ナイトテーブル [night table] ベッド脇に置く小さなテーブル.

ナイトマネジャー [night manager] ホテルの夜間責任者.

ナイーブ [naive]
①純真な, 天真らんまんな.

②愚直な, うぶな.

ナイメックス ➡NYMEX

ナイロン [nylon] 合成繊維の一つ. 耐水性, 耐摩擦・弾力性にすぐれる. 商標.

ナウ [now] 現在の, 流行の, 先端をいく.

ナサ ➡NASA

ナシゴレン [nasi goreng 鄒] インドネシア料理の一つ. 辛みをきかせた焼き飯.

ナショナリスト [nationalist] 民族主義者, 国家主義者, 国粋主義者.

ナショナリズム [nationalism] 民族主義, 国家主義.

ナショナリティー [nationality] 国籍, 国民性, 国民感情.

ナショナル [national] 国家の, 国民の, 国立の.

ナショナルアイデンティティー [national identity] 民族的な同一性, 一体感, 帰属意識.

ナショナルカラー [national color] 国を象徴する色.

ナショナルゲーム [national game] 国技. ナショナルスポーツとも.

ナショナルコンセンサス [national consensus] 国民の合意, 総意, 意見の一致.

ナショナルコンベンション [national convention] アメリカで大統領選挙の年に開かれる民主・共和両党の全国大会.

ナショナルスポーツ [national sport] ➡ナショナルゲーム

ナショナルセキュリティー [national security] 国家の安全保障.

ナショナルチーム [national team] スポーツで, 国を代表する選手団.

ナショナルデー [national day] 建国記念日, 独立記念日.

ナショナルトラスト [national trust] 国民環境基金. 自然や歴史的環境の保護のため基金を募り, 土地の取得や管理を行う運動.

ナショナルパーク [national park] 国立公園.

ナショナルフラッグ [national flag] 国旗.

ナショナルフラッグ・キャリア [national flag carrier] 国を代表する航空会社. フラッグキャリアとも.

ナショナルブランド [national brand] 全国的に知名度の極めて高いメーカーの商品や商標. 略はNB.

ナショナルプレスティージ [national prestige] 国家の威信, 名誉. 国威.

ナショナルプロジェクト [national project] 国が関与する大規模開発事業.

ナショナルホリデー [national holiday] 法律で定めた国の祝祭日.

ナショナルミニマム [national minimum] 国民の最低限度の生活水準.

ナーシングホーム [nursing home] 介護付きの有料老人ホームの一

つ.

ナース [nurse] 看護師, 乳母.

ナースエイド [nurse aid] 看護師の監督下で患者の世話をする人.

ナースコール [nurse call] 入院患者が利用する看護師への緊急連絡・呼び出し装置.

ナースステーション [nurses station] 看護師の詰め所.

ナースセンター [nurse center 和] 看護師の就職あっせん機関.

ナスダ ➡NASDA

ナスダック [NASDAQ: National Association of Securities Dealers Automated Quotations] アメリカの店頭株式市場.

ナースバンク [nurse bank] 看護師の就職あっせん・促進機関.

ナタ・デ・ココ [nata de coco 西] ココナツの果汁を固めたデザート.

ナチ [Nazi 独] ナチスの党員.

ナチス [Nazis 独] 国家社会主義ドイツ労働者党(Nationalsozialistische Deutsche Arbeiterpartei)の通称. 1945年崩壊.

ナチズム [Nazism] ヒトラー政権時代のドイツが信奉した国家社会主義.

ナチュラリスト [naturalist]
①自然主義者, 自然愛好家.
②博物学者.

ナチュラリズム [naturalism] 自然主義, 実証主義.

ナチュラル [natural]
①自然の, 天然の, ありのままの. 率直な. 当然の.
②音楽で, 本位記号.「♮」.
③野球でピッチャーの投げたボールが自然に変化すること.

ナチュラルウオーター [natural water] 天然水.

ナチュラルサイエンス [natural science] 自然科学.

ナチュラルチーズ [natural cheese] 未加工のチーズ, 生チーズ. 対プロセスチーズ.

ナチュラルハイ [natural high] アルコールや薬物を使わない, 自然な高揚感や陶酔状態.

ナチュラルヒストリー [natural history] 自然誌(史), 博物学.

ナチュラルフード [natural food] 自然食品. 農薬などを使用しないで生産・加工された食品.

ナチュラル・ミネラルウオーター [natural mineral water] 天然鉱水.

ナチュラルメーク [natural makeup] 素顔に近い感じを出した化粧.

ナッシング [nothing] 何も存在しないこと. 無, ゼロ.

ナッツ [nuts] 固い殻をもつ, 食用の木の実. ナットとも.

ナット [nut]
①留めねじ, ボルト用の雌ねじ.
② ➡ナッツ

ナップ [nap] うたたね, 昼寝.

ナップサック [knapsack] 小型のリュックサック. ナップザックとも.

ナツメグ [nutmeg] ニクズクの種子. 香辛料に用いられる.

ナトー [NATO: North Atlantic Treaty Organization] 北大西洋条約機構. 西欧諸国の安全保障機構. 1950年設立.

ナトリウム [Natrium ドイ] アルカリ金属元素の一つ. 銀白色の柔らかい金属. ソジウムとも. 記号Na.

ナトリウムランプ [Natrium lamp 和] ナトリウム灯. オレンジ色の光を出す. 道路照明などに利用される.

ナナリー [nunnery] 女子修道院. 類コンベント. 対モナステリー.

ナニー [nanny] 乳母, 家事のお手伝い.

ナノ [nano-] 単位用接頭語で10^{-9}. 記号n.

ナノセカンド [nanosecond] ナノ秒. 10億分の1秒. コンピューターの演算速度の表示に用いられる. 記号ns.

ナノテク ➠ナノテクノロジー

ナノテクノロジー [nanotechnology] 超微細技術. 10億分の1m単位で計測, 加工する技術. 略してナノテク.

ナノメートル [nanometer] 10億分の1m.

ナーバス [nervous] 神経質な, 憶病な, そわそわした.

ナパーム弾 [napalm bomb] 強力な油脂焼夷(しょうい)弾の一つ.

ナビゲーションシステム [navigation system] 自動車などで, 位置や目的地までの経路を映像や声で指示する運行誘導装置.

ナビゲーター [navigator] 航空士, 航海長, 自動車ラリーで運転者に道順などを教え補佐する人.

ナプキン [napkin]
①食卓で使う小タオル.
②生理用品の一つ.

ナフサ [naphtha] 石油を蒸留して得られる軽質油の一つ.

ナフタ ➠NAFTA②

ナフタリン [Naphthalin ドイ] 防虫剤の一つ. コールタールを分離して作る.

ナポリタン [napoletana イタ] ナポリ風の料理, 味付け.

ナムル [나물 韓] 朝鮮料理の一つ. 野菜のあえもの.

ナラタージュ [narratage] 映画・テレビの回想シーンなどで, 画面外のナレーター(語り手)がストーリーを補足していく方法. narration(ナレーション)とmontage(モンタージュ)の合成語.

ナルコレプシー [narcolepsy] 発作性睡眠症. 居眠り病. 発作的に眠ってしまう睡眠障害.

ナルシシスト [narcissist] ➠ナルシスト

ナルシシズム [narcissism] 自己陶酔, 自己愛.

ナルシスト [narcist] 自己陶酔者, 自己愛の強い人. ナルシシストとも.

ナレーション [narration] 語り, 物語, 叙述.

ナレーター [narrator] 映画や演劇, テレビなどでナレーションをす

る人．語り手．

ナレッジエンジニアリング［knowledge engineering］知識工学．

ナレッジマネジメント［knowledge management］知識管理．企業内にある情報資源の有効活用．

ナローキャスティング［narrowcasting］狭い地域や特定の視聴者を対象とする放送．**対**ブロードキャスティング．

ナローシルエット［narrow silhouette］体の線にぴったりしたデザイン．

ナン［naan ﾅﾝ-］インドや中近東などのパン．平たく焼いた発酵パン．

ナンセンス［nonsense］無意味なこと，ばかげたこと，くだらないこと．

ナンバー［number］
①数．数字．番号．記号 No., no..
②曲目．演目．

ナンバースクール［number school 和］名称に番号の付いた旧制高校．

ナンバーズゲーム［numbers game］数当て賭博，数字選択式くじ．

ナンバーディスプレー［Number Display 和］発信電話番号表示サービス．受信者の電話機に，発信元の番号が表示されるもの．

ナンバープレート［number plate］自動車の登録番号板．

ナンバリング［numbering］
①番号を付けること．
②番号印字機．ナンバリングマシン（numbering machine）とも．

ナンプラー［nam pla ﾅﾝ］タイ料理で使われる魚醬ぎょしょう（小魚の塩漬けを発酵させた調味料）．

ニ

ニアウオーター［near water］天然水にそっくりの清涼飲料．

ニアミス［near miss］航空機などの異常接近，危機一髪．

ニエオ ➡ NIEO

ニーオーバー［knee-over 和］ひざの上まである長靴下．

ニカド電池 ➡ ニッケルカドミウム電池

ニグロ［Negro］黒色人種．アメリカの黒人は一般にこの言葉を好まず，ブラック（black）やアフリカンアメリカン（African American）を使う．

ニグロスピリチュアル［Negro spiritual］黒人霊歌．アメリカの黒人社会が生んだ宗教的民謡．スピリチュアルとも．

ニクロム［Nichrome］ニッケルとクロームを主とした合金．商標．

ニコチン［nicotine］タバコの葉に含まれている物質の一つ．毒性があり，神経中枢に作用する．

ニコチンガム［nicotine gum］禁煙補助薬の一つ．禁煙時のニコチン欠乏を補うガム．

ニス［varnish］塗料の一つ．透明な膜を作って塗装面を保護する．ワニスとも．

ニーズ

1 [needs] 必要, 必要性, 要求, 需要.

2 [NIES: Newly Industrializing Economies] 新興工業経済地域.

ニッカド電池 ➡ニッケルカドミウム電池

ニッカーボッカー [knickerbockers] ひざ下で締めるゆったりしたズボン.

ニックネーム [nickname] あだ名, 愛称.

ニッケル [nickel] 金属元素の一つ. 銀白色で, 合金材料などに用いられる. 記号Ni.

ニッケルカドミウム電池 [nickel-cadmium battery] 充電のできる電池. 正極にニッケル, 負極にカドミウムを使う. 略してニッカド電池, ニカド電池.

ニッケル水素電池 [nickel metal hydrite battery] 正極にニッケル, 負極に水素吸蔵合金を使う電池. ニッケルカドミウム電池より高性能.

ニッチ [niche]
①すきま. くぼみ.
②適所. 役割を果たせるところ. 生息場所.

ニッチ産業 [niche industry] すきま産業. 独自の工夫をこらし, 競合相手の少ない分野に参入する産業.

ニット [knit]
①編んだもの, 編み物.
②編んだ布地. メリヤス, ジャージー, トリコットなど. またはその衣服.

ニッパー [nippers] 針金や導線などを切るための小型ペンチ.

ニップル [nipple]
①乳頭, 哺乳瓶の乳首.
②継ぎ管.

ニート

1 [neat] きちんとした, 小ざっぱりした.

2 [NEET: Not in Education, Employment, or Training] 学生でも就業者でもなく, 求職活動もしていない若者.

ニード [need] 必要, 要求.

ニードルワーク [needlework] 針仕事. 手芸.

ニトログリセリン [nitroglycerine] 三硝酸グリセリン. 爆薬の一つ.

ニトロセルローズ [nitrocellulose] 硝酸繊維素, 硝化綿. 無煙火薬, セルロイドの原料.

ニトロベンゼン [nitrobenzene] ニトロ化合物の一つ. 香料の原料や溶剤に用いられる.

ニーハオ [你好 中] 「こんにちは」「お元気ですか」.

ニヒリスティック [nihilistic] 虚無的な, 虚無主義の.

ニヒリズム [nihilism] 虚無主義. 既成の権威や価値観を一切無視する立場.

ニヒル [nihil ラテ] 虚無, 空虚. 無価値.

ニフティー [nifty] いきな, 気のきいた.

ニュアンス [nuance] 色や音の微妙な差異, 言葉や感情の色合い, 微妙な含み.

ニューウエーブ [new wave] 新しい波. 芸術やファッションの新しい傾向.

ニューエージ [new age]
① 新時代. 新世代.
② 西洋的価値観への批判から精神世界にアプローチしようとする1980年代以降の思想や運動.
③ ➡ニューエージ・ミュージック

ニューエージ・ミュージック [new age music] 環境の調和と空間の快適さを求める自然志向の音楽. 略してニューエージ.

ニューオフィス [new office 和] 職場のOA化に対応して採光や空間などに人間工学的な配慮をしたオフィス.

ニューカマー [newcomer] 新参者, 初心者, 新来者.

ニュークリア [nuclear] 核の. 原子力の.

ニューサンス [nuisance]
① 迷惑な行為, 困ったこと.
② 安眠妨害などの不法行為.

ニュージャズ [new jazz] ➡フリージャズ

ニュースアナリスト [news analyst] ニュース解説者.

ニュース・オンデマンド [news on demand] 欲しいときに欲しいニュースを見ることができるテレビ.

ニュースキャスター [newscaster] ➡キャスター①

ニュースショー [news show] 報道番組の一形式. 司会者を中心に現場中継, 関係者の話などを織り交ぜ, ショー風に仕立てたもの.

ニュースソース [news source] 情報の出所, 情報源. ソースとも.

ニュースバリュー [news value] 報道価値, ニュースとしての価値.

ニュースピリッツ [new spirits 和] ウイスキーなどの原酒を混合した, ウイスキー風味の新スピリッツ(蒸留酒).

ニュースフラッシュ [news flash] ニュース速報, 特報.

ニュースポーツ [new sports 和] 新たに考案, あるいは輸入された手軽なスポーツ. 特にレジャー的要素が強いものをいう.

ニュースリリース [news release] 官公庁, 企業などが報道機関に対して行う情報提供. 類プレスリリース.

ニュースレター [newsletter] 会報. 社報. 広報誌.

ニューセラミックス [new ceramics] 新しい窯業材料・製品. ガラス繊維などの非金属物質を新開発技術で処理するもの. ファインセラミックスとも.

ニュータウン [new town] 大都市周辺部に建設される住宅都市, 住宅団地.

ニュートラ [new traditional 和] 伝統的要素を生かしたファッション. ニュートラディショナルの略.

ニュートラッドとも.

ニュートラッド[new trad] ➡ニュートラ

ニュートラリズム[neutralism] 中立主義.中立的態度,状態.中立政策.

ニュートラリティー[neutrality] 中立,局外中立,不偏不党.

ニュートラル[neutral]
①中立の,偏りのない.
②自動車のギアが中立の位置にある状態.
③中間色の.

ニュートリショニスト[nutritionist] 栄養学者,栄養学専門家.

ニュートリノ[neutrino] 中性微子.電気的に中性で,ほかの物質とほとんど反応しない素粒子.

ニュートロン[neutron] 中性子.原子核の構成要素である素粒子の一つ.

ニュートン[newton] 力の単位.質量と加速度の積.記号N.

ニューハーフ[new half 和] 女装した男性,女性に性転換した男性.

ニューファミリー[new family 和] 戦後のベビーブーム世代が作った家庭,そのあり方.価値観や生活様式の変わり方が激しかったためにできた呼び名.

ニューフェース[new face] 新顔,新人.特に芸能界の新人.

ニューフロンティア
1 [new frontier] 新たな開拓地,新天地.
2 [N__ F__] アメリカのケネディ大統領(在任1961〜63)が掲げた積極政策.

ニューペインティング[new painting] ➡ネオエクスプレショニズム

ニューミュージック[new music 和] フォークソングとロックの中間のポピュラー音楽.

ニューメディア[new media] 新技術や通信手段の開発による新しい情報伝達媒体.

ニューメリック[numeric] 数.数の.数値の.

ニューモード[new mode] 最新流行,またはその衣服.

ニューヨーク・ダウ[New York Dow] ➡ダウ式平均株価

ニュールック[new look] 服装や髪形の新しい型,新しい様式.

ニューロ[neuro] 神経の,神経組織の.

ニューロコンピューター[neurocomputer] 脳の神経回路網の働きを模倣する高性能コンピューター.

ニューロン[neuron] 神経細胞.

ニョクマム[nuoc mam 越] ベトナムやカンボジアの料理で使われる魚醤(小魚の塩漬けを発酵させた調味料).

ニョッキ[gnocchi 伊] だんご形をしたパスタの一つ.

ニーレングス[knee-length] ひざ丈の.

ニンフ[nymph] 妖精,美少女.ギリシャ神話の半神半人の名から.

ニンフォマニア [nymphomania] 女子色情症, 女性の過剰性欲.

ヌ

ヌガー [nougat 仏] 洋菓子の一つ. 白くて柔らかいあめ菓子.

ヌクレオチド [nucleotide] 核酸の構成単位. 塩基・糖・リン酸からなる.

ヌーディー [nudie] 裸体を売り物にした映画やショー, 雑誌.

ヌーディスト [nudist] 裸体主義者.

ヌード [nude] 裸体. 裸体画, 裸身像.

ヌードストッキング [nude stocking] 肌色の長絹靴下.

ヌードマウス [nude mouse] 無毛のハツカネズミ. 胸腺を欠き, 免疫性をもたない実験用マウス.

ヌードル [noodle] めん類.

ヌバック [nubuck] 表面を毛羽立たせ, ビロードのようにした革.

ヌーベル [nouvelle 仏]
①新しい.
②ニュース, 知らせ.

ヌーベルキュイジーヌ [nouvelle cuisine 仏] フランス料理の新しい傾向. 小麦粉やバターなどの脂肪の使用を控え, 材料の持ち味を生かした料理法.

ヌーベルバーグ [nouvelle vague 仏] 新しい波. 1950年代後半のフランス映画界に登場した若い監督たちや作品をいう.

ヌーボー [nouveau 仏] 新しい, 新式の.

ヌーボーレアリスム [nouveau réalisme 仏] 生活用品や工業製品なども利用して美術と現実を直接結び付けようとする運動.

ヌーボーロマン [nouveau roman 仏] 新しい小説. アンチロマンとも.

ネ

ネアンデルタール人 [Homo neanderthalensis ラテ] ドイツのネアンデル谷で化石が発見された旧人. ホモサピエンスの前のヒト属.

ネイチャー ➡ ネーチャー

ネイティブ ➡ ネーティブ

ネイリスト [nailist] 美爪師. 爪の手入れの専門家.

ネイルアート [nail art] 爪に絵を描いたりアクセサリーを付けたりすること.

ネイルエナメル [nail enamel] マニキュア用のエナメル. マニキュア液.

ネイルファイル [nail file] 爪やすり.

ネオ [neo-] 「新しい」という意の接頭語.

ネオアイデアリズム [neo-idealism] 新理想主義.

ネオエクスプレショニズム [neo-expressionism] 新表現主義. 1970年代後半に欧米で登場した, 激しい感情を具象表現する美術思想. ニューペインティングとも.

ネオクラシシズム [neoclassicism]

新古典主義. 古典主義に帰ろうとする芸術運動.

ネオコン ➡ ネオコンサーバティブ

ネオコンサーバティブ［neo-conservatives］アメリカの新保守主義. 国際秩序の確立のため, アメリカの価値観を世界に広めようとする考え方. 略してネオコン.

ネオダダ［neo-Dada］1950年代アメリカでおこった前衛芸術. ダダイズムを継承し, ポップアートの先駆となった.

ネオテニー［neoteny］幼形成熟. 幼態成熟. 生物が成体にならないまま性的に成熟し, 繁殖するもの.

ネオポリス［neopolis 和］新都市. 新しく開発された都市や市街地.

ネオモダン［neo-modern］ポストモダン(脱近代主義)に代わる新思潮. 建築・デザインの領域から提示された, 孤立した存在をより重視する傾向.

ネオリアリズム［neorealism］徹底したリアリズムとドキュメンタリーで描く映画のスタイル. ネオレアリスモ(neorealismo伊)とも.

ネオン［neon］希ガス類元素の一つ. 放電管などに用いられる. 記号 Ne.

ネガ ➡ ネガティブ②

ネガティブ［negative］
①否定的な, 反対の, マイナスの, 負の, 医学用語で陰性の.
②写真の陰画. 略してネガ. 対 ポジティブ.

ネガティブアプローチ［negative approach］否定接近法. 商品の特徴を強調するのではなく, それを使わない場合の損失を強調する広告方法. 対 ポジティブアプローチ.

ネガティブオプション［negative option］顧客に一方的に商品を送りつけ, 代金を請求する販売方法.

ネガティブキャンペーン［negative campaign］政策論争より, 相手の欠点や弱点をついて信頼を失わせることをねらう選挙戦術.

ネガティブリスト［negative list］輸入制限品目表. ネガリスト.

ネクター［nectar］
①ギリシャ神話の神々が飲んだ美酒.
②果肉飲料, 果汁飲料.

ネグリジェ［négligé 仏］ワンピース型の女性用寝間着.

ネグリチュード［négritude 仏］1930年代にパリで起こった, アフリカの黒人文化を積極的に評価しようとする運動.

ネグレクト［neglect］無視, 怠慢, 養育放棄.

ネグロイド［Negroid］黒色人種.

ネクローシス［necrosis］壊死え. 細胞や組織が局部的に死ぬこと.

ネクロフィリア［necrophilia］死体愛, 屍姦しかん.

ネクロフォビア［necrophobia］死亡恐怖症, 死体恐怖症.

ネゴシエーション［negotiation］交渉, 折衝.

ネゴシエーター［negotiator］交渉者, 交渉担当者.

ネスティング [nesting]
① 入れ子構造の.
② 巣作り. 居心地のよいすみかを作ること.

ネスティングテーブル [nesting table] 入れ子状に納まって場所をとらないテーブル. ネストテーブルとも.

ネストテーブル [nest table] ➡ ネスティングテーブル

ネスパ [n'est-ce pas? ネスパ]「そうでしょう?」と同意を求める言葉. 英語のイズント・イット(isn't it?)に相当.

ネチケット [netiquette] インターネットなどのコンピューター網での礼儀作法. net(ネット)とetiquette(エチケット)の合成語.

ネーチャー [nature] 自然, 本性, 天性. ネイチャーとも.

ネーチャーゲーム [nature game] 五感を使って自然と触れ合う野外活動ゲーム. 落ち葉を使う木の葉カルタとりなど.

ネーチャーフォト [nature photo] 自然環境を対象にした写真.

ネーチャリズム [naturism] 自然崇拝.

ネッカチーフ [neckerchief] 女性用の首巻き, スカーフ.

ネッキング [necking] 抱き合って愛撫ぁぃすること.

ネック [neck] 首, 隘路ぁぃろ, 難関.

ネット [net]
① 網.
② 重量などの正味.
③ 正価, 純益.
④ ➡ ネットワーク

ネットイン [net in 和] バレーボール, テニスなどで, ボールがネットに触れて相手方のコートに入り有効点になること.

ネットオークション [net auction] インターネットを利用した競売.

ネットコミュニティー [net community] インターネット上のコミュニケーションや社会活動の場.

ネットサーフィン [net surfing] インターネット上のウェブサイトを次々と閲覧して回ること.

ネットショッピング [net shopping] ➡ インターネットショッピング

ネットバンキング [net banking] ➡ インターネットバンキング

ネットプライス [net price] 正価. 正札.

ネットボール [net ball]
① バレーボールなどで, サーブがネットに触れること.
② バスケットボールに似た球技の一つ. 1チーム7人で女子のみが行う.

ネットワーキング [networking] 情報網作り, 協力態勢作り.

ネットワーク [network] 網細工, 網の目のような組織, チェーン店組織, 放送網. 略してネット.

ネーティブ [native]
① 生まれつきの. 本来の. 自然の. ネイティブとも.
② ➡ ネーティブスピーカー

ネーティブアメリカン [Native American] アメリカ大陸の先住民. インディアン, アメリカインディアンとも.

ネーティブスピーカー [native speaker] ある言葉を母語とする人. 略してネーティブ.

ネバーアゲイン・キャンペーン [Never Again Campaign 和] 原爆による惨劇を二度と繰り返させないための平和運動.

ネバーマインド [Never mind.] 「気にするな」, 「心配するな」.

ネービー [navy] 海軍.

ネービーブルー [navy blue] 濃紺色. イギリス海軍の制服の色.

ネプチューン [Neptune]
①ローマ神話の海神. ギリシャ神話ではポセイドン.
②海王星.

ネブライザー [nebulizer] 噴霧器.

ネーブル [navel]
①へそ.
②ミカン科の果物の一つ. ネーブルオレンジとも.

ネフローゼ [Nephrose ドイ] 腎臓の疾患. 低たんぱく血症, 浮腫などがみられる. ネフローゼ症候群とも.

ネポチズム [nepotism] 身内びいき, 縁者びいき, 一族登用.

ネーミング [naming] 名前, 名前の付け方.

ネーミングライツ [naming rights] 命名権. スポーツ施設などの名称にスポンサー名をつける権利.

ネーム [name]
①名前. 名称.
②印刷物の図版や写真につける説明文.

ネームバリュー [name value 和] 知名度. 名前が持つ価値.

ネームプレート [nameplate] 名札, 表札.

ノ

ノイジーマイノリティー [noisy minority] うるさく, 積極的に発言する少数者集団. 対サイレントマジョリティー.

ノイズ [noise] 雑音, 騒音, 不快な音.

ノイズリダクション [noise reduction] 音響機器の雑音低減回路. 略はNR.

ノイズリミッター [noise limiter] 無線機などの雑音制御回路.

ノイローゼ [Neurose ドイ] 神経症. 英語ではニューローシス(neurosis).

ノウハウ [know-how] 実際的な知識, こつ, 秘訣. ノーハウとも.

ノエル [Noël フラ] クリスマス. キリスト降誕祭.

ノーカウント [no count 和] 点数に計算しないこと. 無効.

ノーカット [no cut 和] 映画などで削除された部分のない, 完全な.

ノーギャラ [no guarantee 和] 無報酬.

ノクターン [nocturne] 主としてピアノ用の夜想曲.

ノクタンビュル [noctambule 仏] 夢遊症, 夢遊病者.

ノクトビジョン [noctovision] 暗闇の中でも見える暗視装置.

ノーゲーム [no game 和] 野球で, 無効試合.

ノーコメント [no comment] 「何も申し上げることはありません」.

ノーコン [no control] 野球で, 投手のコントロールが悪いこと.

ノーサイド [no side] ラグビーで, 試合終了.

ノーショー [no-show] 旅客機やホテルなどを予約しながら, 当日に現れない人. 無断キャンセル.

ノスタルジー [nostalgie 仏] ➡ノスタルジア

ノスタルジア [nostalgia] 郷愁, 懐古趣味. ノスタルジーとも.

ノスタルジック [nostalgic] 郷愁を感じさせる. 懐古的な.

ノースポール [North Pole] 北極. 対サウスポール.

ノースリーブ [no-sleeve 和] 袖のない衣服.

ノズル [nozzle] 気体や液体の噴射口, 筒口.

ノータイム [no time 和]
①試合再開の宣言.
②時間制限がないこと.
③時間がないこと.

ノータッチ [no touch 和]
①触らないこと.
②関係しないこと.
③野球で, 走者にボールをタッチしないこと.

ノータム ➡NOTAM

ノッカー [knocker] 玄関などに取り付ける, 来訪を告げるための叩き金.

ノッキング [knocking]
①内燃機関の異常爆発.
②ドアをノックすること. ノックの音.

ノック [knock]
①入室の合図にドアをたたくこと.
②野球で, 守備練習のためにボールを打つこと.

ノックアウト [knockout]
①相手を打ちのめすこと.
②ボクシングで, 選手が倒れて10秒以内に立ち上がれないこと. 略はKO.

ノックダウン [knockdown]
①ボクシングで, 相手を倒すこと.
②家具などが組み立て式の, 現地組み立て方式の.

ノッチドカラー [notched collar] 背広などの, V字形の切り込みの入った襟.

ノッチバック [notchback] 車体後部が段状になっている普通の乗用車. 対ファストバック.

ノット [knot]
①結び目.
②航空機や船舶の速度の単位. 1ノットは時速約1.8km.

ノート [note]
①帳面. 便箋.
②覚え書き. 注釈. メモ.
③音符. 符号. 記号.

ノートパソコン [note PC 和] ノー

トサイズの薄型パソコン．英語ではノートブックコンピューター(notebook computer)．

ノートリアス [notorious] 悪名高い，名うての．

ノドン [Nodong] 朝鮮民主主義人民共和国の弾道ミサイル．アメリカ側の呼称．

ノニルフェノール [nonyl phenol] 合成洗剤や殺虫剤の原料となる物質．

ノネナール [nonenal] 加齢臭(中高年特有の体臭)の原因物質．

ノーハウ ⇒ ノウハウ

ノーヒッター [no-hitter] 野球で無安打試合のこと．

ノーヒット・ノーラン [no-hit no-run 和] 野球で，無安打無得点試合．

ノブ [knob] 扉などの取っ手，つまみ．

ノーブランド [no-brand] ブランド(商標)を付けない商品．低価格で実質重視のものが多い．

ノーブル [noble] 高貴な，高潔な．堂々とした．

ノーブルユース [noble use] 有益な使い方．

ノーブレスオブリージュ [noblesse oblige 仏] 高い身分に伴う義務．欧米の道徳観の一つ．

ノーペック [NOPEC: non-OPEC petroleum exporting countries] 非OPEC(石油輸出国機構)石油輸出国．

ノベライズ [novelize] ⇒ ノベライゼーション

ノベライゼーション [novelization] テレビ，映画などの作品を小説化すること．ノベライズとも．

ノベル [novel] 小説，小説文学．

ノーベル賞 [Nobel prize] ノーベル財団が毎年，物理学・化学・医学および生理学・文学・平和・経済学の6分野に貢献した人に授与する賞．

ノベルティー [novelty]
①目新しい趣向を凝らしたもの，新奇な商品．
②宣伝広告のために配布する，社名・商品名入りの品物．

ノーホー [NoHo: North of Houston Street] ニューヨーク市マンハッタン北部の芸術街．類ソーホー．

ノボカイン [Novocain] 局部麻酔剤の一つ．商標．

ノーマーク [no mark 和]
①スポーツで，無警戒なこと，警戒されない人．
②無印．

ノマド [nomade 仏] 遊牧民．放浪者．

ノマドロジー [nomadologie 仏] 遊牧生活，放浪生活．

ノーマライゼーション [normalization]
①標準化，正常化．
②障害のあるなしにかかわらず，すべての人が共生する社会の実現を目指す考え方．

ノーマル [normal] 正常な，普通の．対アブノーマル．

ノーマルテープ [normal tape] 一

般的な録音テープ．高品質テープと区別した呼び方．

ノミナリズム［nominalism］唯名論, 名目論．

ノミネート［nominate］候補に指名する．

ノーメーク［no make 和］化粧していないこと．すっぴん．

ノモグラフ［nomograph］計算図表, 早見計算表. ノモグラムとも.

ノモグラム［nomogram］➡ノモグラフ

ノライズム［Noraism 和］女性が人間として目覚め, 因習から脱却して生きようとすること. イプセンの戯曲『人形の家』の主人公の名から.

ノーラッド➡NORAD

ノルアドレナリン［noradrenaline］脳内の神経伝達物質の一つ. 昇圧剤（血圧を上げる薬）に用いられる.

ノルディック［Nordic］スキー競技の一つ. クロスカントリーとジャンプの2種目がある.

ノルディックコンバインド➡ノルディック複合

ノルディック複合［Nordic combined］スキー競技で, クロスカントリーとジャンプを組み合わせたもの. ノルディックコンバインドとも.

ノルプラント［Norplant］合成黄体ホルモンのカプセルを女性の腕の皮膚の下に埋め込む方式の避妊薬.

ノルマ［norma ロシ］基準生産高, 生産量, 割り当て.

ノロウイルス［Norovirus］食中毒を起こすウイルスの一つ. 生カキなどの魚介類が原因で感染することが多い.

ノーワーク・ノーペイ［No work, no pay.］「働かなければ賃金なし」という原則.

ノワール［noir 仏］黒い, 暗い, 陰気な.

ノンアラインメント［nonalignment］非同盟, 中立.

ノンアルコール［nonalcohol 和］アルコール分を含まない飲料. ➡ローアルコール.

ノンカロリー［non-calorie 和］カロリーがない, または少ない食品.

ノンキャリア［non-career 和］国家公務員上級職の資格をもたない公務員の俗称.

ノンシャラン［nonchalant 仏］のんきな, むとんちゃくな.

ノンシュガー［nonsugar 和］砂糖が入っていないこと.

ノンステップバス［non-step bus 和］昇降階段のない低床バス.

ノンストップ［nonstop］直行. 無停車.

ノンセクト［non-sect 和］特定の党派に所属していない人.

ノンタイトル［nontitle］スポーツで, 選手権などのタイトルがかかっていない試合.

ノントロッポ［non troppo 伊］音楽用語で,「過度にならないように演奏せよ」.

ノンバーバルコミュニケーション [nonverbal communication] 言葉を使わないジェスチャーなどによる情報伝達.

ノンバンク [nonbank] 銀行以外の金融機関. 消費者金融など.

ノンフィギュラティフ [non-figuratif 仏] 非具象, 非形象. 純粋にイメージのみから作り出される抽象的形態, 抽象絵画.

ノンフィクション [nonfiction] 事実のみに基づいた文学・映画作品. 関ドキュメンタリー. 対フィクション.

ノンブック [nonbook] 内容の貧弱な本, 価値のない本.

ノンブル [nombre 仏]
①数. 英語ではナンバー. 記号no..
②印刷物でページを示す数字. ページナンバーとも.

ノンプロ [nonpro] 専門ではない, アマチュアの. ノンプロフェッショナル(non-professional)の略.

ノンポリ [nonpolitical] 政治に関心を持たない人. ノンポリティカルの略.

ノンレム睡眠 [non-REM sleep] 熟睡時の睡眠. 睡眠時間の約8割を占める. 対レム睡眠.

ハ

パー [par]
①同じ価値, 水準, 平価.
②ゴルフで, ホールごとに定められている基準打数.

ハイ [high]
①高いもの, 高水準, 高気圧. 対ロー.
②麻薬などによる恍惚感, 陶酔状態.

パイ
1 [pi 希]
①ギリシャ文字の16番目の文字. Π, π.
②円周率を表す記号. π.
2 [pie]
①小麦粉の生地に肉, 果物などを入れて焼いた菓子.
②いいもの, おいしいもの, 取り分.

バイアグラ [Viagra] クエン酸シルデナフィルの商品名. ED(勃起障害)の内服治療薬.

バイアス [bias]
①偏向, 偏見.
②布地の織り目に対して斜めの線.
③真空管やトランジスターを作動状態にしておくためにかける直流電圧.

バイアステープ [bias tape] 布地からバイアス(斜め)になるように切り取ったテープ.

バイアスロン [biathlon] 冬季近代二種競技. スキーとライフル射撃を組み合わせたもの.

バイアメリカン [Buy American] 自国製品の優先購入を訴えるアメリカの政策スローガン.

ハイアライ [jai alai 西] スカッシュに似たスペインの球技. 敵と味方の選手が交互に硬球を壁にぶつけ, ラ

ケットで受ける球技. ペロタとも.

ハイイールド債 [high yield bond] 債券格付けで投資不適格とされた利回りが高い債権. ジャンク債とも.

ハイウエー [highway] 公道, 幹線道路. 有料高速道路を指すのは和製用法. 関 フリーウエー, モーターウエー.

バイエル
1 [Bayer ドイ] ドイツの総合化学会社.
2 [Beyer ドイ] ドイツの作曲家F.バイエルが著した初歩のピアノ教則本.

バイオ
1 [bio-]「生物の」「生命の」の意の接頭語.
2 [bio.] ➡バイオテクノロジー

バイオエコロジー [bioecology] 生物生態学.

バイオエシックス [bioethics] 生命倫理.

ハイオク ➡ハイオクタン

ハイオクタン [high-octane] 普通よりもオクタン価の高いガソリン. ハイオクとも.

バイオグラフィー [biography] 伝記, 伝記文学.

バイオケミストリー [biochemistry] 生化学. 生物化学.

バイオサイエンス [bioscience] 生物科学.

バイオス [BIOS: basic input output system] コンピューターの基本入出力システム.

バイオスフィア [biosphere] 生物圏. 地球上の全生物が生存する領域.

バイオセラミックス [bioceramics] 人工骨や人工歯根などに使用されるセラミックス(窯業製品).

バイオセンサー [biosensor] 酵素や微生物などの生体材料を利用したセンサー.

バイオテクノロジー [biotechnology] 生命工学. 生物工学. 遺伝子組み換え・細胞融合など, 生体や生体機能を工学的に応用した技術の総称. 略してバイオ, BT.

バイオテレメトリー [biotelemetry] 生物遠隔測定法. 野生動物などに発信器を取り付け, 移動範囲などを調べる技術.

バイオトロン [biotron] 環境調節実験室. 人工の環境の中で生物を育て, 環境が生物に与える影響を研究する装置.

パイオニア [pioneer] 開拓者, 先駆者.

パイオニアシップ [pioneer ship 和] 最新技術を結集した超省力化船.

バイオニクス [bionics] 生体工学, 生物工学. 生物が持つ機能を電子工学に応用しようとする学問.

バイオニック [bionic]
①生物工学的な.
②SFで, 生体に機械を移植して強化した超人的な人間.

バイオハザード [biohazard] 生物災害. 細菌やウイルスなどが研究室

から漏れ出すなどの感染災害.

バイオホロニクス [bioholonics] 生物の体とそれを構成する細胞との関係を研究して, 次世代のコンピューターの開発などに取り入れようとする研究.

バイオマイシン [viomycin] 抗生物質の一つ. 結核の治療に用いる.

バイオマス [biomass] 再生可能な生物資源. エネルギー源として再利用できる動物の糞尿, おがくず, 生ごみなどの廃棄物.

バイオマテリアル [biomaterial] 生体機能材料. 人工皮膚や血管を作るコラーゲンや, 人工歯, 骨などを作るニューセラミックスなどの人工器官用新素材.

バイオミュージック [biomusic] 脳波の分析結果をもとに開発されたストレス解消用の音楽.

バイオメトリクス認証 [biometrics authentication] 生体認証. 指紋や眼球の虹彩などで本人を識別する認証方式.

バイオリズム [biorhythm] 生体リズム, 生物活動周期. 生物の活動にみられる固有のリズム.

バイオリン [violin] 4弦からなる高音域用の弦楽器.

バイオレーション [violation]
①違反. 侵害.
②バスケットボールで, 体の接触が伴わない, ファウルよりも軽い反則.

バイオレメディエーション [bioremediation] 微生物を用いて環境汚染を修復する技術. 汚染物質を無害化する微生物を利用する.

バイオレンス [violence] 暴力, 乱暴, 激しさ.

ハイカー [hiker] 山野を歩く人, 徒歩旅行者.

ハイカラ [high collar 和] しゃれた, 西洋風な, 新しいもの好きの.「襟の丈が高い」という意味から.

パイカル [白乾児 中] コーリャンから作った中国の蒸留酒.

ハイキートーン [high-key tone] 写真, 映画などで, 明暗がはっきりした明るい画調. 対ローキートーン.

バイキング [Viking]
①8～11世紀にスカンディナビア半島とデンマークに住んで各地を侵略したゲルマン系ノルマン人.
②和製用法で, 食べ放題のセルフサービス式料理. 類スモーガスボード.

バイク [bike]
①自転車. 原動機付き自転車.
②オートバイ. モーターバイクの略.

ハイクオリティー [high quality] 高品質の.

バイクパッキング [bikepacking] 自転車にキャンプ道具を積んでの長期旅行.

ハイグレード [high-grade] 高級な, 良質の, 高画質の.

バイコロジー [bicology] 大気汚染を防ぐため自動車をやめて自転車に乗り, 人間性の回復も図ろうとい

う運動. bicycle（自転車）とecology（エコロジー）の合成語.

バイシャ [Vaisya サンスク] インドのカースト制の第3層. 庶民階級. 主に商業などに従事する.

ハイジャック [hijack] 航空機, バスなどの乗り物を乗っ取ること. 航空機の場合はスカイジャックとも.

ハイジャンプ [high jump] 走り高跳び.

ハイス ➡ ハイスピード・スチール

ハイスピード・スチール [high-speed steel] 高速度鋼. 金属切削用の工具に使用. 略してハイス.

バイスプレジデント [vice-president] 副大統領, 副社長, 部長.

バイセクシュアル [bisexual] 雌雄両性を備えた, 雌雄同体の. 両性愛者.

ハイゼニッククリーム [hygienic cream 和] 脂肪分の少ない中性の化粧用クリーム.

ハイセンス [high sense 和] 趣味やセンスがよいこと.

バイセンテニアル [bicentennial] 200年記念の. 200年祭.

ハイソサエティー [high society] 上流社会, 上流階級.

ハイタッチ [high touch 和]
① 高度技術社会で必要性が見直されてきた, 人間的な触れ合いや対人・対文化関係.
② スポーツで, よいプレーをしたときなどに仲間同士で手を高く上げタッチし合うこと.

バイタリティー [vitality] 生命力, 活力.

バイタル [vital]
① 活力に満ちた, 生き生きした.
② 極めて重大な, 致命的な.

バイタルキャパシティー [vital capacity] 肺活量.

バイタルサイン [vital signs] 呼吸, 心拍, 血圧などの生命徴候. 生存徴候. 略はVS.

ハイツ [heights] 高台, 丘. アパートやマンションの意味で使うのは和製用法.

ハイティーン [high teen 和] 10代後半の少年少女. 対 ローティーン.

ハイテク [high-tech] 先端技術, 高度科学技術. ハイテクノロジーの略. 対 ローテク.

ハイテクノロジー [high technology] ➡ ハイテク

ハイデッカー [high-decker 和] 観光バスなどで, 座席を高くして眺めをよくしたもの.

ハイテンション [high tension]
① 高電圧. 高圧の.
② 和製用法で, 精神の高揚している状態.

ハイテンポ [high tempo 和] テンポが速いこと.

バイト
■ [byte] コンピューターで扱うデータの単位. 1バイトは8ビットで, アルファベット1文字分を表す.
■ ➡ アルバイト

バイ・ドール制度 [Bayh-Dole Act system] 行政が推進する研究開発で生じた特許権などの知的財産

権を研究受託者に帰属させる制度.アメリカの法律の名称から.

ハイドロ [hydro-]「水の」「水素の」の意味の接頭語.

ハイドロカルチャー [hydroculture 和] 水耕園芸.養液栽培.土の代わりに人工土と化学肥料で植物を育てる方法.

ハイドロフルオロカーボン [Hydro Fluoro Carbon] フロンの一つ.オゾン層を破壊しないため,代替フロンと呼ばれて使用されている.略はHFC.

ハイドロプレーニング [hydroplaning] 自動車がぬれた道路を高速で走る時,タイヤと路面の間に水膜ができてハンドルやブレーキが利かなくなる現象.ハイドロプレーンとも.

ハイドロプレーン [hydroplane]
①水中翼船.
② ➡ハイドロプレーニング

ハイドロポニック [hydroponics] 水耕栽培,水耕法.

ハイドロメーター [hydrometer] 比重計.浮き秤.

バイナリー [binary] 二進法の.二進数の.数字の0と1だけを使用する記数法.

バイナリーディジット [binary digit] 二進法の数字.

ハイネック [high-necked] 襟ぐりが高い服.

バイノーラル [binaural] 立体感を出す音響再生方式の一つ.「両耳の」という意味から.

ハイパー [hyper-]「超越した」「過度の」の意味の接頭語.

バイパス [bypass]
①渋滞緩和のためのう回路,補助道路.
②心臓などの臓器に別の通り道を作る手術.

バイパススクール [bypass school 和] 大検(大学入学資格検定)の受験者や帰国子女のための私的な教育機関.

ハイパーソニック [hypersonic] 極超音速.音速の5倍以上の速さ.

ハイパーソニックエフェクト [hypersonic effect] 人間の耳には聞こえない高周波が脳波を刺激して心地よくさせる効果.

ハイハット・シンバル [high-hat cymbals] 金属棒に付けた2枚のシンバルを,ペダルを踏んで打ち鳴らすもの.ハイハットとも.

ハイパーテキスト [hypertext] コンピューター上で,関連した情報があるテキストを次々とたどっていける仕組み.

ハイパーマーケット [hypermarket] 大規模な総合スーパーマーケット.郊外に作られて駐車場も完備しているのが普通.

ハイパーメディア [hypermedia] コンピューター上で,ハイパーテキストと動画や音声を組み合わせたもの.

ハイパーリアリズム [hyperrealism] ➡スーパーリアリズム

ハイパワー [high-powered] 高出

力の.高性能の.

ハイパント［high punt］ラグビーで,ボールを高く蹴り上げるキック.

ハイビジョン［Hi-Vision］高品位テレビ(high-definition television, HDTV)の一つ.NHKが開発.

ハイファイ［hi-fi］高忠実度の.特に音響の再生についていう.ハイフィデリティー(high fidelity)の略.

パイプオルガン［pipe organ］音階別に並べたパイプに風を送り込んで音を出す鍵盤楽器.

パイプカット［pipe cut 和］男性の避妊手術の一つ.輸精管を切断または糸で縛る方法をとる.英語ではバセクトミー(vasectomy).

パイプライン［pipeline］
①石油,天燃ガスなどを輸送するための管路.
②連絡役.

ハイブラウ［highbrow］
①知識人,教養や学識の高い人.
②知識や教養をひけらかす人,インテリぶる人.いずれも,ハイブローとも.

ハイブリッド［hybrid］雑種.混成物.混成語.

ハイブリッドカー［hybrid car］複合自動車.低速では電動機,高速ではガソリンエンジンなどと,複数の動力源を使い分ける車.

バイブル［Bible］
①聖書.キリスト教の聖典.
②権威のある書物,座右の書.

バイブルベルト［Bible Belt］聖書地帯.アメリカ南部のキリスト教原理主義の影響が強い地帯を指す.

バイブレーション［vibration］
①振動.
②声楽で声を震わせること.**類**ビブラート.

バイブレーター［vibrator］振動器,電気マッサージ器.

バイプレーヤー［byplayer 和］助演者.脇役.サイドプレーヤーとも.

ハイブロー ➡ ハイブラウ

ハイフン［hyphen］語と語をつなぐ記号「-」.

ハイボール［highball］ウイスキーを炭酸水などで割り,氷を入れたもの.

ハイマート［Heimat 独］故郷,郷土.

ハイム［Heim 独］家,故郷,家庭.

バイメタル［bimetal］熱膨張率の異なる2種類の金属を張り合わせた板.温度変化に応じて曲がる性質を利用し,自動温度調節装置などに利用される.

ハイヤー
1［higher］より高い,高級な.
2［hire］賃借,賃借料.貸し切り自動車の意味で使うのは和製用法.

バイヤー［buyer］買い手,買い主,買い付け業者.**対**サプライヤー.

バイヤーズマーケット［buyers' market］買い手側が強い市場,買い手市場.**対**セラーズマーケット.

ハイライト［highlight］
①写真や絵画で最も明るく見える

部分.
②演劇などで最も興味を引く場面. 見せ場.

バイラテラリズム [bilateralism] 双務主義, 二国間主義.

バイラテラル [bilateral] 両側の, 双方の. 二国間の.

ハイランド [highland] 高地. 高原.

ハイリスク・ハイリターン [high-risk, high-return] 資産運用などで, 危険性は高いが高収益が見込まれること.

バイリンガル [bilingual] 2カ国語を話すこと. また, 話せる人.

パイル [pile]
①毛羽立てた布地, 織物.
②建築の基礎固めに打ち込むくい.

ハイレグ [high-leg] 水着やレオタードのすそが, 急角度に切り上がっていること.

パイレーツ [pirate] 海賊.

パイレーツパンツ [pirate pants] 海賊パンツ. 全体にゆったりしていて, すそが絞ってある女性用ズボン.

ハイレベル [high-level] 水準や地位が高いこと.

パイロット [pilot]
①水先案内人, 操縦士, 指導者, 案内人.
② ➡パイロットランプ

パイロットサーベイ [pilot survey] 本調査の前に実施する予備調査.

パイロットファーム [pilot farm] 近代的経営を取り入れるなどした実験農場.

パイロットプラント [pilot plant] 実験工場, 試験工場.

パイロットランプ [pilot lamp] 電気器具などが作動していることを示す表示灯. パイロットとも.

ハイローラー [high roller] 金遣いの荒い人, ばくちをする人.

パイロン [pylon]
①飛行機の補助タンクなどをつり下げる支柱. 高圧線などの鉄塔.
②道路工事や進入禁止などを示す円錐形の標識.

バインダー [binder]
①とじ込み用の表紙. 書類などをとじ込むための文房具.
②自動刈り取り機. 作物を刈り取り, 自動的に束にする農機具.

パイント [pint] ヤード・ポンド法の容積単位の一つ. 1ガロンの8分の1. 約0.57リットル. 記号pt.

ハウジング [housing] 住宅. 住宅の建設や供給. 住宅産業.

ハウス [house]
①家, 住居, 家庭.
②野菜などの栽培室, 温室.

ハウスウエア [housewares] 家庭用品, 生活用品.

ハウスオーガン [house organ] 企業の機関誌, 社内報.

ハウスキーパー [housekeeper] 家政婦, 家屋の管理人.

ハウスキーピング [housekeeping] 家事, 家政, 家計.

ハウスクリーニング [housecleaning] 大掃除. 家庭の清掃代行業者.

ハウスサウンド [house sound] シカゴで生まれた新しい音楽形式. 複数の曲をディスクジョッキーが一つにつなぎ合わせたもの. ハウスミュージックとも.

ハウスダスト [house dust] 室内のごみ, ほこり.

ハウスハズバンド [househusband] 主夫. 家事を切り盛りする夫.

ハウスボーイ [houseboy] 住み込みで家事を手伝う男性.

ハウスホールド [household] 世帯, 家政, 家族.

ハウスマヌカン [house mannequin 和] ブティックで, 自社製の服を着ながら販売する女性店員. マヌカンとも.

ハウスミュージック [house music] ➡ハウスサウンド

ハウスワイン [house wine] レストランが銘柄をつけずに出す, 手ごろな価格のワイン. グラスでも注文できる.

パウダー [powder]
①粉, 粉末. 特に, 粉おしろい.
②火薬.

パウダーケーキ [powder cake] 化粧用の固型ファウンデーション.

パウダースノー [powder snow] 粉雪. 湿気が少なく, さらさらした雪.

パウダーブルー [powder blue] 白っぽい青色.

パウダールーム [powder room] 女性用化粧室.

パウチ [pouch]
①小袋. 小さい袋状のもの.
②カードや書類などを保護のためにフィルムではさみ, 熱圧着すること.

バウチャー [voucher] 証拠書類. 領収書, 受取, 引換券.

バウチャーシステム [voucher system] 引換え券制.

ハウツー [how-to] 方法, 説明, 手引.

バウハウス [Bauhaus ド] ドイツ・ワイマールに1919年に創業された国立総合芸術学校. 近代デザイン, 美術, 建築に大きな影響を与えた.

バウムクーヘン [Baumkuchen ド] ドイツの代表的な菓子の一つ. カステラ状で, 切り口に年輪状の模様が出る.

パウリスタ [paulista ポルト] ブラジル風コーヒーを出す喫茶店. 原意は「サンパウロ人」.

ハウリング [howling] ほえる, わめく. 特に, 音響装置で増幅された音が割れる現象.

パウンドケーキ [pound cake] 小麦粉とバター, 砂糖, 卵を1ポンドずつ使って焼いたケーキ.

パエージャ ➡パエリア

パエリア [paella ス] スペイン風炊き込みご飯. パエージャとも.

パオ [包 中] モンゴルの組み立て式家屋. 布張りで解体, 運搬が容易.

バオバブ [baobab] アフリカ原産の直径10mに及ぶ巨木.

バーガー ➡ ハンバーガー

パーカ [parka] フードの付いた上着やスエットシャツの総称.

バガス [bagasse] サトウキビなどのしぼりかす、その繊維で作った紙.

パーカッション [percussion]
① 衝撃.
② 打楽器.

バガボンド [vagabond] 放浪者, 浮浪者, さすらい人.

バカラ [baccarat] おいちょかぶに似たトランプ賭博の一つ.

バカロレア [baccalauréat 仏] フランスの中等教育修了学位, 大学入学資格.

バカンス [vacances 仏] 長い休暇, 休日. 英語ではバケーション.

バカンスウエア [vacances wear 和] バカンス(休暇)の時に着るようなくつろいだ服.

バーガンディー [Burgundy]
① フランス中東部のソーヌ川流域地方, またはその地域産のワイン. フランス語ではブルゴーニュ.
② 紫がかった赤色.

バギー [buggy] 自動車. 小型運搬車. 乳母車.

バギナ [vagina ラテ] 膣. ワギナとも.

バキューム [vacuum]
① 真空.
② 電気掃除機で掃除をすること.

バキュームカー [vacuum car 和] 糞尿処理用のくみ取り車.

バギールック [baggy look] 袋のようにだぶだぶした感じのファッション.

パーキング [parking] 駐車, 駐車場.

パーキングエリア [parking area]
① 駐車区域. 駐車場.
② 高速道路の休憩所. 略はPA.

パーキンソン病 [Parkinson's disease] 中脳にあるメラニン細胞の変性などで起こる疾患. 手足の震え, 筋肉弛緩などの症状を呈する.

バグ [bug] コンピューターのプログラム上の誤り, 故障. 原意は「虫」. バッグとも.

パーク [park]
① 公園. 遊園地.
② 駐車すること.

パーク・アンド・ライド [park-and-ride] 最寄りの駅までは車で行き, そこから列車などに乗り換えて通勤すること. 略はP&R.

パークゴルフ [park golf 和] ゴルフに似たスポーツ. プラスチックボールとヘッドが木製のクラブを使う.

バクテリア [bacteria] 細菌.

バクテリオファージ [bactériophage 仏] ウイルスの一つ. 細菌に寄生して増殖する.

バグパイプ [bagpipe] 革袋に音管を取り付けたスコットランドの吹奏楽器.

パークレンジャー [Park Ranger 和] 日本の国立公園管理官.

バゲージ [baggage] 小荷物, 手荷物.

バケーション [vacation] 会社, 学校などの長い休み. 夏休み, 冬休みなど. フランス語ではバカンス.

バゲット [baguette 仏] 細長いフランスパン.

パケット [packet]
①小さな包み, 小包.
②コンピューターで, データを分割した際のひとまとめを表す単位.

バケットシート [bucket seat] スポーツカーなどの, 体がすっぽり納まるようになっている座席.

パケット通信 [packet transmission] コンピューターで, データをパケット単位に分けて送受信する通信方式.

バーゲニング [bargaining] 取り引き, 駆け引き, 交渉.

バーゲニングパワー [bargaining power] 交渉能力, 交渉力.

ハーケン [Haken 独] 登山で, 岩登りのために打ち込む釘.

バーゲン [bargain]
①協約, 取引.
②掘り出し物, 買い得品.
③大安売り. 特売. バーゲンセール (bargain sale)の略.

ハーケンクロイツ [Hakenkreuz 独] かぎ十字,「卍」. ドイツのナチスの党章で, 国旗にも使われた.

パゴダ [pagoda] 仏教やヒンドゥー教の寺院に見られる高い塔.

バーコード [bar code] 光学的な読み取り用のしま状の記号. 商品の識別などに使用.

パーゴラ [pergola] 園芸用のつる棚. つる性植物などをからませる棚.

パーコレーション [percolation] 液体の浸透, 濾過.

パーコレーター [percolator] 液体の濾過装置. 濾過装置付きのコーヒー沸かし器.

バザー [bazaar]
①中東などの市場. バザールとも.
②特定の目的のための慈善市.

パーサー [purser] 旅客機, 客船などの事務長.

パサージュ ➡ パッサージ

バーサス [versus]「…対」,「…に対する」. 記号 v., vs..

ハサップ [HACCP: Hazard Analysis Critical Control Point] 危害分析・重要管理点方式. 食品の衛生・安全性管理システム.

ハザード [hazard]
①危険物, 障害物.
②ゴルフコース内のバンカーその他の障害物.

ハザードマップ [hazard map] 防災地図. 災害をうける地域を予測した地図.

ハザードランプ [hazard lamp 和] 自動車の非常用点滅灯.

バザール [bazar 仏] ➡ バザー①

バサロキック [Vassallo kick] 水泳の背泳で認められている潜水キック泳法. 水の抵抗が少なく, 速く進む.

パージ [purge] 追放, 粛清.

バジェット [budget]
①予算, 家計, 生活費.

②安い, お買い得の.
ハシシ ➡ ハシッシュ
ハシッシュ [hashish] インド大麻. 麻薬の一つ. ハッシシ, ハシシとも.
パシフィスト [pacifist] 平和主義者, 非暴力主義者.
パシフィズム [pacifism] 平和主義, 非暴力主義.
パシフィック
　1 [Pacific] 太平洋.
　2 ➡ パシフィックリーグ
パシフィックリーグ [Pacific League] 日本のプロ野球のリーグの一つ. 略してパ・リーグ, パシフィック. ➡ セントラルリーグ.
パシャ [pasha, pacha ｽﾞﾙ] トルコの旧王族や高官などの称号.
パジャマ [pajamas] 上着とズボンが対になった寝間着.
パーシャル [partial] 部分的な, 偏った, 不公平な.
パーシャルフリージング [partial freezing] 部分凍結法. -3℃前後の半冷凍状態で貯蔵する方法.
パシュート [pursuit] 追い抜き競技. スキー, スケート, 自転車などの競技種目の一つ.
パシュミナ [pashmina] ヒマラヤなどの高地に生息する山羊の毛だけを使った高級毛織物.
バージョン [version] 出版物などの翻案, 脚色, 作り替えたもの, 改訂版.
バージョンアップ [version up 和] コンピューター用ソフトウエアの性能改善. 関 アップグレード.

バジリコ [basilico 伊] シソ科の植物. イタリア料理などで用いられる香味野菜. 英語ではバジル(basil).
バージン [virgin]
①処女, 童貞.
②汚れていない, 清らかな.
バージンロード [virgin road 和] 教会の入り口から祭壇までの, 赤いじゅうたんを敷いた通路.
バス [Bass ｼﾞ]
①男声の低音域, 低音部.
②低音域を受け持つ楽器.
③コントラバスの略.
バース [berth]
①船の停泊水域, 停泊位置.
②列車や船舶の寝台, 寝棚.
パス
　1 [pass]
①通過, 合格.
②無料乗車券, 通行許可証, 優待券.
③トランプなどで, 自分の順番を飛ばすこと.
④スポーツで, 球を相手に回すこと.
　2 [path] 道, 小道, 通り道.
パース ➡ パースペクティブ②
バーズアイ・ビュー [bird's-eye view] 鳥瞰(ちょうかん)図. 上から見た図.
バズーカ砲 [bazooka] 携帯式対戦車ロケット砲.
パスカル [pascal] 圧力の単位. 1パスカルは1㎡に1ニュートン(N)の力が働くときの圧力. 記号Pa.
ハスキー [husky] かすれ声の, しわがれ声の.

バスク [Basque 仏]
　①バスク人.
　②バスクジャケット. 腰から下にフレアの付いた形の上着.
　③バスクシャツ. 横じま模様の厚手シャツ.

バスケット [basket]
　①かご, ざる.
　②バスケットボール競技の略. またそのゴールの網.

バスケットボール [basketball] 籠球ろうきゅう. 5人ずつのチームに分かれ, 相手ゴールのバスケットにボールを投げ入れる球技. バスケットとも.

バースコントロール [birth control] 産児制限.

バズセッション [buzz session] 小人数のグループで自由に発言させる学習方法. バズ学習とも. バズとはハチなどがブンブン羽音を立てること.

パスタ [pasta 伊] イタリアのめん類の総称. マカロニ, スパゲティなど.

バスタブ [bathtub] 浴槽.

バスチェア
　1 [Bath chair] 幌ほろ付きの車いす.
　2 [bath chair] 浴室用の腰掛け.

パスツレラ症 [pasteurellosis] パスツレラ菌による疾患. イヌやネコから感染すると風邪に似た症状を起こすことがある.

バースデー [birthday] 誕生日.

パスティーシュ [pastiche 仏] 美術や文学などで, ほかの作品の主題や技法を寄せ集めて新しく作り上げること.

パスティス [pastis 仏] アニスで香りづけしたリキュールの一つ.

バースデースーツ [birthday suit] はだか, 素肌.

パステル [pastel]
　①固形絵の具の一つ.
　② ➡ パステルカラー

パステルカラー [pastel color] 淡く明るい色調の中間色. パステルとも.

バスト [bust] 上半身, 胸像. 女性の胸, 胸囲.

バースト [burst] 爆発する. はじける. 特に, 自動車のタイヤが破裂すること.

バストコンシャス [bust-conscious 和] バストを意識, 強調した.

バストショット [bust shot] 写真で, 胸から上だけを撮影すること.

パストラル [pastoral] 田園生活. 田園的な風景, 絵画, 文学.

ハズバンド [husband] 夫. 対 ワイフ.

パースペクティブ [perspective]
　①美術の透視画法, 遠近図法.
　②建築などの見取り図. 略してパース.
　③展望, 見通し.

パスポート [passport] 旅券, 許可証.

ハスラー [hustler]
　①腕利き, やり手.
　②詐欺師, ぺてん師.

パズル [puzzle] 判じもの, なぞなぞ.

バスレーン [bus lane] バスを優先

的に走らせる車線.
バスローブ［bathrobe］入浴前や後に着るタオル地などのガウン.
パスワード［password］
①合い言葉.
②暗証番号.コンピューターの機密保持のための識別符号.
バスーン［bassoon］➡ファゴット
パーセク［parsec］天体の距離単位.1パーセクは約3.26光年,約30兆8600億km.記号pc.
パセティック［pathetic］哀れな,感傷的な.
パセティックドラマ［pathetic drama］哀愁に満ちたドラマ.感傷劇.
バセドー病［Basedow's disease］甲状腺機能亢進症.眼球の突出,頻脈,神経過敏などの症状がみられる.
パーセプション［perception］知覚,認知,理解.
バーゼル条約［Basel Convention］「有害廃棄物の越境移動及びその処分の規制に関するバーゼル条約」の通称.
パーセンテージ［percentage］百分率,百分比,割合.パーセントで表す.
パーセント［percent］割合を表す単位.全体を100としたときの1が1パーセント.記号%.
パソコン［personal computer］個人用の小型コンピューター.パーソナルコンピューターの略.
パソドブレ［paso doble 西］軽快な行進曲風のスペイン舞曲.
パーソナリティー［personality］
①個性,人格,性格.
②テレビなどを通じて名前が売れている人.有名人.
パーソナル［personal］個人の,一身上の,私の,本人の.
パーソナルカウンセラー［personal counselor 和］結婚相談員.結婚相談所.
パーソナルコミュニケーション［personal communication］人と人,人間同士の意思の伝達.
パーソナルコール［personal call］➡パーソンツーパーソン・コール
パーソナルコンピューター➡パソコン
パーソナルタイム［personal time］個人的な時間として仕事を休むことが認められる時間.
パーソナルチェック［personal check］個人用小切手.
パーソナルヒストリー［personal history］履歴書.
パーソン［person］
①人,人間,人物,人格.
②身体,容姿,風さい.
パーソンツーパーソン・コール［person-to-person call］指名通話.国際電話で,相手を指名する通話方法.パーソナルコールとも.
バーター［barter］物々交換.物々交換方式による貿易.
バーダー［birder］➡バードウオッチャー

バタークリーム［buttercream］バターと砂糖を混ぜて泡立てた菓子用のクリーム.

バターソース［butter sauce］バターをベースにした調味料の一つ.

バタード・チャイルド症候群［battered child syndrome］被虐待児症候群. 殴打された子供にみられる特有の症状.

パターナリズム［paternalism］父親的な温情主義, おせっかい.

バタフライ［butterfly］
①チョウ.
②水泳競技の一種目. チョウがはばたくように両腕で同時に水をかく泳法.
③ストリッパーが恥部を隠すのに用いる飾り布.

バタフライナイフ［butterfly knife］折りたたみナイフの一つ. 柄を開くとチョウに似ているところから.

パターン［pattern］図案, 模様. 型, 思考・行動様式. 洋裁の型紙.

パターンオーダー［pattern order 和］顧客が型から選んだ好みのデザインで仕立てる半既製服.

パタンナー［patterner 和］デザイン画をもとに裁断用の型紙を作る人. パターンメーカーとも.

パターンバーゲニング［pattern bargaining］労働契約更改での前例踏襲方式. 同業種同回答方式.

パターンブック［pattern book］衣服のスタイルやデザインの型紙を集めた書籍・雑誌.

パターンメーカー［patternmaker］➡パタンナー

バチェラー［bachelor］
①独身男性.
②学士, 学士号.

バチスカーフ［bathyscaphe 仏］深海調査用潜水艇.

パーチメント［parchment］羊皮紙. 羊などの皮で作った古代の筆写用具.

バーチャル［virtual］仮の, 仮想の.

バーチャルリアリティー［virtual reality］仮想現実. 略はVR.

バチルス［Bazillus 独］
①桿状細菌.
②社会に害毒を与えるもの.

ハツ［hearts］料理用の牛や豚, 鶏などの心臓.

バーツ［baht タイ］タイの通貨単位.

パーツ［parts］部分品, 部品.

ハッカー［hacker］
①コンピューターに関する高度な知識と技術をもち, 開発に熱中するプログラマー.
②コンピューターを悪用して社会的な混乱を起こす人.

バッカス［Bacchus］ローマ神話の酒の神. ギリシャ神話ではディオニソス.

バッギング［bugging］電話などの盗聴.

パッキング［packing］
①包装, 荷造り.
②荷物の破損を防ぐための詰め

物.
③気体や液体が漏れるのを防ぐための部品.

バック [back]
①背中, 後ろ, 背景. 後援者, 後ろ盾.
②後退する, 支持する.
③背泳ぎ. バックストロークの略.

バッグ
① [bag] かばん. 袋類.
② [bug]
①盗聴器.
② ⇒ バグ

パック
① [pack]
①包み, 荷物.
②肌の手入れをするための美容法の一つ.
③ラグビーの前衛, または味方同士で組むスクラム.
② [puck] アイスホッケーで使用するゴム製の小円盤.

バックアップ [backup]
①後援, 支援, 予備.
②野球などで, 味方の後方に回り込んで補助すること.
③コンピューター用語で, 事故によってプログラムやデータが破壊されるのに備えて, 予備のコピーを作っておくこと.

バックエンド [back end] 最終段階. 終末処理.

バックオフィス [back office] 組織の事務管理部門.

バックカントリー・スキーイング [back-country skiing] スキー場ではなく野山を滑るスキー. クロスカントリースキーや山スキーなど.

バックギャモン [backgammon] 西洋すごろく. 2人のプレーヤーが15個ずつのこまをさいころの目にしたがって動かすゲーム.

バックグラウンド [background] 背景, 遠景, 原因, 経験, 経歴.

バックグラウンド・ビデオ ⇒ BGV

バックグラウンド・ミュージック ⇒ BGM

バックシート [back-seat] 自動車の後部座席. リアシートとも.

バックシート・ドライバー [back-seat driver] 後ろの席から, 運転にうるさく口出しする人. 転じて, お節介な人.

バックスキン [buckskin] 鹿革. それに似た毛織物.

バックスクリーン [back screen 和] 野球で, 打者が投球を見やすいよう, センター後方に設置した緑色の塀.

バックステージ [backstage] 舞台裏. 楽屋.

バックストリート [backstreet] 裏町, 裏通り.

バックストレッチ [backstretch] 陸上競技場や競馬場の, 決勝点とは反対側の直線走路. 対 ホームストレッチ.

バックストローク [backstroke]
①背泳ぎ. 略してバック.
② ⇒ バックハンド

バックスピン [backspin]
①テニス, 卓球, ゴルフなどで, 打

球に逆回転を与える打法.
②ブレークダンスの一つ.背中の上部を軸にして回転する踊り.

バックドラフト［back draft］火災の逆気流現象.密閉された部屋に空気が急に流れ込んだ際に起こる爆発的炎上.

バックナンバー［back number］
①定期刊行物の既発売分.
②和製用法で,自動車の登録番号,野球選手などの背番号.

バックネット［back net 和］野球でホームプレートの後方に張ってある金網.英語ではバックストップ（backstop）.

バックパッカー［backpacker］バックパッキングの旅をする人.

バックパッキング［backpacking］フレーム付きのリュックサックに野外生活用具を入れて山野を歩くこと.

バックパック［backpack］背負いかばん,フレーム付きのリュックサック.

バックハンド［backhand］テニスや卓球での裏打ち,逆手打ち.ラケットを持つ手の反対側に来た球を打つこと.バックストロークとも.対フォアハンド.

バックバンド［back band 和］ボーカルの後ろで伴奏をするバンド（楽団）.

バックフロート［back float］➡ムーンウオーク②

バックボーン［backbone］背骨,信条,気概,精神的なよりどころ.

バックミラー［back mirror 和］運転者が車の後方を見るための鏡.

バックヤード［backyard］裏庭.

バックラッシュ［backlash］はね返り,反動.

パック旅行［pack tour 和］➡パッケージツアー

バックル［buckle］ベルトなどの留め金.締め金具.

バックレス［backless］背中を露出した婦人服や水着.

パッケージ［package］
①包み,包装,包装材料.
②ひとまとめのもの,一括取引.

パッケージツアー［package tour］運賃,宿泊費など一切込みの観光旅行.パック旅行とも.

バッケンレコード［bakken record 和］スキーのジャンプ競技で,そのジャンプ台での最長不倒距離のこと.バッケンはノルウェー語で「丘」の意.

パッサージ［passage 仏］
①通路,廊下.
②通行.通過.いずれも,パサージュとも.

ハッジ［hajji］イスラム教徒でメッカ巡礼を果たした者の称号.

ハッシシ ➡ハシッシュ

パッシブ［passive］受け身の,消極的な.対アクティブ.

パッシブスモーキング［passive smoking］受動的喫煙,間接喫煙.

パッシブセーフティー［passive safety］自動車の安全対策の一

ハッシュドビーフ [hashed beef] 細切りの牛肉とたまねぎをブラウンソースで煮込んだ料理. ハヤシライスの原型.

ハッシュマネー [hush money] 口止め料. ハッシュは「静かにさせる, 黙らせる」の意.

パッショネート [passionate] 激しやすい, 情熱的な.

パッション
1 [passion] 情熱, 激情.
2 [the P__] キリストの受難.

パッションフルーツ [passion fruit] 熱帯産の果物の一つ. 丸い赤紫色の果実.

バッシング [bashing] 強打. 激しい非難.

パッシング [passing 和] 自動車の前照灯を点滅させて合図を送ること.

ハッスル [hustle] 張り切って精力的に活動すること. 闘志をわきたたせること.

パッセージ [passage]
①通行, 通過, 移動.
②通路, 航路, 出入り口.
③音楽で, 経過句. 旋律をつなぐ音符群.

パッセンジャー [passenger] 乗客, 旅客.

ハッチ [hatch]
①船の甲板にある昇降口.
②調理場と食堂の間に設ける料理の出し入れ口.

パッチ [patch] 継ぎはぎ. 継ぎはぎ用の布や皮.

ハッチウオール [hatch wall 和] 台所と食堂の間に置く, 料理出し入れ口を兼ねた食器戸棚.

パッチテスト [patch test] 貼付(ちょうふ)試験. アレルギー反応を確かめるため, 検査する物質を染み込ませた小布を皮膚に張り調べる方法.

ハッチバック [hatchback] 車体後部に, 上に大きく開くドアが付いた乗用車. またはそのドア. 類 リフトバック.

パッチワーク [patchwork] はぎ合わせ細工. 様々な形や色の布や皮をはぎ合わせて模様を作るもの.

バッティング
1 [batting] 野球の打球, 打撃.
2 [butting] ボクシングで, 頭などを相手の体にぶつける反則行為.

パッティング
1 [patting] 美容法の一つで, 化粧水を浸み込ませたスポンジで肌を軽くたたいて引き締めること.
2 [putting] ➡ パット

バッティングオーダー [batting order] ➡ ラインナップ②

バッテラ [bateira ポルト]
①ボート.
②和製用法で, 押しずしに用いる木枠. またはそれで作ったすし.

バッテリー [battery]
①電池, 蓄電池.
②野球の投手と捕手.

バット [bat]
① 野球, ソフトボールなどでの打撃棒.
② コウモリ.

パット [putt] ゴルフで, グリーン上のボールをカップをねらって打つこと. パッティングとも.

パッド [pad]
① 洋服の肩などに入れる当て物.
② 摩擦や衝撃を防いだり, 調整するための当て物.
③ はぎ取り式のメモ用紙.

ハットトリック [hat trick] サッカーなどで1試合に1人で3点以上獲得すること.

ハッピーエンド [happy end 和] 幸福な結末. めでたしめでたし.

ハッピーコート [happy-coat] 日本の法被, またはそれに似た女性用のコート. 幸福を意味するハッピーと発音が似ていることから.

ハッピーホリデーズ [Happy Holidays!] 「メリークリスマス」に代わってアメリカで使われ始めた, 特定の宗教を明示しない年末のあいさつ.

ハッピーマンデー [Happy Monday 和] 祝日の一部を月曜日に振り替える制度. また, この制度により休日となる月曜日.

バップ [bop] ➡ ビバップ

バッファーゾーン [buffer zone] 緩衝地帯.

ハッブルの法則 [Hubble's law] 地球から遠い銀河ほど, その距離に比例して速い速度で遠ざかっていくという法則.

パテ
1 [putty] ガラスの取り付けなどに使用する接合剤.
2 [pâté 仏] 魚や肉を細かくしてパイに詰め焼き, 冷やしたもの.

バーディー [birdie] ゴルフで, 規定打数より1打少ない打数で終わること.

パーティー [party]
① 社交的な集まり, 会合.
② 党派, 政党.
③ 登山などの隊, 一行.

パティオ [patio 西] スペイン風の中庭, テラス.

パーティクルボード [particleboard] 削片版. 細かく刻んだ木材に合成樹脂を加えて圧縮し板状にしたもの. チップボードとも.

パティシエ [pâtissier 仏] ケーキ作りの専門家, 製菓職人.

パーティシペーション [participation] 参加, 関与.

パーティション [partition] 仕切り, 分割, 隔壁. ブース式デスク.

パティスリー [pâtisserie 仏] ケーキや生菓子, またはそれを売る店.

バティック [batik ジ] ジャワの伝統的なろうけつ染め.

バーディング [birding] ➡ バードウオッチング

ハデス [Hades] ➡ プルートー②

バーテン ➡ バーテンダー

バーテンダー [bartender] 酒場のカウンターの中で酒類の調製をする係. 略してバーテン. バーマンと

パテント [patent] 特許, 特許権. 記号 pat..

ハート [heart]
① 心臓, 心, 愛情.
② トランプのマーク.「♥」.

ハード [hard] 堅い, 堅固な. 困難な, 猛烈な. 対ソフト.

パート [part]
① 部分, 要素, 成分.
② 関係, 役割.
③ 音楽の部曲, 編章. 各自が受け持つ楽器や声域.
④ ➡パートタイム

バードウイーク [Bird Week 和] 愛鳥週間. 5月10日〜17日.

ハードウエア [hardware]
① 金物, 金属製品, 機械設備.
② コンピューターなどの電子機器装置の総称. 対ソフトウエア.

バードウオッチャー [bird watcher] 野鳥観察者. バーダーとも.

バードウオッチング [bird watching] 野鳥観察, 探鳥. バーディングとも.

ハートウオーミング [heartwarming] 心温まる.

ハードエッジ [hard-edge] 輪郭をはっきり描く抽象画の一形式.

ハードエネルギー・パス [hard energy path] 経済発展のため, 石油, 石炭, 原子力などのエネルギーへの依存度を高めること. 対ソフトエネルギー・パス.

パトカー [patrol car] 巡回警備自動車. パトロールカーの略.

ハードカバー [hardcover] 上製本. 堅表紙の本. 対ソフトカバー.

バードカービング [bird carving] 野鳥の木彫り. 木を彫って彩色し, 本物の野鳥そっくりの作品を作ること.

パトグラフィー [Pathographie ド] 病跡学.

ハードコア [hard-core]
① 強固な. 強硬派の.
② 性描写が露骨な.
③ 激しいリズムをもつロック. ハードコア・パンク (hard-core punk) の略.

ハードコア・アート [hard-core art] 性描写が露骨な芸術.

ハードコート [hard court] アスファルト製などのテニスの屋外コート. 対グラスコート.

ハードコピー [hard copy]
① 印刷物の総称.
② コンピューターの出力結果を記録紙に打ち出したもの. 類プリントアウト. 対ソフトコピー.

バードコール [birdcall] 鳥を呼び寄せるための鳥笛. そのための鳴きまね.

ハード・コンタクトレンズ [hard contact lens] ➡ハードレンズ

バードサンクチュアリ [bird sanctuary] 野鳥類保護地域.

パトス [pathos ギリ]
① 情念. 衝動. 対ロゴス.
② 一時的な感情. 対エトス.

ハードスケジュール [hard schedule] 過密な日程. 予定が詰まって

いて余裕のないスケジュール.

バードストライク [bird strike] 鳥と航空機の衝突. 特にジェットエンジンに鳥が吸い込まれる現象.

ハードセール [hard sale 和] 押しの強い, しつこい販売方法. 英語ではハードセル(hard sell). 対ソフトセール.

バードソン [birdthon 和] 定められた時間内に何種類の野鳥を見つけられるかを競う競技. バードウオッチング(bird watching)とマラソン(marathon)の合成語.

パートタイム [part time] 短時間勤務, 非常勤労働. 略してパート.

パドック [paddock]
①競馬場の下見所.
②自動車レース場の発車待機区域.

ハードディスク [hard disk] コンピューター用の円盤を利用した記憶装置. 大容量で読み書きの速度が速い.

ハードディスクレコーダー [hard disk (drive) recorder] ビデオテープではなく, ハードディスクに映像を記録するレコーダー. HDDレコーダーとも.

パドドゥ [pas de deux 仏] バレエで, 男女2人の踊り.

ハードトップ [hardtop] 乗用車の型式の一つ. 前後の窓の間に中柱がなく, 窓が広く開くもの.

パートナー [partner] 仲間, 同類, 配偶者, ダンスなどの相手.

パートナーシップ [partnership] 提携, 協力, 協力体制, 共同経営.

パートナードッグ [partner dog 和] 介護犬. 介助犬.

ハードニュース [hard news] 政治, 経済などの硬いニュース. 対ソフトニュース.

ハートビート [heartbeat] 心臓の鼓動, 情緒, 活力.

ハートビル法 [Heart Building Law 和] 「高齢者, 身体障害者等が円滑に利用できる特定建築物の建築の促進に関する法律」の通称.

ハートフル [heartful] 心からの.

ハートブレーク [heartbreak] 悲しみ, 失恋, 傷心.

ハードボイルド [hard-boiled]
①固ゆで卵.
②小説で, 感情を抑えた客観的な描写を重視する作風. 対ソフトボイルド.

バドミントン [badminton] ラケットでシャトルコック(羽根の付いた球)を打ち合う競技.

バトラー [butler] 執事, 使用人頭.

ハードライン [hard line] 強硬路線.

ハードラック [hard luck] 不運, 苦境, 災難.

ハードランディング [hard landing]
①硬着陸. 宇宙船などの激しい着陸.
②景気が急激に下降すること. また, 強硬な経済政策のために急激な変動が起こること. 対ソフトランディング.

ハートランド [heartland] 心臓部. 中心部. 中核.

パトリオット
1 [patriot] 愛国者, 愛国主義者.
2 [P__] アメリカの地対空ミサイル. いずれも, ペトリオットとも.

パトリオティズム [patriotism] 愛国主義, 愛国心.

ハードリカー [hard liquor] 蒸留酒.

ハードリング [hurdling] 陸上競技で, ハードル(障害)を跳び越すこと.

パドリング [paddling]
①カヌーで, 櫂でこいで前進させること.
②サーフィンで, 両手で水をかいて進むこと.

ハードル [hurdle] 障害, 障害物. 特に陸上競技の障害物, それを使った障害競技.

パドル
1 [paddle] 櫂, 水かき.
2 [puddle] 水たまり.

パドルテニス [paddle tennis] 木製ラケットとスポンジボールを使う, テニスに似た球技.

バトルロイヤル [battle royal] プロレスで, 3名以上のレスラーが同時にリングで戦い, 最後の1人になるまで戦う試合形式. 大混戦. 死闘.

パドレ [padre 〈西〉] 神父.

ハードレンズ [hard lens] 硬質プラスチックなどでできた, 強度のすぐれたコンタクトレンズ. ハード・コンタクトレンズとも. 対ソフトレンズ.

ハードロック [hard rock] 強烈なビートと大音響が特徴のロック音楽.

パトローネ [Patrone 〈独〉] 写真撮影用の35㎜フィルム容器. カセットとも.

パトロネージ [patronage] 後援, 保護, ひいき. 関パトロン.

パトロール [patrol] 巡回. 巡視. 見回り.

パトロン [patron] 芸術家などを経済的に援助する後援者, 保護者. 店の常連, お得意. 関パトロネージ.

ハトロン紙 [patroonpapier 〈蘭〉] 茶色の丈夫な包装紙.

ハードワーク [hard work] 困難な仕事, つらい仕事.

パートワーク [partwork] 分冊形式の出版物.

バトン [baton]
①リレー走者が受け渡しする筒.
②指揮棒. タクト.
③バトントワラーの持つ棒.

パードン [pardon]
①許し, 慈悲. 特赦, 恩赦.
②「ごめんなさい」.

バトンガール [baton girl 和] ⇒バトントワラー

バードンシェアリング [burden sharing] 責任分担, 役割分担.

バトンタッチ [baton touch 和] リレー競技などで, 次の選手にバトンを渡すこと. 転じて, 地位や仕事を後継者に引き継ぐこと. 英語ではバ

トンパッシング(baton passing).

バトントワラー [baton twirler] 音楽隊の先頭で、バトンを投げたり振ったりしながら指揮をする女性．バトンガールは和製英語．

バトントワリング [baton twirling] バトンを投げたり振ったりしながら行進や応援の指揮をすること．

バナー [banner]
①旗，垂れ幕，横断幕．
②ホームページにある細長い見出し画像．

バーナー [burner] ガスや液体燃料などを燃焼させる装置．

パナビジョン [Panavision]
①画面の広い70mm映画方式．商標．
②X線の多角透視鏡．

パナマ帽 [Panama hat] パナマ草製の夏用の帽子．

バーナリゼーション [vernalization] 春化処理．作物の種子に温度加工し，人為的に成育を早める技術．ヤロビザーチャとも．

ハニー [honey]
①はちみつ．
②家族，恋人などに対して用いる愛称．「かわいい人」の意．

パニエ [panier 仏] 女性の下着の一つ．スカートをふくらませるペチコート．

バニーガール [bunny girl] バーやナイトクラブで、ウサギの装いをして接客する女性．

バニシングクリーム [vanishing cream] 油分が少なく吸収が速い化粧用下地クリーム．

パニック [panic] 恐怖，恐慌，混乱状態．経済恐慌．

パニック障害 [panic disorder] 突然，息切れや動悸などの症状が現れ，恐怖感と再発作の不安に悩まされる病気．

バニティーケース [vanity case] 化粧品類や身の回りの品を入れる手提げかばん．

ハニーバケット [honey bucket] 肥おけ，肥やしおけ．

バニラ [vanilla] 香料の一つ．メキシコ原産のラン科のつる草の実を発酵させて作る．

ハーネス [harness]
①馬具，装備．
②盲導犬に装着する誘導具．

パネットーネ [panettone 伊] イタリアのクリスマス用フルーツケーキ．パネトーネとも．

パネトーネ ➡パネットーネ

ハネムーン [honeymoon] 蜜月，新婚旅行．物事が最初，うまくいっている時期．

パネラー [paneler 和] ➡パネリスト

パネリスト [panelist] 公開討論会（パネルディスカッション）の討論者．パネラーは和製英語．

パネル [panel]
①絵や写真の展示板，画板，建築材料の鏡板，羽目板．
②配電盤，計器盤．
③スカートの縫い飾り．
④討論会の討論者団，講師団．

パネル調査 [panel research] 同一グループから長期間, 規則的に情報を得て消費動向を調査する方法.

パネルディスカッション [panel discussion] 公開討論会の一つ. まず立場を異にする何人かの討論者が意見を述べ, それに基づいて聴衆と討論を進める形式をとる.

パネルヒーター [panel heater 和] 鋼板製のパネルの中に密閉した油を電気で暖める方式の暖房器具.

パノラマ [panorama]
①全景, 概観.
②回転画. 次々と繰り広げられる光景.

パノラマカメラ [panoramic camera] 普通よりも広角の写真が写せるカメラ.

ハーバー [harbor] 港, 船着き場.

バーバー [barber] 理髪店.

ハバネラ [habanera 西] キューバ生まれの舞曲. 2拍子の緩やかなリズムが特徴.

ハーバーライト [harbor light] 港の明かり.

パパラッチ [paparazzi 伊] ➡パパラッツォ

パパラッツォ [paparazzo 伊] 有名人のゴシップ写真などを撮るカメラマン.「うるさい虫」の意. 複数形はパパラッチ.

バーバリアン [barbarian] 野蛮人, 無教養人.

バーバリズム [barbarism] 野蛮, 未開. 乱暴な振る舞い, 蛮行, 無作法.

ババロア [bavarois 仏] 洋菓子の一つ. 牛乳をベースに卵黄, 砂糖, 生クリームなどを混ぜ, ゼラチンで固めたもの.

パピー [puppy] 子犬.

パピーウオーカー [puppy walker] 盲導犬の子犬の飼育奉仕をする人.

パピエ [papier 仏] 紙. 英語ではペーパー.

ハビタット
❶ [habitat] 環境, 居住環境, 生息地, 居住地.
❷ ➡UN-HABITAT

ハビテーション [habitation] 居住, 居住地, 住居.

パピヨット [papillote 仏]
①骨付き肉の骨の部分に巻く紙.
②魚や肉の紙包み焼き.

パピヨン [papillon 仏]
①チョウ.
②小型のスパニエル犬.

パピリオ [papilio ラテ] チョウ.

パビリオン [pavilion] 博覧会などの展示館, 大テント.

パピルス [papyrus ラテ] 古代エジプトで用いられた紙, 古文書. 原料に使われたカヤツリグサ科の多年草の名から.

ハーフ [half]
①半分. 2分の1.
②スポーツの試合の前半または後半.

ハブ [hub] 中心部, 中枢, 拠点. 自動車の車軸にタイヤを取り付ける

ための部品.
ハーブ［herb］薬草, 香草. 料理や薬用に使われる草や木の総称.
ハープ［harp］竪琴. 枠に47本の弦を張り, 指ではじいて演奏する楽器.
バフ［buff］
①なめし革.
②レンズなどを磨くための柔らかい布.
パフ［puff］粉おしろいを付けるための化粧道具.
パブ［pub］イギリスの大衆酒場, 飲み屋. パブリックハウス(public house)の略.
ハーフ・アンド・ハーフ［half-and-half］
①半々の, どっちつかずの.
②普通のビールと黒ビールを半分ずつ混ぜたもの.
ハーフウエー［halfway］
①途中, 中間.
②社会復帰のための中間施設.
③野球で, 塁と塁の中間位置.
パフェ［parfait 仏］アイスクリームに果物や生クリームなどを添えたもの.
パーフェクト［perfect］
①完全な, 申し分ない.
②野球で, 相手チームを無安打無死四球, 無失策で制すること.
③ボウリングで, 全フレームでストライクを取ること.
パフォーマンス［performance］
①実行, 履行, 成就, 功績.
②公演, 興行, 芸当.
③性能, 機能, 能力.
ハーフコート［half coat 和］丈の短い, 腰ぐらいまでのコート.
ハーフサイズ［half size 和］
①半分の大きさ.
②写真で, 35㎜判の半分のサイズ. シネ判.
ハープシコード［harpsichord］ヨーロッパの古楽器. ピアノに似た鍵盤楽器. クラブサン, チェンバロとも.
ハブステップ［hub step］自転車の後輪中央に付ける足掛け.
パフスリーブ［puff sleeve］ギャザーをとって, ふくらませた袖.
ハーフタイム［halftime］
①サッカーなどの競技で, 前半戦と後半戦の間の中休み.
②半日勤務, 半日労働.
ハーフティンバー［half-timber］木造住宅で, 柱や梁などの骨組みを壁面に露出させ, その間の壁面を石や煉瓦などで埋めたもの.
ハーフトーン［halftone］
①中間色, 中間調.
②音楽用語で, 半音.
③印刷の網版.
ハプニング［happening］
①予期しない出来事, 偶発事件.
②偶発的な出来事を重視する前衛芸術.
ハーフパイプ［half-pipe］スノーボードのフリースタイル種目の一つ. 半円筒状のコースで, ジャンプなどの技を競う. 略はHP.
ハーフマラソン［half marathon］

標準距離(42.195km)の半分のマラソン.

ハーフミラー[half mirror] 半透明鏡. 一方から見ると鏡だが, 他方からは透けて見える.

パフューマー[perfumer] 香水の調香師. パーフューマーとも.

パフューム[perfume] 香水, 香料, 香り. パーフュームとも.

パフュームコロン[perfume cologne] 香水の一つで, 香料の割合が少ないもの. オー・ド・パルファムとも.

バブリー[bubbly] 泡立つ. 活気がある. にわか景気に浮かれる.

パプリカ[paprika] 甘味トウガラシ. また, それを粉にした香辛料.

パブリシティー[publicity] 周知, 公表, 広報, 宣伝.

パブリック[public]
①公共の, 一般の.
②社会, 世間.

パブリックアクセプタンス[public acceptance] 社会的受容性. 原子力発電所の建設など地域住民に大きな影響を与える問題に関して, 住民が同意を与えること.

パブリックアート[public art] 美術館ではなく広場や街角に置き, 不特定多数の人々を対象とする美術作品.

パブリックインボルブメント[public involvement] 住民参画.

パブリックコース[public course] 会員制でなく, だれでも使えるゴルフ場.

パブリックコメント[public comment] 政策などの内容を事前に公表して国民の意見を募ること.

パブリックサーバント[public servant] 公僕, 公務員, 役人.

パブリックスクール[public school]
①イギリスの上流階級の子弟用の全寮制私立学校.
②アメリカ, カナダなどの公立学校.

パブリックセクター[public sector] 公共部門. 対プライベートセクター.

パブリックドメイン[public domain]
①公共物. 公有地.
②特許権や著作権が消滅し, だれでも利用できるようになった状態.

パブリックビューイング[public viewing] 大型映像装置でスポーツの試合を中継すること.

パブリックリレーションズ ➡ PR ③

バブル[bubble] 泡, あぶく. シャボン玉.

パープル[purple] 紫, 紫色の.

バブル経済[bubble economy] 土地や株・債権などが異常に高騰し, 実態以上に膨れ上がった経済. 特に, 1980年代後半〜90年代初頭の日本経済を指していう.

バーベキュー[barbecue]
①肉や野菜の野外料理.
②子牛などの丸焼き.

ハーベスター[harvester] 刈り取

り機,収穫機.

ハーベスト[harvest]刈り入れ.収穫.収穫期.

パペット[puppet]指人形,操り人形.傀儡.

バーベル[barbell]重量挙げやボディービルなどに使う,鉄棒の両端に重りを付けた用具.

バベルの塔[Tower of Babel]旧約聖書に登場する伝説の塔.天まで届かせようとしたために神の怒りに触れ,互いに言葉が通じなくなったとされる.転じて,実現不可能な計画.

バーボン[bourbon]トウモロコシとライ麦を原料にしたアメリカ産ウイスキー.

パーマ ➡ パーマネントウエーブ

ハマス[Hamas 略]パレスチナのイスラム原理主義組織.PLO(パレスチナ解放機構)と対立している.

パーマネント[permanent]
①永久の,不変の.
②薬品などを用いて髪の毛を波形に縮らせること.

パーマネントウエーブ[permanent wave]熱や薬品を用いて毛髪に波形を付けること.パーマと略すのは和製用法.

パーマネントプリーツ[permanent pleats]永久ひだ.洗濯しても消えないように加工したひだ.

バーマン[barman] ➡ バーテンダー

バーミキュライト[vermiculite]蛭石.鉱物の一つ.また,蛭石を高温で焼成した園芸用の土.

バーミセリ[vermicelli 伊]棒状の細いパスタ.

パーミッション[permission]許可,認可,免許.

バミューダショーツ[Bermuda shorts]ぴったりしたひざ上までのショートパンツ.バミューダパンツとも.

バミューダ・トライアングル[Bermuda Triangle]バミューダ三角地帯.大西洋上のバミューダ諸島,プエルトリコ島,フロリダ半島を結ぶ三角形の海域.船舶や飛行機の謎の行方不明事件が多いとされる.

バーミリオン[vermilion]朱,朱色.

ハミング[humming]鼻歌.

ハム

1[ham]
①豚のもも肉の塩漬けを薫製にしたもの.
②アマチュア無線家.

2[hum]ラジオ,テレビなどのブーンという雑音.

パームオイル[palm oil]ヤシ油.せっけんや潤滑油の原料.

ハムスター[hamster]キヌゲネズミ.ペット,実験用に飼育される.

パームトップ[palm-top]手のひらサイズ.手のひらに乗る大きさのパソコン.

ハムラビ法典 ➡ ハンムラビ法典

ハーモナイゼーション[harmonization]調和,調整,協調.ハーモ

ニゼーションとも.

ハーモニー [harmony]
① 調和, 一致.
② 和音, 和声.

ハーモニカ [harmonica] 小型の吹奏楽器の一つ. 口にくわえ, 息を吹いたり吸ったりして音を出す.

ハーモニゼーション ➡ ハーモナイゼーション

ハーモニックス [harmonics] 倍音. 倍音を応用したバイオリンなどの演奏法.

ハヤシライス [hash rice 和] タマネギや牛肉などをいため, ブラウンソースなどで煮込んで飯にかけた洋風料理. 類ハッシュビーフ.

パーラー [parlor]
① 客間, 居間.
② 和製用法で喫茶店, 洋風の軽飲食店.

バラエティー [variety]
① 変化, 多様性.
② 寄せ集め, 取り合わせ.
③ ➡ バラエティーショー

バラエティーショー [variety show] 歌や踊り, コントなどを次々と見せる演芸や番組. バラエティーとも.

バラエティーストア [variety store] 雑貨店, 安売りの小売店.

パラグライダー [paraglider] パラシュートとハンググライダーを組み合わせたスポーツ. 山の斜面を駆け下りて離陸し, 滑空する.

パラグラフ [paragraph] 文章の段落, 区切り.

パラコート [paraquat] 除草剤の一つ. 猛毒.

パラサイコロジー [parapsychology] 超心理学. 透視, 念力, テレパシーなどの超能力現象を研究する学問.

パラサイト [parasite] 寄生生物, 居候.

パラサイトシングル [parasite single 和] 成人しても親に依存し, 自立したがらない未婚者.

パラジウム [palladium] 金属元素の一つ. 白金に近い性質を持ち, 腐食に強い. 記号Pd.

パラジクロロベンゼン [paradichlorobenzene] 無色の結晶. 衣類の防虫剤などに用いる. パラジクロルベンゾールとも. 略はPDB.

パラシュート [parachute] 落下傘.

パラシュートスカート [parachute skirt] 落下傘のようにすそが開いたスカート. アンブレラスカート, パラソルスカートとも.

ハラショー [khorosho ロシ]「素晴らしい」.

バラス ➡ バラスト②

バラスト [ballast]
① 船体の安定を保つために積む重量物や海水. 潜水艇や気球の浮沈, 昇降を調節するための重り.
② 鉄道, 道路に敷き詰める砂利や小石. バラスとも.

パラセーリング [parasailing] パラシュートを付け, 自動車やモーターボートに引っ張られて空を飛ぶスポーツ.

パラソル [parasol] 日傘. 類アンブレラ.

パラソルスカート [parasol skirt] ➡パラシュートスカート

パラダイス
1 [paradise] 天国. 極楽. 楽園.
2 [P__] エデンの園.

パラダイム [paradigm] 理論的枠組み, 模範, 典型.

パラダイムシフト [paradigm shift] 科学的な概念や価値観などの変化. 天動説から地動説への転換など. パラダイム転換とも.

ハーラーダービー [hurler derby 和] 野球で, 最多勝投手争い. ハーラーは投手のこと.

パラチオン [Parathion ドイ] 有機燐を含む猛毒の殺虫剤.

パラチノース [palatinose] 甘味料の一つ. 砂糖を原料とするが甘みは少なく, 虫歯の原因にならない.

バラック [barrack] 粗末な建物. 間に合わせの仮の建物.

バラード [ballad] 民間伝承などの物語詩, テンポの緩い感傷的な流行歌. 抒情詩, 譚詩曲.

パラドクシカル [paradoxical] 逆説的な, 矛盾した.

パラドックス [paradox] 逆説. 矛盾しているようで実は正しい説.

パラドール [parador スペ] スペインの国営観光ホテル. 城や修道院などを改造した高級宿泊施設.

パラノ [parano 和]
①特定の物事や価値観に執着するタイプの人間. 対スキゾ.
②➡パラノイア

パラノイア [paranoia] 妄想性障害. パラノとも.

パラフィリア [paraphilia] 異常性愛.

パラフィン [paraffin] 石ろう. 溶融しやすい炭化水素で, ろうそくなどの原料.

パラプレジア [paraplegia] 体の両側がまひする対まひ.

パラフレーズ [paraphrase] 言い換え, 注釈. 改編曲.

パラペット [parapet] 欄干, 手すり.

ハラペーニョ [jalapeño スペ] メキシコ原産の極辛トウガラシ.

パラボラ [parabola] 放物線.

パラボラアンテナ [parabolic antenna] おわん形の指向性アンテナ.

パラマウント [paramount] 最高の, 主な.

パラメーター [parameter]
①媒介変数, 助変数.
②要素, 要因.

パラメディカル [paramedical] 医師を補佐する人々. 救急医療士, 看護師, X線技師なども含む. パラメディックとも. 類コメディカルスタッフ.

パラメディック [paramedic] ➡パラメディカル

パーラメント [parliament] 議会, 国会.

バラモン [brahmana サンスク] インドのカースト制の最高階級. 僧侶, 司

祭.ブラフマンとも.

バラモン教［Brahmanism］古代インドの民俗宗教.ヒンドゥー教の前身.

バラライカ［balalaika ロシ］ロシアの民族弦楽器.木製の三角形胴に3本の弦がある.

パラリンピック［Paralympics］国際身体障害者スポーツ大会.身体障害者五輪.

ハラールフード［halal food］イスラムの戒律にのっとって処理された食物.ハラールはアラビア語で「由緒正しい」の意.

パラレル［parallel］
①平行,平行線.
②電気の並列回路.
③緯度線.
④ ➡ パラレルクリスチャニア

パラレルクリスチャニア［parallel christiania］スキーで,両方のスキーを平行にそろえたまま回転する技術.パラレル,パラレルターンとも.

パラレルスラローム［parallel slalom］スキーの回転競技の一種目.隣り合わせのコースで2人の選手が同時にスタートする.

パラレルターン［parallel turn］ ➡ パラレルクリスチャニア

パラレルワールド［parallel world］並行世界.

バランサー［balancer］均衡をとる人,釣り合い装置.

バランス・オブ・パワー［balance of power］勢力の均衡.特に対立する国家間の関係についていう.

バランスシート［balance sheet］貸借対照表,損益勘定書.略はBS.

バランススコアカード［balanced scorecard］企業の業績を財務,顧客,社内業務,学習と成長の四つの視点から評価して目標の達成に役立てる手法.バランストスコアカードとも.略はBSC.

バランストアクアリウム［balanced aquarium］自然の生態系を再現し,できるだけ自然に近い状態で魚を飼えるようにした水槽.

バランストファンド［balanced fund］株式に債券などを組み合わせた投資信託.

バリア［barrier］
①防護壁,柵,境界線.
②障害,障壁.

バリアフリー［barrier-free］障壁がないこと,特に,高齢者や身体障害者の日常生活に妨げとなる障壁を取り除くこと.

バリアブルコンデンサー［variable condenser］容量を変えることができる可変蓄電器.略してバリコン.

バリアント［valiant］勇敢な.

ハリウッド［Hollywood］アメリカのロサンゼルス市西部の地区名.アメリカ映画の制作拠点で映画産業の代名詞.

バリウム［barium］
①金属元素の一つ.合金材料などに使われる.記号Ba.
②硫酸バリウムの俗称.レントゲン

の造影剤に使われる.

バリエーション [variation]
① 変化, 変動.
② 変奏曲.

バリカン [Barriquand] 頭髪を刈る金属製の器具. 製造会社の名から.

パ・リーグ ➡ パシフィックリーグ

バリケード [barricade] 防柵, 障害物.

ハリケーン [hurricane] 西インド諸島やメキシコ湾で発生する暴風.

パリ・コミューン [Commune de Paris 仏] 1871年にパリで成立した, 世界最初の革命的労働者政権. コミューンとも.

バリコン ➡ バリアブルコンデンサー

パリジェンヌ [Parisienne 仏] パリ生まれの女性. 対パリジャン.

ハリジャン [Harijan] インドのカースト制で, 枠外とされた最下層民.「神の子」の意で, ガンジーが差別撤廃を目指して名づけた.

パリジャン [Parisien 仏] パリ生まれの男性. 対パリジェンヌ.

ハリー彗星 ➡ ハレー彗星

パリダカール・ラリー [Paris-Dakar Rally] アフリカ大陸のサハラ砂漠を走る自動車レース.

パリティー [parity]
① 等しいこと, 等価, 均衡, 平衡.
② 平価, 平衡価格.

バリデーション [validation] 確認. 認可. 批准.

バリトン [Bariton 独] 男声の中音域. またはその歌手.

バリュー [value] 価値, 値打ち, 真価, 評価.

バリューエンジニアリング [value engineering] 価値工学. 品質を低下させずにコスト低減させる技法. 略はVE.

バール [bar] かなてこ.

パル [pal] 友達, 仲間.

パール [pearl] 真珠. 真珠色.

バルキー [bulky]
① かさばる. ざっくりとした, 厚手の.
② 太い毛糸, それで編んだもの.

バルクキャリアー [bulk carrier] ばら積み貨物専用の運搬船.

バルクライン [bulk line 和] 米価算定基準の一つ. 一定の生産費以内で米を生産している農家の全農家数に対する割合.

パルコ [parco 伊] 公園, 広場.

バルコニー [balcony]
① 露台. 室外に張り出した手すりの付いた台.
② 劇場の2階正面席.

パルサー [pulsar] 脈動電波星. 規則的周期でパルス(脈動電波)を発する天体.

バルサミコ酢 [aceto balsamico 伊] ブドウを原料としたイタリアの醸造酢.

ハルシオン [Halcion] ➡ トリアゾラム

パルス [pulse]
① 脈拍, 鼓動.
② 波動, 振動, 間欠電流.

パルスジェット・エンジン [pulse-jet engine] 空気を断続的に取り入れて燃焼させるジェットエンジン.

パルタイ [Partei 独] 党派, 政党, 結社.

パルチザン [partisan 仏] 遊撃隊, ゲリラ隊, 不正規軍.

パルドン [pardon 仏]「ごめんなさい」「失礼しました」.

バルネオセラピー [balneotherapy] 温泉療法.

バルビゾン派 [école de Barbizon 仏] 19世紀パリ近郊のバルビゾンで活動していた風景画家たち. コロー, ミレー, ルソーなど.

バルブ

1 [bulb]
①球根, 電球, 真空管.
②カメラのシャッター部のB目盛り. ボタンを押している間, シャッターが開放状態になる.

2 [valve]
①弁, 栓.
②真空管.

パルプマガジン [pulp magazine] 低俗な大衆雑誌. 安価なざら紙を使ったことから.

ハルマゲドン [Harmagedon 希] 聖書の黙示録にある, 世界の終わりでの善と悪の決戦. 転じて, 全面核戦争. アルマゲドンとも.

パルムドール [Palme d'Or 仏] 金のシュロ賞. カンヌ映画祭で与えられる最高賞.

パルメザン [Parmesan] イタリア, パルマ地方産の硬質チーズ.

バルーン [balloon] 気球, 風船.

バレエ [ballet 仏] 舞踊劇の一つ. 独舞, 群舞と音楽で構成される.

パレオ [paréo 仏] タヒチなど南太平洋諸島の民族衣装で, 腰や体に巻き付けてスカート状にする長方形の布.

ハーレクイン [harlequin]
①仮面を付け, 派手な衣装を着た道化師.
②まだら模様. 多色の.

ハレーション [halation] 写真で, フィルムに入った光がフィルム裏面で反射され, 画面がぼやける現象.

パレス [palace] 宮殿, 大邸宅, 豪華な建物.

ハレー彗星(すい) [Halley's Comet] 周期76年で太陽系内を回る彗星. ハリー彗星とも.

バーレスク [burlesque] 笑劇, 茶番劇.

バレッタ [barrette] 板状のヘアクリップ.

パレット

1 [palette] 絵の具の調合に使う板.

2 [pallet] フォークリフトでの作業に使用する荷台.

パレットナイフ [palette knife] 油絵で, 絵の具の調合などに用いるナイフ.

パレード [parade] 行列, 行進, 観閲式.

バレーボール [volleyball] 排球.

ネットをはさんだコート内でボールを打ち合う球技.6人制と9人制がある.

ハレム [harem]
①イスラム教国の女性の居室.
②妻妾(さいしょう)たちが暮らす男子禁制の後宮.

ハーレム [Harlem] 米ニューヨーク市の地区名.マンハッタン島北東部にあり,黒人やプエルトリコ人が多い.

バレリーナ [ballerina 伊] バレエの女性の踊り手.主役を指すこともある.対 バレリーノ.

バレリーノ [ballerino 伊] バレエの男性の踊り手.対 バレリーナ.

バレル [barrel]
①たる,胴,胴体,銃身,砲身.
②石油などの計量単位.石油の場合,1バレルは約159リットル.バーレルとも.

バレルスカート [barrel skirt] ヒップの部分にふくらみをつけ,ウエストとすそをすぼめた,たる形のスカート.

ハレルヤ [hallelujah] キリスト教で神をたたえる言葉.

パーレン [parenthesis] 丸かっこ.( ).パレンセシスがなまったもの.

バレンシア [valencia]
①羊毛と絹などを交ぜて織ったラシャ地.
②オレンジの一品種.バレンシアオレンジ.

バレンタインデー [Valentine's Day] 2月14日の聖バレンタイン殉教記念日.恋人たちが愛を告白できる日.女性が男性にチョコレートを贈るのは日本だけの風習.

ハロー [halo]
①太陽や月の周りに見えるかさ.写真で,光源の周囲に現れる輪.
②銀河系の中心部で電波を出す球状星団.
③後光,光輪,光背.

ハロウイーン [Halloween] 万聖節の前夜祭.10月31日.キリスト教国では悪霊退治の日とされ,子供たちが仮装して練り歩く.

ハロゲン [halogen] 塩素,フッ素,臭素,ヨウ素などの元素の総称.

ハロー効果 [halo effect] 後光効果.人や事物を評価するに当たり,特定の面に目を奪われて全体を過大評価してしまうこと.

パロチン [parotin] 唾液腺(だえきせん)ホルモン.老化防止作用がある.

バロック [baroque 仏] 17世紀にイタリア,フランスなどで流行した芸術様式.技巧,装飾が重視された.

パロディー [parody] 他人の詩や文章をもじった風刺的作品.

バロメーター [barometer]
①気圧計,晴雨計.
②指標,評価基準.

パロール [parole 仏] 言(げん).個々人が個々の場所で使う言葉.言語学者ソシュールの用語.対 ラング.

ハロン

1 [furlong] 競馬で使う距離の単位.1マイルの8分の1で約201m.日本では1ハロン=200mとしてい

る．

2 [halon] 塩素の代わりに臭素を含むフロン．消火剤に用いられたが，オゾン層破壊物質として現在は使用禁止．

バロン [baron] 男爵．

バロンデッセ [ballon d'essai 仏] 観測気球．英語ではトライアルバルーン(trial balloon)．

パワー [power] 力，能力，権力，動力．

パワーアップ [power-up] 力を高める，強める．

パワーアンプ [power amplifier] 電力増幅器．電気信号を増幅してスピーカーを鳴らす．

ハワイアンギター [Hawaiian guitar] ➡スチールギター

ハワイアンミュージック [Hawaiian music] ハワイ音楽．ポリネシア系音楽が西洋音楽の影響で変化したもの．ウクレレなどを用いる．

パワーウインドー [power window] スイッチの操作で車の窓が開閉できる装置．

パワーエリート [power elite]
①権力者．
②実力でエリートになった人．

パワーエレクトロニクス [power electronics] 大電力を制御する電力用電子工学．重電機器，交通関連機器，送電系統などの分野を扱う．

パワーゲーム [power game] 権力闘争．特に大国や権力者間の指導権争い．

パワーシェアリング [power-sharing] 権力の分担，共有．

パワーステアリング [power steering] 自動車の動力操舵装置．油圧を利用してハンドル操作を軽くする機構．

パワハラ ➡パワーハラスメント

パワーハラスメント [power harassment 和] 上司の部下に対する，職権を利用したいやがらせ．略してパワハラ．

パワフル [powerful] 強力な，有力な．

パワープレー [power play]
①フットボールのランプレー，アイスホッケーの集中攻撃の一つ．
②外交，経済面での力の政策．

パワーポリティックス [power politics] 武力を背景にした外交政策．権力政治．

パワーランチ [power lunch] 昼食をとりながらの商談，交渉．類ビジネスランチ．

パワーリフティング [powerlifting] 重量挙げ競技の一種目．スクワット，ベンチプレス，デッドリフトの3種目がある．

バン

1 [van] 箱形の有蓋トラック．ライトバンなど．

2 ➡VAN

パン

1 [Pan] ギリシャ神話で，ヤギの角と足をもつ森や家畜の神．

2 [p_]
①平なべ．

②映画,テレビのカメラを左右に振りながら撮影する方法.

バーンアウトシンドローム [burn-out syndrome] 燃え尽き症候群. 会社人間などが突然目的を失い,無力感に襲われたり自己嫌悪に陥ったりする症状.

バンカー
1 [banker] 銀行家. 銀行員.
2 [bunker] ゴルフコースに障害物として作られた,砂が入ったくぼ地.

ハンガーストライキ ➡ ハンスト

ハンガーディスプレー [hanger display] つり広告. 天井からつり下げる広告.

バンガード [vanguard] 前衛, 先駆者, 先導者.

ハンガーノック [hunger knock] 空腹のため,体が思うように動かなくなる状態.

ハンガーラック [hanger rack] 洋服掛け.

バンガロー [bungalow] 平屋建てでベランダがある住宅, 山小屋.

バンキング [banking] 銀行業務.

ハンギングバスケット [hanging basket] 園芸用の吊り鉢.

バンク [bank]
①銀行.
②土手, 堤防. 自動車・自転車競技用の傾斜路.
③飛行機が旋回のため機体を傾けること.

パンク
1 [punk]
①不良, ちんぴら.
②奇抜な服装や髪形を競うファッション.
③ ➡ パンクロック
2 [puncture]
①自動車などのタイヤチューブが破れること.
②和製用法で,物がふくらみすぎて破れること.

ハングオーバー [hangover] 二日酔い, 余波, なごり.

バンクカード [bank card] 預金の出し入れと買い物の支払いが1枚でできる, 銀行発行のカード.

ハンググライダー [hang glider] 三角形の金属枠に布を張った翼を付けて滑空するスポーツ.

パンクチュアル [punctual] 時間厳守の, きちょうめんな.

バンクホリデー [bank holiday]
①アメリカの銀行休日. 土・日曜以外に年4回.
②イギリスの法定銀行休日.

パンクラス [Pancrase] 格闘技の一つ. パンチ, キック, 関節技などあらゆる技が使える.

バンクラプシー [bankruptcy] 破産, 倒産.

ハングリー [hungry]
①空腹な. 飢えた.
②貪欲な. 熱心な.

ハングリースポーツ [hungry sports 和] 貪欲さが必要なスポーツ. ボクシングなど.

ハングル [한글 朝] 朝鮮の表音文字.

バングル [bangle] 腕輪.

パンクロ [panchro 和] 全整色フィルム. 肉眼に近い感光性を持つ. パンクロマティックフィルム(panchromatic film)の略.

パンクロック [punk rock] 1970年代にロンドンで起こった反社会的要素が濃いロック音楽. パンクとも.

バンクローン [bank loan]
①銀行ローン.
②銀行間借款. 発展途上国などへの融資方式の一つで, 相手国の銀行を経由するもの.

パンゲア [Pangaea] 約3億年前に存在していたとされる超大陸.

パンケーキ [pancake] 小麦粉に牛乳, バター, 卵を入れて焼いた丸形のケーキ.

バンケット [banquet] 正式の宴会. 晩餐会.

バンコマイシン [vancomycin] 抗生物質の一つ. 院内感染を起こすMRSA(メチシリン耐性黄色ブドウ球菌)の治療などに用いる.

ハンサム [handsome] 男性の顔だちがよい様子. 美男子.

バンサンカン [vingt-cinq ans 仏] 25歳.

バンジージャンプ [bungee jump] 足などにゴム製のロープを結び, 高い所から飛び降りる遊び.

バンジョー [banjo] ジャズ, カントリー&ウエスタンなどで用いる, ギターに似た弦楽器.

パンション [pension] 下宿.

バンス ➡アドバンス②

ハンスト [hunger strike] 抗議や主張を貫くため断食に訴える闘争方法. ハンガーストライキの略.

ハンズフリー [handsfree] 携帯電話などで, 手を使わずに操作できる仕組み. ハンドフリーとも.

パンセ [pensée 仏] 思想, 考え, 心, 思索.

ハンセン病 [Hansen's disease] らい菌の感染によって皮膚や末梢神経が侵される感染症. 現在は優れた治療薬がある.

パンソリ [판소리 朝] 朝鮮の民族芸能の一つ. 1人の歌手が長い物語を歌い演じる語り物.

ハンター [hunter]
①狩猟家, 猟師.
②探求者. 欲しいものを求め歩く人.

バンダー [bander] 渡り鳥の標識調査員.

パンタグラフ [pantograph]
①縮図器, 写図器.
②電車の屋根に設置された集電装置.

バンダナ [bandanna] 絞り染めなどの大型スカーフ, ネッカチーフ.

バンタム級 [bantam-weight] ボクシング, 重量挙げなどの重量別の階級の一つ. バンタムはチャボに似た鶏の品種.

バンダリズム [vandalism] 公共物, 芸術品などに対する破壊行為. 古代ローマを略奪し破壊したバンダル族の名から.

パンタロン [pantalon 仏] ズボン.

すそ幅の広いスラックス.

パンチ [punch]
①ボクシングで相手に打撃を加えること.
②切符を切ること, 穴を開けること. 穴開け器具.
③活気, 迫力.
④ ➡ ポンチ①

パンチカード・システム [punch-card system] パンチした(穴を開けた)カードを使う情報処理法. 略はPCS.

パンチドランカー [punch drunker 和] パンチを頭に受けて脳に障害を負ったボクサー.

パンチパーマ [punch perma 和] 短く刈り込んだ髪に細かいウエーブを付けた男性用の髪形.

パンチャー [puncher]
①ボクシングで, 強打を得意とするボクサー.
②キーパンチャーの略.

ハンチング [hunting]
①狩猟. ハンティングとも.
②和製用法で, 鳥打ち帽. 英語ではハンチングキャップ(hunting cap).

パンツ [pants]
①下着. 下ばき.
②ズボン.

ハンデ ➡ ハンディキャップ

ハンディー [handy] 手ごろな, 便利な, 扱いやすい.

パンティー [panties] 女性用の下ばきの一つ.

パンティーガードル [panty girdle] 腹部, 腰部の体形を整えるためのパンティー形の女性用下着.

ハンディキャップ [handicap]
①ゴルフや競馬などで優劣や強弱を平均化するため, 優者に不利な, 劣者に有利な条件をつけること.
②身体などの障害. いずれも, 略してハンデ.

ハンディクラフト [handicraft] 手芸, 手工芸, 手仕事. ハンドクラフトとも.

パンティーストッキング [panty stockings 和] パンティー部までおおう形のストッキング.

パンティースリップ [panty slip] すそに刺繍やレースの付いた, 長めの女性用下着.

ハンディータイプ [handy type 和] 小型で扱いやすいこと.

ハンティング ➡ ハンチング①

ハンティングドッグ [hunting dog] 猟犬.

パンテオン [Pantheon] 万神殿. 古代ギリシャ, ローマ時代にすべての神々を祭った神殿.

バンデージ [bandage] 包帯, ボクサーがこぶしに巻く布.

ハンド [hand]
①手. 手首から先の部分.
② ➡ ハンドリング①

バント [bunt] 野球の打法で, バットにボールを軽く当てて転がすこと.

バンド
1 [band]
①帯状のひも, 帯. ベルト.

②一組の人,団,楽団.
③電波の周波数帯.
2 [bund] 海岸通り,堤防.

パント [punt] ラグビー,アメリカンフットボールでの球のけり方の一つ.手から落とした球が地面に着かないうちにける方法.

ハンドオフ [handoff]
①ラグビーでボールを持つ選手が,タックルをしようとする相手を押しのけること.
②アメリカンフットボールで,バックの1人から他者へ球を手渡すこと.

バンドカラー [band collar] 詰め襟,立ち襟.

ハンドクラフト [handcraft] ➡ハンディクラフト

ハンドグリップ [handgrip] 自転車のハンドル,ラケットなどの握り.

パントテン酸 [pantothenic acid] ビタミンB複合体の一つ.発育促進,新陳代謝に重要な働きをする.

ハンドトラクター [hand tractor 和] 小型耕運機.

ハンドニット [hand-knit] 手編みの.手編み製品.

バンドネオン [bandoneón 西] ボタン式の小型アコーディオン.アルゼンチンタンゴの演奏に用いられる.

ハンドブック [handbook] 手引書.案内書.

ハンドフリー [hand free 和] ➡ハンズフリー

ハンドブレーキ [handbrake] 自動車などの手動式制動装置.

バン・ド・ペイ [vin de pays 仏] 地酒.その土地産のワイン.

ハンドボール [handball] 球技の一つ.手を使ったパスやドリブルでボールを運び,相手ゴールへ投げ込んで得点を競う.1チーム7人制.

パントマイム [pantomime] 無言劇.身ぶりや表情だけでテーマを表現する.マイムとも.

バンドマスター [bandmaster] 楽団のリーダー.指揮者.略してバンマス.

ハンドマネー [hand money] 手付金,前金,保証金.

バンドマン [bandsman] 楽団員.

ハンドメード [handmade] 手製の,手作りの.手作り製品.

ハンドラー [handler]
①ボクシングのトレーナー.
②犬などの調教師.

パンドラの箱 [Pandora's box] ギリシャ神話で,人類最初の女パンドラが開けてしまった箱.そのため,箱に封じ込められていたすべての罪悪や災禍が飛び出し,人類に不幸をもたらしたという.転じて,災いの源.

パントリー [pantry] ホテルなどの食料品室,食器室.

ハンドリング [handling]
①サッカーで,ゴールキーパー以外の選手がボールに手を触れること.ハンドとも.
②自動車などのハンドルさばき,取り扱い方.

ハンドル [handle]
①柄.取っ手.
②和製用法で,自動車のかじ取り装置.ホイール.
③ ➡ハンドルネーム

バンドル [bundle] 束,包み.組み合わせ販売.

ハンドルネーム [handle name] インターネットなどで使われる別名,仮名.ハンドルとも.

バンドワゴン [bandwagon]
①パレードの先頭を走る楽隊車.
②時流に乗った優勢な候補者,グループ.

パンナコッタ [panna cotta 伊] 牛乳入りの生クリームをゼラチンで固めた冷菓.

バンパー [bumper] 自動車の緩衝器.

バンパイア [vampire]
①吸血鬼.
②チスイコウモリ.中南米に生息する吸血コウモリ.

ハンバーガー [hamburger] 丸パンにハンバーグステーキを挟んだサンドイッチ.略してバーガー.

パンパス [pampas] 南米,特にアルゼンチンの大草原.

バンブー [bamboo] 竹,竹製の.

バンプ
1 [bump]
①衝突,ぶつかること.
②尻をぶつけ合うダンスの一つ.
③予約していた客を断ること.
2 [vamp] 妖婦,男性を次々と誘惑する女性.

パンフ ➡パンフレット

パンフォーカス [pan-focus] 映画やテレビで,近景から遠景まですべて焦点が合っていること.対アウトフォーカス.

パンプキン [pumpkin] カボチャ.

パンプス [pumps] ひもや留め具のない婦人靴.礼装靴.

バンブラン [vin blanc 仏] 白ワイン.

ハンブル [humble] 謙虚な,控えめな,つまらない.

パンフレット [pamphlet] 簡単な小冊子.宣伝用の簡易資料.略してパンフ.

ハンマー [hammer]
①金づち.
②陸上競技のハンマー投げで使用する鉄球.
③ピアノの弦を打つ小づち.

バンマス ➡バンドマスター

ハンマー投げ [hammer throw] 陸上競技の投てき種目の一つ.針金付きの鉄球を投げて飛距離を競う.

ハンマーミル [hammer mill] 衝撃粉砕・製粉機.農業や工業で,原料を粉砕するための機械.

ハンムラビ法典 [Code of Hammurabi] 古代バビロニアのハンムラビ王が発布した法典.「目には目を」の復讐刑罰などが特徴.ハムラビ法典とも.

バンルージュ [vin rouge 仏] 赤ワイン.

バンロゼ [vin rosé 仏] 白と赤の中間に当たる薄赤色のワイン.

ヒ

ビア ➡ ビール

ピアカウンセラー [peer counselor] 同じ病気や障害をもつ仲間同士のカウンセラー.

ビアガーデン [beer garden] ビルの屋上などで営業する野外ビアホール. ビヤガーデンとも.

ピアス [pierced earrings] 耳たぶに穴を開けて付けるイヤリング. ピアストイヤリングの略. 関ボディーピアス.

ピアッシング [piercing] 耳たぶなどに穴を開けてピアスを付けること.

ピアニシモ [pianissimo 伊] 音楽用語で,「極めて弱く演奏せよ」. 記号 pp. 対フォルティシモ.

ピアニスト [pianist] ピアノ奏者.

ピアノ [piano 伊]
①鍵盤楽器の一つ.
②音楽用語で,「弱く演奏せよ」. 記号 p. 対フォルテ.

ビアホール [beer hall] 生ビールを提供する西欧風酒場. ビヤホールとも.

ヒアリング [hearing]
①聞くこと. 聴力, 外国語学習などでの聴き取り.
②公聴会.

ピエタ [Pietà 伊] 聖母マリアがキリストの遺骸を抱いている絵や彫刻. 嘆きの聖母像.

ピエ・ド・プール [pied-de-poule 仏] 千鳥格子模様.「鳥の足」の意.

ヒエラルキー [Hierarchie 独] 階層制, 位階制, 上下制.

ビエール [Bier 独, bière 仏] ビール.

ピエロ [pierrot 仏]
①サーカスやパントマイムの道化師.
②いつも損な役回りの人.

ヒエログリフ [hieroglyph] 古代エジプトの象形文字, 絵文字, 神聖文字.

ビエンナーレ [biennale 伊] 2年ごとに開催される国際美術展, 隔年行事.

ビオス [bios] 酵母の増殖を促す物質.

ビオトープ [biotope] 小生活圏. 特定の動植物が生息できる生活環境を持つ地域.

ビオラ [viola 伊] バイオリンより一回り大きい弦楽器. バイオリンとチェロの間の音域を持つ.

ビーカー [beaker] 実験・調剤用の広口のガラスコップ.

ピカタ [piccata 伊] イタリア風肉料理の一つ. 薄切り肉に卵を付けて焼いたもの.

ピカデリー [Piccadilly] ロンドン中央部, テムズ川北側の繁華街. 中央の円形広場はピカデリーサーカス(Piccadilly Circus).

ピカドール [picador 西] 闘牛で, 牛の首を馬上からやりで突いて怒らせる役. 関トレアドール, マタドール.

ピカレスク小説 [picaresque novel] 悪漢小説. 16世紀スペインで始まった, 知恵のある悪漢を主人公として庶民生活を描く小説.

ビギナー [beginner] 特にスポーツなどの初心者.

ビギナーズラック [beginner's luck] 賭け事などで, 初心者につきが回ること.

ビキニ

1 [Bikini] 太平洋西部, マーシャル諸島共和国に属する環礁. 1946〜58年にアメリカの原水爆実験が行われた. ビキニ環礁(Bikini Atoll).

2 [b__] 女性用の水着の一つ. 小さめのブラジャーとパンツのセット.

ピギーバック [piggyback] 貨物を積んだトラックやトレーラーをそのまま貨車に載せて輸送する方式.

ビキューナ ➡ ビクーニャ

ピーク [peak] 頂点, 絶頂, 最高点.

ピークアウト [peak out] 頂点を過ぎること.

ピクシー [pixie] 妖精. 小妖精.

ピクチャーレール [picture rail] 壁面に絵などをかけるための横桟.

ピクトグラフ [pictograph]
①絵文字, 象形文字.
②統計図表で, 絵の大きさで統計値を表すもの.

ピークトラベル [peaked lapel] 剣襟. 背広などの襟で, 下襟の先がとがっているもの. ピークドラペルとも.

ピクトリアル [pictorial] 絵入りの, 絵のような.

ビクーニャ [vicuña 西] 南米産のラクダ科の動物, ラマの一種. その毛で織った布. ビキューナとも.

ビークル [vehicle] 輸送手段, 乗り物, 自動車.

ピクルス [pickles] 洋風の漬け物の一つ. 野菜や果実の酢漬け.

ピケ [picket]
①スト破り監視員.
② ➡ ピケットライン

ピケットライン [picket line] 労働争議中, 裏切りや妨害を防ぐために組合員や支援団体が作る阻止線. ピケ, ピケラインとも.

ピーコック [peacock] 雄のクジャク. 対 ピーヘン.

ピコット [picot 仏] レース編みなどで, 端に付ける小さな玉状の飾り. 正しくはピコ.

ピーコート [pea coat] 七分丈の厚手ウールのコート. ピージャケットとも.

ビーコン [beacon]
①かがり火, のろし, 航空路標識灯, 水路標識灯.
② ➡ ラジオビーコン

ビザ [visa] 査証. 国が発給する入国許可証.

ピザ [pizza 伊] 小麦粉を練って丸くのばした上に各種の具やチーズをのせて焼いたイタリア料理. ピッツァ, ピザパイとも.

ビザール [bizarre] 変な, 奇妙な.

ビシソワーズ [vichyssoise 仏] ジャガイモの裏ごしに生クリームを加え

た冷たいスープ.

ビジター [visitor]
①訪問者, 来訪者, 観光客.
②ゴルフなどで, 会員以外の競技者.
③遠征軍, 訪問チーム. ビジティングチームとも.

ビジットジャパン [Visit Japan] 外国人旅行者の訪日拡大を目的としたキャンペーンの総称.

ビジティングチーム [visiting team] ➡ビジター③

ビジネスインキュベーター [business incubator] ベンチャー企業などを育成する機関, 組織. インキュベーターは「孵化器, 保育器」の意.

ビジネスオートメーション [business automation] コンピューターの導入による事務管理の自動化.

ビジネスカレッジ [business college] ➡ビジネススクール②

ビジネス・キャリア制度 [business career system 和] 厚生労働省認定の職業教育・訓練コース.

ビジネスクラス [business class] ➡エグゼクティブクラス

ビジネススクール [business school]
①経営学大学院.
②コンピューター, 簿記などの実務を教える専門学校. スクール・オブ・ビジネス, ビジネスカレッジなどとも.

ビジネスチャンス [business chance 和] 仕事上の好機. 起業や業務拡大などのチャンス.

ビジネスパーソン [businessperson] 実業家, 経営者, 会社員.

ビジネスホテル [business hotel 和] 商用のビジネスマンを対象とした機能的で安価なホテル.

ビジネスモデル [business model] インターネットなどの情報技術を使った独自のビジネス手法.

ビジネスライク [businesslike] 事務的な, 能率的な.

ビジネスランチ [business lunch] 商談や打ち合わせをしながらの昼食. 類パワーランチ.

ビジネスリエンジニアリング ➡リエンジニアリング

ビジネスリーダーシップ [business leadership] 企業の経営者, 管理者としての統率力, 指導能力.

ビジブル [visible] 見える, 明らかな, 目立つ. 対インビジブル.

ピージャケット [pea jacket] ➡ピーコート

ビジュアリスト [visualist] 映像作家.

ビジュアル [visual] 視覚の, 視覚による, 目で見た.

ビジュアルコミュニケーション [visual communication] 視覚伝達. 目を通した情報伝達.

ビジュアルスキャンダル [visual scandal] 人の目を引くために演出した広告.

ビジュアルデザイン [visual design] 視覚的なデザイン. 写真, イ

ラストレーション、コンピューターグラフィックスなどを含む.

ビジュアルトレーニング [visual training] 動体視力を養うトレーニング法.

ビジュアルフライト [visual flight] 有視界飛行. 対インストルメントフライト.

ビショップ [bishop]
①キリスト教の司教. 主教. 監督.
②チェスのこまの一つ. 将棋の角に当たる.

ビジョン [vision]
①視覚, 視力, 視野.
②将来に対する展望, 構想, 夢, 見通し.
③まぼろし, 幻影.

ピジン [pidgin] 複数の言葉が混合してできた言葉.

ピジンイングリッシュ [pidgin English] オセアニア、東南アジア、西アフリカなどで商取引に使われる英語. 中国語、ポルトガル語、マレー語などが混ざったもの.

ビス ➡ BIS

ピース
1 [piece] 小片, 一切れ, 部分.
2 [peace] 平和. 平穏.

ビス規制 ➡ BIS規制

ビスクドール [bisque doll] 素焼きの白磁でできた西洋人形.

ピースコー [Peace Corps] アメリカの平和部隊. 発展途上国で農業、教育などの援助活動に当たる青年組織.

ビスタ [vista] 景色, 展望.

ビスタカー [vista car 和] 電車, バスの2階式展望車両.

ビスタコーチ [vista coach 和] 電車, バスの展望車.

ビスタビジョン [VistaVision] 縦横比が1:1.85の大画面映画. 商標.

ヒスタミン [histamine] アミノ酸の一つ. アレルギー性疾患の原因になる有毒成分.

ビスチェ [bustier 仏] 肩ひもがなくウエストまで丈のあるブラジャー.

ヒステリー [Hysterie 独]
①神経症の一つ.
②感情の抑制がきかず興奮した状態.

ヒステリシス [hysteresis] 磁気, 電気などの履歴現象. 力の変化に対する反応が過去の経歴により異なること.

ヒステリック [hysteric] ヒステリー状態. ヒステリー症状の.

ビースト [beast] 動物, 獣.

ヒストグラム [histogram] 統計用の柱状グラフ.

ヒストリー [history] 歴史, 経歴, 履歴, 由緒, 沿革.

ビストール ➡ V/STOL

ビストロ [bistro 仏] 小さな酒場, 料理店.

ピストン [piston]
①シリンダー内で往復運動をする部分.
②金管楽器の調音弁装置.

ヒスパニック [Hispanic] スペイン語系アメリカ人. 中南米のスペイン語圏からの移住者とその子孫. ラ

ヒズボッラー ➡ヒズボラ

ヒズボラ［Hezbollah アラ］レバノンを拠点とするイスラム教シーア派の政治・軍事組織.ヒズボッラーとも.「神の党」の意.

ピースワーク［piecework］出来高払いの仕事,手間仕事.

ビター［bitter］
①にがい,苦しい.
②苦味ビール,苦味酒.

ビーター［beater］たたく器具,卵やクリームの泡立て器.

ピタ［pita］中東や地中海沿岸諸国の平焼きパン.開いて肉や野菜などを入れて食べる.

ビターズ［bitters］苦味酒.苦みのあるリキュール.

ピーターパン・シンドローム［Peter Pan syndrome］少年のままでいたいと望んで社会的責任を拒み,夢の世界に逃避する心理現象.略はPPS.

ビタミン［vitamin］生命の維持に不可欠な有機化合物の総称.多くの種類がある.

ビタミンカラー［vitamin color］➡アシッドカラー

ピーターラビット［Peter Rabbit］イギリスの作家ビアトリス・ポッターの童話に登場する主人公のウサギの名前.

ピータン［皮蛋 中］中国料理で使うアヒルの卵の保存食品.

ピチカート［pizzicato イタ］弦楽器の弦を,弓を用いずに指ではじく奏法.

ビーチコーミング［beachcombing］浜辺に打ち上げられた漂流物を拾い集めること.

ピーチスキン［peach skin 和］桃のうぶ毛のような感触の合成繊維.

ビーチバギー［beach buggy］➡サンドバギー

ビーチパラソル［beach parasol 和］海岸などで日除けに用いる大きな傘.

ビーチバレーボール［beach volleyball］海岸の砂浜で行われる2人制のバレーボール.

ピッキング［picking］不法に錠をあけること.

ピック［pick］
①突く,掘る.
②拾う,採集する.
③選ぶ,選択する.
④ギターなどを指で鳴らす.つまびく.
⑤錠をこじあける.

ピックアップ［pickup］
①選び出すこと,拾い上げること.
②自動車の型式の一つ.後部が荷台になっている小型トラック.
③レコードの溝に刻まれた音を拾い出す装置.
④ラグビーで,スクラム内の球などを手で拾い上げる反則.

ビッグアップル［Big Apple］ニューヨーク市の愛称.

ビッグイベント［big event］記念すべき出来事,大きな行事,スポーツなどの大試合.

ビッグエッグ [Big Egg] 東京ドーム(全天候型野球場)の愛称.

ビッグカード [big card] 好ゲーム. 人気番組.

ビッグガン [big gun] 有力者, 大物.

ビッグサイエンス [Big Science] 巨大科学. 宇宙開発, 海洋開発など, 規模と予算の大きな開発計画.

ビッグネーム [big name] 重要人物. 名士.

ビッグバード [Big Bird 和] 東京国際空港(羽田)の旅客ターミナルビルの愛称.

ビッグバン [big bang]
①宇宙の始まりに起こったとされる大爆発.
②大事件. 大改革. 特に, 1986年にイギリスで行われた証券制度の大改革.

ビッグバンド [big band] 大編成のジャズバンド.

ビッグビジネス [big business] 巨大企業, 巨大産業.

ビッグブラザー
■ [big brother] 兄, 兄貴.
■ [B__ B__] 独裁者.

ビッグベン [Big Ben] イギリス国会議事堂の大時計.

ビッグマウス [bigmouth] おしゃべり屋. 自慢屋. 大口をたたく人.

ピッケル [Pickel 独] 登山用具の一つ. つえの先につるはし状の金具を付けたもの.

ヒッコリー [hickory]
①北米原産のクルミ科の落葉高木. 果実が食用になるほか, 家具材などに用いられる.
②厚地で綾織りのシャツ地.

ピッコロ [piccolo 伊] フルートより小型で音域が高い木管楽器.

ピッチ [pitch]
①調子, 速度, 能率.
②野球などで球を投げること.
③ねじ山とねじ山の間隔, 歯車の歯と歯の間隔.
④飛行機や船の縦揺れ.
⑤コールタールから揮発成分を蒸留して得られる残留物.
⑥サッカーなどのグラウンド.

ヒッチハイク [hitchhike] 通りがかりの車に乗せてもらいながら旅行すること.

ピッチャー [pitcher]
①取っ手の付いた水差し.
②野球の投手.

ピッチング [pitching]
①野球の投球, 投球法.
②船や飛行機の縦揺れ. 対 ローリング.

ピッツァ ➡ ピザ

ヒット [hit]
①野球の安打.
②小説, 歌, 演劇, テレビ番組などが大当たりすること. 成功すること.
③命中. 空手などの突き, けりが相手に当たること.

ビット [bit]
①二進法での0または1. コンピューターの情報量の最小単位.
②小片, 僅少. 小銭.

③大工道具類の先端部分.
ピット［pit］
①穴, 落とし穴.
②自動車レース場にあるタイヤ交換, 給油などのための場所.
③スポーツなどでの最下位.
④ ➡オーケストラピット
ヒット・アンド・アウェー［hit and away］ボクシングの戦法で, 打ったらすばやく後ろに下がること.
ピットイン［pit in 和］自動車レースなどで, タイヤ交換や給油, 修理, 選手の交代などのためにピットに入ること.
ピットクルー［pit crew］自動車レースで, 出場車両の給油やタイヤ交換などを行う整備スタッフ.
ピットサイン［pit sign］自動車レースで, ピットから走行中のドライバーに対して周回数やタイムなどを伝える表示板.
ヒットチャート［hit chart］流行歌, 歌謡曲などの人気やCDの売り上げ順位を示す表.
ビットバレー［Bit Valley］東京・渋谷周辺に集中するインターネット関連企業群の通称.「渋い」の意のビター(bitter)にコンピューターの情報量単位ビット(bit)をかけた名称. バレーは「谷」の意.
ヒットパレード［hit parade］人気曲で構成した音楽番組.
ヒットマン［hit man］殺し屋, 暗殺者.
ヒッピー［hippie］1960年代後半にアメリカに出現した, 既成の制度, 慣習を否定する若者集団. 長髪や奇抜な服装, 反文明的な行動などが特徴.
ヒップ［hip］
①腰, 尻.
②腰回りの寸法. 記号H.
③センスのよい, 流行の. 情報通の.
ビップ ➡VIP
ヒップハンガー［hip hanger 和］腰骨に引っかけてはくタイプのスカートやパンツ. ヒップボーンとも. 英語ではヒップハガー(hiphugger).
ヒップホップ［hip-hop］1980年代にニューヨークの黒人の若者たちから生まれたラップミュージックや踊り, 服装などの総称.
ヒップボーン［hipbone］和製用法で, ヒップハンガーのこと.
ビデ［bidet 仏］女性用の局部洗浄器.
ビデオ［video］
①テレビの映像, 画像.
②画像再生装置. ビデオテープレコーダー(videotape recorder)の略.
ビデオアート［video art］ビデオテープやテレビの特性を利用した造形表現.
ビデオ・オンデマンド［video on demand］ケーブルテレビなどで, 視聴者の要求に応じて見たい番組を配信すること. 略はVOD.
ビデオカセット［videocassette］映像記録用のカセット型ビデオテープ.
ビデオクリップ［video clip］新曲

を売り出すための宣伝用ビデオ．プロモーションビデオとも．

ビデオゲーム [video game] パソコンを使ってテレビ画面で遊ぶゲーム．テレビゲーム，コンピューターゲームとも．

ビデオサーバー [video server] 注文の画像をすばやく届けるコンピューターシステム．

ビデオシアター [video theater] ビデオで映画を上映する小劇場．

ビデオディスク [videodisk] 音と映像が記録されている円盤（ディスク）．絵の出るレコード．略はVD．

ビデオテープ [videotape] テレビの録画・再生用磁気テープ．

ピテカントロプス・エレクトス [Pithecanthropus erectus ラテ] 直立猿人．直立歩行し，目の上にひさし状の隆起がある．ジャワで発掘されたため，ジャワ原人とも．

ビート

❶ [beat] 動悸（どう）, 鼓動, 拍子, リズム．

❷ [beet] サトウダイコン，てん菜．

ピート [peat] 泥炭．炭化の度合いが最も低い石炭で，肥料や燃料に使用．

ヒートアイランド [heat island] 大都市の気温が周辺地域よりも高くなること．

ヒトゲノム [human genome] 人間がもつ遺伝子情報．

ヒートシール [heat seal] 加熱によって密封できる包装材．

ビートニク [beatnik] ビート族．第2次大戦後，因習や常識に反発して退廃的な行動に走った若者たち．

ヒートポンプ [heat pump] 熱ポンプ．熱を低温部から高温部へ移す装置．

ピートモス [peat moss] ミズゴケが堆積（たいせき）してできた泥炭．園芸などに利用される．

ヒドラ [Hydra]

①ギリシャ神話の英雄ヘラクレスが退治した九つの頭を持つ水蛇．

②星座のうみへび座．

③ヒドロ虫類の腔腸（こうちょう）動物．

ビートル [beetle]

①カブトムシ．

②ドイツ製の乗用車フォルクスワーゲンの一車種の愛称．

ピナクル [pinnacle] 西洋建築にみられる小さな尖塔（せんとう）．最高点，頂点．

ビーナス [Venus]

①ローマ神話の美と愛の女神．ギリシャ神話ではアフロディテ．

②金星．

ビニーシャングラス ➡ベネチアングラス

ビニーシャンブラインド ➡ベネチアンブラインド

ビニール [vinyl] ビニール化合物の総称．繊維，接着剤などの原料．

ビニールハウス [vinyl house 和] ビニールを張った簡易温室．

ビニールレザー [vinyl leather 和] 布地の表面にビニール加工を施した合成皮革．

ビニロン [vinylon 和] ポリビニールアルコール系合成繊維の総称．

耐久・吸湿性に優れる.
ビネガー［vinegar］食用酢, 果実酢.
ビネグレットソース［vinaigrette sauce］➡フレンチドレッシング
ピノー［pineau 仏］ブドウ汁とコニャックを混ぜた酒. 食前酒.
ヒノキチオール［hinokitiol］精油成分の一つで, タイワンヒノキ, アスナロなどに含まれる. 殺菌, 抗菌性がある.
ビバ［viva 伊］「万歳！」.
ビーバー［beaver］海狸. 北半球の寒帯に住む哺乳類の小動物. 足に水かきがあり, 水をせき止めて巣を作る.
ビハインド［behind］遅れている, 負けている. 対アヘッド.
ビバーク［bivouac 仏］登山用語で露営, 野営, 野宿.
ビバップ［bebop］1940年代に始まったモダンジャズの形式の一つ. バップ, ビーバップとも.
ビハーラ［vihara サンスク］仏教の寺院, 僧房.
ビバレッジ［beverage］飲み物, 飲料. ベバレッジとも.
ビビッド［vivid］生き生きとした, 生気に満ちた, 鮮やかな.
ピーピングトム［Peeping Tom］のぞき見をする人, 出歯亀.
ビビンパ［비빔밥 朝］朝鮮料理の一つ. 飯の上にナムル（野菜のあえもの）などを盛り合わせたもの.
ビープ
①［veep］副社長, 副会長.
②［V__］アメリカ副大統領. バイスプレジデント（vice president）の頭文字から.
ビフィズス菌［Bifidobacterium ラテ］乳酸菌の一つ. ヒトの腸内に常在し, 病原菌などの増殖を抑える.
ビフォアサービス［before service 和］販売以前のサービス. 潜在需要者に事前にカタログその他を通じて商品知識の徹底を図ること. 対アフターサービス.
ビーフジャーキー［beef jerky］乾燥牛肉.
ビーフストロガノフ［beef stroganoff］ロシア料理の一つ. 牛肉の薄切りをサワークリーム入りのソースで煮込んだもの.
ビブラート［vibrato 伊］音程を震わせながら歌ったり演奏したりする方法. 類バイブレーション.
ビブラフォーン［vibraphone］電気鉄琴. 電気操作でビブラートが付くようにしたもの.
ビブラム［Vibram 伊］登山靴などに用いられる頑丈な合成ゴム製靴底. 商標.
ビブリオグラフィー［bibliography］書誌学, 図書目録, 参考文献.
ピープルズキャピタリズム［people's capitalism］大衆資本主義, 民衆資本主義. 株式の大衆化が実現する資本主義.
ビヘイビアー［behavior］行為, 行動, 振る舞い.
ビヘイビアリズム［behaviorism］

①行動主義. 心理学で, 客観的に観察の可能な行動のみを研究対象にするもの.
②議論よりも行動を重視する主義.

ピーヘン [peahen] 雌のクジャク. 対 ピーコック.

ヒポコンデリー [Hypochondrieドイツ] 心気症, 憂うつ症. 神経症の一つ.

ピボット [pivot]
①機械の軸頭, 旋回軸, 中心点.
②ダンスや体操などで片足を軸にした回転.

ピーマン [pimentフランス] 西洋とうがらし.

ビミューズ ➡ BMEWS

ビーム
1 [beam]
①光や電波の流れの束, 光線, 信号電波.
②建物の梁(はり), 桁(けた).
2 ➡ BIEM

ビームアンテナ [beam antenna] 電波を一方向に集中させるアンテナ.

ヒーメン [Hymenドイツ] 処女膜. 英語ではハイメン (hymen).

ビヤガーデン ➡ ビアガーデン
ビヤホール ➡ ビアホール

ビュー [view]
①眺め. 景色. 視界.
②見方. 見解. 意見.

ビューアー [viewer]
①映画のフィルム編集用機材.
②写真のスライドなどを拡大して見る装置.
③テレビ視聴者.

ピュア [pure] 純粋な, 純潔な, 清純な.

ピュアモルト [pure malt] 単一の原酒で作った, ブレンドしていないウイスキー.

ビューグル [bugle]
①ラッパ, 角笛, 猟笛.
②婦人服の飾りなどに使われる管玉(くだたま).

ヒューズ [fuse] 過大な電流が流れると溶けて電気回路を断つ安全装置. フューズとも.

ピューター [pewter] 錫(すず)と鉛の合金. また, その製品.

ヒュッテ [Hütteドイツ] 山小屋.

ビュッフェ [buffetフランス]
①駅や列車内の軽食堂.
②立食式のパーティーや食事.

ビューティー [beauty] 美しさ. 美人. 美女.

ビューティーサロン [beauty salon] 美容院, 美容室. ビューティーパーラーとも.

ビューティースポット [beauty spot]
①付けぼくろ, ほくろ.
②景勝地.

ビューティーパーラー [beauty parlor] ➡ ビューティーサロン

ビューティフル [beautiful] 美しい, 立派な.

ビューポイント [viewpoint] ➡ ポイント・オブ・ビュー

ヒューマニスト [humanist] 人道

主義者, 人文主義者.

ヒューマニズム [humanism] 人道主義, 人間中心主義. ユマニスムとも.

ヒューマニゼーション [humanization] 人間化. 企業経営で人間関係を改善すること.

ヒューマニテアリアン [humanitarian] 人道的な, 人間的な.

ヒューマニティー [humanity] 人間性, 人間らしさ. ユマニテとも.

ヒューマノイド [humanoid]
①SFに登場する人間型ロボット, 人造人間. 関アンドロイド.
②人間によく似た生物, 宇宙人.

ヒューマン [human] 人間の, 人間らしい, 人間性のある.

ヒューマン・アニマルボンド [Human Animal Bond] 人と動物とが互いに作用しあうことで生まれる効果を認め, 双方の福祉に役立てようとする考え方. 略はHAB.

ヒューマンインターフェース [human interface] 人間と道具の関係. 機械などの操作環境, 使い勝手.

ヒューマンインタレスト [human interest] 人間的な興味, 関心. 特に個人的, 具体的な事柄への興味.

ヒューマンエコロジー [human ecology] 人間生態学, 人類生態学.

ヒューマンエラー [human error] 人的エラー. 機械ではなく人間が原因のエラー.

ヒューマンエンジニアリング [human engineering] ➡エルゴノミックス

ヒューマンキャピタル [human capital] 人的資本. 人間を投資効果のある資産と考えた表現.

ヒューマンセキュリティー [human security] 人間の安全保障.

ヒューマンドキュメント [human document 和] 人生の記録.

ヒューマンライト [human rights] 人権.

ヒューマンリレーションズ [human relations] 人間関係. 特に組織や企業内での関係.

ヒューム管 [Hume pipe] 鉄筋コンクリート管. 水道管, 排水管などに用いる. オーストラリアのヒューム兄弟が発明.

ピューリタニズム [Puritanism] 清教主義, 清教徒気質, 宗教・道徳的な厳格主義.

ピューリタン [Puritan] 清教徒. 16世紀後半, 英国国教内に生まれた新教徒の一派. 迫害を受け, その一部が米大陸へ移住した.

ピュリツァー賞 [Pulitzer Prize] アメリカで毎年, 報道・文学など14部門の優れた作品に贈られる賞.

ピューレ [purée 仏] 野菜などを煮て裏ごししたもの.

ピューレックス法 [Purex process] 有機溶媒を用いて, 使用済み核燃料からウランやプルトニウムなどの有用な核物質を抽出し回収すること.

ビューロー [bureau]

①官庁などの部局, 事務局.
②大きな机, 寝室用のたんす.

ビューロクラシー [bureaucracy] 官僚政治, 官僚主義, 官僚機構.

ヒーラー [healer] 治療者, 治療師.

ビラ
1 [bill] 広告用のちらし.
2 [villa] 郊外の大邸宅, 別荘.

ピーラー [peeler] 皮むき器.

ピラティス [Pilates] 姿勢の矯正や身体のバランス感覚を重視した運動法.

ピラニア [piranha 葡] 南米のアマゾン川などに住む淡水熱帯魚. 小さいが歯が鋭く攻撃的. ピラニヤ, ピラーニャとも.

ピラフ [pilaf 仏] 洋風焼き飯, 炊き込みご飯.

ピラミッド [pyramid]
①古代エジプト王や王族の墓.
②角錐形. また, グラフなどで上が狭く, 下が広がった形.

ピリオド [period]
①終止符, 一区切り.
②期間, 時代, 周期, 月経.

ビリオネア [billionaire] 億万長者.

ビリオン [billion] 10億.

ビリケン [Billiken] アメリカの「福の神」人形. 眉のつりあがった顔にとがった頭が特徴.

ビリジアン [viridian] 青みの入った緑色.

ビリヤード [billiards] 撞球. 玉突き. 室内ゲームの一つ.

ヒーリング [healing] 治療, いやし.

ピーリング [peeling]
①野菜などの皮をむくこと. むいた皮.
② ➡ケミカルピーリング

ピリン系薬剤 [pyrine medicine] アンチピリン, アミノピリン, スルピリンなどの解熱鎮痛剤.

ヒール [heel]
①かかと, 足.
②いやなやつ, プロレスなどの悪玉. 対ベビーフェース.

ビル [bill]
①勘定書, 請求書.
②証券, 証書, 手形.
③ちらし, 張り紙.
④紙幣.

ビール [beer] 麦芽にホップを加え, 発酵させたアルコール飲料. ビアとも.

ピル [pill] 錠剤, 丸薬. 特に経口避妊薬(オーラルピル)を指すことが多い.

ピール [peel] 野菜や果物の皮. 皮をむくこと.

ピルエット [pirouette 仏] バレエなどで, つま先で立ち回転すること.

ヒルクライム [hill climb] 急勾配の山道などでの自動車・オートバイのタイムレース.

ビールス ➡ウイルス

ピルスナー [pilsner]
①ホップの風味がきいた軽い淡色ビール. ピルゼンビールとも.
②逆さにした円錐形に台の付い

た形のビール用グラス.

ピルゼンビール [Pilsen bier 和] ➡ ピルスナー①

ビルダー [builder]
①建設・建築業者.
②洗浄効果を高めるため洗剤に加える効力増進剤.

ビルダーリング [buildering] 建物の壁面をよじ登るスポーツ.

ビルドアップ [buildup]
①増強,強化.拡張,発展.
②前宣伝.準備工作.

ビルトイン [built-in] はめ込みの,作り付けの,内蔵の.

ビルトイン・スタビライザー [built-in stabilizer] 景気変動に対応するため,財政制度に組み込んでおく自動安定機能.

ビルトゥオーソ [virtuoso 伊] 名人,名手,名演奏家.

ビルドゥングスロマン [Bildungsroman 独] 教養小説.主人公の成長過程を描いた長編小説.

ヒルビリー [hillbilly] アメリカ南部の山岳地方に伝わる民謡,その演奏スタイル.

ピルビン酸 [pyruvic acid] 生体内の代謝過程で生じる中間物質.

ビルボード
❶ [billboard] 広告掲示板.
❷ [B＿] アメリカ最大の音楽週刊誌.

ヒレ [filet 仏]
①ヒレ肉.牛,豚の腰肉で,脂身がほとんどなく最高級とされる部分.フィレ,テンダーロインとも.
②魚の切り身.

ビレイ [belay] 登山で,岩壁を登る時に綱を掛ける突起.または綱で確保すること.

ビレッジ [village] 村,村落.

ヒーロー [hero] 英雄,小説・劇などの男性の主人公,主役. 対ヒロイン.

ヒロイズム [heroism] 英雄的行為.勇気ある行動.

ヒロイック [heroic] 英雄的な.大胆な.

ヒロイン [heroine] 小説・劇などの女主人公,英雄的な女性. 対ヒーロー.

ピロシキ [pirozhki 露] ロシア料理の一つ.パン生地などで具を包み揚げたもの.

ピロティー [pilotis 仏] 1階は支柱だけで,2階以上が部屋などになっている建築様式.

ビロード [veludo ポルト] ➡ ベルベット

ピロートーク [pillow talk] 夫婦や恋人の寝床での語らい,寝物語.睦言(むつごと).ピローはまくらのこと.

ヒロポン [Philopon] 覚せい剤の一つ.塩酸メタンフェタミンの商標.

ピロリ菌 [helicobacter pylori] 胃炎,胃潰瘍(かいよう)などの原因となる菌.ヘリコバクターピロリとも.

ピンイン [拼音 中] 中国語のローマ字表記法.

ピンカール [pin curl] 毛束を丸めてピンで留め,カールやウエーブを付ける方法.

ピンキー [pinkie] 小指.

ピンキング [pinking] 装飾やほつれ防止などのため, 布の端をぎざぎざに切ること.

ピンクカラー [pink collar] 伝統的に女性のものとされている職業, それに従事する女性労働者.

ピンクスリップ [pink slip] 解雇通知. アメリカの一般的な解雇通知がピンク色の用紙であることから.

ビンゴ
  ① [bingo] 数字合わせによる室内ゲームの一つ.
  ② [B__!] 何かがうまくいった時に上げる歓声.「やったぞ!」「当たり!」.

ピンサロ [pink salon 和] 酒と女性の性的サービスを提供する風俗店. ピンクサロンの略.

ヒンジ [hinge] 蝶番(ちょうつがい).

ピンズ [pins] ピンで留めるアクセサリー. ピンバッジ.

ヒンズー教 ➡ ヒンドゥー教

ピンストライプ [pinstripe] 針のように細い縦じま模様.

ピンセット [pincet 蘭] 小さな物をつまむための金属製のV字形の道具.

ピンタック [pin tuck] 細いひだ縫い, 飾りひだ.

ヒンターランド [Hinterland 独]
  ①後背地. 港などの背後にあって, その活動を支える地域.
  ②事業所や広告物を設置する際, それらに適した条件を満たす地域.

ピンチ [pinch]
  ①危機, 困難.
  ②つねる, つまむ.

ピンチヒッター [pinch hitter] 野球の代打者. 代役.

ピンチョス [pinchos 西] スペインのバル(居酒屋兼軽食堂)で供されるおつまみ.

ピンチランナー [pinch runner] 野球で, 代走. 代走者.

ビンディング [Bindung 独] スキー板を靴に固定させる締め具. 英語ではバインディング(binding).

ビンテージ [vintage]
  ①当たり年のワイン. 良質のブドウができた年に作られたワイン.
  ②由緒あるもの. 年代もの.

ヒント [hint] 手掛かり. 示唆(しさ).

ピント [brandpunt 蘭]
  ①レンズの焦点.
  ②物事の中心点.

ヒンドゥー教 [Hinduism] インドの民間信仰とバラモン教が融合した民俗宗教. ヒンズー教とも.

ピンナップ [pinup] 壁にピンで留める美人などの写真.

ピンナップガール [pinup girl] ピンナップ向きの女性, その写真.

ピンヒール [pin heel 和] ➡ スティレット

ピンポイント [pinpoint]
  ①針の先, ごくつまらないもの.
  ②精密な, 正確な.

ビーンボール [bean ball] 野球で, 投手が故意に打者の頭をねらって投げる球.

ピンホール [pinhole]
①針で刺した穴，針穴．
②液体や気体の配管などにできた小さな穴．

ピンボール [pinball] 盤上を転がるボールをはじいてピンや障害物に当て得点を競うゲーム．

ピンポン [ping-pong] 卓球．テーブルをはさんで立ち，小さなボールをラケットで打ち合う球技．テーブルテニスとも．

ピンレバー・ウオッチ [pin-lever watch] 歯車の制御装置に鋼製のピンを使った安物の時計．

フ

ファー [fur] 毛皮．毛皮製品．

プア [poor] 貧しい．貧弱な，気の毒な．対リッチ．

ファイアウオール [firewall] インターネットからの不法侵入防御システム．「防火壁」の意．

ファイアウオール規制 [firewall regulations] 銀行業務と証券業務の兼営に関する各種の規制．

ファイアストーム [firestorm] 和製用法で，たき火を囲んで歌ったり踊ったりすること．原意は「火事場風」．

ファイアマン [fireman]
①消防士．
②蒸気機関車などの機関士助手．
③野球のリリーフ投手．

ファイティング [fighting] 戦う，戦争の，好戦的な．

ファイティングスピリット [fighting spirit] 闘志．闘魂．

ファイト [fight] 戦い，闘争，試合．闘志，戦意．

ファイトバック [fightback] 反撃．

ファイトマネー [fight money 和] プロボクシングなどの格闘技で支払われる報酬．

ファイナリスト [finalist] 決勝戦に進む選手．

ファイナル [final]
①最後の，終わりの．
②決勝戦．

ファイナルセット [final set] テニスやバレーボールで勝敗を決する最終セット．

ファイナンシャル [financial] 財政の．金融の．フィナンシャルとも．

ファイナンシャルプランナー [financial planner] 株や保険，不動産などの資産運用，老後の人生設計などの相談役．略はFP．

ファイナンス [finance]
①財政，財務．
②財源，融資，金融．

ファイバー [fiber] 繊維，繊維製品，繊維質．

ファイバーグラス [fiberglass] ガラス繊維．断熱・電気絶縁体．プラスチックと合成して船体，スキーなどの材料にも使われる．

ファイバースコープ [fiberscope] 内視鏡．ガラス繊維を使って，先端に付けた小型カメラの映像を伝達する装置．

ファイフォー ➡ FIFO

ファイブスター [five-star] 五つ星の, 第一級の.

ファイル [file]
①書類挟み, 新聞や書類のとじ込み, 資料.
②コンピューター用語で, フロッピーディスクや磁気テープに記憶されているデータの項目名.
③やすり, 爪やすり.

ファインアート [fine art] 美術. 特に絵画, 彫刻, 版画など.

ファインケミカル [fine chemical] 精製化学製品. 加工度が高く, 付加価値の高い化学薬品.

ファインセラミックス [fine ceramics] ➡ニューセラミックス

ファインダー [finder]
①写真機などののぞき窓. 被写体の構図を決め, 距離を合わせるのに用いる.
②高倍率の望遠鏡に付属する, おおよその位置を決めるための低倍率の望遠鏡.

ファインプレー [fine play] スポーツなどでの妙技, 美技.

ファウナ [fauna] 動物相. ある特定の地域にすむ動物の全種類. 対フローラ.

ファウル [foul]
①スポーツの反則. 不正行為.
②野球で, 打球がファウルラインの外に出ること. ファウルボールの略.

ファウンデーション [foundation]
①基礎, 土台.
②財団, 基金.
③女性用の, 特に体形を整えるための下着.
④化粧前の下地となる化粧品.
⑤油絵のキャンバスに下地として塗る白絵の具. ④⑤はファンデ, ファンデーションとも.

ファクシミリ [facsimile]
①複写電送装置. 文字や図形を電気信号に変えて送受信する方式, 装置. 略してファクス, ファックスとも.
②絵画・彫刻などの模写, 複製.

ファクション [faction]
①党派, 派閥.
②実録, 実話小説. fact(事実)とfiction(小説)の合成語.

ファクス [fax] ➡ファクシミリ①

ファクター [factor]
①要素, 要因.
②因数, 係数, 因子, 特に遺伝因子.
③仲買人, 債権取り立て業者.

ファクト [fact] 事実, 実際, 現実.

ファクトリー [factory] 工場, 製造所.

ファクトリーアウトレット [factory outlet] 工場と直結した在庫処分店.

ファクトリーチーム [factory team] 自動車メーカーが作るレーシングチーム. ワークスとも.

ファゴット [fagotto 伊] 低音木管楽器の一つ. 2枚のリードをもつ筒状の楽器. バスーンとも.

ファザコン ➡ファーザーコンプレックス

ファーザーコンプレックス [father complex 和] 父親を慕う気持ちが強い女性の心理傾向. 略してファザコン.

ファサード [façade 仏] 建物の正面. 外観, 見掛け.

ファジー [fuzzy]
① ぼやけた, ゆがんだ.
② コンピューター用語で, 論理があいまいな.

ファシスト [fascist] 1921年にイタリアでムッソリーニが結成した国粋党の党員. ファシズム信奉者, 国粋主義者.

ファシズム [fascism] 全体主義. 排外的な愛国主義, 国家主義.

ファシリティー [facility]
① 便宜, 容易さ.
② 施設.

ファース ⇒ ファルス

ファーストインプレッション [first impression] 第一印象. 和製用法では特に自動車雑誌などの新車, 新製品の紹介記事.

ファーストエイド [first aid] 事故や急病の際の応急処置.

ファーストクラス [first class]
① 最高級. 一流.
② 旅客機などの最上級クラス.

ファストトラッキング [fast tracking] 建設工事などの早期着工方式, 通商協定の一括審議.

ファーストネーム [first name] 姓に対する名. また, キリスト教徒の洗礼名. 類 クリスチャンネーム. 対 ファミリーネーム.

ファストバック [fastback] 乗用車の型の一つ. 後部が流線形で, トランクの部分と一体になっているもの. 対 ノッチバック.

ファストフード [fast food] 店頭ですぐ食べたり持ち帰ったりできる食品や調理済みの食品.

ファーストフロア [first floor] アメリカで, 建物の1階. イギリスで2階. ⇒ グラウンドフロア.

ファーストライト [first light] 新設の天体望遠鏡をはじめて使用すること.

ファーストラブ [first love] 初恋.

ファーストラン [first-run] 映画が封切りの.

ファーストレディー [first lady]
① 大統領や国家元首の夫人.
② 第一線で活躍する女性たち. トップレディーは和製英語.

ファスナー [fastener] 衣類やかばんなどに用いる締め具. 開閉器. ジッパーとも. チャックは日本語で, 巾着(きんちゃく)のように締まるとの意味で名付けられたという. ジッパー, チャックとも商標.

ファタハ [Fatah アラ] PLO(パレスチナ解放機構)の主流派.

ファック [fuck] 性交.

ファックス [fax] ⇒ ファクシミリ①

ファッショ [fascio 伊] 国粋主義, 独裁的な国家主義.

ファッショナブル [fashionable] 流行の, 時代の先端をいく.

ファッション [fashion]
① 流行. 慣習.

②流行のスタイル, 服装.

ファッションショー [fashion show] 服飾の新作発表会. モデルが衣装を身に付けて舞台を歩くというショー形式で行われる.

ファッションビル [fashion building 和] レストランやブティックなどが入った商業ビル.

ファッションヘルス [fashion health 和] 個室で性的マッサージなどが受けられる風俗営業.

ファッションリング [fashion ring 和] 装飾性を重視した指輪.

ファッド [fad] 一時的な流行.

ファットローディング [fat loading] スタミナを高めるため, 筋肉中に脂肪を蓄積する食事法.

ファディッシュ [faddish] 一時的な流行の, 気まぐれな, 物好きな.

ファド [fado ポルト] ポルトガルの哀愁に満ちた民謡.

ファナティシズム [fanaticism] 熱狂, 狂信的行為.

ファナティック [fanatic] 熱狂的な, 狂信的な.

ファニー [funny] 面白い, おかしい, 奇妙な.

ファニチャー [furniture] 家具, 備品, 調度.

ファニーフェース [funny face] 和製用法で, 特に美人ではないが個性的で魅力のある顔立ち.

ファブリック [fabric]
①織物, 布地, 織り方.
②構造, 仕組み.

ファーマシー [pharmacy] 薬局, 薬店.

ファミコン [Family Computer 和] 家庭用テレビゲームの商標. ファミリーコンピュータの略.

ファミリー [family]
①所帯, 家族, 一家, 一族.
②動植物の科. 分類上の単位.

ファミリアー [familiar] ありふれた, よく知っている, 親しい.

ファミリーサイズ [family-size] 家族向けの, 大型の.

ファミリーネーム [family name] 名字, 姓. ラストネームとも. 対ファーストネーム.

ファミリーブランド [family brand] 同一メーカーの製品に付ける共通のブランド名. 統一ブランド.

ファミリー・ライフサイクル [family life cycle] 家族の誕生から成長, 衰退, 消滅に至る変化の過程.

ファミリーレストラン [family restaurant 和] 家族連れの客向けに安価で多様なメニューをそろえた大型食堂. 略してファミレス.

ファミール [famille 仏] 家庭, 家族. 正しくはファミーユ.

ファミレス ➡ ファミリーレストラン

ファーミング [pharming] インターネット詐欺の一つ. コンピューターウイルスを使って偽のウェブサイトに誘導し, クレジットカード番号などを盗み取るもの.

ファム [femme 仏] 女性. 和製用法で, 女性用の服飾品. 対オム.

ファーム [farm]
 ①農場, 農園.
 ②プロ野球チームの二軍. ➡ イースタン・リーグ, ウエスタン・リーグ.

ファームステイ [farm stay 和] 農家に泊まり込み, 農業や酪農を体験すること.

ファムファタル [femme fatale 仏] 危険な女性, 妖婦.

ファラオ [Pharaoh] 古代エジプトの王の称号.

ファラド [farad] 静電容量の単位. 記号F.

ファルス [farce 仏] 笑劇, 道化芝居, ばかばかしいこと. ファースとも.

ファルセッティスト [falsettist] ➡ カウンターテナー

ファルセット [falsetto 伊] 裏声. 男性歌手が通常の音域よりも高い声で歌うこと.

プアルック [poor look 和] わざとくたびれた感じを強調するファッション. ぼろルック.

ファン [fan]
 ①スポーツや芸能の熱心な愛好者, 支援者.
 ②扇, 送風機, 扇風機.

ファンキー [funky] 泥臭い, 素朴な, 野性的な, 原始的な.

ファンク [funk] ソウルミュージックの一つ. 黒人音楽の要素が特に強い.

ファンクショナル [functional]
 ①機能的な, 実用的な.
 ②数学で, 関数の.

ファンクション [function]
 ①機能, 働き, 作用, 職能, 職務.
 ②数学で, 関数, 写像.
 ③儀式, 祝典, 行事.

ファンシー [fancy]
 ①空想, 幻想.
 ②装飾的な, 極上の.

ファンジェット [fanjet] ターボジェットの前段に羽根車(ファン)を付けたジェットエンジン. ターボファンとも.

ファンシーグッズ [fancy goods] 小間物, 装身具などの趣味的な雑貨.

ファンシーショップ [fancy shop 和] しゃれた小間物や装身具を販売する店.

ファンシードレス [fancy dress] パーティー用の凝った衣装.

ファンシーボール [fancy ball] 仮面舞踏会, 仮装舞踏会.

ファンジン [fanzine] ファン仲間で作る雑誌.

ファンタジー [fantasy]
 ①空想, 幻想, 夢物語.
 ②幻想曲. いずれも, ファンタジアとも.

ファンタジア [fantasia 伊] ➡ ファンタジー

ファンタジスタ [fantasista 伊] 個性豊かで魅力的なプレーをするサッカー選手.

ファンタスティック [fantastic] 幻想的な, 空想的な, 風変わりな, 素晴らしい.

ファンダメンタリスト [fundamentalist] 原理主義者, 教条主義者.

ファンダメンタリズム [fundamentalism] 原理主義. 教条主義. 特に, 聖書などの記述を文字通り真実と信じること.

ファンダメンタル [fundamental] 基礎の, 基本の, 根本的な.

ファンダメンタルズ [fundamentals]
①基本, 原理, 根本法則.
②経済の基本条件.

ファンダメンタルズ分析 [fundamentals analysis] 経済指標や投資対象の財務諸表を使って企業価値を推計, 投資の妥当性を分析すること.

ファンダンゴ [fandango 初] スペイン・アンダルシア地方の陽気な民族舞踊.

ファンデ ➡ ファウンデーション④⑤

ファンデーション ➡ ファウンデーション④⑤

ファンド [fund] 資金, 基金, 財源.

ファンド・オブ・ファンズ [fund of funds] 運用手段の異なる複数の投資信託を組み合わせた投資信託.

ファンドトラスト [fund trust] 信託銀行が機関投資家などに代わり独自に運用する金融商品.

ファントム [phantom] まぼろし, 幻影.

ファンヒーター [fan heater] 石油やガスを燃やす送風式の暖房機.

ファンファーレ [fanfare 仏] 式典などでの華やかなトランペットの合奏.

ファンブル [fumble]
①しくじる, へまをする.
②野球やアメリカンフットボールで, ボールをつかみ損なうこと.

フィー [fee] 報酬, 謝礼. 手数料, 料金.

ブイ [buoy]
①浮標. 船舶の係留用, または航行の目印として水面に浮かべておく浮き袋.
②救命用浮き袋.

フィアンセ [fiancé, fiancée 仏] 婚約者, いいなずけ. 男性は fiancé, 女性は fiancée.

フィエスタ [fiesta 初] 祭り, 祝祭日.

フィギュア [figure]
①形, 形状, 外観.
②数字, 数量.
③人の姿, 体つき, 容姿.
④人物, 名士.
⑤ ➡ フィギュアスケート

フィギュアスケート [figure skating] スケート競技の一つ. ステップやスピン, ジャンプなどの技術を競うもの. フィギュアとも.

フィギュラティフ [figuratif 仏] 具象的な, 具象的な作品.

フィクサー [fixer]
①裏工作をする調停者, 始末屋, 黒幕.
②写真の定着液. 色留め料.

フィクション [fiction] 小説, 虚構, 作り事. 対 ドキュメンタリー, ノンフィクション.

フィジオクラシー [physiocracy]

重農主義.富の源は農業生産であるとする思想.🔄マーカンティリズム.

フィジオロジー［physiology］生理学.

フィジカル［physical］
①身体の,自然の,物質の.🔄メンタル.
②物理学上の,自然科学の.

フィジカルエフェクト［physical effect］想像の産物を実物のように表現すること.映画の特撮などで使われる.

フィジカルコンタクト［physical contact］サッカーなどで体と体の接触,ぶつかり合い,その衝撃.

フィジカルフィットネス［physical fitness］身体,体調が健全であること.

フィージビリティースタディー［feasibility study］実現可能性調査,企業化調査.

フィズ［fizz］発泡性飲料.特に,炭酸水入りのアルコール飲料.

ブイストール ➡ V/STOL

フィーチャー［feature］
①顔の造作,容貌.
②特徴,特色.
③特別番組,特集記事,長編映画.
④呼び物にする,目玉にする.

フィックス［fix］固定する.定める.決める.

フィッシャーマンズワーフ［Fisherman's Wharf］サンフランシスコの波止場.観光の名所.

フィッシャリーナ［fisharena 和］漁船とヨット共用の港.

フィッシュ・アンド・チップス［fish and chips］揚げた鱈などにジャガイモのから揚げを添えたイギリスの屋台料理.

フィッシュミール［fish meal］魚粉.家畜の飼料や肥料用に魚を乾燥させ粉末にしたもの.

フィッシング
❶［fishing］魚釣り.
❷［phishing］ 金融機関などを装った偽のEメールやウェブサイトで,クレジットカード番号などを盗み取る詐欺.

フィッター［fitter］着付け,仮縫い,取り付けなどの専門家.

フィッティング［fitting］
①仮縫い,試着.
②建具,備品,調度品.付属器具.

フィッティングルーム［fitting room］試着室.🔄トライングルーム.

フィット［fit］
①ふさわしい.
②適合する.体にぴったり合う.

フィットネス［fitness］調和,健康,体力.

フィットネスウオーキング［fitness walking］健康作りのために歩くこと,歩行運動.エクササイズウオーキングとも.

フィットネスクラブ［fitness club］➡アスレチッククラブ

フィート［feet］長さの単位.1フィートは12インチで,30.48cm.1フィートの場合は英語では単数形を使

フィードバック [feedback]
①出力エネルギーを入力側に戻すこと.
②作業や行為の結果に基づいて現状を検討し, 適応させること.

フィドル [fiddle] バイオリン類の弦楽器. 特にバイオリンに対する親しみを込めた呼称.

ブイトール [VTOL: vertical take-off and landing] 垂直離着陸機.

フィトンチッド [fitontsidy 露] 樹木, 特に針葉樹が出す揮発性物質. その殺菌力が森林浴の効用の一つとされる.

フィナ ⇒ FINA

フィナーレ [finale 伊] 終楽章, 最終場面, 大詰め, 大団円.

フィナンシャル ⇒ ファイナンシャル

フィニッシュ [finish]
①終わり, 終局, 締めくくり.
②完成, 仕上がり, 仕上げ.

フィニッシングスクール [finishing school] 若い女性を対象とする教養学校, 花嫁学校.

フィーバー [fever]
①熱狂, 熱中, 興奮.
②発熱, 熱病.

フィファ ⇒ FIFA

フィフティーフィフティー [fifty-fifty] 五分五分. 半々.

フィブリノゲン [fibrinogen] 血液凝固因子. 肝臓で作られるたんぱく質.

ブイヤベース [bouillabaisse 仏] 魚介類を煮込んだフランス・マルセイユの名物料理.

フィヨルド [fjord 北-] 峡湾. 氷河の浸食でできた深くて険しい入り江.

ブイヨン [bouillon 仏]
①肉や野菜を煮て作ったスープ.
②細菌培養のための肉汁.

フィラテリスト [philatelist] 切手収集家.

フィラメント [filament] 電球や真空管の発光コイル, 長い繊維.

フィラリア [filaria] 血管に寄生する糸状虫.

フィランスロピー ⇒ フィランソロピー

フィランソロピー [philanthropy] 慈善, 博愛, 公益活動. フィランスロピーとも.

フィリバスター [filibuster] 議事妨害. 特に米上院での, 長時間の演説による議事進行妨害.

フィーリング [feeling] 感覚, 感情, 雰囲気.

フィールズ賞 [Fields prize] 4年に1度, 数学分野で功績のあった者に与えられる賞. 数学版ノーベル賞.

フィルター [filter]
①濾過器, 濾過装置.
②ニコチンなどを除去するため紙巻きタバコに付ける吸い口.
③濾光器, 濾光板.
④濾波器. 特定の周波数だけを取り出す装置.

フィルダースチョイス [fielder's choice] 野手選択, 野選. 野球で,

ゴロを捕った野手が送球先を誤り,打者・走者ともに生かしてしまうこと.フィールダースチョイスとも.

フィルタリング [filtering] フィルターにかけること.選別すること.

フィルタリングソフト [filtering software] インターネット上の暴力・差別・わいせつなどの有害情報を遮断するソフト.

フィールディング [fielding] 野球の守備動作.相手側が打った球をさばくこと.

フィールド [field]
① 野原,原野.
② 分野,領域,範囲.
③ 電場,磁場.
④ 陸上競技場の,トラックで囲まれた部分.また,そこで行われる競技.

フィールドアスレチックス [field athletics]
① 自然の地形を利用した野外運動用の障害物コース.
② フィールド競技.

フィールドアーチェリー [field archery] 野外コースに設置された標的を,洋弓で射ながら回る競技.

フィールドスタディー [field study] ⇒フィールドワーク

フィールドスポーツ [field sports] 野外スポーツ.特に狩猟,釣りなど.

フィールドノート [field notes] 実地観察,調査記録.

フィールドワーク [fieldwork] 現地調査,実地調査.フィールドスタディーとも.対デスクワーク.

フィルハーモニー [Philharmonieド゙] 交響楽団.

フィルム [film]
① 薄い膜.特に,写真や映画用の感光膜.
② 映画,スライド.

フィルムコミッション [film commission] 映画などのロケーション撮影がスムーズに行われるよう,必要な業務を代行する機関.

フィルムノワール [film noir 仏] 暗黒街を主題にした映画.1940年～60年代にフランスで製作された.「黒いフィルム」の意.

フィルムバッジ [film badge] 放射線被曝量の測定に用いられる,バッジ型のフィルム容器.

フィルムミュージック [film music] ⇒スクリーンミュージック

フィルムライブラリー [film library] 映画作品の保管・上映・貸し出しをする施設.シネマテークとも.

フィルモグラフィー [filmography] 特定の映画監督や俳優,撮影者などについての作品一覧表,書籍,論文.

フィレ ⇒ヒレ①

フィロソフィー [philosophy] 哲学,考え方.

フィン [fin]
① 魚のひれ.
② 潜水時に足に付けるゴム製のひれ.
③ サーフボードの下に付いている方向安定用の尾翼.

フィンガー [finger]
① 手の指, 指状のもの.
② 指幅. グラスに入れるウイスキーなどの量を計る単位.
③ 空港の乗降・送迎用の桟橋. フィンガーデッキとも.

フィンガーデッキ [finger deck] ➡ フィンガー③

フィンガーボール [finger bowl] 食後に指を洗うために水を入れて出す容器.

ブーイング [booing] やじること. 不満を表す「ブー」という声から.

フィンスイミング [fin swimming] 足にひれを付けて泳ぐ競技.

フェア [fair]
① 公平な, 公正な. 対アンフェア.
② 野球などで打球が定められた範囲内に入ること.
③ 博覧会, 見本市.

フェアウエー [fairway] ゴルフコースで, スタート場所のグラウンドからグリーンまでの, 芝生を短く刈り取ってある区域.

フェアトレード [fair trade] 公正な取引, 互恵貿易.

フェアプレー [fair play] 正々堂々と振る舞うこと. 公明な行動.

フェアリー [fairy] 妖精. 仙女.

フェアリーテール [fairy tale] おとぎ話, 作り話.

フェアリーランド [fairyland] おとぎの国.

フェイク [fake] 偽物, 見せ掛け.

フェイクアート [fake art] 模造美術.

フェイクファー [fake fur] 模造毛皮.

フェイス ➡ フェース

フェイタルエラー ➡ フェータルエラー

フェイバリット ➡ フェーバリット

フェイルセーフ ➡ フェールセーフ

フェイント [feint] 見せ掛け, 陽動, 牽制. ボクシングなどで, 打つふりをすること.

フェザー [feather] 羽毛. 鳥の羽.

フェザー級 [featherweight class] ボクシングや重量挙げでの重量別階級の一つ.

フェザープレーン [feather plane] 超軽量の室内模型飛行機.

フェース
1 [face] 顔, 表面. フェイスとも.
2 [faith] 信頼, 信仰, 信条, 誠実. フェイスとも.

フェーズ [phase] 様相, 局面, 段階.

フェスタ [festa 伊] 祭り, 祝祭日.

フェーストゥーフェース [face-to-face] 面と向かって. 差し向かいで.

フェスティバル [festival] 祭り, 催し物, 記念行事.

フェースバリュー [face value] 額面価格, 表向き.

フェスピック [FESPIC: Far East and South Pacific Games for the Disabled] 極東・南太平洋身体障害者スポーツ大会.

フェースリフト [face-lift] 美容

整形，建物などの化粧直し，自動車などの部分的なモデルチェンジ．フェースリフティング(face-lifting)とも．

フェータルエラー [fatal error] 致命的な失敗．フェイタルエラーとも．

フェチ ➡フェティシズム②

フェットチーネ [fettuccine 伊] 幅1cmほどの平らなパスタ．

フェティシズム [fetishism]
①呪物崇拝．
②異性の体の一部や身に着けるものに性的な喜びを感じること．略してフェチ．

フェデラリズム [federalism] 連邦主義．

フェード [fade]
①薄れる．おとろえる．色あせる．
②ゴルフで，打球が落下するにつれて右へ流れること．フェードボールの略．対ドロー．

フェードアウト [fade-out] 溶暗．音や映像が徐々に消えていくこと．略はFO．対フェードイン．

フェードイン [fade-in] 溶明．音や映像が徐々に現れること．略はFI．対フェードアウト．

フェドカップ [Fed Cup] 国際テニス連盟主催の女子テニス国別対抗戦．トーナメント方式で行われる．類デビスカップ．

フェニックス [phoenix]
①不死鳥．エジプト神話に登場する霊鳥．
②ヤシ科フェニックス属の植物の総称．

フェノミナン [phenomenon] 現象，事象，不思議なもの．複数形はフェノミナ(phenomena)．フェノメノンとも．

フェノメノン ➡フェノミナン

フェノール [phenol] 石炭酸．防腐剤，合成樹脂などの原料．

フェノール樹脂 [phenolic resin] フェノールから作る熱硬化性合成樹脂．電気絶縁性，耐水性などにすぐれる．商品名ベークライト．

フェーバリット [favorite] いちばん好きな．お気に入りの．フェイバリットとも．

フェビアニズム [Fabianism] イギリスのフェビアン協会が唱える漸進的社会主義．

フェビアン協会 [Fabian Society] 1884年にイギリスで結成された社会主義団体．

フェーブル [fable] 動物などを擬人化した寓話，物語，作り話．

フェミドーム [Femidom] 女性用コンドーム．商標．

フェミニスト [feminist] 女権拡張論者．女性を大切にする男性という意味で使うのは和製用法．

フェミニズム [feminism] 男女同権主義，女権拡張運動．

フェミニティーテスト [feminity test] ➡セックスチェック

フェミニン [feminine] 女性の，女らしい．

フェミニンルック [feminine look] 女性らしい服装．

フェライト [ferrite] 亜鉄酸塩．電

子機器に用いられる磁性材料.

フェラチオ [fellatio] 唇や舌で男性性器を愛撫すること.

フェリーボート [ferryboat] 渡し船, 連絡船.

フェールセーフ [fail-safe] 機械が故障を起こしても安全を保障する仕組み. 核兵器の暴発や偶発核戦争の防止措置. フェイルセーフとも.

フェルト [felt] 羊毛などを圧縮して作った布地. 敷物などに用いる.

フェルマータ [fermata 伊] 音楽で, 延長記号. 本来の長さよりも伸ばすこと. 記号「⌒」.

フェレット [ferret] ケナガイタチを家畜化したもの. ペットとして人気がある.

フェロー [fellow]
①仲間, 同輩, 男.
②大学などの特別研究員.

フェロアロイ [ferroalloy] 合金鉄. 特殊鋼を造る際の添加剤.

フェローシップ [fellowship] 大学などの特別研究員の地位, 研究奨学金.

フェロモン [pheromone] 動物の体内で作られ, 同種の他の個体の行動や生理状態に何らかの作用をおよぼす微量物質.

フェーン [Föhn 独] 湿った大気が山脈を越えて吹きおりるとき, 風下側で気温が上がって乾燥する現象. フェーン現象とも.

フェンシング [fencing] 西洋剣術. スポーツの一つで, フルーレ, エペ, サーブルの3種目がある.

フェンダー [fender]
①自動車, オートバイの車輪の泥よけ.
②船の防舷材, 機関車の排障器.
③ストーブなどの囲い.

フォア [fore]
①前の. 前方の.
②ゴルフで, 打球の方向にいる人に注意を促す言葉.
③ ➡ フォアハンド②

フォアグラ [foie gras 仏] 太らせたガチョウの肝臓で作るフランス料理のオードブル.

フォアハンド [forehand]
①前方の, 先頭の.
②球技で, 利き腕側で打つこと. フォアとも. 対バックハンド.

フォーエバー [forever] 永久に, 永遠に.

フォーカス [focus] カメラの焦点, 焦点距離.

フォーク [folk]
①人々, 庶民, 国民.
②民俗音楽.

フォグ ➡ フォッグ

フォークアート [folk art] 民衆芸術, 民芸.

フォークギター [folk guitar] 金属製の弦を張ったアコースティックギター.

フォークソング [folk song]
①民謡.
②時代を反映した大衆音楽の一つ. メッセージフォークとも.

フォークダンス [folk dance]

①民俗舞踊.
②多人数で踊るダンス. スクエアダンス(square dance)など.

フォークロア [folklore] ➡ フォルクローレ①

フォークロック [folk-rock] フォークソングとロックのリズムを融合させた音楽.

フォーサイト [foresight] 洞察力, 先見の明.

フォース [force] 力, 勢力, 軍隊.

フォスターチャイルド [foster child] 養子, 里子.

フォスターペアレント [foster parent] 里親. また, 貧困地域の子供の育成を支援する活動.

フォーチュン [fortune]
①運, 運命, 運勢.
②好運, 果報, 富, 財産.

フォッグ [fog] 霧. 濃霧. フォグとも.

フォックストロット [fox-trot]
①社交ダンスの一つ. 比較的テンポの速い4分の4拍子.
②馬術で, 歩調の一つ. 小走り.

フォッサマグナ [Fossa Magna ラテ] 中央大地溝帯. 日本の本州中央部を地質的に東西に二分する大地溝帯.

フォト [photo] ➡ フォトグラフ

フォトグラフ [photograph] 写真. 略してフォト.

フォトグラフィー [photography] 写真撮影, 写真術.

フォトジェニック [photogenic] 写真写りのよい, 写真向きの. 類 テレジェニック.

フォトスタジオ [photo studio 和] 写真館.

フォトストーリー [photo story] 組み写真で構成する物語.

フォトライブラリー [photo library] 写真の図書館, 資料室.

フォードラゴンズ [Four Dragons] 4匹の竜. 急速な経済発展をとげた韓国, シンガポール, 台湾, 返還以前の香港を指した.

フォトン [photon] 光子ニ. 光を粒子として扱うときの呼称.

フォーナイン [four nines] 金塊の純度を示す数字.「99.99%」の意.

フォニー [phony] 偽物, いんちき.

フォノグラフ [phonograph] 蓄音機, レコードプレーヤー.

フォービスム [fauvisme フラ] 野獣派. 20世紀初頭, フランスに興った革新的な絵画運動. 荒々しい筆致と大胆な構図が特徴.

フォービート [four-beat] モダンジャズの代表的な演奏法. 1小節に四つの音が入る4分の4拍子.

フォーマット [format]
①型式, 体裁, 方式.
②磁気テープやディスクのデータ配列方式.

フォーマリズム [formalism] 形式主義, 形式論. フォルマリズムとも.

フォーマル [formal] 正式の, 公式の, 格式ばった. 対 インフォーマル.

フォーマルウエア [formalwear] 正装, 公式の服装. 対 カジュアルウエア.

フォーマルドレス [formal dress] 女性の正装.

フォーミュラ [formula]
①式, 方式, 定則, 処法.
② ➡フォーミュラカー

フォーミュラカー [formula car] 公式規格の競走用自動車. フォーミュラとも.

フォーミュラプラン [formula plan] あらかじめ立てた計画に従って行う株式投資. フォーミュラ投資.

フォーム
1 [foam] 泡.
2 [form] 形, 姿, 姿勢, 形式. フォルムとも.

フォーメーション [formation] 構成, 形式. スポーツなどの陣形, 隊形.

フォーラム [forum] 公開討論会, 紙上討論会, 討論番組. 原意は古代ローマにあった集会用の広場のこと.

フォリオ [folio] 書籍の形式で, 二つ折り判.

フォール [fall]
①落下.
②レスリングで, 相手の両肩を同時に1秒以上押さえ付けて勝つこと. プロレスでは3秒以上.
③米語で, 秋. 類オータム.

フォールアウト [fallout] 放射性降下物. 核爆発や原子炉事故などで放出された放射性物質が地上に降ってくるもの.

フォルク [Volk 独] 国民, 人民.

フォルクローレ [folklore 独]
①民俗, 民間習俗. 英語ではフォークロア.
②南米の民俗音楽. 特にギターによる弾き語り.

フォルテ [forte 伊] 音楽用語で,「強く演奏せよ」. 記号 *f*. 対ピアノ.

フォルティシモ [fortissimo 伊] 音楽用語で,「極めて強く演奏せよ」. 記号 *ff*. 対ピアニシモ.

フォルテピアノ [fortepiano]
①18世紀末に作られた初期のピアノ.
②音楽用語で,「強く, すぐに弱く」. 記号 *fp*.

フォールト [fault]
①欠点, 短所, 過失, 落ち度.
②テニス, バレー, 卓球などでのサーブの失敗.
③断層.

フォルマリスム [formalisme 仏]
➡フォーマリズム

フォルマリズム [formalizm 露] 20世紀初めにロシアで興った文芸運動. 文学を言語表現的な側面から分析, 批評した. ロシアフォルマリズムとも.

フォルム [forme 仏] ➡フォーム **2**

フォーレター・ワード [four-letter word] 四文字語, わいせつな言葉.

フォロー [follow] 後に続く, 従う, 追跡する. 補足する.

フォローアップ [follow-up]
①後に続くこと, 追いかけること.
②球技で, 球を持った味方につい

ていくこと.
③追加記事, 続報. 追跡調査.

フォロースルー [follow-through]
①野球やボウリングなどで, 打球あるいは球を投げた後も, 手を完全に振り抜くこと.
②最後までやり抜くこと.

フォワーダー [forwarder] 推進者, 集荷業者.

フォワード [forward]
①前方の, 前部の, 前進の.
②サッカーやラグビーなどの前衛. 略はFW.

フォンダン [fondant 仏] 菓子の糖衣.

フォンデュー [fondue 仏] スイスのなべ料理. 白ワインで煮たチーズをパンに付けて食べる. 肉を油で揚げながら食べるものもある.

フォント [font] 同じデザインの活字のひとそろい.

フォン・ド・ボー [fond de veau 仏] 子牛の肉や骨を使ってとるだし汁.

フーガ [fuga 伊] 遁走曲. 主題が各声部で反復されながら進行する曲.

ブギ [boogie] ➡ ブギウギ

ブギウギ [boogie-woogie] ピアノで演奏するブルース. 8拍子にのせた陽気でリズミカルな音楽. 略してブギ.

ブーケ [bouquet 仏] 花束.

ブーケガルニ [bouquet garni 仏] 香味野菜や香辛料を束ねたもの. 煮込み料理に使う.

ブーゲンビリア [bougainvillea] オシロイバナ科の熱帯植物.

プサイ ➡ プシ

プシ [psi 希]
①ギリシャ文字の23番目の文字. Ψ, ψ.
②テレパシー, 念力などの超常現象. いずれも, プシー, プサイとも.

プシュケー
① [psyche 希] 心, 精神. サイキとも.
② [P__] ギリシャ・ローマ神話で霊魂の象徴とされる美少女.

ブース [booth] 仕切った小部屋. 電話ボックス, 投票所の仕切り, 展示スペースなど.

ブースター [booster]
①ラジオやテレビの増幅器, 昇圧器.
②補助ロケット.

フーズヒー [Who's He] 人物批評, 人物評論.

フーズフー [Who's Who] 紳士録, 人名録. 類 フーワズフー.

ブタン [butane] メタン系炭化水素の一つ. 無色の可燃性気体で, ガスライターの燃料などに用いる.

プチ [petit 仏] 小さい, かわいらしい.

プチフール [petit four 仏] ひと口で食べられる小さな洋菓子.

プチブル [petit bourgeois 仏] 小市民. ブルジョア(資本家階級)とプロレタリア(労働者階級)の中間に位置する中産階級. プチブルジョアの略.

プチホテル [petit hotel 和] 設備や食事などの質が高い小型ホテル.

フチュリズモ [futurismo 伊] ➡ フューチュリズム

ブーツ [boots] 長靴. くるぶしより上まである靴.

ブッキッシュ [bookish] 本好きの, 堅苦しい, 実際的でない.

ブッキング [booking] 席や部屋などの予約, 契約.

フック [hook] かぎ, かぎ状のもの. 電話の送受話器を置くところ.

ブック・イン・ブック [book-in-book 和] 綴じ込み式で取り外し可能な別冊付録.

ブックカバー [book cover 和] 本の表紙を保護する布や紙.

ブックキーピング [bookkeeping] 簿記, 帳簿付け.

ブックスタート [Bookstart] 子供への絵本の読み聞かせ活動. イギリスで始まり, 日本でも広がっている.

ブックバンド [book band 和] 本やノートなどを束ねて携帯するためのひも.

ブックビルディング [book-building] 株式などの発行の際, 投資家の意見を集約し, 市況などを勘案して公開価格を決定する方式.

ブックマーク [bookmark]
①しおり.
②ブラウザ(インターネット閲覧ソフト)の機能の一つ. 何度も訪れるウェブサイトの場所を記録しておくもの.

ブックメーカー [bookmaker]
①出版社, 製本業者, 編集者.
②私設馬券屋, のみ屋.

ブックレット [booklet] 小冊子, パンフレット.

プッシー [pussy] 子猫. 俗語で, 女性性器.

ブッシェル [bushel] ヤード・ポンド法での体積の単位. イギリスでは約36.37リットル, アメリカでは約35.24リットル.

ブッシュ [bush] 灌木, 茂み.

プッシュ [push]
①押すこと. 対プル.
②圧力をかけること. 推進すること.

プッシュボタン・ウオー [push-button war] 押しボタン戦争. ボタンを押すだけで始まる戦争という意味で, 核戦争のこと.

プッシュホン [pushphone 和] 押しボタン式電話器の愛称.

フット [foot]
①足.
② ➡フィート

フットサル [futsal] 1チーム5人で行う小型版のサッカー.

フットノート [footnote] 脚注. 本文の下にある注釈. 対ヘッドノート.

フットボール [football] サッカー, ラグビー, アメリカンフットボールの総称. アメリカではアメリカンフットボールを, その他の国ではサッカーを指す場合が多い.

フットボールプール [football pools] イギリスのサッカーくじ.

フットライト [footlights] 脚光. 舞台での床からの照明.

フットワーク [footwork] スポーツ

での足運び,足さばき.

ブティック [boutique 仏] 小規模の店,売店.日本では特に,洋服や装身具の専門店.

プディング [pudding] 洋風の蒸し菓子.牛乳,卵,砂糖などを使ったカスタードプディングを指すことが多い.プリンとも.

フード

① [food] 食品.
② [hood] ずきん,覆い,車のボンネット.

ブードゥー教 [voodoo] ハイチなど西インド諸島の黒人の間で信仰される宗教.

フードコーディネーター [food coordinator 和] 飲食店の仕入れからメニュー選び,食品メーカーの新製品開発に至るまで,食品関係のすべての面で調整に当たる人.

フードコート [food court] ショッピングセンターなどで,ファストフードの店が集中しているところ.屋台村.

フードスタイリスト [food stylist 和] 食べ物や料理の撮影を演出する人.

フードプロセッサー [food processor] 食品加工器.野菜などを切ったり刻んだりする電動器具.

フードマイレージ [Food Mileage] 輸入食品にかかる環境負荷を数値化したもの.農林水産政策研究所が算出.

ブートレグ ➡ブートレッグ

ブートレッグ [bootleg]

①密造酒.無許可製造品.
②CDやレコードの海賊版.いずれも,ブートレグとも.

ブービー [booby] 最下位の人,チーム.日本では最下位から2番目をいうことが多い.「まぬけ」の意から.

フープ [hoop]

①輪回し遊びの輪.
②スカートをふくらませるための輪.

ブーミング [booming]

①ブーンと鳴ること.
②にわか景気の.

ブーム [boom]

①にわか景気,大流行.
②張り出し棒,帆桁(ほげた).

ブームレット [boomlet] 小型のブーム,好景気の前兆.レットは「小さい」という意の接尾語.

フュージョン [fusion]

①融合.合同.
②ジャズ,ロック,ポピュラーなどの融合音楽.フュージョンミュージック(fusion music)の略.

フューズ ➡ヒューズ

フューチャー [future]

①未来,将来.
②先物,先物売買.

フューチャリズム ➡フューチュリズム

フューチュリズム [futurism] 未来派.20世紀初頭にイタリアで起こった芸術運動.フューチャリズム,フチュリズモとも.

ブラ ➡ブラジャー

フライ
1 [fly]
①蠅(はえ).
②釣りに使う毛針.
③飛ぶ.
④飛球.野球で,打者が球を高く打ち上げること.
2 [fry] 揚げ物.油で揚げること.

フライ・アンド・ドライブ [fly and drive 和] 航空券と目的地でのレンタカー代を組み合わせたセット旅行.

プライウッド [plywood] ➡ベニヤ板

プライオメトリックス [prio-metrics] 筋肉を激しく収縮させ,瞬発的に開放させてパワーを発揮させるトレーニング法.

プライオリティー [priority] 優先権,優先順位.

フライキャスティング [fly casting] 毛針での投げ釣り.

フライズ [flies] 舞台天井の,背景をつり上げたり大道具を操作したりする部分.

プライス [price] 価格.相場.代価.

プライズ [prize] 賞.賞品.賞金.

プライスキャップ方式 [price cap system] 上限価格方式.公共料金などの改定率に上限を定め,値上げはその範囲内で認めるもの.

プライスリーダー [price leader] 価格指導者.市場価格を決定・操作する力のある有力企業.

ブライダル [bridal] 花嫁の,婚礼の.

フライト [flight] 飛行,定期飛行便,スキーのジャンプ競技での飛行距離.

プライド [pride] 誇り,自尊心,うぬぼれ,思い上がり.

フライトアテンダント [flight attendant] 旅客機の客室乗務員. 類キャビンアテンダント.

フライトインフォメーション [flight information] 旅客機の運航情報案内.

フライトコントロール [flight control]
①航空管制.
②航空機の操縦系統.

フライトナンバー [flight number] 民間航空の飛行便の番号.

フライトレコーダー [flight data recorder] 飛行記録装置.航空機の事故原因解析のため,飛行に関するデータを保存する装置.略はFDR.

フライ・バイ・ワイヤ [fly-by-wire] コンピューターを介した飛行機の操縦システム.略はFBW.

プライバシー [privacy] 私事,私生活,個人の自由.

プライベート [private] 私的な,個人的な,内密の.

プライベートセクター [private sector] 民間部門. 対パブリックセクター.

プライベートバンキング [private banking] 資産家を対象とする銀行の資産運用・情報提供サービス.

プライベートバンク [private

bank] 民間銀行, 個人銀行.

プライベートビーチ [private beach] 高級ホテルや個人などがもつ, 一般人は立ち入り禁止の浜辺.

プライベートブランド [private brand] 自家商標. スーパーやデパートなどの大手小売業者が自ら企画・開発し, 独自の商標を付けて販売する商品. ストアブランド (SB) とも. 略は PB.

フライホイール [flywheel] はずみ車. 軸の回転速度を平均化させ, 回転を滑らかにする.

プライマリー [primary]
① 最初の, 初歩の.
② 主要な, 基本的な.

プライマリーケア [primary care] 初期医療, 1次医療, 応急治療.

プライマリースクール [primary school] 小学校, 初等学校.

プライマリーディーラー [primary dealer] アメリカ政府公認の証券売買業者.

プライマリーバランス [primary balance] 国などの基礎的財政収支.

プライム [prime]
① 第一の, 主要な, 根本的な.
② 最上の, 一流の, 素数の.
③ 全盛期, 最盛期.

プライムタイム [prime time] テレビ・ラジオの高視聴時間帯. ゴールデンアワー, ゴールデンタイムは和製英語.

プライムレート [prime rate] 優良企業に対する銀行の最優遇貸出金利.

フライヤー [flyer]
① 飛ぶもの, 飛行機.
② ちらし, ビラ.

プライヤー [pliers] 物をはさんだり曲げたりする道具.

フライング [flying]
① 飛ぶこと, 飛行.
② ➡ フライングスタート

フライングスタート [flying start] 陸上競技, 水泳などで合図の前にスタートしてしまう反則. フライングとも.

フライングソーサー [flying saucer] 空飛ぶ円盤.

フライングディスク [flying disk] プラスチック製の円盤を投げ合うスポーツ. フリスビーは商標.

ブラインド [blind]
① 日よけ, 目隠し.
② ゴルフで, 前方が見えない状態.

ブラインドタッチ [blind touch] ➡ タッチタイピング

ブラインドテスト [blind test] 目隠しテスト. 銘柄, メーカー名などを隠して商品の使用感を聞いたりするテスト.

ブラインドデート [blind date] 第三者の紹介による初対面同士の男女のデート, 目隠しデート.

フラウ [Frau^ド] 妻, 夫人, 主婦.

ブラウザー [browser] インターネットの内容を閲覧するためのソフトウエア.

ブラウス [blouse] 女性・子供用の

シャツ風の上着.

プラウド [proud] 誇り高い, 尊大な, 得意な.

ブラウン管 ➡CRT

ブラウンシュガー [brown sugar] 赤砂糖.

ブラウンソース [brown sauce] 西洋料理の茶色いソース. スープでのばしたルーに, いためた野菜を加えて煮込んだもの.

プラカード [placard] 張り紙, 掲示. 特にデモ参加者などが持つ, 主張などを掲げた宣伝板.

ブラキストンライン [Blakiston line] 津軽海峡を境に南北に分けた日本の動物分布境界線. 発見したイギリス人の名前から.

プラーク [plaque]
①歯垢しこう.
②額・飾り板, 銘板.

プラグ [plug]
①栓, 消火栓.
②電気の差し込み.
③エンジンの点火栓.
④釣りで使うルアー（擬似餌ぎじえ）の一つ.

フラクション [fraction]
①部分, 断片, 分数.
②政党が労働組合などの中に作る党員組織, 細胞.

フラクタル [fractal] 任意の一部分が, つねに全体の形と相似になるような図形.

プラクティカル [practical] 実際的な, 実用的な.

プラクティス [practice] 練習. 演習. 実行.

フラクトオリゴ糖 [fructo-oligo-saccharide] ショ糖に果糖が統合したオリゴ糖. カロリーの少ない甘味料の一つ.

プラグマティスト [pragmatist] 実用主義者, 実務家.

プラグマティズム [pragmatism] 実用主義, 実利主義. 実際的な効果を基準としてすべてを判断する考え方.

プラグマティック [pragmatic] 実際的な, 実用的な.

ブラケット [bracket]
①腕木, 棚受け, 張り出して取り付ける電灯受け.
②印刷用語で括弧の一つ. [ ] など.

プラザ [plaza 祒] 広場, ショッピングセンター.

ブラジャー [brassiere] 胸の形を整える女性用下着. 略してブラ.

フラジャイル [fragile]
①壊れやすい, もろい.
②「取扱注意」. いずれも, フラジールとも.

ブラジリアン柔術 [Brazilian Jiu-Jitsu] ➡グレイシー柔術

フラジール ➡フラジャイル

ブラス [brass]
①真鍮しんちゅう, 真鍮製品.
②金管楽器.

プラス [plus]
①数を加えること. 正の記号. 記号「＋」.
②陽極. 正極.

③長所.利益.利点. 対マイナス.
プラスアルファ［plus alpha 和］もとの数量にいくらかを付け加えること.記号「＋α」.
フラスコ［frasco ポルト］化学実験用のガラス容器.
プラスターボード［plasterboard］厚紙を両面に張った石膏板.壁や天井の下地に用いる.
プラスチック［plastics］合成樹脂,合成樹脂製品.
フラストレーション［frustration］欲求不満,挫折感,失敗.
ブラスバンド［brass band］吹奏楽団.
プラズマ［plasma］原子が超高温で電離して電気的に中性になっている状態.
プラズマテレビ［plasma television 和］プラズマ放電を利用したパネルを画面に用いたテレビ.薄型で大画面が可能.
プラスミド［plasmid］核外遺伝子.細胞内で,染色体とは別に存在し増殖する遺伝子.
ブラスリー［brasserie フラ］食事もできるビアホール,洋風居酒屋.ブラッセリーとも.
プラセンタエキス［placenta extract］豚や羊などの胎盤から抽出した液体.化粧品などに配合される.
プラタナス［Platanus ラテ］スズカケノキ.
フラダンス［hula dance 和］ハワイの民族舞踊.腰の振り方や手の動きが特徴.フラはハワイ語で「踊り子」の意.
プラチナ［platinum］白金.銀白色の金属.記号Pt.
プラチナコアラ［platinum koala］オーストラリアが発行するプラチナ投資用の法定通貨.
プラチナチケット［platina ticket 和］入手の難しいコンサートや試合などの入場券.
プラチナディスク［platinum disk］CD,レコードなどがゴールドディスクよりもさらに売れた記念に贈られるプラチナ製の盤.プラチナムディスクとも.
プラチナムディスク ➡ プラチナディスク
フラッグ［flag］旗.
ブラック［black］
①黒.黒色.
②黒色人種.
③暗黒の.不正な.
ブラックアウト［blackout］
①停電,灯火管制.
②一時的な意識喪失,記憶喪失.
③劇やテレビで,場面の暗転.
④ニュースの報道禁止,テレビの放送中止.
ブラックアフリカ［black Africa］アフリカ大陸のうち,特に黒色人種が多数を占めるサハラ砂漠以南の諸国.
フラッグキャリア［flag carrier］➡ ナショナルフラッグ・キャリア
ブラックコーヒー［black coffee］ミルクやクリーム,砂糖を入れな

いコーヒー.

ブラックコメディー [black comedy] 風刺や不気味さを含んだ喜劇.

ブラックジャック
①[blackjack]
①こん棒.
②トランプ遊びの一つ. 札の数の合計が21に近い者が勝つ.
②[B__] ロシアの戦略爆撃機.

ブラックジャーナリスト [black journalist] 取材して得た情報を利用して利益を得ようとするジャーナリスト.

ブラックジャーナリズム [black journalism] 他人の弱みにつけ込み, 取材した情報を利用して利益を得ようとするジャーナリズム.

フラッグショップ [flagship shop] 旗艦店. 大都市の一等地などに開設される, 企業やブランドを象徴する大型の路面店舗. フラッグシップショップの略.

ブラックタイ [black tie] 男性の略式夜会服. タキシードに黒の蝶ネクタイを付けることから.

ブラックパワー [Black Power] 人種平等の促進を目指すアメリカの黒人運動.

ブラックパンサー [Black Panther] 黒豹党. 1960年代にアメリカで起こった戦闘的な黒人解放組織.

フラッグフットボール [flag football] アメリカンフットボールに似たスポーツ. タックルの代わりに, 腰に付けたフラッグ(旗)を取りあう.

ブラックボックス [black box] 中身の分からない装置. 密閉された高性能の精密機器.

ブラックホール [black hole] 高密度・大重力のため, 光さえも吸い込むとされる天体.

ブラックマネー [black money] 不正利得, 隠し所得. 関アングラマネー.

ブラックマンデー [Black Monday] 暗黒の月曜日. 1987年10月19日(月曜日)のニューヨーク株式市場の大暴落.

ブラックミュージック [black music] アメリカの黒人音楽.

ブラックユーモア [black humor] 薄気味悪いユーモア.

ブラックリスト [blacklist] 要注意人物・企業などの一覧表.

フラッシャー [flasher] ➡ウインカー

フラッシュ [flash] ひらめき, 閃光, 写真撮影のための発光装置. ニュース速報.

ブラッシュアップ [brushup] 勉強のやり直し, 磨き直し, 身繕い.

フラッシュガン [flashgun] ストロボの登場以前に使われた写真撮影用発光装置.

フラッシュバック [flashback]
①映像で, 瞬間的に画面を切り替える手法. 過去の出来事や緊張感を表現する.
②PTSD(心的外傷後ストレス障害)などで, 過去の嫌な出来事がよ

みがえる症状. 幻覚剤をやめた後に幻覚が再現する症状.
③火炎の逆流.

フラッシュメモリー［flash memory］コンピューターで, 電源を切っても記憶が保持される半導体メモリーの一つ.

ブラッシング［brushing］ブラシをかけること. 特に髪の手入れ.

ブラッセリー ➡ ブラスリー

フラッター［flutter］
①気流によって生じる飛行機の翼の振動.
②テープレコーダーなどの再生音のふるえ. 再生むら.

フラット［flat］
①平らな, 平たい, ぺしゃんこな.
②共同住宅, アパート.
③スポーツ競技で, 秒以下の端数がないこと.
④音楽で, 半音低くする変記号.「♭」. 対シャープ.

ブラッド［blood］
①血, 血液.
②血統, 家柄, 純血種.

プラットホーム［platform］
①駅の乗降場. ホームとも.
②政党の政綱, 綱領.
③パソコンなどの基本仕様, 基本構造部分.
④車台. 自動車の基本構造部分.

フラッパー［flapper］おてんば娘, 現代娘.

フラップ［flap］
①航空機の下げ翼. 揚力を増すために離着陸時に使う.
②ポケットや封筒などの垂れぶた.

フラッペ［frappé 仏］かき氷にシロップをかけ, 果物などを盛った氷菓.

プラトー［plateau］
①高原, 台地.
②心理学の高原現象. 学習曲線の上昇が止まり練習効果が伸び悩む現象.

プラトニックラブ［platonic love］精神的な恋愛.

プラニング ➡ プランニング

プラネタリウム［planetarium］天象儀. ドーム型の天井に星座などの天体の配置や運行の様子を投影する装置.

プラネット［planet］惑星.

フラノ ➡ フランネル

フラビン［flavin］動植物の体内に存在する黄色色素.

ブラフ［bluff］はったり, 虚勢. ポーカーで, 手が強いふりをして相手に脅しをかけること.

ブラフマン［Brahmana サンスクリット］
①梵. バラモン教で, 最高原理. 万有の根本原理.
②梵天. ヒンドゥー教の三大神の一つ.
③ ➡ バラモン

ブラボー［bravo 伊］喝采や喜びを表す叫び.「いいぞ」「うまいぞ」.

フラボノイド［flavonoid］レモンなどの柑橘類の皮に含まれる高分子化合物. 血圧降下作用がある.

ブラマンジェ ➡ ブランマンジュ

フラミンゴ［flamingo］紅ヅル.

プラムプディング［plum pudding］

干しブドウ入りの蒸し菓子．イギリスではクリスマスの定番デザート．

フラメンコ [flamenco 西] スペイン南部アンダルシア地方のロマの踊り，その曲．

プラモデル [Plamodel] プラスチック製模型．商標．

フラワー
1 [flower] 花．草花．
2 [flour] 粉．小麦粉．

フラワーアレンジメント [flower arrangement] 生け花．

フラワーデザイン [flower design] 花を装飾，服飾に利用すること．

フラワービジネス [flower business 和] 花に関連する産業．観賞用だけでなく食用などの分野も含む．

フラン [franc 仏] フランス・ベルギーの旧通貨単位．EU（欧州連合）が2002年に単一通貨ユーロに移行したため，フランという名称の通貨はヨーロッパではスイスフランだけになった．

プラン [plan] 計画，企画，構想．設計図．

フランク [frank] 率直な，ざっくばらんな，公然の．

ブランク [blank] 白紙，空白，余白，空包．

プランクトン [plankton] 水中の浮遊生物．珪藻(けいそう)類，クラゲ類など．

フランクフルトソーセージ [Frankfurt sausage] 太めの燻煙(えん)ソーセージ．

フラングレ [franglais 仏] 英語を無秩序に取り入れたフランス語．français（フランス語）と anglais（英語）の合成語．

ブランケット [blanket]
①毛布．略してケット．
②オフセット印刷用のゴム引き布．
③燃料を増殖させるために原子炉内部に置かれる親核物質．

プランジャー [plunger] 下水管の詰まりを除くための吸引用具．

フランスデモ [France demo 和] 手をつなぎ，道路いっぱいに広がって行進するデモ．

フランス窓 [French window] バルコニーなどに設けた両開きのガラス窓．

フランセ [français 仏]
①フランスの．
②フランス人，フランス語．

プランター [planter]
①植物の栽培容器．
②農園経営者．

フランダース [Flanders] ➡ フランドル

プランタン [printemps 仏] 春，青春．

ブランチ
1 [branch]
①枝，枝分かれしたもの．
②分野，部門．
③支店，支部．
2 [brunch] 昼食を兼ねた遅い朝食．ブレックファースト（breakfast）とランチ（lunch）の合成語．

フランチャイズ [franchise]
①プロ野球球団が本拠地で試合する際に持つ特別興行権．

②一手販売権, 一手販売地区.

フランチャイズチェーン [franchise chain] 地域ごとの一手販売権を持つ加盟小売店で構成された連鎖店組織. 略はFC.

ブランデー [brandy] ワインを蒸留した酒.

プランテーション [plantation] 大規模な農園. 特に熱帯, 亜熱帯地方のゴムやコーヒーの農園.

ブランド [brand] 商標, 銘柄, 銘柄品.

プラント [plant]
①植物, 草木.
②工場, 工場設備, 生産設備一式.

ブランドイメージ [brand image] 特定の銘柄に対して消費者が抱く印象.

ブランドエクイティ [brand equity] ブランドの資産的価値.

ブランド会計 [brand accounting] 商標やノウハウなどの知的財産を資産として計上すること.

プラント輸出 [plant export] 生産設備, 技術指導などの輸出.

フランドル [Flandre 仏] フランス北端部からベルギー, オランダにまたがる地域. フランダースとも.

プランナー [planner] 計画, 立案者.

ブランニュー [brand-new] 真新しい.

プランニング [planning] 計画, 立案. プラニングとも.

フランネル [flannel] 柔らかい厚手の毛織り生地. 本ネル. 略してフラノ.

フランベ [flambé 仏] 仕上げにブランデーなどをかけて火を付ける料理法.

ブランマンジュ [blanc-manger 仏] 牛乳を寒天などで固めたデザート. ブラマンジェとも.

フリー [free]
①自由な, 無所属の.
②無料の.
③アルコールや薬品などが入っていない.
④ ➡ フリーランサー

プーリー [pulley] 滑車. ベルト車.

フリーアルバイター [free arbeiter 和] 定職をもたずアルバイトで生計を立てる人. 略してフリーター.

プリアンプ [preamp] 前置増幅器. 電気信号を増幅する装置の一つ. プリアンプリファイヤー(preamplifier)の略.

フリーウエー [freeway] 立体交差で信号や踏切などがない自動車専用道路, 高速道路. 類ハイウエー, モーターウエー.

フリーウエア [freeware] コンピューター用語で, 無料で利用できるソフトウエア.

フリーエージェント [free agent]
①自由契約の選手, 俳優.
②プロ野球で, 同一球団に一定期間在籍した選手は他球団に移籍する権利をもつ制度. いずれも, 略はFA.

ブリオッシュ [brioche 仏] バター, 卵入りの軽いパン.

プリオン [prion] 核酸を持たず, たんぱく質だけからなる粒子. BSE (牛海綿状脳症)などの病原体.

フリカッセ [fricassée 仏] バターでいためた肉をホワイトソースで煮込んだフランス料理.

フーリガン [hooligan]
①ごろつき, 不良, よた者.
②騒ぎを起こす熱狂的なサッカーファン. ➡サポーター, ティフォジ.

ブリキ [blik 蘭] 錫めっきした薄い鉄板.

フリーク [freak]
①奇形, 珍奇なもの, 奇人.
②熱狂者, マニア.

フリークエンシー [frequency]
①しばしば起こること, 頻度, 度数.
②振動数, 周波数, サイクル数.

フリクション [friction] 摩擦, 不和, あつれき.

フリークライミング [free climbing] 道具を使わない素手での岩登り.

フリーゲージトレイン [free gauge train] 軌間可変電車. 幅の異なる線路に乗り入れられる電車.

ブリコラージュ [bricolage 仏] やっつけ仕事. あり合わせのものを何でも利用すること.

フリーザー [freezer] 冷却器, 冷凍装置, 冷凍庫.

ブリーザー [breather]
①息抜き, 休息.
②空気補給装置, 通風孔.

フリーサイズ [free size 和] どんな体格でも着られる衣服.

ブリザード [blizzard] 暴風雪, 猛吹雪.

フリージア [freesia] アサギ水仙. アヤメ科の多年草. 観賞用.

フリージャズ [free jazz] 前衛ジャズの一形式. ニュージャズとも.

フリーシンカー [freethinker] 自由思想家.

フリース [fleece] 羊毛. また, 起毛仕上げの化学繊維.

フリーズ [freeze]
①凍える, 凍らせる, 動かなくなる.
②命令形で「動くな」.

フリースクール [free school] 教科の選択などに生徒の自主性を重視する教育, 学校形態.

フリースタイル [freestyle] レスリングで, 全身を使って攻撃・防御をしてよい種目. 対グレコローマンスタイル.

フリースタイルスキー [freestyle skiing] スキー競技の一つで, アクロバット的な演技を競うもの.

フリーズドライ [freeze-dry] 凍結乾燥. 食品などを凍結, さらに脱水して保存効果を高める方法.

フリスビー [Frisbee] 投げて遊ぶプラスチック製の円盤. 商標.

プリズム [prism] 光線の屈折・分散などに使うガラスの透明な三角柱体. 光学機器に使用.

フリースロー [free throw] バスケットボールなどで, 相手の反則によって与えられる投球の権利.

フリーター ➡フリーアルバイター

ブリーダー [breeder]

①飼育者, 繁殖家.
②増殖型原子炉. ブリーダーリアクター(breeder reactor)の略.

フリーダイビング [free diving] 素もぐり.

フリータックス [free tax 和] 免税, 無税. 英語ではタックスフリー(tax-free).

フリーダム [freedom] 自由, 自由な状態. 自由使用権.

ブリーチ [bleach]
①漂白, 漂白剤.
②毛髪などの脱色.

ブリーチャーズ [bleachers] 競技場などの屋外観覧席, 外野席.

ブリーチング [bleaching] 漂白, 脱色.

プリーツ [pleats] ひだ, 折りひだ.

フリッカーテスト [flicker test] 心理学のテストの一つ. 疲労度や注意力を光のちらつきを見せて検査する方法.

ブリックス ⇒BRICs

ブリッジ [bridge]
①橋, 船橋, 艦橋.
②列車の車両と車両の連結部分.
③歯と歯を連結する架工義歯.
④眼鏡の鼻に触れる部分.
⑤レスリングで, 仰向けに体を反り返らせる体勢.
⑥トランプ遊びの一つ.

ブリッジホリデー [bridge holiday 和] 祝日と休日にはさまれた平日を休日にすること.

ブリッスル [bristle] 剛毛. 豚などのかたい毛.

フリッター [fritter] 衣に卵白を使う洋風の揚げ物.

フリッパー [flipper]
①ウミガメなどのひれ足.
②ダイビングなどに用いるゴム製の足ひれ.

フリッピング [flipping] テレビのチャンネルを忙しく切り替えること. 類ザッピング.

フリップ
🚹 [flip] ワインや蒸留酒に卵や砂糖を加えた飲み物.
🚺 [flip chart] テレビ番組などで使う説明用の図版.

フリップフロップ [flip-flop] 二つの安定状態をもつ電子回路. 入力を与える度に二つの状態が交互に変化する. 略はFF.

ブリーディング [breeding] 動植物の繁殖, 飼育.

ブリーディングローン [breeding loan] 動物園などが繁殖目的で動物を貸し借りすること.

フリーテニス [free tennis] 木製ラケットでゴムボールを打ち合う球技.

プリテンド [pretend] ふりをする, 見せ掛ける, 装う.

フリートーキング [free talking 和] 自由討論, 自由な話し合い.

フリートストリート [Fleet Street] フリート街. ロンドンのかつての新聞街.

フリードマン比率 [Friedman ratio] GNP(国民総生産)に対する政府支出の割合. 考案した経済学

者の名前から.

フリードリンク [free drink] 飲食店やイベントなどの飲み物が無料になるサービス.

フリートレード [free trade] 自由貿易, 自由貿易主義.

フリートレード・ゾーン [free trade zone] 自由貿易地域. 関税などの面で優遇措置が講じられる.

フリーパス [free pass]
①無料入場券. 無料乗車券.
②和製用法で, 電車などの乗り放題券.
③和製用法で, 無審査で通過すること.

プリパッケージ [prepackage] 食料品などを販売する前に包装しておくこと.

フリーハンド
■ [freehand] 手で描くこと.
■ [free hand] 自由裁量, 行動の自由.

ブリーフ [brief]
①男性用の丈の短い下ばき.
②要約. 内容・概要などを簡単に説明すること.

フリーファイナンシャル・ファンド [free financial fund] 大口の資金を用意できる法人向けに開発された公社債投資信託. 略はFFF.

ブリーフィング [briefing] 事前の状況説明, 指示, 打ち合わせ.

フリーフォール [free fall] 自由落下. 物体の重力による自然な落下. また, 遊園地の遊戯施設の一つ.

ブリーフケース [briefcase] 書類かばん.

プリプレグ [prepreg] 炭素繊維と合成樹脂を使った複合材料.

プリペイドカード [prepaid card] 前払いのカード. 現金の代わりに使用でき, 残額が分かる仕組み.

フリーペーパー [free paper] 無料の新聞, 無代紙. 広告費ですべてをまかない, 無料で配布する新聞.

プリマ [prima 伊]
①第一の. 主な.
② ➡ プリマドンナ
③ ➡ プリマバレリーナ

フリーマガジン [free magazine] 無料雑誌.

フリーマーケット [flea market] のみの市, がらくた市. フリーは「蚤(のみ)」の意. 類 ストリートマーケット.

プリマドンナ [prima donna 伊] オペラの主役女性歌手. プリマとも. 対 プリモウオモ.

プリマバレリーナ [prima ballerina 伊] 主役バレリーナ. また, バレエ団での第一舞踊手. プリマとも.

ブリミア [bulimia] 過食症. 対 アノレキシア.

プリミティブ [primitive] 原始的な, 旧式な, 幼稚な, 素朴な.

プリミティブアート [primitive art] 原始的で素朴な造形美術. 素朴な感じの美術作品.

フリーメーソン [Freemason] 会員の友愛と相互扶助を目的とする秘密結社, その会員.

フリーメール [free mail] 無料で使えるEメールアドレス.

プリモウオモ [primo uomo 伊] オペラの主役男性歌手. 対プリマドンナ.

フリーライター [freelance writer] 自由契約で記事や原稿を書く人.

フリーライド [free ride] 無賃乗車, ただ乗り, ただもうけ. アメリカの防衛力に頼って経済発展を遂げたと日本を非難する意味でも用いられている.

フリーランサー [free-lancer] 自由契約者. 特定の企業などに所属しない記者や俳優・歌手. フリー, フリーランスとも.

フリーランス [freelance] ➡ フリーランサー

ブリリアント [brilliant]
①光り輝く, 見事な.
②ダイヤモンドのカット法の一つ. 58面体にカットしたもの. ブリリアントカットとも.

フリル [frill] 婦人服などのひだ飾り, へり飾り.

プリレコ [prerecording] 映画などで, 音声だけを先に録音すること. プリレコーディングの略. 類プレスコアリング. 対アフレコ.

フリーワーカー [free worker 和] 就職先を定めないで, 自由な立場で働く人.

プリン ➡ プディング

ブリンカー [blinkers] 遮眼革(しゃがんかく). 競走馬用の側面目隠し.

ブリンクマン指数 [Brinkman index] 喫煙による肺がんの危険度を示す指標. 1日の喫煙本数×喫煙継続年数で表す. 400を超えると危険性が高いとされる.

フリンジ [fringe]
①肩掛けやすそなどに付ける房飾り.
②周辺, 二次的なもの.
③過激派.
④実験的な小劇場.

プリンシパル [principal]
①主な, 第一の, 重要な.
②校長, 主役, 本人, 元金.

プリンシプル [principle] 原理, 原則, 主義.

フリンジベネフィット [fringe benefit] 給与以外の, 有給休暇, 年金などの付加給付.

プリンス [prince] 王子, 皇子, 親王. 対プリンセス.

プリンスコンソート [prince consort] 女王の夫君.

プリンセス [princess] 王女, 王妃, 親王妃, 内親王. 対プリンス.

プリンター [printer]
①写真で, 印画の焼き付け機.
②コンピューターで, データや情報を打ち出す印字装置.
③印刷業者.

フリント [flint] 火打ち石. ライター用の石.

プリント [print]
①印刷, 印刷物, 出版物.
②版画, 石版画.
③写真の印画, 陽画.
④布地の染めつけ, 捺染(なっせん), 捺染布.

プリントアウト [printout] コン

ピューターの印刷出力. プリンターで紙などに打ち出したもの. 類ハードコピー.

フル [full] 十分の. いっぱいの.

ブル [bull]
①雄牛.
②証券取引での強気な買い方. 強気筋. 対ベア.

ブルー [blue]
①青, 青色.
②憂うつな, ブルース調の.
③下品な, わいせつな.

プル [pull]
①引く, 引っ張る. 対プッシュ.
②野球やゴルフで, 引っ張って打つこと.

プール [pool]
①水泳競技場, 水たまり.
②ためておくこと, 蓄えること, 共同資金.
③ビリヤードの一種目. ポケットとも.

ブルーエンジェル [Blauer Engel 独] ドイツの環境ラベル. 省エネ製品などに付けられるマーク.

フルオーダー [full-order 和] 完全オーダー. すべてを客の注文通りに作る方式. 類オーダーメード.

プルオーバー [pullover] 頭からかぶって着る形の衣類.

フルオロカーボン [fluorocarbon] フッ化炭素. 炭化水素の水素の一部をフッ素に置き換えた化合物. フロンとも.

ブルーカラー [blue-collar] 肉体労働者. 作業着を着る職種. ➡ホワイトカラー, ゴールドカラー.

ブルーギャラクシー [blue galaxy] 青色恒星状天体. 特殊天体の一つ.

ブルーグラス [bluegrass] アメリカ南東部アパラチア山岳部の民俗音楽から派生したカントリー音楽.

プルコギ [불고기 韓] 朝鮮料理の焼き肉.

フルコース [full course 和] 西洋料理などで, 前菜やスープから最後のコーヒーまで, すべてが含まれている一連の料理.

ブルゴーニュ [Bourgogne 仏] フランス中東部のソーヌ川流域地方. また, その地方産のワイン. 英語ではバーガンディー.

フルコンパチ・プレーヤー [full compatible player 和] CD, レーザーディスク, ビデオディスクなどすべてのディスクに対応できるプレーヤー.

プルサーマル [pluthermal 和] 原子力発電所の使用済み燃料からプルトニウムを取り出し, 軽水型原子炉で再使用すること.

フルシーズン [full season 和]
①一年中.
②1シーズン通して.

プルシャンブルー [Prussian blue] 紺青色. 濃くさえた青色.

プール取材 [pool coverage] 代表取材. 代表者のみが取材し, 報道各社に記事や写真を配信する方法.

ブルジョア [bourgeois 仏] 中産階級の, 有産者の. 対プロレタリア.

ブルジョアジー [bourgeoisie 仏] 市民階級, 中産階級. 対プロレタリアート.

ブルース [blues]
① 憂うつ, 気のふさぎ.
② アメリカの黒人民謡から起こった歌曲の一形式. 悲痛な心情を歌う曲が多い. 正しくはブルーズ.

フルスカート [full skirt] すそをゆったりと広げたスカート.

フルスケール [full-scale]
① 実物大の.
② 全面的. 本格的.

ブルースハープ [blues harp] ブルースやフォークソングなどの演奏に使われるハーモニカ.

フルスピード [full speed] 全速力. 最高速度.

ブルゾン [blouson 仏] ジャンパーで, よりファッション性の高いもの.

フルタイム [full-time] 常勤の, 専任の.

プルタブ [pull tab] アルミ缶などのふたを開けるための引き手.

ブルーチーズ [blue cheese] 青かびチーズ. 塩味が強く独特の風味がある.

ブルーチップ [blue chip] 優良株, 一流株.

フルーツパーラー [fruit parlor 和] 喫茶店の一つ. 果物店を兼ねることが多い.

フルーツパンチ [fruit punch 和] 種々の果物を刻んで混ぜ, シロップなどをかけたもの. フルーツポンチとも.

フルーツポンチ ➡ フルーツパンチ

ブルーツーリズム [blue tourism 和] 島や沿海部の漁村に滞在して海辺での生活を体験する旅.

ブルーデー [blue day 和] 憂うつな日, 女性の生理日.

フルーティー [fruity] 果物に似た, 果物の風味がある.

ブルーデニム [blue denim] ➡ ジーンズ

フルート [flute] 木管楽器, 横笛.

プルートー [Pluto]
① 冥王星.
② ローマ神話で冥府の王, 豊穣の神. ギリシャ神話ではハデス.

プルトップ [pull-top] ふたに付いているつまみを引き起こして開けるタイプの缶詰め.

プルトニウム [plutonium] 人工の超ウラン元素の一つ. 核燃料として用いる. 記号Pu.

ブルトレ ➡ ブルートレイン

ブルートレイン [blue train 和] JRの長距離寝台特急列車の愛称. 青い車体が特徴. 略してブルトレ.

プルニエ [prenier 仏] 和製用法で, 魚を主材料としたフランス料理. パリの魚料理レストランの名から.

フルネーム [full name] 名字と名前, 姓名.

ブルーノート [blue note] ブルース独特の, 3度(ミ)と7度(シ)を半音下げた音階.

プールバー [pool bar 和] ビリヤード(玉突き)ができるバー.

ブルーバード [Blue Bird] 青い鳥.

幸福の象徴.

ブールバール［boulevard 仏］大通り, 並木道.

プルーフ［proof］
①証明, 証拠.
②校正刷り, ゲラ刷り.
③酒類のアルコール含有量の単位.

フルフェース［full face 和］顔全体を覆うヘルメットや帽子.

ブルーフォックス［blue fox］青ギツネ, またはその毛皮.

プルーフ貨幣［proof coin］収集家用に限定発行される貨幣.

ブルーブラッド［blue blood］貴族, 名門.

ブループリント［blueprint］青写真. 設計図.

フールプルーフ［foolproof］
①間違えようのない, 絶対確実な.
②操作を誤っても事故が起こらないように製品などを設計すること.

ブルーベリー［blueberry］北アメリカ原産のコケモモの一種. 果実をジャムなどにする.

ブルーヘルメット［blue helmet］国連の平和維持部隊, その隊員.

ブルペン［bull pen］野球で, 救援投手が投球準備をする場所. 原意は「牛の囲い場」.

ブルーボーイ［blue boy 和］性転換した男性.

フルボディー［full-bodied］ワインなどの, こくがあること. 芳醇(ほうじゅん)な. ➡ライトボディー, ミディアムボディー.

ブルーマー［bloomers］女性用の下ばき. 体育用半ズボン. ブルマーとも.

ブルーマウンテン［Blue Mountain］ジャマイカ産コーヒーの銘柄の一つ. 略してブルマン.

フルマラソン［full marathon 和］規定通り42.195kmを走り切るマラソン.

ブルマン ➡ ブルーマウンテン

ブルーマンデー［Blue Monday］休み明けの憂うつな月曜日.

ブルーム［bloom］
①花.
②果実の表面に付く白い粉.

フルムーン［full moon］満月.

フルムーンパス［full moon pass 和］2人合わせて88歳以上の夫婦を対象にしたJRの割引旅行サービス.

フルメンバー［full member］
①正規の会員.
②全会員, 総員.

フルMOX炉［full mixed oxide］MOX(プルトニウム・ウラン混合酸化物)だけを燃料とする軽水型原子炉.

フルモデルチェンジ［full model change］全面的な仕様変更.

ブルーリボン賞［Blue Ribbon Prize 和］日本の新聞・通信社の映画記者が選ぶ年間の優秀映画, 俳優賞.

フルレングス［full length］
①すそが床に届く長さのドレス.
②ストッキングで, 足全体を覆う

長さのもの.

ブルワリー [brewery] ビールなどの醸造所.

プレ [pre-] …以前の,前もっての.

フレア [flare]
① スカート,コートなどのすその広がり.
② 画像ににじみを生じさせる光.
③ 太陽の黒点や星などが電波を放射する現象.

プレイガイド [play guide 和] 映画・演劇などのチケットの前売り所.案内所.

ブレイク ➡ ブレーク

フレイトビラ [freight villa 和] 家財品を預かる荷物倉庫.

ブレイン ➡ ブレーン

プレーイングマネジャー [playing manager]
① プレーヤーとマネジャーを兼ねる人.監督兼選手.
② 一般職員兼管理者.

プレオーダー [pre-order 和] 発売前の注文.

プレーオフ [play-off] 優勝決定戦.

ブレオマイシン [bleomycin] 食道がんなどに有効な抗悪性腫瘍(しゅよう)抗生物質の一つ.

プレオリンピック [pre-Olympics] オリンピックの前年にその開催予定地で開かれる競技大会.

フレオン [Freon] フロンの商標.

ブレーカー [breaker] 電気回路の自動遮断器.異常電流が流れた場合に作動する.サーキットブレーカーの略.

プレカット構法 [precut system in conventional timber construction] 住宅などの構法で,機械加工された木造軸組部材を用いるもの.

フレキシビリティー [flexibility] 柔軟性,順応性,融通性.曲げやすいこと.

フレキシブル [flexible] 柔軟な,適応性のある,融通の利く.

フレキシブルジョブ・システム [flexible job system] 企業で,課・係などの組織にこだわらず,必要に応じて流動的に体制を組む方式.

フレーク [flake] 薄片,雪片.食品を薄片状に加工したもの.

ブレーク [break]
① こわれる,砕ける.
② 事態が急変する,変わる,大流行する.
③ ボクシングで,クリンチ(組み付き)した際に,離れるように審判が命じること.
④ テニスで,相手にサービス(初めに打球する)の権利があるゲームに勝つこと.いずれも,ブレイクとも.

ブレークスルー [breakthrough] 難関突破,技術突破,現状打破,新発見.

ブレークダウン [breakdown] 故障,破損,挫折,神経衰弱.

ブレークダンス [break dance] 黒人の少年たちが街頭などで演じるアクロバチックな踊り.ニューヨークで始まった.

フレグランス [fragrance] 香り, 芳香.

ブレザー [blazer] 背広風のスポーティーな上着. ブレザーコートは和製用法.

プレシジョン [precision]
①正確, 精密.
②フィギュアスケートの一種目.

プレジデント [president] 大統領, 議長, 社長, 総裁, 学長.

プレシャス [precious] 高価な. 貴重な.

プレジャーボート [pleasure boat] モーターボート, ヨットなどのレジャー用船舶の総称. プレジャーは「娯楽」の意.

フレージング [phrasing] 演奏での区切り法.

フレーズ [phrase]
①句, 成句, 慣用句, 熟語.
②楽句, 楽節.

ブレス
①[breath] 呼吸. 息つぎ.
②[bless] 祝福する. 神をあがめる.

ブレース [brace]
①斜材, かすがい.
②歯列矯正器.

プレス [press]
①圧迫, 圧縮, アイロンをかけること.
②圧縮機, 印刷機.
③新聞, 報道機関.

プレース [place] 場所, 立場, 地位, 順序.

プレスキット [press kit] 記者会見などで報道機関に配布する資料一式.

プレスキャンペーン [press campaign] 新聞を通じて行う社会啓発運動, 宣伝活動.

フレスコ [fresco 伊] しっくいの壁面が生乾きのうちに水性顔料で描く壁画技法.

プレスコ ➡ プレスコアリング

プレスコアリング [prescoring] 映画やテレビで, 撮影前に音声を録音すること. 略してプレスコ. 類プリレコ. 対アフレコ.

プレスセンター [press center] 国際会議などの際に設けられる報道機関用の取材・報道センター.

プレスティージ [prestige] 威信, 名声, 格式. プレステージとも.

ブレスト ➡ ブレーンストーミング

プレストレストコンクリート [prestressed concrete] 鋼弦コンクリート. 前もって圧縮応力を与えたコンクリート.

プレスハム [pressed ham] 各種の肉を固めて作ったハム.

プレースプレート [place plate] 位置皿. 客の着席位置を示すために置く大きめの皿.

プレースポット [play spot 和]
①歓楽街.
②遊技施設のある場所.

プレスリリース [press release] 報道機関向けの発表, 新聞発表. 類ニュースリリース.

プレスルーム [pressroom 和] 記者会見室, 記者室.

ブスレット [bracelet] 腕輪．腕飾り．

プレゼンス [presence] 存在，存在感，軍隊の駐留，軍事・政治的影響力．

プレゼンター [presenter] 推薦者，任命者，司会者．

プレゼンテーション [presentation]
①贈呈，授与，贈り物．
②紹介，披露，発表，上演．

プレタポルテ [prêt-à-porter 仏] 既製服．特に有名デザイナーによる高級既製服．

フレックスタイム制 [flextime system] 自由勤務時間制．所定の労働時間内で，出退勤時間を自由に選択できる方式．

ブレックファースト [breakfast] 朝食．

フレッシャー [fresher] ➡フレッシュパーソン

プレッシャー [pressure] 圧力，圧迫，苦悩，重圧．

フレッシュチーズ [fresh cheese 和] 生チーズ．白チーズ．熟成させていないチーズ．

フレッシュパーソン [freshperson] 大学の1年生，新入社員，新人，初心者．フレッシュマン，フレッシャーとも．

フレッシュマン [freshman] ➡フレッシュパーソン

プレッシング [pressing] アイロンをかけてしわを伸ばすこと．

プレッツエル [pretzel] ひもを結んだ形の，塩味のビスケット．

フレット [fret] ギターなどの弦を押さえる位置を示す突起．

プレート [plate]
①板，皿，金属板，看板．
②真空管の陽極．
③写真の感光板．
④野球でマウンド上にある板，投手板．
⑤地球の表面を覆う，厚さ約100kmほどの岩盤．

プレートテクトニクス [plate tectonics] 地震や噴火，造山運動などを，地球表面を覆うプレートの水平運動で説明する考え方．

フレートライナー [freightliner] コンテナ輸送専用の高速貨物列車．

フレーバー [flavor] 味，風味，香味料．

プレーバック [playback] 録音や録画の再生．再生装置．プレイバック．

プレハブ住宅 [prefabricated house] 組み立て式住宅，工場生産住宅．工場で生産された部材を現場で組み立てる方式．

プレパラート [Präparat 独] 顕微鏡用の標本．ガラス板の間に観察対象物を挟んで密封したもの．

プレパラトリースクール [preparatory school] アメリカやイギリスで，一流大学への進学指導を中心にした私立中・高等学校．

フレーバリスト [flavorist] 香味料を調合する人．

プレビュー [preview] 試演, 試写会. 内覧, 下見.

プレホスピタルケア [prehospital care] 病院前救護. 主として救急車内で病院に到着するまでに行う応急処置.

プレミア
① [premiere] 映画・演劇の初公開, 初演.
② ➡プレミアム

プレミアショー [premiere show] 映画・演劇の有料試写会, 披露興行.

プレミアム [premium] 賞, 賞金. 手数料, 掛け金. 割り増し価格. プレミアとも.

プレミアムガソリン [premium gasoline] オクタン価の高いガソリン.

プレミアリーグ [Premier League] イギリスのプロサッカーのトップリーグ.

フレーム [frame]
①枠, 縁.
②骨組み, 軸部.
③ボウリングで, 投球する回.

フレームアウト [frame out 和] 映画やテレビで, 被写体が画面から出ていくこと. 対フレームイン.

フレームアップ [frame-up] でっち上げ, 捏造.

フレームイン [frame in 和] 映画やテレビで, 被写体が画面に入ってくること. 対フレームアウト.

フレームワーク [framework] 枠組み, 骨組み, 構造, 体制.

プレーメート [playmate] 遊び友達, 遊び仲間.

プレーヤー [player] 選手, 競技者, 俳優, 演技者, 演奏者.

プレリュード [prelude] 前奏曲, 序曲, 序幕, 序文.

ブレーン [brain]
①頭脳, 知能.
②知的指導者, 学者, 相談相手, 参謀. いずれも, ブレインとも.

プレーン [plain] 飾りのない, 単純な, 添え物のない.

ブレーンウオッシング [brainwashing] 洗脳, 説得.

ブレーンストーミング [brainstorming] 集団思考法. 各人がアイデアや思いつきを自由に出し合う討論方式. 略してブレスト.

ブレンダー [blender]
①混合器, 料理用のミキサー.
②ウイスキーの原酒などを調合する専門家.

フレンチカジュアル [French casual] シンプルで, ふだん着感覚のファッション.

フレンチカンカン [French cancan] ➡カンカン

フレンチキス [French kiss] 舌をからませる濃厚なキス. 類ディープキス.

フレンチトースト [French toast] パンを牛乳と卵を混ぜたものに浸して焼いたもの.

フレンチドレッシング [French dressing] サラダ油に酢, 塩, コショウなどを混ぜたドレッシング.

ビネグレットソースとも.

フレンチレター [French letter] コンドームの別称.

ブレンド [blend] 混合, 調合. 特にタバコ, 酒, コーヒーなどの味や香りを高めるため, 異なる種類を混ぜ合わせること.

ブレンドウイスキー [blended whiskey] 数種類の原酒を混ぜたウイスキー.

ブレンドファミリー [blended family] ⇒ステップファミリー

ブレーントラスト [brain trust]
①政府, 企業などの, 学識経験者で構成される顧問団.
②テレビ, ラジオで視聴者からの質問に答える回答者グループ.

フレンドリー [friendly] 友好的な, 親切な, 優しい.

プレーンヨーグルト [plain yogurt] 味を付けていない無糖のヨーグルト.

フロー [flow] 流れ, 流量. 一定期間中に動く財貨の総量. 対ストック.

ブロー [blow]
①ヘアドライヤーで髪形を整えること.
②打撃, 不幸.

プロ [pro] プロフェッショナル, プログラム, プロダクション, プロパガンダ, プロレタリアなどの略.

プロアクティブ [proactive] 積極的な, 先を見越した.

フロアシフト [floorshift] 自動車の変速用レバーが床に取り付けてある方式.

フロアショー [floor show] 舞台ではなく床の上で見せるショー.

フロアスタンド [floor stand 和] 床に置く大型の電気スタンド.

ブローアップ [blowup] 写真などの引き伸ばし. 破裂.

フロアディスプレー [floor display] 床面を利用した商品の陳列・展示.

フロアプライス [floor price] 底値, 最低価格. 対シーリングプライス.

フロアマネジャー [floor manager]
①テレビで, ディレクターの補佐役.
②会議などでの議事進行係.
③百貨店などの売り場主任.

フロアレディー [floor lady 和] 酒場の接客係の女性.

フロイディズム [Freudism] オーストリアの精神医学者フロイトが唱えた精神分析学説.

ブロイラー [broiler]
①工場方式で運動させずに大量飼育された若鶏.
②あぶり焼き用の料理器具.

フロイライン [Fräulein ド] 令嬢, お嬢さん.

ブローカー [broker] 仲買人, 株式仲買人, 周旋業者.

ブロガー [blogger] ブログを運営している人.

ブログ [blog] 情報を時系列に記載する日記型のホームページ. ウェブログの略.

プログラマー [programmer] コンピューターのプログラム作成者.

プログラミング言語 [programming language] コンピューター上でプログラムを作成するときに必要な人工言語. プログラム言語とも.

プログラム [program]
①ラジオ, テレビの番組, 番組表.
②日程, 計画, 予定.
③コンピューターを動かすための命令.

プログラム学習 [programmed learning] 内容に段階を設け, 理解に応じて次の段階へ進めるようにした学習方法.

プログラム言語 ➡ プログラミング言語

プログラムピクチャー [program picture] 2本立て興行での添え物映画.

プログラムライブラリー [program library] コンピューター用の標準的なプログラムを集め, 多くの人々が共用できるようにしたもの.

プログレ ➡ プログレッシブロック

プログレス [progress] 進行, 進歩, 発展, 成り行き.

プログレッシブ [progressive] 進歩的な. 進歩主義者, 革新主義者. 対コンサーバティブ.

プログレッシブ走査 [progressive scan] テレビ画像の順次走査. 上から順に走査していく方式. 緻密な画像が得られる. ➡ インターレース走査.

プログレッシブロック [progressive rock] クラシックやジャズの要素を取り入れた前衛的なロック音楽. 略してプログレ.

ブロークン [broken]
①破れた. 壊れた.
②文法に反した. めちゃめちゃな.

ブロークンイングリッシュ [broken English] でたらめな英語.

プロジェクター [projector]
①映写機, 幻灯機などの投影機.
②計画者, 企画者.

プロジェクト [project]
①計画, 企画, 事業, 開発事業.
②計画する, 予測する, 投影する.

プロジェクトチーム [project team] ある企画を実現するために編成される特別チーム.

プロジェクトファイナンス [project finance] 使途を特定事業に限って資金を調達し, 担保や返済財源もその事業からの収益や資産に限定した金融.

プロジェクトメソッド [project method] 構案教授法. 生徒が自発的に学習を計画・遂行するように計画した教授法.

ブロシェット [brochette 仏] 肉や魚介, 野菜などの串焼き料理.

プロシード [proceed] 進行する. 続行する.

フロス ➡ デンタルフロス

プロスティテュート [prostitute] 売春をする者. 娼婦, 男娼.

フロスト [frost] 霜, 霜柱, 氷結, 凍

結.

プロスペクト [prospect] 展望. 見通し.

フローズン [frozen] 凍った, 冷凍の.（賃金, 物価などが）凍結された. 冷ややかな.

フローズンフード [frozen food] 冷凍食品.

プロセス [process]
①工程, 手順, 過程.
②加工した, 処理した.
③加工処理する, 現像する.

プロセスチーズ [process cheese] 生チーズを加熱殺菌, 加工して保存性を高めたチーズ. 対ナチュラルチーズ.

プロセッサー [processor] コンピューターの演算処理を行う中核的な部分.

プロセニアムアーチ [proscenium arch] 舞台前迫持(せりもち). 舞台と客席がアーチ形の緞帳(どんちょう)で区切られている形式の劇場.

プロダクション [production]
①生産, 生産品, 生産高.
②映画, 放送, 出版などの製作会社.

プロダクツ [products] ⇒プロダクト

プロダクティビティー [productivity] 生産性, 生産力.

プロダクト [product] 生産品. 製品. 結果. プロダクツとも.

プロダクトアド [product ad] 製品広告. 製品の性能, 価格などに重点を置いた広告.

プロダクトデザイン [product design] 製品デザイン.

プロダクトプランニング [product planning] 新製品の開発・生産計画.

プロダクトマネジャー [product manager] 新製品の開発から商品化, 販売まで一切を担当する責任者.

フローチャート [flow chart] 作業工程図, 流れ図.

ブロッキング [blocking]
①野球などで自分の体で相手の攻撃を防ぐこと.
②バレーボールで, ネット際でジャンプして相手のスパイクをはじき返すこと.
③神経などの障害, 遮断.

フロック [fluke] まぐれ当たり, 偶然の幸運. 正しくはフルーク.

ブロック [block]
①街区, 区画.
②建築用の四角いコンクリートの塊.
③スポーツなどで, 相手の攻撃や前進を阻止, 妨害すること.

ブロックサイン [block sign 和] 野球などで, 様々な動作を組み合わせたサイン.

ブロック紙 [block newspaper] 数県にまたがる地域を購読対象とする地方紙.

ブロックバスター [blockbuster]
①大きな影響を与えるもの, 圧倒的なもの.
②大広告, 超大作映画, 超ベスト

フロッグマン [frogman] 潜水作業員，潜水工作兵．

ブロッケン現象 [Brocken specter] 山頂で太陽を背にして立った時，雲や霧に自分の影が映る光学現象．その現象がよく見られるドイツの山の名から．

フロッタージュ [frottage 仏] 絵画の技法の一つ．凹凸のあるものの上に紙を置き，木炭などでこすって模様を写し取る手法．

プロット [plot]
①小説，映画，演劇などの筋，構想．
②策略，陰謀．

フロッピーディスク [floppy disk] コンピューターやワードプロセッサーなどに用いる円盤状の磁気記録媒体．略してフロッピー，FD．

プロップ [prop]
①支柱，支持者．
②映画や劇の小道具．
③ラグビーのポジションの一つ．スクラムの第一列の両側に位置する．

プロップジェット [propjet] ジェットエンジンの一つ．ガスタービンの力でプロペラを回転させる．ターボプロップとも．

プロテイン [protein] たんぱく質．

プロテクター [protector]
①スポーツなどの防護具．
②保護者．擁護者．

プロテクト [protect]
①守る，保護する，防ぐ．
②コンピュータープログラムを違法に複製できないようにすること．

プロテスタンティズム [Protestantism] キリスト教の新教．またはその教義，主張．

プロテスタント [Protestant] 新教．新教徒．16世紀の宗教改革で興った新しいキリスト教．

プロテストソング [protest song] 社会問題をテーマに，それに抗議する内容を持つフォークソング．

プロデューサー [producer] 生産者，映画，演劇，テレビなどの製作者．

プロデューサーシステム [producer system] 映画，放送，演劇などで，映画会社や劇団ではなく製作者が中心となってすべてを取り仕切るシステム．

プロデューサーディレクター [producer-director] 映画の企画・立案から演出までのすべてを兼務する人．

プロデュース [produce]
①作る，生産する．
②映画・演劇などを製作・演出すること．

ブロード [broadcloth] 綿織物の一つ．生地が密な平織りの布．

ブロードウェー [Broadway] アメリカのニューヨーク市，マンハッタンにある劇場街．

ブロードキャスター [broadcaster] 放送関係者．放送会社．

ブロードキャスティング [broadcasting] 放送．広域放送．対ナローキャスティング．

プロトコル [protocol]
①条約や協定に付属する議定書.
②外交儀礼.
③コンピューター間で通信するための約束, 手順.

プロトタイプ [prototype]
①原型, 基本型, 量産前の試作品.
②競走用自動車の一つ.

ブロードバンド [broadband]
①広帯域. 大容量のデータを高速通信できる広帯域の伝送路.
②常時接続の可能な高速インターネット環境.

プロトン [proton] 陽子. 正電荷を帯びた素粒子で, 原子核の構成要素.

プロパー [proper]
①独特の, 固有の.
②和製用法で, 正札(しょうふだ).
③和製用法で, 病院に対する医薬品の販売担当者.
④和製用法で, 正社員. または新人の頃から勤務している社員.

プロバイダー [provider] 提供者, 供給者, 特にインターネットの接続サービス提供業者. ISPとも.

プロパガンダ [propaganda] 宣伝, 宣伝活動. 特に主義や思想についていう.

プロパティー [property]
①資産, 財産, 所有物. 所有権.
②特質, 特性.

プロパテント [pro-patent] 特許重視の.

プロバビリティー [probability] 可能性, 見込み, 確率.

プロパンガス [propane gas] 液化石油ガス. 主に家庭用燃料.

プロピレン [propylene] エチレン系炭化水素の一つ. 燃料, 合成繊維, 食品加工, 医薬品などに使われる.

プロファイリング [profiling] 心理学を応用した犯人像の推定.

プロフィット [profit] 利益, 収益, もうけ.

プロフィル [profile]
①横顔, 輪郭.
②人物紹介. 人物評論.
③建築用語で側面図, 断面図, 輪郭図. いずれも, プロフィールとも.

プロフェッサー [professor] 教授, 教師.

プロフェッショナリズム [professionalism] 専門家意識, 専門家かたぎ. 対 アマチュアリズム.

プロフェッショナル [professional] 専門家, 職業選手, 本職, 玄人. 略してプロ. 対 アマチュア.

プロフェッション [profession]
①専門的職業, 知的職業, 広い意味での職業.
②信仰の告白, 宣言.

プロブレム [problem] 問題. 疑問. 課題.

プロポーザル [proposal] 申し込み, 提案, 特に結婚の申し込み.

プロポーション [proportion] 割合, 比率. 釣り合い, 均整. 特に体形についていう.

プロポーズ [propose] 申し込むこと. 和製用法では特に, 結婚を申し

込むこと.
プロポリス [propolis] ミツバチの唾液(だえき)と,松などの樹液が混ざってできる物質.たんぱく質やビタミンBが豊富で,殺菌効果も高い.
ブロマイド [bromide]
①臭化銀を使った印画紙.ブロマイド印画紙.
②和製用法で,人気歌手,俳優などの写真.
フロマージュ [fromage 仏] チーズ.
プロミス [promise]
①約束,誓約.
②見込み,可能性.
プロミネンス [prominence]
①目立つこと,傑作,突起.
②太陽の紅炎.
プロムナード [promenade] 散歩道,遊歩道.散策,散歩.
プロムナードコンサート [promenade concert] 野外の気軽な音楽会.
プロメテウス [Prometheus 希] ギリシャ神話の英雄.天から火を盗んで人類に与えたため,罰として鎖でつながれた神.
プロモーション [promotion]
①昇進,昇格.
②助長,広告,販売促進.
プロモーションビデオ [promotion video] 新曲などの宣伝用ビデオ.略してプロモビデオ.
プロモーター [promoter]
①芸能,スポーツなどの興行主,主催者.発起人.イベンターは和製英語.
②医学で,がんなどの促進因子.
プロモート [promote]
①昇進,昇格させる.
②奨励する,助長する,販売を促進する.
③事業を始める,興行主になる.
プロモビデオ ➡ プロモーションビデオ
フローラ [flora] 植物相.ある地域に生育する植物の全種類. 対 ファウナ.
フローラル [floral] 花の.花模様.
フロリスト [florist] 生花店,草花栽培者.
フローリング [flooring] 床材,床板,床を張ること.
プロレタリア [Proletarier 独] 無産階級の人,賃金労働者. 対 ブルジョア.
プロレタリアート [Proletariat 独] 労働者階級. 対 ブルジョアジー.
プロログ ➡ PROLOG
プロローグ [prologue] 導入部,序幕,発端. 対 エピローグ.
フロン [flon] 炭素,フッ素などからなる化合物の総称で,冷媒,洗浄剤などに広く利用される.初期に開発されたクロロフルオロカーボンはオゾン層を破壊するため全廃され,現在はハイドロフルオロカーボンなどが使用されている.
プローン [prawn] 車エビ,テナガエビなどの食用エビの総称. ➡ シュリンプ,ロブスター.
ブロンズ [bronze] 青銅.
フロンティア [frontier]

①辺境, 国境地方, 開拓地.
②学問や知識の新しい領域, 新分野.

フロンティアスピリット [frontier spirit] 開拓者精神.

フロント [front]
①正面, 前面, 前線, 戦線.
②和製用法で, ホテルの受付, 帳場. 英語ではフロントデスク(front desk).
③プロ野球などのスポーツ球団の首脳陣.

ブロンド [blonde] 金髪. 特に, 金髪の女性.

フロントガラス [front glass 和] 自動車の前面ガラス. 英語ではウインドシールド(windshield).

フロントドライブ [front drive 和] 自動車の前輪駆動. 対 リアドライブ.

フロントページ [front page] 新聞の第一面, 巻頭.

フロントランナー [front-runner] 競争で先頭に立つ人, 先行馬, 最有力候補.

プロンプター [prompter] 演技中の俳優に舞台の陰からせりふを教える人, またはそのための装置.

フーワズフー [Who was Who] 物故録. 類 フーズフー.

ブンデスリーガ [Bundesliga ドイ] ドイツのサッカーリーグ. また, 各種スポーツのリーグ.

ブント [Bund ドイ]
①同盟.
②和製用法で, 共産主義者同盟.

ヘ

ヘア [hair] 毛髪, 頭髪, 体毛. 特に陰毛を指すのは和製用法.

ベア
1 [bare] 裸の, むき出しの.
2 [bear]
①クマ.
②証券取引での弱気な買い方. 弱気筋. 対 ブル.
3 ➡ ベースアップ

ペア
1 [pair] 対を成すもの, 一組の男女. テニス, 卓球などでダブルスを組む2人のプレーヤー.
2 [pear] 西洋ナシ.

ヘアカラー [hair coloring] 頭髪用の染色剤.

ヘアスプレー [hair spray] 髪の形くずれを防ぐために吹き付ける整髪剤. ヘアラッカーとも.

ヘアダイ [hairdye] 毛染め剤.

ベアトップ [bare top] 女性服の, 肩や背中を大きく露出したスタイル.

ヘアドレッサー [hairdresser] 理容師, 美容師, 美容院.

ベアナックル [bare-knuckles] 素手. 素手で戦うこと.

ヘアヌード [hair nude 和] 陰毛が写ったヌード写真.

ベアハッグ [bear hug] クマのようにがっちり抱きかかえ, しめつけること. プロレス技の一つ.

ヘアパッド [hair pad] ➡ ヘア

ピース
ヘアピース [hairpiece] 部分かつら. ヘアパッドとも.

ヘアピンカーブ [hairpin curve] ヘアピン(髪留め)のように急角度で折れ曲がった道. ヘアピン, ヘアピンターン(hairpin turn)とも.

ヘアラッカー [hair lacquer] ➡ヘアスプレー

ヘアリキッド [hair liquid 和] 男性用の液体整髪料.

ベアリング [bearing] 軸受け.

ペアリング [pairing] 一対にすること, 組み合わせること. 動物をつがわせること.

ベアルック [bare look] 肌を露出させるスタイル.

ペアルック [pair look 和] 恋人同士や夫婦が着る同じ色や柄の服. おそろいルック.

ベアルネーズソース [béarnaise sauce] フランス料理で使う, ワインとエシャロット風味のソース.

ベイ [bay] 湾, 入り江.

ペイ [pay]
①給料, 賃金, 報酬.
②割りが合う, 見合う, 引き合う.

ベイウインドー [bay window] 張り出し窓, 出窓.

ペイエクイティ [pay equity] 賃金の公平, 同一労働同一賃金.

ベイエリア [bay area] 湾岸地域.

ペイオフ [payoff]
①支払い(日).
②清算, 決着, 結末.
③わいろ.
④金融機関が破綻した場合, 預金保険機構が預金者1人当たり元本1000万円までとその利息額を支払う制度.

ペイケーブル [pay-cable] ➡ペイテレビ

ペイデー [payday] 給料日, 支払い日, 清算日.

ペイテレビ [pay television] 有線有料テレビ. ペイケーブルとも.

ヘイトクライム [hate crime] 憎悪犯罪. 人種的, 宗教的な動機づけによる犯罪.

ペイ・バイ・ホン [pay by phone] プッシュホンを利用した電話での支払いシステム. 銀行業務の自動化の一環.

ペイバック [pay back] 払い戻し.

ペイパービュー [pay-per-view] 見た番組の本数や時間によって料金を支払う方式の有料テレビ. 略はPPV.

ペイメント [payment] 支払い, 納入, 弁済, 弁償.

ペイロード [payload]
①有料荷重. 乗客, 貨物など, 直接収入を生ずる荷重.
②有効搭載量, 搭載物.

ペイロードスペシャリスト [payload specialist] 宇宙船の実験装置専門の科学技術者. 略はPS.

ペインクリニック [pain clinic] 疼痛診療所. 各種の痛みの治療を専門とする診療所.

ペイント [paint]
①ペンキ.

②絵の具.
③色を塗ること.絵を描くこと.
ベガ [Vega] こと座のアルファ星.七夕の織女星. ➡ アルタイル.
ペガサス [Pegasus]
①ギリシャ神話の翼をもつ天馬.
②北天の星座の一つ.ペガサス座.ペガスス座とも.
ベーカーズダズン [baker's dozen] パン屋の1ダース.おまけ付きの13個.
ベーカリー [bakery] パン店.パン・菓子類の製造販売店.
ヘキサン [hexane] メタン系炭化水素の一つ.溶剤などの原料.
ベーキングパウダー [baking powder] ふくらし粉.
ペグ ➡ ペッグ
ベクター [vector]
①遺伝子の運搬体,病原体の媒介動物.
②航空機などの進路,方向.
ペクチン [pectin] 果実などに含まれる多糖類の一つ.
ヘクトパスカル [hectopascal] 気圧の単位.1気圧は1013ヘクトパスカル.記号hPa.ヘクトは「100倍」の意味の接頭語.
ベークドポテト [baked potato] ジャガイモの丸焼き.
ベクトル [Vektor ドイ]
①大きさと向きで表す量.力や速度などに用いる. 対 スカラー.
②方向,方向性.
ベークライト [Bakelite] ➡ フェノール樹脂

ベーグル [bagel] ドーナツ形の堅いパン.
ベクレル [becquerel] 放射能の強さを表す単位.記号Bq.
ヘゲモニー [Hegemonie ドイ] 主導的地位.主導権.覇権.
ペコ [pekoe] インド,スリランカ産の高級紅茶.
ベーコン [bacon] 塩漬けの豚肉を燻煙した食品.
ペザント [peasant]
①農民,小作農.
②田舎者.
ペザントルック [peasant look] 欧州の農民服をまねたファッション.
ペーシェンス [patience]
①忍耐,根気.
②トランプ遊びの一つ.ソリテールとも.
ページェント [pageant] 祭りなどで行われる行列,仮装行列,野外劇.
ベジタブル [vegetable] 野菜,青物.
ベジタリアン [vegetarian] 菜食主義者.
ベーシック
1 [basic]
①基本的な,根本的な.
②アルカリ性の,塩基性の.
2 [BASIC: Beginner's All-Purpose Symbolic Instruction Code] コンピューターの対話型標準言語.
ベーシックドレス [basic dress] どんな組み合わせも可能な基本的な

スタイルのドレス.

ヘジテーション［hesitation］
①ためらい, ちゅうちょ, 口ごもること.
②ダンスで足を踏み出し, そのままの姿勢で1拍子以上休むこと.

ページナンバー ➡ ノンブル②

ページボーイ［page boy］
①花嫁の付き添いの少年, ホテルなどの給仕, 案内係.
②女性の内巻き型の髪形.

ペシミスティック［pessimistic］悲観的な, 厭世(えんせい)的な. 対オプチミスティック.

ペシミスト［pessimist］悲観主義者, 厭世(えんせい)家. 対オプチミスト.

ペシミズム［pessimism］悲観論, 厭世(えんせい)主義, 厭世観. 対オプチミズム.

ベージュ［beige 仏］薄い茶色. 羊毛の地の色.

ヘジラ［Hegira 羅］イスラム暦. ムハンマド(マホメット)がメッカからメジナへ脱出した西暦622年を元年としている.

ベース［base］
①基本, 土台, 基地, 根拠地.
②基準, 基礎, 基剤, 塩基.
③野球の塁.
④コントラバスのこと.
⑤ベースギター. ギターよりも低音の弦楽器.

ペース［pace］歩調, 速度. 仕事などの調子, 進み具合.

ベースアップ［base up 和］賃上げ. 基準賃金の引き上げ. 略してベア. 対ベースダウン.

ペスカトーレ［pescatore 伊］イタリアの漁師風料理.

ベースキャンプ［base camp］
①登山などの前進基地. 足場となる固定キャンプ.
②プロ野球のシーズン前の合宿地.

ベースコート［base coat］マニキュアなどの基礎塗り.

ベースダウン［base down 和］基準賃金の引き下げ. 賃下げ. 対ベースアップ.

ベスト
❶［best］最高. 最優秀. 最善.
❷［vest］袖のない胴着. チョッキ.

ペスト［pest］黒死病. ペスト菌によって起こる感染症.

ペースト［paste］
①肉や野菜, 果物をすりつぶしたもの. すり身, 練り物.
②はんだ付けに用いる被膜除去剤.
③貼(は)り付けること. 特に, コンピューターでデータなどを別の場所に貼り付けること.

ベストエイト［best eight 和］スポーツなどで, 8位までに入賞すること.

ベストセラー［best-seller］最も良く売れているもの.

ベストドレッサー［best dresser］衣服の着こなしのうまい人.

ベストポケット・パーク［vest-pocket park］小さな公園.

ベストメンバー［best member］最高の顔ぶれ.

ペストリー [pastry] パイなどの練り粉菓子. 菓子パン.

ヘスペロス [Hesperos ギ] 宵の明星. 金星のこと.

ペースメーカー [pacemaker]
①レースなどの先頭に立ってペースを作る者, 主導者, 音頭取り.
②体内に埋め込む自動脈拍調整装置.

ベースメント [basement] 地階, 地下室, 建造物の基層部.

ペーズリー [paisley]
①勾玉(まがたま)模様, またその模様入りの布地.
②カシミアショール, またはそれを模した毛織物の総称.

ベーゼ [baiser 仏] 口づけ, キス.

ペセタ [peseta 西] スペインの旧通貨単位. 2002年ユーロに移行.

ヘーゼル [hazel] 西洋ハシバミ. また, うす茶色.

ペソ [peso 西] メキシコ, コロンビア, キューバ, フィリピンなどの通貨単位.

ペーソス [pathos] 哀感, 哀調.

ベター [better] よりよい. より優れた.

ベータ [beta] ギリシャ文字の2番目の文字. B, β.

ベータカロテン [beta-carotene] カロテンの一つ. 緑黄色野菜に多く含まれ, 活性酸素を抑制する. ベータカロチンとも.

ベータ星 [Beta] その星座の中で2番目に明るい星.

ベータ線 [beta ray] 放射線の一つ. 原子核のベータ崩壊によって放出される.

ベータトロン [betatron] 磁気誘導電子加速装置. 医療や核物理学の実験に用いられる.

ベターハーフ [better half] 愛妻, 妻.「よりよい半分」の意から.

ペダル [pedal] 踏み板. 踏んで操作する板.

ペダルペール [pedal pail] 足踏み式のごみ入れ.

ペダルボート [pedal boat] ➡ペダロ

ペダロ [pedalo] 足踏み式のボート, 水上自転車. ペダルボートとも.

ペタンク [pétanque 仏] 球技の一つ. ビュット(木製の目標球)に向かって金属球を投げ, ビュットへの近さによって得点を競う.

ペダンチズム [pedantism] 学者ぶること, 衒学(げんがく)趣味.

ペダンチック [pedantic] 学者ぶった, 知ったかぶりの.

ベーチェット病 [Behcet's disease] 口腔(こうくう)粘膜の炎症, 皮膚の発疹などを起こす疾患. 原因不明で, 特定疾患の一つ.

ペチカ [pechka 露] ロシア式暖炉. 壁などに組み込んで部屋全体を暖める.

ペチコート [petticoat] スカート状の女性用下着. アンダースカート, ジュポンとも.

ペッカリー [peccary] 南米産のヘソイノシシ. 皮が高級革手袋の材料となる.

ペッグ [peg]
①くぎ. 掛けくぎ. 留め具.
②テント用の杭.
③弦楽器の糸巻き. いずれも, ペグとも.

ペッサリー [pessary] 女性用避妊具の一つ. 子宮栓.

ヘッジ [hedge]
①生け垣, 垣根, 障害, 障壁.
②財産, 資産の損失防止措置.

ヘッジファンド [hedge fund] 集めた資金を投機的に運用し, リスクも大きいが高収益が見込める投資信託.

ベッチン [velveteen] 綿ビロード. ベルベティーンがなまったもの. 別珍.

ベッティング [betting] 賭け事.

ペッティング [petting] 性的な愛撫.

ヘット [vet 蘭] 牛の脂身, それから取った料理用油. 類ラード.

ヘッド [head]
①頭, 首, 頭部.
②長, かしら.
③テープレコーダーなどの, テープに接して録音や再生, 消去を行う部分. 磁気ヘッド.
④ゴルフクラブの球を当てる部分.
⑤テニスのラケットの先の部分.
⑥ ➡ ヘディング①

ベット [bet] 賭け.

ペット [pet] 愛玩動物. お気に入り, 寵児.

ベッドイン [bed-in]
①和製用法で, 男女の性行為.
②街頭に持ち出したベッドに入って行う抗議行動.

ヘッドギア [headgear] 頭飾り, 帽子, ボクシングなどで用いる頭部保護用の防具.

ヘッドコーチ [head coach] 主任格のコーチ.

ペットシッター [pet sitter] 飼い主に代わってペットの世話をする人.

ヘッドスピン [headspin] 逆立ちして頭で回ること. ブレークダンスの一つ.

ベッドタウン [bed town 和] 大都市近郊の住宅地域.

ヘッドノート [headnote] 頭注. 本文の上にある注釈. 対フットノート.

ヘッドハンター [headhunter] 人材の引き抜き係, スカウト係, スカウト企業.

ヘッドハンティング [headhunting] 人材, 特に幹部要員の引き抜き.

ヘッドピース [headpiece]
①かぶと, 帽子.
②書籍の冒頭や章の区切りに入るカット.

ペットフード [pet food] 愛玩動物用の飼料, えさ.

ヘッドボイス [head voice] かん高い声.

ペットホテル [pet hotel 和] 短期間ペットを預かる施設.

ペットボトル [PET bottle] ポリエチレンテレフタレート樹脂製の

瓶、清涼飲料などの容器に使われる。PETはpolyethylene terephthalate resinの略。

ヘッドホン [headphone] 頭に装着する、耳を覆う形のイヤホン。

ペットマンション [pet mansion 和] ペットを飼うことができる集合住宅。

ベッドメーキング [bedmaking] ベッドの毛布やシーツを整えること。

ヘッドライン [headline] 新聞などの見出し。

ベッドルーム [bedroom] 寝室。

ペットロス [pet loss] ペットとの死別で飼い主が受けるストレス。

ヘップサンダル [Hepburn sandal 和] つっかけ式のサンダル。女優オードリー・ヘプバーンが履いていたことからの名称。

ペディキュア [pedicure] 足の爪の手入れ、美容。園マニキュア。

ペティナイフ [petit knife 和] 果物の皮むきなどに使う小型ナイフ。

ペディメント [pediment]
①ギリシャ・ローマ建築の建物上部にある三角形の部分。
②ドアや窓の上の三角形の部分。

ヘディング [heading]
①サッカーで、ボールを頭で跳ね返すこと。ヘッドとも。
②ボクシングで、相手を頭で突く反則行為。

ベデカー [Baedeker ドイ] ドイツのベデカー社出版の旅行案内書。

ペデストリアン [pedestrian] 歩行者。

ベテラン [veteran] 熟練者、古つわもの。

ヘテロ [hetero ギリ] ➡ヘテロセクシュアル

ヘテロジーニアス [heterogeneous] 異質な、異種の、不均質な。対ホモジーニアス。

ヘテロセクシュアル [heterosexual] 異性愛の。略してヘテロ。対ホモセクシュアル。

ヘテロダイン [heterodyne] 無線信号の検波・受信方式の一つ。

ヘテロドキシー [heterodoxy] 異端、異説。

ヘテロドックス [heterodox] 異端の、正統でない。対オーソドックス。

ベドウィン [Bedouin] アラビア半島から北アフリカの砂漠にかけて遊牧生活を送るアラブの遊牧民。

ベトコン [Vietcong] 南ベトナム民族解放戦線。ベトナム戦争中、当時の南ベトナム政府側が用いた呼称。

ヘドニズム [hedonism] 快楽主義、享楽主義。

ペドファイル [pedophile] 小児性愛者。子供を性愛の対象とする性的倒錯者。

ペトリオット ➡パトリオット

ペトリ皿 [petri dish] ➡シャーレ

ペトロダラー [petrodollar] 産油国が原油の輸出で獲得する外貨。類オイルダラー。

ペトロフード [petrofood] 食用になる石油たんぱく。石油から作った合成たんぱく質の総称。ペトロプロ

テイン(petroprotein)とも.
ペトローリアム [petroleum] 石油.
ペナルティー [penalty] 罰則, 罰金, 競技の反則行為に対する罰.
ペナルティーエリア [penalty area] サッカーで, ゴールキーパーが手を使える, ゴール周辺の長方形の区域.
ペナルティーキック [penalty kick] サッカーやラグビーなどで, 相手側に反則があった場合, 攻撃側に与えられるキック. 略はPK.
ペナント [pennant] 三角形の旗, 野球などの優勝旗, 優勝.
ペナントレース [pennant race] プロ野球の公式リーグ戦. 優勝旗(ペナント)を争うことから.
ペニシリン [penicillin] 抗生物質の一つ. 細菌性疾患などに効く.
ベニス [Venice] ➡ベネチア
ペニス [penis] 陰茎.
ベニヤ板 [veneer] 合板. 薄板を張り合わせた板. プライウッドとも.
ベネチア [Venezia 伊] イタリアの都市の一つ. アドリア海に面した「水の都」. 英語ではベニス.
ベネチアングラス [Venetian glass] ベネチア製の高級装飾ガラス製品. ビニーシャングラスとも.
ベネチアンブラインド [Venetian blind] 上げ下げが可能な板すだれ. ビニーシャンブラインドとも.
ベネフィット [benefit]
①利益, 恩恵, 利点.
②慈善興行.
ベネルクス [Benelux] ベルギー, オランダ, ルクセンブルクの3カ国.
ペーハー [pH] 水素イオン指数. 中性では7, それより数値が大きければアルカリ性, 小さければ酸性.
ペーパーウエート [paperweight] 文鎮, 紙押さえ.
ペーパー・オーナー・ゲーム [paper owner game] 架空の馬主となってレースでの活躍度を競うゲーム. 略はPOG.
ペーパーカンパニー [paper company] 税金逃れなどが目的で登記した幽霊会社.
ペーパークラフト [papercraft] 紙細工, 紙工芸.
ペーパー商法 [paper marketing] 現物まがい取引. 高額の商品を売り付けながら預かり証しか渡さずに金を巻き上げる詐欺商法.
ペーパータオル [paper towel] 使い捨ての紙製手ぬぐい.
ペーパータトゥー [paper tattoo] 紙の入れ墨. 写し絵を利用した張り付け式.
ペーパードライバー [paper driver 和] 運転免許証を持っていても運転しない人.
ペーパーバック [paperback] 紙表紙の軽装本.
ペパーミント [peppermint] 西洋ハッカ. ハッカ油, ハッカが主成分のリキュール.
ペーパーレス [paperless] 伝票などの紙を用いずに情報伝達するこ

と，事務処理をコンピューターなどのOA機器で行うこと．

ベバレッジ ➠ ビバレッジ

ベーパーロック [vapor lock] ブレーキ液内部に気泡が発生し，自動車のブレーキがきかなくなる現象．

ペーパーワーク [paperwork] 事務処理，事務手続き．

ヘビー [heavy] 重い．つらい．激しい．

ベビー [baby] 乳児，赤ん坊．小さいもの，小型のもの．

ベビーカー [baby car 和] 折りたたみ式の乳母車．

ベビーギャング [baby gang] ➠ アンファンテリブル

ベビーゴルフ [baby golf] ➠ ミニゴルフ

ベビーサイズ [baby size 和] 小型．

ベビーサークル [baby circle 和] 赤ちゃん用の囲い柵．英語ではプレーペン(playpen)．

ベビーシグナル [baby signal 和] 聴覚障害がある親に赤ん坊が泣いていることを知らせる装置．泣き声を光や振動に変えて知らせる．

ベビーシッター [baby-sitter] 親の留守中に子供の世話をする人，子守．

ヘビースモーカー [heavy smoker] たくさんタバコを吸う人．

ヘビーデューティー [heavy-duty] 酷使に耐える，特別に丈夫な．

ベビードール [baby doll]
①子供っぽい女性，人形のようにかわいい女の子．
②丈の短い女性用寝間着．

ベビーパウダー [baby powder 和] ➠ タルカムパウダー

ベビーピンク [baby pink] 明るいピンク色．

ベビーフェース [baby face]
①童顔，童顔の人．
②プロレスなどの善玉．対ヒール．

ベビーブーマー [baby boomer] ベビーブーム時代に生まれた世代，団塊の世代．

ベビーブーム [baby boom] 出生率の急上昇．

ベビーホテル [baby hotel 和] 幼児を預かる民間施設の一つ．

ヘビーメタル [heavy metal]
①電子装置による金属音と重いビートを特徴とするロック音楽．
②重金属．

ヘビーローテーション [heavy rotation] ラジオ局などでの重複，繰り返し放送．局が推す曲を一日に何度も流すこと．

ペプシン [Pepsin ドイ] 胃液に含まれる，たんぱく質の分解酵素．

ペプチド [peptide] 2個以上のアミノ酸が結合した化合物．

ペプトン [Pepton ドイ] たんぱく質がペプシンによって分解されたもの．細菌培養などに用いられる．

ペーブメント [pavement] 舗道，歩道．

ヘブライ [Hebraios ギリ] ユダヤ人．ヘブライ語(イスラエルの公用語)．

ヘブン [heaven] 天国．至福の場

所. 対ヘル.

ペヘレイ [pejerrey 衒] アルゼンチン原産の, キスに似た淡水魚. 食用.

ペペロンチーノ [peperoncino 伊] トウガラシやニンニク入りのオリーブ油であえたスパゲティ.

ヘボン式 [Hepburn system] 日本語のローマ字表記法の一つ. 1858年に来日した宣教師ジェームズ・ヘボンの考案.

ヘム [hem] 衣服のへり, 縁, すその折り上げ.

ヘムステッチ [hemstitch] 縁縫い. テーブルクロスなどの縁に施される透かし飾り.

ヘムライン [hemline] スカート・ドレスなどの縁線. すそ線.

ヘモグロビン [hemoglobin] 血液に含まれる色素たんぱく質. 酸素を運搬する役割をもつ.

ヘモフィリア [hemophilia] 血友病.

ヘモロイド [hemorrhoid] 痔じ.

ヘラ [Hera 希] ギリシャ神話の女性の守護神. 結婚をつかさどる.

ヘラクレス [Herakles 希]
①ギリシャ神話で, 12の難事を成し遂げた英雄. ヘルクレスとも.
②大阪証券取引所の新興市場.

ヘラルド [herald] 報道者, 伝達者, 先ぶれ.

ベランダ [veranda] 洋風建築の露台. 家屋より張り出した縁ぇん.

ヘリ ➡ヘリコプター

ヘリウム [helium] 希ガス元素の一つ. 気球や極低温研究に用いる. 記号He.

ヘリオス [Helios 希] ギリシャ神話の太陽神.

ヘリオスコープ [helioscope] 太陽観測用望遠鏡.

ヘリオトロン [Heliotron] 京都大学で試作された核融合反応装置.

ベリカード [verification card] 海外放送を受信したことを知らせると送られてくる受信確認カード. ベリフィケーションカードの略.

ヘリコバクターピロリ ➡ピロリ菌

ヘリコプター [helicopter] 上部に大きな回転翼をもち, 空中停止の可能な航空機. 略してヘリ, HEL.

ヘリコミューター [helicopter commuter 和] ヘリコプターによる短距離の定期路線.

ペリスコープ [periscope] 潜望鏡.

ベリーダンス [belly dance] 女性が腹部や腰をくねらせるアラビア風の踊り. オリエンタルダンスとも.

ヘリテージ [heritage] 世襲財産, 遺産, 伝承.

ヘリポート [heliport] ヘリコプターの発着場.

ベリリウム [beryllium] 金属元素の一つ. 軽合金の材料. 記号Be.

ペリルポイント [peril point]
①臨界点.
②臨界税率. 国内産業に打撃を与えないように輸入品にかける最低関税率.

ベリーロール [belly roll] 陸上競

技の走り高跳びで,腹を下にして跳び越える方法.

ペリンダバ条約 [Pelindaba Treaty] アフリカ非核地帯条約. 1996年調印.

ヘリンボーン [herringbone] 杉綾織. 連続して表れるV字形模様が特徴.

ヘル
1 [hell] 地獄, 冥土. ひどい苦しみ. 対ヘブン.
2 [Herrドイ] ドイツ語で, 男性に対する敬称. 英語のミスター(Mr.)に当たる.

ベル
1 [bell] 鈴, 鐘.
2 [belle仏] 美人, 美女.

ベール [veil]
①女性の顔を覆う薄い布.
②覆い隠すもの. 覆い.

ペール [pail] 手おけ, バケツ.

ベルエポック [belle époque 仏] 良き時代. 特に19世紀終わりから20世紀初頭の,パリで文化や芸術が栄えた時代.

ベルカント [bel canto 伊] 滑らかな音の美しさを重視するイタリア式の歌唱法.

ベルク [Bergドイ] 山, 氷山.

ヘルクレス ➡ ヘラクレス①

ベルクロ [Velcro] 面ファスナー(表面が軟らかいテープと, 小さなかぎ状の突起の付いたテープとを合わせる留め具)の商標. マジックテープとも.

ヘルシー [healthy] 健康な, 健全な, 健康によい.

ヘルス [health] 健康, 健康状態, 衛生.

ヘルスキーパー [health keeper 和] 企業内理療士. 鍼灸(しんきゅう)・マッサージ師の資格をもち, 企業に雇用されている人.

ヘルスクラブ [health club] 健康教室. 健康増進を目的とするクラブ. 類アスレチッククラブ.

ヘルスケア [health care] 健康管理.

ヘルスケアトレーナー [health-care trainer 和] 健康管理士.

ヘルスセンター [health center 和] 保養と娯楽を兼ねた大衆施設. 英語では保健所を指す.

ヘルスチェック [health check] ➡ メディカルチェック

ペルソナ [persona]
①人物, 劇などの登場人物.
②心理学で, 外界への適応に必要な社会的人格.

ヘルツ [Hertzドイ] 振動数(周波数)の単位. 1ヘルツは1秒間に1回の振動数. 記号Hz.

ベルト [belt]
①洋服用の細帯. バンド.
②帯状に続く地域.
③調べ帯. 2軸間に渡して動力を伝える帯.

ベルトウエー [beltway] 都市の環状道路, 環状線.

ベルトコンベヤー [belt conveyor] ベルト式の運搬機. ベルトに載せた荷物を連続的に運ぶ装置.

ベルトシュメルツ［Weltschmerz ﾄﾞｲﾂ］悲観的な世界観，厭世(えんせい)主義．

ヘルニア［hernia ﾗﾃﾝ］腸などが異常な位置に押し出された状態．

ベルヌ条約［Berne Convention］文学や美術作品などの著作権保護条約．

ヘルパー［helper］
①助手，手伝う人．水泳の初心者が使う浮き具．
② ⇒ホームヘルパー

ヘルプ［help］
①援助．手伝い．
②コンピューターの使用説明機能．

ヘルペス［herpes］疱疹(ほうしん)．皮膚や粘膜に水疱が多数できる疾患．

ベルベット［velvet］毛羽があって柔らかく，光沢がある布地．ビロードとも．

ベルベティーン［velveteen］綿で作ったビロード．ベッチン（別珍）とも．

ベルボーイ［bellboy］ホテルなどで，客の送迎や荷物運びなどをする男性．

ベルボトム［bell-bottoms］すその形がつり鐘状に広がっているズボン．

ベルマーク［Bell Mark］教育基金助成票の通称．特定の商品に付いているベル型のマークを集めると教育備品と交換できる．

ヘルメス［Hermes ｷﾞﾘｼｬ］ギリシャ神話で，商業などの神．ローマ神話ではメルクリウス（マーキュリー）．

ヘルメット［helmet］安全帽．頭部保護のための帽子．

ベルモット［vermout(h) ﾌﾗﾝｽ］ニガヨモギ入りのリキュール．食前酒の一つ．

ペレストロイカ［perestroika ﾛｼｱ］再編．改革．旧ソ連のゴルバチョフ政権が掲げた政治改革スローガンの一つ．

ペレット［pellet］小さな球．

ヘレニズム［Hellenism］
①ギリシャ精神．ギリシャ文化．
②オリエント文化と融合したギリシャ文化．

ヘレネ［Helene ｷﾞﾘｼｬ］ギリシャ神話の美と航海の神．

ベロア［velour(s)］ビロード状の毛織物．

ヘロイン［Heroin ﾄﾞｲﾂ］麻薬の一つ．習慣性が強く，中毒症状を起こす．

ペロタ［Pelota vasca ｽﾍﾟｲﾝ］⇒ハイアライ

ベロ毒素［verotoxin］病原性大腸菌などが腸で増殖したときに出る毒素．血便や激しい腹痛，下痢などを起こす．

ベロニカ［Veronica］キリストの顔の像が残った布．処刑場に行く途中のキリストの顔の血をベロニカという女性がぬぐった時，その布にキリストの顔の像が残ったとされる．

ペーロン［飛龍 ﾁｭｳ］中国式の競漕(きょうそう)，その船．

ペンクラブ［PEN Club］文筆家の相互理解と友好を深め，表現の自由を守ることを目的とした文化組

織. 国際ペンクラブ. 正式名称は International Association of Poets, Playwrights, Editors, Essayists and Novelists.

ペンション [pension]
① 洋風民宿.
② 年金, 恩給.

ペンシルシルエット [pencil silhouette] 鉛筆のように細長い感じの婦人服デザイン.

ペンシルストライプ [pencil stripe] 鉛筆で書いたような細いしま模様.

ベンジン [benzine] 揮発油. 引火性が強い無色の液体. しみ抜きなどにも使う.

ベンゼン [benzene] 炭化水素の一つ. 特有の臭気を持つ無色の揮発性の液体で, 溶剤や燃料に用いられる.

ベンダー [vendor]
① 行商人. また, 和製用法で販売業者.
② ➡ ベンディングマシン

ペンタゴン
❶ [pentagon] 五角形.
❷ [P_] アメリカ国防総省 (DOD). 建物を上から見ると五角形であることからの通称.

ベンダーストア [vendor store 和] 各種の自動販売機を置いている店.

ペンダント [pendant]
① 垂れ飾りの付いた首飾り.
② つり下げ式の照明器具.

ベンチ [bench]
① 長いす.
② 作業台. 実験台.
③ 試合時の控え席.

ペンチ [pinchers] 針金を切ったり曲げたりする, はさみ形の工具.

ベンチウオーマー [bench warmer] 野球の控え選手. ベンチを温めていることから.

ベンチマーキング [benchmarking] 目標とする優良企業と自社とを比較して, その差を埋めるよう改善をはかる経営改革法.

ベンチマーク [bench mark] 基準, 水準.

ベンチャー [venture]
① 冒険的事業, 投機, 賭けや投機の対象.
② ➡ ベンチャービジネス

ベンチャーキャピタル [venture capital] ベンチャービジネスへの投資を主な業務とする企業. 略はVC.

ベンチャービジネス [venture business] 新興企業. 最新の技術や高度の専門知識を駆使して新分野に乗り出す企業. 略してベンチャー. 対サウンドビジネス.

ベンチャーフィランソロピー [venture philanthropy] 公共性の高い事業を行う社会企業家に資金を提供するベンチャーキャピタル.

ベンチレーション [ventilation] 換気.

ベンチレーター [ventilator] 換気装置.

ペンティアム [Pentium] インテル社が開発したCPUの一つ.

ペンディング [pending] 未決の, 中ぶらりんの, 懸案の.

ベンディングマシン [vending machine] 自動販売機. ベンダーとも.

ベント

1 [bent] 芝生用の多年草の一種. ゴルフコースのグリーンに用いられる.

2 [vent]
① はけ口, 通気孔.
② 背広の上着のすその切り込み.

ペントハウス [penthouse] 屋上家屋. 高層建築の最上階の高級マンション.

ペンネ [penne 伊] 太い管状でペン先のような形をしたパスタ.

ペンネーム [pen name] 筆名. 雅号.

ヘンパーティー [hen party] 女性だけのパーティー. ヘンはめんどりのこと. 対スタッグパーティー.

ペンパル [pen pal] 文通の相手. ペンフレンドとも.

ヘンプ [hemp]
① 麻. 麻の繊維.
② 大麻. 麻薬の一つ.

ペンフレンド [pen friend] ➡ペンパル

ヘンリーネック [Henley neck] 胸の辺りまでの短い前あきをボタン留めにした丸首襟.

ホ

ボー [bow]
① 弓, 弓状のもの, 弦楽器の弓.
② ➡ボータイ

ボア [boa]
① 大型の蛇の一種.
② 毛皮や羽毛の女性用襟巻き.

ボイコット [boycott] 不買運動, 不買同盟. 農民に排斥された19世紀のイギリスの代官の名前から.

ボイジャー [Voyager] アメリカの無人惑星探査機.

ボーイスカウト [Boy Scouts] 1908年にイギリスで創設された修養と社会奉仕のための少年団体. ➡ガールスカウト.

ボイストレーニング [voice training] 発声訓練.

ボイスレコーダー [cockpit voice recorder] 操縦室音声記録装置. 航空機の事故原因解析のため, コックピット内の会話や通信などを常時録音する装置. 略はCVR.

ポイズン [poison] 毒, 有毒物.

ポイズンピル [poison pill] 毒薬条項. 敵対的買収に対する防衛策の一つ. 買収者以外の株主が安価に株式を取得できるようにすること.

ボーイソプラノ [boy soprano] 変声期前の少年が出す高音域.

ボーイッシュ [boyish] (女性が)少年のような.

ホイッスル [whistle] 口笛, 汽笛, 警笛.

ホイッスルブロワー [whistle blower] 企業内告発者. 「笛を吹いて知らせる人」の意から.

ホイップ [whip]
① 卵や生クリームを泡立てること.

②むち.

ボーイ・ミーツ・ガール [boy-meets-girl] 紋切り型の, お決まりのパターンの.

ホイル [foil] 箔. 特に家庭用のアルミニウム箔.

ホイール [wheel]
①車輪, 自動車のハンドル.
②ラグビーで, スクラムを回転させながらボールを外に出す方法.

ボイル
① [boil] 煮る, ゆでる, 沸かす.
② [voile] 半透明の薄織物. 夏服などに用いる.

ボイルオーバー [boilover]
①煮こぼれ.
②石油タンク火災などで, 熱い油と水が接触して大爆発を起こす現象.

ホイールキャップ [wheel cap 和] 車輪の取り付け部を覆う皿状の金属板.

ホイールベース [wheelbase] 自動車の車軸間隔.

ポインター [pointer]
①指すもの, 指針.
②中型の猟犬の一種. 白地に黒の斑点がある.

ポインテッドカラー [pointed collar] 先のとがった襟.

ポイント [point]
①点, 地点, 要点, 得点.
②鉄道の転轍(てんてつ)機.
③活字の大きさを表す単位.

ポイント・オブ・ビュー [point of view] 観点, 見方, 見解. ビューポイントとも.

ポイントカード [point card 和] 購買金額に応じて消費者にポイントを与え, 一定値に達すれば買い物券などと交換するシステム.

ポイントゲッター [point getter 和] スポーツで, よく得点をあげる選手.

ボウリング [bowling] 細長い床の端に立てた10本のピンに球を当てて, 倒した数を競うゲーム.

ボウル [bowl]
①椀(わん), 鉢, 円形競技場, パイプの火皿.
②アメリカンフットボールの選抜試合.
③ボウリングをすること.

ポエジー [poésie 仏]
①詩, 詩情.
②作詩法, 詩学.

ポエット [poet] 詩人.

ポエティカル [poetical] ➡ ポエティック

ポエティック [poetic] 詩的な, 創造的な. ポエティカルとも.

ポエトリー [poetry] 詩の総称. 詩情.

ポエム [poem] 詩, 韻文. ポエトリーに対して, 個々の詩.

ホエールウオッチング [whale watching] 鯨の観察.

ポーカーフェース [poker face] 感情を表さない無表情な顔つき. トランプ遊びのポーカーをする時, 手の良し悪しを顔に出さないよう努めることから.

ボーカリスト［vocalist］声楽家, 歌手.

ボーカル［vocal］声の, 音声の, 有声音の. 対インストルメンタル.

ボーカルミュージック［vocal music］声楽, 声楽曲.

ボーガン［bowgun］➡クロスボー

ボギー［bogey, bogy］ゴルフで, 基準打数より1打多いスコア.

ボーキサイト［bauxite］アルミニウムの原料鉱石.

ボキャブラリー［vocabulary］語彙. 用語集. 使える用語の範囲.

ボーク［balk］反則投球. 野球の投手が, 走者を幻惑するような投球姿勢をとること.

ボーグ［vogue 仏］流行.

ポーク［pork］豚肉.

ボクササイズ［boxercise 和］ボクシングを取り入れた運動法.

ボクシング［boxing］拳闘. 拳を使ってリング上で打ち合う競技.

ポークチョップ［porkchop］豚の骨付きあばら肉, またはその料理.

ポークリンド［pork rinds］豚の皮を刻んで揚げたアメリカ南部料理.

ポグロム［pogrom 露］集団虐殺, 大虐殺.

ポケッタブル［pocketable］ポケットに入る大きさの.

ポケットチーフ［pocketchief 和］男性の飾りハンカチーフ.

ポケットバイク［pocket bike 和］超小型オートバイ. 略してポケバイ.

ポケットパーク［pocket park］住宅地や団地の小さな公園.

ポケットベル［pocket bell 和］携帯用の無線呼び出し器. 商標. 英語ではビーパー（beeper）, ページャー（pager）など. 略してポケベル.

ポケットマネー［pocket money］小遣い.

ポケバイ ➡ポケットバイク

ボーゲン［Bogen 独］スキーの全制動回転. スキーを八の字形にして, 速度を落として回転すること.

ボサノバ［bossa nova ポル］サンバにモダンジャズが混じったブラジル音楽.

ポジ ➡ポジティブ②

ポシェット［pochette 仏］
①小型のバッグ.
②小さい胸ポケット.
③胸飾り用のハンカチーフ.

ポジショニング［positioning］位置づけ. 配置.

ポジション［position］
①位置, 地位, 立場. 野球などの守備の定位置.
②金融で, 純外部負債.

ポジションペーパー［position paper］政府・政治団体などがその立場を詳細に述べた文書, 討議資料. 類トーキングペーパー.

ポジティビズム［positivism］実証主義. 事実や現象に基づいた知識を追究する哲学.

ポジティブ［positive］
①積極的, 建設的, 陽性の.
②写真の陽画. 略してポジ. 対ネガ

ティブ.

ポジティブアクション [positive action] 差別をなくすための積極的な取り組み. 差別解消のための優先処遇.

ポジティブアプローチ [positive approach] 広告で, 商品の長所を特に強調する方式. 対ネガティブアプローチ.

ポシビリティー [possibility] 可能性, 将来性.

ボージョレ・ヌーボー [Beaujolais nouveau 仏] フランスのボージョレ地区産の赤ワインの新酒.

ポーション [portion] 部分, 取り分, 分け前.

ボス [boss] 上役, 親分, 実力者.

ポス ⇒ ポスシステム

ポーズ [pose] 姿勢, 構え, 見せ掛け.

ホスゲン [Phosgen 独] 毒ガスの一つ. ポリウレタンなどの合成原料としても重要.

ポスシステム [POS system] 販売時点情報管理システム. 商品のバーコードを利用して販売・在庫・仕入れ管理を行うシステム. POSはpoint of salesの略. 略してポス.

ポスターカラー [poster color] 水彩絵の具の一つ.

ポスティング [posting] 広告ちらしなどを各世帯のポストに配布すること.

ホステス [hostess] パーティーなどでの主人役の女性. キャバレーなどの接客係の女性. 対ホスト.

ホスト [host] パーティーなどでの主人役の男性. ホストクラブなどの接客係の男性. 対ホステス.

ポスト

1 [post-] 「後の」「次の」の意味の接頭語.

2 [post]

①郵便, 郵便箱.

②地位, 部署.

③柱, 標柱.

ポストカード [postcard] はがき.

ボストーク [Vostok 露] 旧ソ連の1人乗り宇宙船. ウォストークとも.

ホストクラブ [host club 和] 男性の接客係が女性客の相手をする酒場.

ホストコンピューター [host computer] システム全体の中心の大型コンピューター.

ポストシーズン [postseason] 季節遅れの, スポーツでシーズン終了後の.

ポストスクリプト [postscript] 追伸. 略はPS.

ポストハーベスト [postharvest] かびや害虫を防ぐため, 収穫後の穀物や果物に農薬を使うこと.

ホストファミリー [host family] 留学生のホームステイを受け入れる家庭.

ポストモダン [postmodern] 脱近代主義. 近代の機能本位主義や合理性を否定して, 古典的な様式や手法を採り入れようとする思想・芸術運動.

ホースパワー [horsepower] 馬力. 動力の単位.

ホスピス [hospice] 末期のがん患者などを看護する病院. 治療より苦痛の軽減を重視する.

ホスピタリズム [hospitalism] 施設症. 施設や託児所などで長期間過ごしたために生じる, 乳幼児の情緒発達障害や成人の社会適応困難などの状態.

ホスピタリティー [hospitality] もてなし, 歓待.

ポースレン ➡ ポーセリン

ボースン [boatswain] 船の甲板長. また, 親方.

ポセイドン [Poseidon ギリシャ] ➡ ネプチューン①

ポーセリン [porcelain] 磁器, 磁器製品. ポースレン, ポーセレンとも.

ポーセレン ➡ ポーセリン

ホタ [jota スペ] スペインの民族舞踊の一つ. カスタネットを鳴らしながら踊るテンポの速い踊り.

ボーダー [border]
①境界, へり, 国境.
②服の縁飾り.

ポーター [porter]
①ホテルなどの荷物運搬人.
②登山隊の荷物を運ぶ現地の労働者.

ボータイ [bow tie] 蝶ネクタイ. ボーとも.

ポタシウム [potassium] ➡ カリウム

ポタージュ [potage フランス]
①スープの総称.
②とろみのある濃いスープ.

ボタニカルアート [botanical art] 植物を細密かつ芸術的に描いた絵画.

ボタニカルガーデン [botanical garden] 植物園.

ポータビリティー [portability] 持ち運びできること. 携帯性.

ポータブル [portable] 持ち運びできる, 携帯用の.

ボーダーライン [borderline] 境界線の, 分かりにくい, どっちつかずの.

ポータル [portal]
①玄関, 入り口.
② ➡ ポータルサイト

ポータルサイト [portal site] インターネットのウェブページの入り口となるサイト. ポータル, ウェブポータルとも.

ボーダーレス [borderless] 国境がない. 境界がない.

ボーダーレスマネー [borderless money] 国境にとらわれずに流通する通貨.

ボタンダウン [button-down] 襟先をボタンで留めるワイシャツ. BDシャツとも.

ポーチ
1 [porch] 屋根付きの張り出し玄関, 車寄せ.
2 [pouch] 袋型の小物入れ. 正しくはパウチ.

ホチキス [Hotchkiss 和] ステープラー(紙とじ器)の商標.

ポーチドエッグ [poached egg] 落

とし卵.湯の中に卵を割り入れてゆでたもの.

ボックス [box]
①箱,劇場などの仕切り席,箱形の建物.
②野球で打者やコーチが立つ所.
③緩い仕立ての服.

ボックスカー [boxcar] 鉄道の有蓋(ゆうがい)貨車.

ボックスシート [box seat]
①劇場などの桟敷(さじき)席.
②電車などの,2人ずつが向かい合って座る4人席.

ボックスストア [box store] 装飾やサービスを徹底的に減らし,商品をボール箱に入れたままで売る安売り店.

ホッケー [hockey] 球技の一つ.11人ずつのチームに分かれ,スティックでボールを奪い合い,相手のゴールに入れて得点を競う.

ポッシブル [possible] 可能な.ありうる.対 インポッシブル.

ボッチャ [boccia 伊] パラリンピックの種目の一つ.目標に向かって自分のボールを投げ,その近さによって得点を競う.

ホット [hot]
①熱い.温度が高い.
②情報などが最新の.
③激しい.熱烈な.人気のある.

ホットカーラー [hot-curler 和] 女性用整髪用具の一つ.電熱線入りのプラスチック製カーラーを使って巻きぐせを付ける.

ポッドキャスティング [podcasting] インターネットで,音声データを配信する方法の一つ.

ホットタイプ [hot type] 金属の活字を使った組み版,印刷方式.対 コールドタイプ.

ホットドッグ [hot dog] 細長いパンに熱いソーセージをはさんだもの.

ホットニュース [hot news] 最新情報.

ホットパーティクル [hot particle] 放射能を含んだ粒子.原子炉事故などによって大気中へ放出される.

ホットバルーン [hot balloon 和] 熱気球.

ホットパンツ [hot pants] 女性用の丈が短くぴったりしたショートパンツ.

ホットフラッシュ [hot flush, hot flash] 女性の更年期に現れる火照りの症状.

ホットプレート [hot plate] 料理用の電熱式鉄板,保温器.

ポットボイラー [potboiler] 金もうけのための粗末な芸術・文学作品.

ホットマネー [hot money] 国際金融市場で動く投機的な短期資金.

ホットライン [hot line]
①緊急用の直通通信回線.特に,2カ国の首脳が対話するための直通回線.
②電話での相談サービス.

ポットラック [potluck] ありあわせの料理.残りものの料理.

ホットロッド [hot rod]

①改装高速車. 中古車を改造して, 高速走行や加速性能を向上させたもの.
②ロックンロールの一つ. 車の爆音を混じえてビートを強調する.

ホッピング [hopping 和] スプリング付きの踏み板に乗り, ピョンピョン跳ねて遊ぶおもちゃ. 英語ではポゴスティック(pogo stick).

ホップ [hop]
①クワ科の多年生ツル草. ビールの苦み・芳香づけに用いる.
②片足で跳ぶこと.

ポップ [pop]
①ポンとはじけること.
② ➡ポピュラー

ポップアップ [pop-up] ポンと飛び上がること. 飛び出すこと.

ポップアート [pop art] 1960年代にニューヨークを中心に広まった大衆芸術運動. 日常品を素材とした絵画が中心.

ポップ広告 [POP advertising] 購買時点広告. 店頭に掲示される広告. POPは point of purchase の略. PP広告とも.

ポップス [pops] ➡ポピュラーミュージック

ポップライター [pop writer 和] ポップ広告で, 商品案内のイラストやレタリングを描く人.

ポップワード [pop word 和] 即興の言語. 意味は不明だが調子のよい言葉.

ボツリヌス菌 [botulinus] 食中毒の原因となる菌の一つ. 毒性がきわめて強い.

ボディー [body]
①体. 胴体.
②車体. 船体. 機体.
③ワインなどの, こく.

ボディコン [body conscious] ボディーラインを強調したファッション. ボディーコンシャスの略.

ボディーシャンプー [body shampoo] 体を洗うための液体せっけん.

ボディースイング [body swing] 野球で, 投手が投球の前に体を前後に揺り動かして反動をつける動作.

ボディースカルプチャー [body sculpture] 肉体彫刻. ギリシャ彫刻のような美しい体を作るための運動法.

ボディースーツ [bodysuit] 女性の下着で, ワンピース型の水着のようにシャツとパンティーがつながっているもの. 類オールインワン.

ボディーチェック [body check]
①和製用法で, 危険物所持の有無を調べるための身体検査.
②アイスホッケーなどで, 相手側の選手に体当たりすること.

ボディートーク [body talk] 服飾デザインで, 女性の体の線を強調して意味をもたせる手法.

ボディーピアス [body pierce 和] 体の一部に穴を開けて付ける装身具. 類ピアス.

ボディービル [bodybuilding] 各種の運動法を利用して筋肉を鍛

え, 筋骨たくましい体を作り上げること. ボディービルディングの略.

ボディーブロー [body blow] ボクシングで, 腹部への打撃. 痛烈な打撃.

ボディーペインティング [body painting] 人体に様々な形や模様を描くこと.

ボディーボード [body board] 発泡スチロール製の板に腹ばいになって波の上を滑るスポーツ.

ボディーランゲージ [body language] 身体言語. 身ぶりや手ぶりでの意思伝達法.

ボーディング [boarding]
①航空機などの乗り物に乗り込むこと, 搭乗.
②下宿.
③板張り.

ボーディングカード [boarding card] 旅客機の搭乗券. ボーディングパスとも.

ボーディングスクール [boarding school] 全寮制の学校.

ボーディングパス [boarding pass] ➡ボーディングカード

ボーディングブリッジ [boarding bridge] 搭乗橋. 空港の搭乗待合室から航空機の入り口に直接つながる通路.

ホテル [hotel] 洋式の宿泊施設.

ボーテル [boatel]
①モーターボートやヨットを持つ人々用の桟橋付きのホテル.
②ホテルを兼ねた船.

ホーデン [Hoden 独] 睾丸.

ポテンシャル [potential] 潜在能力, 可能性.

ポテンツ [Potenz 独] 男性の性的能力, 勃起力. 対インポテンツ.

ボード [board]
①板. 板状のもの.
②委員会.

ボードゲーム [board game] 盤上のコマを動かして勝敗を競う各種のゲーム.

ポートステート・コントロール [port state control] 外国船に対して寄港国の政府が行う立ち入り検査. 略はPSC.

ボードセーリング [boardsailing] ヨットとサーフィンの特徴を融合させたスポーツ. ウインドサーフィンとも.

ボートネック [boat neck] 横に広く開いた舟底形の襟.

ボートピア [Boat-pia 和] 競艇の場外舟券売り場.

ボートピープル [boat people] ボートで脱出する難民. 漂流難民. ➡ランドピープル.

ボードビリアン [vaudevillian] 軽喜劇役者, 寄席芸人.

ボードビル [vaudeville 仏] 寄席形式のショー, 歌や踊りを交えた軽喜劇.

ポトフ [pot-au-feu 仏] フランスの家庭料理の一つ. 肉と野菜の煮込み.

ポートフォリオ [portfolio]
①紙挟み, 折りかばん.
②有価証券, 資産構成.

ボトム [bottom] 底, 基部, 尻, すそ, サーフボードの裏面.

ボトムアウト [bottom out] 株価などが底値になること, 底入れ.

ボトムス [bottoms] 下半身用の衣服. 対トップス.

ボトムライン [bottom line] 収益, 損失, 最終結果, 結論.

ボトムレス [bottomless]
①底なしの.
②尻も露出した全裸の, ヌードの. 対トップレス.

ポトラッチ [potlatch] 北米先住民の社会でみられる, 贈り物を与え合う儀式.

ボトルキープ [bottle keep 和] 行きつけのバーなどに, 自分用の酒を買って預けておくこと.

ボトルグリーン [bottle green] 濃い緑色.

ボトルネック [bottleneck] 難関, 窮地.

ポートレート [portrait] 肖像, 肖像画, 肖像写真.

ポートワイン [port wine] 甘味のある赤ブドウ酒.

ボーナス [bonus] 賞与, 特別手当, 配当金, 割り戻し金.

ボナンザ [bonanza]
①大当たり, 思いがけないぼろもうけ.
②豊かな鉱脈を掘り当てること.

ポニーテール [ponytail] 女性の髪形の一つ. 長い髪を後ろで束ねてポニー(小馬)の尾のように垂らすもの.

ホーバークラフト [Hovercraft] 船底から空気を噴き出し, 船体を浮かせて水面などを走る乗り物. 商標. エアクッション艇.

ホバリング [hovering] ヘリコプターの空中停止.

ホビー [hobby] 趣味.

ポピー [poppy] ケシ, ヒナゲシ.

ホビークラフト [hobby craft 和] 趣味の工芸. 手芸.

ポピュラー [popular] 大衆的な, 通俗的な. 略してポップ.

ポピュラーミュージック [popular music] 流行歌, 軽音楽, 大衆音楽. ポピュラー音楽. ポピュラーソング, ポップス, ポピュラーとも.

ポピュラリティー [popularity] 人気, 評判, 流行.

ポピュリズム [populism] 人民主義, 大衆(迎合)主義.

ポピュレーション [population] 人口, 住民.

ボビンレース [bobbin lace] 糸巻き(ボビン)を使ったレース編み.

ホープ [hope]
①希望.
②期待される人物.

ボフ モンゴル相撲. 土俵はなく, 投げ技や足技が中心.

ボブ [bob] 断髪, おかっぱ.

ボブスレー [bobsleigh] ハンドルとブレーキの付いたそりで, 氷のコースを滑り降りる競技.

ホフマン方式 [Hoffmann method] 交通事故などの際の損害賠償額算定法の一つ. 被害者の推定年

間総収入から税金,生活費などを差し引き,就労可能年数を掛けて算出する.

ポプリ [pot-pourri 仏] 花香.乾燥させた各種の花弁を香料と混ぜたもの.

ポプリン [poplin] 畝織りでつやがある柔らかな布地.夏用.

ボヘミアン [Bohemian] ボヘミア風,自由奔放な生活をする人.

ホーボールック [hobo look] 浮浪者(ホーボー)風のスタイル.

ポマト [pomato] ジャガイモ(potato)とトマト(tomato)の雑種.細胞融合で可能になった.地上部ではトマトが,地下部ではジャガイモができる.

ポマード [pomade] 男性用の整髪油.

ホーミング [homing]
①伝書バトなどが持つ帰巣性,回帰性.
②自動追尾方式.電波・音波などを利用して自動的に目標を追跡するシステム.

ホーミングアビリティー [homing ability] 帰巣本能.自分の巣に戻る習性.

ホーム [home]
①家.家庭.故郷.
②療養所など.
③サッカーなどの試合で,自チームの本拠地. 対 アウェー.
④ ⇒ プラットホーム①

ホーム・アンド・アウェー [home and away] サッカーなどで,対戦するチームがそれぞれの本拠地で交互に試合を行う方式.

ホームエコノミックス [home economics] 家政学,家庭科.

ホームオートメーション [home automation] 電子機器を活用した冷暖房,防災,家事などの自動化.

ホームグラウンド [home ground]
①野球などで,そのチームが本拠地とする球場.
②専門分野,領域.

ホームケア [home care] 在宅治療.在宅看護.

ホームシアター [home theater] 家庭劇場.ビデオなどを利用した茶の間の劇場.

ホームシック [homesick] 里心が出た,郷愁にかられた.

ホームスクーリング [home-schooling] 子供を学校ではなく家庭や地域グループで教育すること.

ホームステイ [homestay] 家庭寄留.外国人の学生が家庭に滞在してその国の習慣や言葉を学ぶこと.

ホームストレッチ [homestretch]
①陸上競技場などで,決勝点手前の直線コース. 対 バックストレッチ.
②仕事や旅行の最終部分,追い込み.

ホームスパン [homespun] 手紡ぎの毛糸を使った手織りの生地.

ホームセキュリティー・システム [home-security system] 住宅内での事故,盗難などを自動的に監

視・通報して安全を保つシステム.

ホームタウン［hometown］
①郷里.生まれ故郷.
②プロ野球やサッカーなどのチームの本拠地.

ホームドア［platform door］駅のプラットホームに設けられた転落事故防止のためのドア.

ホームドクター［home doctor 和］掛かり付けの医師.英語ではファミリードクター（family doctor）.

ホームドラマ［home drama 和］日常生活を題材にした芝居,演劇.

ホームトレード［home trade 和］
①内国貿易,内国取引.
②コンピューターを利用した在宅証券取引.

ホームバー［home bar 和］自宅に設置した飲酒コーナー.

ホームバンキング［home banking］家庭のパソコンを使って,在宅のままで預金や支払い,振り替えなどができるシステム.略はHB.

ホームビジット［home visit 和］外国人に日常生活を見せるための家庭訪問制度.

ホームページ［homepage］インターネットで閲覧できるウェブサイトの入り口,目次に当たるページ.略はHP.ウェブサイトそのものを指すこともあるが,本来は誤用.

ホームヘルパー［home helper 和］訪問介護員.高齢者などのために,家事援助や介護などをする人.ヘルパーとも.

ホームポート［home port］母港.船舶の所属港.

ホームメーカー［homemaker］主婦,主夫.家事をする人.

ホームメード［homemade］手作りの,自家製の.

ホームルーム［homeroom］学級の自治活動を育成するための学習時間.

ホームレス［homeless］家のない人,無宿人,浮浪者.

ホメオスタシス［homeostasis］生体恒常性.生体が,外部環境の変化にかかわりなく生理的活動を一定の状態に維持する作用.

ホメオパシー［homeopathy］類似療法.下痢に下剤というように,治療中の病気と同じ症状が現れる薬剤を少量ずつ与える治療法.

ホモ

1［Homo］ヒト.人類.ホモサピエンスの略.

2［h__］➡ホモセクシュアル

ホモエレクトス［Homo erectus ラテ］原人.約180万年前〜10万年前の化石人類で,猿人と旧人の中間に位置する.

ホモサピエンス［Homo sapiens ラテ］
①ヒトの学名.人類.
②哲学で,知性を持つ人,知性人.

ホモジナイズ［homogenize］同質化する,均質化する.

ホモジーニアス［homogeneous］均質の,同質の,同一種の.対ヘテロジーニアス.

ホモセクシュアル［homosexual］

同性愛の．同性愛者．**対**ヘテロセクシュアル．

ホモフォニー［homophony］音楽用語で，単声音楽．→ポリフォニー，モノフォニー．

ホモフォニック［homophonic］
①音楽用語で，単声の，単旋律の．
②同音異義の．

ホモルーデンス［homo ludens ラテ］遊ぶ動物，遊戯人，レジャー時代の人間．

ホモロジー［homology］生物の同族関係，相同関係．

ホライズン［horizon］
①地平線．水平線．
②限界．範囲．いずれも，ホライゾンとも．

ホライゾン ⇒ホライズン

ポーラータイ［polar tie 和］⇒ボロタイ

ポーラーフロント［polar front］極前線．極地方の気団と熱帯気団との間にできる不連続線．

ポラロイドカメラ［Polaroid Camera］印画紙・現像処理薬が一体となったフィルムを使用するカメラ．商標．

ボランタリー［voluntary］自発的な．無報酬の．

ボランタリースキーム［voluntary scheme］自主的な計画，取り組み．

ボランタリーチェーン［voluntary chain］自由連鎖店，任意連鎖店．小売店がそれぞれ独自性を保ちながら提携して，統一的な営業活動を行う方式．

ボランティア［volunteer］篤志奉仕者，民間奉仕者．自発的に無報酬で奉仕活動をする人．

ボランティアバンク［volunteer bank 和］ボランティア活動の希望者とそれを必要とする人・組織を登録・仲介する機関．

ポリアミド［polyamide］ナイロン繊維の原料となる高分子化合物の総称．

ポリアンドリー［polyandry］一妻多夫制．→ポリガミー，モノガミー．

ポリウレタン［polyurethane］ウレタン結合をもつ高分子化合物．合成繊維などに使用される．

ポリエステル［polyester］アルコールと酸の脱水反応でできる高分子化合物の総称．合成繊維などに使用される．

ポリエチレン［polyethylene］合成樹脂の一つで，エチレンを重合させた高分子化合物．

ポリ塩化ビニル［polyvinyl chloride］塩化ビニル樹脂．レコード盤，放送材料，人工皮革などに使用される．略はPVC．

ポリ塩化ビフェニール［polychlorinated biphenyl］有機塩素化合物の一つ．有毒のため現在は製造中止．略はPCB．

ポリオ［polio］脊髄(せきずい)性小児まひ．

ポリガミー［polygamy］一夫多妻制．→ポリアンドリー，モノガミー．

ポリグラフ［polygraph］うそ発見

器. 心の動揺による生理的変化をグラフで表す装置で, 犯罪捜査などに用いられる.

ポリクローム [polychrome] 多彩色の, 多色刷りの. 対モノクローム.

ポリゴン [polygon] 多角形.

ポリシー [policy]
①政策, 方策, 方針.
②保険証券.

ボリシェビキ [bol'sheviki ロシ] 1903年のロシア社会民主労働党大会の分裂に際し, レーニンに導かれていた一派. ボルシェビキとも.

ポリシーボード [policy board] 政策委員会, 政策決定機関.

ポリシーミックス [policy mix] 政策の調合, 調整. 目的が異なる諸政策をより大きな目標を達成するために調整, 一本化すること.

ポリス
1 [police]
①警察.
②警官, 巡査.
2 [polis ギリ] 古代ギリシャの都市国家.

ホリスティックヘルス [holistic health] 健康を単に肉体的な側面からではなく, 精神的, 心理的な面からもとらえる考え方.

ポリセントリズム [polycentrism] 多中心主義, 多極主義. 特に社会主義諸国間の関係についていう.

ホリゾント [Horizont ドイ]
①舞台奥に設けられた淡い灰色の壁や幕.
②地平線.

ホリック [-holic]「中毒」「中毒者」の意味の接尾語.

ポリッシュ [polish] 磨く, つやを出す.

ポリッシング [polishing] 磨くこと, つや出し.

ポリティカルコレクトネス [political correctness] 政治的妥当性, 政治的に当たりさわりのない穏当な政策・表現.

ポリティカルマシン [political machine] 政治家の集票組織, 派閥.

ポリティクス [politics] 政治, 政略, 政治学.

ポリティシャン [politician] 政治家, 政治屋.

ポリープ [polyp]
①皮膚や粘膜にできるいぼ状の腫瘍(しゅよう).
②イソギンチャクなどの腔腸(こうちょう)動物の一種.

ポリフェノール [polyphenol] ベンゼン環に2個以上の水酸基をもつ化合物の総称. カカオ, 茶葉などに含まれ, 動脈硬化などの予防に役立つとされる.

ポリフォニー [polyphony] 音楽用語で, 多音, 多声音楽. 転じて, 多元性, 重層性の意にも使われる. ➡ホモフォニー, モノフォニー.

ポリフォニック [polyphonic] 音楽用語で, 多音の. 韻律や抑揚に変化があること.

ポリプロピレン [polypropylene] 合成樹脂の一つ. プラスチック製品

やフィルムなどに用いられる.略は PP.

ポリマー [polymer] 重合体.単量体(モノマー)を2個以上重合反応させて作った高分子化合物の総称.ポリエチレン,ポリプロピレンなど.

ポリューション [pollution] 汚染,公害,環境破壊.

ボリューム [volume]
① 音量,容量.
② 書物の巻,冊.略は vol..

ボーリング
❶ [boring] 穿孔.穴を開けること.地質調査などでの試掘.
❷ ➡ ボウリング

ホール
❶ [hall] 会館.大広間.音楽会や演劇などを行う広い場所.
❷ [hole]
① 穴.
② ゴルフで,ティーからグリーンまでのプレーをする場所全体.

ポール [pole]
① 棒,柱.
② 陸上競技の棒高跳びで使う棒.
③ スキーの回転競技コースに立てる旗ざお.
④ 極,極板,極地.

ホールインワン [hole in one] ゴルフで,第1打が直接ホールに入ること.

ポルカ [polka] 19世紀に欧州で流行した4分の2拍子の舞踊音楽.

ポルカドット [polka dot] 水玉模様.

ボルシェビキ ➡ ボリシェビキ

ボルシチ [borshch ロシ] 肉や野菜を赤かぶといっしょに煮込んだロシア風シチュー.

ポールジャンプ [pole jump] ➡ ポールボールト

ホルスター [holster] 拳銃を肩などからつるす革ケース.

ホルスタイン [Holstein ドイ] 乳牛の一種.体が大きく白黒のぶちがあり,搾乳量が多い.

ホールセールバンキング [wholesale banking] 卸売銀行業務.大企業などを対象とする大口の金融業務.対 リテールバンキング.

ホールター [halter] 袖と背がなく,前身ごろを首からつって留める婦人服.

ポルターガイスト [Poltergeist ドイ] 騒霊,騒乱状態.家の中で原因不明の音がしたり,物が動いたりすること.

ポールタックス [poll tax] 人頭税.

ポルタメント [portamento イタ] 音楽で,高さの異なる音へなめらかに移動させる演奏法.

ホールディング [holding]
① バスケットボールなどで,手や腕で相手の動きを妨害する反則.
② バレーボールで,ボールを手などに静止させる反則.

ホールディングズ [holdings] 持ち株会社.

ボルテージ [voltage]
① 電圧,電圧量.
② 情熱の度合い,感情の激しさ.

ポルテニア [porteña 西] アルゼンチンのブエノスアイレスを中心に生まれたラテンアメリカ音楽.

ホールド [hold]
① つかむ, 支える.
② 岩登りの時の手掛かり.
③ ボクシングで相手に抱きつくこと.
④ レスリングで相手をマットに押さえ込むこと.
⑤ 船倉.

ボルト [volt] 電圧や電位差の単位. 記号V.

ボールト [vault]
① アーチ形の天井, 丸天井.
② 地下の納骨所, 金庫室.

ボルドー [Bordeaux 仏]
① フランス南西部の河港都市. また, その地方産のワイン.
② 農業用殺菌剤の一つ. ボルドー液.

ボールド
1 [board] 黒板. ブラックボード (blackboard)の略で, 正しくはボード.
2 [bold]
① 大胆な, ずぶとい, 冒険的な.
② 肉太の欧文活字字体. ボールドフェースの略.

ホールドアップ [holdup] 強盗, 追いはぎ.

ボールドフェース [boldface] ➡ ボールド**2**②

ポルノ [porno] ➡ ポルノグラフィー

ポルノグラフィー [pornography] 春画, 好色文学などの性を主題にした作品の総称. 略してポルノ.

ポールポジション [pole position] 自動車レースの決勝で, 予選タイム1位の車が獲得する最前列の出発位置. 略はPP.

ポル・ポト派 [Pol Pot faction] ➡ クメール・ルージュ

ポールボールト [pole vault] 棒高跳び. ポールジャンプとも.

ホルマリン [Formalin 独] ホルムアルデヒドの40％水溶液. 消毒剤, 防腐剤などに用いる.

ホルムアルデヒド [formaldehyde] メチルアルコールを酸化させた刺激臭の強い気体. ホルマリンはその水溶液.

ホルモン [hormone] 内分泌腺から分泌されて諸器官の働きを調節する化学物質.

ボールルーム [ballroom] 舞踏会場.

ホルン [Horn 独] 金管楽器の一つ. 原意は「角」, 角笛から発達したため.

ボレー [volley] テニスなどで, 相手からのボールがコート面に触れる前に打ち返す打法.

ポレミック [polemic]
① 議論の, 論争好きな.
② 論争, 論客.

ボレロ [bolero 西]
① スペインの民族舞曲の一つ. カスタネットの伴奏で踊る.
② スペイン風の前開きで丈の短い女性用上着.

ポロ [polo] 馬に乗り, マレット(木

槌(づち)で球を打って相手のゴールに入れる競技.

ホログラフィー［holography］物体にレーザー光などを当ててできる干渉じまをフィルムに記録し,映写して立体像を表示する技術.

ホログラム［hologram］立体画像フィルム.

ホロコースト［holocaust］大虐殺,大破壊.特にナチスによるユダヤ人の大量殺害.

ポロシャツ［polo shirt］襟の付いたプルオーバーのシャツ.

ホロスコープ［horoscope］占星術,占星用天宮図.

ボロタイ［bolo tie］飾り具で留めるひものネクタイ.ループタイ,ポーラータイは和製英語.

ホロニックパス［holonic path］全体と個を調和させるためのすじ道,方法論.

ポロネーズ［polonaise 仏］
①ポーランドの伝統的な舞曲.
②ポーランド風の料理.ア・ラ・ポロネーズ(à la polonaise)の略.

ホロフォニクス［holophonics］音の左右,垂直の移動や回転などが忠実に再現される「3次元の音」.

ポロロッカ［pororoca ポルト］南米アマゾン川下流で見られる逆流現象.潮津波.

ホロン［holon］哲学で,全体子.全体から見ると一部分だが,それ自体も独自の機能をもつもの.

ボロン［boron］ホウ素.結晶ホウ素はダイヤモンドに次いで硬い.記号B.

ホワイエ［foyer 仏］劇場などの休憩室,ロビー.

ホワイトアウト［whiteout］南極などの雪原で,天地の別や方向,距離などの見当がつかなくなる現象.または,猛吹雪のために視界が極度に低下すること.

ホワイトエレファント［white elephant］やっかいもの,利用価値のないもの.原意は「白い象」.

ホワイトカラー［white-collar］事務系労働者.⇨ブルーカラー,ゴールドカラー.

ホワイトスペース［white space］余白,空白部分.

ホワイトスモッグ［white smog］白いスモッグ.光化学スモッグ.

ホワイトソース［white sauce］小麦粉をバターでいためて牛乳でのばしたソース.

ホワイトデー［White Day 和］バレンタインデーにチョコレートをもらった男性がお返しに女性にキャンディーなどを贈る日.3月14日.日本だけの習慣.

ホワイトナイト［white knight］白馬の騎士.乗っ取られかけている企業を好条件で買収してくれる個人や企業.

ホワイトノイズ［white noise］白色騒音.可聴音波のすべてを含む騒音.

ホワイトハウス［White House］アメリカ大統領官邸.外壁が白いことから.転じて,アメリカ政府.

ホワイトホール [Whitehall]
①ロンドンの官庁街.
②イギリス政府.

ホワイトミート [white meat] 鶏, 子牛などの白身の肉. 対 レッドミート.

ホワイトメタル [white metal] 錫または鉛を主成分とする合金.

ホワイトリカー [white liquor 和] 甲類の焼酎.

ボワイヤージュ [voyage 仏] 航海, 船旅, 旅.

ポワレ [poêler 仏] 蒸し煮.

ポワント [pointe 仏] バレエで, 女性がつま先立ちの姿勢をとること.

ホーン
❶ [horn] 角, 角笛, 自動車の警笛.
❷ [phon] 音の大きさを表す単位. 周波数による音の聞こえ方の違いを考慮したもの.

ボン [bon 仏] よい, 正しい, 立派な.

ホンキートンク [honky-tonk]
①安っぽい酒場, ナイトクラブ.
②わざと安っぽく演奏するラグタイム音楽.

ボンゴ [bongo 西] ラテン音楽などに用いられる小さな太鼓. 二つで一組.

ボンゴーレ [vongole 伊] アサリ. アサリ料理.

ボンサンス [bon sens 仏] 良識, 分別. 感覚・センスがいいこと.

ボンジュール [Bonjour. 仏]「こんにちは」.

ポーンショップ [pawnshop] 質店.

ボンソワール [Bonsoir. 仏]「こんばんは」「おやすみ」「さようなら」.

ポンチ [punch]
①アルコール類に果汁や砂糖を混ぜて作る軽い飲み物. パンチとも.
②工作物に線や目印を付けるための工具.
③漫画. イギリスの風刺漫画誌「パンチ(Punch)」の誌名から.

ボーンチャイナ [bone china] 骨灰磁器. 骨灰を混ぜて作った陶磁器. 透光性がある.

ポンチョ [poncho 西] 南米の民族衣装で, 毛布の真ん中に穴を開け, 頭からかぶるもの. 転じて, 袖なしの上着や登山用の雨着.

ボンデージファッション [bondage fashion] 鎖, 黒レザーのパンツや編み上げ靴など体を締めつけるような服のこと. ボンデージは「束縛, 奴隷」の意.

ボンド [bond]
①公社債, 証券.
②接着剤.

ポンド [pound]
①イギリスの通貨単位. またアイルランドの旧通貨単位. 記号£.
②ヤード・ポンド法の重さの単位. 記号lb.

ポンドブロック [pound bloc] ポンド地域. 英ポンドを中心通貨として対外決済に用いる地域. 類 スターリングブロック.

ボンナネ [Bonne année. 仏]「新年おめでとう」.

ボンヌ図法 [Bonne projection] 地図投影法の一つ. 面積が正しく表せる.

ボンネット [bonnet]
① あごの下でリボンを結ぶ女性用の帽子.
② 自動車のエンジン部分の覆い. フードとも.

ポンパドール [pompadour 仏] 女性の髪形の一つ. 前と横にふくらみをもたせ, 後頭部でまとめたもの.

ホンブルグ [homburg] フェルト製の中折れ帽子. ドイツの地名から.

ボンベ [Bombe 独] 高圧の気体・液体用の円筒形容器.

ボーンヘッド [bonehead]
① まぬけ, へまなやつ.
② スポーツなどで, 間の抜けたプレー, 判断ミス.

ボンボワイヤージュ [Bon voyage. 仏]「よいご旅行を」.

ボンボン [bonbon 仏] 砂糖菓子の一つ. 果汁や酒が入った洋菓子.

ポンポン [pompon 仏] 帽子や服の飾りに用いる飾り房. チアガールが応援に使う玉房.

ボンマルシェ [bon marché 仏] 掘り出し物, 買い得品.

ボンレスハム [boneless ham] 骨抜きした豚のもも肉のハム.

マ

マイカ [mica] 雲母.

マイクロ
❶ [micro-]「微小」「極小」の意味の接頭語. ミクロ. 対マクロ.
❷ [micro] 100万分の1を表す接頭語. 記号 μ.

マイクロウエーブ [microwave] 極超短波. 波長が数mm〜1mの電波. マイクロ波とも.

マイクロエレクトロニクス [microelectronics] 極微小電子工学. 半導体素子などの微視的な素子や, それを使った回路の上に成立する技術. 略はME.

マイクロガスタービン [micro gas turbine] 都市ガスや灯油を燃料とする発電用の小型ガスタービン.

マイクロクレジット [Micro-credit] 絶対的貧困層など, 通常の金融機関から融資を受けにくい人々を対象とする小口融資制度.「貧者の銀行」. アジア諸国を中心に広がり始めている.

マイクロコンピューター ➡ マイコン❶

マイクロスコープ [microscope] 顕微鏡.

マイクロセンサー [microsensor] 温度, 圧力, pHなどの測定に使用する超小型測定子.

マイクロチップ [microchip] 超小型集積回路.

マイクロ波 ➡ マイクロウエーブ

マイクロフィッシュ [microfiche] 情報処理用のマイクロフィルムの一つ.

マイクロフィルム [microfilm] 書類などを保存・整理するために縮小撮影したフィルム.

マイクロプロセッサー [microprocessor] 超小型の演算処理装置.

マイクロマイクロ [micromicro-]「100万分の1の100万分の1」「1兆分の1」を示す接頭語.

マイクロミニ [micromini] 超ミニ. スカートやパンツの丈が極端に短いもの.

マイクロメカニズム [micromechanism] 超小型, 微小構造の機械装置.

マイクロメーター [micrometer] 計測器具の一つ. ねじの回転角度によって長さを精密に測定できる. ミクロメーターとも.

マイクロメートル [micrometer] 100万分の1m. 記号 μm.

マイクロライト [microlight] 超軽量飛行機.

マイクロリーダー [microreader] マイクロフィルムなどに縮小複写した文書を読むための拡大映写装置.

マイコトキシン [mycotoxin] かび毒. 食中毒などの原因となる.

マイコン

1 [microcomputer] マイクロコンピューターの略. 小型コンピューター.

2 [my computer 和] マイ(自分の)コンピューターの略.

マイスター [Meister ド] 親方, 師匠, 主人. 巨匠, 大家.

マイスタージンガー [Meister singer ド] 職匠歌人. 14〜16世紀ドイツでマイスターの資格をもった音楽家・詩人.

マイトトキシン [mitotoxin] 珊瑚礁海域のある種の魚に含まれる有毒物質. フグ毒の100倍も強い.

マイナー [minor]
①小さい方の, それほど重要でない, 少数派の. 対メジャー.
②音楽で, 短調, 短音階. 対メジャー.

マイナス [minus]
①数を減らすこと. 負の記号. 記号「−」.
②陰極. 負極.
③不足. 赤字.
④負の. 不利な. よくない. 対プラス.

マイナーチェンジ [minor change] 本格的ではない部分的な手直し, 小規模な作り替え.

マイナーリーグ [Minor League] アメリカのプロ野球で, メジャーリーグ以外のリーグ.

マイナーレーベル [minor label] 小規模なレコード会社. 対メジャーレーベル.

マイノリティー [minority] 少数派, 少数民族. 対マジョリティー.

マイブーム [my boom 和] 流行とは無関係に自分だけが夢中になっているもの.

マイペース [my pace 和] 自分なりのペース, 進め方.

マイホーム [my home 和] 自分の持ち家, 家庭.

マイム [mime] ➡パントマイム

マイライン [Myline 和] 通信会社

事前登録制度. 利用者が, あらかじめ利用したい電話会社を登録しておくシステム.

マイルストーン [milestone] 里程標. 転じて, 画期的な出来事.

マイルド [mild] 優しい, おとなしい, 口当たりがいい, 穏やかな.

マイレージサービス [mileage service 和] 航空会社が, 乗客の利用した飛行距離に応じて無料航空券などを提供するサービス. FFPとも.

マインド [mind] 心, 精神.

マインドコントロール [mind control 和] 精神操作. 他人の心を操ること.

マウス [mouse]
①ハツカネズミ.
②コンピューターなどの簡易入力装置. 入力位置を示す矢印などを移動させて入力操作を行う装置.

マウスウオッシュ [mouthwash] 口内洗浄剤, うがい薬, 口臭防止剤.

マウスピース [mouthpiece]
①ボクサーが舌をかむのを防ぐため, 試合中に口の中に入れる用具.
②管楽器の口にくわえる部分. パイプの吸い口.
③代弁者.

マウンティング [mounting] 動物の雄の背乗り. 自己の優位を示すため仲間の背部に乗りかかること.

マウンテンバイク [mountain bike] 山野や林道などを走るための頑丈な自転車. 略はMTB.

マウント [mount]
①台紙, 台板, 枠.
②レンズ交換式カメラのレンズの台座.

マエストロ [maestro 伊] 大音楽家, 巨匠. 指揮者の敬称.

マオカラー [Mao collar] 中国の人民服のような立ち襟.

マオタイ酒 [茅台酒 中] コーリャンから作る蒸留酒.

マーカー [marker] 目印. 目印を付けるための用具, 器具. 記録係.

マーカー検査 [marker test]
①血液検査の一つ. 遺伝子標識を定めて行う検査法.
② ➡トリプルマーカー・テスト

マガジン [magazine]
①雑誌.
②カメラのフィルム巻き取り枠.
③弾倉, 弾薬庫.

マガジンラック [magazine rack] 新聞・雑誌を入れておくケース, かご.

マガブック [magabook 和] ➡ムック

マカレーナ [macarena 西] スペイン生まれの軽快なダンス音楽. マカレナとも.

マガログ [magalog] 通信販売用のカタログが付いた雑誌. マガジン(magazine)とカタログ(catalog)の合成語.

マカロニウエスタン [Macaroni Western 和] イタリア製の西部劇映画. スパゲティウエスタンとも.

マカロン [macaron 仏] 泡立てた

卵白を焼いた菓子.マコロンとも.

マーカンティリズム［mercantilism］重商主義,商業本位主義.対フィジオクラシー.

マキシ［maxi］
①とても大きなもの.
②丈がくるぶしまであるスカートやコートなど.
③多用途の自動車.

マキシシングル［maxisingle 和］直径12cmのシングルCD.

マキシマム［maximum］最大限,最大量,最大値.対ミニマム.

マキシム［maxim］格言,金言.

マキャベリズム［Machiavellism］権謀術数主義.目的達成のためにはいかなる手段も容認する思想.16世紀のイタリアの思想家,マキャベリが説いた.

マーキュリー［Mercury］
①水星.
②ローマ神話で商売の神.メルクリウスの英語読み.ギリシャ神話ではヘルメス.

マーキング［marking］印を付けること.

マーク［mark］
①記号.印.
②商標.
③特定の人や物事に注意を払うこと.

マグ［mug］取っ手付きの大きなカップ.マグカップは和製英語.

マークシート［mark sheet 和］記号で示された選択肢の中から該当するものを塗りつぶすことによって解答する方式の用紙.コンピューターに読み取らせて集計する.

マグナム
■1［magnum］普通よりも強力な銃弾.またはその弾を使用する大型の拳銃.
■2［M＿］報道写真家の国際団体名.

マグニチュード［magnitude］地震の発生エネルギーの大きさを表す数値.記号M.

マグネシウム［magnesium］銀白色の軽金属.合金材料などに用いる.記号Mg.

マグネチックカード［magnetic card］磁気カード.データを記録できる磁性材料が塗布され,キャッシュカード,テレホンカードなどに利用される.

マグネトロン［magnetron］磁電管.マイクロ波用真空管の一つ.電子レンジなどに利用される.

マグノリア［magnolia］北米産のモクレン属の花木.樹皮や花に芳香がある.

マグマ［magma］岩漿(がんしょう).地殻内部の岩石が溶けてどろどろになったもの.

マクラメ［macramé 仏］ひもを編んで模様を作るレース編みの一つ.

マクロ［macro-］「巨大な」「巨視的な」「長い」の意味の接頭語.対マイクロ.

マクロ経済学［macroeconomics］巨視的経済学.国民所得や雇用など,社会全体の経済行動を対象と

する．**対**ミクロ経済学．

マクロコスモス［Makrokosmos ドイツ］大宇宙．人間を小宇宙とみなした場合，宇宙そのものを表す．**対**ミクロコスモス．

マクロビオティック［macrobiotique フランス］玄米や豆，野菜などを中心とした食事法．

マクロビオティックス［macrobiotics］自然食中心の食事法．長寿法の一つ．

マクロファージ［macrophage］大食細胞．体内の異物や老廃物などを消化するアメーバ状の細胞．

マケット［maquette フランス］ひな型．模型．

マーケット［market］
①市場，相場．
②食料品や日用品などの店．

マーケットセグメンテーション［market segmentation］➡セグメンテーション

マーケットプライス［market price］市場価格，相場．

マーケティング［marketing］市場活動．商品の生産から販売，サービスに至る一切の企業活動の総称．

マーケティングコミュニケーション［marketing communication］企業が販売促進のため市場環境と意思疎通を図ること．

マーケティングサーベイ［marketing survey］市場実査，実態調査を中心にしたマーケティングリサーチ（市場調査）の一つ．

マーケティングリサーチ［marketing research］市場調査．市場動向を分析し，販売活動の改善・評価などにつなげること．

マコロン ➡マカロン

マザー［mother］
①母，母親．
②カトリック教会の女子修道院長．

マザーインロー［mother-in-law］義母，配偶者の母，しゅうとめ．

マザーグース［Mother Goose］イギリスの伝承童謡集．

マザコン ➡マザーコンプレックス

マザーコンプレックス［mother complex 和］母親錯綜．エディプスコンプレックスの一つで，青年が母親や母親的な女性を慕う現象．また俗に，成長しても乳離れできない男性のこと．略してマザコン．

マザーズ［Mothers: Market of the High-Growth and Emerging Stocks］東京証券取引所が1999年に設立したベンチャー企業向けの市場．東証マザーズ．

マザーテープ［mother tape］親テープ．レコードやテープの複製を作る元になる録音テープ．

マザーネーチャー
1［Mother Nature］母なる自然．
2［m_ n_］生理的必然．

マサラ［masala ヒンディー］インドなどで使われる混合香辛料の総称．

マサラムービー［masala movie］インド映画．

マザーランド［motherland］母国，祖国．

マザーリング [mothering] 母親が豊かな愛情で乳幼児に接すること.

マジェスティック [majestic] 威厳のある, 堂々とした, 雄大な.

マシェリー [ma chérie 仏] いとしい人(女性). 類モンシェリー.

マジシャン [magician] 奇術師, 手品師, 魔法使い.

マジソン・アベニュー [Madison Avenue] ニューヨークの広告関連会社が集中する地域. アメリカ広告業界の代名詞.

マジック [magic]
①魔法, 魔術.
②手品, 奇術.
③ ⟹マジックナンバー

マジックインキ [Magic Ink] 速乾性の油性インクを使った筆記具. 商標.

マジックガラス [magic glass] 片側からしか透視できないガラス.

マジックテープ [Magic Tape 和] ⟹ベルクロ

マジックナンバー [magic number] プロ野球で, 首位チームが優勝するために必要な最低勝利数. マジックとも.

マジックハンド [magic hand 和] ⟹マニピュレーター

マジックミラー [magic mirror] 片側から見れば鏡だが, 反対側からは透視できるガラス.

マジックリアリズム [magic realism] 魔術的リアリズム. 文学で, 真実を描くことによって隠れた矛盾をあばき出す手法.

マシーナリー [machinery]
①機械, 機械装置.
②機構, 仕組み, 手法, からくり.

マージナル [marginal]
①末端の, 辺境の.
②限界の, ぎりぎりの, 限界に近い.

マージナルコスト [marginal cost] 限界費用. 生産量の増加によって生じる総費用の追加分.

マジパン [marzipan] アーモンドの粉末に砂糖などを加えた菓子材料.

マージャー [merger] 企業の合併.

マーシャラー [marshaller] 航空機の地上誘導員.

マーシャル [marshal]
①裁判所の執行官, 会などの進行係.
②司令官, 元帥.

マーシャルアーツ
1 [martial arts] 武道. 武術. 格闘技.
2 [M__ A__] アメリカで生まれた総合格闘技.

マージャン [麻将 中] 中国の室内遊戯の一つ. 4人が136枚の牌を使う. 麻雀.

マジョリカ [majolica] イタリアの陶器の一つ. 白色のうわぐすりをかけ, 絵付けしたもの. マヨリカとも.

マジョリティー [majority] 多数派, 過半数. 対マイノリティー.

マシン [machine]
①機械, 機械類, 機関, 機構.
②レース用の自動車, オートバイ.

マージン [margin]
①もうけ, 利ざや, 限界収益性.
②株式売買の証拠金.
③印刷で, ページなどの欄外, 余白.

マシンガン [machine gun] 機関銃.

マシンドローイング [machine drawing] 機械・器具類を細密, 多彩に描いた絵画.

マス [mass] 固まり, 集団, 多数, 大衆.

マスカラ [mascara] まつ毛を濃く長く見せる化粧品.

マスカルチャー [mass culture] 大衆文化.

マスカルポーネ [mascarpone 伊] イタリアのチーズの一つ. 熟成をしないクリーム状のチーズ.

マスカレード [masquerade] 仮面舞踏会, 仮装舞踏会.

マスキュリンスタイル [masculine style] 女性の男っぽい格好・服装.

マスキング [masking] 覆い隠すこと. 遮蔽.

マスキングテープ [masking tape] 塗料が, 塗装個所以外の部分に付かないようにするための保護テープ.

マスク
1 [mask]
①仮面. 覆面.
②口や鼻を覆う衛生・防護用品.
③和製用法で, 顔立ち, 容貌. ルックス.
2 ➡ムスク

マスゲーム [mass game 和] 集団で行う体操やダンス.

マスコット [mascot] 縁起のよい人や物. 福の神.

マスコミ ➡マスコミュニケーション

マスコミュニケーション [mass communication] 新聞, 雑誌, 書籍, テレビ, ラジオなどを通じた情報の大量伝達. マスコミとも.

マススクリーニング [mass screening] 集団検査.

マスセールス [mass sales] 大量販売.

マスソサエティー [mass society] 大衆社会.

マスター [master]
①雇い主, 主人, 所有者, 経営者.
②名人, 達人, 大家.
③大学院修士課程修了者に与えられる学位.

マスター・オブ・セレモニー [master of ceremonies] 司会者, 進行係. 略はMC.

マスターキー [master key] 共通の合い鍵, 親鍵.

マスターコース [master course 和] 大学院の修士課程.

マスターズ [Masters] 世界の有力選手を招待してアメリカのオーガスタで行われるゴルフ競技会. マスターズトーナメントとも.

マスターズカップ [Masters Cup] テニスの男子ツアーで年間チャンピオンを決める大会.

マスターズトーナメント [Masters

Tournament] ➡︎ マスターズ

マスターズリーグ [Masters League] 日本のプロ野球OBによるリーグ戦. 毎年11〜1月に開催.

マスターテープ [master tape] 編集・複製の元になる録音テープ.

マスタード [mustard] 洋がらし.

マスタードガス [mustard gas] ➡︎ イペリット

マスターピース [masterpiece] 傑作, 名作, 代表作.

マスタープラン [master plan] 基本計画, 親計画.

マスターベーション [masturbation] 自慰. オナニーとも.

マスタリング [mastering] CDを製作する際の, 音の調整や編集などをしてマスターディスクを作る作業.

マスタング ➡︎ ムスタング

マスデモクラシー [mass democracy] 大衆民主主義.

マスト

1 [mast]
①帆柱.
②背の高い柱状の構造物.

2 [must] 欠かせないこと. 絶対に必要なもの.

マスプロ [mass production] 大量生産. マスプロダクションの略.

マスメディア [mass media] テレビ, ラジオ, 新聞, 雑誌など, 一般大衆への情報伝達媒体の総称.

マズルカ [mazurka ポーランド] ポーランドの民族舞踊から起こった軽快な舞曲.

マゼンタ [magenta] 深紅色. 染色や印刷における三原色の一つ. 記号M.

マゾ ➡︎ マゾヒスト

マゾヒスト [Masochist ドイ] 精神的, 肉体的苦痛を受けることに快感を覚える人. 略してマゾ. 対 サディスト.

マゾヒズム [masochism] 他人から苦痛を与えられることによって満足を得る異常性欲. 対 サディズム.

マタドール [matador スペ] 闘牛士. 牛にとどめをさす主役の闘牛士. 類 トレアドール, ピカドール.

マターナリズム [maternalism] 母性愛. 和製用法で, 女性が仕事と家庭とを両立できるよう配慮すること.

マタニティー [maternity]
①母性, 母性愛.
②妊娠.

マタニティーウエア [maternity wear] 妊婦服. マタニティードレス (maternity dress)とも.

マタニティーブルー [maternity blues] 産後に起こりがちな精神的な不安や情緒不安定.

マダム [madame フラ]
①既婚女性. 夫人. 奥様.
②酒場などの女主人.

マダムタッソー [Madam Tussaud's] ロンドンにあるタッソーろう人形館. 製作・設立者の名前から.

マーチ [march]

①行進. 行軍.
②行進曲.
マチエール [matière 仏]
①素材. 材料. 物質.
②絵の質感. 仕上がり具合.
マチスモ [machismo 西] ➡ マッチョ
マチネー [matinée 仏] 演劇などの昼興行. 対ソワレ.
マーチャンダイザー [merchandiser] 商品の仕入れ・販売担当者.
マーチャンダイジング [merchandising] 商品化計画. 市場調査に基づく合理的な販売促進策.
マーチャント [merchant] 商人, 貿易業者.
マチュア [mature] 成熟した, 大人の, 食べごろの.
マッカーシズム [McCarthyism] アメリカで第2次世界大戦後にマッカーシー上院議員が推し進めた極端な反共主義.
マッカリ [막걸리 朝] 朝鮮半島産のどぶろく.
マッキントッシュ
1 [Macintosh] 米アップル社製のパソコン. 略してマック.
2 [mackintosh] ゴム引きの防水布, レインコート.
マック [Mac] ➡ マッキントッシュ1
マックOS [Mac OS] 米国アップル社のパソコン, マッキントッシュが採用しているOS(基本ソフト).
マッサージ [massage] 手や器具で体をもんだりたたいたりして血行をよくする治療法.
マッサージャー [massager] マッサージ機, マッサージ師.
マッシュポテト [mashed potatoes] ゆでたジャガイモをつぶして味付けしたもの.
マッシュルーム [mushroom]
①きのこ.
②ツクリタケ. 食用きのこの一種. シャンピニョンとも.
マッチ [match]
①調和すること. 釣り合うこと.
②試合. 勝負.
マッチプレー [match play] ゴルフで, ホールごとに勝負を決め, 勝ったホールの数を競う方式. 対ストロークプレー.
マッチポイント [match point] テニスやバレーボールなどで, 勝利を決める最後の1点.
マッチポンプ [match pump 和] 問題に火を付けて騒ぎ立てながら, その一方でもみ消しを買って出るというやり方.
マッチョ [macho 西] 男っぽい, たくましい. 男らしさ. マチスモとも.
マッチング [matching] 調和, 釣り合い.
マッチングギフト [matching gift] 社員が福祉団体などに寄付をすれば, 企業も一定比率でそれに上乗せして寄付をする制度.
マットカラー [mat color] 光沢のない色彩. つや消し絵の具.
マッハ ➡ マッハ数
マッハ数 [Mach number] 音速と

の比で表した速さの単位. 音速をマッハ1とする. マッハとも. 記号M.

マッピング [mapping]
①地図作り.
②遺伝子地図を作るため, 染色体上で行う遺伝子やDNAの操作.

マテ [mate 西] 南米原産のモチノキ科の常緑樹の葉を乾燥させて茶にしたもの.

マティーニ [martini] カクテルの一つ. ジンとベルモットを混ぜ, オリーブを添える. マルティーニとも.

マテハン ➡マテリアルハンドリング

マテリアリズム [materialism] 唯物論. 精神よりも物質を根本とする考え方.

マテリアル [material] 原料, 材料, 素材, 生地, データ.

マテリアルハンドリング [material handling] 物流管理作業を効率的に行う手順. 略してマテハン.

マート [mart] 市場, スーパーマーケット.

マドモアゼル [mademoiselle 仏] 未婚女性の呼称. 令嬢, お嬢さん. 英語のミス(Miss)に相当.

マドラー [muddler] 飲み物をかき混ぜる棒.

マドラスチェック [Madras check] 多色で大柄の格子模様.

マトリックス [matrix]
①母体, 基盤, 母型, 鋳型.
②数学で行列.
③回路網. 配列表.

マドロス [matroos 蘭] 船乗り.

マドロスパイプ [matroos pipe 和] 喫煙用の火皿の大きなパイプ.

マトン [mutton] 羊肉. 類ラム.

マドンナ [Madonna 伊] 聖母マリア. 転じてあこがれの女性.

マナ [mana] 超自然的な力や現象.

マナー

1 [manner]
①仕方, 方法, 流儀.
②態度, 様子.

2 [＿s]
①行儀作法.
②風習, 習慣.

マナーハウス [manor house] 豪壮な邸宅.

マニア [mania]
①熱狂, 心酔.
②和製用法で, 熱狂する人, 愛好者.

マニアック [maniac]
①度を超えて熱中した.
②偏執的な愛好家.

マニエラ [maniera 伊] 手法, 様式.

マニエリスム [maniérisme 仏] ルネサンスからバロックへの移行期の芸術様式. 神秘的, 幻想的な作風が特徴. マニエリズモとも.

マニエリズモ ➡マニエリスム

マニエール [manière 仏] 方法, 流儀, 手法, 表現方法.

マニキュア [manicure] 手の爪の手入れ. また, それに用いるエナメル液. 類ペディキュア.

マニッシュ [mannish] 女性の服

443

装が男性っぽいこと.

マニピュレーション [manipulation]
① 巧みに操作, 処理すること.
② 市場操作, 操り相場.

マニピュレーター [manipulator] 遠隔自動操縦装置. マジックハンドは和製英語.

マニフェスト
1 [manifest]
① 明示する, 証明する.
② 積荷目録, 乗客名簿.
③ 産業廃棄物の適切な処理を目的とした管理票.
2 [manifesto] 宣言, 声明, 公約.

マニュアル [manual]
① 手引, 便覧, 案内書.
② 人力の, 手動式の.

マニュアル車 [manual car 和] ギアを手動で切り替える自動車. マニュアルトランスミッションカー (manual transmission car)の略. MT車とも.

マニュスクリプト [manuscript] 原稿, 写本.

マニュファクチャー [manufacture]
① 工場制手工業. 18世紀の産業革命以前の生産形態.
② 製造, 製作, 製品.

マヌカン [mannequin 仏]
① 画家のモデルや洋服店の陳列用に使われる人形. マネキンとも.
② ➠ ハウスマヌカン

マヌーバー [maneuver] 作戦, 演習, 策略.

マネキン ➠ マヌカン①

マネーゲーム [money game] 金利差を利用して利ざやを稼ぐための資金運用.

マネーサプライ [money supply] 日本銀行と市中金融機関から供給される国内の通貨供給量.

マネージドケア [managed care] 会員が一定額の医療費を支払い, 契約した病院で診療を受ける管理医療システム.

マネジメント [management]
① 経営, 管理.
② 経営者, 管理者.

マネジメントサイクル [management cycle] 経営管理機能の循環. 経営管理を構成する計画, 組織, 調整, 統制の四つの機能をうまく循環させること.

マネジメントシミュレーション [management simulation] 模擬経営実験. コンピューターを利用して条件を変化させ, 最適の意思決定や事業展開方法を探ること.

マネジメントバイアウト ➠ MBO②

マネジャー [manager]
① 支配人. 管理者. 監督.
② 世話役. 幹事.

マネタイゼーション [monetization]
① 貨幣鋳造, 通貨制定.
② 現金化.

マネタリー [monetary] 貨幣の, 通貨の, 財政上の.

マネタリーサーベイ [monetary

マネタリスト [monetarist] 通貨主義者. 通貨政策を特に重視する経済学者.

マネタリズム [monetarism] 経済活動の水準を決定するのは通貨政策であるとする考え方.

マネービル [money building 和] 株式や債券による利殖・財産作り. 財テク.

マネーマーケット [money market] 金融市場. 短期資金の運用・調達市場.

マネーロンダリング [money laundering] 資金洗浄. 麻薬などでもうけた金や企業の隠し金を金融機関に還流させ, 資金源を分からなくすること. ロンダリングとも.

マハラジャ [maharaja] インドの土侯国の王.

マフ [muff] 防寒具の一つ. 毛皮などで作った筒状の袋で, 両端から手を差し入れて暖める.

マフィア [Mafia 伊] アメリカを中心とする秘密犯罪組織. イタリアのシチリア島が起源.

マフィン [muffin] 朝食やティータイム用の小型のパン.

マフラー [muffler]
①襟巻き.
②消音器. サイレンサーとも.
③ピアノの弱音器.
④ボクシング用のグローブ.

マーブル [marble]
①大理石. 大理石模様.
②おはじき, ビー玉.

マペット [mappet] 操り人形や指人形の総称. マリオネット(marionette)とパペット(puppet)の合成語.

マホガニー [mahogany] 中南米, 西インド諸島などが原産の常緑高木. 高級家具の材料.

マホメット [Mahomet] ➡ムハンマド

マーマレード [marmalade] オレンジ, レモンなどの柑橘類の表皮を砂糖で煮詰めたジャム.

マーメード [mermaid] 人魚. 女の人魚. 男の人魚はマーマン(merman).

マーメードライン [mermaid line] スカートやドレスなどのデザインの一つ. 体に沿ったラインで, すそにフリルの付いたもの.

マヨリカ ➡マジョリカ

マラカス [maracas 西] 中南米の民俗楽器の一つ. マラカ(ウリ科の植物)の実の中にビーズや豆を入れたもの. 振って音を出す.

マラゲーニャ [malagueña 西] 南スペインのマラガ地方の民族舞踊から発展したフラメンコ舞曲, 舞踊.

マラスキーノ [maraschino 伊] マラカス種のサクランボを原料としたリキュール.

マラソン [marathon]
①陸上競技種目の一つで, 42.195 kmを走り抜く長距離競走.

②長時間にわたる活動・仕事,耐久競争.

マラボー [marabou] アフリカハゲコウの羽毛.また,その羽毛で作ったアクセサリー.

マラリア [malaria] マラリア原虫による発熱性の感染症.ハマダラカが媒介し,熱帯・亜熱帯に多い.

マリアッチ [mariachi 秘] メキシコの軽快なダンス音楽.また,その楽団.

マリオネット [marionnette 仏] 操り人形,またはその人形劇.

マリオン [mullion] 窓などの縦の仕切り.

マリッジ [marriage]
①結婚,婚姻.
②トランプで,同マークのキングとクイーンがそろうこと.

マリッジカウンセラー [marriage counselor] 結婚の相談員,相談所.

マリーナ [marina] ヨット,モーターボート用の港,係留施設.

マリネ [mariné 仏] 肉や魚を酢やワインなどに漬けた料理.

マリフアナ [marijuana, marihuana] 麻薬の一つ.大麻の葉の粉末で,中枢神経を刺激して幻覚作用を引き起こす.

マリーン
❶ [marine] 海の,海産の,海洋性の.マリンとも.
❷ [M__] アメリカ海兵隊,海兵隊員.

マリンエア [Marine Air] 神戸空港の愛称.

マリンスノー [marine snow] 海雪.プランクトンの死体が海中で雪のように沈んでいく現象.

マリンスポーツ [marine sports] 海で楽しむ水上スポーツ.

マリンバ [marimba] 木琴に似た打楽器.

マリーンランチング [marine ranching] 海洋放牧.マグロなどの養殖.

マリンルック [marine look] 水兵服に似せた装い.

マール [marc 仏] ブドウの搾りかすから作ったブランデー.

マルキシズム ➡マルクス主義

マルキスト [Marxist] マルクス主義者.正しくはマルクシスト.

マルク [Mark 独] ドイツの旧通貨単位.2002年ユーロに移行.

マルクス主義 [Marxism] マルクスとエンゲルスが唱えた,資本主義社会の矛盾と社会主義社会への移行の必然性を説く思想.マルキシズムとも.

マルシェ [marché 仏] 市場,見本市.

マルシップ [MARU-ship] 日本船,日本籍の船舶.「…丸」という船名から.

マルス [Mars ラテ]
①火星.
②ローマ神話の軍神.ギリシャ神話ではアレス.

マルセイエーズ ➡ラ・マルセイエーズ

マルソー [morceau 仏] かけら,少量,

断片.

マルチ
① [mulch] 作物の根元にかぶせるわら, ビニールなどの根囲い. ➡ マルチング.
② [multi-] 「多くの」「様々の」の意味の接頭語.

マルチカルチュラリズム [multiculturalism] 多文化性, 様々な文化の共存.

マルチ商法 [multilevel marketing plan] 連鎖販売方式. 販売員が新たな販売員を勧誘することにより組織を拡大する仕組み.

マルチタレント [multitalent 和] 何でもこなす芸能人. 多芸多才な人.

マルチチャンネル [multichannel] 多重通信. 一つの回線で複数の信号を送る方式.

マルチチュード [multitude] 多数. 群衆, 民衆. 人々の群れ.

マルチトラック [multitrack] 多重録音の可能な録音テープ.

マルチパーパス [multipurpose] 多目的の, 万能な.

マルチプル [multiple] 多様な, 多彩な, 多重の, 複合の.

マルチプルチョイス [multiple-choice] 複数の解答の中から正解を選択させる試験方法. 多肢選択法.

マルチプロセッサー [multiprocessor] 多重プロセッサー. 記憶装置を共有する複数のコンピューターを使って, 多数のプログラムを同時に実行できるシステム.

マルチボックス [multibox] 各国語の同時通訳をイヤホンで聞ける装置.

マルチメディア [multimedia] 複合媒体. 映像, 音響, 文字など多種の伝達媒体を組み合わせる技法. 類ミックストメディア.

マルチラテラリズム [multilateralism] 多国間主義, 多角的交渉主義.

マルチリンガル [multilingual] 複数の言語を操れる人.

マルチング [mulching] 畑の乾燥や霜害防止などのため, 作物の根元にわらやビニールをかぶせる栽培法. ➡ マルチ.

マルティーニ ➡ マティーニ

マレットゴルフ [mallet golf 和] ゴルフに似た球技. プラスチック製のボールをマレット(木槌)で打ちながらコースを回る.

マロニエ [marronnier 仏] 西洋トチノキ. 街路樹に用いられる.

マログラッセ [marrons glacés 仏] 栗を砂糖に漬けたフランス菓子.

マンウオッチング [man watching] 人間観察.

マン・オブ・ザ・イヤー [man of the year] その年に最も輝かしい業績を残した人.

マンガン [Mangan 独] 金属の一つ. 合金などに利用される. 動植物の発育にも不可欠な元素. 記号Mn.

マンガン乾電池 [manganese dry

cell] 正極に二酸化マンガン, 負極に亜鉛を用いる電池. もっとも一般的な乾電池.

マングローブ [mangrove] 熱帯, 亜熱帯の海岸や河口に茂る常緑樹.

マンサード屋根 [mansard roof] 腰折れ屋根. 途中から急勾配になる形の屋根.

マンション [mansion] 和製用法で, 高層集合住宅. 本来は大邸宅を指す.

マンスリー [monthly]
①月1回の, 月刊の.
②月刊の雑誌, 刊行物.

マンスリーマンション [monthly mansion 和] 1カ月単位で契約する賃貸マンション.

マンダラ [mandala サンスク] 曼陀羅. 仏陀や菩薩の群像を描いた仏教画.

マンダリン
1 [mandarin]
①ミカン.
②オレンジリキュールの一つ.
2 [M__] 北京官話, 標準中国語.

マンダリンカラー [mandarin collar] 立ち襟. マンダリンは中国清朝の官吏のこと.

マンツーマン [man-to-man]
①1対1の.
②スポーツで, 各人が相手側の特定の選手をマークすること.
③和製用法で, 選手1人ずつにコーチがついて指導すること.

マント [manteau 仏] 袖なしのゆったりした外套.

マンドリン [mandolin] いちじく形の弦楽器. 4対8本の弦をピック(爪)ではじいて演奏する.

マントル [mantle]
①外部を覆うもの.
②地球内部の, 地殻と外核の中間にある層.

マントルピース [mantelpiece] 暖炉, 暖炉の飾り棚.

マンナン [mannan] 多糖類の一つ. コンニャクなどに多く含まれる.

マンネリ ➡ マンネリズム

マンネリズム [mannerism] 型にはまった表現方法, くせ. 略してマンネリ.

マンパワー [manpower] 人的資源, 有効労働力.

マンフライデー [man Friday] 忠実で有能な部下, 側近. 小説『ロビンソン・クルーソー』に登場する忠僕, フライデーの名前から.

マンボ [mambo 西] キューバの民族舞踊音楽であるルンバにジャズの要素が加わったもの.

マンマシン・インターフェース [man-machine interface] 人間と機械が互いに作用し合う領域, 媒体装置. OA機器の操作部分など. 略はMMI.

マンモグラフィー [mammography] 乳房のレントゲン撮影.

マンモス [mammoth]
①氷河時代に広く分布していた巨大で体毛の長い象.
②巨大な. 大型の.

ミ

ミーイズム [meism] 自己中心主義.自分のことしか考えない風潮.

ミオグロビン [myoglobin] 筋肉に含まれる色素たんぱく質.酸素を蓄える.

ミオシン [myosin] 筋肉の繊維を構成するたんぱく質.

ミガ ➡ MIGA

ミーガン法 ➡ メーガン法

ミキサー [mixer]
①料理用の撹拌(はん)器,泡立て器.
②砂利,セメントを混ぜてコンクリートを作る混合機.
③複数の入力信号の音量・音質を調整する装置.またはその調整技師.

ミキシング [mixing] 混ぜ合わせること.特に,複数の映像や音声を混合・調整すること.

ミキシンググラス [mixing glass] カクテルを混ぜるのに使うグラス.

ミクスチャー [mixture] 混合,混合物.

ミクストメディア ➡ ミックストメディア

ミクロ [Mikro ドイ] 微小な.極微の.マイクロ.

ミクロ経済学 [microeconomics] 微視的経済学.各企業や家計などの個々の経済活動を分析する.対 マクロ経済学.

ミクロコスモス [Mikrokosmos ドイ] 小宇宙,人間社会の縮図.対 マクロコスモス.

ミクロメーター ➡ マイクロメーター

ミクロン [micron フラ] 長さの旧単位.1mmの1000分の1.記号 μ.現在のマイクロメートル.

ミサ [missa ラテ]
①カトリック教の聖餐(せいさん)式.
②ミサに歌われる歌,ミサ曲.

ミサイル [missile] 誘導弾.ロケットやジェットエンジンを推進力として,誘導装置により目標に到達する兵器.

ミサイル療法 [missile therapy] 抗体と制がん剤を結合させて投与し,がん細胞のみを破壊する治療法.

ミサンガ [miçanga ポルト] ビーズやリボンで作った手首に巻くアクセサリー.

ミザントロープ [misanthrope フラ] 人間嫌いの人,厭世(えんせい)家.

ミシュラン [Michelin フラ] 欧州のホテルやレストランを格付けした伝統ある旅行案内書.フランスの同名のタイヤ会社が発行.

ミス
❶ [miss] し損なう,見逃す,取り逃す,失敗する.
❷ [M＿] 未婚女性に対する敬称.美人コンテストなどの優勝者.
❸ [myth] 神話,作り話,例え話.

ミズ [Ms.] 女性の未婚,既婚を区別しない敬称.

ミスキャスト [miscast] 映画・舞台などで,配役を誤ること.人選を

誤ること.

ミスコン[Miss contest 和] 未婚女性の美人コンテスト. ミスコンテストの略.

ミスコンダクト[misconduct] 不正行為. 特に論文の捏造や改ざん, 盗用などの不正.

ミスジャッジ[misjudge] 誤審. 誤った判断.

ミスティシズム[mysticism] 神秘主義, 神秘体験.

ミスティフィケーション[mystification] 神秘化. 煙にまくこと.

ミステリー[mystery] 神秘, 謎. 推理小説.

ミステリアス[mysterious] 神秘的な, 不思議な.

ミステリーサークル[mystery circle] 田畑などに突然作り出される丸い形. イギリス南部などで見られる.

ミスト[mist]
①もや. 霧.
②スプレー式の化粧品.

ミストラル[mistral 仏] フランスの地中海岸地方に吹く冷たい北風.

ミストレス[mistress]
①主婦, 女主人.
②情婦, めかけ.

ミスフォーチュン[misfortune] 不幸, 不運, 災難.

ミスマッチ[mismatch]
①不適当な組み合わせ, 不釣り合いな組み合わせ.
②ファッションで, 常識を超えた組み合わせで斬新さをねらう手法.

ミスリード[mislead] 誤解を誘う. 誤った方向に導く, 迷わせる.

ミセス[Mrs.]
①既婚女性に対する敬称.
②既婚女性, 奥様, 夫人.

ミゼット[midget] 超小型の.

ミゼラブル[misérable 仏] 哀れな, 不幸な, 悲惨な, 無情な.

ミダス ➡ MIDAS

ミックス[mix]
①混ぜ合わせること. 混合物.
②テニスや卓球などの混合ダブルス. 男女が組んだダブルス.

ミックスダウン[mixdown] ➡ トラックダウン

ミックストマリッジ[mixed marriage] 異なる人種, 宗教間の結婚. 国際結婚.

ミックストメディア[mixed media]
①多くのメディアを用いたコミュニケーション. 類マルチメディア.
②異なった材料で描いた絵. いずれも, ミクストメディアとも.

ミッシー[missy] 若い娘, お嬢さん.

ミッション[mission]
①外国への派遣団, 使節団, 在外公館.
②任務, 使命.
③伝道団体, 布教所.

ミッションスクール[mission school] キリスト教の宗派が経営する学校.

ミッションスペシャリスト[mission specialist] アメリカのスペー

スシャトルに乗り組む運用技術者. 略はMS.

ミッシング [missing] 見つからない, 行方不明の.

ミッシングリンク [missing link] 失われた環. 特に, 進化の過程で類人猿と人間の間に存在したと考えられるが, その化石が発見されていない生物を指す.

ミッドサマー [midsummer] 真夏. 夏至のころ.

ミッドシップ [midship] 自動車のエンジンを前後の車軸の間に搭載する方式.

ミッドセンチュリー [mid-century] 1960年代に興った家具や雑貨などの新しいデザイン.

ミッドナイト [midnight] 真夜中, 深夜.

ミッドナイトブルー [midnight blue] 暗く濃い紺色.

ミディー
① [middy] セーラー服風のブラウス. 「海軍少尉候補生」の意から.
② [midi] ふくらはぎの半ばぐらいまでのスカート丈.
③ ➡ MIDI

ミディアム [medium]
①中くらいの, 中間の.
②媒体, 媒介. 霊媒.

ミディアムボディー [medium-bodied] ワインなどのこくが, フルボディーとライトボディーの中間ぐらいであること. ➡フルボディー, ライトボディー.

ミティゲーション [mitigation] 緩和. 特に, 大規模な建設事業などによる自然環境への影響を緩和するため, 必要な措置をとること.

ミーティング [meeting]
①会合, 集会.
②合流, 一致すること.

ミート [meet]
①会う, 出会う.
②ボールをバットやラケットの芯で打つこと.

ミトコンドリア [mitochondria] 細胞のエネルギー代謝の中心をなす細胞小器官.

ミートソース [meat sauce] ひき肉とタマネギ入りのトマトソース. それを使ったスパゲティ料理.

ミドリフ [midriff] へそが露出する丈の短い婦人服. 原意は「横隔膜」.

ミドルウエア [middleware] コンピューターでOS(基本ソフト)とアプリケーションの中間で利用されるソフトウエア. データベース管理システムなど.

ミドルエージ [middle age] 中年, 初老.

ミドルクラス [middle class] 中産・中流階級.

ミドルスクール [middle school] アメリカなどの中等学校.

ミドルティーン [middle teen 和] 10代中ごろの少年少女. 英語ではミッドティーン(mid-teen).

ミドルネーム [middle name] 中間名. 人名が三つ以上で構成される場合の, 名と姓の間にある名前.

ミドルパワー [middle power] 中

堅国家．大国志向ではなく，国際平和への貢献を目標とする国家．
ミートローフ［meat loaf］ひき肉にパン粉や野菜などを混ぜてオーブンで焼いた料理．
ミナレット［minaret］イスラム教寺院の光塔，尖塔(せんとう)．
ミニ［mini］
①小さい，小型の．
② ➡ミニスカート
ミニアチュール［miniature 仏］
①細密画，小画像．
②小型模型，小型カメラ，特殊撮影用セット．ミニチュアとも．
ミニオン［minion］
①お気に入り，手先，子分．
②欧文活字の大きさの一つ．7ポイント．
ミニコミ［mini-communication 和］特定の人々のみを対象とする情報伝達．同人誌，タウン誌など．
ミニゴルフ［mini golf］パターだけで回る形式のゴルフ．ベビーゴルフとも．
ミニシアター［mini-theater 和］座席数300以下の小さな映画館．芸術性の高い作品を独自にロードショー公開する．
ミニスカート［miniskirt］ひざ上丈の短いスカート．略してミニ．
ミニスター［minister］
①大臣，公使．
②聖職者，牧師．
ミニチュア［miniature］ ➡ミニアチュール②
ミニチュアブック［miniature book］豆本．
ミニッツステーキ［minute steak］薄切り肉を手早く焼いたステーキ．
ミニディスク［mini disc］直径64㎜の音声用光磁気ディスク．再生・録音ができる．略はMD．
ミニテル［minitel 仏］フランスで開発された生活情報映像システムの端末装置．
ミニトランスプラント［mini-transplant］ミニ移植．がん免疫療法の一つ．がん患者に他人の造血幹細胞またはリンパ球を注入するもの．
ミニドリンク［mini drink 和］医療用ドリンク剤で，容量が50ミリリットル以下のもの．
ミニバイク［minibike］レジャー用の小型オートバイ．
ミニバン［minivan］ステーションワゴンよりやや大きい小型乗用バン．
ミニピル［minipill］副作用の少ない新しい経口避妊薬．
ミニマム［minimum］最小限，極小，最小．対マキシマム．
ミニマムアクセス［minimum access］最低限の市場参入機会，最低限の輸入義務．
ミニマリズム［minimalism］ ➡ミニマルアート
ミニマル［minimal］最小限の，極小の．
ミニマルアート［minimal art］最小限の造形手段で制作する絵画や彫刻．1960年代にアメリカで起こった反芸術運動の一つ．ミニマリ

ミニマルミュージック [minimal music] 現代音楽の一つ. ごく短い旋律パターンを少しずつ変えながら繰り返すもの.

ミニレター [mini letter 和] 郵便書簡. 便箋(びんせん), 封筒, 切手が一体になった通信用紙.

ミニロト [Miniloto] 数字選択式宝くじ. 1から31までの数字から五つを選ぶ.

ミネストローネ [minestrone 伊] 細かく刻んだ野菜やマカロニを入れたイタリアの代表的スープ.

ミネラル [mineral]
①鉱物, 無機物.
②無機塩類の総称. コバルト, 鉄, カルシウム, マンガンなど.

ミネラルウオーター [mineral water] 天然水, 鉱泉水.

ミネルバ [Minerva ラテ] ローマ神話に登場する知恵と武勇の女神. ギリシャ神話ではアテナ.

ミノキシジル [Minoxidil] 発毛促進剤の一つ. 元来は血管拡張を促す降圧剤として開発された.

ミメーシス [mimesis 独] 模擬, 模倣.

ミモレ [mi-mollet 仏] ひざが隠れるくらいの丈のスカート.

ミュージアム [museum] 博物館, 美術館.

ミュージカル [musical] 音楽や踊りで構成される現代歌劇.

ミュージシャン [musician] 音楽家. 特に演奏家を指す.

ミュージックコンクレート [musique concrète 仏] 具体音楽, 具象音楽. 自然界の音を編集して作る前衛音楽の一つ.

ミューズ [Muse] ギリシャ神話で, 芸術をつかさどる9人の女神たち.

ミュゼ [musée 仏] 博物館. 美術館.

ミュータント [mutant] 突然変異体.

ミュート [mute] 音声を出さない, 消音の.

ミュール [mule] つっかけ靴.

ミラーイメージング [mirror imaging] 鏡に映る自分の姿のように, 相手も自分と同じ考えを持っていると思い込むこと.

ミラーガラス [mirror glass] 熱線反射ガラス. 表面に薄い金属膜が張られ, 断熱効果が高い.

ミラクル [miracle] 奇跡, 不思議なもの, 驚異.

ミラージュ [mirage 仏] 蜃気楼(しんきろう).

ミラーボール [mirror ball] 小さな反射鏡を組み合わせた球状の照明用具. 光を当てて回転させる.

ミリオネア [millionaire] 大金持ち. 百万長者.

ミリオン [million] 100万.

ミリオンセラー [million seller] 100万個以上売れたもの.

ミリタリー [military] 軍隊. 軍人. 軍隊的な.

ミリタリーガバメント [military government] 軍事政権, 軍政.

ミリタリスト [militarist] 軍国主義者. 軍事専門家.

ミリタリズム [militarism] 軍国主

義, 軍事優先主義.
ミリタリールック [military look] 軍服を真似た服装. アーミールックとも.
ミリタント [militant] 戦闘的な人, 闘士, 活動家.
ミリ波 [millimeter wave] 波長が1〜10mmの電磁波. 衛星通信やレーダーなどに利用される. EHFとも.
ミリバール [millibar 茨] 気圧の旧単位. 記号mb. 現在のヘクトパスカル.
ミール [meal]
①食事.
②トウモロコシや豆類の粗びきの粉.
ミルキーウエー [Milky Way] 天の川, 銀河.
ミルクセーキ [milk shake] 牛乳に卵や砂糖を混ぜた冷たい飲み物.
ミルクファイバー・ライス [milk-fiber rice 和] 牛乳と水で炊いた麦飯.
ミルクホワイト [milk white] かすかに黄色みのある白.
ミルフィーユ [millefeuille 茨] 薄いパイ皮の間にクリームなどをはさんで重ねたフランス菓子.
ミレニアム [millennium] 千年間, 千周年記念の. キリストが再臨する千年王国.
ミングル居住 [mingle dwelling 和] 友人同士での半共同生活. ミングルは「混ざる」の意.
ミーンズテスト [means test] 資産調査.

ミンチ [mince] 細切れにした肉, ひき肉. メンチとも. 正しくはミンス.
ミント [mint]
①ハッカ. シソ科の多年草.
②造幣局.

ム

ムエタイ [Muay Thai 夕] タイ式ボクシング. タイの国技.
ムース [mousse 茨]
①泡立てた生クリームを用いた菓子や料理.
②泡状の整髪料.
ムスク [musk] 麝香じゃ. 香料の一つで, ジャコウジカの雄の分泌物から取れる. マスクとも.
ムスタング
❶[mustang] アメリカの小型の野生馬.
❷[M__] アメリカ製のスポーツカーの名称. いずれも, マスタングとも.
ムスリム [Muslim] イスラム教, イスラム教徒. モスレムとも.
ムーチョ [mucho 西] たくさん, たいへん.
ムック [mook] 雑誌と書籍の中間の出版物. マガジン(magazine)とブック(book)の合成語. マガブックとも.
ムッシュー [monsieur 茨] フランス語の男性の敬称. 英語のミスター(mister)に相当する.
ムーディー [moody] 和製用法で, 雰囲気がいい, 情緒的な. 本来は

「むっつりした, 不機嫌な」の意.

ムード [mood] 気分, 機嫌. 雰囲気, 調子.

ムードミュージック [mood music] 雰囲気を盛り上げる音楽. ムード音楽.

ムードメーカー [mood maker 和] 雰囲気づくりのうまい人.

ムートン [mouton 仏] 羊の毛皮.

ムニエル [meunière 仏] 魚に小麦粉を付けてバターで焼いた料理.

ムニュ [menu 仏]
①献立. メニュー.
②定食.

ムハンマド [Muhammad 阿] イスラム教の創始者, 預言者. マホメットとも.

ムービングセール [moving sale] 引っ越しセール. 引っ越す人が家具などを売りに出すこと.

ムーブメント [movement]
①運動, 動向.
②時計などの作動機構.

ムームー [muumuu ハワ] ハワイの民族服. 色彩が豊かでゆったりしたワンピース.

ムーランルージュ [Moulin Rouge 仏] 赤い風車. パリにあるショーと飲食を組み合わせたナイトクラブ. 屋根に赤い風車が付いていることから.

ムール貝 [moule 仏] イガイ, カラスガイ. 食用になる二枚貝の一種.

ムーンウオーク [moonwalk]
①月面歩行.
②ブレークダンスの一つで, 後ろに歩いているのに前に歩いているように見える踊り方. バックフロートとも.

ムーンシャイナー [moonshiner] 酒の密造業者, 密輸業者.

ムーンシャイン [moonshine] 密造酒, 安ウイスキー. 月の光を頼りに, 人目を避けて密造したことから.

ムーンストーン [moonstone] 月長石（げっちょうせき）. 半透明, 乳白色の宝石. 6月の誕生石.

ムーンフェース [moon face] 満月のように丸くなった顔, むくんだ顔. 特に, 薬の副作用による場合をいう.

ムーンライター [moonlighter] 夜間にアルバイトをする人, 掛け持ちで仕事をする人.

ムーンライト [moonlight]
①月光.
②夜間のアルバイト.

メ

メイジャー ⇒ メジャー❷

メイストーム [May storm 和] 5月ごろ北日本近海で起こる暴風雨.

メイド [maid] お手伝い. ホテルなどの女性の客室係. メードとも.

メイプルシロップ [maple syrup] カエデ糖. サトウカエデの樹液を煮詰めて作る.

メイプルリーフ金貨 [Maple Leaf] カナダ政府発行の金貨. 国章のカエデの葉模様が刻まれている.

メイン ➡ メーン

メーカー [maker] 作る人. 製造業者. 対ユーザー.

メガ
1. [mega-] 100万倍を表す接頭語. 記号M.
2. [mega] 並はずれて大きい.

メガシティー [megacity] 巨大都市.

メガストラクチャー [megastructure] 巨大高層ビル.

メガトレンド [megatrend] 大きな社会潮流. アメリカの社会学者J.ネイスビッツの著書名から.

メカトロニクス [mechatronics] 機械工学と電子工学を一体化した技術と, それを応用した機械装置.

メガトン [megaton]
① 100万トン.
② 核兵器の爆発力を示す単位. 1メガトンはTNT火薬100万トンに相当. 記号Mt.

メカニカルオートメーション [mechanical automation] 機械の自動化. 加工工業分野での工作機械の自動化と工程の連続化.

メカニクス [mechanics] ➡ メカニック②

メカニズム [mechanism]
① 機構, 仕組み, 機械装置.
② 技巧, 手法, テクニック.

メカニック [mechanic]
① 機械工, 修理工.
② 和製用法で, 機械, 仕組み. メカニクスとも.

メガバイト [megabyte] 情報量の単位. 1メガバイトは約100万バイト. 記号MB.

メガバンク [megabank] 巨大銀行.

メガヒット [megahit] 100万単位で売れた大ヒット商品.

メガフロート [megafloat] 超大型浮体式海洋構造物.

メガホン [megaphone] 拡声器, 伝声器.

メガメディア [megamedia] 巨大情報企業.

メガロ [megalo-] 「巨大な」の意味の接頭語.

メガロポリス [megalopolis] 巨帯都市. 東京から大阪までのように, 複数の都市が連なった人口過密地帯.

メガロマニア [megalomania] 誇大妄想.

メーガン法 [Megan's Law] 性犯罪者情報公開法. アメリカで, 常習的性犯罪者から子供を守る目的で定められたもの. ミーガン法とも.

メーキャッパー [makeuper 和] 舞台, 映画, テレビなどの化粧係. 英語ではメーキャップアーティスト (makeup artist).

メーキャップ [makeup] 化粧, 俳優などの扮装, 化粧品.

メーキング [making] 作ること. 製造. 過程.

メーキングビデオ [making video] 映画などの特撮技術や製作過程を紹介するビデオ.

メークオーバー [makeover] 服な

どの仕立て直し, 作り直し.

メークラブ [make love] 性交する, 口説く.

メーザー [maser: microwave amplification by stimulated emission of radiation] マイクロ波の増幅器.

メサイア [Messiah]
①救世主, キリスト教のキリスト. メシアとも.
②ヘンデルの作曲したオラトリオ (聖譚(たん)曲).

メシア ➡ メサイア①

メシアニズム [messianism]
①救世主信仰.
②特定の主義・主張への絶対的な忠誠, 信念.

メジャー
1 [major]
①重要度の高い, 大きいほうの. 対マイナー.
②長調, 長音階. 対マイナー.
③ ➡ メジャーリーグ
2 [Majors] 国際石油資本. major oil companiesの略. メイジャーとも. 対インデペンデント.
3 [measure] 基準, 尺度, 計量器, 巻き尺.

メジャーカップ [measuring cup] 目盛り付きの計量容器. 計量カップ.

メジャーリーグ [Major League] アメリカのプロ野球の最上位リーグ. ナショナルリーグとアメリカンリーグがある. メジャー, 大リーグ, MLBとも. ➡ マイナーリーグ.

メジャーレーベル [major label] 大手レコード会社. 対マイナーレーベル.

メーズ
1 [maize] トウモロコシ.
2 [maze] 迷路, 迷宮.

メスカリン [mescaline] アルカロイドの一つ. 幻視, 幻聴などを引き起こす.

メスティーソ [mestizo 西] 中南米のスペイン系と原住民インディオとの間に生まれた人.

メスバウアー効果 [Mössbauer effect] 原子核から放出されるガンマ線が, 同種の原子核によって共鳴吸収される現象. 発見したドイツの物理学者の名前から.

メスメリズム [mesmerism] 催眠術, 催眠状態.

メセナ [mécénat 仏] 国家などによる芸術, 科学, 文芸への援助.

メゾソプラノ [mezzo-soprano 伊] 女性のソプラノとアルトの間の声域.

メゾチント [mezzotint] すじ彫り銅版(画).

メソッド [method] 方法. 方式. 順序.

メゾネット [maisonnette 仏] 中高層集合住宅で, 1戸が上下2階にまたがっているもの.

メゾン [maison 仏] 家, 住宅. 和製用法では集合住宅.

メタ [meta-] 「後続」「変化」「超越」などの意味の接頭語.

メタセコイヤ [metasequoia] スギ

科の巨木.化石植物とされてきたが中国で現生種が発見された.

メタノール［Methanol ドイ］⇒メチルアルコール

メタファー［metaphor］隠喩, 暗喩.「…のような」の形を使わない比喩.「花のかんばせ」など. 対シミリ.

メタフィクション［metafiction］小説の小説.小説について考える小説.

メタフィジカル［metaphysical］形而上の, 形而上学的な.

メタフィジックス［metaphysics］形而上学, 純正哲学, 机上の空論.

メタボリズム［metabolism］新陳代謝, 物質代謝, エネルギー代謝.

メタボリックシンドローム［metabolic syndrome］生活習慣病（糖尿病, 高血圧症など）の前段階の状態.メタボリックは代謝異常のこと.

メタメディア［metamedia］超メディア.様々なメディアを統合する超越的な媒体.

メタモルフォーゼ［Metamorphose ドイ］変態, 変形, 変身.

メダリスト［medalist］競技会でのメダル獲得者, 優勝者.

メタリック［metallic］金属の.

メタリックカラー［metallic color］金属的な光沢を持つ色.

メタルテープ［metal tape］磁性材料に純鉄を使った録音用テープ.

メタン［Methan ドイ］炭化水素の一つ.腐敗した動植物から発生する無色無臭のガス.燃料に利用される.

メタンハイドレート［methane hydrate］メタンや二酸化炭素などが水と結合して固化したもの.永久凍土や海底堆積物中に産出し, エネルギー資源として注目される.

メチエ［métier フラ］職業, 専門分野, 専門技術, 仕事, 役割.

メチシリン［methicillin］抗生物質の一つ.ペニシリンが効かない菌にも効果がある.

メチルアルコール［methyl alcohol］合成アルコールの一つ.溶剤, 燃料, 工業原料などに広く用いられる.有毒.メタノールとも.

メチル水銀［methylmercury］有機水銀の一つ.有毒.殺虫剤や農薬などに使われる.

メチルテストステロン［methyltestosterone］人工の男性ホルモン化合物.筋肉の増強作用がある.

メッカ

1［Mecca］サウジアラビア西部の都市.ムハンマド（マホメット）の生誕地でイスラム教の聖地.

2［m__］芸術・スポーツなどの発祥地.あこがれの場所.

メッシュ

1［mèche フラ］髪の一部分を染めたり脱色したりすること.あるいはその部分.

2［mesh］網の目, 網の目状の生地.

メッセ［Messe ドイ］見本市, 国際見本市.

メッセージ［message］

①伝言, ことづけ, あいさつの言葉.
②芸術作品などの意味, 趣意.
③アメリカ大統領が議会に送る教書.

メッセージソング [message song] 主張や運動の趣旨などを盛り込んだ歌.

メッセージフォーク [message folk] ➠フォークソング②

メッセンジャー [messenger] 使者, 伝令, 配達人.

メーデー

■ [May Day] 5月1日の労働者の祭典.

■ [Mayday] 遭難救助信号.

メディア [media] 媒体, 手段, 情報伝達手段.

メディアスクラム [media scrum] マスコミの過熱取材.

メディアパワー [media power] マスコミがもつ政治的, 文化的な影響力.

メディアミックス [media mix] 特に広告で, 何種かの媒体を組み合わせること.

メディアリテラシー [media literacy] 複数のメディア情報を自分なりに読み解く能力.

メディオロジー [médiologie 仏] メディア技術とその象徴化作用を考察する学問. 権力構造としてのメディアを研究対象とする.

メディカル [medical] 医学の, 医療の.

メディカルエンジニアリング [medical engineering] 医用工学, 医用電子工学. レーザーなどの電子工学技術を医学に応用する学問.

メディカルケア [medical care] ➠メディケア②

メディカルチェック [medical check 和] 身体検査. 健康診断. ヘルスチェックとも.

メディケア [medicare]
①アメリカの高齢者用医療保険制度.
②医療保険. メディカルケアとも.

メディケイド [Medicaid] アメリカの, 低所得者や身障者などを対象とした医療保険制度.

メディシン [medicine]
①薬品, 内服薬.
②医学.

メディテーション [meditation] 黙想.

メディナ

■ [medina] 北アフリカ諸都市の旧市街.

■ [M__] サウジアラビア北西部の都市. ムハンマド(マホメット)の墓があり, メッカと並ぶイスラム教の聖地.

メテオ [meteor] 流星, 隕石(いんせき).

メード ➠メイド

メドゥサ [Medusa] ギリシャ神話の怪物. 頭髪は蛇で黄金の翼を持ち, その顔を見た者は石になったという魔女.

メトニミー [métonymie 仏] 換喩(かんゆ). 物事を, それと関係の深い別の物で表現する修辞法.

メトリック [Metrik ドイ]
①詩学, 韻律学.
②音楽で, 拍節法.

メートル [meter 英, metre 仏] 長さの単位. 国際基本単位の一つ. 記号m.

メートルグラス [mètre glass 和] 計量目盛付きのコップ.

メドレー [medley]
①寄せ集め, ちゃんぽん.
②混成曲. 二つ以上の曲の連続演奏.
③陸上・水泳で, 各走者・泳者の距離や種目が異なるリレー. メドレーリレー (medley relay) とも.

メトロ [métro 仏] 地下鉄. 英語ではサブウエー (subway).

メトロセクシュアル [metrosexual] 大都会に住み, ファッションにも興味をもつおしゃれな男性.

メトロノーム [metronome] 拍子測定器, 拍節器. 演奏のテンポを示す振り子式の器具.

メトロポリス [metropolis] 主要都市, 大都市, 首都.

メトロポリタン [metropolitan]
①大都市の, 首都の.
②都会人.

メニエール症候群 [Ménière's syndrome] 自律神経失調などによる平衡障害. 耳鳴りや目まいが主な症状.

メニュー [menu] 献立, 献立表, 一覧表, 予定表.

メヌエット [Menuett ドイ] フランス舞曲の一つ. 優美でゆったりとした3拍子の曲.

メノポーズ [menopause] 更年期, 更年期障害.

メビウスの帯 [Möbius band] テープ状の紙片を1回ねじり, 両端を接着して作った輪. 表裏の区別がつかない立体になる.

メープルシロップ ➡ メイプルシロップ

メメントモリ [memento mori ラテ] 死. 死の警告. 原意は「死なねばならないことを忘れるな」.

メモランダム [memorandum] 覚書, 備忘録, メモ.

メモリー [memory]
①思い出, 記憶, 記念.
②コンピューターの記憶装置, 記憶容量.

メモリアル [memorial] 記念の. 記念物. 記念碑.

メモリアルパーク [memorial park] 共同墓地, 霊園.

メモリーカード [memory card] パソコンに使われるカード型の記憶媒体.

メモワール [mémoire 仏]
①回想録, 自叙伝, 伝記.
②学術論文, 研究報告.
③外交上の覚書.

メラトニン [melatonin] 松果腺から分泌されるホルモンの一つ.

メラニン [melanin] 動物の皮膚や毛などに含まれる黒色の色素.

メラノーマ [melanoma] 悪性黒色腫. 悪性腫瘍の一つ.

メラミン樹脂 [melamine resin]

合成樹脂の一つ.耐水性,耐熱性に優れ,家具や塗料などに使われる.

メランコリー [melancholy] 憂うつ,ふさぎ込み,物思い.

メランコリア [melancholia] 憂うつ症.うつ病.

メランコリック [melancholic] 憂うつな,気がふさぐような.

メリケン [American] アメリカ,アメリカの.アメリカ人.アメリカンがなまったもの.

メリーゴーラウンド [merry-go-round] 回転木馬.遊園地の遊戯施設の一つ.

メリスマ [melisma 裂] 声楽で,一つの音節にいくつもの音を当てる装飾的な技法.

メリット [merit]
①長所,利点,価値.対デメリット.
②功績,業績.

メリットシステム [merit system] 実力や能力本位で人事管理を行う制度.

メリディアン [meridian]
①子午線.
②頂点,盛り.

メリトクラシー [meritocracy] 実力主義,能力主義,実力本位の社会.

メリーメーカー [merrymaker] 浮かれ騒ぐ人.

メリヤス [medias 裂, meias 裂ト] 糸でループを作りながら編んだ布地.

メーリングリスト [mailing list]
①郵送先のリスト.
②電子メールで,共通の関心事について情報を交換するサービス.略はML.

メリンス [merinos 裂] ➡モスリン

メール [mail]
①郵便,郵便物.
②➡Eメール

メールオーダー [mail order] 通信販売.

メルカトル図法 [Mercator projection] 地図投影法の一つ.等角航路が直線で表せるので,海図に用いられる.

メルクマール [Merkmal 獨] 目印,指標,標識,特徴.

メルクリウス [Mercurius ラテ] ➡マーキュリー②

メルコスル [MERCOSUR: Mercado Común del Cono Sur 裂] 南米南部共同市場.

メールサーベイ [mail survey] 郵便調査法.郵送して回収した質問状によって動向を調査する方法.

メルシー [merci 仏]「ありがとう」.

メールソプラノ [male soprano] ソプラノの音域まで発声可能な男性歌手.

メルティングポイント [melting point] 融点.固体が融解して液体になる時の温度.

メルティングポット [melting pot] るつぼ,人種・文化のるつぼ.

メルトダウン [meltdown] 炉心溶融.原子炉の炉心が事故などが原因で温度が上がり,ついには溶けて

メルトン [melton] 毛羽があって保温性に富んだ紡毛織物. 洋服やコート地に用いる.

メルヘン [Märchen ドイツ] 童話, おとぎ話.

メールボックス [mailbox]
①郵便箱, 郵便受け.
②Eメールのデータを格納しておく場所.

メルマガ ➡ メールマガジン

メールマガジン [mail magazine 和] Eメールで定期的に情報を配信するサービス. 略してメルマガ.

メレンゲ
❶ [merengue スペイン] 中米ドミニカ, ハイチのダンス音楽.
❷ [meringue フランス] 卵白を泡立てて砂糖などを混ぜたもの.

メロー [mellow] (果物などが)甘く熟れた, 軟らかな. 音, 色, 文体などが美しい. 円熟した.

メロディー [melody] 旋律, 音色, 階調, 歌曲.

メロディアス [melodious] 旋律的な. 音楽的な.

メロディカ [melodica] ピアノのような鍵盤が付いたハーモニカ状の吹奏楽器. 商標.

メロドラマ [melodrama] 大衆的・感傷的な通俗劇.

メーン [main] 主要な, 本筋の, 主力の, 強力な. 水道などの本管, 幹線. メインとも.

メーンイベント [main event] プログラムの中で最も重要な演目や試合.

メーンカルチャー [main culture] 国や社会の中心となる文化. 対 サブカルチャー.

メンション [mention]
①言及, 記載.
②表彰.

メンス [menses] 月経, 生理.

メーンスタンド [main stand 和] 競技場の正面観覧席, 特別観覧席.

メーンストリート [main street] 大通り, 目抜き通り, 繁華街.

メーンストリーム [mainstream] 本流, 主流.

メンソール ➡ メントール

メンター [mentor] 指導者, 助言者, 恩師.

メーンタイトル [main title] 表題. 対 サブタイトル.

メンタリティー [mentality] 精神構造, 心的状態, ものの見方.

メンタル [mental] 精神の, 心の, 知的な. 対 フィジカル.

メンタルテスト [mental test] 知能検査, 知力測定検査.

メンタルトレーニング [mental training] スポーツのための精神的トレーニング法.

メンタルヘルス [mental health] 心の健康, 精神衛生.

メンチ ➡ ミンチ

メーンディッシュ [main dish 和] 主な料理. ごちそう.

メンテナンス [maintenance] 自動車や機械類の維持, 整備, 保全.

メーンテーブル［main table］主賓用テーブル,主卓.

メントール［Menthol ドイ］ハッカ油の主成分.無色の結晶で香りがよい.メンソールとも.

メンバーシップ［membership］会員であること,会員の資格.

メンバーズカード［member's card 和］会員証.

メーンバンク［main bank 和］主力銀行.企業が金融面で最も依存している銀行.

メンヒル［menhir］考古学で,柱状の巨石遺構.

メーンフレーム［mainframe］汎用はん大型コンピューター.

メーンポール［main pole 和］競技場の正面に立つ大会旗掲揚柱.

メーンメモリー［main memory］主記憶装置.コンピューター本体内部にある記憶装置.

メーンライン［main line］鉄道・航空路の本線,幹線.対ローカルライン.

モ

モアイ［moai］南太平洋のイースター島にある巨石像.

モアレ［moiré フラ］
①写真の印刷で生じる斑紋はん,ゆがみ.
②木目模様の織物,波紋.

モイスチャー［moisture］湿気,水分,潤い.

モカ［mocha］コーヒーの銘柄の一つ.強い酸味と香りが特徴.

モカシン［moccasin］底と側面,つま先が一枚革の靴.アメリカインディアン諸語から.

モーグル［moguls］フリースタイルスキーの種目の一つ.こぶの多い急斜面を,ターンとエア（ジャンプ）を交えながら滑り降りる.

モーゲージ［mortgage］抵当,抵当権.

モザイク［mosaic］
①ガラスや石などの小片を組み合わせて模様を作る技法.
②寄せ集め.

モサド［Mossad］イスラエルの秘密情報機関.

モジュラー［modular］標準化された構成単位.

モジュール［module］
①工作物などの基準寸法,基準単位,構成単位.
②宇宙船の着陸船,機械船などの構成部分.

モジュレーション［modulation］
①調整.調音.
②音楽で,転調.
③通信電波の変調.いずれも,モデュレーションとも.

モーション［motion］
①動作,身ぶり,行動.
②野球で,投手の投球動作.

モーションキャプチャリング［motion capturing］人体の動きをデータ化し,CG（コンピューターグラフィックス）アニメーションに反映する技術.

モス
- **1** ⇒ MOS
- **2** ⇒ MOSS

モスキート級 [mosquito-weight] ジュニアボクシングで体重45kg以下の軽量級. モスキートは「蚊」の意.

モスク [mosque] イスラム教の寺院. ドーム状の礼拝堂が特徴.

モスグリーン [moss green] 苔(モス)のような緑色, 黄味がかった暗緑色.

モスリン [mousseline 仏] 薄地の綿織物. メリンスとも.

モスレム [Moslem] ⇒ ムスリム

モーターイン [motor inn] 車で旅行をする人のためのホテル. 類モテル.

モーターウエー [motorway] 高速道路, 幹線道路. 主にイギリスでいう. 類ハイウエー, フリーウエー.

モータウン [Motown] アメリカのデトロイトで生まれたジャズ音楽. またはそのレコード会社. 自動車の町(Motor Town)というデトロイトの別名から.

モーターサイクル [motorcycle] オートバイ, 単車, 自動二輪車.

モーターショー [motor show] 自動車やオートバイなどの展示会.

モータースポーツ [motor sports] 自動車やオートバイの運転技術や耐久力を競うスポーツ.

モダニスト [modernist] 現代主義者, 近代主義者.

モダニズム [modernism]
①当世風, 現代風.
②現代主義, 近代主義. 主に芸術分野で, 伝統様式を否定して現代的なものを主張する傾向.

モータープール [motor pool] 和製用法で, 駐車場.

モーターボート [motorboat] 発動機の付いた小型船.

モータリゼーション [motorization] 車社会, 自動車の大衆化.

モダリティー [modality] 様式. 様相.

モーダルシフト [modal shift] 輸送方式の転換. 貨物輸送を鉄道・海運などの環境負荷の少ない輸送機関に転換すること.

モダンアート [modern art] 近代美術, 現代美術. 特に20世紀初頭以来の超現実的・抽象的な作品や傾向をいう.

モダンジャズ [modern jazz] 1940年代以降の新しいジャズ.

モダンバレエ [modern ballet] 伝統様式を打ち破って新技法を取り入れたバレエ. 近代バレエ. 対クラシックバレエ.

モチーフ [motif 仏]
①芸術・文学作品の主題, 中心思想.
②楽曲を構成する最小単位となる旋律.
③編み物などの基本となる図案, 柄. いずれも, モーティブとも.

モチベーション [motivation] 動機付け, 行動を促す要因, 刺激, 誘導.

モチベーションリサーチ [motivation research] 購買動機調査. 消費者が商品を買う動機を探るための市場調査.

モックアップ [mock-up] 実物大の模型, 原寸模型.

モックス ⇒ MOX

モッズ [Mods] 時代の先端を行く若者, 前衛的な服装. modernsを略した呼び方.

モッツァレラ [mozzarella 伊] イタリア産のフレッシュチーズの一つ. 甘い香りと酸味がある.

モットー [motto] 座右の銘, 標語.

モッブ [mob] 暴徒, 群衆, やじ馬. モブとも.

モップ [mop] 掃除用具の一つ. 柄付きのぞうきん.

モディスト [modiste 仏] 婦人服や帽子, 装身具などの女性用服飾品. また, それを扱う店.

モーティブ [motive] ⇒ モチーフ

モディファイ [modify]
①緩和する, 加減する, 修正する.
②意味を修飾する, 限定する.

モディフィケーション [modification]
①変更, 修正, 改良.
②文法上の修飾, 音韻の変化.

モデム [modem] 変復調装置. 電話回線でコンピューター通信ができるようにする装置.

モデュレーション ⇒ モジュレーション

モデラー [modeler] 模型を作る人.

モデラート [moderato 伊] 音楽用語で, 「中ぐらいの速さで演奏せよ」.

モデリング [modeling]
①模型を作ること. 絵画などで立体感を出すこと.
②コンピューターで3Dグラフィックス(立体描画)を作成すること.
③ある事象の本質を知るために, 定形化・単純化してみること.

モテル [motel]
①自動車旅行者のための宿泊所. モーター(motor)とホテル(hotel)の合成語. 類モーターイン.
②和製用法で, 車で乗り入れられるラブホテル. いずれも, モーテルとも.

モデル [model]
①模型, 原型, 方式.
②模範, 手本.
③画家・彫刻家などが作品の対象にする人, もの.
④小説の素材となる出来事や実在人物.
⑤ショーや雑誌などで衣装を着せて見せる職業の人. ファッションモデルの略.

モデルケース [model case] 標準的な, 典型的な事例.

モデルチェンジ [model change 和] 製品のデザインや性能などを変えること. 自動車の型式変更.

モデルノロジー [modernology 和] 考現学. 現代の生活, 風俗, 現象を研究する学問. 考古学に対する造語.

モデルルーム [model room 和] マンションなどの部屋の完成見本.

モード [mode]
①方法, 様式, 形式.
②服装, 風俗, 流行.
③旋律, 音階.
④統計学の並数, 最頻値.

モトクロス [motocross] 荒れ地や不整地をオフロードバイクで走り, タイムを競うスポーツ.

モナステリー [monastery] 男子修道院. 対コンベント, ナナリー.

モナミ [mon ami 仏] 男性に対していう, わが友, きみ, あなた. 相手が女性の場合はmon amieになる.

モニター [monitor]
①テレビ・ラジオの放送状態などを監視する装置, 人.
②放送番組を視聴して感想を報告する人.
③新製品を使用して性能を報告する人.

モニタリング [monitoring] 継続的な傍受, 監視, 観察.

モニュメント [monument] 記念碑, 遺跡, 歴史的業績.

モニリア症 [moniliasis] ⇒カンジダ症

モーニングアフター [morning after] 二日酔い. 後悔.

モーニングカップ [morning cup 和] 朝食用の大型コーヒーカップ.

モーニングコート [morning coat] ⇒モーニングドレス

モーニングコール [morning call] ホテルの, 指定した時間に電話で起こしてくれるサービス.

モーニングショー [morning show] 平日や土曜の午前中に放送されるワイドショー番組.

モーニングドレス [morning dress] 男性の昼用の正式礼服. 黒無地の燕尾なが服とチョッキ, 縞じのズボン. モーニングコートとも.

モノ [mono-]「単一」の意味の接頭語.

モノガミー [monogamy] 一夫一婦制. ⇒ポリアンドリー, ポリガミー.

モノカルチャー [monoculture] 単作, 単式農法. 1種類の作物だけを栽培すること.

モノカルチャー経済 [monoculture economies] 生産や輸出が少数の一次産品に大きく依存している経済構造.

モノキニ [monokini] トップレスのビキニ. モノ(mono)とビキニ(bikini)の合成語.

モノグラフ [monograph] 特定の分野をテーマとする研究論文. 研究書.

モノグラム [monogram] 名前の頭文字などを組み合わせて図案化したもの.

モノクロ ⇒モノクローム

モノクローナル抗体 [monoclonal antibody] 単クローン抗体. 単一の抗体産生細胞から作られたクローンから得た抗体. ウイルス感染症の治療などに利用される.

モノクローム [monochrome] 単

モノコック [monocoque] 一体構造. 単体構造.

モノドラマ [monodrama] 一人芝居.

モノトーン [monotone]
①単調, 一本調子. 単調音.
②1色だけの色使い.

モノフォニー [monophony] 単旋律の歌曲. ➡ホモフォニー, ポリフォニー.

モノフォビア [monophobia] 孤独恐怖症.

モノポライズ [monopolize] 独占する, 独占権を得る.

モノポリー [monopoly] 独占, 専売, 独占権.

モノポール [monopole] 磁気単極子. 正あるいは負の1極だけを持つ素粒子.

モノマー [monomer] 化学でいう単量体. 重合体を形成する低分子量の物質.

モノマニアック [monomaniac] 偏執的な. 一つの物事に異常に固執すること.

モノラル [monaural] 立体音響ではない放送, 録音. 対ステレオ.

モノレール [monorail] 単軌道鉄道. 1本のレールにまたがって走る跨座式と, つり下がった型の懸垂式とがある.

モノローグ [monologue] 一人芝居, 独白. 対ダイアローグ.

モバイラー [mobiler 和] モバイル機器を愛用する人.

モバイル [mobile]
①持ち運びのできる小型情報通信機器の総称.
② ➡モバイルコンピューティング

モバイルコミュニケーション [mobile communication] 携帯電話などのモバイル機器を使って通信すること.

モバイルコンピューティング [mobile computing] 外出先や移動中に, ノートパソコンやPDA(携帯情報端末)などを利用すること. 略してモバイル.

モバイルセントレックス [mobile centrex] 携帯電話を企業内の内線電話として利用するシステム.

モヒカンカット [Mohican haircut] 頭の上部をとさかのように逆立て, 残りの髪をそり上げた髪形. ネーティブアメリカンのモヒカン族の風習から.

モビリティー [mobility] 流動性, 移動性, 機動性.

モビール [mobile]
①動く彫刻. 風で動く金属などの小片をつるした抽象的な彫刻.
② ➡モービル

モービル [mobile] 移動式の, 可動性の. モビールとも.

モービルハウス [mobile house] 自動車で引いて移動できる住宅. モービルホームとも.

モービルホーム [mobile home] ➡モービルハウス

モビレージ [mobillage 和] 簡易宿泊施設を備えたオートキャンプ場.

モフ ➡ MOF①

モブ ➡ モッブ

モーブ [mauve 仏] 青みを帯びた薄い紫色. 藤色.

モーフィング [morphing] コンピューターで, ある形から別の形へと変化していく動画を作成すること.

モフ勘定 ➡ MOF勘定

モヘア [mohair] アンゴラヤギの毛, またはその織物.

モホ面 ➡ モホロビチッチ不連続面

モホロビチッチ不連続面 [Mohorovičić discontinuity] 地殻とマントルとの間の境界面. 略してモホ面.

モマ [MoMA: Museum of Modern Art] ニューヨーク近代美術館.

モメンタム [momentum] 運動量, 勢い, はずみ.

モーメント [moment]
①瞬間, 機会.
②運動の傾向, 能率. いずれも, モメントとも.

モラトリアム [moratorium]
①支払いの停止, 猶予. 債務の返済期日を延期すること.
②青年が成熟するまでの試行期間.
③核実験などの一時停止, 延期.

モラトリアム人間 [moratorium personality] 心理学で, いつまでも大人社会に同化できない人.

モラリスト [moralist] 道徳家, 倫理学者.

モラリティー [morality] 道徳, 徳性, 品行.

モラル [moral] 道徳, 倫理. 対インモラル.

モラール [morale] 軍隊や会社などでの士気, 意欲, 態度.

モラルセンス [moral sense] 道徳観念. 善悪を判断できる能力.

モラルハザード [moral hazard]
①保険用語で, 道徳的危険事情. 危機回避の手段を講じたため人々の注意が散漫になり規律が乱れて, 危険の発生確率がかえって高まること.
②倫理観の欠如. 倫理の崩壊.

モル [mole] 原子・分子などの数で表す物質量の単位. 記号mol.

モール [mall]
①木陰のある遊歩道.
②遊歩道のある大きな商店街. ショッピングモール.

モルグ [morgue]
①死体保管所.
②新聞社などの資料室.

モールスキン [moleskin] 厚手の綿織物の一つ. 原意は「もぐらの皮」.

モールス符号 [Morse code] 点と線の長短2種類の符号を組み合わせた信号体系.

モルタル [mortar] セメントと砂, 水を混ぜ合わせた建築用材.

モルト [malt] 麦芽. ウイスキーや

ビールの醸造に使われる.

モルトウイスキー [malt whisky] 大麦の麦芽だけを原料にしたウイスキー.

モルヒネ [morfine 蘭] アヘンの主成分.麻酔・鎮痛剤として使用されるが,習慣性がある.

モルフォテックス [morphotex] 合成繊維の一つ.光発色繊維.モルフォは,発色原理を応用した南米の蝶(ちょう)の名.商標.

モルモット [marmot 蘭] 和製用法で,医学実験用のテンジクネズミ(guinea pig)の通称.全く異なる動物であるリス科のマーモットと混同されてこの名になった.

モルワイデ図法 [Mollweide projection] 地図投影法の一つ.面積が正しく表現できる正積図法.

モロヘイヤ [mulukhiya 亜] エジプト原産のシナノキ科の野菜.「王様の食べる野菜」の意.

モンキースパナ [monkey spanner 和] ボルトやナットに合わせてサイズが変えられるスパナ.モンキーレンチとも.

モンキービジネス [monkey business] 詐欺,いんちき,ごまかし.

モンキーポッド [monkeypod] アメリカネム,アメフリノキ.マメ科の大樹.

モンキーレンチ [monkey wrench] ➡モンキースパナ

モンク [monk] 修道僧,修道士.

モンゴロイド [Mongoloid] モンゴル人種,黄色人種.

モンシェリー [mon chéri 仏] いとしい人(男性). 類マシェリー.

モンスター [monster] 怪物,化け物,怪獣.

モンスーン [monsoon] 季節風.

モンタージュ [montage 仏] 多くの写真を1枚に合成すること,または合成された写真.

モンパルナス [Montparnasse 仏] パリ南西部の地区.芸術家が多く住んでいるところ.

モンブラン [Mont Blanc 仏]
①フランス・イタリア国境にあるアルプスで最高の山.標高4807m.
②ゆでて裏ごしした栗を使う菓子の一つ.

モンマルトル [Montmartre 仏] パリ北部の丘陵地区.芸術家の集まる場所として有名.

モンローウオーク [Monroe walk 和] 腰を振った歩き方.女優マリリン・モンローの歩き方から.

ヤ

ヤコブ病 ➡クロイツフェルト・ヤコブ病

ヤッケ [Jacke 独] 登山などに着るフードの付いた防風着.ウインドヤッケ,アノラックとも.

ヤッピー [yuppie: young urban professional] アメリカで,都市で暮らす高収入の若い世代.

ヤード [yard]
①長さの単位.1ヤード=3フィート=0.9144m.布地の長さを表す

ヤードセール [yard sale] 自宅の庭先で不要品を売ること. ガレージセールの一つ.

ヤヌス [Janus ラテ] ローマ神話に登場する戸口や門の守護神. 二つの顔を持ち, 物事の初めを支配する.

ヤハウエ [Yahwe(h)] ⇒エホバ

ヤール ⇒ヤード①

ヤロビザーチャ [yarovizatsiya ロシ] ⇒バーナリゼーション

ヤーン [yarn] 紡ぎ糸, 織り糸, 編み糸.

ヤンガージェネレーション [younger generation]
①若い世代.
②若手, 新進の.

ヤンキー [Yankee] アメリカ人の俗称. アメリカでは特に北部諸州の人々を指す.

ヤンキーイズム [Yankeeism] アメリカ人らしさ, ヤンキー気質. 米国風.

ヤングアダルト [young adult] 成年期前半の若者. 略はYA.

ヤングパワー [young power 和] 若者たちの力, 考え方. 若年層の勢力.

ヤングミセス [young Mrs. 和] 若い既婚女性, 若妻.

ユ

ユーカリ [eucalyptus] オーストラリア原産の常緑高木. コアラはこの葉を主食とする.

ユグノー [Huguenot フラ] フランスのカルバン派プロテスタント.

ユーゲニズム [yugenism] 幽玄な趣き, 幽玄主義. 日本語の「幽玄」から.

ユーザー [user] 利用者, 使用者, 需要者. 対メーカー.

ユーザーインターフェース [user interface] コンピューターの操作性, 使い勝手. コンピューターの入出力部分. 略はUI.

ユーサネイジア [euthanasia] ⇒オイタナジー

ユーザビリティー [usability] ソフトウエアやハードウエア機器の使いやすさ.

ユーザーフレンドリー [user-friendly] 使用者にとって使いやすいこと.

ユーザンス [usance] 手形の期限, 外国手形の支払い猶予期間.

ユーザンスビル [usance bill] 期限付き為替手形.

ユージェニックス [eugenics] 優生学.

ユーズド [used] 中古の. 使い古しの.

ユーズドカー [used car] 中古車.

ユーストール ⇒USTOL

ユーストレス [eustress] よいストレス. 適度な緊張感をもたらすもの. 対ディストレス.

ユースホステル [youth hostel] 青少年のための低料金の宿泊設備. 略はYH.

ユースマーケット［youth market］若年齢層を対象とした市場.

ユータナジー［euthanasie フラ］➡オイタナジー

ユダヤ教［Judaism］ユダヤ人の民族宗教.エホバ(ヤハウエ)を唯一絶対の神と信じ,『旧約聖書』を聖典とする.

ユッケ［육회 朝鮮］朝鮮料理の一つ.生の牛肉をごま油・コチュジャンなどであえたもの.

ユーティリティー［utility］
①有効性,有益さ.実用の.
②電気,ガス,水道などの公益事業.

ユーティリティールーム［utility room］便利室.暖房具,掃除機などの収納,洗濯機置き場などに使われる部屋.

ユートピア［Utopia］理想郷,空想的な社会.⊠ディストピア.

ユートピアン［utopian］夢想家,空想家.

ユナイテッド［united］連合した,団結した,提携した.

ユナニミスム［unanimisme フラ］一体主義.20世紀初めのフランスでの文学の新潮流.

ユナフェイ ➡UNAFEI

ユニ［uni-］「単一」の意味の接頭語.

ユニオン［union］
①団結,結合,連合.
②同盟,労働組合.

ユニオンジャック［Union Jack］イギリス国旗.

ユニオンショップ［union shop］雇用する労働者に一定期間内に労働組合へ加入することを義務づける制度.➡オープンショップ,クローズドショップ.

ユニオンスーツ［union suit］上下がつながっている肌着.

ユニーク［unique］他に例のない,独特の.

ユニコード［Unicode］コンピューターで使用する文字コード体系の一つ.世界の文字を統一規格で管理する.

ユニコーン［unicorn］一角獣.馬に似ているが角がある伝説上の動物.

ユニスペース ➡UNISPACE

ユニセ ➡UNICE

ユニセックス［unisex］男女共用の.特に男女の別なく着られる服.

ユニセフ［UNICEF: United Nations Children's Fund］国連児童基金.途上国児童のための医療・栄養の援助などを行う.

ユニゾン［unison］調和,一致.音楽で,斉唱,斉奏.

ユニックス［UNIX］コンピューターのOS(基本ソフト)の一つ.米国AT&T社のベル研究所が設計・開発したシステム.

ユニット［unit］
①構成単位,単位.
②設備や機具の一式.
③学科目の単位,単元.

ユニット家具［unit furniture］棚や収納部などを自由に組み合わせ

て構成する組み立て式家具.

ユニットキッチン [unit kitchen] 調理台, ガスレンジ, 流しなどが機能的に組み合わされ, セットになった台所.

ユニットコントロール [unit control] 単品管理. 商品の在庫から販売までの動きを個々に管理する方式.

ユニットドレス [unit dress] 組み合わせて着るための服, 単位服. ブラウスにスカート, ワンピース, ベストなどの組み合わせ.

ユニットバス [unit bath 和] 浴漕・壁面・便器などが一体化した浴室.

ユニットプライシング [unit pricing] 重量, 容量などの単位当たりの価格表示.

ユニティー [unity] 統一, まとまり, 一貫性.

ユニド [UNIDO: United Nations Industrial Development Organization] 国連工業開発機関.

ユニバーサリティー [universality] 普遍性, 一般性.

ユニバーサル [universal] 万物の, 普遍的な, 一般的な, 万能の.

ユニバーサルサービス [universal service] 国民生活に不可欠な基礎的サービスをすべての地域で, だれもが利用可能な価格で安定的に提供すること.

ユニバーサルタイム [universal time] 世界時, 万国標準時. 略はUT. 類グリニッジ標準時.

ユニバーサルデザイン [universal design] 年齢や身体能力にかかわりなく, すべての人にとって使いやすい製品や環境のデザイン.

ユニバーシアード [Universiade] 国際学生競技大会. university(大学)とOlympiad(オリンピック)の合成語.

ユニバーシティー [university] 総合大学, 大学. 類カレッジ.

ユニバース [universe] 宇宙, 人類, 世界.

ユニバック ➡ UNIVAC

ユニホック [unihoc] ホッケーに似た室内球技. スティックを使ってボールをゴールに入れ, 得点を競う.

ユニホーム [uniform] 制服. そろいのスポーツ着. ユニフォームとも.

ユニラテラリズム [unilateralism] 単独行動主義, 一国主義.

ユネスコ [UNESCO: United Nations Educational, Scientific and Cultural Organization] 国連教育科学文化機関.

ユネップ [UNEP: United Nations Environment Program] 国連環境計画.

ユネフ ➡ UNEF

ユビキタス [ubiquitous] 社会の至るところにコンピューターが存在し, インターネットなどにいつでもアクセスできること.

ユビキチン [ubiquitin] 真核生物(動植物や菌類など)のすべての細胞に見られるたんぱく質. 生体の機能を正常に保つために不可欠.

ユーフォー ➡ UFO

ユーフォニウム [euphonium] 金管楽器の一つ. 中低音を出す.

ユーフォリア [euphoria] 幸福感, 上機嫌.

ユーフォロジー [ufology] UFO（未確認飛行物体）の研究.

ユマニスム [humanisme 仏] 人間性, 人道主義, 人文主義. ヨーロッパでルネサンス期に興った人間解放運動. ヒューマニズムとも.

ユマニテ [humanité 仏] 人間性. 人道. ヒューマニティーとも.

ユーモア [humor] おかしさ, 面白さを理解する心. しゃれ.

ユーモラス [humorous] こっけいな, おどけた, ユーモアのある.

ユーラシア [Eurasia] ヨーロッパとアジアを一つの大陸とみた場合の名称. EuropeとAsiaの合成語.

ユーラトム [EURATOM: European Atomic Energy Community] 欧州原子力共同体.

ユーラフリカ [Eurafrica] ヨーロッパとアフリカを一つの文化・経済圏とみなす場合の名称. EuropeとAfricaの合成語.

ユリア樹脂 [urea resin] 尿素樹脂. 熱や酸に強く, 食器や絶縁材料などに用いる.

ユリイカ [eureka] 「分かった」「見つけた」. 古代ギリシャのアルキメデスが, 金の純度を測る方法を発見した時に叫んだといわれる. ユーレカ, ユーレイカとも.

ユリウス暦 [Julian calendar] 古代ローマの政治家ユリウス・カエサルが制定した暦. 太陽暦の基礎となった.

ユーリット ➡ EURIT

ユーレイカ ➡ ユリイカ

ユーレイルパス [Eurailpass] 欧州鉄道周遊券. ヨーロッパ各国の鉄道に乗車できる割引券.

ユーレカ ➡ ユリイカ

ユレダス [UrEDAS: Urgent Earthquake Detection and Alarm System] 日本の地震動早期検知警報システム.

ユーロ [Euro]
① 欧州の. ヨーロッパの.
② EU（欧州連合）の通貨統合で採用された単一通貨. 記号€.

ユーロキッド [Eurokid] ヨーロッパっ子.

ユーロサット ➡ Eurosat

ユーロシマ [Euroshima] 欧州の反核運動で標語に使われた言葉. 欧州の広島化を意味する. EuropeとHiroshimaの合成語.

ユーロジャスト [Eurojust] 欧州検察機関. EU加盟国司法当局が協力して発足させた.

ユーロスター [Eurostar] 英仏海峡トンネル経由でロンドンとパリを結ぶ急行列車.

ユーロダラー [Eurodollar] 欧州ドル. 欧州市場で動かされる米ドル資金.

ユーロパリア [Europalia] ベルギーのブリュッセルで隔年に開催される芸術祭. EuropeとOpalia（収

穫祭)の合成語.
- **ユーロビジョン**［Eurovision］西欧テレビ放送網.
- **ユーロポール**［Europol］欧州警察機構.
- **ユーロマネー**［Euromoney］欧州の金融市場に出回る資金, 通貨.

ヨ

- **ヨーガ**［yoga サンスク］瞑想的修行法. ヒンドゥー教の修行法の一つで, 美容, 健康法にも取り入れられている. ヨガとも.
- **ヨーク**［yoke］
  ① 肩やスカートの上部の, 布を切り替える部分.
  ② くびき.
- **ヨクト**［yocto-］単位用接頭語で 10^{-24}. 記号 y.
- **ヨタ**［yotta-］単位用接頭語で 10^{24}. 記号 Y.
- **ヨーチン** ➡ ヨードチンキ
- **ヨッテル**［yachtel 和］ヨット愛好者のためのホテル. ヨット(yacht)とホテル(hotel)の合成語.
- **ヨット**［yacht］小型の帆走船.
- **ヨットハーバー**［yacht harbor］ヨット専用の港, 船付き場.
- **ヨーデル**［Jodel ドイ］アルプス地方の民謡. 裏声を織り交ぜるのが特徴.
- **ヨード**［Jod ドイ］ヨウ素. 医薬品などに利用される. 哺乳類の体内ではチロキシンとして存在し, 栄養として不可欠. 記号 I.
- **ヨードチンキ**［Jodtinktur ドイ］傷や炎症などに用いる赤褐色の消毒殺菌剤. 略してヨーチン.
- **ヨハネスブルク・サミット**［Johannesburg Summit］2002年に開催された「持続可能な開発に関する世界サミット(環境・開発サミット, WSSD)」の通称. 地球温暖化などの環境問題を検討した.
- **ヨヒンビン**［yohimbine］熱帯アフリカ産の樹木ヨヒンベの樹皮から採れる毒性アルカロイド. 催淫効果があるとされる.
- **ヨーロピアンプラン**［European plan］ホテル料金システムの一つ. 室料とサービス料のみで, 食事代は別になっているもの. 略は EP. 関 アメリカンプラン, コンチネンタルプラン.

ラ

- **ライアビリティー**［liability］責任, 民事責任, 負担義務, 負債.
- **ライオンズクラブ**［Lions Club］アメリカに本部がある国際的な社会奉仕団体. Liberty(自由), Intelligence(知性), Our Nation's Safety(わが国の安全)の頭文字から.
- **ライオンズシェア**［lion's share］最大の分け前, うまい汁.
- **ライ症候群**［Reye syndrome］かぜなどに感染した小児が突然脳障害や肝障害を起こす原因不明の病気.

ライスケーキ [rice cake] 米菓子, もち.

ライスシャワー [rice shower 和] 結婚式で, 新郎新婦を祝福して米をふりかけること.

ライスセンター [rice center 和] 収穫した米を集めて貯蔵する共同管理施設.

ライスペーパー [rice paper]
①タバコの巻紙などに使う上質紙.
②米粉を薄くのばした乾燥食材. 生春巻きなどに用いる.

ライセンサー [licenser] 認可する人. 許可する人.

ライセンシー [licensee] 免許を受けた人. 許可された人.

ライセンス [license]
①免許, 認可, 免許証.
②他者のもつ特許や技術, デザインなどの著作物を使用するための法的許可.

ライソゾーム [lysosome] 細胞内の組織の一つ. 侵入した細菌やウイルスを破壊するのが役目. リソソームとも.

ライター
1 [lighter]
①灯をつけるもの, 点灯・点火器.
②はしけ.
2 [writer] 著述家, 作家, 文筆家, 記者.

ライダー [rider] 乗り手, 運転手, 騎手.

ライターオイル [lighter oil 和] ライター用の油. 英語ではライターフルイド (lighter fluid).

ライダースジャケット [rider's jacket 和] オートバイのライダーが着る革製のジャンパー.

ライディングアーチェリー [riding archery] 乗馬とフィールドアーチェリーを組み合わせた競技.

ライティングビューロー [writing bureau] 書棚に組み込んだ収納式の机.

ライト
1 [light]
①光, 照明.
②色調が明るい.
③重量が小さい. 手軽な. 軽い飲み口の.
2 [right]
①正義.
②権利.
③右. 記号 R.
④野球で右翼, 右翼手.
⑤右翼. 右派. 保守派. 対 レフト.

ライド [ride]
①乗り物に乗ること.
②乗り物, 乗り物での旅行, 道のり.

ライトアップ [light up] 明るく照らし出すこと. 特に建物などを夜, 照明で浮かび上がらせること.

ライトアート [light art] 光の芸術.

ライトウエル [light well] 建物の採光のために吹き抜けにしたところ. ウエルは「井戸」の意.

ライトカクテル [light cocktail] アルコール分が少ないカクテル.

ライトバン [light van 和] 後部が荷物室になっている小型貨客自動車.

ライトヘビー級 [light heavyweight] ボクシングや重量挙げの重量別階級の一つ. ミドル級とヘビー級の中間.

ライトボディー [light-bodied] 軽い飲み口のワイン. ➡フルボディー, ミディアムボディー.

ライトモチーフ [Leitmotiv ドイ] 音楽の示導動機. 作品の中心となる思想, 主題.

ライナー [liner]
①一直線に飛ぶ打球. ラインドライブとも.
②定期船, 定期航空便, 列車. 対トランパー.
③裏当て, コートなどの取りはずし可能な付け裏.

ライナーノーツ [liner notes] レコードのジャケットに付いている短い解説文.

ライニング [lining] 裏地. 裏張り.

ライバル [rival] 競争相手, 肩を並べるもの. 好敵手.

ライブ [live] 生の, 生中継の, 実況の. また, ライブショーの略.

ライブエイト [Live 8] アフリカ諸国への債務免除を呼びかけて2005年に世界の9都市で行われたチャリティー・ロックコンサート.

ライブエイド [Live Aid] アフリカ諸国の飢餓救済のため1985年にロンドンで行われたチャリティー・ロックコンサート.

ライフォー ➡LIFO

ライフガード [lifeguard] ➡ライフセーバー

ライフサイエンス [life science] 生命科学.

ライフサイクル [life cycle]
①生活周期. 人の一生を結婚を起点に, いくつかの段階に分けたもの.
②生活環. 生物の個体の発生から死までの全過程. ライフヒストリーとも.
③商品が市場に出てから, 不要になるまでの全過程.

ライフサイクル・アセスメント [life cycle assessment] ある製品の製造から廃棄までの過程が及ぼす環境への影響を総合的に評価する手法. 略はLCA.

ライフジャケット [life jacket] 救命胴衣. ライフベストとも.

ライブショー [live show] 実演, 生放送. 略してライブ.

ライフスキル [life skills] 生きる力. 生きるために必要な能力.

ライフスタイル [lifestyle] 生活様式.

ライフステージ [life stage] 人間の一生ですごす幼年期, 少年期, 青年期, 壮年期, 老年期の5段階.

ライフセーバー [lifesaver] 水難救助員. 人命救助員. ライフガードとも.

ライフセービング [lifesaving] 人命救助, 水難救助.

ライフデザイン [life design] 生活

設計.

ライブハウス [live house 和] バンドなどの生演奏を聴かせる店.

ライフヒストリー [life history] ➡ ライフサイクル②

ライフプラン [life plan] 人生設計.

ライフベスト [life vest] ➡ ライフジャケット

ライフマネジメント [life management] 生活経営. 行政や市場ではなく, 個人の視点から生活を管理すること.

ライフライン [lifeline]
①命綱, 頼みの綱.
②生活線. 電気, ガス, 水道など生活に不可欠な物資の供給機能.

ライブラリー [library]
①図書館, 蔵書.
②連続して発行される書籍シリーズ.
③コンピュータープログラムの集まり.

ライフル [rifle] 旋条銃. 銃身の内側にらせん状の溝を付け, 弾丸を回転させる銃.

ライフワーク [lifework] 一生をかけた仕事. 代表的な研究, 作品.

ライボー ➡ LIBOR

ライム [lime]
①亜熱帯性のミカン科の果樹, その果実. 酸味が強い.
②石灰, 生石灰.

ライムライト [limelight]
①舞台照明の一つ. 強烈な水銀灯でスポットライトに用いる.
②脚光を浴びること, 注目を集めること.

ライラック [lilac] モクセイ科の落葉低木. 薄紫色の花を付け, 香りがよい. リラとも.

ライン・アンド・スタッフ [line and staff] 企業の製造, 販売などの部門(ライン)と, それに助言・勧告する立場の企画, 調査などの部門(スタッフ). その両者の調整.

ラインストーン [rhinestone] ガラス製の模造ダイヤ.

ラインダンス [line dance 和] 多数の踊り手が並んで踊るダンス.

ラインドライブ [line drive] ➡ ライナー①

ラインナップ [lineup]
①顔ぶれ, 構成.
②野球の打順, 選手一覧表. バッティングオーダーとも.

ラウンジ [lounge] ホテルや空港のロビー, 休憩室.

ラウンジウエア [loungewear] 家庭でくつろぐ時に着る服.

ラウンド [round]
①ボクシング, レスリングの試合の回. 記号R.
②ゴルフで18ホールを一巡すること.
③関税引き下げ交渉. 東京ラウンド, ウルグアイラウンドなど, 開催された地名で呼ぶ.

ラウンドステーキ [round steak] 牛のもも肉(round)を使った焼き肉料理.

ラウンドテーブル [round table]

円卓, 円卓会議.
- **ラオチウ** [老酒 中] 穀類から作る醸造酒. 長期間熟成した高級品は紹興酒しょうこうと呼ばれる. ラオチューとも.
- **ラガービール** [lager beer] 熱処理をした普通のビール.
- **ラガーシャツ** [rugger shirt 和] ラグビー選手のユニホーム. また, それに似た横じま模様のポロシャツ.
- **ラーク**
  1. [lark] ヒバリ.
  2. ➡ RIRC
- **ラグ** [lag] 遅れ, 時間差.
- **ラグジュアリー** [luxury] ぜいたく, 高級. ぜいたく品. 正しくはラクシャリー.
- **ラグタイム** [ragtime] 音楽で, アメリカの黒人ピアニストが考案したシンコペーションを効かせた演奏法.
- **ラグビーリーグ** [Rugby League] 13人制のラグビー. 15人制のユニオンラグビーから派生したもの.
- **ラグマット** [rag mat] 布切れで織った敷物.
- **ラグランスリーブ** [raglan sleeve] ラグラン袖. 襟ぐりから袖下にかけて切り替え線が入った袖.
- **ラクロス** [lacrosse] 球技の一つ. 網を張ったスティックでボールを扱い, 相手ゴールにシュートして得点を競うスポーツ.
- **ラグーン** [lagoon] 礁湖. 環礁に囲まれた海面, 排水処理用の人工貯水池.
- **ラーゲリ** ➡ ラーゲル

- **ラーゲル** [lager 独] 強制収容所. 捕虜収容所. ラーゲリとも.
- **ラコニック** [laconic] 簡潔な, 簡明な, そのものずばりの.
- **ラサ** ➡ LASA
- **ラザーニャ** [lasagna 伊] イタリアのパスタ料理の一つ. 小麦粉を練って薄い板状にしたものを使う. ラザニアとも.
- **ラジアル** [radial]
  ① 光線の, 放射状の.
  ② ➡ ラジアルタイヤ
- **ラジアルタイヤ** [radial tire] タイヤ内部の強度材を放射状にした高速用のタイヤ. 略してラジアル.
- **ラジアン** [radian] 角度の大きさを表す単位. 弧度. 記号 rad.
- **ラジウム** [radium] アルカリ土類金属の一つ. 代表的な放射性元素. 記号 Ra.
- **ラジエーションダメージ** [radiation damage] 放射線による損傷.
- **ラジエーター** [radiator]
  ① エンジンの冷却器. 暖房装置の放熱器.
  ② 送信アンテナ.
- **ラジオ** [radio] 無線電波による音声放送. また, その受信機.
- **ラジオアイソトープ** [radioisotope] 放射性同位元素. 計測, 検査, 医療に利用される. 略は RI.
- **ラジオカーボンテスト** [radiocarbon test 和] 放射性炭素年代測定法. 化石などの放射性炭素を測定し年代を推定する方法.
- **ラジオゾンデ** [Radiosonde 独] 小

型気球に付けて飛揚させ,気象観測データを地上に送る装置.略してゾンデ.

ラジオビーコン [radio beacon] 無線標識.無線電波によって航空機や船舶に位置・進路を知らせる装置.ビーコンとも.

ラジオマーカー・ビーコン [radio marker beacon] 無線位置標識.地上から発射する電波によって,航空機の位置を知る装置.

ラジオメテオロロジー [radio meteorology] 電波気象学.

ラジカセ [radio cassette recorder] ラジオとカセットテープレコーダーを一体化したもの.

ラジカリズム [radicalism] 急進主義.

ラジカル [radical]
①急進的な,過激な.根本的な,徹底的な.
②急進論者.

ラジコン [radio control] 無線による遠隔操縦.また,それを応用した玩具.

ラショナリスト [rationalist] 合理主義者.

ラショナリズム [rationalism] 合理主義,理性主義.

ラショナル
❶ [rational] 合理的な,道理をわきまえた.
❷ [rationale] 理論的根拠.

ラスク [rusk] パンなどに卵白や砂糖を塗り,天火で焼いた菓子.

ラストオーダー [last orders] 飲食店で,閉店前の最後の注文.

ラストスパート [last spurt] 最後の追い込み.

ラストネーム [last name] ➡ファミリーネーム

ラスパイレス指数 [Laspeyres index] 総務省が毎年,地方公務員の給与水準を発表するのに用いている指数.加重平均法によって求めた物価指数.

ラズベリー [raspberry] 木イチゴ.

ラスボード [lath board] 壁地などに用いる穴開きの石膏(せっこう)板.

ラタトゥイユ [ratatouille 仏] 南仏風の野菜のシチュー料理.

ラタン [rattan] 籐(とう).籐製品.

ラチェット [ratchet] つめ車装置,歯止め.

ラチチュード [latitude]
①写真で,フィルムの露光寛容度.許される露出の幅.
②解釈の許容範囲.
③緯度.

ラッカー [lacquer] 木工品や金属用の速乾性塗料.

ラッカープラン [Rucker plan] 賃金決定方式の一つ.付加価値や人件費の増減に合わせて自動的に賃金を決定する方式.

ラッキー [lucky] 運のよい.幸運な.🈯アンラッキー.

ラッキーセブン [lucky seventh] 野球で,7回表裏の攻撃.

ラッキーボーイ [lucky boy] スポーツの試合で,予想以上の活躍をする幸運な選手.

ラック [rack]
① 棚, 網棚, 物掛け.
② ビリヤードで玉を並べるための三角形の木枠.
③ 平板歯車.

ラッコ [rakko 露] イタチ科の海獣. 前肢で器用に貝などを割って食べる. 英語ではシーオッター(sea otter).

ラッサ熱 [Lassa fever] ラッサウイルスによる感染症. 高熱が出る.

ラッシュ [rush]
① 突進, 猛進, 突撃.
② 急激な増加, 殺到.
③ 映画の試写・編集用のフィルム.
④ ➡ ラッシュアワー

ラッシュアワー [rush hour] 交通機関が混雑する時間帯. ラッシュとも.

ラッセル
1 [Rasselgeräusch 独] 呼吸器に異常がある場合に聞こえる異常呼吸音. ラ音.
2 [Russell 英]
① ラッセル車. 除雪車.
② 和製用法で, 登山の際に雪をかき分けて道を付けること.

ラット [rat]
① ダイコクネズミ.
② 裏切り者, 密告者.

ラッパー [rapper] ラップの語り手兼歌い手.

ラッピング [wrapping] 包装, 包装材料. 贈り物などを特別の包装紙やリボンで包装すること.

ラッピング広告 [vehicle wrapping advertising] 全面車体広告. バスや電車の車両などを広告シートで覆ったもの.

ラッピングコーディネーター [wrapping coordinator 和] 贈り物などの包装の専門家.

ラップ
1 [lap]
① 走路の1周, 競泳路の1往復.
② 衣服などの垂れ下がり.
③ 宝石などを磨き上げること.
2 [wrap] 包装・保存用のポリエチレン製薄膜.
3 [rap] ニューヨークで誕生した黒人音楽の一つ. 速いビートに合わせてリズミカルに語りをのせる.

ラップ口座 [wrap account] 証券会社に運用と管理を任せる方式の資産管理型金融サービス.

ラップタイム [lap time] 途中計時. 競走や競泳などで, 選手が一定の単位距離の通過に要した時間. 類 スプリットタイム.

ラップトップ ➡ ラップトップコンピューター

ラップトップコンピューター [laptop computer] ひざに乗せられる小型コンピューター. 略してラップトップ. デスクレスコンピューターとも.

ラップランド [Lapland] スカンディナビア半島北端の地域.

ラッフル [ruffle] ひだ飾り.

ラディッシュ [radish] 赤カブ, はつか大根.

ラティーノ [Latino] ➡ ヒスパニッ

ク
ラテカセ [radio television cassette 和] ラジオ, 小型テレビ, カセットレコーダーが一体となったもの.

ラテックス [latex] ゴムの木の樹皮から採れる乳液. 天然ゴムの原料.

ラテンアメリカ [Latin America] 中南米諸国の総称.

ラテンクオーター [Latin Quarter] ➡カルチエラタン

ラート [Rhönrad 独] 二つの輪を組み合わせた器具の内側に立ち, 回転や跳躍などの演技を競う器械体操. ルーンラート.

ラード [lard] 豚脂. 豚の脂肪. 類ヘット.

ラドン [radon] 希ガス類元素の一つ. ラジウムの崩壊で生じる放射性元素. 記号Rn.

ラニーニャ [La Niña 西] 東太平洋の赤道域で海面水温が数年に1度, 数カ月にわたって平年よりも低くなる現象. ➡エルニーニョ.

ラバーシルク [rubber silk] 表面にゴム引き加工した絹布. レインコートなどに用いる.

ラバーソール [rubber sole] ゴム底の靴, ゴム底.

ラバトリー [lavatory] 洗面所, 化粧室, トイレ.

ラビ [rabbi] ユダヤ教の宗教指導者, 法律博士.

ラビオリ [ravioli 伊] ひき肉などを包んだ一口大のパスタ.

ラビット [rabbit]
①ウサギ.
②マラソンなどでスタート直後から速いペースで仲間を引っ張る選手. ドッグレースで使う, 犬に追わせるための機械のウサギから.

ラビリンス [labyrinth] 迷宮, 迷路, 複雑に入り組んだもの.

ラフ [rough]
①乱暴な, 無造作な, おおまかな.
②ざらざらした.
③テニスラケットの裏面.
④ゴルフコースの雑草が生えた部分.

ラブ [love]
①愛. 恋愛.
②恋人.
③テニスで, 無得点のこと.

ラブアフェア [love affair] 情事, 恋愛. アフェアとも.

ラブウオーク [love walk] ウオーキング大会の参加料を寄付するチャリティー活動.

ラフォーレ [la forêt 仏] 森.

ラブゲーム [love game] テニスで, 一方が無得点で終了する試合.

ラブコメ [love comedy 和] 恋愛をコメディー風に描いたドラマや漫画.

ラブコール [love call 和] 愛の呼びかけ, 好意の表現.

ラフスケッチ [rough sketch] 大まかなスケッチ, 概観図.

ラプソディー [rhapsody] 狂詩曲, 狂想曲.

ラブチャイルド [love child] 婚外子.

ラフティング [rafting] 大型のゴムボートで急流や激流を下るレクリエーションスポーツ.

ラフプレー [rough play] スポーツで, 反則や退場になるような乱暴なプレー.

ラブポーション [love potion] 媚薬. 惚れ薬.

ラブホテル [love hotel 和] 連れ込み宿. 情事のためのホテル.

ラブリー [lovely] 愛らしい. 美しい.

ラフレシア [rafflesia] 東南アジア原産の寄生植物. 直径1m以上もの大きな花を付ける.

ラブロマンス [love romance 和] 恋物語, 恋愛.

ラベリング [labeling] 標識付け, 仕分け.

ラベル
① ➡ レッテル①
② ➡ レーベル

ラベンダー [lavender] シソ科の常緑小低木. 香水の原料.

ラボ [lab]
① ➡ ラボラトリー
② ➡ ランゲージラボラトリー

ラボラトリー [laboratory] 研究室, 実験室, 試験所, 現像所. 略してラボ.

ラポール [rapport 仏] 親密な関係, 調和, 信頼感.

ラマーズ法 [Lamaze method] 出産の苦痛を呼吸法などで和らげる無痛分娩法.

ラマダン [Ramadan アラ] イスラム暦の9月. 断食月. イスラム教徒はこの1カ月間, 日の出から日没まで断食を行う.

ラ・マルセイエーズ [La Marseillaise 仏] フランス国歌.

ラミネート [laminate]
①薄板にする, 合板にする.
②積層加工.

ラム
❶ [lamb] 子羊, 子羊の肉. 類 マトン.
❷ [rum] 糖蜜を発酵させて作る, アルコール度の高い蒸留酒. ラム酒.
❸ ➡ RAM①

ラムウール [lamb's wool] 子羊の毛. またはそれを使った高級毛織物.

ラムサール条約 [Ramsar Convention] 国際湿地条約.「特に水鳥の生息地として国際的に重要な湿地に関する条約」の通称. イランのラムサールで1971年に採択された.

ラムスキン [lambskin] 子羊の毛皮, なめし革.

ラムネ [lemonade] 炭酸水に砂糖とレモン果汁を加えた清涼飲料水. レモネードがなまったもの.

ラメ [lamé 仏] 金銀の箔をちりばめた糸, またはそれを織り込んだ織物.

ラーメン [Rahmen 独] 柱や梁などを強固に接合する建築構造. 原意は「骨組み」.

ララバイ [lullaby] 子守歌.

ラリー [rally]

①公道を走る自動車競技.
②テニスや卓球で,ボールの打ち合いが続くこと.
③呼び集める,元気づける.

ラリエット [lariat] 留め金具のない1本の鎖を巻きつけるタイプのネックレス.

ラリースト [rallyist] 自動車ラリーの参加者.

ラルゴ [largo 伊] 音楽用語で,「幅広くゆるやかに演奏せよ」.

ラン

1 [run]
①走る,駆ける,続く.
②コンピューターや機械が作動すること.
③ゴルフで,落下した打球が転がること.
④靴下やストッキングの伝線.
⑤ビリヤード競技などの得点.

2 [LAN: local area network] 地域情報通信網.企業内通信網.

ランカー [ranker] 和製用法で,順位に入る人,上位の人.

ランガージュ [langage 仏] 言語.言葉.

ランキング [ranking] 順位,序列,等級,格付け.

ランク [rank] 順位,等級,階級.

ラング [langue 仏] 社会システムとしての言語.言語学者ソシュールの用語.**対**パロール.

ランゲージ [language] 言語,言葉.

ランゲージラボラトリー [language laboratory] テープレコーダーやイヤホンを備えた語学専用教室.略してラボ,LL.

ランゲルハンス島 [islet of Langerhans] 膵臓(すいぞう)内に点在するインスリンの内分泌腺.

ランジェリー [lingerie 仏] 女性用の下着,寝室着類.

ランスルー [run-through] 放送や演劇で,本番前の通しげいこ.

ランダム [random] 無作為の,任意の,行き当たりばったりの.

ランダムアクセス [random access] コンピューターで,記憶装置内の情報を任意に読みとること.

ランダムサンプリング [random sampling] 無作為抽出法.世論調査などで,調査対象を無作為に抽出して全体の傾向を類推する方法.

ランタン [lantern] 手提げランプ.角灯(かくとう).

ランチ

1 [launch] 大型船が積む連絡用の小型船.

2 [lunch] 昼食,弁当.

3 [ranch] 牧場,大農場.

ランチャー [launcher] ロケットなどの発射装置,衛星の打ち上げロケット.

ランチョン [luncheon] 昼食,特に正式な午餐(ごさん).

ランチョンマット [luncheon mat 和] 食卓に敷く,1人用の小さな敷物.

ランディング [landing]
①上陸,陸揚げ.

②飛行機の着陸. 対テークオフ.
③スキーのジャンプでの着地.
ランデブー [rendez-vous 仏]
①会合, デート, 待ち合わせ.
②人工衛星や宇宙船がドッキングのために接近すること.
ランドアート [land art] ➡アースワーク
ランドサット [LANDSAT: land satellite] NASAが打ち上げた地球観測衛星.
ランドスケープ [landscape] 風景, 景観. 風景画.
ランドピープル [land people] 陸路で国外に脱出した難民. ➡ボートピープル.
ランドブリッジ [land bridge] 海上輸送と陸上輸送を組み合わせた国際貨物輸送方式.
ランドマーク [landmark]
①境界標識, 目印, 目標.
②画期的な事件.
③歴史的建造物.
ランドリー [laundry] クリーニング店. 洗濯物.
ランナー [runner]
①走る人, 陸上競技の競走者.
②野球で塁に出ている選手, 走者.
③カーテンをつるすための滑車.
ランナウエー [runaway] 逃亡者, 家出人. 逃亡, 駆け落ち.
ランナーズハイ [runner's high] 長距離ランナーが走行中に苦痛が薄れ, そのままずっと走り続けたいという恍惚感を感じる現象. ジョギングハイとも.

ランニング [running] 走ること, 競走.
ランニングコスト [running costs] 運転, 経営に必要な費用.
ランニングストック [running stock] 正常在庫, 運転在庫.
ランニングロイヤルティー [running royalty] 製品の売り上げに応じて支払われ続ける特許権使用料.
ランバダ [lambada ポルト] ブラジルのリズムとカリブ海やアフリカの音楽が混合したダンス音楽. セクシーな踊りが特徴.
ランプ
1 [lamp] 灯火. 電灯.
2 [ramp]
①自動車専用道路の進入口.
②旅客機の搭乗用通路.
③空港の駐機場.
3 [rump] 牛の尻肉.
ランプサービス・ディレクター [ramp service director 和] 空港で乗客や燃料・貨物の積み込み, 機体整備などを調整する人.
ランプーン [lampoon] 風刺. 風刺文, 風刺芸術.

リ

リアウインドー [rear window] 車の後部窓.
リアクション [reaction] 反応, 反作用, 反動.
リアクター [reactor]
①反応器. 反応装置.

②原子炉.

リアシート [rear seat] 自動車の後部座席. バックシートとも.

リアス式海岸 [rias coast] のこぎりの歯のように入り組んだ形の海岸線.

リアドライブ [rear drive] 自動車の後輪駆動. 対フロントドライブ.

リアプロテレビ [rear projection television] 背面からスクリーンに投射する仕組みの薄型テレビ. リアプロジェクションテレビの略.

リアリスティック [realistic] 現実的な, 実際的な, 現実主義の.

リアリスト [realist] 現実主義者. 実在論者.

リアリズム [realism] 現実主義, 写実主義. 実在論.

リアリゼーション [realization]
①実現, 現実化.
②実感, 認識.

リアリティー [reality] 現実, 実体, 実在, 真実性.

リアル [real] 真の, 本物の. 現実的な, 写実的な.

リアルエージ [Real Age] 実際の年齢ではなく, 見て感じる年齢.

リアルクローズ ["real" clothes] デザイン性は高くても, 日常的に着られる服.

リアルタイム [real time]
①即時の, 同時の.
②コンピューターなどでの即時処理.

リアルポリティックス [real politics] ➡レアルポリティーク

リインカネーション [reincarnation] 生まれ変わり. 転生.

リウマチ [rheumatism] 関節や筋肉の激痛を伴うアレルギー性の病気. リューマチ, ロイマチスとも.

リエゾン [liaison 仏]
①連音. 語尾の子音が次の語の語頭の母音と続けて発音されること.
②連絡, 接触, 密通.

リエンジニアリング [reengineering] 業務内容を根本的に見直した抜本的改革. ビジネスリエンジニアリングとも.

リカー [liquor] 強い酒, 蒸留酒.

リーガ・エスパニョーラ [Liga Española 西] スペインのプロサッカーリーグ.

リカバリー [recovery]
①回復, 復旧, 立ち直り.
②回収, 採取.

リーガル [legal] 法律の, 法定の, 適法の. 対イリーガル.

リーガルエイド [legal aid] 法律扶助. 弁護士費用の立て替えや免除, 無料奉仕などをいう.

リーガルマインド [legal mind] 法律を運用できる的確な判断力.

リカレント教育 [recurrent education] 社会人が必要に応じて継続的に再教育を受けること. 生涯学習.

リキッド [liquid] 液状の, 流動性の. 液体. 対ソリッド.

リキュール [liqueur 仏] 香料・甘味を加えた果実酒.

リーク [leak] 水や秘密などが漏れ

ること, 漏らすこと.
リグ [rig] 船の索具. 装備一式. 海底油田の採掘装置.
リーグ [league] 同盟, 連盟, 特に野球などの競技連盟.
リクエスト [request]
①要求, 要請, 願いごと, 依頼.
②放送や演奏に対する希望曲, 希望番組.
リーグ戦 [league match] 総当たり戦.
リクード [Likud] イスラエルの右派連合政党.
リクライニングシート [reclining seat] 背もたれが後ろに倒れて角度が調整できる座席.
リクルーター [recruiter] 新人の募集・採用担当者.
リクルート [recruit]
①新兵, 新人, 新入社員.
②人材の募集, 新人の補充.
リクルートカット [recruit cut 和] 学生が就職試験の面接用に整える髪形.
リクルートスーツ [recruit suit 和] 学生の就職活動用のスーツ.
リーケージ [leakage] 漏れ. 漏出物. 秘密などの漏洩.
リケッチア [rickettsia] 発疹チフスやツツガムシ病の病原体など, 生物の細胞内でのみ増殖する微生物の一つ.
リコーダー [recorder] 縦笛. 木管楽器の一つ.
リコメンド [recommend] 勧める, 推薦する. レコメン, レコメンドとも.
リコール [recall]
①公職にある者を一般投票によって解任すること.
②欠陥のある製品を回収・修理すること.
③回想, 呼び戻し, 取り消し, 撤回.
リコンストラクション [reconstruction] 再建, 復興.
リコンファーム [reconfirm] 航空券の予約再確認.
リサイクリング [recycling]
①資源の再利用.
②資金の還流.
リサイクル [recycle] 廃品や資源の再利用, 再生.
リサイタル [recital] 独唱会, 独奏会, 独演会.
リサジュー図形 [Lissajous figure] 互いに直角方向に振動する二つの単振動を合成して得られる軌跡による平面図形.
リサーチ [research] 調査, 研究, 探究.
リサーチャー [researcher] 研究者, 調査担当者.
リザーブ [reserve]
①取っておく, 予約する, 保有する.
②予備, 準備金, 埋蔵量.
リザベーション [reservation]
①切符や部屋の予約, 予約席.
②留保, 条件, ただし書き.
リジェクト [reject] 拒絶する. 却下する.

リシプロシティー ➡ レシプロシティー

リシャッフル [reshuffle] トランプの札の切り直し, 内閣などの入れ替え, 改造.

リージョナリズム [regionalism] 地域主義, 地方優先主義, 地方分権主義. レジョナリズムとも.

リジン [lysine] たんぱく質を構成する必須アミノ酸の一つ. リシンとも.

リース [lease] 賃貸借. 機械・設備などの長期賃貸契約.

リスキー [risky] 危険な, きわどい.

リスク [risk] 危険, 危険度, 危険率.

リスクアセスメント [risk assessment] 危険評価, 危険率評価.

リスクコミュニケーション [risk communication] 化学物質や原子力などについて, 事業者と住民が情報を共有してリスクの低減に取り組むこと.

リスクファクター [risk factor] 危険因子.

リスクヘッジ [risk hedge] 危険回避.

リスクマネジメント [risk management] 危機管理. 発生した危機の影響を最小限に抑えること.

リスト [wrist] 手首.

リストアップ [list up 和] 選び出すこと, 一覧表にまとめること.

リストカット症候群 [wrist-cutting syndrome] 自殺を直接の目的としないのに, 自分の手首などを繰り返し傷つける状態, 症状.

リストバンド [wristband] 装飾や汗止めなどのために手首に巻くバンド.

リストラ ➡ リストラクチャリング②

リストラクチャリング [restructuring]
①再構築. 改造.
②事業再構築. 企業が不採算部門を切り捨て, 将来有望な部門へ進出するなどして企業内容を一新させること. 略してリストラ.

リストランテ [ristorante 伊] イタリア料理のレストラン.

リスナー [listener] ラジオなどの聴取者, 聴き手.

リーズナブル [reasonable]
①道理に合った, 筋の通った.
②手ごろな, 妥当な.

リスニングルーム [listening room] 音楽鑑賞室.

リスペクト [respect] 尊敬. 敬意.

リースマンション [lease mansion 和] 賃貸用マンションで, 投資を目的に購入し, 管理は業者に委託するもの.

リズム [rhythm]
①韻律, 律動. 音の長短・強弱の組み合わせが一定の周期で生じること.
②周期的な変動, 調子, 拍子.

リズム・アンド・ブルース [rhythm and blues] ポピュラー音楽の一つ. ブルースに軽快なリズムが加わったもの. 略はR&B.

リズムギター [rhythm guitar] ロックバンドでリズム部分を担当するギター. サイドギターとも.

リズムボックス [rhythm box] ▶ リズムマシン

リズムマシン [rhythm machine] 打楽器音を自動演奏する装置. リズムボックスとも.

リセ [lycée 仏] フランスの公立高等中学校. 7年制.

リセット [reset] コンピューターや計器などを初期状態に戻すこと.

リーゼントスタイル [regent style] 男性の髪形の一つ. ポマードなどで前髪を高く盛り上げ, 左右をなでつけるもの.

リゼントメント [resentment] 憤り, 恨み.

リソグラフ ▶ リトグラフ

リソグラフィー ▶ リトグラフィー

リソース [resources]
①資源, 資産, 財源, 供給源.
②力量, 機略.

リソソーム ▶ ライソゾーム

リゾット [risotto 伊] イタリア風の雑炊.

リゾート [resort] 保養地, 行楽地.

リゾートウエア [resort wear] 行楽地などでくつろいで着る服. 遊び着.

リゾートクラブ [resort club] 保養地の施設の会員制利用システム.

リゾートマンション [resort mansion 和] 保養地に建設された集合住宅.

リゾーム [rhizome 仏]
①根茎, 地下茎.
②地下茎のように広がる多様な思想形態.

リーダー
❶ [leader]
①指導者, 先導者, 指揮者.
②印刷で点線, 破線.
③録音テープやフィルムの巻き取り用の空白部分.
④釣り用のはりす, 先糸.
❷ [reader]
①読者, 読者層.
②校閲者, 校正係.
③読本, 教科書.

リタイア [retire] 引退する, 退職する. 競技などを棄権する.

リダイヤル [redial] 再ダイヤル. 電話の再呼び出し.

リダクション [reduction]
①縮小, 削減.
②還元, 還元法.

リーダーシップ [leadership]
①統率力, 指導力.
②指揮・指導者としての地位, 任務.

リタッチ [retouch] 写真, 絵画などの加筆修整, 補筆.

リターナブル [returnable] 返却や再利用が可能な. 空き瓶などについていう.

リーダビリティー [readability] 文章の読みやすさ, 面白さ.

リタリン [Ritalin] 塩酸メチルフェニデートの商品名. 中枢神経興奮薬の一つ.

リターン [return]
①元の状態に返ること. 戻ること.
②返球. テニスや卓球などで, 球を打ち返すこと.
③期待される収益. 利潤.

リダン [redone] やり直した, 改装・改善した.

リターンマッチ [return match] ボクシングやプロレスの雪辱戦, 選手権奪還試合.

リーチ [reach]
①到着する, 達する, 届く.
②到達範囲, 勢力範囲.
③テニス, バドミントンの守備範囲.
④ボクシングの攻撃範囲. 伸ばした腕の届く範囲.

リチウムイオン電池 [lithium-ion battery] 正極にコバルト酸リチウムなどを, 負極に炭素を使う小型電池. 充電が可能.

リチウム電池 [lithium battery] 正極に二酸化マンガンなどを, 負極にリチウムを用いた電池.

リッターカー [liter car 和] エンジン排気量が1000cc(1リットル)の自動車.

リッチ [rich] 金持ちの, 恵まれた, 豊かな. 対プア.

リッパー [ripper] 切り裂き魔, 連続殺人犯.

リップクリーム [lip cream] 唇の荒れ防止用クリーム.

リップサービス [lip service] 口先だけの好意, お世辞.

リップスティック [lipstick] 棒状の口紅.

リップリーディング [lipreading] 読唇術.

リップル [ripple]
①波紋. さざ波.
②波形の地紋がある布地. リップルクロス(ripple cloth)の略.

リーディングインダストリー [leading industry] 先導産業, 主導産業. 国や地域の経済成長の中核となる産業.

リーディングカンパニー [leading company] 業界を導く企業, 一流企業.

リーディングヒッター [leading hitter] 野球の首位打者.

リテラシー [literacy] 読み書きの能力. 情報を活用する能力.

リテラチャー [literature]
①文学, 文芸, 文学作品.
②文献, 論文, 著述.

リテラリー [literary] 文学の, 文学的な, 文芸の, 文学に通じた.

リテール [retail] 小売り. 小売店.

リテールバンキング [retail banking] 一般個人や中小企業向けの金融サービス. 対ホールセールバンキング.

リート
1 [Lied ド] ドイツの芸術歌曲.
2 [REIT: real estate investment trust] 不動産投資信託.

リード
1 [lead]
①先導すること.
②犬などの引き綱. 導線.

③競技などで点差がつくこと.
④新聞などで,記事の概要をまとめた前文.
2 [read] 読むこと.コンピューターで,データの読み出し.
3 [reed] 簧ょ.管楽器,オルガンなどの発音装置.

リードオルガン [reed organ] パイプではなく,金属製のリード(発音装置)を使用するオルガン.

リードギター [lead guitar 和] ロックバンドで,主旋律やソロなどを担当するメーンのギター.

リトグラフ [lithograph] 石版画.石や金属板を使った版画.リソグラフとも.

リトグラフィー [lithographie 仏]
①石版画,石版印刷術.
②シリコンなどの基板上に感光性樹脂膜を塗布して光を照射し,集積回路パターンを転写する技術.いずれも,リソグラフィーとも.

リードタイム [lead time] 企画から製造・販売までの時間や,発注から納入までの時間.

リードボーカル [lead vocal 和] ロックバンドなどで,主旋律を歌う歌手.

リトマス [litmus] リトマス苔ミからとれる紫色の色素.酸性で赤に,アルカリ性で青に変色する.

リトミック [rythmique 仏]
①律動的な,リズミカルな.
②幼児の心身の調和,発達を図るためのリズム教育.

リトライ [re-try] 裁判のやり直し,再挑戦.

リトラクタブル [retractable] 格納式の,引き込み式の.車のヘッドライトや航空機の車輪などについていう.

リドルストーリー [riddle story] 結末が謎につつまれた物語.

リトルマガジン [little magazine] 同人誌.採算性を無視した発行部数の少ない文芸・評論雑誌.

リトルリーグ [Little League] 9～12歳の少年少女で構成される硬式野球リーグ.

リナックス [Linux] コンピューターOS(基本ソフト)の一つ.無償で公開されており,自由に利用・改良できる.

リニア [linear] 線の,線状の.数学で1次の,線形の.

リニアモーター [linear motor] 直線状に推力を発生する電動機.

リニューアル [renewal] 刷新,改装,やり直し,再開発.

リネン [linen] 亜麻糸で織った薄地の織物.亜麻布.また,その布製品の総称.リンネルとも.

リノベーション [renovation] 革新,刷新,修繕,改造.

リノリウム [linoleum] 合成建材の一つ.樹脂やコルク粉を麻布に圧着したもの.主に床材に用いる.

リノール酸 [linoleic acid] 大豆などの植物油に含まれる脂肪酸の一つ.生命保持に不可欠な栄養素.

リバイアサン
1 [Leviathan] 旧約聖書に登場

する巨大な海獣.悪の象徴.
2 [1__] 巨大なもの.

リバイバル [revival]
①復活,再生,復興.
②古い映画,演劇,歌などの再上映,再上演.

リバウンド [rebound] はね返り,反動,ぶり返し.

リバーサイド [riverside] 川岸,河畔.

リハーサル [rehearsal] 下げいこ,予行演習.

リバーサル [reversal]
①反転,逆転,逆戻り.
②写真で,反転(現像).

リバーシブル [reversible]
①表裏兼用の,両表の.
②可逆の,取り消し可能な.

リバース [reverse]
①反対,逆,裏.
②逆転,逆進,後退装置.
③ダンスの左回り.リバースターン(reverse turn)の略.
④反転印刷.

リバースエンジニアリング [reverse engineering] 他社の製品を分解してアイデアや技術を調査解析すること.

リバースモーゲージ [reverse mortgage] 高齢者が不動産を担保にして年金方式で生活資金の融資を受けられる制度.

リパーゼ [Lipaseﾄﾞ] 脂肪分解酵素.

リバタリアニズム [libertarianism] 自由意志論,完全自由主義.

リバーダンス [Riverdance] アイルランドの伝統舞踊をショーダンス化したもの.

リバティー [liberty]
①自由,解放,勝手気まま.
②権利,特権.

リハビリ ➡ リハビリテーション②

リハビリテーション [rehabilitation]
①復職,復興,名誉回復.
②患者や身体障害者,犯罪者が社会復帰するための治療・訓練.略してリハビリ.

リバーブ [reverb] 残響.残響付加装置.

リパブリカン
1 [republican] 共和主義者.
2 [R__] アメリカ共和党員.

リパブリック [republic] 共和国,共和政体.

リバプールサウンド [Liverpool sound] 1960年代にイギリスのリバプールで生まれたロック音楽.ビートルズに代表される.

リビジョニスト [revisionist] 修正主義者,見直し論者.

リビジョニズム [revisionism] 修正主義,改定論.通説を逆転させる考え方や主張.

リピーター [repeater] 繰り返すもの.同じ商品を何度も購入する人,同じ観光地を何度も訪問する人.

リビドー [libidoﾗﾃﾝ] 精神分析でいう,人間の行動の基底となる心的エネルギー.フロイトはこれを性的欲望と考え,ユングは生命力とした.

リピート [repeat]

①繰り返し,反復,復唱.
②再上映,再放送.
③音楽で,反復記号.「‖: :‖」.

リビング [living]
①生活,暮らし,暮らし向き.
②居間.リビングルームの略.

リビングウイル [living will] 生前に効力の生じる遺言書.尊厳死の権利を主張し,延命のみを目的とする治療の打ち切りを希望する遺言書.

リビングキッチン [living kitchen 和] 台所と居間が一つになった部屋.略はLK.

リビングストック [living stock 和] 生活関連産業の株式.食品株や家電株など.

リビングルーム [living room] 茶の間,居間.

リフ [riff] ジャズ演奏などで短いフレーズを反復演奏すること.

リーフ
1 [leaf]
①葉,木の葉.
②書物の1枚,1葉(2ページ分).
2 [reef]
①暗礁,砂洲.
②帆の縮帆部.風の当たる面積を少なくするためのたたみ込み.

リブ
1 [lib] 女性解放運動.リベレーション(liberation,解放)の略.ウーマンリブとも.

2 [rib]
①肋骨,あばら骨,あばら肉.
②建物を支える力骨,橋の横梁.

リファイナンス [refinance] 財政を立て直す,資金を補充する.

リファイン [refine] 洗練する,精製する,精錬する.

リフィル [refill] 差し替え,詰め替え,補充用品.コーヒーなどのお代わり.レフィルとも.

リフォーマー [reformer]
①改革家,改良家.
②注文に応じて和服,洋服を仕立て直す人.

リフォーム [reform] 改正,改善,改革,建物の改築.洋服の手直し,仕立て直し.

リフティング [lifting]
①サッカーで,手以外の体の部分でボールを打ち上げ続けること.
②ラグビーで,ラインアウトでボールを投げ入れたとき,取ろうとする味方選手の体を持ち上げる反則.
③しわやたるみを取る美顔施術.

リフト [lift]
①スキーヤー用のいす式運搬機.
②エレベーター.

リフトオフ [liftoff] ロケットの打ち上げ.ヘリコプターなどの離昇.

リフトバス [lift bus 和] 車いすのまま乗降できるリフト(昇降機)付きのバス.

リフトバック [liftback] 後背部が上に開くようになっている乗用車.
類 ハッチバック.

リプリント [reprint]
①出版物や録音テープの複製,復刻版.
②本の増刷,重版.

リブレ [livret 仏] 小冊子.

リフレイン [refrain] 歌詞や旋律の繰り返しの部分. リフレーン, ルフランとも.

リフレクソロジー [reflexology] 足の裏などのマッサージによる反射療法.

リフレクター [reflector] 反射器, 反射鏡, 反射板. レフレクターとも.

リフレーション [reflation] 通貨再膨張, 統制インフレ. 景気刺激のため, インフレーションにならない程度に通貨供給量を増やすこと.

リプレゼンタティブ [representative] 代表, 代理人, 代議士.

リフレックス [reflex] 反射作用, 反射運動.

リフレッシュ [refresh] 気分を一新する, 元気を回復する, さわやかな気分になる.

リーフレット [leaflet] ちらし, 折り込み印刷物.

リフレーン ⇒ リフレイン

リブロース [rib roast] 牛の肋骨部の背肉. 霜降りが多く, 最上肉とされる.

リプロダクション [reproduction]
①再生, 再現, 複写, 複製.
②生殖, 繁殖.

リプロダクティブヘルス [Reproductive Health] 性と生殖に関する健康. 1994年の国際人口開発会議が掲げた主要課題.

リーベ [Liebe 独] 愛情, 恋愛. 恋人.

リペア [repair] 修理. 修繕. 補修.

リベット [rivet] 結合用の金属鋲.

リベート [rebate] 払い戻し, 割り戻し. キックバックとも.

リベラリスト [liberalist] 自由主義者.

リベラル

1 [liberal] 自由な, 寛容な, 寛大な.

2 [L__] イギリス, カナダの自由党, またはその党員.

リベラルアーツ [liberal arts]
①大学の一般教養課目.
②学芸, 文芸.

リベルタドーレス杯 [Copa Libertadores 西] サッカーで, 南米のクラブ王者決定戦. コパ・リベルタドーレスとも.

リベルテ [liberté 仏] 自由, 解放. 英語ではリバティー.

リベロ [libero 伊]
①バレーボールで, 後衛の守備専門の選手.
②サッカーで, 攻撃も積極的に行う守備選手.

リベンジ [revenge] 復讐, 報復. 雪辱戦.

リベンジャー [revenger] 復讐者, 仕返しをする人.

リボ核酸 [ribonucleic acid] 糖成分にリボースを持つ核酸. たんぱく質の合成に関与する. 略はRNA.

リボザイム [ribozyme] リボ酵素. 酵素活性のあるRNA.

リボソーム [ribosome] 細胞質の中にあって, たんぱく質の合成に関与する小粒子.

リポーター [reporter] 報告者, 記

録係,新聞記者.レポーターとも.
リポーティングシステム[reporting system]報告制度.
リポート[report]
①報告書,報道.
②学生が提出する小論文.いずれも,レポートとも.
リボ払い ➡ リボルビング②
リボルバー[revolver]回転式拳銃.弾倉が回転する連発式拳銃.
リボルビング[revolving]
①回転する,回転式の.
②限度額の範囲内で何度でも掛け売りに応じ,毎月一定額で代金が返済できる方式.リボ払いとも.
リボングラス[ribbon grass]観賞用のイネ科の多年生草木.観賞用.
リマスタリング[remastering]オリジナルとは別なバージョンで,新たにCDを作り直すこと.
リミックス[remix]再混合,再配合.すでにある曲を別バージョンで作り直すこと.
リミッター[limiter]
①自動車の速度を一定の限度以下に抑える装置.
②振幅制限回路.
リミット[limit]限界,極限,境界,範囲.
リム[rim]へり,端,車輪の枠.
リムジン[limousine]
①運転席が仕切られた大型の高級乗用車.
②空港や駅の送迎用バス.
リムーバー[remover]片付けるもの,取り除くためのもの.

リムパック[RIMPAC: Rim of the Pacific Exercise]アメリカ海軍の環太平洋海軍合同演習.
リムーバブルディスク[removable disk]パソコン本体から取り外せる記録媒体.リムーバブルメディア(removable media)とも.
リメーク[remake]
①作り直す,改造する.
②改作,特に再映画化作品.
リモコン ➡ リモートコントロール
リモートカー[remote car 和]中継放送用の機材を積んだ車,中継車.
リモートコントロール[remote control]遠隔操作,遠隔制御.略してリモコン.
リモートセンシング[remote sensing]遠隔探査.
リモネン[limonene]有機化合物の一つ.レモンの香りのする無色の液体.
リュージュ[luge 仏]木製の小型そりで氷上の斜面を滑走し,タイムを競うスポーツ.トボガンとも.
リユース[reuse]再生,再利用.
リュック ➡ リュックサック
リュックサック[Rucksack 独]登山などで使う背負い袋.略してリュック.ザックとも.
リュート[lute]ヨーロッパの古い楽器の一つ.丸い胴をもつ弦楽器.
リューマチ ➡ リウマチ
リラ
❶[lira 伊]イタリアの旧通貨単位.2002年ユーロに移行.

2 [lilas 仏] ➡ライラック

リライアビリティー [reliability] 信頼度, 確実性.

リライアブル [reliable] 頼りになる, 頼もしい, 確かな.

リライト [rewrite] 原稿や文章を書き改めること.

リラクセーション [relaxation]
①休養, くつろぎ, 息抜き.
②緩み, 緩和, 罰などの軽減.

リラックス [relax] 緩める, 緩和する, 体を楽にする, 緊張をほぐす.

リリカル [lyrical] 叙情的な, 叙情詩調の. 音楽的な.

リリーサビリティー [releasability] 公開性.

リリシズム [lyricism] 叙情, 叙情詩的な趣き, 叙情主義.

リリース [release]
①放す, 離す, 解放する, 解除する.
②新刊書などを発売する, 映画を封切る. いずれも, レリースとも.

リリック [lyric] 叙情詩, 歌詞. 対エピック.

リリーフ [relief]
①救援, 救済, 交代. 野球の投手交代.
②浮き彫り. レリーフとも.

リール [reel]
①テープなどの巻き取り枠.
②釣り糸の巻き取り器.

リレー [relay]
①交替, 中継.
②継電器, 中継器.
③陸上などで, 数人の選手が1チームとなり, 距離を分担して速さを競う競技. リレー競技 (relay race) の略.

リレーションシップ [relationship] 関係. 関連. 親族関係.

リロケーション [relocation] 再配置, 配置転換, 移転.

リンガフランカ [lingua franca] 混成語, 共通語.

リンク
1 [link]
①鎖の環, 輪.
②連接環, 動力の伝達装置.
③連絡道路, 接続路.
④コンピューターで, 複数のファイルを関連付けること.
2 [rink] 屋内スケート場.

リング [ring]
①環, 輪, 指輪.
②ボクシングなどの競技場.
③スキーでストックの先に付ける輪状の雪押さえ.

リンクス [links] ゴルフ場. 特に, 海岸地帯のコース.

リングブック [ring book 和] 開閉式のリングでとじたノート. 英語ではリングバインダー (ring binder).

リングワンデルング [Ringwanderung 独] 環状彷徨. 登山中に, 濃霧や吹雪のために方向を見失い, 同じ場所をぐるぐる歩き回ること.

リンケージ [linkage] 連鎖, 連関, 連関外交.

リンゲル液 [Ringer's solution] 生理的食塩水の一つ. 救急用に血液

リンス [rinse] ゆすぎ, すすぎ洗い. 洗髪用のすすぎ液.

リンチ [lynch] 私刑, 私的制裁.

リンデンバウム [Lindenbaum ドイ] 菩提樹.

リンネル [linière フラ] ➡ リネン

リンパ [lympha ラテ] 体内を循環する無色透明の液体. 栄養を運んだり, 老廃物を除去したりする.

リーンプロダクション・システム [lean production system] トヨタ自動車のむだを省いた生産方式. かんばん方式. ジャストイン・タイム方式とも.

リンボーダンス [limbo dance] 中米のダンスの一つ. 踊りながら, 低く渡した棒の下をくぐり抜ける.

ル

ルー [roux フラ] 小麦粉をバターでいためたもの. ソースなどにとろみをつける.

ルアー [lure] 擬似餌. 釣りで使われる擬餌針.

ルアーフィッシング [lure fishing] 擬似餌を使っての釣り.

ルーキー [rookie] 初心者, 新人. 特にプロスポーツの新人選手.

ルクス [lux フラ] 照度の単位. 1ルーメンの光束が1㎡の面を平均に照らす時の照度. ルックスとも. 記号 lx.

ルゴール液 [Lugol's solution] ヨウ素やヨウ化カリウムなどを混ぜた褐色の消炎剤.

ルサンチマン [ressentiment フラ] 恨み, 怨念, 悪感情.

ルシファー ➡ ルシフェール

ルシフェール [Lucifer ポルト]
① 金星.
② 魔王. 堕天使. いずれも, ルシファーとも.

ルージュ [rouge フラ] 赤色, 口紅.

ルーズ [loose] だらしがない, 締りがない, 緩んだ. 正しくはルース.

ルーズソックス [loose socks 和] わざとたるませてはく靴下.

ルーズリーフ [loose-leaf] とじ穴があり, 自由に取りはずしや補充ができるノート.

ルーター [router] コンピューターネットワーク内に配置され, 通信の経路をコントロールする装置.

ルチン [rutin] 配糖体の一つ. ソバなどに含まれ, 毛細血管を補強する働きがある.

ルーチン ➡ ルーティン

ルーツ [roots] 根源, 起源. 祖先.

ルックス
1 [looks] 容姿, 顔立ち, 様子.
2 ➡ ルクス

ルーティン [routine]
① 決まった仕事, 慣例, 日常業務.
② コンピューターのプログラムで, 特定の機能を果たす部分. いずれも, ルーチンとも.

ルーデサック [roede-zak オラ] 男性用避妊具. コンドーム.

ルート
1 [root]

①根, 根元, 語幹.
②平方根. 記号√.

2 [route] 道, 道筋, 配達の経路, 手づる.

ルートセールス [route sales] 巡回販売の一つ. 製造業者が直接, 一定の得意先を訪問販売する方法.

ルナ [Luna]
①ローマ神話の月の女神.
②旧ソ連の月無人探査機.

ルナシー [lunacy] 精神異常. 狂気のさた.

ルナティック [lunatic] 精神異常の. 狂気の.

ルネサンス

1 [Renaissance 仏] 文芸復興. 14〜16世紀のヨーロッパにおける芸術・学問の革新運動.

2 [r—] 再生. 復興. いずれも, ルネッサンスとも.

ルネッサンス ➡ ルネサンス

ルーバー [louver] 換気, 採光などのための屋根窓, 放熱孔.

ルバシカ [rubashka 露] ロシアの男性用民族衣装. ゆったりした上着.

ルバート ➡ テンポルバート

ルビ ➡ ルビー②

ルビー [ruby]
①紅玉. 7月の誕生石.
②印刷で使う振り仮名用の小さな活字. ルビとも.

ルピー [rupee] インド, ネパールなどの通貨単位.

ルビコン [Rubicon] 古代ローマの川の名. カエサルがこの川を渡って敵を破ったことから「ルビコン川を渡る」が, 意を決して事に当たるという意味で使われるようになった.

ルービックキューブ [Rubik's Cube] ハンガリーの数学者ルービックが考案した立体パズルの商標.

ループ [loop]
①糸・ひもなどで作る輪, 輪穴.
②鉄道などの環状線.
③フィギュアスケートの滑り方の一つ.
④飛行機の宙返り.
⑤コンピューターのプログラムで, 命令を反復使用すること.

ループアンテナ [loop antenna] 導線を輪の形に巻いたアンテナ. 指向性がある.

ルーフィング [roofing] 屋根ふき材.

ルーフガーデン [roof garden] 屋上庭園.

ループタイ [loop tie 和] つけネクタイ. 留め金でとめるひもネクタイ. 商標. ボロタイとも.

ルーフバルコニー [roof balcony] 下階の屋根を利用したバルコニー.

ループホール [loophole] 抜け道, 抜け穴, 逃げ道.

ループライン [loop line] 鉄道の環状線. 傾斜地の勾配を緩めるため, 線路を環状に敷くこと.

ルーフラック [roof rack] 自動車の屋根に取り付ける荷台.

ルフラン [refrain 仏] ➡ リフレイン

ルーブル [rouble 露] ロシア連邦な

どの通貨単位.

ルーペ [Lupe 独] 虫眼鏡, 拡大鏡.

ルポ ➡ルポルタージュ

ルポライター [repo writer 和] 探訪記者. ルポルタージュ (reportage 仏) とライター (writer) の合成語.

ルポルタージュ [reportage 仏] 現地報告, 報告文学, 記録番組, 略してルポ.

ルーマー [rumor] うわさ, 風説.

ル・マン24時間レース [24 Heures du Mans 仏] フランスの都市ル・マンの公道で開催される自動車の24時間耐久レース.

ルミネッセンス [luminescence] 無熱光. 冷光. 燐光, 蛍光.

ルミノール [luminol] 血痕の検出・鑑識に用いる試薬, 三アミノフタル酸ヒドラジドの別称. これに触れると血痕が発光する.

ルーミング [rooming 和]
① 室内改造.
② 部屋割り.

ルーム
1 [loom] 織機.
2 [room] 部屋.

ルームチャージ [room charge] ホテルなどの部屋代.

ルームメート [roommate] 同居人, 同室人.

ルームライト [room light] 和製用法で, 車などの室内灯. ルームランプとも.

ルーメン [lumen] 光束の単位. 記号lm.

ルーラー [ruler]
① 支配者, 統治者.
② 定規.

ルーラル [rural] 田舎の, 田園の, 田舎風の. 対アーバン.

ルリュール [reliure 仏] 製本, 書物の装丁. 英語ではブックバインディング (bookbinding).

ルーレット [roulette 仏]
① 賭博の一つ. 赤と黒に塗り分けて数字の入った円盤を回転させ, 転がした玉の入る場所を当てる.
② 紙や布に点線を付けるための歯車が付いた洋裁具. ルレットとも.

ルンバ [rumba 西] キューバの民族舞踊音楽. 打楽器を中心とした激しいリズムが特徴.

ルンペン [Lumpen 独] 浮浪者, 失業者.

ルンペンプロレタリアート [Lumpenproletariat 独] 浮浪階級, 無産階級. 特に資本主義社会で, 失業や貧困によって働く意欲をなくした層.

レ

レア [rare]
① 肉の焼き方の一つで, 生焼き.
② まれな, 珍しい.

レアアース [rare earth element] 希土類元素. 光学材料や電子材料などに用いられる.

レアメタル [rare metal] 希少金属. 天然にはあまり存在しなかったり, 取り出すのが困難だったりする

金属.

レアルポリティーク [Realpolitik ﾄﾞｲ] 現実的政策, 政治. 権力政治. リアルポリティックスとも.

レイ [lei ﾊﾜ] ハワイで, 来客を歓迎して首にかける花輪.

レイアウト [layout] 設計, 配置, 配置図, 割り付け.

レイオフ [layoff] 一時解雇, 一時帰休, 自宅待機.

レイトショー [late show] 深夜の映画, テレビ番組.

レイブ [rave]
①にぎやかなパーティー, お祭り騒ぎ.
②テクノなどのダンスミュージックを流すイベント. 屋外で行われることも多い.

レイプ [rape] 強姦ごう, 婦女暴行.

レイマン [layman] 俗人, 素人, 門外漢.

レイヤー [layer] 層. 積み重なり.

レイヤーケーキ [layer cake] クリームやジャムを層状に積み重ねたスポンジケーキ.

レイヤードカット [layered cut] 段状に短い毛と長い毛を重ねるようにする髪形.

レイヤードルック [layered look] 重ね着スタイル.

レイン ➡ レーン②

レインジャー ➡ レンジャー

レインボータウン [Rainbow Town] 東京臨海副都心の愛称.

レオタード [leotard] 体にぴったりしたスポーツウエア.

レガシー [legacy] 遺産.

レガーズ [leg guards] すね当て. レッグガード. 野球の捕手などが足を保護するために付ける防具.

レガッタ [regatta] ボート・カヌーなどの競技大会.

レガート [legato ｲﾀ] 音楽用語で, 「音を切らずになめらかに演奏せよ」. 記号 leg.

レキシコン [lexicon]
①辞典, 特にギリシャ語, ラテン語など古典語の辞典.
②特定の言語・分野などの語彙ご・用語集.

レギュラー [regular] 規則的な, 定期的な, いつもの. 対イレギュラー.

レギュラーガソリン [regular gasoline] オクタン価の低い普通のガソリン.

レギュラーコーヒー [regular coffee 和] インスタントではなく, 豆をひいていれる普通のコーヒー.

レギュラーメンバー [regular member] 正会員, 正選手, 常連, 放送番組などの常時出演者.

レギュレーション [regulation] 取り締まり, 規制, 規定, 調整.

レギュレーター [regulator] 調整器. 調節器.

レギンズ [leggings] 脚半, すね当て. 幼児用の長ズボン.

レクイエム [requiem ﾗﾃ] 鎮魂曲. 死者のためのミサ.

レクチャー [lecture] 講義, 講演, 説教, 小言.

レクチン [lectin] 細胞膜の糖類と

結合して,細胞の凝集や細胞分裂の誘発などを起こすたんぱく質.

レクリエーショナルビークル [recreational vehicle] レクリエーション用自動車の総称.キャンピングカーや4WD車など.略はRV.

レクリエーション [recreation] 休養,娯楽,気晴らし.

レゲエ [reggae] ジャマイカのポピュラー音楽の一つ.黒人音楽とソウル音楽が融合したもの.

レコード [record]
①記録.競技記録.
②音盤.表面の溝の凹凸によって音声を記録・再生する.アナログレコード.
③コンピューターで,データの単位の一つ.

レコードホルダー [record holder] 記録保持者.

レコメン ➡ リコメンド

レコメンド ➡ リコメンド

レザー
❶ [leather] 皮,なめし革,革製品.合成皮革を含めるのは和製用法.
❷ [razor] かみそり.

レーザー [laser] 波長の短い強力な光の増幅・発振装置,またはその光線.

レザークラフト [leathercraft] 皮革工芸.

レザークロス [leathercloth] 革に似せた防水布,合成皮革.和製用法では略してレザー.

レザーコート [leather coat] 皮革製のコート.

レーザーディスク [Laser Disc] レーザー光線を使った光学式のビデオディスク.商標.略はLD.

レザーデザイナー [leather designer 和] 皮革素材を専門にデザインする人.

レーザーメス [laser mes 和] レーザー光線を用いた医療用の切開器具.

レジ [register] 金銭登録器,出納係.レジスターの略.

レージー [lazy] のろまな,無精な,だるい.

レジェンド [legend]
①伝説.言い伝え.
②地図,写真などの説明.

レシオ [ratio] 割合.比率.

レジオネラ感染症 [Legionella infection] 在郷軍人病.肺炎に似た症状がみられる細菌感染症.

レジオンドヌール [Légion d'honneur 仏] ナポレオンが制定したフランスの最高勲章.5階級がある.

レジスター ➡ レジ

レジスタンス
❶ [résistance 仏] 抵抗,反抗,抵抗力.
❷ [R―] 第2次大戦中にフランスで展開されたナチスドイツに対する地下抵抗運動.

レーシズム [racism] 人種主義,人種差別主義.

レシチン [lecithin] 卵黄や大豆,動物の血液や脳などに含まれるリン脂質の一つ.食品の乳化剤,酸化

レジティマシー [legitimacy] 正統性, 合法性.

レジデンシャルホテル [residential hotel] 長期滞在客向けのホテル.

レジデンス [residence]
①住宅, 邸宅, 所在地.
②居住, 滞在.

レジデントオーケストラ [resident orchestra] 専属, 座付きの管弦楽団.

レシーバー [receiver]
①受信機, 受話器, 受像機. 対トランスミッター.
②テニス, 卓球などで相手のサーブを受ける側. 対サーバー.

レシピ [recipe] 料理の作り方.

レシピエント [recipient] 受取人, 臓器移植で臓器の提供を受ける人. 対ドナー.

レシーブ [receive] 受ける, 迎える, 打ち返す.

レシプロエンジン [reciprocating engine] シリンダー内でのピストンの往復運動を回転運動に変える方式のエンジン.

レシプロシティー [reciprocity] 相互依存, 互恵主義. リシプロシティーとも.

レジーム [regime] 制度, 体制.

レジメンタルタイ [regimental tie] 紺地に緑やえんじ色の斜めじまを織り出したネクタイ. イギリスの連隊旗の配色.

レジャー [leisure] 余暇, 自由時間, 娯楽.

レジャーマーケット [leisure market] 余暇市場. 余暇や娯楽用の商品・サービスの市場.

レジャーランド [leisure land 和] 遊園地.

レジュメ [résumé 仏] 要約, 摘要. 履歴書.

レジョナリズム ⇒リージョナリズム

レーション [ration] 割当量, 配給. 携帯食糧.

レーシングカー [racing car] レース競技用の自動車.

レスキュー [rescue] 救助, 救出.

レースクイーン [race queen 和] 自動車レースなどで, 勝利者に花や賞品を渡す女性.

レストア [restore] 元に戻す. 復旧する.

レストハウス [rest house] 観光地などの休憩所, 宿泊所.

レストラン [restaurant 仏] 飲食店, 食堂.

レストランシアター [restaurant theater 和] 舞台を見ながら食事ができるレストラン.

レストルーム [rest room] ホテル, 劇場などの化粧室, トイレ.

レスパイトサービス [respite service] 障害児や障害者を一時的に預かるなどして, 家族の介護負担を軽減しようとするサービス.

レスビアン [lesbian] 同性愛の女性.

レスピレーター [respirator] 人工

呼吸器,防毒マスク.
レスポンス [response] 応答,返答,感応,反応.
レスポンスタイム [response time] 応答時間.
レスリング [wrestling] 格闘技の一つ.2人の競技者がマットの上で組み合う.フリーとグレコローマンの二つのスタイルがある.
レーゼドラマ [Lesedrama ドィ] 戯曲の形式をとるが上演を目的としない文学作品.読む戯曲.
レセプション [reception]
①接待,歓迎会,もてなし.
②ホテルの受付,フロント.
③放送電波の受信状態.
レセプター [receptor] 受容体.細胞内で物質や光を認識するもの.
レセプタント [receptant 和] パーティーなどで客の接待をする女性.レセプション(受付)とアテンダント(案内係)を組み合わせた語.
レセプト [Rezept ドィ] 医療費の請求書.病院が提出する診療報酬請求明細書の通称.
レゼルブ [réserve フラ] 蓄え,備蓄.取っておきの酒,高級ワイン.英語ではリザーブ.
レゾンデートル [raison d'être フラ] 存在理由,存在価値.
レーダー [radar: radio detecting and ranging] 電波探知機.超短波を利用して目標物の位置,方向,距離を測定する装置.
レター・オブ・クレジット [letter of credit] 銀行発行の信用状.略はL/C.
レーダーガン [radar gun] 野球の球速や自動車の速度の測定機.類スピードガン.
レーダーサイト [radar site] 防空警戒用のレーダー基地.
レタージャケット [letter jacket] 学校名などの文字入りジャンパー.
レタックス [Letax 和] 電子郵便.ファクシミリと郵便配達を組み合わせたもの.
レタッチ [retouch] 文章や絵画,写真などの修整.
レーダービーコン [radar beacon] レーダー電波を利用する航空標識.
レターヘッド [letterhead] 便箋などの上端に印刷する社名,住所,電話番号など.
レタリング [lettering] 視覚的効果を考えて商業的に文字をデザインすること.またはその文字.
レチタティーボ [recitativo イタ] 叙唱.オペラなどでの語るように歌う唱法.類アリア.
劣化ウラン [depleted uranium] 天然ウランを濃縮する際に副産物として生じる低放射能ウラン.
レッカー車 [wrecker] 故障車などを運ぶ救援車.レッカーとも.
レッグウオーマー [leg warmers] ひざ下からくるぶしまでを覆う防寒具.
レッセフェール [laisser-faire フラ] 自由放任主義,無干渉主義.企業活動や私有財産に対する国家の干

渉を最小限にとどめさせようとする考え方.

レッテル [letter 蘭]
①品名, 発売元などを示すために商品に付ける張り札. ラベルとも.
②人や事物に対する評価.

レッドアイ [red-eye] 夜間飛行便.

レット・イット・ビー [let it be]「好きなようにさせろ」「放っておけ」. ビートルズの曲名から.

レッドカード [red card] サッカーで, 悪質な反則をした選手に退場を命じる際に示す赤いカード. ➡イエローカード.

レッドクロス [Red Cross] 赤十字社. 災害救助などを行う国際組織.

レッドデータブック [Red Data Book] レッドリスト(絶滅のおそれがある野生生物のリスト)をもとに, その現在の生息状況などをまとめた資料. 略はRDB.

レッドパージ [red purge] 共産主義者の公職追放. 1950年, 占領軍の指令で実施された.

レット・ミー・ディサイド [Let Me Decide] 自分の医療は自分で決めようという運動.「自分に決めさせてくれ」の意.

レッドミート [red meat] 牛, 豚などの赤身の肉. 対ホワイトミート.

レッドリスト [Red List] 絶滅のおそれのある野生生物のリスト.

レディー
❶ [lady] 貴婦人, 女性, 婦人. 複数形はレディース(ladies). 対ジェントルマン.
❷ [ready] 用意ができた, 迅速な, 即座の, 手近な.

レディーキラー [lady-killer] 色男, 女殺し.

レディースコミック [lady's comic 和] 大人の女性を対象とする漫画雑誌.

レディーファースト [ladies first] 欧米の習慣で, 女性を優先させること.

レディーメード [ready-made]
①既製品, できあいの品. 対オーダーメード.
②既製の, 受け売りの.

レーティング [rating] 評価. 見積もり. 格付け.

レーテスト [latest] 最新の.

レート [rate] 率, 歩合, 割合, 相場, 等級.

レトリック [rhetoric]
①修辞学.
②凝った文体, 美辞, 巧みな言い回し.

レトルト [retort 蘭]
①実験用のフラスコ, 蒸留器.
②調理済みの食品を密封した即席食品. レトルト食品.

レトロ [rétro 仏] 懐古趣味. 復古調.

レトロウイルス [retrovirus] 逆転写酵素をもつRNAウイルスの総称. エイズウイルスもこの一つ.

レトロフューチャー [retro future 和] 懐古的未来. かつて夢想された未来. 最新式でありながら, どこか懐かしい感じのするデザインなど.

レニン [renin] 腎臓などで作られる

たんぱく質分解酵素. 血圧の調整に関係する物質.

レパートリー [repertory]
①劇団などの上演目録, いつでも上演できる演題, 曲目.
②守備範囲.

レーバーユニオン [labor union] 労働組合. 類トレードユニオン.

レビテーション [levitation] 物体の空中浮揚.

レビュー
❶[review]
①再調査, 再検討.
②批評, 評論, 書評.
❷[revue 仏] 歌と踊りで構成するショー形式の大衆演芸.

レフ ➡ レフレックスカメラ

レファレンス [reference]
①参考, 参照, 参考書.
②照会, 問い合わせ.
③指示, 表示.
④委託, 付託.

レファレンスサービス [reference service] 図書館などの, 利用者の問い合わせに応じたり参考資料を提供したりする業務.

レファレンスブック [reference book] 辞書, 地図などの参考図書.

レファレンダム [referendum] 国民投票, 住民投票.

レフィル ➡ リフィル

レフェリー [referee] 仲裁人, 審判員.

レフェリーストップ [referee stop contest] ボクシングで, 選手の負傷などから審判が試合継続不可能とみて, 試合を中止させること. 略はRSC.

レフティー [lefty]
①左利きの人.
②左翼, 左派.

レフト [left]
①左. 記号L.
②野球で左翼, 左翼手.
③左翼. 左派. 急進派, 革新派. 対ライト.

レプトン [lepton] 軽粒子. 強い相互作用を示さない素粒子. 電子やニュートリノなど.

レプリカ [replica] 原作の模写, 写し, 複製.

レフレクター ➡ リフレクター

レフレックスカメラ [reflex camera] プリズムや反射鏡を使って, フィルム上の像と同じ像が見られるカメラ. 略してレフ.

レベル [level]
①水準, 標準, 段階.
②水準器.

レーベル [label]
①張り札, 張り紙.
②レコード盤の中央にある曲名, レコード会社の商標などの表示. いずれも, ラベルとも.

レベルアップ [level up 和] 水準, 段階を上げること. 対レベルダウン.

レベルダウン [level down 和] 水準, 段階を下げること. 対レベルアップ.

レーベン [Leben 独] 生. 生命. 人生. 生活.

レポ [reporter] 和製用法で,秘密連絡員.リポーターの略.
レポーター ➡ リポーター
レポート ➡ リポート
レボリューション [revolution] 革命,変革.
レム睡眠 [REM sleep] 体は眠っているが脳は覚醒に近い状態にある睡眠.REMはrapid eye movement(急速眼球運動)の略. 対ノンレム睡眠.
レームダック [lame duck] 再選されずに任期切れが迫った政治家.
レモネード [lemonade] レモンの果汁に水・砂糖を混ぜた清涼飲料.
レーヨン [rayon] 人造絹糸,人絹織物.
レリース ➡ リリース
レリック [relic] 遺物,遺品,なごり.
レリーフ ➡ リリーフ②
レーン
1 [lane]
①道路の車線.
②競走や競泳のコース.
③ボウリングで,球を転がす床.
2 [rain] 雨.レインとも.
レンジャー [ranger]
①軍隊の奇襲隊員,救急隊員.
②国立公園などの森林警備員.いずれも,レインジャーとも.
レンタカー [rent-a-car] 貸自動車.
レンタサイクル [rent-a-cycle 和] 貸自転車.
レンダリング [rendering] 立体デザインの完成予想図.また,コンピューターグラフィックスで,データから立体図を描き出すこと.
レンタル [rental] 賃貸しの,賃貸料,賃貸用のもの.
レンタル移籍 [loan deal] 期限付き移籍.サッカー選手が,元のクラブに戻ることを前提に他クラブに短期間所属すること.
レンタルシステム [rental system] 賃貸制度.主に事務機,コンピューター,自動車などの賃貸に用いられる方式.
レンタルルーム [rental room 和] 時間貸しの部屋.
レンチ [wrench] ➡ スパナ
レントゲン [Röntgen ドイ]
①放射線の照射線量の旧単位.記号R.
②レントゲン線.電磁波のうち,波長が100〜0.01オングストローム前後のもの.X線とも.
③レントゲン線を用いて撮影した透過写真.
レンネット [rennet] チーズ製造用の酵素.子牛の胃からとれる.

ロ

ロー [low] 位置・程度などが低い.数量が少ない.安価な. 対ハイ.
ローアルコール [low-alcohol] 低アルコール.飲料ではアルコールが1％未満であること. ➡ノンアルコール.
ローアングル [low angle] 被写体を低い位置から見上げて撮影する

こと.

ロイズ [Lloyd's] ロンドンの保険引き受け業者が組織する団体の名称. 正式名は The Corporation of Lloyd's. 損害保険, 特に海上保険の世界的な市場を形成する.

ロイター [Reuters] イギリスのロイター通信社. 世界的通信網をもつ.

ロイマチス [Rheumatismus ドィ] ➡ リウマチ

ロイヤル
1 [loyal] 誠実な, 忠実な.
2 [royal] 王の, 王室の, 高貴な. ロワイヤルとも.

ロイヤルアカデミー [Royal Academy] イギリスの王立美術院.

ロイヤルゼリー [royal jelly] 働きバチの分泌物で, 女王バチの食物. 糖分やビタミンB群を多く含み, 栄養剤として用いられる.

ロイヤルティー
1 [loyalty] 忠誠, 忠誠心.
2 [royalty]
①特許権使用料, 著作権使用料, 印税.
②王族, 特権階級. いずれも, ローヤリティーとも.

ロイヤルボックス [royal box] 競技場や劇場の貴賓席, 特別席.

ローエイシア [LAWASIA] アジア太平洋圏の法律家会議. 18カ国の法律家が集まり1966年に設立された.

ロカビリー [rockabilly] ロックンロールとヒルビリーが結合した大衆音楽.

ローカリズム [localism] 地方主義, 地方色.

ローカル [local] 地方の, 地元の, 偏狭な.

ローカルカラー [local color] 地方色, 郷土色.

ローカルカレンシー [local currency] 地域通貨. 対キーカレンシー.

ローカルニュース [local news] 地方のニュース, 地元のニュース.

ローカルライン [local line] 鉄道の地方路線. 対メーンライン.

ローキー [low-key] 感情を抑えた, 控えめの.

ローキートーン [low-key tone] 写真・映画で, 画面が暗く軟調であること. 対ハイキートーン.

ログ [log]
①丸太, 丸木.
②船の速度の測定器. 航海日誌, 工程日誌. テレビなどの番組進行表.
③コンピューターの操作記録.

ログアウト [log out] 複数のユーザーを持つネットワークやシステムと各自の端末との接続を切ること. ログオフ, サインオフとも. 対ログイン.

ログイン [log in] 複数のユーザーを持つネットワークやシステムに接続すること. ログオン, サインオンとも. 対ログアウト.

ログオフ [log off] ➡ ログアウト
ログオン [log on] ➡ ログイン
ログキャビン [log cabin] ➡ ログ

ハウス

ログハウス［log house］丸太小屋. 丸太を組んで作った家. ログキャビンとも.

ログブック［logbook］航海日誌. 航空日誌. 飛行機の航程表.

ロケ ➡ロケーション

ロケーション［location］テレビや映画の野外撮影, またはその場所. 略してロケ.

ロケーションハンティング［location hunting］野外撮影に適した場所を探すこと. 略してロケハン.

ロケハン ➡ロケーションハンティング

ロゴ ➡ロゴタイプ

ロゴグラム［logogram］略符. 略記号.「￥」「&」など.

ロココ［rococo フラ］18世紀中期にフランスで流行した装飾的な美術・建築様式. 貝殻風の曲線や縁飾りなどが特色.

ロゴス［logos ギリシャ］
①言葉, 理性. 対パトス.
②哲学で, 万物の間に存在する統一法則.
③キリスト教で神の言葉, キリスト.

ロゴタイプ［logotype］企業名や商品名などの文字をデザイン化したもの. 標識マーク. 略してロゴ. ロゴマークは和製英語.

ロゴマーク［logo mark 和］ ➡ロゴタイプ

ロコモティブ［locomotive］機関車.

ロザリオ［rosario ポルト］聖母マリアへの祈り, それに用いる数珠.

ロシアンルーレット［Russian roulette］
①回転式ピストルに弾丸を1発だけこめ, 弾倉を回転させて弾丸の位置を分からなくしてから自分の頭に向けて引き金を引くゲーム. 度胸試し.
②危険な遊び, 自殺行為.

ロジカル［logical］論理的な, 理屈に合った.

ロジスティックス［logistics］
①企業の仕入れから販売に至る物の流れの管理活動.
②軍事用語で, 補給などの後方支援.

ロジック［logic］論理, 論法, 論理学.

ローション［lotion］薬剤液, 乳液, 化粧水.

ロジンバッグ［rosin bag］野球で, 投手が手の滑りを止めるために使う松やにの粉が入った袋.

ロス［loss］損失, 浪費, 無駄.

ロース［roast］牛や豚の上肉. 赤身で柔らかい部分. ローストがなまったもの.

ローズウッド［rosewood］紫檀. マメ科の常緑樹. 堅い材質で, 家具材に用いられる.

ロースクール［law school］アメリカの法律家養成機関. 日本の大学院に相当.

ロスター［roster］スポーツで, 先発メンバー表. 名簿.

ロースター [roaster]
①肉や魚を焼くための器具.
②焼き肉用の若鶏.

ロスタイム [loss time 和] スポーツで,試合中断などのために本来の試合時間に加算される時間.

ロースト [roast] 肉などを焼く,あぶる.また,そうした料理.

ロストジェネレーション [Lost Generation] 失われた世代.第1次世界大戦を体験してそれまでの価値観に失望したアメリカの作家たち.ヘミングウェーなど.

ロストル [rooster 蘭] かまどの下に敷く鉄の格子.

ロースハム [roast ham 和] 豚のロースで作ったハム.

ロゼ [rosé 仏] バラ色,淡紅色のワイン.ローゼとも.

ロゼッタストーン [Rosetta stone] ロゼッタ石.1799年のナポレオン軍のエジプト遠征の際,ナイル河口のロゼッタで発見した石碑.古代エジプト文字を解読する鍵となった.

ロゼット [rosette]
①リボンなどで作ったバラの花飾り.
②植物で,葉や花弁の配列が花冠状になっているもの.

ローター [rotor] 発電機や電動機の回転子,ヘリコプターの回転翼.

ローダー [loader]
①荷を積む人,積み込み機.
②外部媒体からプログラムなどを転送するためのコンピュータープログラム.

ロータス [lotus]
①ハス,スイレン.
②ギリシャ神話で,食べると故郷を忘れ夢見心地になるといわれる果実.

ロータリー [rotary] 環状交差点.交差点の中央に設けられた円形地帯.

ロータリーエンジン [rotary engine] ピストン運動を用いず,ロータ(回転子)を直接回転させる形式のエンジン.

ロータリークラブ [Rotary Club] 奉仕,親善を目的とする国際団体.1905年にアメリカで発足.

ロッキングチェア [rocking chair] 揺りいす.

ロッキングモーション [rocking motion] 野球で,投手が投球前に腕や上体を前後に動かす動作.

ロック

1 [lock]
①錠をおろす,閉じる,固定する.
②錠,安全装置.

2 [rock]
①岩石,岩壁,暗礁,危険物.
②揺り動かす,揺さぶる.
③ ➡ オン・ザ・ロック
④ ➡ ロックンロール

ロックアウト [lockout] 労働争議で,雇用者側が事業所を閉鎖し,労働者を締め出すこと.

ロッククライミング [rock-climbing] 岩登り.アウトドアスポーツの一つ.

ロックフォールチーズ [Roquefort] フランスの代表的なブルーチーズ. 羊乳で作った熟成チーズで, 独特のにおいがある.

ロックンロール [rock'n'roll] 1950年代にアメリカで生まれた, 激しいリズムのポピュラー音楽. 略してロック, R&R.

ロッジ [lodge] 山小屋, 山荘, キャンプ場などの宿泊施設.

ロッタリー [lottery] 宝くじ, 福引.

ロット [lot]
①商品や製品の一定数量, 一組.
②土地の一区画, 画地.
③運, 運命.

ロッド [rod]
①棒, つえ, 釣りざお.
②ヤード・ポンド法の長さの単位. 1ロッドは約5m.

ローティーン [low teen 和] 10代前半の少年少女. 対ハイティーン.

ローディング [loading]
①カメラにフィルムを装填(そうてん)すること.
②積み込み. 積み荷. 船荷.

ロデオ [rodeo] カウボーイの, 暴れ馬や牛を乗りこなす競技会.

ローテク [low-tech] 水準の低い技術. 対ハイテク.

ローテーション [rotation]
①回転, 循環.
②野球で, 投手の起用順序.
③6人制バレーボールで, サーブ権を得たチームの守備位置を一つずつずらすこと.
④ビリヤードで, 玉の番号順に突いていく方法.
⑤輪作農法.

ロト [Loto 和] 数字選択式の宝くじ.

ロード

1 [road] 道. 道路.

2 [load] コンピューターで, データを使用するためにメインメモリー(主記憶装置)に呼び出すこと. 対セーブ.

3 [Lord]
①支配者, 君主. キリスト教で, 神, キリスト.
②イギリスの貴族の尊称. 卿(きょう).

ロードゲーム [road game] 遠征試合. プロ野球やバスケットボールなどで, 本拠地を離れて行う試合.

ロードショー [road show] 新作映画の特別独占興行.

ロードスター [roadster] 幌(ほろ)の付いた2人乗りのオープンカー.

ロードプライシング [road pricing] 混雑税. 大都市の交通量を抑制するため, 都市内へ入る車に料金を課す制度. ロンドンなどで実施されている.

ロードホールディング [road holding] 自動車の路面安定性, 路面保持性能.

ロードマップ [road map] 道路地図, 行程表.

ロードムービー [road movie] 主人公の旅を主題にした映画.

ロートル [老頭児 中] 老人.

ロードレージ [road rage] 「路上での激怒」. 運転中のストレスが原因でドライバーが起こす暴力事件.

ロードレース [road race] 公道で行うマラソンや自転車などの競技.

ロードローラー [road roller] 地ならし機.

ロードワーク [roadwork] スポーツで, 道路を走りながら行う長距離トレーニング.

ローネック [low-neck 和] 襟ぐりの深い婦人服.

ロハス [LOHAS: Lifestyles of Health and Sustainability] 健康と持続可能な社会生活を志向するライフスタイル.

ロビー [lobby]
①ホテルや劇場の入ったところにある広間, ホール.
②議会の控え室.
③議員に対して陳情活動をする人々, 圧力団体.

ロビイスト [lobbyist] 議会や議員に対して陳情, 説得工作を行う人.

ロビーイング [lobbying] 議案に賛成, または反対しての陳情活動.

ローブ [robe 仏] すそが長くてゆったりした婦人服, 式服, 礼服.

ローファット [low-fat] 低脂肪の, 低脂肪性の. ファットは脂肪のこと.

ロブスター [lobster] 海にすむ食用ザリガニ. 大きなはさみをもつ.

ローブデコルテ [robe décolletée 仏] 女性の正式な夜会服. 襟開きが大きく, すそが長い.

ローブデュソワール [robe du soir 仏] 女性の夜会服. 英語ではイブニングドレス.

ロフト [loft]
①屋根裏, 最上階.
②ゴルフクラブの打球面の傾斜角度.

ロフトジャズ [loft jazz] 倉庫などを借りて行う実験的なジャズ.

ローブモンタント [robe montante 仏] 女性用の襟の高い礼服.

ローブラウ [lowbrow] 教養のない人. ローブローとも.

ローブロー
❶ [low blow] ボクシングでベルトよりも下を打つ反則.
❷ ➡ ローブラウ

ロボコン [robot contests] 手作りのロボットを使った競技の総称. ロボットコンテストの略.

ロボット [robot]
①人造人間, 機械人間, 人間の労働を代行する機械, 装置.
②他人に言われるままに動く人間.

ロボットアーム [robot arm]
①産業用ロボットの手や腕.
②スペースシャトルの船外作業用の遠隔操作装置.

ロボットロジー [robotology] ロボット学. 社会学, 心理学など広い分野にわたるロボット研究.

ロボトミー [lobotomy] 大脳の前頭葉切開手術. かつては統合失調症などの治療に用いられた.

ロマ [Roma] 欧州を中心に各地を移動する民族. 原意は「人間」.

ローマクラブ [Club of Rome] 財界人, 経済学者, 科学者などで構成

される国際的な研究・提言グループ.人類の生存にかかわる問題を研究する.1968年に発足.

ローマ数字［Roman numerals］古代ローマで使われた数字.Ⅰ,Ⅱ,Ⅲなど.

ロマネコンティー［Romanée-Conti 仏］フランス・ブルゴーニュ産の高級赤ワイン.

ロマネスク［Romanesque］
①伝奇的,空想的.
②10世紀ごろフランスを中心に欧州に起こった美術・建築様式.教会建築などに取り入れられた.

ロマン［roman 仏］物語,特に長編小説.

ローマン
1［Roman］ローマの.
2［r—］欧文活字の書体の一つ.縦線が太く,横線が細い.

ロマンス［romance］
①伝奇小説,冒険小説,恋愛物語.
②恋愛,恋愛事件.
③音楽で,叙情的な小楽曲.

ロマンスグレー［romance gray 和］魅力的な中年男性.

ロマンス語［Romance languages］ラテン語を起源にした言語の総称.フランス語,イタリア語など.ロマンス諸語とも.

ロマンスシート［romance seat 和］劇場や乗り物などの,2人掛けの座席.

ロマンチシズム［romanticism］ロマン主義,空想にふけること.対クラシシズム.

ロマンチスト［romanticist］ロマン主義者.空想家.夢想家.正しくはロマンチシスト.

ロマンチック［romantic］夢物語的な,空想的な,恋愛小説風の,詩的な.

ロマンチック街道［Romantische Straße 独］ドイツのビュルツブルクからフュッセンへ至る約350kmの街道.中世の街並みを残す.

ロマンノワール［roman noir 仏］暗黒小説.犯罪や猟奇事件などを描いたもの.

ローミング［roaming］電話の地域外接続.

ロム［ROM: read-only memory］読み出し専用メモリー.

ローム［loam］壌土.砂や粘土をほぼ等量に含む赤土.日本では関東ローム層が有名.

ロヤ・ジルガ［Loya Jirga パシュ］国民大会議.アフガニスタンの最高意思決定機関.

ローヤリティー ➡ ロイヤルティー

ローラー［roller］円筒形のもの.機械の回転棒.

ローライズパンツ［low-rise pants］股上の浅いズボン.

ローラーコースター［roller coaster］ ➡ ジェットコースター

ローラースケート［roller skate］靴底に車輪の付いたスケート靴,それを履いて滑走すること.

ローラーディスコ［roller disco］ローラースケートを履いて踊るディスコ.

ローラーブレード [Rollerblade] インライン・スケートの商標.

ローラン [LORAN: long-range navigation] 電波を利用する遠距離航法システム.

ローリー [lorry] 貨物自動車.

ローリーインターナショナル [Raleigh International] 青少年の冒険と野外活動を促進する世界組織.

ローリエ [laurier 仏]
①月桂樹ぼいぃ. また, その葉を乾燥させて作った香辛料. ローレルとも.
②月桂冠. 名誉, 栄冠.

ロリコン ➡ロリータコンプレックス

ロリータコンプレックス [Lolita complex] 少女にしか性欲を感じない異常心理. アメリカの作家ナボコフの作品『ロリータ』の主人公名から. 略してロリコン.

ロリータファッション [Lolita fashion] フリルやレースなどで装うロマンチックな少女スタイル.

ロリーポップ [lollipop] 棒付きあめ, アイスキャンディー.

ローリング [rolling]
①船や飛行機の横揺れ. 対ピッチング.
②オートバイで, 車体を左右に揺らしながら走ること.

ローリングストーン [rolling stone] 転がる石. 住所・職業を次々と変える人.

ローリングプラン [rolling plan] 長期計画の実施に当たり, 目標とのずれを毎年チェックして修正を図る方法.

ロールアップ [roll-up] 巻き上げ式の.

ロールアップ・タイトル [roll-up title] 映画などで, 下から上へ移動して消える字幕.

ロールオーバー [rollover] 走り高跳びの回転跳び.

ロールキャベツ [roll cabbage 和] ゆでたキャベツにひき肉などを包んで煮込んだ料理.

ロール紙 [rolled paper]
①片面に光沢がある包装紙.
②筒状に巻いた紙.

ロールシャッハ検査 [Rorschach test] 性格検査法の一つ. インクのしみのような模様を見せ, それが何に見えるかの答えによって性格や精神状態を診断する方法. 考案した医師の名前から.

ロールバック [rollback]
①巻き返し, 撃退.
②物価, 賃金などの引き下げ.

ロルフィング [Rolfing] 筋肉マッサージ健康法. 考案したアメリカの療法士の名前から.

ロールプレーイング [role-playing] 役割演技. 役割を与えて演じさせ, それを通じて問題点や解決法を考えさせる訓練方法.

ロールプレーイング・ゲーム [role-playing game] 架空世界での役割を擬似体験しながら進めるコンピューターゲーム. 略はRPG. 対ア

クションゲーム.

ロールモデル [role model] 役割モデル. 模範となる人.

ローレライ [Lorelei ﾄﾞｲ] ドイツのライン川沿いにある岩の名前. 妖精ようが この上で歌を歌い, 船人を魅惑して船を難破させたという伝説がある.

ローレル [laurel] ➡ローリエ①

ローレル指数 [Rohrer index] 標準体重を求める方法の一つ. 体重（g）÷身長（cm）^{3}×10^7.

ロワイヤル [royal(e) ﾌﾗ] ➡ロイヤル❷

ローン [loan] 貸し付け, 融資, 貸付金, 借用.

ロング [long]（距離や時間などが）長い. 対ショート.

ロングシート [long seat] 車両の進行方向と平行に設置された, 長いベンチ状の座席.

ロングジャンプ [long jump] 走り幅跳び.

ロングショット [long shot] 写真や映画で, 遠距離からの全景撮影. 略はLS.

ロングスカート [long skirt] 丈の長いスカート.

ロングステイ [long stay]
①長期滞在. 対ショートステイ.
②和製用法で, 海外長期滞在型余暇.

ロングセラー [long seller] 長期間売れ続ける本などの商品.

ロングトラック [long-track] ➡スピードスケート

ロングフライト血栓症 [long flight thrombosis] ➡エコノミークラス症候群

ロングライフ・ミルク [long-life milk] 高温で殺菌した長期保存用牛乳. LL牛乳とも.

ロングラン [long run] 映画・演劇などの長期興行, 続映, 続演.

ロングラン・システム [long-run system] 客の入り具合から上演期間を決める興行方式.

ロンサム [lonesome] 寂しい, 心細い, もの悲しい.

ロンダリング [laundering] ➡マネーロンダリング

ローンテニス [lawn tennis] 芝生のコートでのテニス.

ロンド
❶ [rondo ｲﾀ] 音楽で, 主題を繰り返す間に, また別の副主題をはさむ形式の器楽曲.
❷ [rondeau ﾌﾗ] 輪舞曲.

ロンドンブーツ [London boots 和] かかとの高いロングブーツ.

ロンパース [rompers] 上着とズボンが一続きの幼児用遊び着.

ロンパールーム [romper room] 子供の遊び部屋.

ローンボウルズ [lawn bowls] 球技の一つ. 芝生のコート上でボールを転がし, 標的の球への近さを競う.

ロンリー [lonely] ひとりぼっちの. 孤独な. 寂しい.

ローンワード [loanword] 外来語, 借用語.

ワ

ワイシャツ［white shirt］男性が上着の下に着る,襟とカフスのあるシャツ.ホワイト(白)シャツがなまったもの.

ワイズ［wise］賢い,分別のある. 類ワイズマン.

ワイズマン［wise man］賢人,知恵者. 類ワイズ.

ワイドクリアビジョン［Wide Clearvision 和］画面の縦横比が9:16の高画質横長テレビ.

ワイドショー［wide show 和］種々の内容を組み合わせたテレビ番組.

ワイドスクリーン［wide screen］映画で,標準よりも横長の大型スクリーン.

ワイドテレビ［wide-screen television］画面の縦横比が9:16の横長テレビ.

ワイドボディー［wide-body］胴体の幅を広げた大型ジェット旅客機.

ワイナリー［winery］ワインの醸造所.

ワイパー［wiper］自動車などの自動窓ふき装置.

ワイフ［wife］妻.女房. 対ハズバンド.

ワイプ［wipe］
①ふく,ぬぐう.
②映画・テレビの,画面をぬぐい去るように消して次の画面につなぐ場面転換法.

ワイポ ➡ WIPO

ワイヤアクション［wire action］映画の特殊撮影技術の一つ.ワイヤで俳優をつり下げ,非現実的な動きを表現する.

ワイヤタッピング［wiretapping］電話などの盗聴.

ワイヤハーネス［wire harness］配線,回路配線.

ワイヤマン［wireman］
①電線工,配線工.
②盗聴の専門家.

ワイヤレス［wireless］
①無線,無線電話,ラジオ.
②コードがないこと.

ワイルドカード［wild card］
①トランプの自由札.万能札.
②スポーツで,地区優勝や予選など以外の戦績により,決勝大会やプレーオフへの出場資格が与えられること.
③未知の要因.
④コンピューター用語で,あらゆる文字の代わりとなる記号.

ワイルドピッチ［wild pitch］野球で,投手の暴投.

ワイルドライス［wild rice］北米原産のイネの一種.食用.

ワイルドライフ［wildlife］野生動物,野生生物.

ワイン［wine］ブドウ酒.ブドウを発酵させて作る醸造酒.

ワインカラー［wine color］ ➡ ワインレッド

ワインクーラー［wine cooler］
①ワインを冷やす容器.
②ワインに果汁を加えた飲料.

ワインケラー [Weinkeller ドイ] ワインの地下貯蔵庫. ワインセラーとも.

ワインセラー [wine cellar] ➡ ワインケラー

ワインテイスター [wine taster] ワインの鑑定家. また, 試飲用の器.

ワインドアップ [windup] 野球で, 投手が投球に弾みをつけるために腕を頭上に振りかぶる動作.

ワインビネガー [wine vinegar] ワインやブドウ汁を原料として作る醸造酢.

ワインレッド [wine red] 暗赤色. 赤紫色. ワインカラーとも.

ワウ [wow] 再生装置の速度変化で音がゆがむこと. 回転むら. 音むら.

ワーカー [worker] 労働者.

ワーカーズコレクティブ [workers' collective] 生活協同組合などを母体として市民が参加する事業. 草の根ビジネス.

ワーカホリック [workaholic] 仕事中毒, 働き過ぎの人. work(仕事)とholic(中毒者)の合成語.

ワギナ ➡ バギナ

ワーキングカップル [working couple] 共働き, 共稼ぎの夫婦.

ワーキングクラス [working class] 労働者階級.

ワーキンググループ [working group] 作業部会, 分科会, 特別調査委員会.

ワーキングディナー [working dinner] 商談をしながらの夕食. 昼食ならワーキングランチ(working lunch).

ワーキングネーム [working name 和] 職場で名乗る姓.

ワーキングブーツ [working boots] ➡ ワークブーツ

ワーキングホリデー [Working Holiday] 文化交流のため二国間で協定を結び, 青少年に労働ビザなしでの就労と長期滞在を認め合う制度.

ワーキングマザー [working mother] 仕事を持つ, 働く母親.

ワーキングモデル [working model] 機械などの実際に動く模型, 実用模型.

ワーク [work]
①仕事. 労働.
②業績. 作品.

ワークアウト [workout] 練習. 練習試合.

ワークシェアリング [work sharing] 仕事を分かち合って雇用を増やす方法. 失業対策の一つ.

ワークシート [work sheet] 企画書, 作業計画書, 練習問題.

ワークショップ [workshop]
①工場, 仕事場.
②研究集会, 講習会.

ワークス [works] ➡ ファクトリーチーム

ワークステーション [workstation] コンピューターの高性能な端末装置の一つ. 略はWS.

ワクチン [Vakzin ドイ] 予防接種用の免疫源. 英語ではバクシン(vac-

ワグネリアン [Wagnerian] ドイツの作曲家ワーグナーの音楽愛好家.

ワークハウス [workhouse] 少年院, 軽犯罪者用の作業所.

ワークパンツ [work pants] 作業用ズボン. 多数のポケットや, ハンマーなどをつるすループが付いたもの.

ワークブーツ [work boots] 作業用の頑丈な編み上げ靴. ワーキングブーツとも.

ワークボート [work boat] 業務用の小型船.

ワゴン [wagon] 四輪車, 荷馬車, 手押し車, 貨物兼用乗用車.

ワゴンサービス [wagon service] パーティーなどの席で, 料理や飲み物を手押し車に載せて回る接待方式.

ワゴンセール [wagon sale 和] ワゴンに商品やバーゲン品を積んで売ること.

ワシントン・コンセンサス [Washington Consensus] アメリカや国際機関が発展途上国に勧告する経済政策の総称.

ワシントン条約 [Washington Convention] 「絶滅のおそれのある野生動植物種の国際取引に関する条約(CITES:サイテス)」の通称.

ワースト [worst] 最悪の.

ワスプ [WASP: White Anglo-Saxon Protestant] アングロサクソン系白人でプロテスタントのアメリカ人. 初期の入植者の子孫として, かつては社会のエリート視された.

ワセリン [Vaseline] 石油から採れるゼリー状の油脂. 減摩剤, 化粧品, 軟膏(なんこう)などに用いられる. 商標.

ワッセナー協約 [Wassenaar Arrangement] 通常兵器などに関する国際的な輸出管理体制. 冷戦時代のココム(対共産圏輸出統制委員会)の解消に伴い, 1996年発足.

ワッセルマン反応 [Wassermann reaction] 梅毒の診断法の一つ.

ワット [watt] 仕事率や電力の単位. 記号W.

ワッフル [waffle] 洋菓子の一つ. 表面に凹凸がある小型のパンケーキ.

ワッペン [Wappen 独] 衣服の胸や腕に付ける織物の飾り, 記章.

ワードプロセッサー [word processor] コンピューターを利用した文書作成機能. 略してワープロ.

ワードローブ [wardrobe]
①洋服だんす, 衣装戸棚.
②持ち衣装, 舞台衣装.

ワニス ➡ ニス

ワープ [warp]
①SF用語で, 宇宙船が宇宙空間のひずみ(ワープ)を利用して超高速移動をすること.
②それる, はずれる, ゆがむ.

ワープロ ➡ ワードプロセッサー

ワーム [worm]
①ミミズ, うじ虫, 寄生虫.

②コンピューターに侵入して機能を停止させるなどする悪質なプログラム.

ワームホール [wormhole]
①虫の食った穴.
②宇宙空間にあるとされる時空のトンネル.

ワラビー [wallaby] オーストラリア,ニューギニアに分布する小型カンガルー.

ワラント債 [bond with warrant] 特定の価格で新株を購入できる権利付きの社債.

ワルツ [waltz] 円舞曲.4分の3拍子の舞曲や器楽曲.

ワールドカップ [World Cup]
①FIFA(国際サッカー連盟)が主催するサッカーの世界大会.
②スキー・バレーボール・ラグビー・野球などの世界選手権試合.いずれもW杯とも.

ワールドゲームズ [World Games] オリンピックにない種目の国際スポーツ競技大会.

ワールドシリーズ [World Series] プロ野球のメジャーリーグで,ナショナルとアメリカンの両リーグの優勝チームが対戦する王者決定戦.

ワールド・ベースボール・クラシック [World Baseball Classic] 国別対抗の国際野球大会.クラシックは「第一級」の意.略はWBC.

ワールドミュージック [world music] 世界音楽.民族音楽を取り入れた世界各地の音楽の総称.

ワールドワイド [worldwide] 世界中に広がった,世界的な.

ワールドワイド・ウェブ [World Wide Web] インターネットでの情報検索システムの一つ.略してウェブ,WWW.

ワレット ➡ウオレット

ワンウエー [one-way] 一方向の,一方通行の,片道の.

ワンクッション [one cushion 和] 精神的なショックをやわらげるため,間に一段階置くこと.

ワンクリック詐欺 携帯電話に送られてきたアドレスなどを1回クリックする(押す)だけで料金を請求してくる架空請求詐欺.

ワンゲル ➡ワンダーフォーゲル

ワンサイドゲーム [one-sided game] 一方的な試合,片方が圧倒的な勝利を収める試合.ワンサイデッドゲームとも.

ワンショルダー [one-shoulder]
①片方の肩を出す形の衣服.
②肩掛けカバン.

ワンストップ・サービス [one-stop service] 自動車保有関係手続きのワンストップサービスシステム.新車の登録や車検などの手続きを,インターネットを使用して一括で行えるシステム.

ワンストップ・ショッピング [one-stop shopping] 必要な買い物をすべて1カ所で済ませること.

ワンスモア [once more] もう一度.もう一回.ワンモアとも.

ワンセグ ➡ワンセグメント放送

ワンセグメント放送 [one segment service] 地上デジタル放送の一部(ワンセグメント)を使った,携帯電話などでの受信を目的とするテレビ放送サービス.略してワンセグ.

ワンセット [one set 和] 一式.ひとそろい.

ワンタッチ [one touch 和] 操作が非常に簡単で,ボタンを1回押すだけで済むこと.

ワンダーフォーゲル [Wandervogel ドイ] 渡り鳥運動.1901年にドイツで始まった青少年の徒歩旅行運動.略してワンゲル.

ワンダフル [wonderful] すばらしい,すてきな.

ワンダーランド [wonderland] おとぎの国,不思議の国.

ワンツー・パンチ [one-two punch] ボクシングで,左右で連打するパンチ.

ワンデルング [Wanderung ドイ] 体力作りを目的に野山を歩き回ること.徒歩旅行.

ワンパターン [one-pattern 和] 考えや言動が一つの型にはまっていること.

ワンピース [one-piece] 上着とスカートがひと続きになった婦人服.

ワンフィンガー [one-finger] ウイスキーなどを指1本分の幅だけ注ぐこと. ➡ツーフィンガー.

ワンプライス・ショップ [one-price shop 和] すべてを1種類の価格で販売する小売店.100円ショップなど.

ワンポイント [one point]
①1点.1カ所.
②服飾などのデザインで,一つだけ飾りを付けること.和製用法.

ワンボックス・カー [one-box car 和] 貨物兼用の箱形乗用車.座席を畳んで荷物を運ぶこともできる.

ワンマイルウエア [one-mile wear 和] 1マイル(1.6km)以内程度,つまり近所ならば,そのまま外出できる日常着,ふだん着.

ワンマン [one-man]
①1人の.個人の.
②和製用法で,独裁的な人.自分本位の人.

ワンモア ➡ワンスモア

ワンルーム・マンション [one-room mansion 和] 各戸1部屋の集合住宅.

ワンレン ➡ワンレングス

ワンレングス [one-length] 女性の髪形の一つ.前髪を横分けにし,全部同じ長さに切りそろえたもの.略してワンレン.

ワンワールド [Oneworld] 航空会社の世界的な提携関係の一つ.

A

A ➡ アンペア
Å ➡ オングストローム
a
① ➡ アト
② ➡ アール
@ ➡ アットマーク

AA
①[Alcoholics Anonymous] アルコール中毒者更生会.
②[Asian-African, Afro-Asian] アジア・アフリカの.

AA制[automatic approval system] 輸入自動承認制.

AAA
①[American Arbitration Association] 米国仲裁協会.
②[American Automobile Association] 米国自動車協会.

AAAS[American Association for the Advancement of Science] 米科学振興協会.

AAE[animal-assisted education] 動物介在教育.

AALA
①[Asia, Africa, Latin America] アジア, アフリカ, ラテンアメリカ諸国.
②[Asian-African Latin-American People's Conference] アジア・アフリカ・ラテンアメリカ諸国民連帯会議.

AAM[air-to-air missile] 空対空ミサイル.

AAT[animal-assisted therapy] 動物介在療法.

AATC[automatic air traffic control] 自動航空管制.

AB[Artium Baccalaureus ラテ] 文学士.

ABC
①[American Broadcasting Companies] アメリカン放送会社. アメリカのテレビ・ラジオ局.
②[Audit Bureau of Circulations] 新聞雑誌部数公査機構.
③[Arab Boycott Committee] アラブボイコット委員会.
④[automatic brightness control] テレビの明るさ自動調節装置.

ABC兵器[atomic, biological and chemical weapons] 核・生物・化学兵器. NBC兵器とも.

ABCC[Atomic Bomb Casualty Commission] 原爆傷害調査委員会. 広島・長崎に設置された日米合同の原爆調査機関.

ABCP[asset-backed commercial paper] 資産担保CP. CPは, 無担保証券.

ABF[Asian Bond Fund] アジア債券基金.

ABM[antiballistic missile] 弾道弾迎撃ミサイル.

ABS
①[anti-lock brake system] アンチロック・ブレーキ・システム. 自動車で急ブレーキをかけた時の車輪のロックを防止するシステム.

② [acrylonitrile-butadiene-styrene] プラスチックの一つ.

③ [American Bible Society] 米国聖書協会.

④ [American Bureau of Shipping] 米国船級協会.

⑤ [asset-backed securities] 資産担保証券.

ABU [Asia-Pacific Broadcasting Union] アジア・太平洋放送連合.

ABWR [advanced boiling water reactor] 改良型沸騰水型炉.

AC

① [ante-Christum ジテ] 西暦の紀元前. 類BC. 対AD.

② [Advertising Council] 米国の広告協議会, 日本の公共広告機構.

③ [alternating current] 電気の交流.

④ [artist character] アーティストキャラクター. 俳優などの特徴, 特性.

⑤ ➡アダルトチャイルド

Ac ➡アクチニウム

ac ➡エーカー

ACAS [airborne collision avoidance system] 航空機衝突防止装置.

ACC

① [Administrative Committee on Coordination] 国連行政調整委員会.

② [All Japan Radio & Television Commercial Confederation] 全日本シーエム放送連盟.

③ [area control center] 航空路管制センター.

ACCU [Asian Culture Center of UNESCO] ユネスコ・アジア文化センター.

AC/DC [alternating current/direct current] 電流の交直両用.

ACL

① [allowable cabin load] 旅客機が客室に積載することのできる限度重量.

② [Asian Composers' League] アジア作曲家連盟.

ACLU [American Civil Liberties Union] 米国自由人権協会.

ACM

① [Association for Computing Machinery] コンピューター学会.

② [advanced composite material] 先進複合材料.

ACR [automatic carrier routing] 自動電話会社接続機能.

ACRS [Advisory Committee on Reactor Safeguards] 米原子炉安全諮問委員会.

ACS [Association of Caribbean States] カリブ諸国連合.

ACSA [acquisition and cross-servicing agreement] 日米物品役務相互提供協定.

ACT

① [American College Test] 米国の大学入学能力テストの一つ.

② [automatically controlled transportation system] 自動制御交通システム.

ACTH [adrenocorticotrophic hormone] 副腎皮質刺激ホルモン. アクス.

ACV ➡ エアクッション艇

AD

① [anno Domini ラテ] 西暦紀元. 対AC, BC.

② ➡ アシスタントディレクター②

③ ➡ アートディレクター①

A/D変換 [analog-digital conversion] コンピューターで, アナログ信号をデジタル信号に変換すること. 対D/A変換.

ADA欠損症 [adenosine deaminase deficiency] アデノシンデアミナーゼ欠損症. 遺伝子の異常でアデノシンデアミナーゼという酵素が作れず, 免疫不全に陥る病気.

ADAM [androgen decline in the aging male] 男性更年期. 男性ホルモンの低下によって起こる障害. PADAMとも.

ADB [Asian Development Bank] アジア開発銀行.

ADC [Air Defense Command] 航空自衛隊の航空総隊.

ADD [attention deficit disorder] 注意欠陥障害.

ADEOS II ➡ アデオスⅡ

ADESS [automated data editing and switching system] 気象庁の気象資料自動編集中継システム. アデス.

ADF

① [Air Defense Force] 日本の航空方面隊.

② [Asian Development Fund] アジア開発基金.

③ [automatic direction finder] 自動方向探知機.

ADHD [attention-deficit hyperactivity disorder] 注意欠陥・多動性障害. 物事に集中できず, 衝動を抑えられない病気.

ADIZ [air defense identification zone] 防空識別圏.

ADL [activities of daily living] 日常生活活動.

ADR

① [American Depositary Receipt] アメリカ預託証券.

② [alternative dispute resolution] 裁判外紛争解決手続き.

ADSL [asymmetric digital subscriber line] 非対称デジタル加入者線. 電話回線を使って高速でデータを伝送できる通信サービス.

AE ➡ アカウントエグゼクティブ

AEA

① [Atomic Energy Authority] 英国原子力公社.

② [American Electronics Association] 米国電子学会.

AED [automated external defibrillator] 自動体外式除細動器. 突然死につながる不整脈時に, 心臓に電気ショックを与える救命装置.

AEROSAT [aeronautical satellite] 航空機との通信に用いる人工衛星. エアロサット.

AES [Advanced Encryption Stan-

dard] 米国のデータ暗号化規格.
AESJ [Atomic Energy Society of Japan] 日本原子力学会.
AET [assistant English teacher] 公立の中・高校に配置される外国人の英語指導助手.
AEW [airborne early warning] 空中早期警戒機.
AF
① [Air Force] 空軍.
② [audio frequency] 可聴周波数.
③ ➡オートフォーカス
AFC
① [American Football Conference] アメリカン・フットボール・カンファレンス. 米国のプロ・フットボールリーグの一つ.
② [automatic flight control] 自動飛行制御.
③ [automatic frequency control] 周波数自動調整装置.
AFCS [automatic flight control system] 自動飛行制御装置. 自動操縦装置.
AFL-CIO [American Federation of Labor and Congress of Industrial Organizations] 米国労働総同盟・産別会議.
AFM [American Film Market] 各国の映画制作会社と配給会社が映画を売買する市場の一つ.
AFN [American Forces Network] 米軍放送網.
AFP [Agence France-Presse 仏] フランス通信社.

AFRS [Armed Forces Radio Service] 米国の海外駐留軍ラジオ放送.
AFRTS [Armed Forces Radio and Television Service] 米軍ラジオ・テレビ放送.
AFS [American Field Service] アメリカン・フィールド・サービス. 高校生の国際交換留学を推進する米国の民間団体.
AFSC [American Friends Service Committee] アメリカ・フレンド奉仕団.
AFTA [ASEAN Free Trade Area] アセアン自由貿易地域.
AGM
① [air-launched guided missile] 空中発射誘導ミサイル.
② [air-to-ground missile] 空対地ミサイル.
AHC [acute hemorrhagic conjunctivitis] 急性出血性結膜炎. アポロ病.
AI
① [artificial intelligence] 人工知能.
② ➡アムネスティ・インターナショナル
AID
① [Agency for International Development] 米国際開発局.
② [artificial insemination by donor] 非配偶者間人工授精. エイド.
AIDS ➡エイズ
AIH [artificial insemination by

husband〕配偶者間人工授精.

AIM

① 〔air-launched intercept missile〕空対空迎撃ミサイル.

② 〔American Indian Movement〕アメリカ・インディアンの権利擁護運動.

③ 〔Association of International Marathons and Road Races〕国際マラソン・ロードレース協会. AIMSとも.

AIPPI 〔Association Internationale pour la Protection de la Propriété Intellectuelle 仏〕国際知的財産保護協会.

AIPS 〔Association Internationale de la Presse Sportive 仏〕国際スポーツ記者協会.

AIQ制 〔automatic import quota system〕輸入自動割当制.

AIS 〔automatic identification system〕自動船舶識別装置.

AL 〔Awami League〕アワミ連盟. バングラデシュの政党の一つ.

ALA 〔American Library Association〕アメリカ図書館協会.

ALB ⇒ アルブミン

ALBM 〔air-launched ballistic missile〕空中発射弾道ミサイル.

ALC 〔autoclaved lightweight concrete〕軽量気泡コンクリート.

ALCM 〔air-launched cruise missile〕空中発射巡航ミサイル.

ALM 〔asset and liability management〕資産・負債の総合管理.

ALMA 〔Atacama Large Millimeter and Submillimeter Array〕アタカマ大型ミリ波サブミリ波干渉計. 日米欧が共同で行う計画中の電波望遠鏡計画.

ALOS 〔Advanced Land Observing Satellite〕2006年に打ち上げられた日本の陸域観測技術衛星. 愛称は「だいち」. エイロス.

ALOTS 〔airborne lightweight optical tracking system〕機上光学追跡装置.

ALS

① 〔automatic landing system〕自動着陸装置.

② 〔amyotrophic lateral sclerosis〕筋萎縮性側索硬化症.

ALT 〔assistant language teacher〕外国語指導助手.

AM

① 〔amplitude modulation〕電流・電圧の振幅変調.

② 〔ante meridiem ラテ〕午前. 対 PM.

AMA

① 〔American Management Association〕米国経営者協会.

② 〔American Medical Association〕米国医師会.

③ 〔American Marketing Association〕米国マーケティング協会.

AMDA ⇒ アムダ

AMeDAS ⇒ アメダス

AMEX ⇒ ASE

AMF 〔Asian Monetary Fund〕アジア通貨基金.

AMM

① [antimissile missile] ミサイル迎撃ミサイル.

② [air-to-missile missile] 空対ミサイル・ミサイル.

amp. ➡ アンペア

AMSA [advanced manned strategic aircraft] 新型有人戦略爆撃機.

AMSAM [antimissile surface-to-air missile] 地対空ミサイル迎撃ミサイル.

Amtrak [American travel by track] 全米鉄道旅客輸送公社(National Railroad Passenger Corporation)の通称. アムトラック.

AMU

① [Asian Monetary Unit] アジア通貨単位.

② [astronaut maneuvering unit] 宇宙飛行士用の宇宙遊泳操縦装置.

③ [Arab Maghreb Union] アラブ・マグレブ連合.

ANC [African National Congress] アフリカ民族会議.

ANOC [Association of National Olympic Committee] 各国オリンピック委員会連合.

ans. [answer] 答え.

ANSER [Automatic Answer Networks System for Electronic Request] 音声照会応答システム.

ANSI [American National Standard Institute] アメリカ規格協会. アンシ.

ANZUS ➡ アンザス

AO入試 大学の入学者を, 高校の成績などを時間をかけて評価し選抜する入試制度. AOは admission office(入学選考部)の略.

AOC [appellation d'origine contrôlée 仏] フランスワインの原産地統制名称法.

AOR [adult-oriented rock] 大人向きのロック.

AP

① [Associated Press] AP通信社. 米国の代表的な通信社.

② [automatic pilot, autopilot] 自動操縦装置.

③ ➡ アメリカンプラン

APA [Army Procurement Agency of Japan] 在日米軍調達本部.

APEC ➡ エーペック

APEX ➡ アペックス運賃

APLMF [Asia-Pacific Legal Metrology Forum] アジア太平洋法定計量フォーラム.

APMP [Asia-Pacific Metrology Programme] アジア太平洋計量計画.

APO [Asian Productivity Organization] アジア生産性機構.

APS [Advanced Photo System] 1996年に発売された新写真システム. 新形式のフィルムを使い, 操作の自動化を進めた.

APT

① [Asia-Pacific Telecommunity] アジア太平洋電気通信共同

体.

② [automatically programmed tool] 工作機械の自動制御に用いるプログラム言語.

③ [automatic picture transmission] 自動送画装置.

APU [Asian Parliamentary Union] アジア議員連合.

AQ [achievement quotient] 学力指数.

ARAMCO [Arabian-American Oil Company] アラビア・アメリカ石油会社.

ARF [ASEAN Regional Forum] ASEAN地域フォーラム.

ARM [antiradar missile] 対レーダーミサイル.

ART [assisted reproductive technology] 生殖補助医療技術.

AS洗剤 [alkyl sulfate detergent] 界面活性剤に硫酸エステル塩を用いた洗剤.

ASAP [as soon as possible] できるだけ早く.

ASAT [antisatellite weapon] 衛星攻撃兵器.

ASBJ [Accounting Standards Board of Japan] 企業会計基準委員会.

ASCA [Association for Science Cooperation in Asia] アジア科学協力連合.

ASCIIコード ➡ アスキーコード

ASCM [anti-ship cruise missile] 対艦巡航ミサイル.

ASE [American Stock Exchange] アメリカン証券取引所. AMEXとも.

ASEAN ➡ アセアン

ASEM [Asia-Europe Meeting] アジア欧州会議. アセム.

ASM [air-to-surface missile] 空対地ミサイル.

ASN [Autorité Sportive Nationale 没] 各国のモータースポーツ統轄機関.

ASP ➡ アプリケーション・サービス・プロバイダー

ASQC [American Society for Quality Control] アメリカ品質管理協会.

ASV [Advanced Safety Vehicle] 先進安全自動車.

ASW

① [antisubmarine warfare] 対潜水艦戦.

② [antisubmarine weapon] 対潜水艦兵器.

AT

① [achievement test] 学力テスト.

② [alternative technology] 代替技術. 省エネルギー型の新しい技術.

③ ➡ アサーティブトレーニング

④ ➡ オートマチックトランスミッション

At ➡ アスタチン

ATC

① [automatic train control] 自動列車制御装置.

② [air traffic control] 航空交通

管制.
③ [air traffic controller] 航空管制官.
④ [automatic tool changer] 自動工具交換装置.

ATG
① [Art Theater Guild] 日本のアートシアターギルド. 芸術映画を紹介する団体.
② [antitank gun] 対戦車砲.

ATM
① [automated teller machine] 現金自動出入機.
② [antitank missile] 対戦車ミサイル.

ATO
① [automatic train operation] 自動列車運転装置.
② [assisted takeoff] ロケットなどの補助装置を使った離陸.

ATP
① [Association of Tennis Professionals] 男子プロテニス選手協会.
② [adenosine triphosphate] アデノシン三リン酸.

ATR [advanced thermal reactor] 新型転換炉.

ATS
① [automatic train stop] 自動列車停止装置.
② [automatic transfer service] 自動振替サービス.
③ [applications technology satellite] 応用技術衛星.

AT&T [American Telephone and Telegraph Corporation] 米国電話電信会社.

AU
① [astronomical unit] 天文単位. 1AUは地球と太陽の平均距離で, 約1億4960万km.
② [African Union] アフリカ連合.

AUV [Autonomous Underwater Vehicle] 自律自航型海中ロボット.

AV
① [adult video 和] アダルトビデオ. 成人向けポルノ.
② ⇒オーディオビジュアル②

Ave. [avenue] 通り, 街.

AVG [adventure game] アドベンチャーゲーム. コンピューターゲームの一つ. プレーヤーが主人公となり, 謎を解きながら冒険をし, ストーリーを進めていくもの.

AWACS [airborne warning and control system] 空中警戒管制機. エイワックス.

AWC [Association of the Wildlife Conservation] 野生生物保存協会.

AZT ⇒アジドチミジン

B

B ⇒ボロン
B2B [business to business] 企業間取引. BtoBとも.
B2C [business to consumer] 企業の消費者向けビジネス. BtoCとも.

BA [bank acceptance] 銀行引受手形.

B.A. [Bachelor of Arts] 文学士.

Ba ➡ バリウム①

BADGE [Base Air Defense Ground Environment] 航空自衛隊の自動防空警戒管制組織.

BAMBI [ballistic missile boost intercept] 大陸間弾道ミサイル探知破壊衛星.

BANCS [Bank Cash Service 和] 都市銀行共通の自動現金入出システム.

BART [Bay Area Rapid Transit] サンフランシスコ高速鉄道.

BASIC ➡ ベーシック②

BBレシオ [book-to-bill ratio] 出荷(book)額に対する受注(bill)額の比率. 半導体市場の需給バランスを表す指数.

BBB [Better Business Bureau] 米国の商事改善協会.

BBC [British Broadcasting Corporation] 英国放送協会.

BBS [bulletin board system] 電子掲示板.

BC

①[bill for collection] 代金取り立て手形.

②[birth control] 産児制限.

③[British Council] 英国文化振興会.

④[before Christ] 西暦の紀元前. 類AC. 対AD.

BC兵器 [biological and chemical weapons] 生物化学兵器.

BCC [blind carbon copy] Eメールで, あて先に知らせずに第三者に送る同文のメール. 類CC.

BCD [binary-coded decimal] 二進化十進法. コンピューターの符号方式.

BCG [bacille de Calmette et Guérin 仏] 結核予防ワクチン.

BCL [broadcast listeners] 海外放送聴取者.

BCM [black contemporary music] 黒人の現代音楽.

BDシャツ ➡ ボタンダウン

BDR [bearer depositary receipt] 無記名預託証券.

Be ➡ ベリリウム

BEI [Banque Européenne d'Investissement 仏] 欧州投資銀行.

BGM [background music] 背景音楽. バックグラウンド・ミュージック.

BGV [background video] 環境映像としてのビデオ, バックグラウンド・ビデオ.

BHC [benzene hexachloride] ベンゼンヘキサクロライド. 殺虫剤の一つ.

BHN [Basic Human Needs] 基本的人間ニーズ. 人間としての生活に最低限必要とされるもの.

BIAC [Business and Industry Advisory Committee] OECD(経済協力開発機構)の経済・産業諮問委員会.

BIE [Bureau International des Expositions 仏] 博覧会国際事務局.

BIEM [Bureau International de

l'Édition Mécanique 須] 国際レコード著作権協会事務局. ビーム.

BIOS
①[biosatellite] 米国の生物衛星.
② ➡バイオス

BIS [Bank for International Settlements] 国際決済銀行. ビス.

BIS規制 [BIS Rule] BISが定める自己資本比率規制. 国際的に活動する銀行などに, 信用リスクなどを加味して一定以上の自己資本比率を求める国際的統一基準. ビス規制.

bjリーグ [bj league] 日本のプロバスケットボールリーグ.

BJJ [Brazilian Jiu-Jitsu] ブラジリアン柔術. グレイシー柔術.

BJP [Bharatiya Janata Party] インド人民党.

BL [bank loan] 銀行間借款. バンクローン.

bldg. [building] ビルディング.

Blvd. [Boulevard] 大通り.

BM
①[ballistic missile] 弾道ミサイル.
②[basal metabolism] 基礎代謝.
③[British Museum] 大英博物館.

BMD [ballistic missile defense] 弾道ミサイル防衛.

BMEWS [Ballistic Missile Early Warning System] 米国の弾道ミサイル早期警報システム. ビミューズ.

BMI [body mass index] 体格指数.

BMW [Bayerische Motoren Werke 獨] ドイツの自動車メーカー.

BMX [bicycle motocross] 自転車のクロスカントリー競技. バイシクルモトクロス.

BNP [Bangladesh Nationalist Party] バングラデシュ民族主義党.

BO
①[blackout] 灯火管制, 停電, 通信途絶. 場面転換時などに, 急に舞台照明を消すこと.
②[boom operator] スタジオ内で放送マイクやカメラを操作する係, ブームオペレーター.
③[branch office] 支店.

BOD [biochemical oxygen demand] 生物化学的酸素要求量. 水質汚染の程度を示す数値.

BOE [Bank of England] イングランド銀行. 英国の中央銀行.

BOJ [Bank of Japan] 日本銀行.

BOSS [bioastronautics orbiting space station] 宇宙航空生物学軌道ステーション.

BP [bills payable] 支払手形.

BPI
①[bits per inch] コンピューター用磁気テープの記憶容量を表す単位. 1インチ当たりのビット数.
②[brainpower index] ブレーンパワー指標. 国民の総合的な知能水準を表す.

BPO [Broadcasting Ethics & Program Improvement Organiza-

tion] 放送倫理・番組向上機構.
BPW [National Federation of Business and Professional Women's Clubs of Japan] 日本BPW連合会. 働く女性のための民間組織.

Bq ➡ベクレル

BR [British Rail] 英国の鉄道.

BRC [Broadcast and Human Rights /Other Related Rights Committee] 放送と人権等権利に関する委員会.

BRD [Bundesrepublik Deutschland ドィッ] ドイツ連邦共和国. FRGとも.

BRICs [Brazil, Russia, India, China] 中国と, それに続いて経済成長軌道に乗った新興市場諸国を一括した呼称. ブリックス.

BS
①[bill of sale] 売り渡し証書.
②[British Standard] 英国工業規格.
③[broadcasting satellite] 放送衛星.
④ ➡バランスシート

B.S. [Bachelor of Science] 理学士.

BSA [Business Software Alliance] ビジネスソフトウエア連盟. 米国のコンピューターソフト著作権保護団体.

BSC ➡バランススコアカード

BSE [bovine spongiform encephalopathy] 牛海綿状脳症. 牛の病気の一つ. 致死率が極めて高い.

BT
①[British Telecommunications plc.] 英国電気通信会社.
② ➡バイオテクノロジー

BTN [Brussels Tariff Nomenclature] ブリュッセル関税品目分類表, 国際関税品目表.

BtoB ➡B2B

BtoC ➡B2C

BWC [Biological Weapons Convention] 生物兵器禁止条約.

BWR [boiling water reactor] 沸騰水型炉.

BWV [Bach-Werke-Verzeichnis ドィッ] ドイツの音楽学者W.シュミーダーがバッハの作品に付けた, ジャンル別の整理番号.

C

C
① ➡カーボン①
② ➡クーロン
③ ➡シアン②

© ➡コピーライト

CAB [Civil Aeronautics Board] 米民間航空委員会.

CAD ➡キャド

CAE
①[computer-aided education] コンピューターを利用した教育.
②[computer-aided engineering] コンピューター援用エンジニアリング.

CAFTA [Central American Free Trade Agreement] 中米自由貿

易協定. カフタ.

CAI [computer-assisted instruction] コンピューター利用教育.

Cal ➡ カロリー②

cal ➡ カロリー①

CAM [computer-aided manufacturing] コンピューター利用製造.

CAP

①[Common Agricultural Policy] 共通農業政策. キャップ.

②[Child Assault Prevention] 子供への暴力防止プログラム.

CAPP [Companion Animal Partnership Program] 人と動物の触れ合い活動. キャップ.

car. ➡ カラット①

CARE [Cooperative for Assistance and Relief Everywhere] 途上国援助の民間団体. ケア.

CAS [Court of Arbitration for Sport] スポーツ仲裁裁判所.

CAT

①[clear-air turbulence] 晴天乱流.

②[computer-aided teaching] コンピューター援用教育.

③[computer-aided testing] コンピューター利用の品質検査.

④[computerized axial tomography] コンピューター化体軸断層撮影法.

⑤[credit authorization terminal] クレジットカードの信用情報照会システム.

⑥ ➡ シティー・エア・ターミナル

CATV ➡ ケーブルテレビ

CB

①[charter base] 用船契約価格の標準計算法.

②[citizens band] 無線の市民バンド. 個人用の周波数帯.

③[convertible bond] 転換社債.

CBI

①[computer-based instruction] コンピューター利用の個別学習.

②[Confederation of British Industry] 英国産業連盟.

CBL [Chinese Baseball League] 中国プロ野球リーグ.

CBO

①[Congressional Budget Office] 米議会予算局. 連邦予算の編成に関する調査専門機関.

②[collateralized bond obligation] 社債担保証券.

CBR兵器 [chemical, biological and radiological weapons] 化学・生物・放射能兵器.

CBS [Columbia Broadcasting System] 米国のCBS放送会社.

CBU爆弾 [cluster bomb unit] 集束爆弾, ボール爆弾.

CBW [chemical and biological warfare〈weapons〉] 生物化学戦〈兵器〉.

CC

①[carbon copy] Eメールで, あて先以外の人に送る同文のメール. 類BCC.

② ➡ カントリークラブ

③ ➡ コールドチェーン

C&C [cash-and-carry] 配達なしの現金売り.

CCC [Customs Cooperation Council] 税関協力協議会.

CCCD [Copy Control CD] コピーコントロールCD. データ複製防止機能を採用した音楽CD.

CCCN [Customs Cooperation Council Nomenclature] 税関協力協議会品目分類表.

CCCP [Soyuz Sovetskikh Sotsialisticheskikh Respublik ㌻] ソビエト社会主義共和国連邦. 1991年末解体. CCCPはキリル文字表記での頭文字.

CCD [charge-coupled device] 光信号を電気信号に変える電荷結合素子.

CCI [Chamber of Commerce and Industry] 商工会議所.

CCITT [Comité Consultatif International Télégraphique et Téléphonique 仏] 国際電信電話諮問委員会.

CCT [clean coal technology] 環境問題を考慮する石炭利用技術.

CCTV [closed-circuit television] 閉回路テレビ. 特定の施設の中でのみ用いる有線テレビ.

CCU [coronary care unit] 心臓集中治療施設.

CD
① [negotiable certificates of deposit] 譲渡性預金.
② ➡キャッシュディスペンサー
③ ➡クリエーティブディレクター
④ ➡コンパクトディスク

Cd ➡カドミウム

cd ➡カンデラ

CD値 [coefficient of drag] 空気抵抗係数.

CDブック [compact disc book] コンパクトディスク付きの本.

CDC [Centers for Disease Control] 米疾病対策センター.

CDF [Comprehensive Development Framework] 国の発展に関する包括的アプローチ.

CDI [Conventional Defense Initiative] 非核防衛構想.

CDM [Clean Development Mechanism] クリーン開発メカニズム. 先進国と途上国が協力しあい, 温暖化ガスの排出を削減するプロジェクト.

CDN [content delivery network] コンテンツ配信ネットワーク. インターネットで滑らかな画像や音声を届けるためのシステム.

CDP ➡キャリア・デベロップメント・プログラム

CD-ROM [compact disc read-only memory] CD(コンパクトディスク)を用いた読み出し専用記憶媒体. CDロム.

CDU [Christlich-Demokratische Union 独] 独キリスト教民主同盟.

CE ➡コンカレントエンジニアリング

CEA [Council of Economic Advisers] 米大統領経済諮問委員会.

CEO [chief executive officer] 最高経営責任者.

CEP [circular error probability] 半数命中半径. ミサイルが50％の確率で落下する円の半径. 命中精度を示す. セップ.

CERN [Conseil Européen pour la Recherche Nucléaire 仏] 欧州合同原子核研究機関. セルン.

CF
① [cross-fade] クロスフェード. 映像や音声を徐々に小さくして他の映像や音声と入れ替えること.
② ⟹ コマーシャルフィルム

C&F [cost and freight] 運賃が組み込まれた値段.

cf. [confer ラ] 参照, 比較.

CFA [Communauté Financière Africaine 仏] アフリカ金融共同体.

CFAフラン [CFA franc 仏] 中部アフリカ・西アフリカ諸国で使用される共同通貨.

CFC ⟹ クロロフルオロカーボン

CFD [Council of Fashion Designers, Tokyo] 東京ファッションデザイナー協議会.

CFDT [Confédération Française Démocratique des Travailleurs 仏] フランス民主労働総同盟.

CFO [chief financial officer] 最高財務責任者.

CFS [chronic fatigue syndrome] 慢性疲労症候群.

CFTC [Commodity Futures Trading Commission] 米国の商品先物取引委員会.

CG
① [career girl] 専門的な職業を持つ女性.
② [consultative group] 諮問委員会.
③ [Coast Guard] 沿岸警備隊.
④ ⟹ コンピューターグラフィックス

CGI [common gateway interface] ウェブサーバー上で動きのあるプログラムを起動させるための仕組み.

CGPI [corporate goods price index] 企業物価指数.

CGS単位系 [centimeter-gram-second unit] 長さにセンチメートル(cm), 質量にグラム(g), 時間に秒(s)を用いる単位系.

CGT [Confédération Générale du Travail 仏] フランス労働総同盟.

CGTU [Confédération Générale du Travail Unitaire 仏] フランス統一労働総同盟.

ChE ⟹ コリンエステラーゼ

CI
① [composite index] 景気総合指数.
② [cut-in] 映画・放送で, 一連の場面に別のカットや映像を入れること.
③ [Consumers International] コンシューマーズインターナショナル. 消費者団体の国際的組織.
④ ⟹ コーポレートアイデンティティー

Ci ⟹ キュリー

CIデザイン [CI design] コーポレー

トアイデンティティー(企業の独自性)を表現するための, 視覚的に統一されたデザイン.

CIA [Central Intelligence Agency] 中央情報局. 米国の連邦政府機関.

CIAB [Coal Industry Advisory Board] 石炭産業諮問委員会. IEA(国際エネルギー機関)の下部機構.

CIAM [Congrès International d'Architecture Moderne 仏] 近代建築国際会議. シアム.

CIE

① [Civil Information and Education Section] 民間情報教育局. GHQ(連合国軍総司令部)が占領政策推進のために設けた機関の一つ.

② [Commission Internationale de l'Éclairage 仏] 国際照明委員会.

CIEC [Conference on International Economic Cooperation] 国際経済協力会議.

CIF [cost, insurance and freight] 運賃・保険料込み値段.

CIM [computer integrated manufacturing] コンピューターを使った一貫生産. シム.

CIQ [customs, immigration and quarantine] 税関, 出入国管理, 検疫. 出入国の際の必須手続き.

CIS [Commonwealth of Independent States] 独立国家共同体. エストニア, ラトビア, リトアニアを除く旧ソ連諸国の共同体.

CISAC [Confédération Internationale des Sociétés d'Auteurs et Compositeurs 仏] 作詞作曲家協会国際連合会. シサック.

CISL [Confederazione Italiana Sindacati Lavoratori 伊] イタリア労働組合連盟.

CISS [Comité International des Sports des Sourds 仏] 国際ろう者スポーツ委員会.

CITES [Convention on International Trade in Endangered Species of Wild Fauna and Flora] 絶滅のおそれのある野生動植物種の国際取引に関する条約. 通称, ワシントン条約. サイテス.

CITO [Charter of International Trade Organization] 国際貿易憲章.

CJD ➡ クロイツフェルト・ヤコブ病

CKD

① [complete knockdown] 完全現地組み立て.

② [completely knocked down] 完全ノックダウン式.

CL [contact lens] コンタクトレンズ.

CLI [computer-led instruction] コンピューターに各種の教育機器を組み合わせた教育システム.

CLO [collateralized loan obligation] ローン担保証券.

CM

① [command module] 宇宙船の母船, 司令船.

②[construction management] 発注者による総合的な建設管理.

③[cruise missile] 巡航ミサイル.

④[commercial message] 宣伝広告. コマーシャル.

CMA [cash management account] 資金総合口座. 銀行のATM(現金自動出入機)と連動している証券会社の商品.

CMC [computer-mediated communication] コンピューターネットワークを介するコミュニケーションの総称.

CMI

①[computer-managed instruction] コンピューター利用の教育・学習システム.

②[Chiang Mai Initiative] チェンマイ・イニシアチブ. 東アジアで経済危機が発生した際の自助・支援のための地域金融協力に関する合意.

CMOS [complementary metal-oxide semiconductor] 相補型金属酸化膜半導体. シーモス.

CNC [computer numerical control] コンピューター数値制御.

CND [Campaign for Nuclear Disarmament] 英国で始まった核非武装運動.

CNN [Cable News Network] ケーブルニュース・ネットワーク. 米国のニュース専門テレビ局.

CO

①[conscientious objector] 良心的兵役拒否者.

②[carbon monoxide] 一酸化炭素.

Co ➡ コバルト

Co. ➡ カンパニー①

c/o [care of] …方, …気付.

CO法 [Carbon Monoxide Act] 炭鉱災害による一酸化炭素中毒者に関する特別措置法.

COBOL [common business-oriented language] コンピューター用の事務用共通処理言語. コボル.

COD

①[chemical oxygen demand] 化学的酸素要求量.

②[Concise Oxford Dictionary] コンサイス・オックスフォード英語辞典.

③ ➡ キャッシュ・オン・デリバリー

COE ➡ センター・オブ・エクセレンス

COLA [cost-of-living adjustment] 生計費調整. 外国へ赴任しても本国と同程度の生活水準を維持できるようにするための調整指標.

COMEX [Commodity Exchange] ニューヨーク商品取引所. コメックス.

COMSAT ➡ コムサット

COMTRAC ➡ コムトラック

COO [chief operating officer] 最高執行責任者.

co-op, coop.

①[cooperative dwelling] 共同住宅. コーポ.

② ➡ コープ①

COP [Conference of Parties] 気候変動枠組み条約締結国会議.

COPD [chronic obstructive pulmonary (lung) disease] 慢性閉塞(へいそく)性肺疾患.

Corp. [corporation] 法人, 有限会社.

CORSA [Cosmic Radiation Satellite] 東大旧宇宙航空研究所が打ち上げた宇宙線観測人工衛星. コルサ.

COSPAR [Committee on Space Research] 国際宇宙空間研究委員会. コスパー.

CP

① [cerebral palsy] 脳性小児まひ.

② [Communist Party] 共産党.

③ [compliance program] 法令順守計画.

④ ➡ クリーナープロダクション

⑤ ➡ コマーシャルペーパー

⑥ ➡ コンチネンタルプラン

CPA [certified public accountant] 米国の公認会計士.

CPI [consumer price index] 消費者物価指数.

CPKO [Cultural Peacekeeping Operations] 文化による平和維持活動. 世界の文化財を守るための民間人による活動計画.

CPM

① [cost per mille] 1000人または1000世帯当たりの広告費.

② [critical path method] クリティカルパス分析法. コンピューターを用いた複雑な作業の管理, 計画方式.

CPP [Communist Party of the Philippines] フィリピン共産党.

CPR [cardiopulmonary resuscitation] 心肺蘇生法.

CPSU [Communist Party of the Soviet Union] ソ連共産党. 1991年末解体.

CPU [central processing unit] コンピューターの中央演算処理装置.

CR ➡ コンシューマーリサーチ

C&R ➡ キャッチ・アンド・リリース

Cr ➡ クロム

CRB [Central Reserve Banks] 米中央準備銀行. ニューヨーク, シカゴ, セントルイスにある.

CRT [cathode-ray tube] ブラウン管. 電気信号を映像に変換する電子管. 電子線の方向や強度を制御し, 蛍光膜に当てて画像を描く. テレビやレーダーなどに用いられる. 「ブラウン」は発明者の名.

CS

① [communications satellite] 通信衛星.

② [customer satisfaction] 顧客の満足, 満足度. 類ES.

Cs ➡ セシウム

CSM [confined space medicine] がれきの下の医療. 災害現場で, 崩れた家や岩などに挟まれた人を救出する医療.

CSN [Comunidad Sudamericana de Naciones 西] 南米国家共同体.

CSU [Christlich Soziale Union in Bayern] 独キリスト教社会同盟.

CT [computed tomography] コンピューター断層撮影.

ct ➡ カラット❶

CTBT [Comprehensive Test Ban Treaty] 包括的核実験禁止条約.

CTC [centralized traffic control] 列車集中制御装置.

CTE [contrats territoriaux d'exploitation 仏] 経営に関する国土契約. フランスの環境保全のための農業政策.

CTS

①[crude oil terminal station] 原油貯蔵基地.

②[cold type system] 鉛の活字を使わず, 写真植字などで版下を作り, 写真製版で印刷する方式.

③[computerized typesetting system] 電算写植組み版システム.

CU

①[close-up] 映画やテレビのクローズアップ.

②[Consumers Union] 米国の消費者同盟.

CULCON [Japan-United States Conference on Cultural and Educational Interchange] 日米文化教育交流会議. カルコン.

CULTA [Institute for Cultivated Plant Taxonomy] 栽培植物分類名称研究所. カルタ.

CVM [contingent valuation method] 仮想評価法. 値段の付けにくいものの価値を推計する方法.

CVR ➡ ボイスレコーダー

CVS ➡ コンビニエンスストア

CW ➡ コンパラブルワース

C&W ➡ カントリー・アンド・ウエスタン

CZ [Chang Zheng rocket] 長征ロケット. 中国の衛星打ち上げロケット. LMとも.

D

D

① ➡ ジオプトリー

② ➡ デニール

D端子 [D interface] DVDプレーヤーやデジタル放送受信チューナーとテレビを接続するための端子.

DA [Democratic Alliance] 民主同盟. 南アフリカ共和国の政党.

D/A [documents against acceptance] 貿易決済の引き受け渡し. 対 D/P.

D/A変換 [digital-to-analog conversion] コンピューターで, デジタル信号をアナログ信号に変換すること. 対 A/D変換.

DAC [Development Assistance Committee] OECD(経済協力開発機構)の開発援助委員会. 本部はパリ. ダック.

DAD [digital audio disc] 音声をデジタル化して収録したディスク.

DAE [Dynamic Asian Economies] ダイナミック・アジア経済地域. 急速な経済発展をつづけたマレーシア, タイ, 韓国, シンガポール, 台湾, 返還前の香港の6カ国・地域の呼称.

DARPA [Defense Advanced Research Projects Agency] 米国防高等研究計画局.

DASH [drone anti-submarine helicopter] 対潜水艦攻撃用無人ヘリコプター.

DAT [digital audio tape recorder] デジタルテープ録音機.

DB
① [Deutsche Bahn] ドイツ鉄道.
② ➡ データバンク
③ ➡ データベース

dB ➡ デシベル

DBMS [database management system] データベースの中央管理システム.

DBS [direct broadcasting satellite] 直接放送衛星.

DC
① [debit card] 即時決済カード.
② [decimal classification] 図書の十進分類法.
③ [direct current] 直流電流.
④ [District of Columbia] コロンビア特別区. 米国の首都ワシントン.

D.C. ➡ ダカーポ

DCブランド [designer-character brand 和] デザイナーやメーカーの個性をはっきり打ち出した服飾品類の総称. 題TCブランド.

DD
① [display design] ショーウインドーなどの商品陳列デザイン.
② ➡ ダイレクトドライブ

DD原油 [direct deal crude oil] 直接取引原油.

DDC [direct digital control] 直接計数制御. コンピューターによる工場の直接制御.

DDR [Deutsche Demokratische Republik 独] ドイツ民主共和国(旧東ドイツ).

DDS ➡ ドラッグ・デリバリー・システム

DDX [digital data exchange] デジタルデータ交換網.

DEA [Drug Enforcement Administration] 米国麻薬取締局.

DEFCON ➡ デフコン

Demo.
① [Democratic party] 米国の民主党.
② [Democrat] 米国の民主党員.

DEP [diesel exhaust particles] ディーゼル排気微粒子. エンジンの不完全燃焼が原因でディーゼル車から排出される発がん性物質.

dept. [department] 省, 部, 局, 大学の学部・学科.

DEWライン [Distant Early Warning Line] 遠距離早期警戒網. アラスカとグリーンランドを結ぶ米国の長距離レーダー網. デューライン.

DEWKS ➡ デュークス

DFLP [Democratic Front for the

Liberation of Palestine］パレスチナ解放民主戦線.

DH［designated hitter］野球の指名打者.

DHA ⇒ ドコサヘキサエン酸

DHEA［dehydroepiandrosterone］デヒドロエピアンドロステロン. 副腎皮質で合成されるホルモンの一つ. 特に男性ホルモンとして働く.

DI

①［diffusion index］景気動向指数.

②［discomfort index］不快指数.

DIA［Defense Intelligence Agency］米国防総省の国防情報局.

DID［dissociative identity disorder］解離性同一性障害. 多重人格障害に代わる名称.

DINKS ⇒ ディンクス

DIY ⇒ ドゥ・イット・ユアセルフ

DJ

①［Dow Jones］ダウ・ジョーンズ. ダウ式平均株価を発表する経済通信社.

② ⇒ ディスクジョッキー

DK ⇒ ダイニングキッチン

DKグループ ⇒ ドントノー・グループ

DLNA［Digital Living Network Alliance］家庭内でAV機器, パソコンを結ぶ世界標準のネットワーク仕様.

DM ⇒ ダイレクトメール

DMB ⇒ デュアルモード・バス

DME［distance measuring equipment］航空機の距離測定装置.

DMZ［demilitarized zone］非武装地帯.

DNA

①［Defense Nuclear Agency］米防衛原子力局.

② ⇒ デオキシリボ核酸

DNL［dynamic noise limiter］録音の再生時に用いる雑音の処理方式.

DO［dissolved oxygen］水中の溶存酸素量.

DOCOMOMO［International Working Party for DOcumentation and COnservation of Buildings, Sites and Neighborhoods of the MOdern MOvement］近代運動に関する建物, 敷地, 環境の資料化と保存を目指す非営利国際組織.

DOD［Department of Defense］米国の国防総省. 通称ペンタゴン.

DOE［Department of Energy］米国エネルギー省.

DOHC［double overhead cam shaft］⇒ ツインカム

DOMP［disease of medical practice］医原病. 医療行為によって発生する病気.

DOS［disk operating system］コンピューターの標準的な管理システム. ドス.

DoS［denial of service］インターネット用語で, 相手のコンピューターを圧倒してサービスをできなくすること.

DOS/V［disk operating system/V］日本IBMが開発した, 日本語

を取り扱うための基本ソフト.ドスブイ.

doz. [dozen] ダース.dz.とも.

DP ➡ ダイナミックプログラミング

D/P [documents against payment] 貿易決済の支払い渡し.対 D/A.

DPC [diagnosis procedure combination] 診断群分類別包括評価.診療報酬の定額払いの仕組み.

DPE [developing, printing, enlarging 和] 現像・焼き付け・引き伸ばしの略.DPとも.

DPT [diphtheria, pertussis, tetanus] ジフテリア,百日ぜき,破傷風の3種混合ワクチン.

DR [depositary receipt] 預託証券.

Dr. [doctor] 博士,医師.

DRAM [dynamic random access memory] 記憶保持動作が必要な,コンピューターの随時読み出し書き込みメモリー.ディーラム.

DS [discount store] ディスカウントストア.安売り店.

DSL [deep scattering layer] 深海音波散乱層.実際の深度よりも浅い反響が生じる層.

DSM [Diagnostic and Statistical Manual of Mental Disorders] 米国精神医学会による『精神疾患の診断・統計マニュアル』.

DSP [Digital Signal Processor] デジタル信号処理専用のプロセッサー.携帯電話などに使用される.

DTM [desktop music] パソコンを使って音楽を作ること.

DTP [desktop publishing] パソコンを使い,原稿の出稿から編集,レイアウト,版下の作成までをすべて机上で可能にした出版システム.

DU

① [depleted uranium ammunition] 劣化ウラン弾.ウランの濃縮過程で生じるウラン238を多く含む廃棄物を材料としたもの.

② ➡ ドブソン単位

DUT ➡ デュアルユース・テクノロジー

DV ➡ ドメスティック・バイオレンス

DVC [digital video cassette] デジタル・ビデオカセット.日欧の10社によって制定された民生用デジタルVTR規格.

DVD [digital versatile disk] デジタル多用途ディスク.デジタル方式で,動画と音声を高画質・高音質で記録再生できる.

DVE [digital video effect] デジタル・ビデオ効果.映像画面の分割や拡大・縮小を可能にする技術.

dwt. [deadweight tonnage] 載貨重量トン.

DX, D.X. [distance, distant] 通信用語で,遠距離の.

dz. [dozen] ➡ doz.

E

E ➡ エクサ

Eキャッシュ [electronic cash] イ

ンターネットだけで通用する電子マネー.

Eメール [E-mail, electronic mail] 電子メール. コンピューターを使った電子郵便. メールとも.

Eライン [aesthetic line 和] 審美的な線. 調和のとれた唇の位置を判断する基準で, 鼻の頭と顎の先端を結んだ線.

eラーニング ➡ イーラーニング

EAC [East African Community] 東アフリカ共同体.

EAEC [East Asian Economic Conference] 東アジア経済会議.

EB

①[electronic banking] コンピューター化した銀行業務.

②[emergency brake] 非常ブレーキ, 緊急列車停止装置.

③[electronic book] 電子ブック. CD-ROMなどから情報を読み出して画面に表示する電子書籍機器.

EB債 [exchangeable bond] 他社株転換債.

EBM [evidence-based medicine] 根拠に基づく医療.

EBR [experimental breeder reactor] 実験用増殖炉.

EBRD [European Bank for Reconstruction and Development] 欧州復興開発銀行.

EBU [European Broadcasting Union] 欧州放送連合.

EC [electronic commerce] コンピューターでの電子商取引.

ECA [Economic Commission for Africa] 国連アフリカ経済委員会.

ECAT [Emergency Committee for American Trade] 米貿易緊急委員会.

ECB [European Central Bank] 欧州中央銀行.

ECCS [emergency core cooling system] 原子炉の緊急炉心冷却システム.

ECE [Economic Commission for Europe] 国連欧州経済委員会.

ECOSOC [Economic and Social Council] 国連の経済社会理事会. エコソク.

ECOWAS [Economic Community of West African States] 西アフリカ諸国経済共同体. エコワス.

ECPNL [equivalent continuous perceived noise level] 等価持続感覚騒音レベル. 航空機騒音の評価基準.

ECSC [European Coal and Steel Community] 欧州石炭鉄鋼共同体.

ED [erectile dysfunction] 男性の勃起障害.

EDカード [embarkation disembarkation card] 出入国(記録)カード.

EDINET ➡ エディネット

EDP [electronic data processing] コンピューターによる電子情報処理.

EDPS [electronic data processing

system] 電子情報処理システム.

EDR [European Depositary Receipt] 欧州預託証券.

EDRC [Economic and Development Review Committee] OECD（経済協力開発機構）の経済開発検討委員会.

EDTV [extended definition television] 高画質化テレビ.

EEA [European economic area] 欧州経済領域.

EEZ [exclusive economic zone] 排他的経済水域.

EFIS [electronic flight instrument system] ⇒グラスコックピット

EFTA [European Free Trade Association] 欧州自由貿易連合. エフタ.

e.g. [exempli gratia ラテ] 例えば.

EGR [exhaust gas recirculation] 排ガス再循環装置.

EHF [extremely high frequency] ⇒ミリ波

EIA [environmental impact assessment] 環境影響評価, 環境アセスメント.

EIB

① [European Investment Bank] 欧州投資銀行.

② [Export-Import Bank] 輸出入銀行.

EL

① [electric locomotive] 電気機関車.

② [electroluminescence] エレクトロルミネッセンス. 電子の刺激による蛍光発光現象.

③ ⇒エルボーライン

ELINT [electronic intelligence] 電子情報. エリント.

ELISA ⇒エライザ法

ELT [Extremely Large Telescope] 次世代超大型光学赤外線望遠鏡.

EM [effective microorganisms] 有用微生物群.

EMA [European Monetary Agreement] 欧州通貨協定.

EMC [electromagnetic compatibility] 電磁環境両立性. 電磁環境の悪化を防ぐこと.

EMS

① [European Monetary System] 欧州通貨制度.

② [express mail service] 国際ビジネス郵便.

EMU [Economic and Monetary Union] 欧州経済通貨同盟.

ENI [Ente Nazionale Idrocarburi イタ] イタリアの炭化水素公社.

ENIAC [Electronic Numerical Integrator and Computer] 米ペンシルベニア大学で1946年に完成した世界初のコンピューター. エニアック.

ENP [European Neighborhood Policy] 欧州近隣政策.

E&OE [errors and omissions excepted]「誤記と脱字は別として」.

EP

① [extended playing record] 1分間45回転のレコード.

② ⇒ヨーロピアンプラン

E&P [extraordinary and plenipotentiary] 特命全権の.

EPホルモン [estrogen-progesterone hormone] 経口避妊薬の一つ.

EPA
① [Environmental Protection Agency] 米環境保護局.
② ➡ エイコサペンタエン酸

EPIRB ➡ イパーブ

EPO ➡ エリスロポエチン

EPR [extended producer responsibility] 拡大生産者責任. 製品が環境に及ぼす影響を最小にするよう, 生産者が責任をもつこと.

EPTA [Expanded Programme of Technical Assistance] 国連の拡大技術援助計画. エプタ.

EPZ [export processing zone] 輸出加工区. 多国籍企業を誘致して輸出向けの生産を行う工業団地.

EQ ➡ イコライザー

ER [emergency room] 救急室, 緊急治療室.

ERM [exchange rate mechanism] 為替相場安定制度.

ERTS [Earth Resources Technology Satellite] 地球資源探査衛星. アーツ.

ERW [enhanced radiation weapon] 放射能強化兵器. 中性子爆弾を指す.

ES
① [employee satisfaction] 社員, 従業員の満足度. 類 CS.
② ➡ エコステーション

ES細胞 [embryonic stem cell] 胚性幹細胞. さまざまな臓器を作り出す元となる細胞.

ESA [European Space Agency] 欧州宇宙機関.

ESCAP ➡ エスキャップ

ESCB [European System of Central Banks] 欧州中央銀行制度.

ESDP [European Security and Defence Policy] 欧州共通防衛政策.

Esq. [Esquire] 「殿」「様」に当たる英語の敬称で, 氏名の後ろに付ける.

ESR [electron spin resonance] 電子スピン共鳴.

ESRIN [European Space Research Institute] 欧州宇宙研究所.

ESS [English-Speaking Society 和] 英会話クラブ.

ESV [experimental safety vehicle] 安全実験車.

ET [extra-terrestrial] 地球以外の生物. 異星人, 宇宙人.

ETA
① [estimated time of arrival] 予定到着時刻.
② [Euskadi Ta Askatasuna バス] バスク祖国と自由. スペインの過激派集団.

ETC [electronic toll collection system] 有料道路の自動料金収受システム.

etc. ➡ エトセトラ

ETF [Exchange Traded Funds] 株価指数連動型投信.

ETS [engineering test satellite] 技術試験衛星.

ETV [educational television] 教育テレビ.

EU [European Union] 欧州連合.

EUFOR [EU Force] 欧州連合部隊.

EURATOM ⇒ ユーラトム

EURIT [European Investment Trust] 欧州投資信託機関. ユーリット.

Eurosat [European Satellite] 欧州通信衛星公社. ユーロサット.

EV [electric vehicle] 電気自動車.

EV値 [exposure value] 写真の露光指数.

EVR [electronic video recording] 電子録画.

EWS [emergency warning system] 緊急警報放送システム.

ex. [example] 例.

EXIM [Export-Import Bank] 輸出入銀行.

expo. [exposition] 博覧会. エキスポ.

ext. [extension] 電話の内線番号.

EXW [exercise walking] エクササイズウオーキング. 健康のために歩くこと.

EZLN [Ejército Zapatista de Liberación Nacional 秀] サパティスタ民族解放軍. メキシコのゲリラ組織.

F

F ⇒ ファラド

f ⇒ フォルテ

F1GP [Formula One Grand Prix] FIA(国際自動車連盟)が公認する世界最高峰の四輪自動車レース. F1グランプリ.

FA

① [focus aid] カメラのピント合わせ補助機能.

② [factory automation] 工場自動化.

③ ⇒ フリーエージェント

FA制 [foreign exchange allocation system] 外貨資金割当制度.

FAA [Federal Aviation Administration] 米連邦航空局.

FAI [Fédération Aéronautique Internationale 仏] 国際航空連盟.

FAIS [Foundation for Advancement of International Science] 国際科学振興財団.

FAM [foreign airmail] 外国航空郵便.

FAO [Food and Agriculture Organization of the United Nations] 国連食糧農業機関.

FAQ [frequently asked questions] コンピューター用語で, よくある質問. 質問箱.

FARC [Fuerzas Armadas Revolucionarias de Colombia 西] コロンビア革命軍.

FAS

① [Federation of American Scientists] 米科学者連盟.

② [free alongside ship] 船側渡し条件. 貿易の取引条件の一つ.

FAZ [foreign access zone] 輸入促進地域.

FBI [Federal Bureau of Investigation] 米連邦捜査局.

FBR [fast breeder reactor] 高速増殖炉.

FBW ⇒ フライ・バイ・ワイヤ

FC
① [fine ceramics] ファインセラミックス.
② ⇒ フランチャイズチェーン

FCCJ [Foreign Correspondents' Club of Japan] 日本外国特派員協会.

FCEV [fuel cell electric vehicle] 燃料電池車. 燃料電池を搭載し, 燃料(水素)を直接電気エネルギーに変換して駆動する.

FD
① [floor director] 演出助手.
② [freeze-dry] 凍結乾燥.
③ ⇒ フロッピーディスク

FDA [Food and Drug Administration] 米食品医薬品局.

FDP [Freie Demokratische Partei^ド] 独自由民主党.

FDR ⇒ フライトレコーダー

FEAF [Far East Air Force] 米国の極東空軍.

FEMA [Federal Emergency Management Agency] 米連邦緊急事態管理庁.

FEN [Far East Network] 米極東放送網. 1997年, AFN(米軍放送網)に改名.

FESシステム [Functional Electrical Stimulation System] 機能的電気刺激システム. 脊髄損傷者の手や指を動かして機能を回復させる装置.

FESPIC ⇒ フェスピック

FET [field effect transistor] 電界効果トランジスター.

FF ⇒ フリップフロップ

ff ⇒ フォルティシモ

FF方式 [front engine, front drive system] 前部に搭載したエンジンで前輪を駆動する方式.

FFレート [federal funds rate] FRS(米連邦準備制度)の加盟銀行間で準備金を融通しあう際の金利.

FFD [forward floating depot] 前線洋上補給基地.

FFF ⇒ フリーファイナンシャル・ファンド

FFH [Freedom from Hunger]「飢餓からの自由」. FAO(国連食糧農業機関)が実施した世界飢餓救済運動の標語.

FFP [frequent fliers program] ⇒ マイレージサービス

FGM [female genital mutilation] 女性の性器切除. アフリカ, 中近東などで行われている割礼の一つ.

FI ⇒ フェードイン

FIA [Fédération Internationale de l'Automobile^仏] 国際自動車連盟.

FIAT [Fabbrica Italiana Automobili Torino^伊] フィアット. イタリアの自動車メーカー.

FIBA [Fédération Internationale de Basketball 仏] 国際バスケットボール連盟.

FIFA [Fédération Internationale de Football Association 仏] 国際サッカー連盟. フィファ.

FIFO [first-in, first-out] 情報や品物などの, 先入れ先出し法. ファイフォー. 対LIFO.

FIG [Fédération Internationale de Gymnastique 仏] 国際体操連盟.

fig. [figure] 数字, 図表.

FIJ [Fédération Internationale des Journalistes 仏] 国際ジャーナリスト連盟.

FILO [first-in, last-out] 情報や品物などの, 先入れ後出し法.

FIM [Fédération Internationale de Motocyclisme 仏] 国際モーターサイクル連盟.

FIMS [Fédération Internationale de Médecine Sportive 仏] 国際スポーツ医学連盟.

FINA [Fédération Internationale de Natation Amateur 仏] 国際水泳連盟. フィナ.

FIPP [Fédération Internationale de la Presse Périodique 仏] 国際雑誌連合.

FIR

①[flight information region] 飛行情報区.

②[far-infrared rays] 遠赤外線.

FIS [Fédération Internationale de Ski 仏] 国際スキー連盟.

FISU [Fédération Internationale du Sport Universitaire 仏] 国際大学スポーツ連盟.

FIT [foreign independent tour] 外国への個人旅行.

FIVB [Fédération Internationale de Volleyball 仏] 国際バレーボール連盟.

FLN [Front de Libération National 仏] アルジェリア民族解放戦線.

FM

①[Finance Minister] 財務大臣.

②[Foreign Minister] 外務大臣.

③[frequency modulation] 周波数変調, FM放送.

FMC [fixed mobile convergence] 固定電話と携帯電話の融合.

FMCT [Fissile Material Cut-off Treaty] 兵器用核分裂物質生産停止条約. カットオフ条約とも.

FMMS [flexible manufacturing management system] 伸縮的生産管理システム.

FMV [fair market value] 公正市場価格.

FN [Front National 仏] 国民戦線. フランスの政党.

FO ➡ フェードアウト

FOB [free on board] 本船渡し条件. 貿易の取引条件の一つ.

FOC [flag of convenience] 便宜置籍船.

FP

①[fission product] 核分裂生成物.

② ➡ ファイナンシャルプランナー

FR方式 [front engine, rear drive system] 前部に搭載したエンジンで後輪を駆動する方式.

FRB
① [Federal Reserve Bank] 米連邦準備銀行.
② [Federal Reserve Board] 米連邦準備制度理事会.

FRG [Federal Republic of Germany] ドイツ連邦共和国. また, 旧西ドイツ.

FRP [fiberglass reinforced plastics] 繊維強化プラスチック.

FRS [Federal Reserve System] 連邦準備制度. 米国の中央銀行制度.

FS [feasibility study] 実現可能性調査, 企業化調査.

FSX [fighter support experimental] 次期支援戦闘機.

FT [financial technology] 金融技術.

FTA [Free Trade Agreement] 自由貿易協定.

FTAA [Free Trade Area of the Americas] 米州自由貿易地域.

FTC
① [Fair Trade Commission] 公正取引委員会.
② [Federal Trade Commission] 米連邦取引委員会.

FTP [file transfer protocol] インターネットに接続されたコンピューター間でファイルをやり取りするときの手順と約束事.

FTTH [fiber to the home] 光ファイバーのケーブルを家庭に引き込み, 超高速ネットワークを実現する方式.

FTZ [free trade zone] 自由貿易地域.

FW ➡ フォワード②

FWD
① [four-wheel drive] 四輪駆動.
② [front-wheel drive] 前輪駆動.

FX [fighter experimental] 次期主力戦闘機.

FYI [for your information]「ご参考までに」.

G

G
① ➡ ガウス
② ➡ ギガ

G4 [Group of Four] 4カ国グループ. 安保理常任理事国入りを目指す日本・ドイツ・ブラジル・インドの4カ国.

G5 [Group of Five, Conference of Ministers and Governors of the Group of Five.] 主要5カ国財務相・中央銀行総裁会議. Gファイブ.

G7 [Group of Seven, Conference of Ministers and Governors of the Group of Seven.] 主要7カ国財務相・中央銀行総裁会議. Gセブン.

G8 [Group of Eight, Conference of Ministers and Governors of the Group of Eight.] G7にロシアが加わった主要国首脳会議.

G10 [Group of Ten, Conference of Ministers and Governors of the Group of Ten.] 主要10カ国財務相・中央銀行総裁会議.

G14 [Group of Fourteen] サッカーで, ヨーロッパ各国の有力18クラブで構成されるグループ.

Gコード [G-code] 家庭用VTRの簡易予約録画方式.

Gマーク ➡ グッドデザイン・マーク

Gメン [G-men, Government men] FBI(アメリカ連邦捜査局)の捜査官. また日本で麻薬の摘発などを行う特別捜査官. ジーメン.

GAA ➡ グローバル・アセット・アロケーション

GAB [General Agreements to Borrow] IMF(国際通貨基金)の一般借り入れ取り決め.

GABA ➡ ギャバ①

gal ➡ ガロン

GAO [General Accounting Office] 米議会会計検査院.

GAP [Good Agricultural Practice] 適性農業規範.

GARP [Global Atmospheric Research Program] 地球大気研究計画.

GASP [Group Against Smoker's Pollution] 米国の嫌煙運動グループ. ギャスプ.

GATS [General Agreement on Trade in Services] サービスの貿易に関する一般協定.

GATT ➡ ガット②

GAW [Global Atmosphere Watch] 全球大気監視. オゾン層や酸性雨などの観測を行う国際的な計画.

GB ➡ ギガバイト

GBC [German bearer certificate] ドイツ無記名証券.

GCA [ground-controlled approach] 地上誘導着陸方式.

GCC [Gulf Cooperation Council] 湾岸協力会議.

GCM [greatest common measure] 最大公約数.

GCP [gross criminal product] 犯罪総生産. 犯罪組織の稼ぎ高.

GCS
① [Glasgow coma scale] 昏睡患者の意識レベルを表す尺度.
② [global custody service] 国際的な証券投資に伴う各種業務を円滑に行うためのサービス.

GCT [Greenwich Civil Time] グリニッジ常用時. GMT(グリニッジ標準時)の別称.

GDE [gross domestic expenditure] 国内総支出.

GDP [gross domestic product] 国内総生産.

GE [General Electric Company] 米国のゼネラルエレクトリック社.

GEM [Gender Empowerment Measure] ジェンダー・エンパワーメント指数. 女性の社会進出度を測るもの.

GEMS [global environmental monitoring system] 地球環境モニタリングシステム.

GEOS [geodetic satellite] 米国の測地衛星. ジオス.

GF [glass fiber] グラスファイバー.

GFRP [glass fiber reinforced plastics] ガラス繊維強化プラスチック.

GG方式 [government-to-government oil dealing] 原油の政府間取引.

GHP [gas heat pump 和] ガス利用の冷暖房方式.

GHQ [General Headquarters] 日本が占領下にあった当時の連合国軍総司令部.

GI [Government Issue] 米軍兵士の俗称. 官給品の意.

GIF [Global Infrastructure Fund] 世界公共投資基金.

GLCM [ground-launched cruise missile] 地上発射巡航ミサイル.

GM
① [General Motors] ゼネラルモーターズ. 米国の自動車メーカーの一つ.
② [guided missile] 誘導ミサイル.
③ [genetic mutation] 遺伝子の突然変異.
④ ➡ ゼネラルマネジャー

GM食品 [genetically modified food] 遺伝子組み換え食品.

GMR効果 [giant magnetoresistive effect] 巨大磁気抵抗効果.

GMS ➡ ゼネラル・マーチャンダイズ・ストア

GMT ➡ グリニッジ標準時

GN [global negotiations] 国際的, 世界的な交渉.

GND [gross national demand] 国民総需要.

GNE [gross national expenditure] 国民総支出.

GNH [gross national happiness] 国民総幸福量. 国民の精神的な豊かさを重視しようという考え方.

GNI [gross national income] 国民総所得.

GNP [gross national product] 国民総生産.

GNS [gross national supply] 国民総供給.

GNW [gross national welfare] 国民総福祉.

GOP [Grand Old Party] 米共和党 (Republican party)の略称. ゴップ.

GP
① ➡ グッドプラクティス
② ➡ グランプリ

GPA [grade point average] 成績評価制度.

GPS [Global Positioning System] 全地球測位システム.

GPSS [General Purpose Simulation System] コンピューターの汎用模擬実験システム.

GPWS [ground proximity warning system] 対地接近警報装置. 航空機の事故防止システムの一

つ.

GRASリスト [generally recognized as safe list] 米国食品医薬品局が安全性を認めた食品のリスト. グラスリスト.

GRB [gamma-ray burster] ガンマ線バースター. 膨大なエネルギーのガンマ線を放射する天体.

GRO [Gamma Rays Observatory] ガンマ線天文台.

GS
① [gas station] 給油所. ガソリンスタンド.
② ➡ グループサウンズ

GT
① ➡ グランド・ツーリング・カー
② ➡ グループテクノロジー

GTL [Gas to Liquid] 天然ガスを化学反応によって液体燃料に転換したもの.

GUAM [Gruziya, Ukraina, Azerbaidzhan, Moldova] ロシアから距離を置く政策をとった旧ソ連諸国.

GUI [graphical user interface] 図形の画像を使ってコンピューターを操作するシステム.

GVH病 [graft-versus-host disease] 移植片対宿主病. 移植片の細胞が被移植者の細胞を攻撃する病気.

GVT [gravity vacuum transit] 重力真空列車. 米国で開発中の未来の交通機関.

GW ➡ ゴールデンウイーク

Gy ➡ グレイ

H

H ➡ ヒップ②

H-ⅡAロケット [H-ⅡA rocket] 日本の衛星打ち上げ用ロケット.

HA [home automation] ホームオートメーション. 家庭の自動化.

HAB ➡ ヒューマン・アニマルボンド

HACCP ➡ ハサップ

HAIR [Highway Advisory Information Radio] 日本道路公団の交通情報システム.

HAW [high activity waste] 高放射性廃棄物.

HB
① [hard black] 鉛筆の芯の普通の硬さの表示. hardは硬さ, blackは黒鉛の量を示す.
② [halfback] ハーフバック. サッカー, ラグビーなどの中衛.
③ ➡ ホームバンキング

H-bomb [hydrogen bomb] 水素爆弾.

HBV [hepatitis type B virus] B型肝炎ウイルス. HBウイルス.

HC
① [hydrocarbon] 炭化水素.
② [House of Commons] 英国下院.

HCB [hexachlorobenzene] ヘキサクロロベンゼン. 有機塩素系化合物の一つ. 殺菌剤などに使われるが, 毒性があり, 製造や使用が規制されている.

HCFC [Hydro Chloro Fluoro Carbon] ハイドロクロロフルオロカーボン. オゾン層破壊物質の一つ.

HDD [hard disk drive] ハードディスク駆動装置.

HDF [Hubble Deep Field] ハッブル・ディープフィールド. 1995年にハッブル宇宙望遠鏡を使って行われた宇宙の銀河探索.

HDI [Human Development Index] 人間開発指数. 国の社会的・経済的な発展の度合いを示す.

HDTV [high-definition television] 高品位テレビ.

HE

① [home electronics] 住宅の電子機器化, 自動化.

② [human engineering] 人間工学.

He ➡ ヘリウム

HEL ➡ ヘリコプター

HEMT [high electron mobility transistor] 高電子移動度トランジスター.

HF [high frequency] 高周波.

HFC ➡ ハイドロフルオロカーボン

HGF [hepatocyte growth factor] 肝細胞増殖因子.

HGH [human growth hormone] ヒト成長ホルモン.

HIPC [heavily indebted poor countries] 重債務貧困国.

HIV [human immunodeficiency virus] エイズウイルス.

HK [Hong Kong] 香港.

HMO [health maintenance organization] 健康医療団体.

HNS

① [host-nation support] 在日米軍駐留経費.

② [host-nation support agreement] 戦時の受け入れ国支援協定.

HP

① ➡ ハーフパイプ

② ➡ ホームページ

hPa ➡ ヘクトパスカル

HPI [human poverty index] 人間貧困指数. 総人口に占める貧困層の割合.

HQ, hq. [headquarters] 本部, 司令部.

HR

① [human relations] 人間関係.

② [House of Representatives] 米下院.

③ [home run] ホームラン.

HRM [human resource management] 人的資源管理.

HSCT [high-speed civil transport] 次世代超音速旅客機.

HSGT [high speed ground transportation] JRが開発中の超高速陸上運送機関.

HST

① [hypersonic transport] 極超音速旅客機.

② [Hubble Space Telescope] ハッブル宇宙望遠鏡.

HTML [Hyper Text Markup Language] ホームページなどを作るの

に使うコンピューター言語.
- **http** [hyper text transfer protocol] コンピューターでのデータのやりとりに用いる通信規約の一つ.
- **HUD** [head-up display] ヘッドアップ・ディスプレー.計器類表示の前方投影装置.
- **HUMINT** [human intelligence] 偵察衛星や通信傍受などではなく,人間のスパイを使った情報収集活動.
- **Hz** ➡ ヘルツ

I

- **I** ➡ ヨード
- **Iターン** [I-turn 和] 大都市で育った人が地方に永住すること.
- **iモード** [i-mode] NTTドコモが自社の携帯電話向けに提供している情報サービス.
- **IA** [Internet appliance] インターネット関連の電気・電子器具.
- **IAA** [International Advertising Association] 国際広告協会.
- **IAAF** [International Association of Athletics Federations] 国際陸上競技連盟.
- **IAC** [International Apprentices Competition] 国際職業訓練競技大会.いわゆる技能オリンピック.
- **IAEA** [International Atomic Energy Agency] 国際原子力機関.
- **IAF** [International Astronautical Federation] 国際宇宙航行連盟.
- **IAHAIO** [International Association of Human-Animal Interaction Organizations] 人と動物との相互作用関係団体の国際協会.アイアハイオ.
- **IARC** [International Agency for Research on Cancer] 国際がん研究機関.
- **IARU** [International Amateur Radio Union] 国際アマチュア無線連盟.
- **IASB** [International Accounting Standards Board] 国際会計基準審議会.
- **IATA** [International Air Transport Association] 国際航空運送協会.イアタ.
- **IAU**
  ① [International Association of Universities] 国際大学協会.
  ② [International Astronomical Union] 国際天文学連合.
- **IB** ➡ インターナショナルバカロレア
- **IBA** [International Baseball Association] 国際アマチュア野球連盟.
- **IBAF** [International Baseball Federation] 国際野球連盟.
- **IBBY** [International Board on Books for Young People] 国際児童図書評議会.
- **IBC** ➡ イラク・ボディー・カウント
- **IBD** [inflammatory bowel disease] 炎症性腸疾患.
- **IBF** [international banking facilities] 国際銀行業務.

IBI [International Bank for Investment] 国際投資銀行.

ibid. [ibidem ラテ] 同じ個所に, 同じ本に.

IBM [International Business Machines Corp.] 米国の大手コンピューター・事務機器メーカー.

IBP [International Biological Program] IUCN（国際自然保護連合）の国際生物学事業計画.

IBRD [International Bank for Reconstruction and Development] 国際復興開発銀行. 世界銀行.

IC
① [integrated circuit] 集積回路.
② ➡ インターチェンジ②

ICA [International Cooperative Alliance] 国際協同組合同盟.

ICANN [Internet Corporation for Assigned Names and Numbers] コンピューターの識別番号を割り当てる国際機構. アイキャン.

ICAO [International Civil Aviation Organization] 国際民間航空機関. イカオ.

ICBL [International Campaign to Ban Landmines] 地雷禁止国際キャンペーン.

ICBM [intercontinental ballistic missile] 大陸間弾道ミサイル.

ICBP [International Council for Bird Preservation] 国際鳥類保護会議.

ICC
① [International Chamber of Commerce] 国際商業会議所.
② [International Criminal Court] 国際刑事裁判所.

ICE [international cultural exchange] 国際文化交流.

ICFTU [International Confederation of Free Trade Unions] 国際自由労働組合連合.

ICGNE [International Consultative Group on Nuclear Energy] 国際原子力協議グループ.

ICJ [International Court of Justice] 国際司法裁判所.

ICOCA ➡ イコカ

ICOMOS [International Council on Monuments and Sites] 国際記念物・遺跡会議. イコモス.

ICPO [International Criminal Police Organization] 国際刑事警察機構. インターポール.

ICRC [International Committee of the Red Cross] 赤十字国際委員会.

ICRP [International Commission on Radiological Protection] 国際放射線防護委員会.

ICSPE [International Council of Sport and Physical Education] 国際スポーツ体育協議会.

ICSU ➡ イクシュ

ICSW [International Conference of Social Welfare] 国際社会福祉会議.

ICTR [International Criminal Tribunal for Rwanda] ルワンダ国際

戦争犯罪法廷.

ICTY [International Criminal Tribunal for the Former Yugoslavia] 旧ユーゴ国際戦争犯罪法廷.

ICU

①[intensive care unit] 集中治療施設.

②[interface control unit] コンピューターのインターフェース制御装置.

ID

①[industrial design] インダストリアルデザイン. 工業デザイン. 機能的でデザイン性ある工業製品の設計.

② ⇒アイデンティフィケーション

IDカード [identification card] 身元証明書.

IDA [International Development Association] 国際開発協会. 第二世界銀行.

iDC [internet data center] インターネット・データ・センター. 企業からウェブサーバーを預かり, 管理と運用を代行するサービス.

IDCA [International Development Cooperation Agency] 米国際開発協力局.

IDE

①[Institute of Developing Economies] アジア経済研究所.

②[Institute for Democratic Education] 民主教育協会.

IDL [international date line] 国際日付変更線.

IDP [integrated data processing] 情報の集中処理. 総合データ処理方式の一つ.

IDU [International Democrat Union] 国際民主同盟.

IEA [International Energy Agency] 国際エネルギー機関.

IEC [International Electrotechnical Commission] 国際電気標準会議.

IED [improvised explosive device] 手製爆弾.

IEEE [Institute of Electrical and Electronics Engineers] 米電気電子学会.

IF

①[International Sports Federation] 国際競技連盟. ISFとも.

②[intermediate frequency] 中間周波数.

③ ⇒インターフェロン

④ ⇒インデックスファンド

IFAD [International Fund for Agricultural Development] 国際農業開発基金.

IFAP [International Federation of Agricultural Producers] 国際農業生産者連盟.

IFAW [International Fund for Animal Welfare] 国際動物愛護基金.

IFC [International Finance Corporation] 国際金融公社.

IFF [identification, friend or foe] 軍用機の敵味方識別装置.

- **IFIP** [International Federation for Information Processing] 国際情報処理学会連合. アイフィップ.
- **IFJ** [International Federation of Journalists] 国際ジャーナリスト連盟.
- **IFN** ⇒ インターフェロン
- **IFO** [identified flying object] 確認飛行物体. 対 UFO.
- **IFP** [Inkatha Freedom Party] インカタ自由党. 南アフリカ共和国の政党の一つ.
- **IFPI** [International Federation of Phonogram and Videogram Producers] 国際レコード・ビデオ製作者連盟.
- **IFR** [instrument flight rules] 計器飛行方式. 航空機の飛行方式の一つ.
- **IFRB** [International Frequency Registration Board] 国際周波数登録委員会. ITU（国際電気通信連合）の下部機構.
- **IFV** [infantry fighting vehicle] 歩兵戦闘車. 装甲車の一つ.
- **IGA** [International Grains Arrangement] 国際穀物協定.
- **IH** [induction heater] 電磁誘導加熱器.
- **IHD** [ischemic heart disease] 虚血性心疾患. 狭心症や心筋梗塞など.
- **IIF**

  ①[Institute of International Finance] 国際金融協会.

  ②[international information flow] 国際情報流通.
- **IIHF** [International Ice Hockey Federation] 国際アイスホッケー連盟.
- **IISS** [International Institute for Strategic Studies] 国際戦略研究所.
- **IJF** [International Judo Federation] 国際柔道連盟.
- **ILHR** [International League for Human Rights] 国際人権連盟.
- **ILO** [International Labour Organization] 国際労働機関.
- **ILS** [instrument landing system] 計器着陸装置.
- **IM** [instant message] インスタントメッセージ. 事前登録した利用者同士が，リアルタイムで交信できるソフトウエアの総称.
- **IMADR** [International Movement against All Forms of Discrimination and Racism] 反差別国際運動. イマドル.
- **IMC**

  ①[instrument meteorological condition] 計器飛行気象状態.

  ②[International Material Conference] 国際原料会議.

  ③[International Music Council] 国際音楽評議会.

  ③[integrated marketing communication] 統合マーケティング・コミュニケーション. 説得力のあるマーケティングメッセージのために，多様なコミュニケーション手

段を統合的に活用しようという考え方.

IMF
① [International Monetary Fund] 国際通貨基金.
② [International Metalworkers Federation] 国際金属労働組合連合.

IMF-JC [International Metalworkers Federation-Japan Council] 全日本金属産業労働組合協議会.

IMO
① [International Maritime Organization] 国際海事機関.
② [International Mathematical Olympiad] 国際数学オリンピック.

Inc. [incorporated] 株式会社, 有限会社.

INCB [International Narcotics Control Board] 国連の国際麻薬統制委員会.

INES [International Nuclear Event Scale] 国際原子力事象評価尺度. 原発事故の程度や危険の度合いを示す IAEA (国際原子力機関) の統一尺度.

INF [intermediate-range nuclear forces] 中距離核戦力.

INFCE [International Nuclear Fuel Cycle Evaluation] 国際核燃料サイクル評価.

INIS [International Nuclear Information System] IAEA (国際原子力機関) の国際原子力情報システム. イニス.

INMARSAT [International Marine Satellite Telecommunication Organization] 国際海事衛星機構を母体とする国際衛星通信事業者. そのサービス. インマルサット.

INP [index number of prices] 物価指数.

INS
① [inertial navigation system] 慣性航法装置.
② [information network system] 高度情報通信システム.

INTELSAT [International Telecommunications Satellite Organization] 国際電気通信衛星機構. インテルサット.

I/O装置 [input-output unit] コンピューターの入出力装置.

IOA [International Olympic Academy] 国際オリンピック・アカデミー.

IOC
① [International Olympic Committee] 国際オリンピック委員会.
② [Intergovernmental Oceanographic Commission] ユネスコの政府間海洋学委員会.

IOE [International Organization of Employers] 国際経営者団体連盟.

IOM [International Organization for Migration] 国際移住機関.

IOR-ARC [Indian Ocean Rim Association for Regional Cooperation] 環インド洋地域協力連合.

IOTC [International Olympic Truce Center] 国際オリンピック休戦センター.

IOU [I owe you.] 借用書.「私はあなたに借りがある」の意味から.

IP
① [intellectual property] 知的財産. また, 集積回路ブロックの設計データ.
② [information provider] インフォメーションプロバイダー. 情報やデータを作成・提供する事業者.
③ ➡ インターネットプロトコル

IPA
① [information process analysis] 情報処理分析.
② [International Palaeontological Association] 国際古生物学協会.
③ [International Peace Association] 国際平和協会.
④ [International Phonetic Alphabet] 国際音標文字.
⑤ [International Phonetic Association] 国際音声学会.
⑥ [International Publishers Association] 国際出版連合.
⑦ [Information-technology Promotion Agency] 情報処理推進機構.

IPC [International Paralympic Committee] 国際パラリンピック委員会.

IPCC [Intergovernmental Panel on Climate Change] 気候変動に関する政府間パネル.

IPDL [Industrial Property Digital Library] 特許電子図書館.

IPI [International Press Institute] 国際新聞編集者協会.

IPIC [Institute for the Prevention of International Conflicts] 国際紛争予防研究機構.

IPO [initial public offering] 株式公開.

iPod アップル社製のハードディスクやメモリー搭載型の携帯デジタル音楽プレーヤー.

IPPF [International Planned Parenthood Federation] 国際家族計画連盟.

IPPNW [International Physicians for the Prevention of Nuclear War] 核戦争防止国際医師会議.

IPRA [International Peace Research Association] 国際平和研究学会. イプラ.

IPS [Institute for Policy Sciences] 政策科学研究所.

IPTC [International Press Telecommunications Committee] 国際新聞通信委員会.

IPU [Inter-parliamentary Union] 列国議会同盟.

IQ
① [intelligence quotient] 知能指数.
② [import quota] 輸入割り当て.
③ [improved quality] 品質向上.

IR
① [isoprene rubber] イソプレン

ゴム.合成ゴムの一つ.

② [information retrieval] 情報検索.

③ ➡ インベスターリレーションズ

IRA [Irish Republican Army] アイルランド共和軍.

IRB [International Rugby Board] 国際ラグビーボード.

IRBM [intermediate-range ballistic missile] 中距離弾道ミサイル.

IRC

① [International Red Cross] 国際赤十字.

② [International Rice Commission] 国際米穀委員会.

IRL [Indy Racing League] インディ・レーシング・リーグ.インディ500を核として1996年に創設された自動車レース.

IRS

① [Internal Revenue Service] 米国の国税庁.

② [Incident Reporting System] OECD-NEA(経済協力開発機構原子力機関)による事象報告システム.

IS [integrated safeguards] 総合安全保障措置.

ISA

① [International Student Association of Japan] 日本国際学生協会.

② [International Sugar Agreement] 国際砂糖協定.

ISAF [International Security Assistance Force] 国際治安支援部隊.

ISAS [Institute of Space and Astronautical Science] JAXA(宇宙航空研究開発機構)の宇宙科学研究本部.

ISBN [International Standard Book Number] 国際標準図書番号.

ISCM [International Society for Contemporary Music] 国際現代音楽協会.

ISD [international subscriber dialing] 国際ダイヤル通話.

ISDB [integrated services digital broadcasting] 統合デジタル放送.

ISDN [integrated services digital network] 総合デジタル通信網.

ISF ➡ IF①

ISM

① [International Solidarity Movement] 国際連帯運動.パレスチナ解放を求める非政府組織.

② ➡ インストア・マーチャンダイジング

ISO [International Organization for Standardization] 国際標準化機構.ISOはギリシャ語の「isos(平等な)」から.

ISO9000シリーズ [ISO9000 series] 品質管理に関する国際規格.

ISO14000シリーズ [ISO14000 series] 環境マネジメントに関する国際規格.

ISP [internet service provider] インターネット接続事業者. プロバイダーとも.

ISS

① [ionosphere sounding satellite] 電離層観測衛星.

② [International Space Station] 国際宇宙ステーション. 米国が提唱し, カナダ・日本・欧州・ロシアが協力する有人の宇宙施設. 高度約400kmの軌道に乗る.

ISSA [International Social Security Association] 国際社会保障協会.

ISSCC [International Solid State Circuits Conference] 国際固体回路会議.

ISU [International Skating Union] 国際スケート連盟.

IT [information technology] 情報技術.

ITC

① [integrated traffic control] 列車集中制御方式.

② [International Trade Charter] 国際貿易憲章.

③ [International Trade Commission] 米国際貿易委員会.

ITER [international thermonuclear experimental reactor] 国際熱核融合実験炉. イーター.

ITF

① [International Trade Fair] 国際見本市.

② [International Transport Workers' Federation] 国際運輸労連.

ITI [International Theatre Institute] 国際演劇協会.

ITIT [Institute for Transfer of Industrial Technology] 国際産業技術研究事業.

ITLOS [International Tribunal for the Law of the Sea] 国際海洋法裁判所.

ITS [intelligent transportation system] 高度道路交通システム.

ITT [International Telephone and Telegraph Corporation] 米国の国際電話電信会社.

ITTO [International Tropical Timber Organization] 国際熱帯木材機関.

ITU [International Telecommunication Union] 国際電気通信連合.

IU ➡インターナショナルユニット

IUCD [intrauterine contraceptive device] 子宮内避妊器具.

IUCN [International Union for the Conservation of Nature and Natural Resources] 国際自然保護連合.

IUCW [International Union for Child Welfare] 国際児童福祉連合.

IULA [International Union of Local Authorities] 国際地方自治体連合.

IUPAC [International Union of Pure and Applied Chemistry]

国際純正応用化学連合.
- **IUS**［International Union of Students］国際学生連盟.
- **IVF**［in vitro fertilization］試験管内受精.
- **IWA**

  ①［International Wheat Agreement］国際小麦協定.

  ②［International Whaling Agreement］国際捕鯨協定.
- **IWC**

  ①［International Wheat Council］国際小麦理事会.

  ②［International Whaling Commission］国際捕鯨委員会.
- **IWTC**［International Women's Tribune Center］国際女性トリビューンセンター. 女性運動の情報収集と活動援助機関.
- **IWW**［Industrial Workers of the World］世界産業労働者組合.
- **IYHF**［International Youth Hostel Federation］国際ユースホステル連盟.

J

- **J** ➡ ジュール
- **Jカーブ効果**［J-curve effect］例えば貿易収支が赤字の場合, 自国通貨が下落してもしばらくは収支は悪化し, 改善には時間がかかること.
- **Jターン**［J-turn 和］地方出身で大都市に住む人が, 出身地と大都市の中間の地域に就職すること.
- **Jリーグ**［J.league］日本のプロサッカーリーグ.
- **JA**［Japan Agricultural Cooperatives］日本の農業協同組合, 農協.
- **JAA**［Japan Aeronautic Association］日本航空協会.
- **JAAF**［Japan Association of Athletics Federations］日本陸上競技連盟.
- **JAAS**［Japanese Association for American Studies］アメリカ学会.
- **JABEE**［Japan Accreditation Board for Engineering Education］日本技術者教育認定機構.
- **JACL**［Japanese-American Citizens League］日系米国市民協会.
- **JACO**［Japan Audit and Certification Organization for Environment and Quality］日本環境認証機構.
- **JADA**［Japan Anti-Doping Agency］日本アンチ・ドーピング機構.
- **JAEA**［Japan Atomic Energy Agency］日本原子力研究開発機構.
- **JAF**［Japan Automobile Federation］日本自動車連盟. ジャフ.
- **JAGDA**［Japan Graphic Designers Association］日本グラフィックデザイナー協会.
- **JAIRI**［Japan Association of Independent Research Institutes］日本シンクタンク協議会.

JAMA [Japan Automobile Manufacturers Association] 日本自動車工業会. ジャマ.

JAN [Japanese article number] 日本工業規格制定の標準商品用バーコード.

JAPIC [Japan Project Industry Council] 日本プロジェクト産業協議会.

JAPIO [Japan Patent Information Organization] 日本特許情報機構. ジャピオ.

JARL [Japan Amateur Radio League] 日本アマチュア無線連盟.

JARO [Japan Advertising Review Organization] 日本広告審査機構. ジャロ.

JAS
① [Japan Astronautical Society] 日本宇宙旅行協会.
② ➡ ジャス

JASマーク ➡ ジャスマーク

JASA [Japan Amateur Sports Association] 日本体育協会. 体協.

JASDAQ ➡ ジャスダック

JASDF [Japan Air Self-Defense Force] 航空自衛隊.

JASF [Japan Swimming Federation] 日本水泳連盟.

JASRAC [Japanese Society for Rights of Authors, Composers and Publishers] 日本音楽著作権協会. ジャスラック.

JATA [Japan Association of Travel Agents] 日本旅行業協会.

Java ➡ ジャバ

JAXA [Japan Aerospace Exploration Agency] 宇宙航空研究開発機構. ジャクサ.

JBBY [Japanese Board on Books for Young People] 日本国際児童図書評議会.

JBIC [Japan Bank for International Cooperation] 国際協力銀行.

JBL [Japan Basketball League] バスケットボール日本リーグ機構.

JC [Japan Certificate] 日本身代わり証券. 外国企業が日本国内で発行する原株券の身代わり証券.

JCA [Japan Consumers' Association] 日本消費者協会.

JCC
① [Japan Cotton Center] 日本コットンセンター.
② [Junior Chamber of Commerce] 青年会議所.

JCCI [Japan Chamber of Commerce and Industry] 日本商工会議所.

JCI [Junior Chamber International] 国際青年会議所.

JCP [Japanese Communist Party] 日本共産党.

JCS [Joint Chiefs of Staff] 米国の統合参謀本部.

JCT ➡ ジャンクション

J-Debit ➡ デビットカード

JDR [Japanese Depositary Receipts] 日本預託証券.

JES [Japan Engineering Standards] 日本技術標準規格.

JETプログラム ⇒ ジェットプログラム

JETRO ⇒ ジェトロ

JFA [Japan Football Association] 日本サッカー協会.

JFL [Japan Football League] 日本フットボールリーグ. Jリーグの下部リーグ.

JGA [Japan Golf Association] 日本ゴルフ協会.

JGSDF [Japan Ground Self-Defense Force] 陸上自衛隊.

JGTO [Japan Golf Tour Organization] 日本ゴルフツアー機構.

JI [Jemaah Islamiyah] ジェマー・イスラミア. イスラム過激派集団の一つ.

JICA ⇒ ジャイカ

JICST [Japan Information Center of Science and Technology] 日本科学技術情報センター. ジクスト.

JIS ⇒ ジス

JISマーク ⇒ ジスマーク

JISS [Japan Institute of Sports Sciences] 国立スポーツ科学センター.

JJC [Japan Journalist Club] 日本ジャーナリストクラブ.

JJSA [Japan Junior Sport-club Association] 日本スポーツ少年団.

JMSDF [Japan Maritime Self-Defense Force] 海上自衛隊.

JMTDR [Japan Medical Team for Disaster Relief] 国際救急医療チーム. JICA(国際協力機構)の下部組織.

JNATIP [Japan Network Against Trafficking in Persons] 人身売買禁止ネットワーク.

JOC [Japanese Olympic Committee] 日本オリンピック委員会.

JOCV [Japan Overseas Cooperation Volunteers] 青年海外協力隊.

JOICFP [Japanese Organization for International Cooperation in Family Planning] 家族計画国際協力財団.

JOM [Japan Offshore Market] 東京オフショア市場.

JPEG [Joint Photographic Experts Group] パソコンで画像を記録するためのデータ形式の一つ. ジェーペグ.

JPGU [Japan Geoscience Union] 日本地球惑星科学連合.

JPL [Jet Propulsion Laboratory] 米ジェット推進研究所.

JPN [Japan] 日本の欧文略称.

JPO [Japan Publishing Organization for Information Infrastructure Development] 日本出版インフラセンター.

JPS [Japan Professional Photographers Society] 日本写真家協会.

JR [Japan Railways] 日本鉄道会社(旧日本国有鉄道).

JRA [Japan Racing Association]

JRC
日本中央競馬会.

JRC
① [Japan Red Cross] 日本赤十字社.
② [Junior Red Cross] 青少年赤十字.

JSA
① [Japan Scientists' Association] 日本科学者会議.
② [Japanese Standards Association] 日本規格協会.

JSC
① [Japan Science Council] 日本学術会議.
② [Joint Staff Council] 自衛隊の統合幕僚会議.

JSIC [Japan Standard Industry Classification] 日本標準産業分類.

JSNP [Japan Satellite News Pool] 日本衛星中継協力機構.

JSPS [Japan Society for the Promotion of Science] 日本学術振興会.

JST [Japan Standard Time] 日本標準時.

JT [Japan Tobacco Inc.] 日本たばこ産業(旧日本専売公社).

JUSB [Japanese University Sports Board] 日本ユニバーシアード委員会.

JV ➡ ジョイントベンチャー

JVC [Japan International Volunteer Center] 日本国際ボランティアセンター.

JWA
① [Japan Weather Association] 日本気象協会.
② [Japan Whaling Association] 日本捕鯨協会.

K

K
① ➡ カラット**2**
② ➡ カリウム
③ ➡ ケッヘル番号
④ ➡ ケルビン

k ➡ キロ

K-1 打撃系の格闘技の一つ.

K点 [Kritischer Punkt ᴰ] 極限点. スキーのジャンプ競技で, これ以上遠くに飛ぶと危険とされる点.

Kリーグ [K-League] 韓国のプロサッカーリーグ.

kat ➡ カタール

KB ➡ キロバイト

KBS [Korean Broadcasting System] 韓国放送公社.

kcal ➡ カロリー②

KD輸出 [knockdown export] ノックダウン輸出. 部品を輸出し現地で組み立てる方式.

KE
① [knowledge engineer] 知識工学者.
② [knowledge engineering] 知識工学.

KEDO [Korean Peninsula Energy Development Organization] 朝鮮半島エネルギー開発機構.

kg ➡ キログラム

KGB [Komitet Gosudarstvennoy Bezopasnosti ㋭] 旧ソ連国家保安委員会. カーゲーベー.

KHV病 ➡コイヘルペスウイルス病

KK [Kabushiki Kaisha 和] 株式会社.

KKK ➡クー・クラックス・クラン

KO ➡ノックアウト②

Kr ➡クリプトン

KSC [Kennedy Space Center] ケネディ宇宙センター. アメリカ・フロリダ州にあるNASAのロケット発射基地.

Kt ➡カラット2

KV ➡ケッヘル番号

KWIC [key word in context] コンピューターの文脈付き索引. クイック.

L

L ➡レフト①

L文学 おもに女性読者のために書かれた女性文学. Lはlady(女性), love(愛), lib(解放)などの頭文字から.

LA

①[laboratory automation] 研究所や開発部門の自動化.

②[Latin America] 中南米.

③[Los Angeles] ロサンゼルス.

LAN ➡ラン2

LANDSAT ➡ランドサット

LASA [large aperture seismic array] 地下核実験探知用の超遠距離地震検出装置. ラサ.

LASH [lighter aboard ship] ラッシュ船. 貨物を積んだはしけをそのまま積める輸送船.

LAWASIA ➡ローエイシア

LB [lb] ➡ポンド②

LBO [leveraged buyout] 借入金による企業買収.

LC

①[landing craft] 上陸用舟艇.

②[light change] 演劇で, 舞台の明転.

L/C ➡レター・オブ・クレジット

LCA ➡ライフサイクル・アセスメント

LCD [liquid crystal display] 液晶表示装置.

LCM [lowest〈least〉common multiple] 最小公倍数.

LCoS [liquid crystal on silicon] シリコン基板上に載せた反射型液晶. エルコス.

LD

①[learning disability] 学習障害.

②[light director] 照明担当者.

③ ➡レーザーディスク

LDC [least (less) developed countries] 後発発展途上国. 最貧国. LLDCとも.

LDK [living room, dining kitchen 和] 居間と食堂兼台所.

LDP [Liberal Democratic Party] 日本の自由民主党.

leg ➡レガート

LEV [low emission vehicle] 低公

害車.

LF飲料 [low-fat drink] 低脂肪の飲料, ローファット飲料.

LIBOR [London Interbank Offered Rate] ロンドン銀行間取引金利. ライボー.

LIFFE [London international financial futures exchange] ロンドン国際金融先物取引所. ライフ.

LIFO [last-in, first-out] 情報や品物などの後入れ先出し法. ライフォー. 対FIFO.

LIM
① [linear induction motor] リニアモーター.
② [liquid injection molding] 射出成形.

Linux ➡ リナックス
LK ➡ リビングキッチン
LL ➡ ランゲージラボラトリー
LL牛乳 ➡ ロングライフ・ミルク
LL食品 [long life food 和] 長期保存食品.
LLDC ➡ LDC

LM
① [light music] 軽音楽.
② [lunar module] 米国のアポロ宇宙船が使用した月着陸船.
③ [Long March] ➡ CZ

lm ➡ ルーメン

LME [London Metal Exchange] ロンドン金属取引所.

LMG [liquefied methane gas] 液化メタンガス.

LNG [liquefied natural gas] 液化天然ガス.

LOHAS ➡ ロハス
LORAN ➡ ローラン

LP
① [laser printer] レーザープリンター.
② [linear programming] リニアプログラミング. 線形計画法.
③ [long playing record] 長時間演奏レコード.

LPG [liquefied petroleum gas] 液化石油ガス. LPガス.

LS ➡ ロングショット

LS原油 [low-sulphur crude oil] 低硫黄原油.

LSD [lysergic acid diethylamide] リゼルグ酸ジエチルアミド. 幻覚症状を起こす麻薬の一つ.

LSI [large-scale integration] 大規模集積回路.

LSS [life support system] 生命維持装置.

LST
① [landing ship tank] 揚陸艦.
② [local standard time] 地方標準時.

LT
① [left tackle] アメリカンフットボールのレフトタックル.
② [living together] 同棲どう.
③ [local time] 地方時.

LTA
① [lighter-than-air aircraft] 空気より軽い航空機. 飛行船や気球など.
② [Long Term Agreement] 国際綿製品長期取り決め.

Ltd. [limited] 有限会社. 株式会社.

LTTE [Liberation Tigers of Tamil Eelam] タミル・イーラム解放の虎. スリランカの武装集団.

LVM計画 [Luna, Venus and Mars Program] 月・金星・火星探査計画. 旧ソ連の宇宙開発計画の一つ.

LWR [light water reactor] 軽水型原子炉. 原子炉の一つ.

lx ➠ ルクス

M

M
① [male] 男, 男性.
② ➠ マグニチュード
③ ➠ マゼンタ
④ ➠ マッハ数
⑤ ➠ メガ■

m ➠ メートル

M-Vロケット [M-V rocket] 日本の全段固形燃料の3段式衛星打ち上げ用ロケット. ミューファイブロケット.

Mマーク [merchandising mark] 生活用品品質奨励マーク.

M&A [merger and acquisition] 企業合併・買収.

MANPADS [Man-Portable Air Defense Systems] 携行式地対空ミサイル.

maser ➠ メーザー

max. [maximum] マキシマム, 最大, 最大限. 対 min..

MB ➠ メガバイト

mb ➠ ミリバール

MBA [Master of Business Administration] 経営学修士.

MBO
① [management by objectives] 目標管理.
② [management buyout] マネジメントバイアウト. 乗っ取りを防ぐための経営側による自社株の買い占め.

MBP [marine biotelemetry project] 海洋生物遠隔計測計画.

MC
① [machining center] 複合加工工作機械.
② [Marine Corps] 米国海兵隊.
③ [Member of Congress] 米国の議員, 特に連邦下院議員.
④ [marginal cost] マージナルコスト. 限界費用.
⑤ ➠ マスター・オブ・セレモニー

MD
① [medical doctor] 医師.
② [merchandising] 商品化計画.
③ ➠ ミニディスク

M&D [mother and daughter] 母親と娘の組み合わせ. 特に買い物, 旅行などの消費活動についていう.

MD計画 [U.S. Missile Defense program] 米国のミサイル防衛計画.

MDC [more developed country] 中進国.

MDGs [millenium development goals] ミレニアム開発目標. 国際

社会の諸問題に関して, 2015年までの達成を課題とする発展・開発目標.

MDLP [MiniDisc Long-Play Mode] MD(ミニディスク)のデータ圧縮率を高め, 長時間の記録を可能にした規格.

MDM [Médecins du Monde 仏] フランスの医療援助組織「世界の医療団」.

ME ➡ マイクロエレクトロニクス

MEG [magneto encephalography] 脳磁図. 脳の検査法の一つ.

MERCOSUR ➡ メルコスル

mf [mezzo forte 伊] メゾフォルテ. やや強く.

MFA [Mobilization for Animals] 国際的な動物保護団体.

MFN [most favored nation] 最恵国待遇.

Mg ➡ マグネシウム

MHD発電 [magnetohydrodynamic power generation] 電磁流体力学発電.

MI [Military Intelligence] 英国諜報部. MI5は国内と英連邦, MI6は国外活動を担当.

MIA [missing in action] 戦闘での行方不明米兵.

MIC
① [management of indirect costs] 企業の間接部門効率化計画.
② [military-industrial complex] 軍産複合体.

MICR [magnetic ink character reader] 磁気インク文字読み取り装置.

MIDAS [Missile Defense Alarm System] 米国のミサイル防衛警報システム. ミダス.

MIDI [Musical Instrument Digital Interface] 電子的な楽器とコンピューターとのデータ交換を標準化する規格の一つ. ミディー.

MIGA [Multilateral Investment Guarantee Agency] 多国間投資保証機関. ミガ.

MILF [Moro Islamic Liberation Front] モロ・イスラム解放戦線. 分離独立を要求するフィリピンの武装闘争組織.

min. [minimum] ミニマム, 最小, 最小限. 対 max..

MINUSTAH [UN Stabilization Mission in Haiti] 国連ハイチ安定化ミッション.

MIT
① [Massachusetts Institute of Technology] 米国のマサチューセッツ工科大学.
② [minimal invasive therapy] 最小侵襲手術. できるだけ体を傷めない手術.

MJB [Max, Joseph, Bransten] 米国のコーヒー会社. 3人の創立者の頭文字から.

MKS単位系 [MKS system of units] 長さの単位メートル(m), 質量の単位キログラム(kg), 時間の単位秒(s)を基本単位とする三元系. これに電流の単位アンペア

(A)を加えた四元系はMKSA単位系.

ML ➠ メーリングリスト②

MLB [Major League Baseball] ➠ メジャーリーグ

MMA

① [money market account] 短期金融市場預金勘定.

② [Modern Management Association] 近代経営協会.

③ [Metropolitan Museum of Art] ニューヨークのメトロポリタン美術館.

MMC

① [mitomycine C] マイトマイシンC. 抗生物質の一つ.

② [money market certificate] 市場金利連動型預貯金.

MMD [maximum mixing depth] 大気の最大混合層高度. 汚染物質が最も希薄となる高度.

MMF [money management fund] 累積投資専用の公社債投資信託.

MMI ➠ マンマシン・インターフェース

MMR [measles, mumps, rubella] はしか, おたふくかぜ, 風疹の新3種混合ワクチン.

Mn ➠ マンガン

MNC [multinational corporation] 多国籍企業.

MNLF [Moro National liberation front] モロ民族解放戦線. フィリピンのゲリラ組織.

MO [magneto-optical disk] 光磁気ディスク. コンピューター用の外部記録装置の一つ.

MOF

① [Ministry of Finance] 財務省. モフ.

② [multiple organ failure] 多臓器障害.

MOF勘定 [Minister of Finance account] 財務大臣勘定. 財務大臣名義の政府手持ち外貨. モフ勘定.

MOL [manned orbiting laboratory] 米国の有人軌道実験室.

mol ➠ モル

MoMA ➠ モマ

MOS [marine observation satellite] 日本の海洋観測衛星. モス.

MOSS [market-oriented sector-selective] 市場分野別協議. モス.

MOT [Management of Technology] 技術経営. 技術開発とその成果を事業化に結びつける経営方針.

MOX [mixed oxide] プルトニウム・ウラン混合酸化物. モックス.

MP

① [Member of Parliament] 英国の下院議員.

② [military police] 憲兵.

mp [mezzo piano 伊] メゾピアノ. やや弱く.

MP3 [MPEG Audio Layer-3] パソコンで, 音楽を記録するためのデータ形式の一つ.

MP盤 [medium playing record] 中時間演奏レコード.

MPD [maximum permissible

dose〕放射能の最大許容線量.

MPEG〔Moving Picture Experts Group〕パソコンで,動画や音声などを記録するためのデータ形式の一つ.エムペグ.

MPU〔microprocessor unit〕超小型演算処理装置.

MR〔medical representative〕製薬会社の販売担当者,医薬情報担当者.

MR材料〔magnetoresistive material〕磁気抵抗材料.

MRA〔Moral Re-Armament〕道徳再武装運動.米国で生まれたキリスト教に基づく平和運動.

MRBM〔medium range ballistic missile〕準中距離弾道ミサイル.

MRI〔magnetic resonance imaging〕磁気共鳴断層撮影.内臓診断法の一つ.

MRSA〔Methicillin-resistant Staphylococcus aureus〕メチシリン耐性黄色ブドウ球菌.

MRTA〔Movimiento Revolucionario Tupac Amaru ㊥〕トゥパク・アマル革命運動.ペルーの左翼ゲリラ組織.

MRV〔multiple reentry vehicle〕複数弾頭,多弾頭ミサイル.

MS ➡ ミッションスペシャリスト

MSA〔Mutual Security Act〕相互安全保障協定.

MSAC〔most seriously affected countries〕オイルショックにより最も深刻な影響を受けた国.

MS-DOS〔Microsoft Disk Operating System〕米国のマイクロソフト社が開発したコンピューターの標準オペレーティングシステム.エムエスドス.

MSF〔Médecins Sans Frontières ㊥〕国境なき医師団.

MSR〔missile site radar〕ミサイル基地レーダー.

MSW〔medical social worker〕メディカル・ソーシャルワーカー.医療福祉士.

MSY〔maximum sustainable yield〕漁業資源を損なわず,毎年持続可能な最大の生産量.

MT

① 〔magnetic tape〕磁気テープ.

② 〔manual transmission〕自動車の手動変速機.

③ 〔master tape〕マスターテープ.

④ 〔medical technologist〕衛生検査技師.

Mt ➡ メガトン②

MT管〔miniature tube〕小型真空管.

MTA〔medical technology assessment〕医療テクノロジー・アセスメント.医療の正しいあり方をさまざまな立場から評価すること.

MTB ➡ マウンテンバイク

MTCR〔Missile Technology Control Regime〕ミサイル関連技術輸出規制.

MTM〔methods-time measurement〕動作平均時間測定法.

MTN〔multilateral trade negotiations〕多角的貿易交渉.

MTSAT [Multi-functional Transport Satellite] 運輸多目的衛星. MTSAT-1Rは「ひまわり6号」. MTサット.

MTV [Music Television] ミュージックテレビジョン. 音楽番組中心の有線テレビ.

MVP [most valuable player] 最優秀選手.

MXミサイル [missile experimental] 米国の大陸間弾道ミサイル.

MYOB [Mind your own business.]「余計な口を出すな」「いらぬお世話だ」.

N

N ➡ ニュートン
N$_A$ ➡ アボガドロ定数
n ➡ ナノ
N.A. [not applicable]「適用なし」「該当なし」.
Na ➡ ナトリウム
NAACP [National Association for the Advancement of Colored People] 全米有色人種地位向上協会.

NAB
① [National Association of Commercial Broadcasters in Japan] 日本民間放送連盟.
② [National Association of Broadcasters] 全米放送協会.

NACC [North Atlantic Cooperation Council] 北大西洋協力会議.

NAFTA
① [North Atlantic Free Trade Area] 北大西洋自由貿易地域.
② [North American Free Trade Agreement] 北米自由貿易協定. ナフタ.

NAK [negative acknowledge] 通信用語で「了解不能」.

NARAS [National Academy of Recording Arts & Science] レコーディング芸術科学アカデミー. グラミー賞を主催する.

NASA [National Aeronautics and Space Administration] 米航空宇宙局. ナサ.

NASCAR [National Association for Stock Car Auto Racing] 米国製乗用車を原型にした車両限定で行われるストックカー(改造車)・レース.

NASDA [National Space Development Agency of Japan] 日本の宇宙開発事業団. ナスダ. 2003年, JAXA(宇宙航空研究開発機構)に統合.

NASDAQ ➡ ナスダック
NATO ➡ ナトー
NAVI [New Advanced Vehicle with Intelligence] 電子制御自動変速機の一つ.

NB ➡ ナショナルブランド
N.B. [nota bene ジテ]「よく注意せよ」.
NBA [National Basketball Association] 米プロバスケットボール協会.

NBC [National Broadcasting

Company] 米国のナショナル放送会社.

NBC兵器 [nuclear, biological and chemical weapons] 核・生物・化学兵器. ABC兵器とも.

NBER [National Bureau of Economic Research] 全米経済研究所.

N-bomb [neutron bomb] 中性子爆弾.

NC
① [no change]「変更なし」.
② [numerical control] 数値制御.

NCAA [National Collegiate Athletic Association] 全米大学体育協会.

NCNA [New China News Agency] 新華社通信. 中国の国営通信社.

NCND [neither confirm nor deny] 米国の, 核兵器の配備については確認も否定もしない政策.

NDAC [Nuclear Defense Affairs Committee] NATO(北大西洋条約機構)の核防衛問題委員会.

NDB [non-directional radio beacon] 無指向性無線標識.

NDS [nuclear explosion detection satellite] 核爆発探知衛星.

NDT [non-destructive testing] 非破壊検査. 材料や製品をX線で調べる検査法.

Ne ➡ ネオン

NEA [Nuclear Energy Agency] ➡ OECD/NEA

NEDO [New Energy and Industrial Technology Development Organization] 新エネルギー・産業技術総合開発機構.

NEET ➡ ニート②

NEO [near-earth object] 地球近傍天体. 地球と衝突する可能性のある軌道を持つ天体.

NETPAC [Network for the Promotion of Asian Cinema] アジア映画振興機構.

NFC [National Football Conference] ナショナル・フットボール・カンファレンス. 米国のプロ・フットボールリーグの一つ.

NFL [National Football League] 米ナショナル・フットボール・リーグ.

NFLEL [NFL Europe League] NFLヨーロッパリーグ.

NFUAJ [National Federation of UNESCO Associations in Japan] 日本ユネスコ協会連盟.

NG [no good]「だめ」「失敗」. テレビなどの撮影用語.

NGO [nongovernmental organization] 非政府組織.

NHK [Nippon Hoso Kyokai] 日本放送協会.

NHL [National Hockey League] 北米アイスホッケーリーグ.

Ni ➡ ニッケル

NICU [neonatal intensive care unit] 新生児集中治療施設.

NIE [newspaper in education]「教育に新聞を」. 学校教育に新聞

を活用しようという運動.

NIEO [New International Economic Order] 新国際経済秩序. ニエオ.

NIES ⇒ ニーズ❷

NIH [National Institute of Health] 米国立保健研究所.

NIRA

① [National Institute for Research Advancement] 総合研究開発機構.

② [National Industrial Recovery Act] 米国の全国産業復興法.

NIS [New Independent States] 新独立国家群. 旧ソ連のうち, 先に独立したバルト3国(エストニア, ラトビア, リトアニア)を除く独立12カ国.

NK細胞 [natural killer cell] ナチュラル・キラー細胞. リンパ球の一つ. がん細胞を破壊する作用がある.

NLD [National League for Democracy] 国民民主連盟. ミャンマーの民主化運動組織.

NLL [Northern Limit Line] 北方限界線. 朝鮮半島の軍事境界線を黄海上に延長した「海上の軍事境界線」.

NLP [night landing practice] 夜間離着陸訓練.

NMD [national missile defense] 米本土ミサイル防衛.

NMR [nuclear magnetic resonance] 核磁気共鳴.

NNE [net national expenditure] 国民純支出.

NNP [net national product] 国民純生産.

NNSW [non-nuclear strategic war] 非核戦略戦争.

NNW [net national welfare] 純国民福祉.

NNWC [non-nuclear weapon country] 非核兵器保有国.

No. [numero ᴶ] 番号, 数, ナンバー. no.とも.

no.

① ⇒ No.

② ⇒ ノンブル①

NOC [National Olympic Committee] 国内オリンピック委員会.

NoHo ⇒ ノーホー

NOPEC ⇒ ノーペック

NORAD [North American Aerospace Defense Command] 北米航空宇宙防衛司令部. ノーラッド.

NOTAM [notice to airmen] 安全運航のための航空情報. ノータム.

NOW [National Organization for Women] 全米女性機構.

NOx [nitrogen oxide] 窒素酸化物. 光化学スモッグの原因物質の一つ.

NPA [New People's Army] フィリピンの新人民軍.

NPB [Nippon Professional Baseball] 日本野球機構.

NPD [Nationaldemokratische Partei Deutschlands ᴰ] ドイツの国家民主党.

NPM [New Public Management]

行政に民間企業の経営管理手法を導入すること.

NPO [non-profit organization] 非営利組織.

NPT [Nuclear Non-proliferation Treaty] 核不拡散条約.

NR ➡ ノイズリダクション

NRAJ [National Recreation Association of Japan] 日本レクリエーション協会.

NRC [Nuclear Regulatory Commission] 米原子力規制委員会.

ns ➡ ナノセカンド

NSA
① [National Security Agency] 米国家安全保障局.
② [National Students Association] 全米学生協会.

NSC [National Security Council] 米国家安全保障会議.

NSF [National Science Foundation] 全米科学財団. 大学などの科学研究資金援助機関.

NSI [new social indicators] 国民生活指標.

NSOM [near-field scanning optical microscope] 近接場顕微鏡.

NTB [non-tariff barrier] 非関税障壁.

NTM [non-tariff measures] 非関税措置.

NTSB [National Transportation Safety Board] 米国家運輸安全委員会.

NTT [Nippon Telegraph and Telephone Corporation] 日本電信電話株式会社.

N.Y. [New York] ニューヨーク.

NYMEX [New York Stock Mercantile Exchange] ニューヨーク商品取引所. ナイメックス.

NYSE [New York Stock Exchange] ニューヨーク証券取引所.

O

O-157 腸管出血性大腸菌の一つ. ベロ毒素を出し, 腹痛などを起こす.

OA [office automation] オフィスオートメーション. オフィス業務の自動化, 機械化.

OADA [Overseas Agricultural Development Association] 海外農業開発協会.

OAEC [Organization for Asian Economic Cooperation] アジア経済協力機構.

OAJ [Olympians Association of Japan] 日本オリンピアンズ協会.

OANA [Organization of Asia-Pacific News Agencies] アジア太平洋通信社機構.

OAO [Orbiting Astronomical Observatory] 天体観測衛星.

OAPEC ➡ オアペック

OAS [Organization of American States] 米州機構.

OAU [Organization of African Unity] 旧アフリカ統一機構. 現在のAU(アフリカ連合).

OB

① [old boy] 先輩, 卒業生. 類OG.
② ⇒アウト・オブ・バウンズ③

OC [out of control] 制御不可能.

OCA [Olympic Council of Asia] アジア・オリンピック評議会.

OCAM [Organisation Commune Africaine et Mauricienne 仏] アフリカ・モーリシャス共同機構.

OCAS [Organization of Central American States] 中米機構.

OCHA [UN Office for the Coordination of Humanitarian Affairs] 国連人道問題調整事務所.

OCI [Overseas Consultants Incorporated] 米国の海外技術顧問団.

OCOG [Organizing Committee of Olympic Games] オリンピック組織委員会.

OCR [optical character reader] 光学式文字読み取り装置.

OD
① [organization development] 組織開発.
② [overdose] 薬の飲みすぎ, 過剰投与.
③ ⇒オーバードクター

ODA [Official Development Assistance] 政府の途上国援助.

ODP [Ocean Drilling Program] 深海掘削計画.

OECD [Organization for Economic Cooperation and Development] 経済協力開発機構.

OECD/NEA [OECD Nuclear Energy Agency] OECD原子力機関.

OECF [Overseas Economic Cooperation Fund] 海外経済協力基金.

OED [Oxford English Dictionary] オックスフォード英語辞典. 1884年に刊行が開始された世界最大の英語辞典.

OEM [original equipment manufacturer] 相手先ブランドによる生産者.

OFF-JT ⇒オフザジョブ・トレーニング

OG
① [office girl 和] オフィスガール. 女性社員, OL.
② [old girl] 女性の先輩, 卒業生. 類OB.
③ ⇒オウンゴール

OGL制 [open general license system] 包括的輸入許可制. 一定限度までは許可申請なしで特定の商品を輸入できる制度.

OGO [Orbiting Geophysical Observatory] 地球物理観測衛星.

OHP [overhead projector] オーバーヘッドプロジェクター. 図形や文字の投影装置.

OIC [Organization of the Islamic Conference] イスラム諸国会議機構.

OICETS [Optial Inter-orbit Communications Engineering Test Satellite] 2005年8月に打ち上げられた日本の光衛星間通信実験衛星. 愛称は「きらり」. オイセッツ.

OIE [Office International des Épizooties 仏] 国際獣疫局.

OIML [Organisation Internationale de Métrologie Légale 仏] 国際法定計量機関.

OISCA [Organization for Industrial, Spiritual and Cultural Advancement International] オイスカインターナショナル. 発展途上国への技術指導を目的とする日本の非政府組織.

OJT ➡オンザジョブ・トレーニング

OL
① [overlap] オーバーラップ. 重なり合うこと. 影像の二重写し.
② ➡オフィスレディー
③ ➡オリエンテーリング

OMA [orderly marketing agreement] 市場秩序維持協定.

OMB [Office of Management and Budget] 米行政管理予算局.

OMPI [Organisation Mondiale de la Propriété Intellectuelle 仏] 世界知的所有権機関.

OMR [optical mark reader] 光学式マーク読み取り装置.

ONUB [UN Operation in Burundi] 国連ブルンジ活動.

op ➡オプス①

OPEC
① [Organization of Pacific Economic Cooperation] 太平洋地域経済協力機構.
② ➡オペック

OS ➡オペレーティングシステム

OSCAR [Orbiting Satellite Carrying Amateur Radio] アマチュア無線家向け電波伝播実験衛星. オスカー.

OSCE [Organization for Security and Cooperation in Europe] 欧州安保協力機構.

OSO [Orbiting Solar Observatory] 米国の太陽観測衛星.

OSPER [ocean space explorer] 海洋開発用の海中ロボット. オスパー.

OSS [ocean surveillance satellite] 海洋監視衛星.

OST
① [Outer Space Treaty] 宇宙条約.
② [Office of Science and Technology] 米科学技術局.

OT [occupational therapist] 作業療法士.

OTC
① [Organization for Trade Cooperation] 国際貿易協力機構.
② [over-the-counter] 店頭取引の, 市販の.

OTHレーダー [over-the-horizon radar] 超水平線レーダー.

OTO [Office of Trade and Investment Ombudsman] 貿易と投資に関するオンブズマン事務所. 対外貿易摩擦関係における苦情処理機関.

OVNI [Objet Volant Non Identifié 仏] 未確認飛行物体, UFO.

OY [optimum yield] 最適生産量.

P

p ⇒ ピアノ②

P5 [Permanent 5] 国連安全保障理事会の常任理事5カ国.

P波 [primary wave] 地震の縦波. 初期微動. ⇒S波.

PA

① [public address] ホール, 劇場などの拡声装置.

② [pulse amplifier] 電流, 電波の増幅装置.

③ [public acceptance] パブリックアクセプタンス. 国民が広く受け入れること.

④ ⇒ パーキングエリア②

Pa ⇒ パスカル

PADAM [partial androgen deficiency of aging male] ⇒ ADAM

PAGEOS [passive geodetic earth-orbiting satellite] 測地用風船衛星.

PAM [pulse amplitude modulation] パルス振幅変調.

PAP

① [positive adjustment policies] 発展途上国産業の積極的調整政策.

② [People's Action Party] 人民行動党. シンガポールの政党の一つ.

PAT [Personal Access Terminal] 中央競馬の, パソコンなどの端末で勝馬投票券(馬券)が購入できる会員制システム.

pat. ⇒ パテント

PB

① [particle beam] 粒子ビーム.

② [police box] 交番.

③ ⇒ プライベートブランド

PBI [Peace Brigades International] 国際平和旅団. NGO(非政府組織)の国際人権団体.

PBR [price book-value ratio] 株価純資産倍率.

PC

① [patrol car] パトロールカー. パトカー.

② [personal computer] パーソナルコンピューター. パソコン.

③ [precast concrete] プレキャストコンクリート. あらかじめ工場で大量生産しておくコンクリート材.

④ [programmable controller] コンピューターのプログラムを自由に変更できる装置.

pc ⇒ パーセク

PCB

① [printed-circuit board] プリント基板. 絶縁体の板に, 導体の薄膜でできた電子回路のパターンを貼り付けたもの.

② ⇒ ポリ塩化ビフェニール

PCC [pour copie conforme 仏] 原本に相違ないことを証明する.

PCE [personal consumption expenditure] 個人消費支出.

PCM [Pulse Code Modulation] パルス符号変調. アナログ信号をデジタル化する技術.

PCS ⇒ パンチカード・システム

PCT

① [Patent Cooperation Treaty] 特許協力条約.

② [polychlorinated triphenyl] ポリ塩化トリフェニール. 有毒な有機塩素化合物.

PD

① [physical distribution] 物資の流通.

② [program director] ラジオやテレビ番組の演出責任者.

Pd ➡ パラジウム

PDA [personal digital assistant] 携帯情報端末.

PDB ➡ パラジクロロベンゼン

PDF [Portable Document Format] パソコンの, 文書のデータ形式の一つ.

PDS

① [public domain software] 著作権のないソフトウエア.

② [Partei des Demokratischen Sozialismus ᵈ⁼] ドイツの民主社会主義党.

PEACE [Pacific Economic and Cultural Enclave] 太平洋経済文化圏.

PEC

① [Pacific Economic Community] 太平洋経済共同体.

② [photoelectrochemical cell] 光電気化学電池.

PECC [Pacific Economic Cooperation Council] 太平洋経済協力会議.

PEN [International Association of Poets, Playwrights, Editors, Essayists and Novelists] 国際ペン・クラブ.

PER [price-earnings ratio] 株価収益率.

PERT [program evaluation and review technique] プログラムを合理的に進行させるための科学的工程管理法.

PET

① [parent effectiveness training] 親業訓練.

② [positron emission tomography] 陽電子放射断層X線写真法.

PETボトル ➡ ペットボトル

PFCバランス [protein, fat, carbohydrate balance] たんぱく質(P), 脂肪(F), 炭水化物(C)の摂取熱量割合.

PFI [private finance initiative] 公共施設の整備に民間の資金や技術力, 経営能力を活用する手法.

PFLP [Popular Front for the Liberation of Palestine] パレスチナ解放人民戦線.

PG

① [parental guidance] 米国で, 親の許可を必要とする成人向け映画.

② [penalty goal] ラグビーで, 相手チームの反則で得たペナルティーキックによる得点.

③ [propane gas] プロパンガス.

④ [prostaglandin] プロスタグランジン. 体液中に分布するホルモン

性物質.

PGA [Professional Golfers' Association] 米プロゴルフ協会.

PGD [preimplantation genetic diagnosis] 着床前遺伝子診断.

PGM [precision-guided munition] 精密誘導兵器.

PGR [psychogalvanic response] ポリグラフ(うそ発見器)に現れる心理電気反応.

pH [pondus Hydrogenii ラテ] ⇒ペーハー

Ph.D. [Philosophiae Doctor ラテ, Doctor of Philosophy] 博士号.

PHS [personal handyphone system 和] 簡易型携帯電話.

PIF [Pacific Islands Forum] 太平洋島嶼国会議.

PK

① [psychokinesis] サイコキネシス. 念力.

② ⇒ペナルティーキック

PKF [peace-keeping forces] 平和維持軍.

PKO

① [peace-keeping operations] 国連の平和維持活動.

② [price-keeping operation] 株価などの維持, 買い支え政策.

PL

① [product liability] 製造物責任.

② [product liability insurance] 製造物責任保険.

P/L [profit and loss statement] 損益計算書.

PL法 [Product Liability Law] 製造物責任法. 製造物の欠陥による被害が生じた場合, 製造業者などが損害賠償の責任を負う.

PLA

① [Palestine Liberation Army] パレスチナ解放軍. PLO(パレスチナ解放機構)の正規軍.

② [People's Liberation Army] 中国の人民解放軍.

③ [Port of London Authority] ロンドン港管理部.

PLI [peoples' life indicators] 国民生活指標.

PLO [Palestine Liberation Organization] パレスチナ解放機構.

PLP [pay later plan] 費用後払い制.

PM

① [phase modulation] 位相変調.

② [post meridiem ラテ] 午後. 対 AM.

③ [prime minister] 首相.

④ [people meter] テレビの個人視聴率調査メーター.

PMA [personnel management analysis] 人事管理分析.

PMC [private military companies] 民間軍事会社.

PMDA [Pharmaceuticals and Medical Devices Agency] 医薬品医療機器総合機構.

PMS [premenstrual syndrome] 月経前症候群.

PNL [perceived noise level] 感覚

騒音レベル. 航空機の騒音を示す際の評価基準.

PO
① [postal order] 郵便為替.
② [post office] 郵便局.
③ [private offering] 株式取引所外での取引.

POB [post-office box] 郵便局の私書箱.

POD [Pocket Oxford Dictionary] オックスフォード英語辞典のポケット版.

POE [port of entry] 輸入港, 通関港, 貿易で到着港渡し.

POG ➠ ペーパー・オーナー・ゲーム

POP
① [point of purchase] 購買時点, 店頭.
② [Professor of Professors] ハワイ大学独特の教授の称号.

POP広告 ➠ ポップ広告

POPs [persistent organic pollutants] 残留性有機汚染物質.

POSシステム ➠ ポスシステム

POW [prisoner of war] 捕虜. PWとも.

PP
① [producer's price] 生産者価格.
② [physical protection] フィジカルプロテクション. 核物質の外部流出を防ぐためにその封じ込めと監視を行うこと.
③ ➠ ポリプロピレン
④ ➠ ポールポジション

pp ➠ ピアニシモ

PP加工 [permanent press finish] 型崩れやしわを防ぐために布地に施す樹脂加工. パーマネントプレスとも.

PP広告 ➠ ポップ広告

PPBS [planning-programming-budgeting system] 企画計画予算編成方式.

PPC [plain paper copier] 普通紙を使用する複写機.

PPM
① [product portfolio management] プロダクト・ポートフォリオ戦略. 各製品ラインや部門に効果的に資金を配分する理論.
② [pulse phase modulation] パルス位相変調.
③ [pulse position modulation] パルス位置変調.

ppm [parts per million] 百万分率を示す単位. 大気汚染の濃度表示などに用いられる.

PPP
① [polluter pays principle] 汚染者負担の原則.
② [phased project planning] 段階的プロジェクトプランニング.

PPS ➠ ピーターパン・シンドローム

PPV ➠ ペイパービュー

PQS [percentage quota system] 貿易の比例割当制.

PR
① [personal representative] 代理人, 遺言執行人.

② [ply rating] タイヤのプライ数. 張り重ねたカンバスなどの層の数.

③ [public relations] ピーアール活動, 広報活動.

P&R ⇒ パーク・アンド・ライド

PRI [Partido Revolucionario Institucional 祒] メキシコの制度的革命党.

PRIDE [National Parents Resource Institute for Drug Education] 麻薬教育に関する全米保護者情報協会.

Prof. [professor] 教授.

PROLOG [Programming in Logic] 第5世代コンピューター用に開発されたプログラム言語. プロログ.

PROM [programmable read-only memory] 可変性読み取り専用メモリー.

PRS [Poverty Reduction Strategies] 貧困緩和戦略.

PRT [personal rapid transit] 個人用高速輸送システム.

PRTR [Pollutant Release and Transfer Register] 特定化学物質の把握と管理・促進法.

PS

① [passenger ship] 旅客船.

② [Pferdestärke 独] 馬力.

③ ⇒ ペイロードスペシャリスト

④ ⇒ ポストスクリプト

PSA [probabilistic safety assessment] 確率論的安全評価.

PSAC [President's Science Advisory Committee] 米大統領に直属する科学諮問委員会.

PSC ⇒ ポートステート・コントロール

PSE

① [Product Safety of Electrical Appliance & Material] 電気用品安全法に基づいた安全基準を満たす製品に示されるマーク.

② [producer subsidy equivalent] OECDの農業生産者保護水準指標.

PSI [Proliferation Security Initiative] 大量破壊兵器拡散防止構想.

PST [Pacific Standard Time] 米国の太平洋標準時.

PSW [psychiatric social worker] 精神保健福祉士. 国家資格の一つ.

PT [physical therapist] 理学療法士.

Pt ⇒ プラチナ

pt ⇒ パイント

pt. [patient] 患者.

PT番組 [participation program] 共同提供番組.

PTA

① [Parent-Teacher Association] 父母と教師の会.

② [prepaid ticket advice] 航空旅客運賃先払い制度.

PTBT [Partial Test Ban Treaty] 部分的核実験禁止条約.

PTCA [percutaneous transluminal coronary angioplasty] 経皮

的冠動脈形成術.
- **P.T.O., p.t.o.** [please turn over]「裏面をご覧ください」「裏へ続く」.
- **PTP** [press through pack] 錠剤の包装方法の一つ. 上から押すと裏から出る方式.
- **PTS** [proprietary trading system] 私設取引システム. 株式や債権の売買方法の一つ.
- **PTSD** [post-traumatic stress disorder] 心的外傷後ストレス障害.
- **Pu** ➡ プルトニウム
- **PVC** ➡ ポリ塩化ビニル
- **PVS** [Post-Vietnam Syndrome] ベトナム以後症候群. 米国のベトナム戦争復員兵士に多い精神障害.
- **PW** ➡ POW
- **PWM** [pulse width modulation] パルス幅変調.
- **PWR** [pressurized water reactor] 加圧水型炉.
- **PX**
  ① [patrol X] 次期対潜哨戒機.
  ② [post exchange] 軍の基地内の売店, 酒保.

Q

- **q** ➡ キンタル
- **Q熱** [Q-fever] 羊や牛などから感染する熱病. 高熱や悪寒を伴う.
- **Qボード** [Q-Board] 福岡証券取引所の新興市場.
- **Q&A** [question and answer] 質問と回答, 問答.
- **QB** ➡ クオーターバック
- **QC** [quality control] 品質管理.
- **QCサークル** [quality control circle] 品質管理のための現場グループ.
- **QDR** [Quadrennial Defense Review] 米国防総省の「4年ごとの国防政策見直し」.
- **QE** [Quarterly Estimates of GDP] 四半期国民所得統計速報.
- **QE2** [Queen Elizabeth II] 英国の豪華客船クイーンエリザベス2世号.
- **QIP** [quality improvement program] 品質改善計画.
- **QOL** ➡ クオリティー・オブ・ライフ
- **QR** ➡ クイックレスポンス
- **QRコード** [QR code] 2次元コードの一つ. 白黒のマス目をモザイク状に表示したもの. QRはQuick Response(迅速対応)の略.
- **QRS** ➡ クイック・レスポンス・システム
- **QSG** [quasi-stellar galaxy] 恒星状小宇宙, 準々星. ブルーギャラクシー.
- **QSLカード** [QSL card] アマチュア無線の交信記念カード. QSLは通信用語で受信承認.
- **QSTOL** [quiet short takeoff and landing] 無騒音短距離離着陸機. キューストール.
- **QT** ➡ クオリファイングトーナメント
- **QWIP** [quantum well infrared

photodetector] 量子井戸赤外光検出器. クウィップ.

QWL [quality of working life] 国際的な労働生活の質的向上運動.

R

R
① ➡ ライト❷③
② ➡ ラウンド①
③ ➡ レントゲン①

® [registered trademark] 登録商標.

R-15[18] [restricted fifteen〈eighteen〉] 15[18]歳未満入場禁止の映画. restrictedは「年齢制限」の意.

R&A [Royal and Ancient Golf Club of St. Andrews]
①英国ゴルフ協会.
②スコットランドにある世界最古のゴルフクラブ.

Ra ➡ ラジウム

rad ➡ ラジアン

RAM
① [random-access memory] 随時読み出し書き込みメモリー. ラム.
② [Revolutionary Action Movement] 革命的行動運動. 米国の人種差別反対組織.

RAND [Research and Development Corporation] ランド研究所. 米国のシンクタンク.

RAPCON [radar approach control] レーダーによる航空交通管制.

RAS
① [rectified air speed] 修正対気速度.
② [reliability, availability, serviceability] コンピューターシステムの信頼性, 利用しやすさ, 保守の容易さ.

RAST法 [radioallergosorbent test] 放射性アレルゲン吸着試験. 食物アレルギーの診断法.

RATO [rocket-assisted takeoff] 航空機のロケット補助離陸.

RB [return-to-bias recording] コンピューターで, 磁気テープにデジタル式で記録する方式.

R&B ➡ リズム・アンド・ブルース

RC
① [Red Cross] 赤十字社.
② [reinforced concrete] 鉄筋コンクリート.
③ [remote control] 遠隔操作, 遠隔制御.

RCC [Roman Catholic Church] ローマ・カトリック教会. キリスト教最大の教会.

RCS
① [remote computing service] スーパーコンピューターの時間貸し.
② [reaction control system] 宇宙船の反動姿勢制御装置.

RCV [remote-controlled vehicle] 遠隔操縦車.

R&D [research and development] 研究開発.

R&Dレシオ [research and development ratio] 1株当たりの研究開発費を株価で割った比率.

RDA [recommended dietary allowance] 栄養所要量.

RDB ➡ レッドデータブック

RDF [refuse-derived fuel] ごみ固形燃料.

RDP [Reconstruction and Development Programme in South Africa] 新生南アフリカ復興開発計画.

RECOVER [remote continual verification] 常時遠隔監視システム.

REGISTER [Retrieval System for General Information of Scientific and Technological Research] 科学技術研究情報検索システム.

REIT ➡ リート2

REM [rapid eye movement] 急速眼球運動. レム.

RENAMO [Resistência Nacional Moçambicana ᵖᵒʳᵗ] モザンビーク民族抵抗運動.

Rep.

① [Representative] 米国の下院議員.

② [Republican] 米国の共和党員.

RFID [radio frequency identification] 商品管理に使える無線ICチップ.

RFP

① [request for proposal] 見積もりの要請.

② [reversed-field pinch] 核融合の逆磁場ピンチ装置.

③ [rifampicin] リファンピシン. 抗結核性抗生物質の一つ.

RGB [red, green, blue] 赤, 緑, 青の光の三原色.

Rh因子 [rhesus factor] 赤血球中に含まれる凝集素の一つ.

RHS [Royal Horticultural Society] 英国王立園芸協会.

RI

① [Rehabilitation International] 国際障害者リハビリテーション協会.

② [Rotary International] 国際ロータリークラブ.

③ ➡ ラジオアイソトープ

RIMPAC ➡ リムパック

RIRC [Religious Information Research Center] 宗教情報リサーチセンター. ラーク.

RJAA [New Tokyo International Airport] 新東京国際空港の空港コード.

RK [radial keratotomy] 放射角膜切開術. 近視手術療法の一つ.

RMA

① [random multiple access] 任意多重同時交信方式. 一つの通信衛星を通じて複数の局が同時に交信する方式.

② [Rice Millers' Association] 全米精米業者協会.

RMC [Regional Meteorological Center] 地域気象中枢. 世界の10カ所に設けられている.

RMR [relative metabolic rate] エネルギー代謝率.

RMS
① [remote manipulator system] 遠隔操作システム.
② [recovery management support] コンピューターの回復管理機能.

Rn ➡ ラドン

RNA ➡ リボ核酸

ROE
① [rules of engagement] 交戦規則, 部隊行動基準.
② [return on equity] 株主資本利益率. 企業が株主資本を使って上げる利益の比率.

ROI [return on investment] 投下資本利益率.

ROM ➡ ロム

RORSAT [radar ocean reconnaissance satellite] レーダー海洋偵察衛星.

ROV [remotely operated vehicle] 海中作業ロボット. 遠隔操作による探査用海中ロボット.

RP
① [Radio Press] ラヂオプレス. 海外放送を受信して配信する日本の通信社.
② [remote processor] 遠隔処理装置.

RP画 [reproduction parfaite 仏] 原画にそっくりの複製画.

RPG ➡ ロールプレーイング・ゲーム

r.p.m. [revolutions per minute] 分当たりの回転数.

RPS
① [retail price survey] 小売物価統計調査.
② [reactor protection system] 原子炉保護システム.

RPV
① [reactor pressure vessel] 原子炉圧力容器.
② [remotely piloted vehicle] 無人遠隔操縦機.

RR
① [railroad] 鉄道.
② [rear engine rear drive] 後部エンジン/後輪駆動.
③ [Remington Rand Corporation] レミントンランド社. 米国の事務機器メーカー.
④ [Rolls-Royce] ロールスロイス. 英国の高級乗用車.

R&R ➡ ロックンロール

RS
① [remote sensing] 遠隔探査.
② [Royal Society] 英国の王立協会. 自然科学振興のための英国で最古の学会.

RSC ➡ レフェリーストップ

RSF [Reporters Sans Frontières 仏] 国境なき記者団.

RSVP [Répondez s'il vous plaît. 仏]「ご返事を下さい」. 招待状に添える言葉.

RT
① [radio television 和] テレビとラジオの同時放送. サイマルキャストとも.

②[right tackle] アメリカンフットボールのライトタックル.

RTC [Resolution Trust Corporation] 米国の整理信託公社.

RTGS [real time gross settlement] 即時グロス決済. 中央銀行(日銀)の当座預金や国債の決済方法の一つ.

RTOL [reduced takeoff and landing] 短距離離着陸機. アールトール. 関STOL.

RV

①[reactor vessel] 原子炉容器.
② ➡レクリエーショナルビークル

RWD

①[rear wheel drive] 後輪駆動車.
②[rewind] テープやフィルムを巻き戻すこと.

S

S ➡ジーメンス

s [second] 秒. 時間の単位.

S波 [secondary wave] 地震の横波. 地震計がP波(縦波)の次に探知する地震波. ➡P波.

Sマーク [safety mark] 危険性の高い製品に付けられる安全基準合格マーク.

SA

①[Salvation Army] 救世軍.
②[société anonyme 仏, società anonima 伊, sociedad anónima 西] 株式会社.

③[store automation] ストアオートメーション. 商店などの省力化・無人化.

SAARC [South Asian Association for Regional Cooperation] 南アジア地域協力連合.

SAC

①[Space Activities Commission] 日本の宇宙開発委員会. サック.
②[Strategic Air Command] 米国の旧戦略空軍司令部.

SACD [super audio compact disc] スーパー・オーディオCD. 次世代の音楽メディア規格.

SACO [Special Action Committee on facilities and areas in Okinawa] 沖縄に関する日米特別行動委員会.

SACU [Southern African Customs Union] 南部アフリカ関税同盟.

SAD [social anxiety disorder] 社会不安障害.

SAGE [semiautomatic ground environment] 米国の半自動式防空管制組織.

SAJ [Ski Association of Japan] 全日本スキー連盟.

SALT [Strategic Arms Limitation Talks] 戦略兵器制限条約. ソルト.

SAM

①[sequential access method] コンピューターの情報探索で, 記憶された順に出力する順次アクセス

方式. サム.

② [surface-to-air missile] 地対空ミサイル. サム.

SAP [Structural Adjustment Program] 構造調整計画. IMF(国際通貨基金)と世界銀行が発展途上国に対して要請する経済改革案.

SAPTA [SAARC Preferential Trading Arrangement] 南アジア特恵貿易協定.

SAR

① [search and rescue system] 捜索救難システム.

② [Sons of the American Revolution] 米国独立戦争参加者子孫の会.

SARS ➡ サーズ

SAS

① [Small Astronomical Satellite] 米国の小型天文衛星.

② [space adaptation syndrome] 宇宙不適応症候群.

③ [Special Air Service] 英空軍のテロ対策特殊部隊.

④ [sleep apnea syndrome] 睡眠時無呼吸症候群.

SAT

① [Scholastic Aptitude Test] 米国の大学進学用適性検査の一つ.

② [Special Assault Team] 警察庁の特殊急襲部隊.

SATCOM [satellite communications] 衛星通信.

SB [store brand] ➡ プライベートブランド

Sb ➡ アンチモン

SBP [strategic business planning] 戦略的事業計画.

SBS方式 [Simultaneous Buy and Sell Tender System] 売買同時入札方式. 牛肉の輸入の自由化に際して採用された取引方式.

SCAR [Scientific Committee on Antarctic Research] ICSU(国際学術連合会議)の南極科学委員会.

SCLC [Southern Christian Leadership Conference] 米国の南部キリスト教指導者会議. 人種差別撤廃に活躍.

SCM ➡ サプライチェーン・マネジメント

SCO [Shanghai Cooperation Organization] 上海協力機構.

SCR [silicon-controlled rectifier] シリコン制御整流素子. サイリスターとも.

SDF [Self-Defense Forces] 日本の自衛隊.

SDI [Strategic Defense Initiative] 戦略防衛構想.

SDP [self-development program] 自己啓発計画.

SDPJ [Social Democratic Party of Japan] 社会民主党.

SDR [Special Drawing Rights] IMF(国際通貨基金)特別引き出し権.

SDS [special discount sale] 特別割引販売.

SDSS [Sloan Digital Sky Survey] 米国スローン財団の援助などによ

り進められている宇宙地図の作成事業.

SE
① ➡ サウンドエフェクト
② ➡ システムエンジニア
③ ➡ システムエンジニアリング
④ ➡ セールスエンジニア

SEACEN [Southeast Asian Central Bank Group] 東南アジア諸国中央銀行グループ.

SEAMEC [Southeast Asian Ministers of Education Council] 東南アジア教育閣僚会議.

SEC [Securities and Exchange Commission] 米証券取引委員会.

SECAM [Séquentiel Couleur à Mémoire 仏] フランスで開発されたカラーテレビの放送方式. セカム.

SED [surface-conduction electron-emitter display] 表面電界ディスプレー.

SELHi [Super English Language High School] 英語教育を重視したカリキュラムの開発や研究を行う高等学校や中高一貫教育校. セルハイ.

SEPAC [Space Experiments with Particle Accelerators] 粒子加速器による宇宙科学実験. セパック.

SERI [Solar Energy Research Institute] 米国の太陽エネルギー研究所.

SES
① [socioeconomic status] 社会経済的地位.
② [surface effect ship] 米海軍の高速ホーバークラフト.

SETI [Search for Extraterrestrial Intelligence] 地球外知的生物探査計画.

SF
① [San Francisco] サンフランシスコ.
② ➡ サイエンスフィクション
③ ➡ スペースファンタジー

SFF
① [split-fingered fastball] スプリットフィンガード・ファストボール. 野球の変化球の一つ.
② [Supplementary Financing Facility] IMF(国際通貨基金)の補充的融資制度.

SFOR [Stabilisation Force] NATOの和平安定化部隊.

SFX [special effects] SF映画などでの特殊撮影効果.

SGマーク [safety goods mark] 安全基準合格マーク.

SGP [Stability and Growth Pact] EU(欧州連合)の財政安定と成長協定.

s/he [she/he] シーヒー. 彼女, 彼などと男女を限定しない場合の用語.

SHF [superhigh frequency] 極超短波.

SI
① [Système International d'Unités 仏] 国際単位系. 国際度量衡総会で定められた世界共通の単位

系.

② ➡ スクールアイデンティティー

SI住宅 [skeleton-infill housing] スケルトン(建物の構造体や共用設備)だけが設定されていて,インフィル(個人専用の間取りや設備)は入居者が自由に設計できる集合住宅. スケルトン住宅とも.

SIA

① [Securities Industry Association] 米国の証券業協会.

② [Semiconductor Industry Association] 米半導体工業会.

SIDS [sudden infant death syndrome] 乳幼児突然死症候群.

SIG [special interest group] 特殊利益集団, または特定のテーマについて関心を持つ人々のパソコン通信グループ. シグ.

SIM [simultaneous interpretation method] 同時通訳方式.

SIMEX [Singapore International Monetary Exchange] シンガポール国際金融取引所. サイメックス.

SIPRI [Stockholm International Peace Research Institute] ストックホルム国際平和研究所.

SIS

① [satellite interceptor system] 衛星迎撃システム.

② [safety injection system] 原子炉の安全注入システム.

SIT

① [special-interest travel] 特別目的旅行, テーマ旅行.

② [static induction transistor] 静電誘導トランジスター.

SITA [Société Internationale de Télécommunications Aéronautiques 仏] 国際航空通信協会.

SITC [Standard International Trade Classification] 標準国際貿易分類.

SL

① [sleep learning] 睡眠学習.

② [steam locomotive] 蒸気機関車.

SLBM

① [sea-launched ballistic missile] 海洋発射弾道ミサイル.

② [submarine-launched ballistic missile] 潜水艦発射弾道ミサイル.

SLCM [sea-launched cruise missile] 海洋発射巡航ミサイル.

SLSI [super large-scale integration] 超大規模集積回路.

SLT [single lane transit] 自動運転の軌道バス.

SM

① [sadism and masochism] サディズムとマゾヒズム.

② [sadomasochism] サドマゾヒズム. 1人の人間にサディズムとマゾヒズムが共存する状態.

③ [systems management] システム管理.

SMG [Stoke Mandeville Games] 国際身体障害者スポーツ大会. パラリンピック. 英国の地名から.

SMON ➡ スモン

SMS [synchronous meteorological satellite] 静止気象衛星.

SNA [system of national accounts] 国連の国民所得計算方式.

SNAP計画

① [Space Nuclear Auxiliary Power System] 米国の人工衛星用の補助原子力システム.

② [systems for nuclear auxiliary power] スナップ計画. 米国の小型原子力発電装置開発計画.

SNCF [Société Nationale des Chemins de Fer Français 仏] フランス国有鉄道.

SNG

① [satellite news gathering] 通信衛星を使用してニュースを現場から中継する放送方式.

② [synthetic natural gas] 合成天然ガス.

SNP [single nucleotide polymorphism] 一塩基多型. DNAの塩基配列が個人によってわずかに異なっていること. スニップ.

SNS ⇒ ソーシャル・ネットワーキング・サービス

SO ⇒ スペシャルオリンピックス

SOC [space operations center] 有人宇宙ステーション.

SOCAP [Society of Consumer Affairs Professionals] 米国の企業内消費者問題専門家会議.

SOFA [Status-of-Forces Agreement] 日米安保条約に基づく地位協定.

SOFAR [sound fixing and ranging] 米海軍の水中測音装置.

SOHO ⇒ ソーホー

sonar ⇒ ソナー

SOS

① [SOS] 船舶, 航空機などの遭難信号.

② [silicon on sapphire] サファイアを基板に使った半導体.

SOSUS [sound surveillance system] 米海軍の対潜水艦音響監視システム.

SOT缶 ⇒ ステイオンタブ缶

SOx [sulfur oxide] 硫黄酸化物.

SP

① [sales promotion] セールスプロモーション. 販売促進.

② [security police] 秘密警察. 要人警護担当の警官.

③ [short program] ショートプログラム. フィギュアスケートの種目の一つ.

④ [standard playing] 1分間78回転のレコード. SP盤.

SPA [speciality store retailer of private label apparel] 生産機能をもったアパレル専門店. 米国のギャップや日本のユニクロなど.

SPADATS [Space Detection and Tracking System] 米国の宇宙空間探知追跡システム.

SPC [Suicide Prevention Center] 米国のロサンゼルスにある, 自殺防止センター.

SPD [Sozialdemokratische Partei Deutschlands 独] 独社会民主党.

SPDC［State Peace and Development Council］ミャンマーの国家平和発展評議会.

SPDPM［Subcommission on Prevention of Discrimination and Protection of Minorities］国連差別防止・少数者保護小委員会.

SPEEDI［System for Prediction of Environmental Emergency Dose Information］緊急時環境線量情報予測システム.

SPF

①［specific pathogen-free］有用菌以外の病原菌が存在しない状態.

②［sun protection factor］化粧品などで,日焼け止めの効果の程度を表す指数.

SPF豚［specific pathogen-free pig］特定指定疾病のない豚.

SPI［Synthetic Personality Inventory］総合的個人資質要録.就職試験などで用いられる能力,性格検査法.

SPM［suspended particulate matter］浮遊粒子状物質.大気汚染の原因とされる.

SQ［Special Quotation］株価先物やオプションの決済日の寄り付き株価によって算出される最終清算指数.

SQC［statistical quality control］統計的品質管理.

SQUID［superconducting quantum interference device］超伝導量子干渉素子.微少磁場の測定に用いる.スキッド.

sr ⇒ ステラジアン

SR-71［strategic reconnaissance-71］米空軍の超高速戦略偵察機.通称ブラックバード.

SRAM［static random access memory］記憶保持動作が不要な随時読み出し書き込みメモリー.エスラム.スタティックラムとも.

SRC［steel-reinforced concrete］鉄骨鉄筋コンクリート.

SRI［Stanford Research Institute］スタンフォード研究所.米国の著名シンクタンクの一つ.

SS

①［secret service］秘密情報機関,特別護衛隊.

②［service station］ガソリンスタンド.

③［speed sensitive］フィルムの感度標示係数.

④［sporty sedan］スポーツタイプの乗用車.

⑤［steamship］汽船.

⑥［suspended solid］浮遊固形物.水質汚染の原因となる.

⑦［surface-to-surface］旧ソ連の地対地ミサイルに対して,NATO（北大西洋条約機構）がつけた呼称.

SS通信［spread spectrum communication］スペクトラム拡散通信.信号を広い周波数帯に散らして伝送する通信方式.

SSD［Special Session of the United Nations General Assembly

on Disarmament] 国連軍縮特別総会.
SSDDS [self-service discount department store] セルフサービス方式の安売り百貨店.
SSDS [system of social and demographic statistics] 社会人口統計体系.
SSE ➡ サプライサイド・エコノミックス
SSH [super science high school 和] 科学技術・理科・数学教育を重点的に行う高校・中高一貫校.
SSL [secure sockets layer] インターネット上でデータを暗号化して送信するための仕組み.
SSM [surface-to-surface missile] 地対地ミサイル.
SSM調査 [social stratification and social mobility survey] 社会階層と社会移動に関する調査.
SST
　① [supersonic transport] 超音速旅客機.
　② [Spitzer Space Telescope] スピッツァー宇宙望遠鏡.
SSTV [satellite subscription television] 衛星放送利用の有料テレビ.
SSW [school social work 和] 訪問教育相談.
ST
　① [sensitivity training] 感受性訓練.
　② [speech therapist] 言語聴覚士.

STマーク [safety toy mark 和] 玩具の安全基準マーク.
STAR [satellite telecommunication with automatic routing] 通信衛星を中継局とする電話通信方式. スター.
START [Strategic Arms Reduction Treaty] 戦略兵器削減条約. スタート.
STD [sexually transmitted diseases] 性感染症.
STEP [Society for Testing English Proficiency] 日本英語検定協会. ステップ.
STOL [short takeoff and landing] 短距離離着陸機. エストール. 関 RTOL.
STOVL [short takeoff and vertical landing] 短距離離陸垂直着陸機.
STS
　① [serologic tests for syphilis] 梅毒血清反応検査.
　② [space transportation system] 宇宙輸送システム. スペースシャトル.
STZ ➡ スーパー・テクノゾーン
SUBROC [submarine rocket] 対潜水艦用ロケット.
Suica ➡ スイカ
SUM [surface-to-underwater missile] 艦対水中ミサイル.
SUNFED [Special United Nations Fund for Economic Development] 国連経済開発特別基金.
SUV [sports utility vehicle] オン

ロードでの快適性をより重視したRV(レクリエーション用自動車).

SV [start value] 演技価値点. 体操競技の採点の一つ.

Sv ➡ シーベルト

SVP

① [senior vice president] 常務, 専務.

② [s'il vous plaît 仏]「どうぞ」.

SW

① [shortwave] 短波.

② [switch] スイッチ.

③ [switcher] テレビの映像切り替え技術者, または画面の切り替え装置.

SWAT [Special Weapons and Tactics] 米国の警察の特殊警備戦術部隊. スワット.

SWU [separate work unit] ウラン分離作業単位.

SXM [scanning X microscope] 走査型顕微鏡の総称.

T

T ➡ テスラ

Tシャツ [T-shirt] T字形シャツ.

Tメン

① [traffic men] 米国の交通違反通報員.

② [Treasury men] 米財務省に所属する脱税捜査官.

TA

① [technology assessment] テクノロジーアセスメント. 技術評価.

② [transactional analysis] 交流分析. 精神療法の一つ.

③ [teaching assistant] 教育助手, 補助教員.

TAA

① [Technical Assistance Administration] 国連の技術援助局.

② [television audience assessment] テレビ視聴者査定. 視聴率ではなく視聴者の態度を調査するのが目的.

TAB [Technical Assistance Board] 国連の技術援助評議会.

TAC

① [Tactical Air Command] 米国の旧戦術空軍司令部.

② [Technical Assistance Committee] 国連の技術援助委員会.

③ [total allowable catch] 漁獲許容量.

TACAN [tactical air navigation] 戦術航法装置. 航空機の方位や距離を知らせる装置. タカン.

TACOMSAT [tactical communications satellite] 米国の戦術通信衛星.

TAE [total allowable effort] 漁獲努力総量.

TAO [Telecommunications Advancement Organization] 通信・放送機構.

TAT [thematic apperception test] 課題統覚検査. 被験者に絵を見せ, その連想から深層心理を探るテスト.

TB

TB
① [three-quarter backs] ラグビーのポジションの一つ. 横に八分した6列目のこと.
② [top bust] 乳房の上の胸回りのサイズ.
③ [Treasury Bill] 政府短期証券.
④ [tuberculosis] 結核.
⑤ ➡ テラバイト
⑥ ➡ トラックバック①

TC [total communication] 聴覚障害者のための総合伝達法.

T/C ➡ トラベラーズチェック

TCブランド [talent and character brand 和] 人気タレントが経営するファッションやグッズの店. 関 DCブランド.

TCAS [traffic alert and collision avoidance system] 空中衝突防止警報装置.

TCDC [technical co-operation among developing countries] 発展途上国間の技術協力.

TCDD [tetrachlorodibenzo-p-dioxin] テトラクロロジベンゾ・パラ・ダイオキシン. ベトナム戦争で米軍が枯れ葉剤として使用した猛毒物質.

TCP/IP [Transmission Control Protocol / Internet Protocol] インターネットの通信プロトコル(制御手順).

TD ➡ テクニカルディレクター

TDB [Trade and Development Board] 国連貿易開発理事会.

TDF [transborder data flow] 国際間のデータ流通.

TDL [Tokyo Disneyland] 東京ディズニーランド.

TDM [transportation demand management] 交通需要マネジメント. 増加し続ける道路交通量の調整計画.

TDN [total digestible nutrients] 総消化可能栄養素.

TDRS [tracking and data relay satellite] 追跡データ中継衛星. 宇宙基地などからの送信を中継する静止衛星.

TDS [Tokyo Disney Sea] 東京ディズニーシー.

TE [transnational enterprise] 超国籍企業, 多国籍企業. TNEとも. 関TNC.

TEFL [Teaching English as a Foreign Language] 外国語としての英語教授法.

tel.
① [telegram] 電報.
② [telegraph] 電信, 電信機.
③ [telephone] 電話.

TEPP [tetraethyl pyrophosphate] テトラエチルピロホスフェイト. 有機リン系の殺虫剤で, 人体に有害なため製造禁止. テップ.

TERCOM [terrain contour matching guidance system] 地形照合ミサイル誘導装置.

TESL [Teaching English as a Second Language] 第2言語としての英語教授法.

TFS [tin-free steel] 缶詰用のスズを使わない表面処理鋼板.

TG ➡ トランスジェンダー

TGF [transforming growth factor] がんの細胞成長因子.

TGV [train à grande vitesse ⁽仏⁾] フランスの新幹線.

Th ➡ トリウム

THG ➡ テトラハイドロゲストリノン

THORP [Thermal Oxide Reprocessing Plant] 英国核燃料公社の核燃料再処理施設.

THX 映画製作者が意図した音響をより忠実に再現するための音響品質管理規格. 短編SF映画のタイトルから.

Ti ➡ チタン

TIFF [Tagged Image File Format] パソコンで画像を記録するためのデータ形式の一つ.

TIFFE [Tokyo International Financial Futures Exchange] 東京金融先物取引所.

TIP [tax-based income policy] 税制を基盤とした所得政策.

TIROS [Television and Infrared Observation Satellite] 赤外線テレビカメラを装備した米国の実験用気象衛星. タイロス.

TKO ➡ テクニカルノックアウト

TL ➡ テクノレディー

TLO [Technology Licensing Organization] 技術移転機関.

TM
①[teacher's manual] 教師用便覧.
②[teaching machine] ティーチングマシン. 教育用学習機器.
③[theme music] テーマ音楽.
④[transcendental meditation] 超越瞑想.

TMA [terminal control area] 空港のターミナル管制区.

TMD [theater missile defense] 戦域ミサイル防衛.

TMI [Three Mile Island Nuclear Power Plant] 米国のスリーマイル島原子力発電所. 1979年に大事故が発生した.

TNB [trinitrobenzene] トリニトロベンゼン. 強力な爆薬の一つ.

TNC [transnational corporation] 超国籍企業, 多国籍企業. 類TE.

TNE ➡ TE

TNF
①[tumor necrosis factor] 制がん作用を持つ腫瘍壊死因子.
②[theater nuclear forces] 戦域核戦力.

TNO [Trade Negotiation Organization] 旧GATT(関税貿易一般協定)の貿易交渉委員会.

TNT ➡ トリニトロトルエン

TNW
①[tactical nuclear weapons] 戦術核兵器.
②[theater nuclear weapons] 戦域核兵器.

TOB [take-over bid] テークオーバービッド. 企業買収のための株式公開買い付け制度.

TOD
① [takeoff distance] 離陸滑走距離.
② [total oxygen demand] 総酸素要求量.

TOEFL [Test of English as a Foreign Language] 米国の大学・大学院で学ぶ外国人のための英語の学力テスト. トーフル.

TOEIC [Test of English for International Communication] 国際コミュニケーション英語能力テスト. トーイック.

TOGA [Tropical Ocean and Global Atmosphere] 熱帯海洋・地球大気計画.

Tokamak ➡ トカマク

TOP [The Olympic Program] オリンピック公式スポンサー契約.

TOPIX [Tokyo Stock Price Index] 東証株価指数. トピックス.

toto ➡ トト

TP ➡ トランスペアレンシー

TPA [tissue plasminogen activator] 組織プラスミノーゲン活性化物質.

TPC [Trans-Pacific Cable] 太平洋横断ケーブル.

TPM
① [technical performance measurement] 技術的性能測定.
② [total productive maintenance] 総合生産保全.
③ [trigger pricing mechanism] 米国のトリガー価格制度.

TPO [time, place, occasion 和] 時・場所・場合に応じた振る舞いや服装.

TQC [total quality control] 総合的品質管理.

TRACON [terminal radar approach control] 終端レーダー着陸誘導システム.

TRAFFIC [Trade Records Analysis of Flora and Fauna in Commerce] 野生動植物国際取引調査記録特別委員会. IUCN(国際自然保護連合)の下部組織.

TRIM [trade-related investment measures] 貿易関連投資措置協定. トリム.

TRIPS協定 [Agreement on Trade-Related Aspects of Intellectual Property Rights] 知的財産権保護のための貿易関連協定.

TRMM [Tropical Rainfall Measuring Mission] 熱帯降雨観測衛星. トリム.

TRON計画 [Real-time Operating System Nucleus Project 和] 簡便に操作できる全く新しい体系のコンピューターの開発計画. トロン計画.

TRT [Trademark Registration Treaty] 商標登録条約.

TS ➡ トランスセクシュアル

TSE [Tokyo Stock Exchange] 東京証券取引所.

TSL [techno-superliner] 超高速貨客船. テクノスーパーライナー.

TSS
① [time-sharing system] 時分

割方式.1台のコンピューターを何人もの人が同時に使うための方式.

② [traffic separation scheme] 船舶の衝突防止を目的とした往復航行分離方式.

TT ➡ チームティーチング

TTC [total traffic control] 列車運行総合制御装置.

TTLカメラ [through-the-lens camera 和] レンズを通過した光の明るさを測定,露出を決定する方式のカメラ.

TTS

① [temporary threshold shift] 航空機騒音による一時的な聴力低下.

② [telegraphic transfer selling rate] 電信為替売り相場.

③ [Tele-typesetter] テレタイプセッター.電送式植字機.

TTT

① [thymol turbidity test] チモール混濁試験.血液検査法の一つ.

② [time temperature tolerance] 許容温度時間.食品の新鮮度を示す数値.

TUAC [Trade Union Advisory Committee] 労働組合諮問委員会.OECD(経済協力開発機構)の下部機関.

TUC [Trades Union Congress] 英労働組合会議.

TV

① [television] テレビ.

② ➡ トランスベスタイト

TWI [training (of supervisors) within industry] 産業内(監督者)訓練.

TX [Tsukuba Express] つくばエクスプレス.茨城県つくば市と東京・秋葉原を結ぶ都市鉄道.

TYO [Tokyo] 東京の都市コード名.

U

U

① ➡ アンダー②

② ➡ ウラン

Uターン [U-turn] 逆戻りすること.また,大都市に住んでいる地方出身者が,出身地に戻って就職すること.

UAE [United Arab Emirates] アラブ首長国連邦.

UAI [Union Académique Internationale 仏] 国際学士院連合.

UAMCE [Union Africaine et Malgache de Coopération Économique 仏] アフリカ・マダガスカル経済協力連合.

UATI [Union des Associations Techniques Internationales 仏] 国際工学団体連合.

UATP [universal air travel plan] 共通航空券信用販売制度.

UAW [United Automobile Workers] 全米自動車労組.

UCC [Universal Copyright Convention] 国際著作権協定.

UCLA [University of California, Los Angeles] カリフォルニア大学ロサンゼルス校.

UCP [Uniform Customs and Practice for Documentary Credits] 信用状統一規則.

UCS

① [unconditional stimulus] 無条件刺激.

② [Union of Concerned Scientists] 憂慮する科学者同盟. 米国の平和運動組織.

UDA [Ulster Defence Association] アルスター防衛協会. 北アイルランドのプロテスタント過激派グループ.

UDC [universal decimal classification] 国際十進図書分類法.

UDEAC [Union Douanière et Économique de l'Afrique Centrale 汉] 中央アフリカ関税同盟.

UDF [Union pour la Démocratie Française 汉] フランス民主連合.

UEA [Universala Esperanto Asocio 汉] 世界エスペラント協会.

UEFA [Union of European Football Associations] 欧州サッカー連盟.

UFC [Ultimate Fighting Championship] 米国の格闘技イベント.

UFCW [United Food and Commercial Workers International Union] 国際食品商業労働組合.

UFO [unidentified flying object] 未確認飛行物体. 空飛ぶ円盤. ユーフォー. 対IFO.

UFTAA [Universal Federation of Travel Agents Associations] 旅行業者協会世界連盟.

UHF [ultrahigh frequency] 極超短波. デシメートル波.

UHV送電 [ultrahigh voltage power transmission] 100万～150万ボルトの超高圧送電.

UI

① [university identity] 大学ごとのあり方, イメージ.

② ➡ユーザーインターフェース

UICC [Unio Internationalis Contra Cancrum 汉] 国際対がん連合.

UIPM [Union Internationale de Pentathlon Moderne 汉] 国際近代五種競技連合.

UK [United Kingdom] 連合王国. 英国の略称.

ULCC [ultra-large crude carrier] 超大型タンカー.

ULSI [ultra large-scale integration] 極超大型集積回路.

UML [Unified Modeling Language] コンピューター言語の一つ. モデル設計用の標準言語.

UMNO [United Malays National Organization] 統一マレー人国民組織.

UMP

① [Upper Mantle Project] 国際地球内部開発計画.

② [Union pour un Mouvement Populaire 汉] フランスの民衆運動連合.

UN [United Nations] 国際連合. 1945年発足. 本部はニューヨーク.

UNA [United Nations Association] 国連協会.

UNAFEI [United Nations Asia and Far East Institute for the Prevention of Crime and the Treatment of Offenders] 国連アジア極東犯罪防止研修所. ユナフェイ.

UNAIDS [United Nations AIDS Program] 国連エイズ計画.

UNAJ [United Nations Association of Japan] 日本国連協会.

UNAMI [United Nations Assistance Mission for Iraq] 国連イラク支援団.

UNCD [United Nations Conference on Desertification] 国連砂漠化防止会議.

UNCDF [United Nations Capital Development Fund] 国連資本開発基金.

UNCED [United Nations Conference on Environment and Development] 環境と開発に関する国連会議. 地球サミット. 1992年開催.

UNCHE [United Nations Conference on the Human Environment] 国連人間環境会議.

UNCHS [United Nations Center for Human Settlements] 国連人間居住センター.

UNCITRAL [United Nations Commission on International Trade Law] 国連国際商取引法委員会.

UNCLOS [United Nations Convention on the Law of the Sea] 国連海洋法条約.

UNCPD [United Nations Conference on Population and Development] 国連人口開発会議.

UNCPUOS [United Nations Committee on the Peaceful Uses of Outer Space] 国連大気圏外平和利用委員会.

UNCSTD [United Nations Conference on Science and Technology for Development] 国連開発のための科学技術会議.

UNCTAD ⇒ アンクタッド

UNDC [United Nations Disarmament Commission] 国連軍縮委員会.

UNDOF [United Nations Disengagement Observer Force] 国連兵力引き離し監視軍.

UNDP [United Nations Development Program] 国連開発計画.

UNDRO [Office of the United Nations Disaster Relief Organization] 国連災害救済調整官事務所.

UNEDA [United Nations Economic Development Administration] 国連経済開発局.

UNEF [United Nations Emergency Forces] 国連緊急軍. ユネフ.

UNEP ⇒ ユネップ

UNESCO ⇒ ユネスコ

UNF [United Nations Forces] 国連軍.

UNFPA [United Nations Population Fund] 国連人口基金.

UNGA [United Nations General Assembly] 国連総会.

UN-HABITAT [United Nations Human Settlements Programme] 国連人間居住計画. ハビタット.

UNHCR [Office of the United Nations High Commissioner for Refugees] 国連難民高等弁務官事務所.

UNICE [Union des Industries de la Communauté Européenne 仏] 欧州産業連盟. ユニセ.

UNICEF ⇒ ユニセフ

UNIDO ⇒ ユニド

UNIFEM [United Nations Development Fund for Women] 国連婦人開発基金.

UNIFIL [United Nations Interim Force in Lebanon] 国連レバノン暫定駐留軍.

UNISPACE [United Nations Conference on Exploration and Peaceful Uses of Outer Space] 国連宇宙平和利用会議. ユニスペース.

UNITA [National Union for the Total Independence of Angola] アンゴラ全面独立民族同盟.

UNITAR [United Nations Institute for Training and Research] 国連訓練調査研究所.

UNIVAC [Universal Automatic Computer] 米国製の大型コンピューターの商標. ユニバック.

UNIX ⇒ ユニックス

UNLD [United Nations Literacy Decade] 国連識字の10年. 2003〜12年に全ての人々に識字能力を与えることが目標.

UNMIK [United Nations Mission in Kosovo] 国連コソボ暫定行政支援団.

UNMIS [United Nations Mission in the Sudan] 国連スーダン派遣団.

UNMISET [United Nations Mission of Support in East Timor] 国連東ティモール支援団.

UNOCI [United Nations Operation in Côte d'Ivoire] 国連コートジボワール活動.

UNRISD [United Nations Research Institute for Social Development] 国連社会開発調査研究所.

UNRWA [United Nations Relief and Works Agency for Palestine Refugees in the Near East] 国連パレスチナ難民救済事業機関.

UNSC [United Nations Security Council] 国連安全保障理事会.

UNSCOM [United Nations Special Commission] 国連大量破壊兵器廃棄特別委員会.

UNTSO [United Nations Truce Supervision Organization] 国連休戦監視機構.

UNU [United Nations University] 国連大学. 本部は東京.

UNV [United Nations Volunteers] 国連ボランティア.

UNWC [United Nations Water Conference] 国連水資源会議.

UPI [United Press International]

米国の通信社.
UPU [Universal Postal Union] 万国郵便連合.
UR都市機構 [Urban Renaissance Agency] 都市再生機構. 都市公団と地域公団の一部門が統合してできた独立行政法人.
UrEDAS ➡ ユレダス
URL [Uniform Resource Locator] インターネット上の情報のありかを表す表示記号. 世界共通のルールに基づいて決められる.
URSI [Union Radio-Scientifique Internationale 仏] 国際電波科学連合.
US [United States] 米国の略称.
USA
　① [United States of America] アメリカ合衆国, 米国.
　② [United States Army] 米陸軍.
USAF [United States Air Force] 米空軍.
USAFPAC [United States Armed Forces in the Pacific] 米太平洋軍.
USARPAC [United States Army, Pacific] 米太平洋陸軍.
USFJ [United States Forces, Japan] 在日米軍.
USIA [United States Information Agency] 米広報文化局.
USIS [United States Information Service] USIA (米広報文化局) の海外出先機関.
USJ [Universal Studios Japan] ユニバーサル・スタジオ・ジャパン.
USMC [United States Marine Corps] 米海兵隊.
USN [United States Navy] 米海軍.
USO [unknown swimming object] 未知の水泳物体. ネス湖の怪物ネッシーなど.
USSR [Union of Soviet Socialist Republics] 旧ソビエト社会主義共和国連邦. 1991年12月末解体.
U.S. STRATCOM [United States Strategic Command] 米国の戦略軍.
USTOL [ultra-short takeoff and landing aircraft] 超短距離離着陸機. ユーストール.
USTR [United States Trade Representative] 米通商代表部.
US-VISITプログラム [US-VISIT Program] 米国の出入国管理制度. 指紋スキャン, 顔写真撮影などを行う. テロ対策の一環. VISITはVisitor and Immigrant Status Indicator Technologyの略.
UT ➡ ユニバーサルタイム
UTC [Universal Time Coordinated] 協定世界時.
UTM図法 [Universal Transverse Mercator's Projection] ユニバーサル横メルカトル図法. 地図の作図法の一つ.
UV [ultraviolet rays] 紫外線.
UWB [Ultra Wideband] ウルトラワイドバンド. アメリカが開発中の広帯域無線通信技術.
UXO [unexploded ordnance] 不発弾.

V

V ➡ ボルト

v. ➡ バーサス

V1 [Velocity 1] 航空機の離陸決心速度.

Vサイン [victory sign] 勝利や成功, 平和のサイン. 人指し指と中指で作るV型のこと.

Vチップ [V-chip] テレビ受像器に組み込むことによって, 性描写や暴力シーンのある番組を映らなくすることができる装置. Vはバイオレンス(violence=暴力)の略.

Vリーグ [V league] 日本のバレーボールリーグ.

VA
　①[value analysis] 価値分析.
　②[volt-ampere] ボルトアンペア. 電力の単位.
　③[visual aid] 視覚教材.

VADS [Vulcan Air Defense System] バルカン砲防空システム.

VAN [value-added network] 付加価値通信網. バン.

VAR, VaR [value at risk] バリュー・アット・リスク. デリバティブ取引におけるリスク管理手法の一つ.

VAT [value-added tax] 付加価値税.

VC
　①[voluntary chain] ボランタリーチェーン. 任意連鎖店.
　② ➡ ベンチャーキャピタル

vCJD [variant Creutzfeld-Jacob disease] 変異型クロイツフェルト・ヤコブ病. BSE(牛海綿状脳症)に感染した牛肉を食べることで感染するとみられている.

VCR [video cassette recorder] ビデオカセットレコーダー, ビデオテープレコーダー.

VD
　①[venereal disease] 性病.
　② ➡ ビデオディスク

VDGS [Visual Docking Guidance System] 駐機位置指示灯システム. 中部国際空港の, 着陸した航空機を誘導するシステム.

VDP [videodisc player] ビデオディスク再生機.

VDT
　①[video display terminal] コンピューターの画像表示端末.
　②[visual display terminal] 画像表示端末.

VE ➡ バリューエンジニアリング

VERA [VLBI Exploration of Radio Astrometry] 天文広域精測望遠鏡.

VFR [visual flight rules] 有視界飛行方式.

VFX [visual effects] 映画製作の視覚効果技術.

VG盤 [variable-grade record] 1分間78回転の長時間レコード.

VHD [video high-density] 溝なし静電容量方式. ビデオ再生方式の一つ.

VHF [very high frequency] 超短

波. メートル波.

VHS [Video Home System] 家庭用VTRの方式. 商標.

VHSIC [very high speed integrated circuit] 米国防総省が軍事用に開発中の超高速集積回路.

VIM [International Vocabulary of Basic and General Terms in Metrology] 国際計量基本用語集.

VIN [vehicle identification number] 自動車登録番号.

VIP [very important person] 重要人物. ビップ.

VJ

① [video jockey] ビデオジョッキー. テレビの音楽番組で, 音楽ビデオ(主にプロモーションビデオ)の解説をする人.

② [video journalist] ビデオ映像取材をする記者.

VLBI [very long baseline interferometry] 超長基線干渉観測法. 電波望遠鏡での信号の測定法の一つ.

VLCC [very large crude carrier] 20万トン級の大型石油タンカー.

VLF [very low frequency] 超長波.

VLS [vertical launch system] ミサイルの垂直発射装置.

VLSI [very large scale integration] 超LSI, 超大規模集積回路.

VM ➡ VMD

VMC [visual meteorological conditions] 有視界気象状態.

VMD [visual merchandising] ビジュアルマーチャンダイジング. 視覚に訴える広告手段. 商品のデザインや店頭の飾り付けなどを視覚的に工夫した商品販売策. VMとも.

VOA [Voice of America] アメリカの声. 米政府の海外向け短波放送.

VOD ➡ ビデオ・オンデマンド

vol. [volume] ボリューム, 音量, 書物の1冊.

VOLMET [vol météorologie 仏] 対航空機気象通報.

VOR [VHF omnidirectional range] 超短波全方向式無線標識.

VP

① [Vice President] 副大統領. 副社長.

② [vulnerable point] 要防空地点, 弱点.

VR

① [Velocity Rotation] 航空機がV1(離陸決心速度)に達したのち, 操縦桿を引いて機首を上げるときの速度.

② ➡ バーチャルリアリティー

VRA [voluntary restraint agreement] 輸出の自主規制協定.

VRE [Vancomycin-resistant enterococcus] バンコマイシン耐性腸球菌. バンコマイシンをはじめ多くの抗生物質が効きにくく治療が困難.

VS

① [volti subito 伊] 音楽用語で,「速

くページをめくれ」.

② ➡ バイタルサイン

vs. ➡ バーサス

VSO [very superior⟨special⟩old] 貯蔵年数12〜20年のブランデーの表示.

VSOP [very superior⟨special⟩old pale] ブランデーの特上級.「非常に特別で古く, 色が薄い」の意.

V/STOL [vertical/short takeoff and landing] 垂直・短距離離着陸機. ブイストール. ビストール.

VTOL ➡ ブイトール

VTR [video tape recorder] ビデオテープレコーダー.

VW [Volkswagen ᵈ] ドイツの自動車メーカー, フォルクスワーゲン社.

W

W ➡ ワット

W杯 ➡ ワールドカップ

WAA [World Assembly on Aging] 国連高齢者問題世界会議.

WAAS [World Academy of Art and Science] 世界芸術科学アカデミー.

WAC

① [World Aeronautical Chart] 国際民間航空図.

② [Women's Army Corps] 米陸軍の旧婦人部隊.

WAN [wide area network] 地域的に離れているLAN同士を専用回線などで結んだ広域ネットワーク.

WAPOR [World Association for Public Opinion Research] 世界世論調査協会.

WARC [World Administrative Radio Conference] 世界無線通信主管庁会議.

WASP ➡ ワスプ

WAY [World Assembly of Youth] 世界青年会議.

WB [World Bank] 世界銀行.

Wb ➡ ウェーバ

WBA [World Boxing Association] 世界ボクシング協会.

WBC

① [World Boxing Council] 世界ボクシング評議会.

② ➡ ワールド・ベースボール・クラシック

WBGT [wet-bulb globe temperature] 湿球黒球温度. 日差し, 気温を総合的に評価する指標.

WBU [World Blind Union] 世界盲人連合.

WC [water closet] トイレ. 手洗い.

WCC [World Council of Churches] 世界教会協議会.

WCED [World Commission on Environment and Development] 国連の環境と開発に関する世界委員会.

WCEE [World Conference on Earthquake Engineering] 世界地震工学会議.

WCGA [World Computer Graphics Association] 世界コンピューター・グラフィックス協会.

WCL [World Confederation of Labour] 国際労働組合連合, 国際労連.

WCOTP [World Confederation of Organizations of the Teaching Profession] 世界教職員団体総連合.

WCP [World Climate Programme] 世界気候計画.

WCPFC [Western and Central Pacific Fisheries Commission] 中西部太平洋マグロ類条約.

WCPP [World Congress of Partisans of Peace] 世界平和評議会.

WCRP

① [World Conference on Religion and Peace] 世界宗教者平和会議.

② [World Climate Research Programme] 世界気候研究計画.

WCS [World Conservation Strategy] 世界自然資源保全戦略.

WCT [World Championship Tennis] 世界テニス選手権大会の主催団体.

Web-EDI [Web-Electronic Data Interchange] インターネットを利用して, 取引情報を電子的にやりとりすること.

WECPNL [weighted equivalent continuous perceived noise level] うるささ指数. 航空機の騒音量を評価する国際基準.

WEF [World Economic Forum] 世界経済フォーラム.

WEU [Western European Union] 西欧同盟.

WFB [World Fellowship of Buddhists] 世界仏教徒連盟.

WFC [World Food Council] 国連の世界食糧理事会.

WFDY [World Federation of Democratic Youth] 世界民主主義青年連盟.

WFMH [World Federation for Mental Health] 世界精神衛生連盟.

WFP [World Food Program] 国連の世界食糧計画.

WFSW [World Federation of Scientific Workers] 世界科学者連合.

WFTU [World Federation of Trade Unions] 世界労働組合連盟, 世界労連.

WHO [World Health Organization] 世界保健機関.

WIDER [World Institute for Development Economics Research] UNU(国連大学)の世界開発経済研究所.

WILPF [Women's International League for Peace and Freedom] 米国の婦人国際平和自由連盟.

WINS [Wining Spot] 日本中央競馬会の場外馬券所. ウインズ.

WIPO [World Intellectual Property Organization] 世界知的所有権機関. ワイポ.

WJBL [Women's Japan Basketball League] バスケットボール女子日本リーグ機構.

WLM [women's liberation move-

ment] 女性解放運動, ウーマンリブ.
WMD [Weapons of Mass Destruction] 大量破壊兵器.
WMO [World Meteorological Organization] 世界気象機関.
WMSF [World Masters Sports Federation] 世界マスターズ・スポーツ連盟.
WPC [World Population Conference] 国連の世界人口会議.
WPF [World Prohibition Federation] 世界禁酒連盟.
WPI [wholesale price index] 卸売物価指数.
WRC [World Rally Championship] 世界ラリー選手権. FIA(国際自動車連盟)が主催.
WRI [war risk insurance] 戦争保険.
WRL [War Resisters' League] 戦争抵抗者同盟.
WRM [war reserve material] 軍事用の備蓄資材.
WS ➡ワークステーション
WSP [Women Strike for Peace] 平和のための婦人運動. 米国の女性平和団体.
WSPC [World Sports Prototype Championship] 世界プロトタイプカー選手権.
WSSD [World Summit on Sustainable Development] ➡ヨハネスブルク・サミット
WSTS [World Semiconductor Trade Statistics] 世界半導体貿易統計.
WTA [Women's Tennis Association] 女子テニス協会.
WTC [World Trade Center] 世界貿易センター. ニューヨークにあったWTCは, 2001年9月11日の同時多発テロで崩壊.
WTO
① [World Trade Organization] 世界貿易機関.
② [World Tourism Organization] 世界観光機関.
③ [Warsaw Treaty Organization] ワルシャワ条約機構. 1992年に解体.
WTUC [World Trade Union Congress] 世界労働組合会議.
WWE [World Wrestling Entertainment] 米国のプロレス団体.
WWF [World Wide Fund for Nature] 世界自然保護基金.
WWP [Wide World Photos] 米国の写真通信社.
WWW
① [World Weather Watch] 世界気象監視計画.
② ➡ワールドワイド・ウェブ
WYVEA [World Youth Visit Exchange Association] 世界青少年交流協会.

X

X
① [experimental] 航空機の試作機, または次期採用予定機.

②[Khristos 希] キリスト.
③[x] ローマ数字の10. 秘密または未知の人や物.
④[X] 米国の成人向き映画の記号.

X線 [X ray] ➠ レントゲン②

Xデー [X-day 和] いつかは予測できないが, 重大な事件が起こる日.

Xリーグ [X League] 日本の社会人アメリカンフットボールリーグ.

XL [extra large] 衣類などの特大サイズ.

Xm. [Christmas] クリスマス. Xmasとも.

XML [Extensible Markup Language] インターネットで用いられる文書作成用の言語の一つ.

XO
①[exchange order] 航空券引き換え証.
②[extra old] 貯蔵年数50年以上の最高級ブランデー.

Xr. [christian] キリスト教徒.

XXX [XXX] 米国の本格的ポルノ映画を示す記号.

Y

Y
①[yellow] 黄色. 染色や印刷における三原色の一つ.
② ➠ ヨタ

y ➠ ヨクト

YA ➠ ヤングアダルト

YAC [Young Astronauts Club] 日本の宇宙少年団.

YAG [yttrium aluminum garnet] レーザー発振に用いるイットリウム・アルミニウム・ガーネット.

YAP [young aspiring professional] 出世志向の若いビジネスマン.

YH ➠ ユースホステル

YHA [Youth Hostels Association] ユースホステル協会.

Y2K [Year 2000] 西暦2000年. Kは1000を示す.

YMCA [Young Men's Christian Association] キリスト教青年会. 関YWCA.

YPO [Young Presidents' Organization] 青年社長会議.

YUP [young, urban, professional] 若い都会派のエリートビジネスマン.

YWCA [Young Women's Christian Association] キリスト教女子青年会. 関YMCA.

YXX [yusoki experimental X 和] 次々期民間航空機.

Z

Z
①[zero] ゼロ.
②[zone] 地域, 区域.
③ ➠ インピーダンス
④ ➠ ゼタ

z ➠ ゼプト

ZBB [zero-based budgeting] ゼロベース予算. 予算をゼロから検討して査定する方法.

ZD運動 ➠ ゼロディフェクト

ZEG [zero economic growth] 経済のゼロ成長.

ZETA [zero energy thermonuclear apparatus assembly] 英国が開発した制御熱核反応装置. ジータ.

ZIP ⇒ジップコード

ZPG [zero population growth] 人口のゼロ成長.

ZTT [zinc sulfate turbidity test] 硫酸亜鉛混濁試験. 肝機能の検査法の一つ.

河合　伸（かわい　しん）

　1930年東京都生まれ．青山学院大学文学部英米文学科卒業．朝日新聞記者，国際連合大学広報担当官，京都工芸繊維大学繊維学部教授，宝塚造形芸術大学教授を経て，時事英語研究・翻訳家．著・訳書『翻訳のプロ特訓』『アメリカ，アメリカよ』『ハーバート・ノーマン全集　第2巻増補』『核の海』『ヒラリー・クリントン』ほか．

朝日新聞のカタカナ語辞典

2006年8月30日　第1刷発行

監　修　河合　伸
編　者　朝日新聞社　用語幹事
発行者　黒須　仁
発行所　朝日新聞社
　　　〒104-8011　東京都中央区築地5-3-2
　　　電話　03-3545-0131（代表）
　　　編集：事典編集部　販売：出版販売部
　　　編集協力・DTP：（株）日本レキシコ
　　　振替　00190-0-155414
印刷所　凸版印刷株式会社

　　　　　＊お問い合わせはメールでも受け付けています
　　　　　　jiten@asahi.com
　　　　　＊定価はカバーに表示してあります

©The Asahi Shimbun 2006　　Printed in Japan
ISBN 4-02-222073-2